Ronald Hitzler (Hrsg.)
Hermeneutik als Lebenspraxis

Ronald Hitzler (Hrsg.)

# Hermeneutik als Lebenspraxis

Ein Vorschlag von Hans-Georg Soeffner

Bibliografische Information der Deutschen Nationalbibliothek

Die Deutsche Nationalbibliothek verzeichnet diese Publikation in der Deutschen Nationalbibliografie; detaillierte bibliografische Daten sind im Internet über http://dnb.d-nb.de abrufbar.

Das Werk einschließlich aller seiner Teile ist urheberrechtlich geschützt. Jede Verwertung außerhalb der engen Grenzen des Urheberrechtsgesetzes ist ohne Zustimmung des Verlags unzulässig und strafbar. Das gilt insbesondere für Vervielfältigungen, Übersetzungen, Mikroverfilmungen und die Einspeicherung und Verarbeitung in elektronischen Systemen.

© 2015 Beltz Juventa · Weinheim und Basel
www.beltz.de · www.juventa.de
Satz: text plus form, Dresden
Druck und Bindung: Beltz Bad Langensalza GmbH, Bad Langensalza
Printed in Germany

ISBN 978-3-7799-2963-5

# Vorwort

Ohne Anette aber
wäre alles nichts.

Die Idee zu dem, was mit diesem Band nun vorliegt, ist entstanden aus Gesprächen, in denen Hans-Georg Soeffner immer wieder (die gleichen) Namen von Kolleginnen und Kollegen aus seiner wissenschaftlichen Umgebung erwähnt hat. Diese wissenschaftliche Umgebung war augenscheinlich nie beschränkt auf räumliche Nähe und akademische Geistesverwandschaft. Sie reicht in ferne Länder ebenso wie weit hinein in andere Disziplinen. Diese wissenschaftliche Umgebung ist eine Umgebung von Personen, die ihm aus verschiedenerlei Gründen nachhaltig wichtig sind, genauer: die er aus Gründen besonders wertschätzt. Das bedeutet, dass diese Kolleginnen und Kollegen ihm (deutlich) mehr bedeuten als ‚nur' Repräsentantinnen und Repräsentanten verlässlicher organisational-institutioneller Zusammenarbeit zu sein. Sie sind ihm offenkundig Freundinnen und Freunde, deren Intellekt er goutiert (was bei ihm keineswegs selbstverständlich, sondern ein eher rares Vergnügen ist) und die ihm aus dieser intellektuellen Verbundenheit heraus auch ans Herz gewachsen sind (was noch seltener vorkommt).

Weil in ihnen für Hans-Georg Soeffner also Solidität, Loyalität, Geist und Gefühl sich vereinen, habe ich dergestalt ‚ausgezeichnete' Kolleginnen und Kollegen eingeladen, sich an diesem Geschenk zu seinem 75. Geburtstag zu beteiligen. Ich danke ihnen dafür, dass sie diese Einladung akzeptiert und mir ihre Beiträge anvertraut haben, die in ihrer Mannigfaltigkeit die als so weit intendierten Dimensionen der Interessen dessen dokumentieren, dem sie hier gewidmet sind.

Im Weiteren danke ich *Sonja Rack*, die zum Gelingen des vorliegenden Produkts redaktionell wesentlich mehr beigetragen hat, als ich von einer studentischen Mitarbeiterin habe erwarten dürfen. Ich danke ‚meinem' Lektor *Frank Engelhardt* dafür, dass er diesen Band mit großer Selbstverständlichkeit ermöglicht und seine Entstehung stets mit Wohlwollen begleitet hat. Ich danke *Ulrike Poppel* für ihre Geduld als Setzerin auch dort, wo die Wünsche mancher Autorin und manches Autors mit Formalvorlagen des Verlags nicht ganz kompatibel waren. Ich danke meinem *Lehrstuhl-Ensemble* und ich danke vor allem *Nicole Burzan* für ihre Langmut mit dem Herausgeber, der zeitweise nicht nur für nichts ‚anderes' mehr Zeit hatte, sondern obendrein auch noch besonders fürsorglich umsorgt werden musste.

Ronald Hitzler, im Frühjahr 2014

# Inhalt

*Ronald Hitzler*
Einleitung. Vorbemerkungen zu Hans-Georg Soeffners Vorschlag     13

## Anthropologisches

*Thomas S. Eberle*
Phänomenologie der olfaktorischen Wahrnehmung.
Ein Beitrag zur Synästhesie der Sinne     22

*Alois Hahn*
Affekt und Emotion als hermeneutisches Problem     35

*Ronald Hitzler*
Auf den Spuren des Goffmenschen.
Zur Interpretation interaktiver Strategien     51

*Klaus E. Müller*
Der Venus-Effekt     67

*Ilja Srubar*
Lebenswelt und Trauma     79

## Protosoziologisches

*Ehrhardt Cremers*
„*Spricht* die Seele, so spricht ach! schon die *Seele* nicht mehr".
Über die Schwierigkeit, die Lebenspraxis im Sprechen
des Menschen aufzufinden     94

*Jürgen Fohrmann*
Kritik, Hermeneutik und die Kultur der Deliberation     107

*Hubert Knoblauch*
Reflexive Methodologie. Sozialwissenschaftliche
Hermeneutik und kommunikatives Handeln  117

*Thomas Luckmann*
Vom Deuten des Handelns und
der Interpretation von Handlungen  130

*Karl-Siegbert Rehberg*
Verstehen als Weltauslegung.
Wissenssoziologie und soziologische Hermeneutik  139

## Soziologisches

*Peter A. Berger*
Von Texten und Bildern.
Die Versozialwissenschaftlichung von Gesellschaftsbildern  158

*Reiner Keller, Angelika Poferl*
Soziologische Wissenskulturen. Zur Generierung
wissenschaftlichen Wissens durch die Praxis der Auslegung  177

*Ronald Kurt, Regine Herbrik*
„Wir müssen uns überlegen, wie es weitergeht …".
Die Sequenzanalyse als Methode
der Sozialwissenschaftlichen Hermeneutik  192

*Sighard Neckel*
Emblematische Soziologie als Kritik: Siegfried Kracauer  207

*Manfred Prisching*
Wissens- und Deutungsprobleme beim öffentlichen Vortrag  214

*Dariuš Zifonun*
Der Kritikbegriff der hermeneutischen Wissenssoziologie  231

## Organisationales

*Helmuth Berking, Martina Löw*
„Knocking at the Front Door to America".
Imaginäre Geographien und Gefühlslandschaften
in geschlossenen Räumen     244

*Ulrike Froschauer, Manfred Lueger*
Vom Alltagswissen zum reflexiven Verständnis.
Hermeneutik als Erweiterung des organisationalen Blicks     254

*Joachim Kersten*
„Können Ihre Studenten denn Ihre Texte lesen?"     266

*Jo Reichertz, Sylvia Marlene Wilz*
„Pull up, pull up" – „We're gonna brace."
Überlegungen zur Auslegung der Interaktion
von menschlichen und technischen ‚Akteuren'     280

*Peter Strohschneider*
Funktionale Zweckfreiheit von Wissenschaft.
Eine Erfahrungsskizze     293

*Georg Vobruba*
Von Gott zum Gleichgewicht. Zu den Anfängen
des ökonomischen Denkens der Gegenwart     306

## Politisches

*Ulrich Beck*
Der Sozialvertrag der Europäer – eine Utopie?     322

*Claus Leggewie*
„Du sollst es einmal besser haben als wir".
Erben: Wie sich Generationen verstehen     334

*Jürgen Raab*
Bildpolitik. Zur Präsentation und Repräsentation
politischer Weltbilder in symbolischen Formen
und rituellen Ordnungen     346

*Ute Ritz-Müller*
Gesellschaft *mit* Baldachin.
Sinnzementierung in Oéguédo (Burkina Faso)     364

*Dirk Tänzler*
Politisches Charisma in der entzauberten Welt     381

*Yfaat Weiss*
Ende einer Nachbarschaft     396

## Interkulturelles

*Tamotsu Aoki*
The New Dimension in International
Cultural Exchange in East Asia     408

*Hartmut Esser*
Ethnische Ressourcen und vorschulische Kompetenzentwicklung     416

*Norbert Schröer*
„Ich bin nicht so. Aber will ich herausfinden,
wie er ist, muss ich ihn erfinden."
Zur hermeneutischen Auslegung des Fremden     436

*Monika Wohlrab-Sahr*
Protestantische Ethik perdu? Die Protestantismusthese
zwischen historischer Kritik, Musealisierung und
idealtypischem Vergleich – eine Skizze     448

## Ästhetisches

*Silvana K. Figueroa-Dreher, Jochen Dreher*
Gebrauchsanweisungen im kategorischen Konjunktiv.
Julio Cortázars „Manual de instrucciones"     462

*Angela Keppler*
Aspekte einer Hermeneutik des Nicht-Verstehens     477

*Michael R. Müller*
Gesellschaft im Konjunktiv. Über ästhetisches Handeln     487

*Jan Philipp Reemtsma*
tà toiaŷta                                                                                           500

*Harald Welzer*
Moderne, simuliert. Eine Hermeneutik des Automobils                  510

## Religiöses

*Ulrich Berges*
JHWH – Gottesname, Symbol und Hermeneutik                           520

*Dirk Kaesler*
Max Weber: Der „religiös unmusikalische Stier".
Kann man den Begründer der Verstehenden Soziologie
auch astrologisch verstehen?                                                         531

*Volkhard Krech*
„Hinter'm Horizont geht's weiter". Perspektive und Horizont
der Religion in differenzierungstheoretischer Perspektive               540

*Tong Chee Kiong*
New Religions in Singapore                                                            553


Der Adressat                                                                                   574

Die Autorinnen und Autoren                                                          575

Ronald Hitzler
# Einleitung
Vorbemerkungen zu
Hans-Georg Soeffners Vorschlag[1]

„Wie lösen wir das Problem, ein sinnhaftes Leben führen zu müssen?"
(Soeffner in Kurt 2006, S. 187)

## Verstehen als Gattungsschicksal

Es ist die Eigenart eines Lebensvollzugs, den wir (mit einigen guten Gründen) als spezifisch menschlichen, zumindest als beim Menschen (bislang) am erkennbarsten ausgeprägten begreifen, dass er ‚selbstbezüglich' geschieht, das heißt, dass er einem sich selbst als sich selbst erkennenden Lebewesen eignet, das, rückgreifend auf seine Erfahrungen und vorgreifend auf seine Erwartungen, in (s)einer Welt sinnhaft zu handeln und dergestalt den schieren Vollzug als reflexive Praxis zu gestalten vermag. Lebenspraxis meint also den Umgang mit (das heißt die subjektiv vermeinte Bewältigung von, ebenso wie das subjektiv vermeinte Scheitern an) unvermeidbar Widersprüchlichem in jeder kulturell geglaubten Wirklichkeit, in welcher Lebenspraxis je sich vollzieht.

Andere, und gleichsam ‚durch sie hindurch' auch sich selber zu verstehen – und das heißt, dem, was je in Frage steht, (einen) Sinn zu geben – ist die grundlegende, unabdingbare Lebenspraxis (zumindest[2]) unserer Gattung,

---

1 Diese Einleitung ist keineswegs gedacht als Einführung in das Werk von Hans-Georg Soeffner. Ansätze zu einer solchen bieten vor allem Kurt 2006, Reichertz 2004 und Rehberg 2010. Siehe auch Honer/Kurt/Reichertz 1999 sowie Reichertz/Honer/Schneider 2004. – Eine Publikationsliste von Soeffner ist zu finden unter http://www.kulturwissenschaften.de/images/text_material-2828.img
2 Hinsichtlich der Relativierung des angeblichen Monopols unserer Gattung zur ins Vergangene zurück- und gar zur ins Zukünftige vorgreifenden Lebensgestaltung ebenso wie zur kulturellen Tradierung lassen sich gewisse Differenzen zwischen der von Hans-Georg Soeffner und der von mir vertretenen Auffassung vermutlich nicht ganz ignorieren.

ist sozusagen unser Gattungsschicksal. Das heißt, während man (entgegen allen anderslautenden Behauptungen einer Reihe ernst zu nehmender Autoren und ihrer vielen, weniger ernst zu nehmenden Nachsager) sehr wohl *nicht* kommunizieren kann, kann man (genauer: kann zumindest der Mensch) *nicht* nicht verstehen, denn (zumindest) der Mensch lebt – und in Folge seiner von Helmuth Plessner so genannten „exzentrischen Positionalität" kann er nicht anders – in Sinnwelten und (Be-)Deutungszusammenhängen. So, wie Verstehen folglich essentieller Teil von (zumindest menschlicher) Lebenspraxis ist, ist Lebenspraxis schlechthin aber auch stets – aktueller ebenso wie geronnener und in gewisser Weise sogar entworfener – Vollzug von Verstehensleistungen. (Alltägliche) Lebenspraxis und das, was auch immer aus ihr resultiert, ist unabdingbar auslegungsbedürftig. Vereinfacht ausgedrückt: Verstehen ist ein universales lebenspraktisches Gebot. Und die (alltägliche) Lebenspraxis weist dem Verstehensbedarf seine jeweils vordringlichen Themen und unverzichtbaren Reichweiten (und mithin auch seine pragmatischen Begrenzungen) zu, denn die (alltägliche) Lebenspraxis steht unter dem Primat der Endlichkeit und damit unter einem aus Vordringlichkeiten resultierenden prinzipiellen Zeitdruck.

## Individualität als kulturelle Option

Unter diesem Primat handelt der Einzelne typischerweise zwar subjektiv sinnhaft. Gleichwohl handelt er – nachgerade unweigerlich –, ohne die Umstände, unter denen er handelt, hinlänglich kennen und ohne die Konsequenzen, die sein Handeln (beiläufig) nach sich zieht, hinlänglich abschätzen zu können – und trägt als lebenspraktisch mit der Lösung eines (wie auch immer gearteten) Problems befasster Handelnder doch (die) Verantwortung für das, was er tut oder lässt. So auch wird der Eine, der ein Problem hat – etwa das, den pragmatischen Anforderungen seiner alltäglichen Gegebenheiten (zum Beispiel danach, sich hinlänglich verständlich zu machen) zu genügen –, bei seinen Versuchen, dieses Problem (für sich) zu lösen, leicht zu einem Problem für den Anderen. Der Andere hat nun (unter anderem auch) das Problem, zu dem der Eine für ihn geworden ist. Bei seinen Versuchen, dieses Problem, zu dem der Eine für ihn geworden ist, (für sich) zu lösen, wird wiederum er leicht zu einem Problem für den Einen und/oder für den Dritten. Usw. Zum Problem wird also der Andere dem Einen, der Eine dem Anderen und beide (einzeln und/oder zusammen) wieder anderen. Zum Problem wird jeder aber auch sich selber, der sich eine Frage und mit dieser unweigerlich auch sich selber mit in Frage stellt.

Gegen derlei reflexive Krisen sind die meisten Menschen zumeist jedoch gewappnet – in der Regel weniger durch eigenes Zutun als durch das Unterlassen eigenen Zutuns, also durch (pragmatisch durchaus sinnvolle) Akzeptanz von je gesellschaftlich vorfindlicher Ordnung, durch quasi selbstverständliche Über- und Hinnahme kulturüblicher Deutungs- und Handlungsroutinen. Erkenntnistheoretisch gesehen sind (zumindest) menschliche Handlungen und Interaktionen gleichwohl unabdingbar wissensgeleitete und wissensgenerierende Prozesse zugleich. Und wenn einem Menschen die kulturellen Selbstverständlichkeiten (einschließlich der kulturell allzu selbstverständlich als „gesellschaftlich" geltend gemachten Probleme), in denen er verankert ist, selber zum Problem werden, bemerkt er auch unschwer, dass Selbstverständlichkeiten ihn nicht durch *mehr* binden als durch seine (bequeme) Gewohnheit, die Welt so zu sehen, wie man sie eben sieht, und die Dinge so zu tun, wie man sie eben tut. Zum von Thomas Luckmann so genannten „soziohistorischen Apriori", das heißt zur Wirklichkeit wird und als Wirklichkeit Geltung erlangt die Welt qua (freiwilliger ebenso wie erzwungener) Zustimmung und Hinnahme. So (und nur so) wird auch Gesellschaft zu einer objektivierten Tatsache – und ihr jeweiliger Zeitgeist zu einer ständigen, weil ständig wechselnden Verführung.

Der Einzelne kann das kulturell ihn Umgebende nun unbedacht ebenso wie absichtsvoll affirmativ (mit) reproduzieren. Er kann sich gegenüber dem institutionell lang- und gar gegenüber dem kurzatmig modisch Gegebenen offensichtlich jedoch auch individuieren, und das meint hier: er kann sich – zwar keineswegs sozial ‚kosten'- bzw. folgenlos, aber nachgerade jederzeit und unter allen Umständen – von (seinen) kulturüblichen Fraglosigkeiten ‚verabschieden', allein schon mit der (scheinbar) schlichten Frage, was da eigentlich vor sich geht bei dem, was da vor sich geht. Die Antwort, die der Einzelne *jenseits* von Kulturroutinen zu geben vermag, kann ihn sich bereits als frei erfahren lassen, auch wenn sie für das wie auch immer begriffene Ganze der Kultur kaum mehr als irrelevant sein mag. Wenn jedoch hinlänglich viele Einzelne die in sie eingelebte Kultur in Frage stellen, können nicht nur sie sich *aus* dieser Kultur, sie können allenfalls sogar die eingelebte Kultur selber verabschieden. Dies führt dann zwar mitunter in jene „interessanten Zeiten" von denen in dem alten chinesischen Fluch die Rede ist, macht aber vor allem augenfällig, dass, um Peter L. Berger und Hansfried Kellner zu paraphrasieren, die Welt nicht nur nicht ist, was sie zu sein scheint, sondern dass sie tatsächlich auch anders sein könnte als sie ist. Die Welt ist eine je durchaus anders mögliche Konstruktion. Sie resultiert letztendlich aus Aggregationen subjektiver Sinnsetzungen und deren intendierten bzw. zeichenhaften wie nichtintendierten bzw. anzeichenhaften Folgen.

## Die Praxis der Sinnrekonstruktion

Dabei, andere zu verstehen und sich (alltäglich) in der Welt zurecht zu finden, hilft (entschieden) die Fähigkeit, Zeichen und Anzeichen zu deuten. Verstehen, was Menschen tun und das, was das menschliche Tun wie auch immer je nach sich zieht und was sich dergestalt ‚verwirklicht', kann man sehr wohl, ohne weiter über das Verstehen nachzudenken bzw. ohne darüber nachzudenken, wie man weiß, was man zu wissen glaubt. Offenkundig kann man aber auch über das Verstehen nachdenken, das heißt, man kann das Verstehen selber zu verstehen versuchen. Diese ‚Operation' nennt man (jedenfalls in unserem Kulturkreis) „Hermeneutik". Es ist die Eigenart dieser (sehr) spezifischen Lebenspraxis, die wir (mit vielen guten Gründen) als eine komplexe Kulturleistung (unter vielen) betrachten, dass sie in einem die alltäglichen Vollzugsnotwendigkeiten transzendierenden Modus statt hat; genauer: dass sie üblicherweise in die Subsinnwelt des Theoretisierens verweist.³ Ist der Gegenstand des Theoretisierens nun eben irgendeine – ‚naive' oder reflektierte – Form des lebenspraktischen Verstehens oder das lebenspraktische Verstehen ‚an sich' bzw. die Auslegungsbedürftigkeit der Lebenspraxis schlechthin, dann bezeichnen wir diese Praxis als eine (methodisch kontrolliert) interpretative.

In *dieser* Praxis geht es um die Rekonstruktion von *Sinn:* um die Rekonstruktion von subjektivem Sinn und von objektiviertem Sinn; um die Rekonstruktion biografischer Sinnsetzungen; um die Rekonstruktion der *Institutionalisierung* von Sinn, von Sinnschemata, von Sinnstrukturen; um die Rekonstruktion der Distribution von Sinn; um die Rekonstruktion von banalem, alltäglichem und von sogenanntem höherem, alltagstranszendentem Sinn, usw.; kurz: um die Rekonstruktion von *Handlungs*sinn *ebenso* wie um

---

3   Diese Subsinnwelt – sei sie institutionell nun wissenschaftlich, religiös, ästhetisch oder anderswie verortet – ist Alfred Schütz zufolge ja gekennzeichnet dadurch, dass das pragmatische Interesse des Alltags (das stets diktiert wird von der Notwendigkeit, ‚irgendwie' sein Leben zu gestalten) abgelöst wird von dem kognitiven Interesse daran, einen Sachverhalt nicht praktisch zu bewältigen, sondern ihn zu bedenken. Theoretisieren ist eine prinzipiell leben*sunpraktische* (nicht etwa eine lebens*untaugliche*) Einstellung. Denn die theoretische Einstellung ist *die* Einstellung, in der wir gänzlich uninteressiert daran sind, uns den pragmatischen Notwendigkeiten des Alltags zuzuwenden – außer in dem Sinne, dass wir diese Alltagsnotwendigkeiten praktisch distanziert zur Kenntnis nehmen und darüber nachdenken. Eine theoretische Einstellung einzunehmen heißt demnach, die Lebensinteressen, die unser alltägliches Handeln leiten, auszuklammern, unsere alltäglichen Hoffnungen und Befürchtungen beiseite zu lassen. Was wir dabei konstruieren, ist eben gerade *nicht* Alltagswissen, sondern ein im weiteren Sinne verstandenes *analytisches Wissen*.

die Rekonstruktion des Sinns von kleinen und großen, von punktuellen und umfassenden, von situativen und epochalen Handlungs*ergebnissen*.

Weil dergestalt prinzipiell die *gesamte* (sinnhafte) Lebenspraxis des Verstehens Gegenstand der Interpretation ist, sind nun eben nicht nur in Zeichen und Anzeichen ‚geronnene' Verhaltensweisen und der pragmatische Umgang mit diesen Gegenstände hermeneutischer Auslegung, sondern auch Rituale und Symbole. Metaphorisch ausgedrückt: Wollen die Zeichen und Anzeichen erkannt und anerkannt sein, so wollen die Rituale und Symbole be- und geachtet werden. Denn Rituale und Symbole verweisen über den Pragmatismus des Alltäglichen hinaus auf im Alltag grundsätzlich Nicht-Präsentes und fungieren im Alltag als Statthalter des das alltägliche Verstehen je Transzendierenden. Rituale und Symbole stehen in mehr oder weniger radikal unterschiedenen Verweisungszusammenhängen und sind somit unweigerlich mehrdeutig: weltlich und anderweltlich, wirklich und unwirklich, möglich und unmöglich zugleich. Nicht in allen Ritualen und Symbolen manifestiert sich nun vordergründig Ästhetisches. Viele bedeuten vor allem anderen anderes – Religiöses etwa, oder Politisches oder (historisch relativ jung) Selbst-Verherrlichendes; jedenfalls im großen Stil Transzendentes. Aber alle Rituale und Symbole lassen sich zumindest *auch* als in einer ästhetischen Einstellung erfahrbar bzw. auch als in der Subsinnwelt *ästhetischer* Phantasie gegeben deuten. Gleichwohl ist die ästhetische Phantasie keineswegs auf Rituale und Symbole begrenzt und auch nicht auf Kunst-Werke im weitesten Sinne. Die ästhetische Phantasie ist der ‚Raum' schlechthin der Erfahrung von Freiheit gegenüber dem pragmatisch als notwendig Erscheinenden. Auch die wie auch immer gearteten Manifestationen ästhetischer Phantasie sind mithin interpretationsbedürftig.

Wenn dergestalt die weit ausgreifende Suche nach der Frage, auf die die Lebenspraxis je antwortet, also das impliziert, was wir (in unserem Kulturkreis) „Hermeneutik" nennen, dann ist Hermeneutik die Auslegung der Lebenspraxis *als* verstehendem Vollzug. Und Hermeneutik ist dann folglich auch *eine* – zwar statistisch gesehen vielleicht nicht wahrscheinliche, gleichwohl stets mögliche und in historisch aufweisbaren Ausnahmen verwirklichte und somit wirkliche – Form des praktischen Lebensvollzugs, in deren Rahmen das Interpretierte ebenso zu bedenken ist wie das Interpretieren; also auch das Hermeneutische selber – als Haltung wie als Handlung.

## Methodologische Pointierung

Hermeneutik braucht stets Präsentes, und das Präsente braucht sie, soll sie falsifizierbar bleiben, als Fixiertes. Das Fixierte dokumentiert Protokolliertes. Protokolliertes zeichnet Verläufe von Handeln bestenfalls (registrierend) auf, normalerweise zeichnet es Handlungsverläufe (rekonstruierend) nach. Im einfachsten Fall appräsentiert der Rezipient so mittels eines vorliegenden *Textes* ein vergangenes Geschehen. Selbstredend ist stets *mehr* geschehen, als im Text – oder einer anderen Art von fixiertem Datum – dokumentiert ist. Für den Interpreten aber ist der Fall stets das im präsenten Dokument dokumentierte, ansonsten unwiderruflich vergangene und mithin intersubjektiv unwiederbringbare Nicht-Präsente. Um Verstehen verstehen zu können, muss man folglich – mehr als Texte im engeren Sinne, vielmehr alle möglichen Arten von Artefakten – ‚lesen' lernen. Und das wiederum erfordert zuvörderst die Fähigkeit und die Bereitschaft, hinzusehen, statt nur vorbeizuschauen. Ob man dadurch mehr recht *hat,* ist eine eher metaphysische Frage, ob man dadurch eher recht *bekommt,* hingegen eine durchaus empirische:

Auch dem rückwärtsgewandten Propheten droht leicht ein Kassandra-Komplex, falls er (wem und wie auch immer) nicht *zeigen,* sprich: nicht qua Verfahren glaubhaft machen kann, dass er mehr sieht als andere zu sehen meinen, die das, was er und wie er es sieht, nicht (so) sehen. Seine Interpretationen müssen Geltung beanspruchen können, bis sie begründet widerlegt werden. In der Konsequenz impliziert das (zumindest exemplarisch) Sequenzanalysen, weil diese zum Hinsehen zwingen und zugleich falsifizierbar machen, was man sieht. Wie viel es aber auch ist, das man sieht, ‚das Ganze' sieht man nicht, weil ‚das Ganze' per Definition mehr ist als das je Präsente. Wohl hingegen kann man das, was man zu sehen bekommt, nachvollziehbar als das begreifen und behandeln, was man sehen muss, weil es eben der ‚Fall' ist. Denn nicht aus der Quantität (oder gar einer Art von Repräsentativität) der Daten resultiert die Qualität der hermeneutischen Erkenntnis, sondern aus der methodischen Sicherung der Stringenz ihrer auf Verallgemeinerung hin orientierten sinnrekonstruierenden Auslegung des Einzelfalls im Verhältnis zu anderen, unter theoretischen Gesichtspunkten selegierten Einzelfällen.

Hans-Georg Soeffner verkörpert und repräsentiert zugleich anhaltend diese – im Verhältnis zu anderen Handlungsweisen relativ seltene – Form menschenmöglicher und mithin kulturwirklicher Lebenspraxis, die er selber im Anschluss an Helmuth Plessner bekanntlich als „Weltfrömmigkeit" etikettiert: Hermeneutik ist ihm jener (gesamtgesellschaftlich verloren gegangene) „Baldachin", der das überwölbt, was er tut, wofür er steht (und einsteht), was er (für sich und uns) ist und vermutlich auch, was er ‚morgen' sein wird: ein (historisch ebenso informierter wie literarisch gebildeter) Rekonstrukteur des ins Individuelle eingelassenen Kulturellen und des dem Kulturellen sich entziehenden Individuellen zugleich. Fast beiläufig resultiert daraus sein Vorschlag, die eigene Lebenspraxis stets mit zu bedenken – als Korrektiv (und mitunter auch als Bestätigung) der hermeneutischen

Auseinandersetzung mit Phänomenen kultureller Hoch- ebenso wie kultureller Geringschätzungen, mit Erhabenem also ebenso wie mit Gewöhnlichem und Abscheulichem, vor allem aber auch mit im Erhabenen verborgenen Trivialitäten und mit im Trivialen schlummernden Wertigkeiten.

## Anmerkung zur Konzeption

Alle Beiträgerinnen und Beiträger zu diesem Band klären ‚irgendwie' – ausdrücklich oder beiläufig – und sichern methodisch auf ganz unterschiedliche Arten und Weisen, wie sie wissen können, was sie zu wissen vermeinen. Die Frage, die sich stellt, ist mithin, ob (die) Hermeneutik sich als so weiter Baldachin aufspannen lässt, dass er bzw. sie alle diese Klärungsversuche überwölbt.

Nun wird es einerseits wohl wenig überraschen, dass der Herausgeber dieser Schrift „Hermeneutik als Lebenspraxis" als uneindeutiges Phänomen und selber interpretationsbedürftiges Programm begreift und *für* ein dementsprechend weites Verständnis von Hermeneutik *als Lebenspraxis* votiert, denn naheliegender Weise will er ja die Beiträge aller Autorinnen und Autoren unter diesem Sinndach versammelt wissen. Andererseits mag es doch überraschen, wie sehr ich (m)ein strenges Verständnis einer die Qualifizierung „interpretativ" rechtfertigenden Position zugunsten einer augenfälligen Pluralität von Deutungsansätzen auszusetzen geneigt bin. Die ‚Erklärung' dafür liegt ganz wesentlich in der signifikant hohen Bereitschaft, aus der Sicherheit des eigenen Tuns heraus das jenseits kanonisierender Engführungen jeweils Faszinierende an den multiplen Deutungspraktiken *anderer* (an) zu erkennen, die den Adressaten dieser Schrift in mehr als beeindruckendem Maße auszeichnet: Sein eigenes – auf Kant und Dilthey, auf Weber und Husserl, auf Mead und Plessner ausgreifendes, auf Goffman und Strauss, auf Schulz und Ungeheuer rekurrierendes und (trotz aller beider Aversionen gegen irgendeine Art von ‚Schul'-Bildung) an etlichen markanten Punkten deutlich mit Luckmann korrespondierendes – wissenschaftliches Denken ist ein strenges und klares Konzept sowohl als Handlung als auch als Haltung; seine Lebenspraxis jedoch ist zugleich geprägt von Offenheit gegenüber jeder Form von Vordergründigkeiten gegenüber um Konsequenz ringender Nachdenklichkeit.

Im Soeffnerschen Sinne begriffene Hermeneutik ist folglich sowohl eine empirische Praxis alltagsentlasteten Interpretierens als auch – als solche – eine reflexive Theorie alltäglichen und außeralltäglichen Handelns. Als Haltung und Handlung umfasst sie das Ästhetische ebenso wie das Pragmatische, das Religiöse ebenso wie das (Proto-)Soziologische, das Interkulturelle ebenso wie das Organisationale, das Politische ebenso wie das Anthropologische. Und mit diesem ‚Vorschlag' setzen sich nun die Autorinnen und Autoren der hier zur Diskussion gestellten Versammlung von Texten auseinander. Die und der Lesende möge diesen Band dementsprechend als Manifestation von durch Hans-Georg Soeffners Vorschlag herausgeforderter hermeneutischer Praxis in einem dezidiert weiten Sinne verstehen – und damit zugleich als selber wiederum auslegungsbedürftige, also als genuin hermeneutische Herausforderung:

Der Sinn ihrer Beiträge zu unserer Festschrift für Hans-Georg Soeffner resultiert wesentlich aus der je eigenen Lebenspraxis der Autorinnen und Autoren. Darum, zu verstehen, wie die Gratulantinnen und Gratulanten Verstehen je verstehen, kommt ohnehin keine Leserin und kein Leser ihrer Texte herum. Ob die Rezipientinnen und Rezipienten diese hermeneutische Schleife als solche wahrnehmen oder nicht wahrnehmen, wird wiederum mit *ihrer* je eigenen Lebenspraxis zusammenhängen. Der Lebenspraxis des Beschenkten jedenfalls sollte diese ganze Sinnrekonstruktion nicht nur intellektuell, sondern auch emotional wohl entsprechen: Auch wenn nur ein kleiner Teil der Menschen, mit denen er zu tun hat, an diesem Band hat mitwirken können, so sind es doch ausschließlich solche Menschen, mit denen er nicht nur zu tun hat, sondern um die es ihm auch ‚nachhaltig' zu tun ist – unter vielem anderen auch im Hinblick darauf, dass das, was sie entäußern, von anderen seinem je intendierten Sinn entsprechend verstanden werden möge.

## Literatur

Honer, A./Kurt, R./Reichertz, J. (Hrsg.) (1999): Diesseitsreligion. Zur Deutung der Bedeutung moderner Kultur (Hans-Georg Soeffner zum 60. Geburtstag). Konstanz: UVK.

Kurt, R. (2006): Hans-Georg Soeffner: Kultur als Halt und Haltung. In: Moebius, St./Quadflieg, D. (Hrsg.): Kultur. Theorien der Gegenwart. Wiesbaden: VS, S. 185–198.

Rehberg, K.-S. (2010): Handlungssinn und Utopieverzicht. Hans-Georg Soeffner zum 70. Geburtstag. In: Soziologie 39, H. 1, S. 9–18.

Reichertz, J. (2004): Das Handlungsrepertoire von Gesellschaften erweitern. Hans-Georg Soeffner im Gespräch mit Jo Reichertz. In: Forum Qualitative Sozialforschung (FQS) 5(3), Art. 29, http://nbn-resolving.de/urn:nbn:de:0114-fqs0403297.

Reichertz, J./Honer, A./Schneider, W. (Hrsg.) (2004): Hermeneutik der Kulturen – Kulturen der Hermeneutik. Zum 65. Geburtstags von Hans-Georg Soeffner. Konstanz: UVK.

Soeffner, H.-G.: Publikationen, http://www.kwi-nrw.de/home/profil-hsoeffner.html.

# Anthropologisches

Thomas S. Eberle

# Phänomenologie der olfaktorischen Wahrnehmung
Ein Beitrag zur Synästhesie der Sinne

Nach seinem brillanten Vortrag zum „Eigensinn der Sinne" (Soeffner 2012) bei den 3. Fuldaer Feldarbeitstagen im Jahr 2011 sagte Hans-Georg Soeffner zu mir: „In diese Richtung sollten wir unbedingt weiterforschen." Ich nickte zustimmend, stellte mir indes gleichzeitig innerlich die Frage: „Aber wann?" Die vorliegende Festschrift bietet die Gelegenheit, diesen Faden wieder aufzunehmen und einen kleinen Beitrag in diese Richtung zu leisten. Den Eigensinn der Sinne möchte ich am Beispiel des Geruchssinns aufgreifen. Zum einen verleitet mich dazu eine unvergessliche persönliche Erfahrung: Meine Frau Verena hatte nach einer Hirnblutung ihren Geruchssinn für längere Zeit verloren, konnte ihn aber Schritt für Schritt restituieren. Eine merkwürdige Koinzidenz war, dass wir just an derselben Tagung darüber berichteten (Eberle/Rebitzke Eberle 2012). Zum anderen wurde die erste bahnbrechende Arbeit zu einer „Soziologie des Geruchs" von Jürgen Raab (2001) als Dissertation bei Hans-Georg Soeffner verfasst.

Soeffner (2012) unternahm den Versuch, die Philosophische in eine Sozialwissenschaftliche Anthropologie zu übersetzen. Zum Ausgangspunkt nahm er Helmuth Plessners (1975/1929 und 1970) Studien zur menschlichen Wahrnehmung, in denen das Zusammenspiel und die Konkurrenz der Sinne beschrieben werden. Die Synästhesie ist eine widersprüchliche Einheit; sie konstituiert nicht ein einheitliches Ganzes, sondern vielmehr „eine mehrstimmige Komposition von einander ergänzenden oder korrigierenden, einander verstärkenden oder widersprechenden Sinnesempfindungen" (Soeffner 2012, S. 461). Daraus ergeben sich für die menschliche Kommunikation tiefgreifende Konsequenzen, die von sprachzentrierten Kommunikationstheorien nicht oder nur unzulänglich berücksichtigt werden, zum Beispiel die doppelsinnige Leib- und Körpergebundenheit der Sinne:

„(1) die Bindung der Wahrnehmung an den Leib des/der Wahrnehmenden und (2) die ‚primordiale Appräsentation' (Husserl, Schütz) des Körpers von ‚alter' in der individuellen Wahrnehmung von ‚ego'. Dabei unternehme ich den Versuch, Plessners Analyse der Synästhesie interaktionstheoretisch zu erweitern und umzuarbeiten zu einer *vorläufigen* Theorie (1) der vorsprachlichen Sinnes- und Leib-/Körper-basierten Konstitution (nicht Konstruktion!) von Intersubjektivität sowie (2) der daraus resultierenden, zumeist vorreflexiven, kommunikativen Reziprozitätsimaginationen" (Soeffner 2012, S. 461).

Zwischenmenschliche Kommunikation vollzieht sich vor allem durch Sprechen/Hören, Schreiben/Lesen und Bildkommunikation sowie durch die Deutung non-verbaler, meist körperlicher Anzeichen. Daran sind vor allem der Seh- und Hörsinn beteiligt; die Geruchswahrnehmung scheint nur eine untergeordnete Rolle zu spielen. Die wenigsten Kommunikationstheorien thematisieren die olfaktorische Wahrnehmung, auch wenn ein geläufiger Ausdruck des Alltagswissens lautet, dass man jemanden nicht riechen kann. Gerüche und Düfte bilden im Alltagsleben aber immer wieder den Gegenstand von Kommunikation: Man unterhält sich über Gerüche und Düfte, zelebriert sie zuweilen gar, wie bei einem köstlichen Essen oder einer Weindegustation. Bei solchen Interaktionen wird dann meist mit denselben anthropologischen Prämissen, sozialen Verstehensimaginationen und Transzendenzen operiert, wie sie Soeffner herausgearbeitet hat.

## Der Geruchssinn in naturwissenschaftlich-biologischer Perspektive

Olfaktorische Wahrnehmung, Geruchssinn, olfaktorischer Sinn und Riechwahrnehmung werden oft synonym mit der Wahrnehmung von Gerüchen verwendet. Der Geruchssinn ist sehr komplex, Günther Ohloff (2004, S. 27) bezeichnet ihn als „Sinn der Sinne". Da Gerüche mit einer (flüchtigen) chemischen Substanz verbunden sind, wird er – wie auch der Geschmackssinn – als „chemischer Sinn" bezeichnet. Es bietet sich daher an, die Gerüche chemisch und die Geruchsrezeptoren biologisch zu untersuchen. So befassen sich vorab Biologen, Biochemiker und Mediziner mit der Erforschung der Geruchswahrnehmung. Für ihre Erforschung der Riechrezeptoren und der Organisation des olfaktorischen Systems erhielten Richard Axel und Linda B. Buck im Jahre 2004 den Nobelpreis für Medizin. Es gehört zum Allgemeinwissen, dass das Geruchsorgan bei Säugetieren in der Nase sitzt und dass Hunde, Ratten und Mäuse einen wesentlich feineren Geruchssinn haben als Menschen. Die Riechschleimhaut von Menschen ist etwa $2 \times 5$ cm$^2$ groß – fünfmal kleiner als jene von Hunden – und umfasst etwa dreißig Millionen Riechzellen, die sich auf rund vierhundert verschiedene Rezeptoren verteilen. Menschen erkennen Millionen von Duftstoffen und können im

Verein mit Geschmackssensoren über zehntausend verschiedene Aromen unterscheiden. „Gerüche wirken deshalb so stark auf unsere Gefühle, weil sie einen altertümlichen Teil unseres Gehirns ansprechen, der unsere Emotionen und Erinnerungen steuert" (Schatz 2008, S. 40). Gerüche werden daher meist auch hedonisch bewertet.

Im Unterschied zu visuellen Objekten können Gerüche nicht vermessen und mit Zahleninduzierungen versehen werden. Die Naturwissenschaften laufen daher kaum Gefahr, die „Krisis der europäischen Wissenschaften" zu befördern, indem sie die Zauberwelt der Gerüche mit abstrakten Ideen verkleiden und deren Verankerung in den sinnlichen Füllen der konkret-anschaulichen Gestalten der Lebenswelt übersehen (wie Husserl 1954 monierte). Wer sich mit Gerüchen beschäftigt, muss zwangsläufig auf die menschliche Wahrnehmung rekurrieren. Es gibt keine naturwissenschaftlich begründbare, objektive systematische Klassifizierung der Gerüche; vielmehr müssen aufgrund subjektiver menschlicher Geruchswahrnehmungen ein Katalog von Geruchsqualitäten erstellt und für diese Referenzen identifiziert werden. Ohloff (1992, S. 11 ff.) berichtet, dass die Einteilung von Geruchsnoten in acht Grundgerüche, die sich auf natürlich vorkommende Geruchsquellen berufen, Geruchsanalytikern erlaubt, die olfaktorischen Eigenschaften eines Duftstoffes relativ genau zu beschreiben. Die acht Grundgerüche sind: blumig (z. B. Rosenduft), fruchtig (z. B. Erdbeerenduft), grün (z. B. Heu), würzig (z. B. Zimt), holzig (z. B. Zedernholz), harzig (z. B. Kiefernholz), animalisch (z. B. Fäkalien) und erdig (z. B. Schimmel).

Welche Rolle spielen Gerüche bei zwischenmenschlichen Kontakten? Der Biochemiker Gottfried Schatz berichtet hierzu erstens vom „T-Shirt-Sniffing-Experiment", bei dem Basler Forscher Männer mehrere Tage dasselbe Unterhemd tragen ließen; darauf bat man junge Frauen daran zu riechen und zu entscheiden, welches Unterhemd am angenehmsten rieche. Die Antworten waren individuell verschieden. Besonders aufregend war für die Biologen jedoch die Beobachtung, dass die Frauen meist die Gerüche jener bevorzugten, von denen sie sich genetisch am meisten unterschieden. Dies würde bedeuten, „dass die Individualität unseres Geruchssinns uns hilft, die genetische Vielfalt der Rasse zu erhalten" (Schatz 2008, S. 41). Zweitens beschäftigt sich Schatz in diesem Zusammenhang auch mit den mysteriösen Pheromonen: Gegen bewusst wahrgenommene Gerüche könne man sich wehren; beunruhigend wäre hingegen, wenn uns gewisse Duftstoffe, die wir unbewusst wahrnehmen, zu ungewollten Affekthandlungen zwängen. Im Tierreich wimmle es von solchen Pheromonen; eine Maus verfüge wahrscheinlich über dreihundert Pheromonsensoren. Wahrscheinlich hätten auch unsere Vorfahren so viele Geruchs- und Pheromonsensoren gehabt wie Mäuse, doch seien diese in den letzten 3,2 Millionen Jahren zunehmend verkümmert.

Neueste Forschungsresultate behaupten indes, dass der menschliche Geruchssinn weit besser erhalten und ausgebildet sei als bisher angenommen. Eine Studie, die an der Rockefeller University durchgeführt und soeben in *Science* veröffentlicht wurde, behauptet aufgrund von Experimenten und anschließenden Hochrechnungen, dass der Mensch fähig sei, nicht nur zehntausend, sondern eine Billion Duftnoten voneinander zu unterscheiden (Bushdid et al. 2014, S. 1370). Der Mitautor Andreas Keller sagt in einem Interview (2014, S. 32), der Mensch könne viel besser riechen als sehen, und Gerüche übten eine große Macht über uns aus. Ungewöhnlich sei dabei die hohe genetische Variabilität des Geruchssinns.

## Zu einer Phänomenologie der olfaktorischen Wahrnehmung

### Zum Forschungsstand

In seiner Aufarbeitung des Standes der Forschungsliteratur zur olfaktorischen Wahrnehmung beschäftigt sich Raab (2001, S. 54–72) auch mit dem Geruch und dessen Bewertung in der Philosophie. Er kommt zu dem Schluss, dass bei aller Unterschiedlichkeit der einzelnen philosophischen Positionen eine Grundtendenz in der Argumentation erkennbar sei, das Materielle und das Animalische zu verwerfen und sich dem Metaphysischen zuzuwenden. Selbst Plessner vertritt in seiner „Anthropologie der Sinne" (1970, S. 193) eine *Hierarchie der Sinne:* Das Riechen gehört zu den „niederen" Sinnen.

Angesichts der Tatsache, dass Husserl eingehende Untersuchungen der Wahrnehmung vorgelegt hat, überrascht es, dass Raab die Phänomenologie mit keinem Wort erwähnt. Doch in der Tat fand ich trotz intensiver Recherchen bei Husserl kein Wort zum Thema Geruchssinn, auch nicht bei seinen Ausführungen zur Hyletik. Noch erstaunlicher ist es, dass selbst Merleau-Ponty in seiner leibzentrierten „Phänomenologie der Wahrnehmung" (1966) die olfaktorische Wahrnehmung völlig übergeht. Dasselbe gilt auch für Erwin Straus und sein Buch „Vom Sinn der Sinne" (1956/1936).

Auch der Begründer der „Neuen Phänomenologie", Hermann Schmitz, befasst sich nirgends mit der Geruchswahrnehmung. Er setzte sich zum Ziel, die unwillkürliche Lebenserfahrung freizulegen, indem er gegensteuert gegen die „drei großen Ablenkungen" welche die gewachsene Sprache mitgeformt haben: (1) die (vornehmlich antike) Philosophie; (2) die (vornehmlich spätantike und mittelalterliche) Theologie; und (3) die (vornehmlich neuzeitliche) Naturwissenschaft (Schmitz 2009, S. 9–18). Gegenüber der älteren Phänomenologie (Husserl, Heidegger) zeichne sich die Neue Phänomenologie durch „empiristische Bescheidenheit" aus, was ihre Anschlussfähigkeit an die Wissenschaften befördere. Im Rahmen dieses Ansatzes sind eine Reihe von Feldstudien entstanden, wie etwa „Fundsachen der Sinne" (Hasse 2005) oder eine Studie zur Lautwahrnehmung und Sprachphysiognomik (Volke 2007). Im Sammelband „Näher dran? Zur Phänomenologie des Wahrnehmens" (Kluck/Volke 2012) findet sich ein (einziger) Beitrag zur olfaktorischen Wahrnehmung: Raumgerüche und Geruchsräume von Mădălina Diaconu (2012). Diaconu legte kürzlich auch eine Einführung in die „Phänomenologie der Sinne" (2013) vor.

## Konstitution der Geruchswahrnehmung

Die phänomenologische Erkenntnistheorie muss gemäß Husserl bei der Wahrnehmung ansetzen. Die Wahrnehmung bildet den Urmodus der Anschauung. In der primordialen Sphäre konstituieren sich die sinnlichen Füllen der konkret-anschaulichen Phänomene in passiven Synthesen und unmittelbarster Evidenz. In unserem Zusammenhang besonders relevant ist Husserls Unterscheidung zwischen Empfindung und Wahrnehmung. Beide vollziehen sich im „inneren Zeitbewusstsein" und sind untrennbar mit dem Leib verbunden, der den „Nullpunkt aller Orientierungen" (1952b, S. 158) bildet. Empfindungen stellen die fundierende, hyletische Schicht jeder Gegenstandskonstitution, quasi das „Rohmaterial" dazu dar. Empfindungen alleine konstituieren noch kein „Ding", bilden aber verschiedene „Sinnesfelder" (1952c, S. 5). Husserl unterscheidet dabei Farb-, Ton-, Tast- sowie kinästhetische Empfindungen. In der Transzendentalphänomenologie bilden Empfindungen ein eigenes Forschungsfeld, die „reine Hyletik". Diese hat zur Aufgabe, die Korrelationen zwischen „sensueller Hyle" und „intentionaler Morphé" (1952a, S. 191) in verschiedenen Bewusstseinsmodalitäten zu analysieren. Dieser Bereich blieb in der Phänomenologie allerdings marginal, da Husserl sich vor allem mit den Intentionalitäten beschäftigte (Breyer 2010). Ein „Ding", eine konkrete Gegenständlichkeit, entsteht erst durch die sinnkonstituierenden egologischen Bewusstseinsleistungen der „Apperzeption", also durch einen intentionalen Wahrnehmungsakt.[1]

Im Folgenden wird der Versuch unternommen, auf der Basis von Husserls Analysen der Empfindung und Wahrnehmung das näher zu untersuchen, was unser Geruchssinn erfasst. Dabei wird auf die Weiterführung der

---

[1] Im Fortgang seiner Untersuchungen analysierte Husserl auch weitere Intentionalitäten, z.B. die Gegebenheitsweisen der Phänomene in der Retention, in der Erinnerung, in der Imagination, usw., und stellte sie in der transzendentalen Reduktion jenen der Wahrnehmung gleich.

phänomenologischen Lebenswelt-Analyse durch Alfred Schütz abgestellt. Auch Schütz beschäftigt sich nirgends mit dem Olfaktorischen. In seinen Frühschriften spricht er noch von „Sinneseindrücken" und führt sorgfältige Analysen leiblicher Qualitätserlebnisse und Sinnbilder durch (z. B. das Qualitätserlebnis *meines Fingers* in: Schütz 2006, S. 126). Im *Sinnhaften Aufbau* (Schütz 2004, S. 142) zitiert er noch Husserls Begriff der „Impression", an die bereits im nächsten Moment die Retention, die primäre Erinnerung anschließt, spricht selbst im Folgenden aber nur noch von „Erlebnis" (und nicht mehr von „Sinneseindrücken"). Ein Erlebnis konstituiert sich nach Schütz erst im reflexiven Blick als sinnhaftes, indem dieser es „so als ein von allen anderen Erlebnissen in der Dauer wohlunterschiedenes heraushebt" (Schütz 2004, S. 173). Husserls „attentionale Modifikationen" baut Schütz später zu einer differenzierten (Proto-)Theorie von Typik und Relevanz aus. Damit erschließt er auch das „Pragma" der Lebenswelt (Srubar 1988). „Letzten Endes", so zitiert Soeffner (2000, S. 192) G. H. Mead (1980, S. 123), „hängt, was wir sehen, hören, fühlen, schmecken und riechen, von dem ab, was wir tun, und nicht umgekehrt [...]. Der sogenannte Reiz ist eine Gelegenheit für solche Empfindungen, nicht aber die Ursache." Husserls abgestufte Intentionalitäten und Schütz' Untersuchungen des Sinns von Verhalten und Handlung erfassen das, was Mead hier mit „Tun" meint, allerdings wesentlich präziser. Schütz' Relevanztheorie zieht auch in Rechnung, dass es nicht nur selbst gewählte, sondern auch auferlegte Relevanzen gibt (Schütz/ Luckmann 2003, S. 252 ff.).

Husserls Analysebeispiele bestehen vor allem aus visuellen Gegenständen, z. B. einem Baum oder – immer wieder – einer Schachtel (deren geometrische Form uns letztlich zu ihrem Eidos führt); manchmal beschäftigt er sich auch mit einem Ton. Im Folgenden wird versucht, seine Analysen auf die Geruchswahrnehmung zu übertragen. Gerüche verflüchtigen sich rasch oder wir gewöhnen uns an sie, sodass sie nicht mehr wahrgenommen werden. Dazu kommt, dass wir in natürlichen Situationen – im Gegensatz zu experimentellen Laborsituationen – selten nur einem einzigen Duft, sondern meist Duftmischungen bzw. Geruchskomplexen ausgesetzt sind, sodass es schwer fällt, einzelne Düfte oder Gerüche zu differenzieren und zu typisieren. Da unser Leib ununterbrochen atmen muss, sind unsere Riechrezeptoren dauernd irgendwelchen Gerüchen ausgesetzt. Ob wir sie wahrnehmen, hängt vom jeweiligen subjektiven Relevanzsystem ab; oft sind wir in unseren Handlungsroutinen derart mit dem, was wir sehen und hören, beschäftigt, dass wir die Gerüche gar nicht beachten. Überschreiten diese das gewohnte Maß, drängen sie sich uns jedoch auf und wir können gar nicht anders, als sie wahrzunehmen. Bekannte Erfahrungen sind etwa ein intensiv süßlicher Duft aus der Confiserie oder eines (zu) starken Parfüms einer Person einerseits, oder ein penetranter Gestank andererseits (in einem öffentlichen WC oder wenn ein Bauer die Jauche ausbringt, was meist kilometerweit zu riechen ist). Manchmal fühlen sich Leute derart durch Gerüche belästigt, die Andere verursachen, dass sie vor Gericht klagen.[2]

Schütz beschrieb mit dem Leibnizschen Begriff der „petites perceptions", dass jedes im thematischen Fokus stehende Phänomen von einem Horizont „kleiner Perzeptionen" umgeben ist, die undeutlich an den Rändern unseres Bewusstseins figurieren und zum unbefragten Boden der Lebenswelt gehören. Schütz hatte dabei visuelle Perzeptionen im Blick. Auf die olfaktorische Wahrnehmung übertragen meint dies: Hyletische Riechstoffe sind immer vorhanden; wir nehmen sie aber erst dann als Gerüche wahr, wenn wir uns ihnen intentional zuwenden – aus eigener oder auferlegter Motivation. Mit der intentionalen Zuwendung wird die bloße Empfindung überschritten und die Hyle konstituiert sich in einem egologisch-intentionalen Wahrnehmungsakt zu einem „Etwas": Wir riechen einen Geruch. Solche passiven Synthesen des subjektiven Bewusstseins vollziehen sich auf einer vorsprachlichen Ebene, sind also präprädikativer Art. Bei Gerüchen ist dies eklatant: Wir können viele Gerüche bzw. Geruchskomplexe wahrnehmen, ohne sie benennen zu können, und doch erkennen und wiedererkennen wir sie als solche. Oft sind Gerüche allgemeiner Bestandteil der Raumatmosphäre: Wir kennen (und wiedererkennen) beispielsweise den Geruch(skomplex) unseres Hauses, unseres Büros oder der von uns frequentierten Hörsäle, aber auch etwa jenen der Wohnungen von Verwandten und Freunden. Gerüche gehören auch zum Kontext vieler Handlungen: Wir kennen (und wiedererkennen) den Geruch von Druckerschwärze beim Lesen der Zeitung, den Duft von Erde, Gras und Blüten, wenn wir im Garten arbeiten, oder den Geruch von Gemüse, das wir beim Kochen zurüsten. Auch unser Computer verbreitet einen feinen Geruch, wenn er sich erhitzt. Hyletische Riechstoffe sind – mehr oder weniger – immer vorhanden. Häufig wecken Gerüche auch Assoziationen an andere Gerüche: Es riecht nicht nur, sondern es riecht „nach Weihnachten", „nach Sonne, Strand und Meer" oder „nach dem Mief verstaubter Archive".

Wichtig erscheint mir an diesem Punkt, *Raumgerüche vom Geruch konkret identifizierbarer Gegenständlichkeiten zu unterscheiden,* auch wenn sich realiter beide durchdringen. In ihrem Beitrag „Raumgerüche und Geruchsräume" versucht Mădălina Diaconu (2012), die Geruchsräume im Anschluss an Schmitz' Unterscheidung von Weiteraum, Richtungsraum und Ortsraum

---

[2] Ende März 2014 hat das Zürcher Bezirksgericht einen „Geruchsentscheid" gefällt: Das Zunfthaus zur Zimmerleuten darf unter den Arkaden am Limmatquai in Zürich weiterhin Open-Air-Fondue anbieten. Der Betreiber des angrenzenden Geschäfts fühlte sich „durch den fortwährenden starken Käsegeruch massiv belästigt" (Das stinkt ... 2014).

phänomenologisch als strukturierte Erlebnisräume zu beschreiben. Wie Schälle, haben Gerüche paradoxerweise ein Volumen, aber keine Flächen, Linien und Punkte, zitiert sie Schmitz (1967, S. 387; Diaconu 2012, S. 37). In der Annahme, dass die Voluminosität bzw. „Tiefe" im phänomenalen Sinne bei kreierten Düften einfacher zu spüren sei, wendet sie sich schließlich den Theorien der Parfümerie zu (Diaconu 2012, S. 47 ff.). Erstens sprechen auch diese vom *Volumen* eines Parfüms, meinen damit allerdings den physischen, nicht den phänomenalen Raum. Zweitens sprechen sie mit der Unterscheidung von Kopf-, Herz- und Basisnote von der olfaktorischen *Form;* diese entspricht drei Volatilitätsstufen der Duftstoffe, ebenfalls im raumzeitlichen Sinn – und geht mit der Erfahrung des Verblassens des Eindrucks von Voluminosität bei zunehmendem Abstand einher. Drittens wird die *Duftqualität* eines Parfüms nach *Klarheit, Glanz* und *Aura* beschrieben. Bemerkenswert ist in diesem Kontext, dass die französische Parfümindustrie die Nasen ihrer Experten als besonders „gebildet (éduqué)" bezeichnet.

Raumgerüche und Parfümdüfte sind komplexe Düfte; sie können diffusraumfüllend oder konzentriert-stechend sein. Oft bilden sie Mixturen, die sich nicht leicht beschreiben lassen. Diaconu (2013, S. 147) beruft sich auf Hubert Tellenbachs „Phänomenologie des Oralsinns", „in deren Zentrum die atmosphärische Ausstrahlung (Aura) von Personen und Orten und das atmosphärische Gespür stehen". Der Oralsinn ist ein Sinn der Nähe, der nicht nur Fremdes, sondern auch Vertrautes erkennen lässt. Er ist auch der Sinn des Gedächtnisses: Gerüche lassen vergangene Welten wieder erstehen und aufblühen; und Geruchserinnerungen reichen auf frühere Lebensepisoden zurück als Worte (Diaconu 2013, S. 151).

Bei dominanten Gerüchen versuchen wir oft unter Zuhilfenahme unseres visuellen Sinnes die Geruchsquelle zu identifizieren. Relativ eindeutig gelingt dies oft beim *Geruch konkret-anschaulicher Gegenstände.* Fast jeder Gegenstand hat einen bestimmten Geruch. Üblicherweise fehlt uns ein elaboriertes Vokabular, um Düfte differenziert zu beschreiben. Aber wir können Gerüche erkennen und verdinglichen sie in der Regel, indem wir sie bestimmten Gegenständen zuschreiben. Wir identifizieren einen Geruch dann als *Geruch dieses Gegenstandes.* So riecht Holz nach Holz, eine Bratwurst nach Bratwurst, Rauch nach Rauch, ein Bier nach Bier und ein Plastiksack nach Plastiksack. Dies entlastet uns von der überwältigenden Herausforderung, in Expertenmanier Düfte und Gerüche mit Hilfe elaborierter Vokabularien differenziert zu charakterisieren. Vielmehr genügt es für alle praktischen Zwecke, auf das symbolische Inventar unseres Alltagswissens zu verweisen, mit dessen Hilfe konkrete Gegenständlichkeiten unserer Lebenswelt erfolgreich typisiert werden können. Laien können die Geruchsqualitäten oft nicht beschreiben, aber deiktisch verweisen auf das, was einen Geruch verbreitet: Es riecht nach …; oder es riecht wie … Diese Entlastungsfunktion ist nur möglich dank der *Synästhesie* in Plessners Sinne, dank des Zusammenwirkens unserer verschiedenen Sinne: Gerüche werden an konkreten Gegenständen festgemacht, die mit den anderen Sinnen – Sehsinn, Hautsinn, Tastsinn usw. – wahrgenommen wurden. Dank der Synästhesie können Erlebniswelten in Geruchserinnerungen verankert werden.

## Zur Rekonstitution der olfaktorischen Wahrnehmung – eine synästhetische Therapie

Wie eingangs erwähnt, war ich durch mein nahes soziales Umfeld auch lebensweltlich mit dem Problem konfrontiert, wie eine verlorene Geruchswahrnehmung wieder rekonstituiert werden kann. Meine Frau Verena erlitt eine Hirnblutung, wurde neurochirurgisch operiert und anschließend für mehrere Wochen in ein künstliches Koma versetzt. Nachdem sie aufgewacht war, begann eine lange Rehabilitationszeit. Ihre Wahrnehmungssinne funktionierten alle, die neurologische Verarbeitung der Reize aber nicht. Die visuelle Wahrnehmung gelang von Anfang an: Sie konnte Personen und Dinge erkennen, auch Zahlen und Buchstaben, konnte allerdings anfangs noch nicht deren Sinn erkennen (sie sah Buchstaben als Zeichen, verstand sie aber nicht). Die auditive Wahrnehmung war gestört: Sie litt unter einem dröhnenden Tinnitus und ihr Gehirn vermochte die Signale der beiden Hörkanäle nicht mehr synchron zu verarbeiten; sie hörte alles zeitlich versetzt, mit einem Echo statt stereo. Auch ihr Temperatursinn funktionierte nicht mehr: Das erste Jahr verbrannte sie sich immer wieder empfindlich an der Herdplatte oder an anderen heißen Gegenständen, weil das Signal „heiß!" im Gehirn zu langsam verarbeitet wurde. Empfindlich gestört waren auch ihre Geruchs- und Geschmackswahrnehmung (Eberle/Rebitzke Eberle 2012; Eberle 2013).

Die Sinne funktionierten, aber nicht die neurologische Verarbeitung der Sinnesdaten. So beklagte sich die Patientin täglich, dass ihr der allerorts herrschende Gestank erheblich zu schaffen mache. Sie nahm sämtliche Gerüche unipolar wahr, alles war Gestank. Sie konnte den Geruch von Schokolade, Kaffee und Gebäck nicht unterscheiden vom Geruch von Urin, Kot oder Erbrochenem – sie empfand alles als extrem übelriechend. Mut machte ihr ein Arzt, der ihr versicherte, aus dieser Kakosmie finde sie wieder heraus. Sie, praktizierende Logopädin mit einer Zusatzausbildung in Wahrnehmungstherapie, entwickelte selbst Ideen, wie sie ihre Geruchswahrnehmung restituieren konnte. Sie begann an Fläschchen zu riechen, in welche stark und eindeutig duftende Gewürze abgefüllt waren: Anis, Zimt, Nelken, Vanille, dann zunehmend auch feiner riechende Gewürze wie Oregano, Basilikum, Thymian, Estragon. Schrittweise begann sie sich an diese Düfte wieder zu erinnern und lernte wieder, sie zu erkennen. Der entscheidende (auto-) therapeutische Fortschritt setzte indes ein, als sie ihren zweijährigen Enkel beobachtete und imitierte: eine Frucht mit Fingern und Händen greifen und abtasten, mit den Augen rundum betrachten, daran riechen, sie in den Mund nehmen und dabei die Textur auf der Zunge spüren und den Geschmack erkunden. Entscheidend für die Rekonstitution der olfaktorischen Wahrnehmungsakte war also ihre Einbettung in eine synästhetische Gesamterfahrung konkreter Gegenstände. Anfangs konnte sie beim Essen höchstens zwei verschiedene Gerüche gleichzeitig ertragen, z. B. Bratwurst und Blumenkohl, ohne Gewürze. Schrittweise erhöhte sie die Anzahl, bis sie jetzt, nach sieben Jahren, wieder komplexe Gerichte mit einer ganzen Symphonie verschiedener Aromen und Düfte genießen kann. Auch Raumgerüche sind wieder ertragbar geworden.

## Das Olfaktorische im Kontext der Synästhesie

Kehren wir nach diesen phänomenologischen Erörterungen zurück zu Soeffners Vorschlag, Plessners Theorie der Synästhesie interaktionstheoretisch zu erweitern. Soziale Koordinationsleistungen verlassen sich meist auf den Sehim Verbund mit dem Hörsinn. Bereits Schütz hat sowohl die reziproken Blickrichtungen in der Wir-Beziehung als auch das „tuning in" im gemeinsam Musizieren herausgearbeitet. Der Geruchssinn spielt – zumindest in unserer westlichen Kultur – für die Interaktionslogik in der Regel eine marginale Rolle, es sei denn bei Kontakten mit großer körperlicher Nähe, wie beispielsweise in einem Gedränge, im Pflege- und Therapiebereich, beim Sport, bei erotischen und sexuellen Begegnungen oder im Kontakt mit eigenen (Klein-)Kindern. Wen man im Einzelnen riechen mag und wen nicht – vgl. das T-Shirt-Experiment – ist individuell verschieden. Die Biologie erachtet es als erwiesen, dass dies auf genetischen Unterschieden beruht. Genauso plausibel ist indes die These, dass das Riechen von Gerüchen ein erlernter intentionaler Wahrnehmungsakt ist, der – situationsspezifisch – kulturell und gesellschaftlich gefördert oder marginalisiert werden kann. Man kann Gerüche weitgehend unbeachtet lassen, den Geruchssinn durch Alkohol- und Tabakkonsum gar betäuben; bei intentionaler Zuwendung lässt sich die olfaktorische Wahrnehmung aber auch beträchtlich ausdifferenzieren.

Interaktionstheoretisch gesehen beziehen sich diese Beispiele von Geruchswahrnehmung auf den Körper des Anderen, nicht auf dessen Leib; sie verweisen also einerseits auf die Bindung der Geruchswahrnehmung an den Leib des Wahrnehmenden und andererseits auf die primordiale Appräsentation des Körpers von ‚alter' in der individuellen Geruchswahrnehmung von ‚ego'. Das Bewusstsein des Anderen, das ‚alter ego', bildet für ‚ego' eine mittlere Transzendenz: Es ist nur über Zeichen und Anzeichen zugänglich. Der Mensch ist ein ‚animal symbolicum', der konkrete Andere wird – so Soeffner (2012, S. 469) – in einem existenziellen Sinne zum Symbol. Und diese ‚symbolische Lektüre' affiziert in uns ‚Gemütsbewegungen', „die sich uns als *präreflexive, unmittelbare Mit-Empfindungen aufzwingen*". Was der Andere konkret riecht, lässt sich nur sprachlich vermitteln – über Gesten lediglich in sehr rudimentärer Form – und findet daher an der eigenen sprachlichen Armut seine Grenze. Im Unterschied zu den technischen ‚Organverlängerungen' oder ‚Sinnesprothesen' des Seh- und Hörsinns (Brille, Fernglas, Mikroskop, Mikrophon, Lautsprecher, Klangkörper usw. – Soeffner/Raab 2004) – gibt es für den Geruchssinn keine vergleichbaren Hilfsmittel. Umso riskanter sind diesbezüglich die „Verstehensfiktionen" (Soeffner 2012, S. 470), mit denen wir im Alltag operieren. Angesichts der Subjektivität der olfaktorischen Wahrnehmung fragt man sich allerdings, ob wir überhaupt um solche herum kommen: Es wäre eine sorgfältige empirische Studie wert, zu untersuchen, mit welchen Geruchssemantiken Parfümspezialisten und Weinliebhaber konkret operieren und aufgrund welcher Kriterien jemand zum „Master of Wine" bzw. zum Parfümexperten gekürt wird. Eine Voraussetzung dazu ist offensichtlich die Fähigkeit, die subjektive Geruchs- und Geschmackswahrnehmung so mit einer differenzierten intersubjektiven Typik und Semantik zu verbinden, dass Beschreibungen replizierbar sind.

Ziel des vorliegenden Beitrags war es, einige Schritte in Richtung einer Phänomenologie der olfaktorischen Wahrnehmung zu unternehmen. Letztere blieb im Abendland kulturgeschichtlich lange geringgeschätzt und bildete auch eine Leerstelle in der bisherigen Phänomenologie. Im Laufe meiner Erörterungen bin ich zum Schluss gekommen, dass die Geruchswahrnehmung einen Eigensinn hat, aber mit den anderen Sinnen in besonderem Maße in Verbindung steht; niemand läuft herum und lässt sich nur von seiner Nase leiten, sondern man riecht „etwas" im Zusammenspiel mit visuellen, auditiven und anderen Sinneswahrnehmungen. Für die olfaktorische Wahrnehmung ist daher eine Optik der Synästhesie besonders wichtig. Da eine mundanphänomenologische Betrachtung stets beim ‚ego-cogito-cogitatum' ansetzt, beobachtete ich mich beim Schreiben dieses Essays auch selbst. Ich erkannte, wie wenig ich im Alltagsleben meinen Geruchssinn einsetze und wie sehr ich mich auf Augen und Ohren verlasse. Dabei erinnerte ich mich, dass Gerüche für mich als Kind eine wesentlich bedeutendere Rolle spielten. Soeffners Hermeneutik, als reflexive Theorie alltäglichen (und außeralltäglichen) Handelns, empfiehlt die eigene Lebenspraxis stets mitzudenken. Ich tat dies, nicht nur als Korrektiv meiner hermeneutischen Auslegungspraxis, sondern auch – im Marxschen Sinne – zur Veränderung meiner bisherigen Lebenspraxis. Seither begleitet mich im Alltagsleben die *reflexive*

*Leitfrage:* In welchem Ausmaß und auf welche Weisen lebe ich momentan ein sinnliches Leben?

## Literatur

Breyer, T. (2010): Stichworte „Empfindung" und „Wahrnehmung". In: Gander, H.-H. (Hrsg.): Husserl-Lexikon. Darmstadt: Wissenschaftliche Buchgesellschaft, S. 82–84 und S. 306–308.
Bushdid, C./Magnasco, M. O./Vosshall, L. B./Keller, A. (2014): Humans Can Discriminate More than 1 Trillion Olfactory Stimuli. In: Science 21, March, S. 1370–1372.
Das stinkt dem Kläger erst recht. In: Tages-Anzeiger (Zürich) vom 27.3.2014, S. 17.
Diaconu, M. (2012): Raumgerüche und Geruchsräume. In: Kluck, S./Volke, S. (Hrsg.): Näher dran? Zur Phänomenologie des Wahrnehmens. Freiburg/München: Karl Alber, S. 27–50.
Diaconu, M. (2013): Phänomenologie der Sinne. Stuttgart: Reclam.
Eberle, T. S. (2013): Regaining Sense-Connexions after Cerebral Hemorrhage. In: Schutzian Research 5, S. 81–102.
Eberle, T. S./Rebitzke Eberle, V. (2012): „Alles war ohne Inhalt, ohne Bedeutung." Der Umgang mit den Folgen einer Hirnblutung. In: Schröer N./Hinnenkamp, V./Kreher, S./Poferl, A. (Hrsg.): Lebenswelt und Ethnographie. Essen: Oldib, S. 325–343.
Hasse, J. (2005): Fundsachen der Sinne. Eine Phänomenologie alltäglichen Erlebens. Freiburg/München: Karl Alber.
Husserl, E. (1952a): Allgemeine Einführung in die reine Phänomenologie. 1. Buch. Husserliana Bd. III (hgg. v. W. Biemel). Den Haag: Martinus Nijhoff.
Husserl, E. (1952b): Phänomenologische Untersuchungen zur Konstitution. 2. Buch. Husserliana Bd. IV (hgg. v. W. Biemel). Den Haag: Martinus Nijhoff.
Husserl, E. (1952c): Die Phänomenologie und die Fundamente der Wissenschaften. 3. Buch. Husserliana Bd. V (hgg. v. W. Biemel). Den Haag: Martinus Nijhoff.
Husserl, E. (1954): Die Krisis der Europäischen Wissenschaften und die transzendentale Phänomenologie. Eine Einleitung in die Phänomenologische Philosophie. Husserliana Bd. VI (hgg. v. W. Biemel). Den Haag: Martinus Nijhoff.
Keller, A. (2014): Ein guter Riecher. Interview. In: Tages-Anzeiger (Zürich) vom 26.3.2014, S. 32.
Kluck, S./Volke, S. (Hrsg.) (2012): Näher dran? Zur Phänomenologie des Wahrnehmens. Freiburg/München: Karl Alber.
Mead, G. H. (1980). Gesammelte Aufsätze. Bd. 1 (hgg. v. H. Joas). Frankfurt am Main: Suhrkamp.
Merleau-Ponty, M. (1966): Phänomenologie der Wahrnehmung. Berlin: de Gruyter.
Ohloff, G. (1992): Irdische Düfte, Himmlische Lust. Eine Kulturgeschichte der Duftstoffe. Basel/Boston/Berlin: Birkhäuser.
Ohloff, G. (2004): Düfte. Signale der Gefühlswelt. Zürich: Helvetica Chimica Acta.
Plessner, H. (1970): Anthropologie der Sinne. In: Plessner, H. (Hrsg.): Philosophische Anthropologie. Lachen und Weinen. Das Lächeln. Anthropologie der Sinne. Frankfurt am Main: S. Fischer, S. 187–251.

Plessner, H. (1975/1929): Die Stufen des Organischen und der Mensch. Einleitung in die philosophische Anthropologie. Berlin: de Gruyter.
Raab, J. (2001): Soziologie des Geruchs. Konstanz: UVK.
Schatz, G. (2008): Jenseits der Gene. Essays über unser Wesen, unsere Welt und unsere Träume. Zürich: Verlag Neue Zürcher Zeitung.
Schmitz, H. (1967): System der Philosophie. Band III/1. Bonn: Bouvier.
Schmitz, H. (2009): Einführung in die Neue Phänomenologie. Freiburg/München: Karl Alber.
Schütz, A. (2004): Der sinnhafte Aufbau der sozialen Welt. Eine Einleitung in die verstehende Soziologie. ASW Bd. II (hgg. v. M. Endress und J. Renn). Konstanz: UVK.
Schütz, A. (2006): Sinn und Zeit. Frühe Wiener Studien. ASW Bd. I (hgg. v. M. Michailow). Konstanz: UVK.
Schütz, A./Luckmann, Th. (2003): Strukturen der Lebenswelt. Konstanz: UVK.
Soeffner, H.-G. (2000): Gesellschaft ohne Baldachin. Über die Labilität von Ordnungskonstruktionen. Weilerswist: Velbrück.
Soeffner, H.-G. (2012): Der Eigensinn der Sinne. In: Schröer, N./Hinnenkamp, V./Kreher, S./Poferl, A. (Hrsg.). Lebenswelt und Ethnographie. Essen: Oldib, S. 461–474.
Soeffner, H.-G./Raab, J. (2004): Sehtechniken. Die Medialisierung des Sehens. Schnitt und Montage als Ästhetisierungsmittel medialer Kommunikation. In: Soeffner, H.-G. (Hrsg.). Die Auslegung des Alltags – Der Alltag der Auslegung. Konstanz: UVK, S. 254–284.
Srubar, I. (1988): Kosmion. Die Genese der pragmatischen Lebenswelttheorie von Alfred Schütz und ihr anthropologischer Hintergrund. Frankfurt am Main: Suhrkamp.
Straus, E. (1956/1936): Vom Sinn der Sinne. Ein Beitrag zur Grundlegung der Psychologie. 2. Auflage. Berlin, Göttingen, Heidelberg: Springer.
Tellenbach, H. (1968): Geschmack und Atmosphäre. Medien menschlichen Elementarkontaktes. Salzburg: Otto Müller.
Volke, S. (2007). Sprachphysiognomik. Grundlagen einer leibphänomenologischen Beschreibung der Lautwahrnehmung. Freiburg/München: Karl Alber.

Alois Hahn

# Affekt und Emotion als hermeneutisches Problem[1]

Die Soziologie hat sich mit den Affekten unter verschiedenen Aspekten beschäftigt.

Zunächst einmal hat sie sich mit der *Entstehung von Emotionen* befasst. Dabei wurde zwar nicht geleugnet, dass es für Emotionen Korrelate im biophysischen Substrat gibt. Insofern würde die neuere Hirnforschung bei Soziologen offene Türen einrennen, wenn sie auf cerebrale Vorstrukturierung allen psychischen Geschehens verweist. Aber geformte Emotionen sind etwas anderes als das, was übrig bliebe, wenn man alle kulturelle Überformung anthropologisch konstanter Impulse eliminierte. Emotionen sind das, was sie sind, jeweils als Resultat soziokultureller Prägungen, das sich im Prozess der Sozialisation, der Erziehung und der lebendigen Auseinandersetzung des Individuums mit sich und seiner Umwelt „als geprägte Form, die lebend sich entwickelt", dynamisch und nur zum Teil irreversibel biographisch herausbildet. Emotionen sind Sinneinheiten, jedenfalls erlebt unser Bewusstsein sie als solche, was immer die im biotischen System gegebenen Auslöser für sie sein mögen. Im Erleben zumindest erwachsener Menschen erscheinen Gefühle auch nicht als inhaltsleer, was sie im neurophysiologischen Bereich zunächst zu sein scheinen. Anders formuliert: Worauf die Gefühle auslösenden neuronalen oder biochemischen Vorgänge auch immer reagieren mögen – es scheint so, als korrespondiere ihnen ein eindeutig lokalisierbares Areal im Gehirn –, bewusste Gefühle sind diesen gegenüber emergente Erscheinungen. Freud hat der zunächst als undifferenziert wirk-

---

1 Der hier unternommene Versuch der Deutung bezieht sich auf Gefühle im Allgemeinen. Die Hermeneutik einzelner Emotionen, wie z. B. die der Scham, der Angst oder der Trauer, ist hier ausgespart. Sie sollten aber in diesen konzeptionellen Rahmen integrierbar sein. Hans-Georg Soeffner hat in seinen Arbeiten allgemeine Theorien zur Hermeneutik vorgelegt (vor allem Soeffner 1989), aber auch einzelne Gefühle ganz konkret einer soziologischen Hermeneutik unterzogen (vor allem Soeffner 2005). Auf beiden Feldern, im Konkreten und im Abstrakten, haben mich seine schönen Texte (und nicht nur die über das Schöne) stets fasziniert. Und das liegt nicht bloß an der freundschaftlichen Seelenverwandtschaft der Autoren.

samen Triebenergie eine Schicksalsentwicklung unterstellt. Vielleicht muss man auch den Gefühlen eine solche „Systemgeschichte" zugestehen, in der sie werden, was sie sind. Die enge Kopplung mit zumeist als nicht steuerbar empfundenen „inneren" Erregungen wird dabei nicht bestritten; auch nicht, dass bei Gefühlsempfindungen jenseits aller Interpretation ein Rest diffuser Undeutbarkeit mitschwingt, der zur Selbstverrätselung führen kann: „Ich weiß nicht, was soll es bedeuten, dass ich so traurig bin".

Damit ist gesagt, dass Emotionen historisch variabel sind. Sie sind *auch* Moment des kulturellen Fundus einer Gesellschaft. Man kann Gesellschaften geradezu danach unterscheiden, welche Emotionen in ihrem Schoße erworben werden können und welche nicht. Man könnte hier auf die Analogie zur Sprache verweisen: Selbstredend spricht keine Sprache sich selbst. Es sind immer konkrete Einzelne, die in einer bestimmten Situation mittels einer jeweils gegebenen Sprache denken oder kommunizieren. Aber sie erfinden diese Sprache nicht ad hoc, und sie entspringt nicht einer im Gehirn konkret vorgegebenen Disposition. Sprache ist nicht im gleichen Sinne anthropologisch konstant wie die Verdauung oder der Blutkreislauf. Zwar gibt es keine Sprache, die nicht biologische Voraussetzungen nutzt. Ohne Sprachzentrum im Gehirn kein Deutsch und kein Chinesisch. Aber ob jemand die eine oder die andere Sprache verwenden kann, das hängt nicht vom Gehirn oder den Genen ab, sondern ist Folge von erlernten Kompetenzen. Für Emotionen ließe sich das Gleiche behaupten. Möglicherweise gibt es auch für sie eine Art Tiefenstruktur, eine Art menschheitlich universaler Grammatik, wie Chomsky sie für die natürlichen Sprachen postuliert hat. Aber bei Sprachen wie bei Emotionen gilt, dass die „Universalgrammatik", wenn es sie denn wirklich gibt, lediglich einen Raum der Möglichkeiten darstellt, aus dem alle realen historischen linguistischen und emotionalen „Grammatiken" eine Auswahl darstellen.

Dabei ist die Parallele zwischen Sprache und Emotion nicht nur eine metaphorische Analogie. Emotionen sind selbst ohne sprachliche oder jedenfalls kommunikative „Einflüsterungen" gar nicht zu begreifen. Die Gefühle kommen ja nicht nur als endopsychische Erregungen vor, sondern sie sind auch begrifflich in der Kommunikation präsent. Wir unterhalten uns über sie, rechtfertigen uns für sie oder beschreiben unsere inneren Zustände mit Verweis auf das uns zur Verfügung stehende Gefühls-Vokabular. Alle Kulturen verfügen insofern über ein Emotionen-Lexikon.

Wenn man dieses „Lexikon" genauer studiert, wird man feststellen, dass hier nicht nur die jeweiligen Empfindungen selbst auftauchen. Vielmehr sind alle Emotionen mit zugehörigen „dinglichen" Korrelaten gekoppelt. Man könnte das auch umgekehrt formulieren: Jeder Gegenstand (oder doch fast jeder) der äußeren Welt verweist auf Gefühle, die er auslöst (oder besser als deren Auslöser er erlebt wird), hat also emotionale Konnotationen. Um nur einige Beispiele für Einträge in ein solches virtuelles Wörterbuch zu geben: Eiter verweist auf Ekel, Tod auf Angst, Grab auf Trauer, Mutter auf Liebe, Nacktheit auf Scham, Wasser auf Durst, Brot auf die Empfindung des Hungers oder der Sättigung, Wein auf Berauschtheit usw. Für Friedrich Engels ist Chateau Margaux (in einem Eintrag ins Stammbuch von Jenny Marx) der Ausdruck vollkommenen Glücks. Für Goetheleser sind heilige Haine für immer auf das Gefühl frommen Schauders festgelegt und für viele Studenten der Begriff der Vorlesung auf Langeweile. Wer kennt nicht die Zeile aus einem Gedicht Eichendorfs: „Schläft ein Lied in allen Dingen". Man könnte auch sagen: „Schläft ein Gefühl in allen Dingen". Ein Ethnograph müsste in der Lage sein, für die von ihm erforschte Kultur ein solches Lexikon der Gefühle zu verfassen.²

Gehlen hat diesen Zusammenhang von äußeren Gegenständen und inneren Dispositionen vor allem an der Einheit von Bewegung und korrespondierendem Werkzeug erläutert. Eine Schere erinnert uns an das Schneiden, ein Füller ans Schreiben. Das Werkzeug und die zugehörige Bewegungsmöglichkeit ziehen sich gleichsam an. Das Instrument ist der „Außenhalt" oder der „Außenstabilisator" des verinnerlichten, inkorporierten Könnens (im Sinne Bourdieus), einer spontan erfolgenden Bewegung, die Vergangenheit im Vollzug aktualisiert. Sie ruft sie ab, ohne sie ‚aufzurufen':

> „Das gestaltete und (vereinseitigt) charakterisierte Werkzeug, Gerät oder Sachsymbol hat eine Art Auslöserwirkung auf die ebenso distinkte Handlungsgewohnheit doch in dem Sinne, dass der sichtbar und dauernd daliegende Gegenstand eine bereitgestellte Gewohnheit sozusagen an der Vollzugsschwelle, im Ansatzzustand festhält. Eine Gewohnheit ist in eigenartigem Sinne verselbständigt, funktionalisiert, und das sichtbare Gerät ist nicht nur ‚behavior support', Verhaltensstütze, sondern eine Art chronischer Aktualisator […]. Die Verselbständigung des Gewohnheitsgefüges, seine Eigenstabilität und die Anreicherung der Motive, die Chancen des Schöpferischen nur in seiner Fortsetzung, sind, von außen erlebt, die Auslöserwirkung des Gerätes, seine Sollsuggestion" (Gehlen 1956, S. 26).

Aber dieser Außenhalt verknüpft eben nicht nur Bewegungshabitus und Instrument, sondern ganz generell Innenzustände des Bewusstseins und körperliche Bereitschaften mit Menschen und Dingen in der Umwelt. Diese Kopplung ergreift vor allem auch die Emotionen, die so nicht nur als dissi-

---

2 In Hirschberg (1988) kommen freilich weder „Gefühle" noch „Emotionen" als Lemma vor.

pative instabile wechselnde Ereignisse des Bewusstseins sich jedes Mal neu aufbauen müssen, sondern an Außenhalten festmachen können und so Struktur gewinnen.

Doch kommen wir noch einmal auf die Idee des Emotionen-Lexikons zurück: Bei differenzierten Kulturen könnte man nicht nur einen größeren oder kleineren Wortschatz feststellen, sondern eben auch einen umfänglicheren oder geringeren „Gefühlsschatz". Nicht nur verschiedene Kulturen verfügen über verschiedene Wörterbucher dieser Art. Auch zwischen Gruppen, Berufen oder Religionen sind die entsprechenden Thesauri nicht gleich. Man denke nur an die Liste der Speisen. So wird die Vorstellung vom Genuss von Schweinefleisch bei einem frommen Juden vielleicht mit einem Gefühl des Ekels oder von Schuld gekoppelt sein, was so bei Christen keine Parallele fände. Der Genuss des Weins würde entsprechend bei einem frommen Muslim an völlig andere Gefühle gekoppelt sein als bei einem Juden oder Christen.

In dem Maße, wie eine Gesellschaft den Individuen Einzigartigkeit abverlangt, wird auch deren je persönliches Gefühlslexikon je anders bestückt sein. Bereits Georg Simmel (1958, S. 305–344) hatte für das moderne Individuum behauptet, es sei „Kreuzungspunkt sozialer Kreise" und könne als es selbst in keinem einzigen dieser Kreise mehr aufgehen. Bei Arnold Gehlen (1957, S. 118) wird das in „Die Seele im technischen Zeitalter" zu der Formulierung verdichtet: „Eine Persönlichkeit: das ist eine Institution in einem Fall". Schließlich findet sich der gleiche Gedanke bei Niklas Luhmann in der Annahme wieder, in der modernen Gesellschaft verfügten die Einzelnen über „extrasozietale" Individualitäten. Er spricht in diesem Zusammenhang von der „Außenstellung des Individuums im Gesellschaftssystem" – „also dem Umstand, […] dass es in keines der gesellschaftlichen Teilsysteme mit all seinen Ansprüchen und Verdiensten mehr aufgenommen werden kann" (Luhmann 1984, S. 365). Wendet man diese Einsicht, die sich selbstverständlich auch bei vielen anderen Autoren findet, auf die Individualisierung der Emotionen an, so wird man neben gruppenspezifischen Gefühlslexika auch mit idiosynkratischen rechnen müssen. Ja, dem Individuum wird geradezu angesonnen, neben der ohnehin unvermeidlichen Autopoiesis seiner Operationen und Empfindungen, also dem, was Heidegger „Jemeinigkeit" genannt hat, auch eine in Selbstthematisierungen sozial zu bewährende Originalität gerade auch der Gefühle auszuweisen. Es wird nun nicht nur damit belastet, seine Gefühle zu ertragen, sondern muss für die Authentizität der eigenen Empfindungen kommunikativ einstehen. Luhmann hat in diesem Tatbestand eine Selbstgefährdung der Gesellschaft ausgemacht, wenn auch moderater als Gehlen, der seine Sorge viel vehementer äußert. Aber wo Gefahr ist, wächst das Rettende auch. Schließlich wird das Individuum bei der Auseinandersetzung mit sich und seinen Gefühlen nicht schlechthin allein gelassen. Das, was ich am Beispiel der Beichte und ähnlicher Institutionen wie etwa der Psychoanalyse, als Selbstthematisierungsinstanzen beschrieben habe, welche die Funktion von Biographiegeneratoren erfüllen (Hahn 1982 und 1987), erweist sich als zentraler Ort, seine Emotionen zu „besprechen" (im doppelten Sinne dieses Wortes: erörtern und beschwören). Thematisierung macht aus Gefühlen kommunikative Wirklichkeiten, die auf das, was man individuell empfinden kann, zurückwirkt. Schon Stendhal fand übrigens in „Le Rouge et le Noir": „A Paris l'amour est l'enfant des romans". Und spätestens seit Flauberts „Madame Bovary" weiß der europäische Leser, dass auch die Kopierversuche stets als Eigenoperationen der Einzelnen vollzogen werden müssen. Aber vielleicht war das schon seit Cervantes' „Don Quijote" klar. In beiden Fällen geht es ja um Nachahmungen, nicht nur von Taten, sondern im Kern auch von Empfindungen, welche gleichsam als Stoff für die Fortsetzung einer je eigenen Autopoiesis verwendet werden, was zu in den jeweiligen Originalen nicht realisierten Gefühlsschicksalen führt. Noch eindrucksvoller als in „Madame Bovary" arbeitet Flaubert dann in „Bouvard und Pécuchet" heraus, wie das Kopieren eigene Formen von Individualität kreiert.

## Einheit der Differenz

Spätestens an dieser Stelle sollten wir eine Zwischenbetrachtung beginnen. Wir haben bislang stets von Gefühl, von Emotion oder von Affekt gesprochen, wobei wir die Begriffe synonym behandelt haben. Wir haben uns dabei von der Unterstellung leiten lassen, dass wir ein gemeinsames vorwissenschaftliches Verständnis davon haben, was gemeint ist. So verzichtet aus dem gleichen Grund Max Weber auf die Definition des Religionsbegriffes, und auch der Terminus „affektuelles Handeln" wird nicht lege artis bestimmt. Dabei wird man gerade Max Weber kaum vorwerfen wollen, er habe eine Aversion gegen das Definieren. Die gleiche Strategie verfolgt Luhmann, wenn er auf die Definition des für sein Werk gleichwohl zentralen Begriffs des Sinns verzichtet. Und in der Tat wird man kaum hoffen können, dass jemandem, der überhaupt keine Ahnung davon hat, was Sinn, Religion oder eben Emotion ist, durch eine Definition geholfen werden kann. In Bezug auf Affekte wird das bei Weber insofern zum Problem, als er ja Affekte als eine Ursache verstehbaren Handelns angibt, sodass die Frage aufkommt, ob man auch Affekte „verstehen" kann, die man nicht selbst empfindet. Trotzdem stellt sich Max Weber nie die Frage, was denn affektuelles Handeln zu einer einheitlichen Erklärungskategorie macht. Es sei denn: die Differenz zu traditionalem und rationalem Handeln. Die Schlüssigkeit der Weberschen Argumentation leidet – für mein Gefühl (sit venia verbo) – darunter nicht. Trotzdem ergibt sich dann ein Problem, wenn man über Emotionen als solche handelt. Der Befund ist doch, dass so unendlich viele Empfindungen als Gefühl bezeichnet werden. Wir sind uns umgangssprachlich auch zumeist einig, dass Liebe und Hass, Angst und Wut, Glücklichkeit und Verzweiflung, Trauer und Eifersucht, Schmerz und Zufriedenheit, Langeweile und Erregung, Gier und stilles Behagen insofern alle eine begriffliche Familienähnlichkeit (im Sinne Wittgensteins) haben, als wir all diese verschiedenen kommunikativ unterstellten Gemütsbewegungen als „Gefühle" bezeichnen würden. Das ist immerhin erstaunlich. Die Differenz zwischen all diesen „Gefühlen" ist doch zunächst so aufdringlich, dass man zur Frage nach der Einheit dieser Differenz geradezu genötigt wird.

Einer der wenigen neueren Theoretiker, die dieses Problem direkt aufgreifen, scheint mir Luhmann zu sein. Er geht davon aus, dass Bewusstsein seine eigenen Operationen nur über interne Erwartungsbildung strukturieren kann. Nur über sie kann das aktuelle Erleben an zukünftiges angeschlossen und auf es bezogen werden. Der Anschluss ergibt sich gleichsam von allein, weil jedes folgende Erlebnis daraufhin beurteilt werden kann, ob es den vorherigen Erwartungen entspricht oder nicht. Wie immer die Erwartungen auch inhaltlich ausgeprägt sein mögen, es gibt immer nur zwei mögliche Resultate: entweder werden sie erfüllt oder enttäuscht. Gerade diese einfache binäre Kategorisierung der Konsequenzen von Erwartungen macht sie evolutionär so effektiv:

> „Erwartung bilden ist eine Primitivtechnik schlechthin. Sie kann nahezu voraussetzungslos gehandhabt werden [...]. Sie setzt nicht voraus [...], dass man sich in der Umwelt auskennt. Man kann eine Erwartung ansetzen, ohne die Welt zu kennen, – auf gut Glück hin. Unerlässlich ist nur, dass die Erwartung [...] den Zugang zu Anschlussvorstellungen hinreichend vorstrukturiert. Sie gibt das Folgeergebnis dann als Erwartungserfüllung oder als Erwartungsenttäuschung mit einem dadurch wieder vorstrukturierten Repertoire weiterer Verhaltensmöglichkeiten. Nach einiger Zeit bewusster, durch soziale Erfahrungen angereicherter Lebensführung kommen völlig willkürliche Erwartungen nicht mehr vor. Man wird in der normalen Sukzession des Fortschreitens von Vorstellung zu Vorstellung nicht auf ganz Abwegiges verfallen. Man orientiert sich zwangsläufig an der eigenen Bewusstseinsgeschichte, wie eigenartig diese auch verlaufen sein mag; und schon die Bestimmtheit des gerade aktuellen Erlebens stellt sicher, dass in Differenz zu ihm nicht beliebige Erwartung gebildet werden können" (Luhmann 1984, S. 363).

Luhmann geht nun davon aus, dass nicht alle Erwartungen für das erwartende Bewusstsein gleich wichtig sind. Manche „Enttäuschung" führt deshalb zu umstandsloser Korrektur. Andere aber haben sich zu Ansprüchen verdichtet. Ihre Enttäuschung hat daher gravierende Konsequenzen. Entweder muss man sich schmerzlich darauf einstellen, dass die Welt offenbar nicht mehr so ist, wie sie bisher war. Oder aber – und das ist ein ebenso schmerzlicher Vorgang – man hält kontrafaktisch an den Erwartungen fest, deren Enttäuschung man erfahren hat, obwohl man einen Anspruch auf sie auch weiterhin zu haben glaubt. Enttäuschungen machen also in unterschiedlichem Maße betroffen, weil sie komplexere oder einfachere Umbauten im System verlangen. Aber auch Erwartungserfüllungen können als dramatisch erlebt werden; nämlich dann, wenn man sich ihrer Riskiertheit bewusst ist. Außerordentliche Glücksgefühle zum Beispiel werden normalerweise nicht entstehen, wenn die Ehefrau auch nach vierzig Jahren gemeinsamer Ehe immer noch mit einem das Lager teilt (es sei denn, man findet eine solche Konstanz „bis ins Pianissimo des höchsten Alters" jeden Tag aufs Neue als unverhofftes seltenes Geschenk, das einen immer wieder erneut überrascht). Verstetigung von Überraschungsgefühlen scheint aber selten und jedenfalls hoch voraussetzungsvoll zu sein. Doch die unwahrscheinliche (als solche wahrgenommene) Erwartung, auf eine Liebeserklärung ein Jawort zu erhalten, kann diese Wirkung sehr wohl haben (Goethe: „Ich hofft' es, ich verdien' es nicht"). Routinemäßig Erwartetes löst also Gefühl vor allem im Enttäuschungsfall aus, wohingegen Erfüllungen unwahrscheinlicher oder riskanter Erwartung mit Gefühl verbunden zu sein pflegen. Friedrich H. Tenbruck (1972, S. 88 ff.) hatte hier vom Gratifikationsverlust routinemäßig gesicherter Formen der Bedürfnisbefriedigung gesprochen. Luhmann siedelt seine funktionale Definition der Einheit der Differenz aller Gefühle in diesem Zusammenhang an:

> „Der Prozess interner Anpassung an Erfüllungen bzw. Enttäuschungen […] erscheint im System als Gefühl. Im Übergang von Erwartung zu Ansprüchen erhöht sich die Chance und Gefahr der Gefühlsbildung, so wie man umgekehrt Gefühle abdämpfen kann, wenn man sich auf bloßes Erwarten zurückzieht. Die Grenze ist flüssig und im Prozess verschiebbar" (Luhmann 1984, S. 364).

Gefühl wird von ihm also

> „verstanden nicht als undefinierbare Erlebnisqualität (etwa innerhalb der klassischen Trias von Vernunft/Wille/Gefühl), sondern als *interne* Anpassung an *interne* Problemlagen psychischer Systeme. […] Nach dem hier vorgestellten funktionalen Gefühlsbegriff [ist] zu erwarten, dass Gefühlsqualitäten erlöschen, wenn Ansprüche auf bloße Erwartungen reduziert werden; und ebenso, wenn sie routinemäßig erfüllt oder enttäuscht werden. Das bestätigt ein Blick in die Literatur über die Liebe

und zeigt sich auch am klassischen Topos der Instabilität der Gefühle" (Luhmann 1984, S. 364 Fn.).

Diese Verankerung der Gefühlsbildung an der Spannung Erfüllung und Enttäuschung von Erwartungen scheint durchaus plausibel zu sein, wenn auch die Engführung auf „Ansprüche" gegenüber der Gesellschaft nur als Sonderfall einleuchtet. Für diese Hypothese spricht auch, dass die meisten basalen Gefühle im „Doppelpack" auftreten: Liebe und Hass, Glück und Unglück usw. Man könnte also von einer bipolaren Anordnung sprechen: Der eine Pol stünde für den positiven, der andere für den negativen Ausgang.

„Gefühle kommen auf und ergreifen Körper und Bewusstsein, wenn die Autopoiesis gefährdet ist. Das mag vielerlei Ursachen haben, etwa externe Gefährdungen, Diskreditierung einer Selbstdarstellung, aber auch ein für das Bewusstsein selbst überraschendes sich Engagieren auf neuen Wegen, etwa der Liebe. In jedem Falle sind Gefühle keine umweltbezogenen Repräsentationen, sondern interne Anpassungen an interne Problemlagen psychischer Systeme" (Luhmann 1984, S. 370f.).

Luhmann vergleicht dann Gefühle mit Immunsystemen: „Sie scheinen geradezu die Immunfunktion des psychischen Systems zu übernehmen. Sie sichern angesichts von auftretenden Problemen den Weitervollzug der Autopoiesis [...] des Bewusstseins" (Luhmann 1984, S. 371). Die Einheit der Differenz aller so vielfältigen einzelnen Gefühle wird aus dieser „Immunfunktion" abgeleitet, „[...] die gerade zur Garantie der Autopoiesis gegen unvorhersehbare Störungen nicht für jeden Fall ein eigenes Gefühl bereithalten kann" (Luhmann 1984, S. 372). Wie man sieht, wird damit den Gefühlen eine höchst positive Funktion für das psychische System in Bezug auf die Fortsetzbarkeit seiner Operationen zugesprochen.

Man könnte das auch kritischer beurteilen. Mit der Metapher „Immunfunktion" wird nämlich gerade die dunkle Seite der Gefühle ausgeblendet. Diese können aber doch auch die Fortsetzbarkeit der Autopoiesis des Bewusstseins blockieren, insofern destruktiv wirken, und zwar bis hin zum Selbstmord. Emotionalisierung impliziert nicht nur eine Gefährdung sozialer, sondern auch psychischer Systeme. Aber das trifft natürlich auch auf das Immunsystem im System des Organismus zu. Es könnte eine Analogie für AIDS auch im Gefühlsleben geben.

Gerade weil das so ist, treten soziale Instanzen immer auch therapeutisch, pädagogisch oder sonstwie regulierend als Korrektive des emotionalen Geschehens auf. Vielleicht könnte man hier eine begriffliche Unterscheidung einziehen. Man könnte das protoemotionale Substrat von Emotionalität als Affektivität bezeichnen. Dann ließen sich die geformten Emotionen in der Tat als psychisches Immunsystem begreifen. Die kommunikative Bearbeitung der Emotionen wäre dann eine Art *externer* Immunisierung sowohl des psychischen Systems als auch der von ihm ausgehenden sozialen Irritationen. Die von der Sphäre der Affektivität ausgehenden Störungen der Autopoiesis des Bewusstseins könnten dann auch in Frustrationen noch ganz unsozialisierter körperlicher Bedürfnisse ihre Ursache haben, die sich noch gar nicht zu stabilen Erwartungen transformiert haben.

## Emotion und habituelles Gedächtnis

Emotionen sind also etwas Gewordenes, und zwar soziogenetisch, insofern sie tradiert werden (die Phylogenese im biologischen Sinn klammere ich hier einmal aus), als auch im ontogenetischen Sinne. Ihre nachhaltige Präsenz ist also Resultat von Gedächtnisleistungen, vor allem von dem, was ich habituelles Gedächtnis (es ist oft, aber nicht immer ein dem Körper gleichsam eingezeichnetes Gedächtnis, Moment seiner Bewegungen selbst) genannt habe. Vergangene Erfahrungen spielen eine zentrale Rolle. Aber diese sind von erinnerten Ereignissen zu gegenwärtig nachwirkenden, als solche aber vergessenen Ursachen aktuellen spontanen Empfindens geworden. Die Vergangenheit ist nicht als vorgestellte Vergangenheit, sondern als fortdauernde Wirkung präsent. Als solche generiert sie Emotionen, die jeder Erinnerung an ihren Entstehungszusammenhang entraten können. Gerade durch die Entlastung davon erklärt sich die Unwillkürlichkeit und Spontaneität, mit der sie sich in analogen Situationen einstellen. Man muss sich ihrer Geschichte nicht bewusst sein. Sie wäre meist nur lästig.

Luhmann spricht in einem anderen Kontext, wo es gar nicht um Gefühle geht, von der Differenz von Konfirmation und Kondensation. Konfirmiert wird z. B. ein moralischer Grundsatz, wenn ich mich daran erinnere, auf welchen Kontext er ursprünglich gemünzt war und wie er nun unter neuen Umständen sich bewährt und unter Umständen neue Bedeutungen hinzugewinnt. Seine Erinnerungsgeschichte bleibt Moment seiner Anwendung. Demgegenüber wären Kondensationen da am Werk, wo sich hochselektive Invarianten herausbilden, „die für einen konkreten Zweck, für die Operation ausreichen, um Vergangenheit und Zukunft zu verbinden" (Luhmann 2002, S. 332). Als Beispiel könnte man bestimmte routinisierte Bewegungen anführen oder aber auch Umgangsformen mit Werkzeugen oder Sportgeräten. Luhmann erwähnt in diesem Zusammenhang eine Zahlung:

„Wenn ich eine Zahlung annehme, muss ich nicht erfragen, woher das Geld gekommen ist oder wer das Geld dem gegeben hat, der es mir gibt. Ebenso kann ich das Geld ausgeben, ohne Auskunft darüber zu geben, wie ich es verdient habe. Selbst gestohlenes Geld gleitet glatt von der Hand. Juristisch gesehen ist das immer ein Problem, denn gestohlene Güter können noch verfolgt werden, und wer gestohlene Güter verkauft, muss dafür geradestehen. Aber gestohlenes Geld kann nicht verfolgt werden. Geld hat in diesem Sinne kein Gedächtnis, zum Glück kann man sagen, denn sonst würde ja jede Operation mit Geld einen riesigen Forschungsaufwand erfordern, um zu sehen, wo das Geld herkam und wo der es herbekommen hat, der es dem letzten gegeben hat" (Luhmann 2002, S. 332).

Das Gleiche gilt für eine Reihe von Kulturtechniken.[3] Besonders interessant sind in diesem Zusammenhang solche, die mit bestimmten Bewegungsformen verknüpft sind, wo sich etwa eine Körperbewegung mit einer Wahrnehmung, eventuell einem Werkzeug oder Instrument und manchmal auch mit Partnern oder Mitspielern zu einer motorisch gestützten Sinneinheit verbindet, die ihre Bedeutung ausschließlich über die aktuelle Zweck- oder Zielorientierung erfährt, ohne je auf ihre Entstehung zurückgreifen zu müssen. Man denke etwa an das Schwimmen, Autofahren, Tennisspielen, Fußballspielen, Klettern oder Musizieren. Wir haben ja bereits, als wir über Gefühlslexika gesprochen haben, auf diese Verknüpfungen verwiesen. Aber auch komplexe geistige Vermögen wie wissenschaftliches Arbeiten lassen sich ohne solche habituellen Verankerungen nicht verstehen:

„Es gibt nicht nur äußeres und körperliches Verhalten, das hochgradig eingeübt ist. Lesen, Schreiben und Rechnen setzen keine geringere Automatisierung voraus als etwa Autofahren. Gerichtete Emotionen sind

---

3   Für die enge Verknüpfung von Gedächtnis, Kultur, Schrift, Erinnerung und politischer Identität: Assmann J. (1992); Assmann J./Hölscher (1988). Speziell zur Dimension von Schrift als Gedächtnisgenerator (wieder unter interdisziplinärem Gesichtswinkel): Assmann A./Assmann J./Hardmeier (1983). Generell lässt sich mit Luhmann sagen: „Schrift ist eine Art Limitierung der Vergessenschancen, während ein normales Gedächtnis ebenso gut im Erinnern wie im Vergessen ist" (Luhmann 2002, S. 330). Aber solche Einsichten haben die abendländische Philosophie, folgt man Derrida (1967), nicht davon abgehalten, selbst „schriftvergessen" zu sein. Ob es auch die Soziologie ist, wird von Cornelia Bohn (1999, S. 12) mit einem klaren „Jein" beantwortet: „Sie ist es und sie ist es nicht." Dass das Vergessen zwar häufig kritisiert wird, aber andererseits keineswegs so leicht ist, wie mancher denkt, sondern zum Gegenstand kunstvoller Strategien werden kann, zeigt in einer beeindruckenden Revue, die von den Alten Griechen bis zu Böll und Borges reicht, Harald Weinrich (1997). Den Zusammenhang von Vergessen und Gedächtnis in systemtheoretischer Sicht erörtert ausführlich und kanonisch (mit einer kritischen Kommentierung von Jan Assmann) Elena Esposito (2002).

weitgehend das Produkt von Gewohnheiten. Wenn die Dame der viktorianischen Bourgeoisie bei Erwähnung des Wortes Knie zu erröten und bei Anspielung auf die Unterkleider gar wirklich das Bewusstsein zu verlieren drohte […], so kommt all das nur auf der Basis von angelagerten Gewohnheitsbildungen vor" (Tenbruck 1986, S. 94).

In unserem Zusammenhang geht es aber darum, diesen letzten Punkt hervorzuheben, dass es sich nicht bloß darum handelt, spontan und sicher situationsadäquate Bewegungen zur Verfügung zu haben. Zur Situation gehören eben auch die sie interpretierenden Emotionen, die den Augenblick zugleich sinnhaft konstituieren und gestalten.

Damit ist aber nicht gemeint, dass Emotionen schöpferischem und spontanem Empfinden im Wege stehen müssten. Im Gegenteil! Dieses baut auf jenem auf. Es käme gar nicht zustande, wenn es nicht schon auf hochkomplexe emotionale Gewohnheiten zurückgreifen könnte,

„deren Sinnhaftigkeiten und Bedeutungen nach ihren Voraussetzungen und Folgen ihm (dem Handelnden, A. H.) erst einmal nur vage und auch bei Reflexion nur unvollkommen bewusst sind. Doch es ist auch klar, dass ohne solche Gewohnheitsbildung der Mensch über einige wenige Verhaltensmöglichkeiten nicht hinauskommen könnte. Das Niveau seiner Produktivität kann stets nur eine Ebene höher als das Niveau seiner komplexesten Gewohnheiten liegen" (Tenbruck 1986, S. 96).

Um es noch einmal zu unterstreichen: Das gilt eben auch für die emotionale Grundierung von Handlungskontexten. Gefühle sind Momente kreativer Vollzüge. Aber wie rein körperliche Kompetenzen benötigen sie eine gewohnheitsmäßige „Infrastruktur".

Dabei sind alle diese habitualisierten Emotionen, genauso wie Bewegungsformen, welche sie stützen, einerseits Momente des individuellen Habitus, andererseits aber Teile des Kulturbestandes. Nicht angeborene Disposition, nicht Selbstdressur, sondern soziales Lernen, ja Schulung und Tradierung sind ihre Wurzeln. Nur dass dies meist unbewusst bleibt oder sogar unbewusst bleiben muss, um zu „funktionieren". Die erwähnten habituellen emotionalen Kompetenzen gehören also zur Ausstattung der Person im gleichen Maße wie sie Komponenten eines Kulturzusammenhanges sind. Man könnte geradezu an ihrem Beispiel klarmachen, inwiefern Kultur ein „Medium" im Sinne Luhmanns[4] darstellt. Diese emotionalen Dispositionen rea-

---

4   Obwohl Luhmann selbst das so nicht sieht und generell den Kulturbegriff eher als geistesgeschichtliche Absonderlichkeit, denn als operative Kategorie nützt (Hahn 2004).

lisieren sich nur, wenn Einzelne sie verwenden. Sie entspringen aber nicht allein dem Bewusstsein, das auf sie zurückgreift, um interne Spannungen zu immunisieren, sondern auch dem kulturellen Fundus, aus dem auch Gesellschaft sich bedient, so wie – wie bereits erwähnt – auch Sprache ja nicht selber spricht (trotz Heidegger), sondern vom Bewusstsein fürs Denken und vom sozialen System fürs Kommunizieren aktiviert wird.

Habituelle emotionale Gedächtnisse stiften also eine Vergegenwärtigung von Vergangenem in actu und sichern damit Anschlüsse aktuellen Erlebens und Erwartens ans Kommende. Aber diese Vergegenwärtigung ist eine Präsenz, die sich nicht wie das Ereignis-Gedächtnis des Vergangenseins des Vergangenen miterinnert. Wenn man den Begriff des Gedächtnisses für das Ereignis-Gedächtnis reserviert, dann ist das habituelle Gedächtnis eigentlich gar kein Gedächtnis: „L'habitus est cette présence du passé au présent qui rend possible la présence au présent de l'à venir […]. L'habitus comme acquis incorporé étant présence du passé et non mémoire du passé" (Bourdieu 1997, S. 251). Gibt man aber zu, dass es Gedächtnis gibt, das sich unbewusst, eben habituell artikuliert, dann lässt sich formulieren: „Tous les groupes confient au corps, traité comme une mémoire, leurs dépôts les plus précieux" (Bourdieu 1982, S. 129). Um derart die Wahrheit der Gesellschaft im Körper zu verankern, pflegt es bei bloßem Drill nicht zu bleiben. Die Schrift, mit der sich die meisten Gesellschaften in die Körper ihrer Mitglieder eingraben, ist der Schmerz. Er ist zumindest im historischen und ethnographischen Vergleich der verbreitetste Griffel zu diesem Behufe gewesen. Auch hierfür bietet Bourdieu eine Erklärung:

> „L'utilisation que les rites d'initiation font, en toute société, de la souffrance infligée au corps se comprend si l'on sait que les gens adhèrent d'autant plus fortement à une institution que les rites initiatiques qu'elle leur a imposé ont été plus sévères et plus douloureux" (Bourdieu 1982, S. 129).

Für den Initianden sind solche Riten einmalige Gedächtnisstützen. Sie werden aber dadurch zusätzlich gegen Vergessen und Verlernen gesichert, dass die Riten selbst permanent wiederholt werden, sodass die bereits fundierten emotionalen Kompetenzen sich aktualisieren und regenerieren können.

## Normierung von Emotion

Ein weiterer wichtiger Bereich der soziologischen Erforschung der Emotionen betrifft die Normierung der Emotionen. Man kann als Ebene dieser Normierung einerseits Situationen, andererseits soziale Rollen oder institutionelle Kontexte auswählen. Man kann auch auf die normative Steuerung von Emotionalität in der Sphäre der persönlichen Identität abheben. Ich verweise in diesem Zusammenhang zunächst auf die berühmten „Pattern Variables" von Talcott Parsons (1951, S. 46–51 und passim, sowie 1967, S. 192–219). Er hatte zwischen Rollen unterschieden, in denen bestimmte Emotionen nicht nur erlaubt, sondern geradezu geboten sind, von anderen, in denen affektive Neutralität erwartet wird. Die Beispiele liegen auf der Hand: Von einem Chirurgen im Dienst erwarten wir, dass er seine Affekte im Zaum hält und präzise die Operationen ausführt, die sachlich geboten sind. Seine eventuelle Verliebtheit in die Assistentin darf ihn nicht im Mindesten tangieren. Von einer Mutter erwarten wir umgekehrt, dass ihr Verhalten zu ihren Kindern eben nicht affektiv neutral ist. Man könnte auf diese Weise den gesamten Rollenhaushalt einer Gesellschaft danach rubrizieren, welche Bedeutung jeweils Affekte haben und wie legitim ihr Ausdruck ist. Die Dichotomie ist in diesem Kontext natürlich nicht als „Entweder-Oder" zu verstehen. Vielmehr handelt es sich um die Endpunkte eines Kontinuums.

Man kann die gleiche Unterscheidung aber auch auf einzelne Situationen anwenden. Offenbar gibt es Augenblicke, in denen sich niemand von seinen Affekten hinreißen lassen darf, sondern mit höchster Konzentration auf die Meisterung der aktuellen Bedrohungen erpicht sein muss. Das alltäglichste Beispiel wäre sicher der Straßenverkehr. Dramatischere Formen ließen sich in Krisensituationen oder bei höchster Gefahr beobachten. Beim Bergsteigen ist es wichtig, selbst bei plötzlichem Schneefall oder auf unvorhergesehener Weise vereister Strecke nicht emotional zu reagieren. Der Ausdruck von Angst würde gerade zur Destabilisierung führen. Unser Alltagsleben heute ist jedenfalls dadurch charakterisiert, dass wir einerseits in anonymen Situationen verpflichtet sind, aus unserem Herzen eine Mördergrube zu machen, uns nichts anmerken zu lassen und so zu tun, als seien wir „kühl bis ans Herz hinan". Aber andererseits kann mitten im Alltäglichen ein Umschalten notwendig werden, wo Emotionalität im anonymen Raum verlangt wird. Um nicht missverstanden zu werden: Keineswegs verhalten wir uns immer so, wie es verlangt wird. Aber nicht nur auf der Ebene der Rollen, sondern auch auf der Eben der Situationen ließe sich eine solche Klassifikation herstellen, in der man unterscheiden könnte, wann von jedem affektives Engagement und wann umgekehrt gerade Neutralität, Dämpfung der affektiven Impulse erwartet wird. Gesellschaften können also auch als „Besitzer" eines Haushalts von Situationen gedacht werden, die danach klassifiziert werden, ob Affekte überhaupt erlaubt oder umgekehrt geboten sind, und vor allem danach, welche Affekte das jeweils sind. Wie die angeführten Beispiele belegen, sind es häufig die Situationen, in denen das Aufkommen von Emotionen besonders wahrscheinlich ist, also Krisen, extreme Gefahren usw., in denen es verboten sein kann, sie zu zeigen. Angst selbst kann man nicht verbieten, wohl aber ihre Äußerung. Selbst für Liebe gilt Analoges. Wenn Goethe sagt: „Wenn ich dich liebe, was geht das dich an?", so mag das zwar für die Liebe selbst zutreffen, nicht aber für Liebeserklärungen.

Kontrollierbar sind zunächst nur kommunizierte Emotionen. Auf einem Fußballplatz z. B. darf man selbstredend seiner Freude über ein Tor lebhaftesten Ausdruck verleihen. Aber wenn man für den falschen Verein jubelt, kann das für den Betreffenden übel ausgehen. Man könnte vielleicht sogar sagen, dass zur sozialen Definition einer Situation gehört, dass in ihr, und zwar unter Umständen unterschiedlich für den Typus der Beteiligten, genau feststeht, welche Emotionen man wie zum Ausdruck bringen darf oder muss. So darf und muss die Ehefrau am Grabe ihres Mannes Tränen vergießen. Die heimliche Geliebte würde sich verraten. Außerdem unterliegt die Intensität und Leidenschaftlichkeit von Gefühlsausbrüchen generell statusbezogenen Normierungen des Decorum (was auch für die künstlerische *Darstellung* solcher Bekundungen gelten kann).

Aber selbstverständlich betrifft Normierung von Emotionen nicht nur die Frage, ob Gefühle überhaupt erlaubt sind oder nicht. Auch wenn Gefühle erlaubt sind, trifft das nicht auf alle zu.

Parsons (1951, S. 101–112, 180–200 und passim) unterscheidet in diesem Kontext drei Sinnebenen von Normierungen, nämlich kognitive, moralische und kathektische. Wendet man diese Distinktion auf unser Thema an, so ließe sich sagen, dass bestimmte Gefühle gesellschaftlich aus der Sphäre des Vorstellbaren ausgegrenzt werden. Die Behauptung, jemand habe ein solches Gefühl empfunden, wird kognitiv diskreditiert: Das gibt es gar nicht. Man könnte, um unser Gefühlslexikon noch einmal aufzuschlagen, sagen, ein solches Gefühl befinde sich gar nicht im Wörterbuch. Es wird nicht eigentlich verboten. Es wird nicht verstanden. Oder massiver: Es wird ihm Verstehbarkeit abgesprochen.

Die moralische Normierung beschreibt bestimmte Gefühle zwar als möglich, vielleicht sogar als attraktiv, z. B. verbotene Liebe, erklärt sie aber für verboten. Ein großer Teil der im Christentum seit dem 12. Jahrhundert einsetzenden Verinnerlichung von Moral verbietet nicht nur unmoralisches Handeln, sondern erklärt auch unmoralische Gefühle für sündhaft und kulpapilisiert diejenigen, die sie gleichwohl empfinden.

Schließlich können bestimmte Gefühle sozial als ekelhaft gelten. Sie werden nicht verboten, werden auch nicht als moralisch verboten angesehen. Sie erscheinen nur als „ästhetisch" pervers.

Zur Normierung von inhaltlich spezifizierten Normen gehören aber nicht nur Verbote, sondern auch Gebote. Es wird erwartet, dass man in bestimmten Situationen bestimmte Gefühle hat. Ob man die je geforderten Emotionen auch empfindet, steht selbstredend auf einem anderen Blatt. Man kann mit den Wölfen heulen. Bisweilen wird freilich Authentizität erwartet. Es gilt dann *nicht* das Prinzip: „Doch wie's da drinnen aussieht, geht niemanden was an." Vielmehr soll der äußeren Bekundung des Jubels oder Abscheus auch das Innere entsprechen. Nun kann man zwar niemandem ins Herz schauen. Alter Ego bleibt eine black box. In vielen Gesellschaften existieren aber Vorstellungen darüber, woran man erkennen kann, ob ein bekundeter Affekt „echt" oder bloß „geheuchelt" ist. Tränen können zum Beispiel als Authentizitätsbeweis verlangt werden. Die bloß verbale Bekundung eines Gefühls wird insbesondere dann mit Misstrauen bedacht werden, wenn deren Glaubwürdigkeit mit hohen materiellen Gewinnen verbunden ist. Lachen und Weinen (Plessner 1961) spielen deshalb eine so große Rolle in diesem Zusammenhang, weil unterstellt wird, man könne über beides nicht willkürlich verfügen. Aber nicht erst seit den „Flegeljahren" von Jean Paul wissen wir, dass diese Unterstellung selbst nicht enttäuschungsfest institutionalisiert werden kann. Dass Tränen „die ewige Beglaubigung der Menschheit" seien, mochte Schillers Don Carlos noch glauben, aber im Grunde war das bereits eine kontrafaktische Erwartung.

## Literatur

Assmann, J. (1992): Das kulturelle Gedächtnis. Schrift, Erinnerung und politische Identität in frühen Hochkulturen. München: C. H. Beck.
Assmann, J./Hölscher, T. (1988): Kultur und Gedächtnis. Frankfurt am Main: Suhrkamp.
Assmann, A./Assmann, J./Hardmeier, Ch. (1983): Schrift und Gedächtnis. Archäologie der literarischen Kommunikation I. München: Fink.
Bohn, C. (1999): Schriftlichkeit und Gesellschaft. Kommunikation und Sozialität der Neuzeit. Opladen: Westdeutscher.
Bourdieu, P. (1982): Ce que parler veut dire. L'économie des échanges linguistiques. Paris: Fayard.
Bourdieu, P. (1997): Méditations Pascaliennes. Paris: Seuil.
Derrida, J. (1967): De la Grammatologie. Paris: Minuit.
Esposito, E. (2002): Soziales Vergessen. Formen und Medien des Gedächtnisses der Gesellschaft. Frankfurt am Main: Suhrkamp.
Gehlen, A. (1956): Urmensch und Spätkultur. Philosophische Ergebnisse und Aussagen. Bonn: Athenäum.
Gehlen, A. (1957): Die Seele im technischen Zeitalter. Sozialpsychologische Probleme in der industriellen Gesellschaft. Reinbek b. Hbg: Rowohlt.
Hahn, A. (1982): Zur Soziologie der Beichte und anderer Formen institutionalisierter Bekenntnisse: Selbstthematisierung und Zivilisationsprozess. In: Kölner Zeitschrift für Soziologie und Sozialpsychologie 34, (1982), H. 3, S. 407–434.
Hahn, A. (1987): „Identität und Selbstthematisierung". In: Alois Hahn und Volker Kapp (Hrsg.): Selbstthematisierung und Selbstzeugnis: Bekenntnis und Geständnis. Frankfurt am Main: Suhrkamp, S. 9–24.

Hahn, A. (2004): Ist Kultur ein Medium? In: Günther Burkart und Gunter Runkel (Hrsg.): Luhmann und die Kulturtheorie. Frankfurt am Main: Suhrkamp, S. 40–57.

Hirschberg, W. (Hrsg.) (1988): Neues Wörterbuch der Völkerkunde. Berlin: Dietrich Reimer.

Luhmann, N. (1984): Soziale Systeme. Grundriss einer allgemeinen Theorie. Frankfurt am Main: Suhrkamp.

Luhmann, N. (2002): Einführung in die Systemtheorie (hgg. v. Dirk Baecker). Heidelberg: Carl Auer.

Parsons, T. (1951): The Social System. Glencoe, Illinois: The Free Press.

Parsons, T. (1967): „The Pattern Variables Revisited: A Response to Rober Dubin". In: Parsons, T.: Sociological Theory and Modern Society. New York: The Free Press, & London: Collier-Macmillan, S. 192–219.

Plessner, H. (1961): Lachen und Weinen. Eine Untersuchung nach den Grenzen menschlichen Verhaltens. 3. Auflage, Bern und München: Francke.

Simmel, G. (1958): Soziologie. Untersuchungen über die Formen der Vergesellschaftung. 4. Auflage, Berlin: Duncker und Humblot.

Soeffner, H.-G. (1989): Die Auslegung des Alltags – Der Alltag der Auslegung. Zur wissenssoziologischen Konzeption einer sozialwissenschaftlichen Hermeneutik. Frankfurt am Main: Suhrkamp.

Soeffner, H.-G. (2005): Zeitbilder. Versuche über Glück, Lebensstil, Gewalt und Schuld. Frankfurt am Main/New York: Campus.

Tenbruck, F. H. (1972): Zur Kritik der planenden Vernunft. Freiburg/München: Karl Alber.

Tenbruck, F. H. (1986): Geschichte und Gesellschaft. Berlin: Duncker und Humblot.

Weinrich, H. (1997): Lethe. Kunst und Kritik des Vergessens. München: Beck.

Ronald Hitzler

# Auf den Spuren des Goffmenschen
Zur Interpretation interaktiver Strategien[1]

„Mein Interesse gilt also gesellschaftlicher Ordnung als einer ständig zu erbringenden Leistung"
(Soeffner 1992a, S. 10).

## Anthropologische Ironie

Die Metapher vom *Goffmenschen*[2] pointiert den in seinen Erkenntnisinteressen insgesamt weitaus vielfältigeren Ansatz Erving Goffmans[3] auf eine bestimmte, mich seit langem beschäftigende, quasi ‚machiavellistische' Lesart hin. Dabei ist mir vor allem darum zu tun, sein Werk pointiert von den Konsequenzen eines meines Erachtens zentralen Elements der *conditio humana* her zu erschließen. Dieses zentrale Element identifiziere ich mit dem, was ich verschiedentlich (z. B. 2001) unter dem Stichwort Proto-Politik verhandelt habe. Das heißt, ich identifiziere es damit, dass (zumindest) Menschen ihre je eigenen Interessen in Konkurrenz zu anderen und (zumindest

---

[1] Vor 25 Jahren ist die erste Hans-Georg Soeffner zugedachte ‚Festschrift' erschienen (Lau/Reichertz/Vogt 1989). Damals habe ich noch gestaunt, wie souverän und zugleich diszipliniert der Adressat etwelche Grenzen unserer Disziplin ignorierte (Hitzler 1989). Inzwischen habe auch ich begriffen, dass der Umweg der Weg ist, der zum Verstehen und vor allem zum Verstehen des Verstehens führt. Hier nun gehe ich den Weg *meiner* Auseinandersetzung mit einem anderen Bezugsautor weiter. Dabei versuche ich, an einigen Stellen konkrete Hinweise auf bestimmte Schriften Soeffners zu geben – wissend, dass ich fast jedes Mal auch auf andere seiner Texte hätte verweisen können.
[2] Näheres zu diesem in Hitzler 1992 (Wiederabdruck 2010); außerdem: Hitzler 1991a.
[3] Dort, wo es um basale Deutungen des Werkes von Goffman geht, rekurriere ich gelegentlich auf die unmanierierte Übersicht von Heinz Abels (2004), auf die aufgeräumte Einführung von Jürgen Raab (2014), auf die innovative Neuverortung des Autors durch Reiner Keller (2012), auf die fulminanten Goffman-Übersetzungen und -Editionen von Hubert Knoblauch (insbesondere in Goffman 1994, 2005 und 2009) und selbstverständlich auch auf die eigen-sinnige Verarbeitung von Themen Goffmans durch Hans-Georg Soeffner (explizit 1988 und 2004a, ansonsten passim).

mitunter) auch gegen den Widerstand anderer – unter Berücksichtigung konkreter und/oder abstrakter (also sozusagen strukturell sedimentierter) Dritter – durchsetzen müssen.[4]

Der hermeneutische ‚Witz' dieser Unabdingbarkeit *strategischen* Handelns liegt nun aber bereits darin, in welcher Art und Weise uns der Andere ‚eigentlich' gegeben ist: Er ist es im Sinne der von Alfred Schütz und Thomas Luckmann (2003, S. 602–614) so genannten „mittleren Transzendenz". Das heißt, dass phänomenologisch gesehen andere (Menschen) lediglich Phänomene (allerdings merkwürdig ‚widerständige' Phänomene – Hitzler 2014) des je subjektiven Bewusstseins sind. Zu klären ist mithin (je konkret), *wie* (bei wem und aufgrund welcher Weltsicht) einem subjektiven Bewusstsein etwas gegeben sein muss, damit dieses Etwas sich als anderer (Mensch) konstituiert. Denn grundsätzlich ist jeder Mensch in der Lage, etwas Äußeres (d.h. für ihn Sichtbares bzw. Präsentes) als Ausdruck bzw. als Anzeichen von etwas Innerem (d.h. für ihn Nicht-Sichtbarem bzw. Absentem) zu deuten (Schütz 2003; Schütz/Luckmann 2003, S. 634–641; Luckmann 2007a; Soeffner 2010, S. 26–28).

Der Wahrnehmung gegeben ist trivialer Weise etwas Präsentes. Im einfachsten Falle impliziert das Präsente die Appräsentation von etwas *aktuell* absent Vorhandenem und/oder Statthabendem, ansonsten etwa die von Imaginärem. Begreife ich das Appräsentierte als mit einer *intendierten* Kundgabe geschehend, deute ich es als kommunikativen Akt. Die Wahrnehmung eines kommunikativen Aktes legt a priori nahe, das sich Appräsentierende sei ein alter ego. Dieses naheliegende Attest wiederum wird in aller Regel anhand alltagspragmatischer Kriterien daraufhin überprüft, ob das sich Appräsentierende mir überhaupt ‚irgendwie' und wenn ja, in welcher Weise

---

4   Disziplinär geht es in der Soziologie ja *nicht* um den Menschen. Es geht um das *Zusammenleben* der bzw. von Menschen. In der Soziologie debattierte Probleme (auch) auf Anthropologisches hin zu befragen, hat mir bereits Thomas Luckmann aufgegeben. (Auch) soziologisch relevante Phänomene von Fragen des Anthropologischen her zu bedenken, hat mich Hans-Georg Soeffner gelehrt – lange Jahre von mir fast unbemerkt zwischen der geduldigen Schulung in Hermeneutik (als Handlung und Haltung), der anhaltend unabgeschlossenen Erschließung der Wissenssoziologie (als einer theoretisch unaufgeregten Erkenntnisform), der freundschaftlich-kritischen Begleitung ethnographischer Unternehmungen im Gefolge und in der Folge von Anne Honer (als einer unverzichtbaren Lebenspraxis-Prüfung wissenschaftlicher Einfälle) und der zwar nicht ständigen, aber immer wieder zwischen uns aufbrechenden Diskussionen phänomenologischer Erwägungen (als ebenso unverzichtbarer Klärung epistemologischer Zweifel), inzwischen aber als am stärksten explizite Form der Spätunterweisung eines ‚ewigen Lehrlings' (sozusagen im weiten Vorfeld eines hoffentlich „nussigen" Abgangs: Soeffner explizit 2000a, 2005a, 2005b, 2010, S. 209–224, 2012a und 2014a, ansonsten passim).

und in welchem Maße es mir ‚ähnlich' ist. Mithin resultiert aus dem Phänomen der mittleren Transzendenz, d.h. aus der ‚eigentlichen' subjektiven Gegebenheitsweise von alter ego, eine fundamentale anthropologische Ironie[5], denn entgegen unserem alltäglichen Augenschein sind wir uns tatsächlich *nicht* (und das heißt hier: nie) unmittelbar als Andere gegeben. Vielmehr *konstituieren* wir anderes als Andere ‚wie uns'.

Der Andere ist sozusagen eine pragmatische Unterstellung (Luckmann 2007b). Und eben deshalb sind wir gezwungen, uns unser wechselseitig qua *Kommunikation* zu versichern, denn nur Kommunikation lässt (auch) nicht Präsentes als präsent erscheinen und nur qua Kommunikation scheine ich eine bestimmte Art von sich Appräsentierendem als eben mehr oder weniger ‚vollgültiges' alter ego bzw. als Mitmenschen wahrzunehmen, „ohne dass", so Hans-Georg Soeffner (2010, S. 27) „letztlich das so appräsentierte andere Ich ‚zur wirklichen Präsenz' gelangte". In diesem Sinne ist es auch durchaus plausibel, die gesellschaftliche Konstruktion der Wirklichkeit schlechthin als eine in wesentlichen Teilen *kommunikative* Angelegenheit zu betrachten (auch wenn mir die von Hubert Knoblauch (2013) vertretene radikale Zuspitzung zweifelhaft erscheint): Alles, was nicht anhand von *Anzeichen* und *Zeichen* beobachtet, in der Interpretation von Anzeichen gedeutet und über Zeichen deutend vermittelt wird, hat – soweit überhaupt – Evidenz ‚nur' für das jeweilige erkennende Subjekt – auch und unabdingbar all das, was dem Subjekt zum Anderen wird (d.h., was das Subjekt als „anderer wie ich" ansieht).

Was mit dem Anderen ‚tatsächlich' los ist, weiß letztinstanzlich nur *dieser Andere* (Schütz/Luckmann 2003, S. 451), eben so, wie letztinstanzlich nur *ich* und grundsätzlich niemand besser als ich selber weiß, was mit *mir* los ist. Das impliziert, dass der Andere sich grundsätzlich nur näherungsweise erfassen lässt (vor allem anhand von – durchaus nicht verlässlichen – Selbst-Auskünften dieses Anderen, noch deutlich weniger verlässlich anhand seiner beobachtbaren Verhaltensweisen). Kurz: Subjektiv gemeinter Sinn, der nicht der meine ist, ist trivialer Weise *keineswegs* unmittelbar erfassbar, sondern *nur* über ‚bezeichnende Indizien' – von einfachen körperlichen Appräsentationen (z.B. Schmerz-, Erregungs-, Müdigkeitsanzeichen) über Interaktions- und Kommunikationsangebote (z.B. Mimiken, Gesten, Sprechen) bis hin zu komplexen kulturellen Objektivationen (z.B. Schriftstücken, Kunst, Technologie) – rekonstruierbar (Luckmann 2002a; Soeffner 2004b).

---

5   Kierkegaard 1976; generalisierend: Jankélévitch 2012. – Als denkwürdige Beispiele der nachhaltigen Lust des Adressaten dieser Schrift am Ironischen: Soeffner 2012b und 2013a. Zur Figur bzw. Form der anthropologischen Ironie führt aber auch bereits Soeffners 1974 erschienene Dissertation hin.

Für derlei sinnlich fassbare Phänomene des menschlichen Miteinanders interessiert Goffman (passim) sich – bekanntlich – nachhaltig. Allerdings interessiert er sich durchaus *nicht* (weiter) für die damit verbundenen, typischerweise unter Phänomenologen verhandelten, Konstitutionsprobleme (auch nicht wirklich in Goffman 1977). Als Interaktionssoziologe beschränkt er sich darauf, zu beschreiben, was sich beobachten lässt, wenn man einfach zuschaut, wie Menschen miteinander umgehen – selbstverständlich *ohne* dabei zu unterstellen, den Menschen sei die (ganze) Ironie ihrer als *wechselseitig vermeinten Gegebenheit* üblicher- oder gar notwendigerweise gegenwärtig. In dem Maße, in dem diese Gegebenheitsweise jedoch – etwa infolge der Verbreitung („Popularisierung") einer entsprechenden Explikation durch Wissenschaftler und andere Weltdeuter – ein *expliziter* Teil des je aktuellen subjektiven Wissensvorrats wird, wird sie für (prinzipiell) jedermann auch *strategisch* verfügbar.[6] Anders ausgedrückt: Dadurch, dass er seine „hermeneutische" Sozialität erkennt, wird dem Menschen sein Gattungsschicksal der Deutungsbedürftigkeit (Heidegger 2006) als Inszenierungsleistung zur individuellen Aufgabe, auf die er mit (kaum überschaubar vielen, in Teilen auch dilemmatischen) interaktiven (und institutionellen) *Strategien*[7] zu reagieren vermag. Der Typus, dem dieses Vermögen eignet, ganz vereinfacht also: der Inszenierungsstratege (in uns allen) ist gemeint, wenn ich vom „Goffmenschen" rede.[8]

## Spiel-Regeln

Um in alltäglichen Situationen (in diesem Sinne) strategisch interagieren zu können, müssen die Teilnehmer bestimmte Spiel-Regeln beachten. Viele

---

6 Das ist meines Erachtens einer der wenigen für Menschen in ihrem alltäglichen Mit- und Gegeneinander *nützlichen* Effekte einer entsprechenden *soziologischen* ‚Aufklärung'. Allerdings steht eine so verstandene Aufklärung in moralisierender Hinsicht auch schnell wieder unter Machiavellismus-Verdacht (Hitzler 1991b).
7 Zum interaktionsstrategischen Problem Soeffner 2004a; zur Rekonstruktionstechnik Soeffner 2004c; im Weiteren auch z. B. Soeffner 2000b und 2000c.
8 Für *empirisch* bedeutsam halte ich den Goffmenschen deshalb, weil Anzeichen und Zeichen, inklusive *Symbolen* als speziellen, für Außeralltägliches stehenden Zeichen (Soeffner 2004d, 2008, 2009a und 2010, S. 13–80; auch Schütz/Luckmann 2003, S. 634–659; Luckmann 2007c), genau genommen die einzige Art von Daten menschlichen Wirkens bilden, die *Sozial*-Forscherinnen und -Forscher registrieren und die sie – im Verweis auf vielfältige Theorien – mit hinlänglicher Sicherheit als aktuelle Appräsentationen und als sedimentierte und/oder externalisierte Repräsentationen von Bewusstseinsvorgängen rekonstruktiv interpretieren können (Soeffner/Hitzler 1994).

dieser, die jeweilige Interaktionsordnung[9] repräsentierenden und konkretisierenden, Regeln sind so deutlich expliziert – und/oder konsensualisiert und konventionalisiert –, dass kulturell je hinlänglich kompetente Akteure nahezu fraglos nicht nur auf sie zurückgreifen, sondern sie auch an andere vermitteln können. Andere Regeln hingegen gelten typischerweise unausgesprochen, sind aber ebenso ordnungswirksam – z. B. die (allerdings nicht in *allen* Kontexten fraglos geltende) Regel, dass man seinen Interaktanten weder *zu* vage, noch *zu* eindeutige Informationen über die eigenen Absichten und Gefühle zukommen lassen darf: Bleibt man zu vage, evoziert man bei anderen Unsicherheit darüber, was man nun eigentlich (von ihnen) will. Wird man zu eindeutig, fühlen andere sich schnell bedrängt, bevormundet, befehligt. Ohnehin muss jeder Teilnehmer an einer Interaktionssituation seine wahren Absichten und Gefühle so weit verbergen, dass er seiner jeweiligen sozialen Umwelt ein auf deren Erträglichkeitskriterien abgestimmtes Gesicht zeigen und dass er sich gemeinsam mit den anderen auf jeweils zumindest vorläufig anerkannte Situationsdefinitionen einlassen kann (Thomas 1965, S. 114). Wenn er das nicht tut, wird er für andere zum Problem.[10]

Die *Beachtung* – nicht unbedingt die Einhaltung – der jeweiligen Spiel-Regeln schränkt einerseits unsere ‚existenziellen' Handlungsmöglichkeiten ein zugunsten sozial verträglicher Handlungsweisen. Da wir üblicherweise aber davon ausgehen – und ausgehen können –, dass diese Einschränkung auch für die anderen gilt und auch von den anderen beachtet (und im Normalfall sogar respektiert) wird, ermöglicht die Beachtung von sozialen Spiel-Regeln andererseits überhaupt erst *typischerweise* gelingende Interaktionen, denn unweigerlich müssen die an Interaktionen Beteiligten sich in (derlei) sozialen Situationen darstellen, ihre Darstellungen wechselseitig wahrnehmen und sie ihren je eigenen Zielsetzungen entsprechend (angemessen) aufeinander abstimmen.

## Schau-Spiel

Das, was bei diesen interaktiven (Selbst-)Darstellungen geschieht, rekurriert mithin wesentlich auf (jene) Maßnahmen, die ‚wir alle' ständig ergreifen,

---

9   Goffmans Presidential Adress hierzu hat Hubert Knoblauch ins Deutsche übersetzt und in Goffman 1994, S. 50–104, publiziert; dazu auch Knoblauch 1994 sowie die Beiträge in Drew/Wootton 1988.
10  Als Stoßgebet formuliert: Man bewahre uns vor Mitmenschen, die „authentisch" sein wollen! Denn polemisch zugespitzt: „Authentiker" bekennen, was keiner (mehr) wissen, sie beichten, was keiner (mehr) hören will (Soeffner 1992b, 1992c, 2005c und 2011a).

um uns wechselseitig überhaupt erst einmal als Andere erfahrbar, fassbar, und bestenfalls einigermaßen erträglich zu machen – vereinfacht gesagt: auf solche formalisierten Handlungsweisen im alltäglichen Miteinander, die „Achtung vor dem eigenen Selbst, vor Mitmenschen, Dingen, Überzeugungen oder ‚der Welt'" anzeigen (Soeffner 2010, S. 40). In eben diesem Sinne hat Goffman (seit seinem ersten, im Original 1959 publizierten Buch: Goffman 1969) bekanntlich jene kultur- und sozialwissenschaftliche Tradition aufgenommen und weitergeführt, die das Verhalten von Personen in Interaktionssituationen mehr oder weniger auf der Folie des *Rollenspiels von Schauspielern* abbildet.[11]

Vor diesem Hintergrund stellt sich nun aber die Frage, was „Schauspielen" eigentlich heißt, wenn damit nicht eine *besondere* Handlungsform gemeint sein soll, sondern eine prinzipielle – und ganz banale – Art, dem und den Anderen zu begegnen. Heißt es, dass Menschen unwirkliche Wirklichkeiten konstruieren, weil sie grundsätzlich etwas anderes darstellen, als sie sind? – Denn gerade das ist es ja, was wir heutzutage an der Schauspielerei (als einer *besonderen* Handlungsform) bewundern: Dass der Schauspieler, wenn er schau-spielt, sich in eine Figur zu verwandeln vermag, dass er Handlungsabläufe, die bereits vorab festgelegt sind (z. B. durch ein Drehbuch), unter Verwendung seines Körpers (‚neu') gestaltet. Wir bewundern in der Regel, dass der Schauspieler, wenn er spielt, etwas verkörpert, was ihn als Person transzendiert; dass er eine vorgängig fixierte Idee belebt und dadurch beim Publikum die Illusion erzeugt, er *sei* die von ihm dargestellte Figur.

Wären Menschen also in diesem wörtlichen Sinne eines berufsförmigen Handelns Schauspieler in sozusagen ständiger Aktion, dann könnte man einerseits wieder auf die im Lauf der Menschheitsgeschichte so vielstimmig beantwortete Frage zurückkommen, wer – oder was – ihnen dann eigentlich die Drehbücher schreibt, anhand derer sie agieren. Und dann würde sich unweigerlich auch wieder die Frage stellen, was Menschen *jenseits* ihrer Rollen dann ‚eigentlich' wohl seien – so wie der Schauspieler ja offenkundig auch noch etwas anderes, sei's frei oder gebunden ‚irgendwie er selbst' ist, *jenseits* der Figuren, die er verkörpert. Kurz: *Wörtlich* verstanden würde die

---

11 Auf Kenneth Burke (1945) bezieht sich Goffman explizit (dazu auch Burke 1989). Die einschlägigen Arbeiten von Helmuth Plessner (neu publiziert z. B. 1982 und 1985) hingegen scheint er nicht gekannt zu haben, während Hans-Georg Soeffner nicht nur in seinen ganz einschlägigen (wie z. B. Soeffner 2005a und 2005c), sondern in allen aufs Anthropologische verweisenden (also in nachgerade allen seinen ‚neueren') Texten ausdrücklich auf Plessner (und immer öfter auch auf Immanuel Kant) verweist (Soeffner passim).

Rede von der Schauspielerei, zu Ende gedacht, einmünden in (evolutionistischen) Determinismus hier und/oder in (existenzialistisches) Pathos da.

Nimmt man die Rede von der Schauspielerei und vom Schauspieler hingegen als *Metapher* (dazu auch Sonnenmoser 2011), dann erweist sich diese Rede als durchaus hilf- und ertragreich bei der Bestimmung wesentlicher Aspekte interaktiver Situationen, in denen es eben immer (auch) um Vorstellungen geht – und zwar im doppelten Wortsinne: um die Vorstellungen, die sich Akteure von sich, von den anderen und von der Welt *machen* einerseits, und um die Vorstellungen, die sie sich wechselseitig *geben* andererseits. Was wir am ganz alltäglichen Umgang (zumindest – Hornbostel 2010) der Menschen miteinander also beobachten, das ist tatsächlich ein Quasi-Schauspiel, in dem es dem sich in Szene setzenden Quasi-Schauspieler[12] vor allem um den kalkulierten *Eindruck* geht, den sein eigener Ausdruck bei anderen hervorruft bzw. hervorrufen kann. D.h., in diesem Quasi-Schauspiel des menschlichen Miteinanders lässt sich zum Beispiel beobachten, wie Akteure mit sozialen Zumutungen und vorgegebenen Handlungsversatzstücken umgehen, um – etwa in der Perspektive der Subjective Expected Utility-Theorie betrachtet (Esser 1999; kritisch dazu Soeffner 2009b) – aus der jeweiligen Situation das (subjektiv) für sie Beste herauszuholen.

## Situative Entscheidungen

Ein einfaches Beispiel: Die (Aus-)Wahl einer bestimmten Handlung aus einer (subjektiv wie auch immer gegebenen bzw. zuhandenen) Palette möglicher Handlungsalternativen erfolgt beim Versuch, aus einer Situation das Beste „für sich" herauszuholen, typischerweise in drei Schritten: Im ersten Schritt wird die jeweilige Situation kognitiv erfasst *[z. B.: Ich sitze bei einer Party auf einem bequemen Sofa; ein für mich attraktiver potenzieller Intimverkehrsoptionspartner (IVOP) betritt den Raum]*. Hierbei wird die subjektive Wahrscheinlichkeit, mit der verschiedene antizipierte Handlungsergebnisse eintreten, vom Akteur eingeschätzt *[Wenn ich aufstehe und am ihm vorbeigehe, wird er mich eher bemerken, als wenn ich sitzen bleibe]*. In einem zweiten Schritt legt der Akteur den subjektiv erwarteten Nutzen fest, den die verschiedenen Handlungsergebnisse für ihn besitzen *[Wenn der für mich attraktive IVOP mich bewundernd anschaut, während ich an ihm vorbeigehe, fühle ich mich geschmeichelt; wenn er mich ignoriert, wenn ich an ihm vorbei-*

---

12 Besonders augenfällig wird das bei dem von Hans-Georg Soeffner immer wieder in den empirischen Blick genommenen Typus des populistischen (Berufs-)Politikers: Soeffner 1992d, 1994, 2000d, 2005a, 2011b und Soeffner/Tänzler 2002.

*gehe, bin ich enttäuscht; wenn ich aufstehe, verliere ich vielleicht den Platz auf dem bequemen Sofa; wenn der für mich attraktive IVOP mich nicht bemerkt, weil ich sitzen bleibe, bin ich weniger enttäuscht, als wenn er mich ignoriert, wenn ich an ihm vorbeigehe; wenn er auf mich aufmerksam wird, obwohl ich sitzen bleibe, fühle ich mich mehr geschmeichelt, als wenn er mich im Vorbeigehen bemerkt].* Im dritten, abschließenden Schritt wählt der Akteur diejenige Handlungsalternative aus, die für ihn den höchsten subjektiv erwarteten Nutzen besitzt *[Am besten bleibe ich also erst einmal auf dem Sofa sitzen].* Maßgeblich für meine Handlungsentscheidung ist dieser ‚Logik' zufolge also zum einen die *subjektiv* eingeschätzte Wahrscheinlichkeit der Resultate meines Handelns (die ‚objektiv' eben durchaus falsch sein kann) und das sind zum anderen meine je aktuellen Präferenzen (die sich, abhängig von individuellen Neigungen und situativen Kontexten, selbstverständlich jederzeit ändern können).[13]

## Rollen-Spiele

Einer anderen Heuristik folgend, lassen sich solcherlei Handlungseinheiten wie einzelne Szenen im ‚endlosen' Quasi-Schauspiel des menschlichen Miteinanders betrachten. Und bezogen wiederum auf die *Regeln* dieses Quasi-Schauspiels ist (in der Regel) mithin auch unschwer zu erkennen, dass manche Akteure gut spielen, andere hingegen schlecht; dass manche – gelegentlich oder auch unentwegt – aus ihren Rollen fallen; dass manche manchmal oder ständig Sonderrollen spielen; dass manche auch Rollen spielen, die kaum eine Rolle spielen, und dass nur *sehr* wenige und obendrein überaus *selten* Rollen spielen, die überhaupt nicht auf dem kulturellen Spiel-Plan stehen (Soeffner 2005c, 2005d, 2010, S. 171–209 und 2014a). Das heißt, in ihrem Vermögen wie in ihrem Zwang, sich wechselseitig zu vermitteln, Rollen zu übernehmen, Rollen zu gestalten und auszufüllen, brauchen Akteure tatsächlich so etwas wie einen Sinn für die in sozialen Situationen je geltenden Spiel-Regeln. Anders ausgedrückt: Um zu wissen, was zu tun oder zu lassen ist, muss man hinlänglich darüber Bescheid wissen, was los ist (Goffman 1977, S. 16 ff.). Und das wiederum hängt wesentlich mit der Frage zusammen, mit *wem* man es (situativ) zu tun hat. Mithin ist außerordentlich wichtig, welchen Eindruck man vom anderen hat *und* welchen Eindruck man auf den anderen macht. Denn davon hängt nicht nur ab, wie man *mit-*

---

13 Zur Erfassung von solcherart simplen situativen Entscheidungen erscheint mir das SEU-Modell, dem ich damit selbstredend keineswegs gerecht zu werden meine, als durchaus geeignetes heuristisches Instrument.

*einander* umgeht, sondern auch, was man *überhaupt* tut oder lässt (Soeffner/ Raab 2005).

Normalerweise definieren Menschen Situationen füreinander (und für sich selber) keineswegs voraussetzungslos, sondern innerhalb von größeren, länger dauernden Handlungszusammenhängen, die für mehr oder weniger alle beteiligten Akteure mehr oder weniger gültig (d.h. subjektiv mehr oder weniger verbindlich) definiert sind. Kurz: Zumeist tritt man auf bzw. erlebt man Auftritte von anderen im Rahmen von *institutionalisierten* (und in modernen Gesellschaften oft auch organisationalen) sozialen Zusammenhängen.[14] Damit ist aber auch der Eindruck, den man auf andere macht, bzw. den man von anderen hat, keineswegs völlig willkürlich, sondern wird – mehr oder weniger nachdrücklich – geprägt von den sozial gültigen Rahmenbedingungen, innerhalb derer er entsteht. D.h., der kulturell hinlänglich kompetente Akteur weiß in aller Regel mehr oder weniger genau und mehr oder weniger selbstverständlich bzw. aufgrund von selber wiederum sozial geltenden Indizien, welches Tun oder Lassen er innerhalb welcher institutionalisierter Rahmen unter welchen situativen Bedingungen von anderen *typischerweise* erwarten darf oder befürchten muss *und* was andere *typischerweise* von ihm erwarten dürfen oder befürchten müssen. Wichtig ist aber, dass diese Erwartungen sich auf *typisches* Verhalten beziehen, und das heißt, diese Erwartungen können in der konkreten Situation enttäuscht werden, und das heißt auch, dass wenn diese typischen Erwartungen erfüllt werden, der situativ *konkrete* Eindruck damit keineswegs vorbestimmt ist.

Gleichwohl: Üblicherweise richten wir uns bei unseren Auftritten bzw. bei unserem Umgang mit den Auftritten anderer nach – uns zum einen Teil selbstverständlich gewordenen, zum anderen Teil als „problematisch" geltenden – Regeln, ja ganzen (großteils impliziten) Regelwerken des sozialen Agierens und Interagierens. Und nochmals: An solchen Regelhaftigkeiten orientieren sich typischerweise alle kulturell einigermaßen kompetenten Akteure in einer Interaktionssituation – gleichviel, ob sie sie nun befolgen, umgehen oder brechen (Soeffner 1992, 2000f, 2005c und 2010). Hinzu kommt, dass in den meisten Situationen eben *nicht* jeder Akteur *in gleicher Weise* jedem anderen gegenüber auftritt. Vielmehr wird der Umgang miteinander, und damit auch die Selbstdarstellung voreinander, differenziert organisiert: (Fast) jeder Akteur vermittelt typischerweise manchen Interakteuren gegenüber einen Eindruck seiner selbst, den er anderen vorenthält; den Eindruck von sich, den er diesen vermittelt, vermeidet er aber wieder anderen gegenüber, usw. Pragmatisch ausgedrückt: Wir stecken hinsichtlich ver-

---

14 Soeffner 2000e bzw. 2000 insgesamt; dazu auch Luckmann 2002b, und – nachgerade unverzichtbar – Goffman 1973.

schiedener, uns betreffender Problemstellungen mit verschiedenen Leuten ‚unter einer Decke' und ‚halten (mehr oder weniger) dicht' gegenüber anderen – und manchmal auch wieder umgekehrt.[15]

## Mikropolitische Erwägungen

Sofern vor dem Hintergrund solcher spezifisch geordneter Interaktionskontexte individuelle Verhaltensregelmäßigkeiten der je beteiligten Akteure beobachtbar sind, werden diese Verhaltensregelmäßigkeiten von Goffman also als Ausdruck von *Strategien* (d.h. in diesem Fall: von absichtsvoll Ziele verfolgendem Handeln) begriffen. So verstandene Strategien sind eben auch im alltäglichen Miteinander naheliegender Weise unverzichtbar, weil in aller Regel in einer Interaktionssituation zwischen – im einfachsten Fall – zwei Akteuren (in mikropolitikanalytischer Diktion, etwa nach Crozier/Friedberg 1979 und Ortmann 1992, ausgedrückt) der eine über (wie auch immer geartete) tauschfähige Ressourcen verfügt, die für den anderen relevanter sind als umgekehrt. *(Dieser Befund gilt selbstverständlich auch – und nicht zum wenigsten – in Liebesbeziehungen.)* Tauschrelevant sind dabei solcherlei Ressourcen, die geeignet sind, Probleme zu lösen, die (zumindest) der andere Akteur als lösungsbedürftig ansieht *(z.B. das Problem, Zuneigung zu erfahren)*. Je wichtiger mithin einem Akteur die Lösung eines Problems erscheint, als je alternativloser er die Ressourcen, über die ein anderer verfügt, zur Lösung *seines* Problems einschätzt *(z.B. wenn und weil man von diesem einen Menschen geliebt werden will)*, und je unberechenbarer für ihn ist, wie der andere agiert bzw. agieren wird *(also z.B. ob der andere ihn liebt)*, umso dringlicher benötigt er seinerseits tauschfähige Ressourcen *(z.B. gutes Aussehen, sexuelle Attraktivität, Bereitschaft zur Fürsorge oder zu anderweitiger Verausgabung)* bzw. umso strukturell machtloser ist er im Verhältnis zu diesem anderen *(denn Liebe lässt sich – jedenfalls angeblich – nicht erzwingen)*.

Vice versa ist der, der die für den Anderen wichtigen Ressourcen hat, *strukturell* umso mächtiger, je mehr sie dessen Handlungsfähigkeiten tangieren. Um diese strukturelle Macht zu realisieren, muss sich der ressourcenhaltende Akteur für den oder die Ressourcennachfragenden allerdings möglichst unentbehrlich machen *(z.B. indem er jede andere Beziehung im Verhältnis zu dieser einen als ‚schäbig' erscheinen lässt)*. Unentbehrlich macht man sich insbesondere dadurch, dass man einerseits verhindert, dass die ge-

---

15 Letzteres aber ist, wie Goffman (1981) vor allem in seinen Ausführungen über Agenten schreibt und wie man noch schöner im Roman „Gefährliche Liebschaften" von Choderlos de Laclos (2010) lesen kann, ein oft reichlich riskantes Spiel.

gebenen Probleme von anderen gelöst werden *(z. B. indem man Optionen, anderen potenziellen Liebes- bzw. Intimverkehrsoptionspartnern zu begegnen, minimiert)* und dass man andererseits die gegebenen Probleme *zugleich* tatsächlich (teilweise) löst *(z. B. indem man sich auf ein Liebesverhältnis einlässt)* und (teilweise) offen lässt bzw. neue Probleme eröffnet, denen gegenüber man (wiederum) über Problemlösungskapazitäten verfügt *(z. B. indem man die Schlüsselgewalt über das gemeinsame Liebesnest bei sich monopolisiert)*.

Durch diese Prinzipien der (relativen) Monopolisierung von Kompetenzen und der unvollständigen Problemlösungen wird die Nachfrage nach den eigenen Ressourcen und damit auch die Kontrolle über Ungewissheitszonen verstetigt, neu geschaffen und/oder gesteigert *(in einer Liebesbeziehung ist das dann das berühmte „Gängelband" bzw. die Pfeife, nach der man den anderen tanzen lässt)*. Begrenzt wird die Machtausübung einschlägig interessierter Akteure nun wiederum durch die erwähnten, für einen Interaktionskontext je geltend gemachten und bei Nichtbeachtung mit der glaubhaften Androhung von negativen Sanktionen belegten Spiel-Regeln *(z. B. das in einer bestimmten Zeit in bestimmten ‚Kreisen' unter bestimmten Umständen als angemessen geltende Verhalten gegenüber Intimverkehrsoptionspartnern)*. Ob sich eine *bestimmte* Problemlösungskapazität als Machtressource manifestieren lässt, hängt also typischerweise wesentlich davon ab, als wie kompatibel sie mit je geltenden Spiel-Regeln dargestellt bzw. plausibilisiert werden kann *(z. B. ob „Zickigkeit" und/oder „Machismus" in den ‚Kreisen', in denen man sich bewegt, akzeptabel ist oder nicht)*. Diese handlungsstrukturierenden Spiel-Regeln sind zugleich selber (allerdings nur zum Teil *intendierte*) Konsequenzen von Aushandlungsprozessen zwischen den in vielfältige Machtbeziehungen verstrickten Akteuren *(z. B. bauen viele Menschen in Paarbeziehungen Eruptionen heißer Leidenschaft um in Rituale warmer Verlässlichkeit oder in Routinen kalten Neben- und Gegeneinanders)*.

Im Rekurs auf Anselm Strauss (1993, dazu auch Soeffner 1991) ausgedrückt: Interaktionszusammenhänge sind so etwas wie ‚Arenen' (bzw. Spiel-Räume) im Kampf um situative und transsituative Definitonsmacht, in denen die verschiedenen Akteure unter Beachtung je spezifischer Restriktionen (bzw. Spiel-Regeln) und ausgestattet mit unterschiedlichen Ressourcen (bzw. Spiel-Materialien) ihre je eigenen Interessen (bzw. Spiel-Ziele) verfolgen. Das, was dabei als ‚normativ gültig' deklariert wird, stellt (nicht mehr als) eine mehr oder weniger brauchbare, gleichwohl vom individuellen Akteur nicht (gänzlich) ignorierbare Mit-Spiel-Anweisung dar, denn der für andere plausible *Verweis* auf allseits bekannte oder zumindest als bekannt veranschlagbare Normen und Werte legitimiert und verstärkt individuelle Spiel-Strategien gegenüber anderen, konkurrierenden Akteuren und deren Interessen.

## Spiel mit (den) Regeln

Auch in solcherlei komplexeren Konstellationen ist das *tatsächliche* situative Handeln des Akteurs also *nicht* durch irgendwelche sozial gültigen Ordnungen prä-determiniert. Und auch eine noch so ‚gelungene' Sozialisation in Ordnungen hinein enthebt ihn *nicht* situativer Entscheidungen über seine ‚Antwort' auf etwelche Zumutungen. Und daraus wiederum folgt – etwelche SEU- und spieltheoretischen Modellierungen problematisierend –, dass sich auch die Frage, ob bzw. inwiefern ein Handeln als „strategisch" zu deuten ist, *nicht,* jedenfalls keinesfalls *verlässlich,* anhand der normativen Rahmenbedingungen entscheiden lässt, unter denen bzw. innerhalb derer dieses Handeln stattfindet. Wie *alles* Handeln lässt sich auch strategisches Handeln nicht nach externen (Beobachter-)Kriterien beurteilen, sondern muss vielmehr – wie alles Handeln – vom (typischen) *subjektiv gemeinten Sinn des Handelnden* her verstanden und rekonstruiert werden.[16] Denn *er* weist Phänomenen aufgrund *seines* jeweiligen Relevanzsystems bestimmte Bedeutungen zu, verleiht seinen Wahrnehmungen somit einen (durchaus nicht unbedingt stimmigen) Sinn und organisiert aufgrund dieser Sinnzuweisung sein Handeln in einer bestimmten Art und Weise. *Generell* konstatieren lässt sich dazu lediglich, dass eben *jeder* Handelnde sozusagen *grundsätzlich* (ständig) mit der Frage konfrontiert ist, was da ‚jetzt wieder' vor sich geht und inwiefern ihn das, was vor sich geht, tangiert, dass die meisten von uns diese Frage aber meistens geflissentlich ‚überhören' bzw. ihre Beantwortung an Gewissheitspostulate delegieren. „*Strategisch*" soll hier demgegenüber nun eben ein solches soziales Handeln heißen, bei dem der Handelnde ein Szenario von aufeinander bezogenen Aktionen und Reaktionen entwirft und im Hinblick darauf etwas tut, um bei einem oder mehreren anderen über zumindest mehrere antizipierte Interaktionssequenzen hinweg bestimmte Zugzwänge (d.h. Reaktions- und Verhaltensweisen) zu erzeugen – und dadurch idealerweise das zu erreichen, was er erreichen will.

---

16 Die jeweils geltend gemachte Interaktionsordnung als ein (mehr oder weniger systematisches) Konglomerat von Regeln und Handlungsanweisungen ist das Eine, die subjektive Interpretation, die individuelle Selektion und die situative Applikation von Elementen bzw. von je zuhandenen Teilen dieses jeweils gültigen Zeichen- und Symbolzusammenhanges hingegen ist das Andere: das dergestalt eben keinesfalls ‚erklärte' Andere (Ortmann 2013; zu den methodischen Konsequenzen dieses Sachverhalts Soeffner 2004c, 2004e; der gesamte Sachverhalt ‚an sich' ist der ständige Gegenstand des gesamten Werks des Adressaten dieser Schrift – und war übrigens auch der des ganzen wissenschaftlichen Interesses einer seiner Schülerinnen, an deren kleines, aber originäres Oeuvre zu erinnern ich mir auch in diesem Zusammenhang erlaube: Anne Honer, insbesondere 1993 und 2011).

Eine solches subjektives Handlungs-, ja Haltungskonzept impliziere bzw. konnotiere ich (also) mit der idealtypisierenden Rede vom „Goffmenschen"[17]: Der Goffmensch *weiß*, dass er sich auf prinzipiell unsicherem Terrain bewegt; er *weiß*, dass er ständig Probleme zu bewältigen, Antworten zu suchen und Rätsel zu lösen hat. Eben deshalb hat er – jedenfalls (und in der Regel auch *nur*) solange ihm die anderen nicht auf die Schliche kommen – zunächst einmal relativ gute Chancen, zu realisieren, was er warum auch immer realisieren will. Aber – und damit ende ich hier sozusagen am Tor zu einer Gesellschaftsdiagnose – was immer er tut, es zeitigt (wie alles, was irgendjemand tut) auch nicht-intendierte Effekte (dazu Kron 2003), insbesondere den, dass er zusehends häufiger auf andere trifft, die so sind wie er, oder die ihm zumindest ähneln und die und deren Tun – inmitten der unheilbaren Fragilität des entzauberten Sozialen (Soeffner 2014b; dazu auch die Beiträge in Honer/Meuser/Pfadenhauer 2010) – auch *seine* kleine Machiavellisten-Welt (Hitzler 1993) unweigerlich fragilisieren.

## Literatur

Abels, H. (2004): Interaktion, Identität, Präsentation. Wiesbaden: VS, S. 149–194.
Burke, K. (1945): A Grammar of Motives. New York: NY: Prentice-Hall.
Burke, K. (1989): On Symbols and Society (ed. by J.R. Gusfield). Chicago/London: University of Chicago Press.
Crozier, M./Friedberg, E. (1979): Macht und Organisation. Königstein/Ts.: Athenäum.
Drew, P./Wootton, A. (eds.) (1988): Erving Goffman. Exploring the Interaction Order. Cambridge: Polity Press.
Esser, H. (1999): Situationslogik und Handeln (Soziologie: Spezielle Grundlagen, Bd. 1). Frankfurt am Main/New York: Campus.
Goffman, E. (1969): Wir alle spielen Theater. München: Piper.
Goffman, E. (1973): Asyle. Frankfurt am Main: Suhrkamp.
Goffman, E. (1977): Rahmen-Analyse. Frankfurt am Main: Suhrkamp.
Goffman, E. (1981): Strategische Interaktion. München/Wien: Hanser.
Goffman, E. (1994): Interaktion und Geschlecht (hgg. v. H. Knoblauch). Frankfurt am Main/New York: Campus.

---

17 Dass diese Rede eine idealtypisierende ist, impliziert – mit Hans-Georg Soeffner (z.B. 2004d, S. 198) formuliert – eben, dass sie „gegenüber der Empirie systematisch unrecht" haben soll. D.h., den Goffmenschen gibt es (selbstverständlich) *nicht*. Er ist *eine* der (General-)Rollen, die wir alle spielen können: *Die* (General-)Rolle, in der Darstellung und Inszenierung eins werden. Nur *sie* zu spielen, hieße, in einem Stereotyp zu erstarren. Sie gar nicht zu spielen, hieße, eine wesentliche Facette des Menschenmöglichen zu (ver-)meiden, denn „Jenseits der Rolle gibt es kein sichtbares Anderes, Nicht-Rollenhaftes, sondern nur andere, im ‚Augenblick' nicht aktualisierte Rollen" (Soeffner 2005a/2004, S. 91).

Goffman, E. (2005): Rede-Weisen (hgg. v. H. Knoblauch). Konstanz: UVK.
Goffman, E. (2009): Interaktion im öffentlichen Raum (eingel. v. H. Knoblauch). Frankfurt a. M./New York: Campus.
Heidegger, M. (2006): Sein und Zeit. Tübingen: Niemeyer.
Hitzler, R. (1989): Der Inter.Disziplinierte. In: Lau/Reichertz/Vogt, S. 41–44.
Hitzler, R. (1991a): Goffmans Perspektive. In: Sozialwissenschaftliche Informationen (SOWI) 20, H. 4, S. 276–281.
Hitzler, R. (1991b): Machiavellismus oder Von den Kunst-Regeln politischen Handelns. In: PROKLA 21, H. 85 (Nr. 4), S. 620–635.
Hitzler, R. (1992): Der Goffmensch. In: Soziale Welt 43, H. 4, S. 449–461.
Hitzler, R. (1993): Der gemeine Machiavellismus. In: Sociologia Internationalis, H. 2, S. 133–147.
Hitzler, R. (2001): Eine formale Bestimmung politischen Handelns. In: Bluhm, H./Gebhard, J. (Hrsg.): Konzepte politischen Handelns. Baden-Baden: Nomos, S. 43–50.
Hitzler, R. (2010): Der Goffmensch. In: Honer/Meuser/Pfadenhauer, S. 17–34 (Wiederabdruck von 1992).
Hitzler, R. (2014): Ist der Mensch ein Subjekt? – Ist das Subjekt ein Mensch? In: Poferl, A./Schröer, N. (Hrsg.): Wer oder was handelt? Wiesbaden: Springer VS (im Erscheinen).
Honer, A. (1993): Lebensweltliche Ethnographie. Wiesbaden: DUV.
Honer, A. (2011): Kleine Leiblichkeiten. Wiesbaden: VS.
Honer, A./Meuser, M./Pfadenhauer, M. (Hrsg.) (2010): Fragile Sozialität. Wiesbaden: VS.
Hornbostel St. (2010): Affe trifft Goffmensch. In: Raab, J./Pfadenhauer, M./Stegmaier, P./Dreher, J./Schnettler, B. (Hrsg.): Phänomenologie und Soziologie. Wiesbaden: VS, S. 37–48.
Jankélévitch, V. (2012): Die Ironie. Berlin: Suhrkamp.
Keller, R. (2012): Soziologie der Interaktionsordnung. In: Keller, R.: Das Interpretative Paradigma. Wiesbaden: Springer VS, S. 283–314.
Kierkegaard, S. (1976): Über den Begriff der Ironie. Frankfurt am Main: Suhrkamp.
Knoblauch H. (1994): Erving Goffmans Reich der Interaktion. In: Goffman, S. 7–49.
Knoblauch, H. (2013): Grundbegriffe und Aufgaben des kommunikativen Konstruktivismus. In: Keller, R./Knoblauch, H./Reichertz, J. (Hrsg.): Kommunikativer Konstruktivismus. Wiesbaden: Springer VS, S. 25–48.
Kron, Th. (2003): Transintentionalität – Simmel und Goffman im Vergleich. In: Greshoff, R./Kneer, G./Schimank, U. (Hrsg.): Die Transintentionalität des Sozialen. Wiesbaden: Westdeutscher, S. 72–107.
Laclos, Ch. de (2010): Gefährliche Liebschaften. Frankfurt am Main: Insel.
Lau, Th./Reichertz, J./Vogt, L. (Hrsg.) (2010): „Ab vom Weltlichen…". Hagen (Privatdruck).
Luckmann, Th. (2002a): Zum hermeneutischen Problem der Handlungswissenschaften. In: Luckmann, Th.: Wissen und Gesellschaft (hgg. v. H. Knoblauch, J. Raab und B. Schnettler). Konstanz: UVK, S. 117–128.
Luckmann, Th. (2002b): Zur Ausbildung historischer Institutionen aus sozialem Handeln. In: Luckmann, Th.: Wissen und Gesellschaft (hgg. v. H. Knoblauch, J. Raab und B. Schnettler). Konstanz: UVK, S. 105–117.
Luckmann, Th. (2007a): Aspekte einer Theorie der Sozialkommunikation. In: Luckmann, Th.: Lebenswelt, Identität und Gesellschaft (hgg. v. J. Dreher). Konstanz: UVK, S. 91–111.

Luckmann, Th. (2007b): Über die Grenzen der Sozialwelt. In: Luckmann, Th.: Lebenswelt, Identität und Gesellschaft (hgg. v. J. Dreher). Konstanz: UVK, S. 62–90.
Luckmann, Th. (2007c): Phänomenologische Überlegungen zu Ritual und Symbol. In: Luckmann, Th.: Lebenswelt, Identität und Gesellschaft (hgg. v. J. Dreher). Konstanz: UVK, S. 112–126.
Ortmann, G (1992): Macht, Spiel, Konsens. In: Küpper, W./Ortmann, G. (Hrsg.): Mikropolitik. Opladen: Westdeutscher, S. 13–26.
Ortmann, G. (2013): Eine Phänomenologie des Entscheidens, organisationstheoretisch genutzt und ergänzt. In: Keller, R./Knoblauch, H./Reichertz, J. (Hrsg.): Kommunikativer Konstruktivismus. Wiesbaden: Springer VS, S. 121–149.
Plessner, H. (1982): Zur Anthropologie des Schauspielers. In: Plessner, H.: Gesammelte Schriften VII. Frankfurt am Main: Suhrkamp, S. 401–418.
Plessner, H. (1985): Soziale Rolle und menschliche Natur. In: Plessner, H.: Gesammelte Schriften X. Frankfurt am Main: Suhrkamp, S. 227–240.
Raab, J. (2014): Erving Goffman. 2. Auflage. Konstanz: UVK.
Schütz, A. (2003): Symbol, Wirklichkeit und Gesellschaft. In: Schütz, A.: Theorie der Lebenswelt 2 (hgg. von H. Knoblauch, R. Kurt und H.-G. Soeffner). Konstanz: UVK, S. 119–198.
Schütz, A./Luckmann Th. (2003): Strukturen der Lebenswelt. Konstanz: UVK.
Soeffner, H.-G. (1974): Der geplante Mythos. Hamburg: Helmut Buske.
Soeffner, H.-G. (1988): Erving Goffman. In: Lutz, B. (Hrsg.): Philosophenlexikon. Stuttgart: Metzler, S. 287–290.
Soeffner, H.-G. (1991): „Trajectory" – Das geplante Fragment. In: BIOS 4, H. 1, S. 1–12.
Soeffner, H.-G. (1992): Die Ordnung der Rituale. Frankfurt am Main: Suhrkamp.
Soeffner, H.-G. (1992a): Vorwort. In: Soeffner, S. 7–19.
Soeffner, H.-G. (1992b/1988): Luther. In: Soeffner, S. 20–75.
Soeffner, H.-G. (1992c/1989): Rituale des Antiritualismus. In: Soeffner, S. 102–130.
Soeffner, H.-G. (1992d): Geborgtes Charisma. In: Soeffner, S. 177–202.
Soeffner, H.-G. (1994): Populisten. In: Berking, H./Hitzler, R./Neckel, S. (Hrsg.): Politikertypen in Europa. Frankfurt am Main: Fischer, S. 259–279.
Soeffner, H.-G. (2000): Gesellschaft ohne Baldachin. Weilerswist: Velbrück.
Soeffner, H.-G. (2000a/1988): Der Mythos von der Macht des Wortes. In: Soeffner, S. 23–25.
Soeffner, H.-G. (2000b/1995): Die Außenhaut der Alltagswelt. In: Soeffner, S. 83–96.
Soeffner, H.-G. (2000c/1988): Kulturmythos und kulturelle Realität(en). In: Soeffner, S. 153–179.
Soeffner, H.-G. (2000d/1997): Erzwungene Ästhetik. In: Soeffner, S. 280–309.
Soeffner, H.-G. (2000e/2000): Individuelle Macht und Ohnmacht in formalen Organisationen. In: Soeffner, S. 310–353.
Soeffner, H.-G. (2000f/1991): Erneuerung durch alternative Gruppen? In: Soeffner, S. 238–253.
Soeffner, H.-G. (2004): Auslegung des Alltags – Der Alltag der Auslegung. Konstanz: UVK.
Soeffner, H.-G. (2004a/1986): Handlung – Szene – Inszenierung. In: Soeffner, S. 160–179.
Soeffner, H.-G. (2004b/1984): Hermeneutik. In: Soeffner, S. 114–159.

Soeffner, H.-G. (2004c/1980): Überlegungen zur sozialwissenschaftlichen Hermeneutik am Beispiel der Interpretation eines Textausschnittes aus einem „freien" Interview. In: Soeffner, S. 210–238.
Soeffner, H.-G. (2004d/1986): Emblematische und symbolische Formen der Orientierung. In: Soeffner, S. 180–209.
Soeffner, H.-G. (2004e/1987): Strukturanalytische Feldstudien In: Soeffner, S. 239–253.
Soeffner, H.-G. (2005): Zeitbilder. Frankfurt am Main, New York: Campus.
Soeffner, H.-G. (2005a/2004): Die Wirklichkeit der Theatralität. In: Soeffner, S. 89–102.
Soeffner, H.-G. (2005b/2004): Vermittelte Unmittelbarkeit. In: Soeffner, S. 129–150.
Soeffner, H.-G. (2005c/2001): Authentizitätsfallen und mediale Verspiegelungen. In: Soeffner, S. 49–64.
Soeffner, H.-G. (2005d/2001): Stile des Lebens. In: Soeffner, S. 17–48.
Soeffner, H.-G. (2005e/2004): Gewalt als Faszinosum. In: Soeffner, S. 65–88.
Soeffner, H.-G. (2008): Symbolische Präsenz: unmittelbare Vermittlung. In: Raab, J./Pfadenhauer, M./Stegmaier, P./Dreher, J./Schnettler, B. (Hrsg.): Phänomenologie und Soziologie. Wiesbaden: VS, S. 53–64.
Soeffner, H.-G. (2009a): Symbolkonkurrenzen und symbolische Leerstellen. In: Strohschneider, P. (Hrsg.): Literarische und religiöse Kommunikation im Mittelalter und Früher Neuzeit. Berlin, New York: de Gruyter, S. 161–183.
Soeffner, H.-G. (2009b): Weder Habitus noch Frames. In: Hill, P./Kalter, F./Kopp, J./Kroneberg, C./Schnell, R. (Hrsg.): Hartmut Essers erklärende Soziologie. Frankfurt am Main/New York: Campus, S. 80–106.
Soeffner, H.-G. (2010): Symbolische Formung. Weilerswist: Velbrück.
Soeffner, H.-G. (2011a): Lust zur Nicht-Lust. In: Müller, M. R./Soeffner, H.-G./Sonnenmoser, A. (Hrsg.): Körper Haben. Weilerswist: Velbrück, S. 23–38.
Soeffner, H.-G. (2011b): Fassadenpolitik. In: Zeitschrift für Soziologie 40, H. 3, S. 267–275.
Soeffner, H.-G. (2012a): Der Eigensinn der Sinne. In: Schröer, N./Hinnenkamp, V./Kreher, S./Poferl, A. (Hrsg.): Lebenswelt und Ethnographie. Essen: Oldib, S. 461–474.
Soeffner, H.-G. (2012a): Des Mopses Seele. In: Soziologie 41, H. 1, S. 7–18.
Soeffner, H.-G. (2013a): Fast eine Festrede. In: Forschung & Lehre 20, H. 5/13, S. 388–391.
Soeffner, H.-G. (2014a): Zen und der „kategorische Konjunktiv". In: Müller, M. R./Raab, J./Soeffner, H.-G. (Hrsg.): Grenzen der Bildinterpretation. Wiesbaden: VS, S. 55–75.
Soeffner, H.-G. (2014b): Fragiler Pluralismus. In: Soeffner, H.-G./Boldt, Th. D. (Hrsg.): Fragiler Pluralismus. Wiesbaden: Springer VS, S. 207–224.
Soeffner, H.-G./Hitzler, R. (1994): Hermeneutik als Haltung und Handlung. In: Schröer, N. (Hrsg.): Interpretative Sozialforschung. Opladen: Westdeutscher, S. 28–55.
Soeffner, H.-G./Raab, J. (2005): Körperlichkeit in Interaktionsbeziehungen. In: Schroer, M. (Hrsg.): Soziologie des Körpers. Frankfurt am Main: Suhrkamp, S. 166–188.
Soeffner, H.-G./Tänzler, D. (2002): Figurative Politik. In: Soeffner, H.-G./Tänzler, D. (Hrsg.): Figurative Politik. Opladen: Leske und Budrich, S. 17–34.
Sonnenmoser, A. (2011): Der Mensch, ein Schauspieler? In: Müller, M. R./Soeffner, H.-G./Sonnenmoser, A. (Hrsg.): Körper Haben. Weilerswist: Velbrück, S. 121–134.
Strauss, A. (1993): Continual Permutations of Action. New York: de Gruyter.
Thomas, W. I. (1965): Person und Sozialverhalten (hgg. v. E. H. Volkart). Neuwied/Berlin: Luchterhand.

Klaus E. Müller

# Der Venus-Effekt

„Der Mensch kann nur leben, wenn er
seine Welt und sich deutet."
Jörn Rüsen[1]

In prämodernen ländlichen Gesellschaften folgten die Aufwendungen, mit denen man sein Dasein bestritt, nicht blindlings der Überlieferung. Die Erfahrung lehrte noch unmittelbarer als in späteren, „entwickelteren" Kulturen, daß ständig etwas – ein Fehlverhalten oder ein Naturereignis – geschehen konnte, das die Routine durchbrach und unter Umständen gleich die gesamte Existenz zu bedrohen vermochte. Um sichergehen zu können, bedurfte man für die Zusammenhänge zwischen Tun und Ergehen, zwischen Mensch und Natur plausibler Erklärungen, die alles, also auch unerwartetes Geschehen, einsichtig begründeten, so daß man es *verstehen* und angemessen darauf reagieren konnte. Im Folgenden nur einige Beispiele für die wichtigsten Fragen, die sich den Menschen stellten, und dafür, wie man sie zu lösen versuchte.

## Der Männer Fuß auf dem Muttergrund

Land bildete die Grundlage des Lebensunterhalts. Wie sicherte man sich den Anspruch, es rechtens zu nutzen, ohne daß jemand anderer seine Hand darauf legen konnte? Generell galt, daß einem gehörte, was man gefunden, entdeckt (z. B. ein Honignest), hergestellt, erkannt oder gedichtet (komponiert) hatte. Bei Handgemachtem kam noch der Glaube hinzu, daß beim Werken immer ein wenig von der eigenen Lebenskraft (über den Atem, den Schweiß, die Blicke usw.) in den gefertigten Gegenstand überging. Insofern wurde er ein Teil seines Schöpfers, zählte zu seinem legitimen Besitz, über den zu verfügen er allein berechtigt, auf dessen Entwicklung Einfluß zu nehmen vor allem er in der Lage war.

---

1   Rüsen 2013, S. 30.

Analog verhielt es sich auch beim Land. Der üblichen Arbeitsteilung nach fielen die Bestellung des Bodens und die Einsaat, bzw. das Stecken von Wurzelknollen und Setzlingen, in die Zuständigkeit der Männer. Denn sie besaßen das Land und die Verfügungsgewalt darüber, weil sie oder einer ihrer Urvorfahren es *als erste* betreten und *urbar gemacht*, das heißt „kultiviert" und bebaut, als Kulturland gleichsam „erschaffen" hatten.[2] Die Legitimation dazu lieferte der Mythos: Man folgte strikt der Vorgabe der Kulturstifterheroen, die ihre Ahnen einst (nach dem Sündenfall) im Bodenbau unterwiesen hatten.

Im Grunde also besaßen die Ahnen das Land, von denen es zunächst auf ihre unmittelbaren Nachfahren, gegenwärtig die Angehörigen der sogenannten „Gründersippe", dann auf die Abkömmlinge der Seitenverwandtschaft übergegangen war. Der einzelne hatte *de facto* nur Anspruch auf einen Teil des Landes der Gruppe, den er entweder geerbt oder der ihm vom Gearchen („Erdherrn"), dem Ältesten der Gründersippe, zugeteilt worden war, der allein das Recht dazu hatte, da er genealogisch den Urahnen am nächsten stand und insofern die höchste – vor allem sakrale – Autorität in der Gruppe besaß.

## Die Einsaat in den Mutterschoß

Wo das Land nicht eigens zugeteilt (neuverteilt) wurde, ging es vom Vater auf den ältesten Sohn oder, falls dieser keine Söhne hatte, auf einen seiner Brüder über. Es blieb also Eigentum der *männlichen* Gemeinschaftsmitglieder. Somit stellte sich das Problem, wie sich der *kontinuierliche Fortbestand* der Sippe oder Sippen, aus denen sich die Lokalgruppe zusammensetzte, verläßlich garantieren ließ.

Überwiegend herrschte in indigenen ländlichen Dorfgemeinschaften die *patrilineare* („vaterseitige") Abstammungsfolge. Sie gründete sich auf die – in den Grundzügen weltweit übereinstimmenden – Zeugungsvorstellungen. Ihnen zufolge baute sich die „Leibesfrucht" aus dem väterlichen, wiederholt zugeführten Sperma und dem durch den Beischlaf gleichsam „gestockten"

---

2 Vgl. z. B. Tait 1961, S. 35 f., 49 (Konkomba, Ghana); Buxton 1963, S. 26 (Mandari, Sudan); Beidelman 1971, S. 32 (Kaguru, Tansania); Krige/Krige 1947, S. 40 (Lovedu, Transvaal); Hutton 1921, S. 155 f. (Naga, Assam, Indien); Majumdar 1937, S. 36 (Ho, Bihar, Indien); Grigson 1949, S. 131, 294 (Gond, Bastar, Indien); Malinowski 1981, S. 382 (Trobriand-Insulaner, Melanesien); Burt 1982, S. 376 f. (Malaita, Melanesien). Die Belege ließen sich beliebig vermehren. Ich beschränke mich jedoch, hier wie im Folgenden, jeweils auf eine kleine Auswahl, um nicht die vom Herausgeber vorgeschriebene Zahl der „Zeichen" zu überschreiten.

Menstrualblut der Mutter auf. Aus ihm entstanden die fluidalen und weicheren, „fleischlichen", also *vergänglicheren*, aus dem Sperma, das, wie man allgemein glaubte, dem Mark der Wirbelsäule entstammte, dagegen die *konsistenteren* Bestandteile des Körpers – vor allem das Knochengerüst, ferner Zähne, Nägel und Haare. Sein *Leben* aber gewann das Kind erst durch die *Beseelung*. Sie geschah auf zweifachem Weg: Während ihm die *Vitalseele*, das heißt die Lebenskraft, zuständig für die rein organische Funktionsfähigkeit des Leibes, unmittelbar über das Sperma (das sie in Höchstkonzentration enthielt) und teils auch über das Blut der Mutter zugeführt wurde, empfing es die – an sich leibunabhängige – *Spiritualseele*, die ihm das Bewußtsein, das Erkenntnis- und Erinnerungsvermögen, die Konzentrations-, Willens- und Entscheidungskraft verlieh, erst später, etwa ab Beginn der fetalen Entwicklungsphase (wenn die ersten *Bewegungen* des Kindes einsetzen!), und zwar auch in diesem Fall vom *Vater*. Er nahm sie entweder im Traum (d.h. von den Ahnen) oder unbewußt beim Passieren von Quellen, Tümpeln, Höhlen oder einzelnstehender hoher Bäume auf, im Volksmund „Kinderbäume" genannt, wo die zur Reinkarnation anstehenden Kinderseelen gewissermaßen aus dem Totenreich „antrieben" oder sich, gleich Sporen, „anlagerten", und übertrug sie beim nächsten Intimverkehr auf seine Frau. Lokalisiert dachte man sie sich gemeinhin im Kopf, unmittelbar unter der „Naht" der Hauptfontanelle.[3]

Wenn man so will, wurden die Frauen durch die „Entjungferung" in der Hochzeitsnacht gleichsam „urbar gemacht" und inseminiert, um Früchte – „Leibesfrüchte" – zu tragen. Die Analogie deutete das Geschehen auf der Grundlage der bäuerlichen Erfahrung, verlieh ihm dergestalt *Sinn* und ließ es so verständlich erscheinen. Die *Legitimierung* lieferten in diesem Fall zum einen der anthropogonische Schöpfungsmythos, demzufolge Gott den Menschen aus vergänglichem Stoff geformt und mit Zugaben seiner Lebenskraft (z.B. mit Blut, Schweiß oder Speichel) und zuletzt der unsterblichen Spiritualseele belebt hatte, zum andern der *Zentralmythos der agrarischen Weltanschauung*. Er besagte, daß der Himmelsgott, der Schöpfer also, alljährlich zu Jahresbeginn mit der Erdgöttin Hochzeit feiert. Sein Sperma ergießt sich dabei mit den ersten Regenfällen im Frühjahr in den Schoß der Erdgöttin, die bald darauf das „Göttliche Kind", die Personifizierung der Kulturpflanzen, gebiert.[4]

Zugleich begründete der Mythos auch den *anthropologischen Dualismus*: die Scheidung zwischen vergänglichem, sterblichem „Fleisch" und unsterblichem „Geist" (der Spiritualseele), der seinerseits als das mikrokosmische

---

3  Müller 1983, S. 24–26; Müller 2010, S. 94f.
4  Müller 1973-74, S. 58–70; Müller 2010, S. 87.

Abbild des makrokosmischen Dualismus von jenseitiger (himmlischer) und diesseitiger (irdischer) Welt verstanden wurde. Demnach entsprach der Mann „Gottvater" in der Transzendenz (und besaß insofern Zugang zu den Spiritualseelen), die Frau dagegen der „Muttergöttin" im Erdreich. Beide samt ihren Kindern ließen sich so als irdische Entsprechung der „Heiligen Familie" begreifen, was ihnen überzeitliche Bedeutung und dem Ganzen wiederum *Sinn* verlieh.

## Wie Frauen zu Menschen werden

Indigene Dorfgemeinschaften zählten im Schnitt zwischen 80 und 150 Personen. Das bedeutete, daß so gut wie nie hinreichend Heiratspartner im passenden Alter zur Verfügung standen. Ehen unter Engstverwandten, also – und zumal in unilinearen Gesellschaften – unter Geschwistern oder Vettern und Basen ersten Grades, waren in der Regel verpönt. Sie hätten, wie die Erfahrung lehrte, zu organischen oder mentalen Defekten führen können, vor allem aber die Eindeutigkeit der Abstammungsbeziehungen verwischt: Söhne und Töchter waren in patrilinearen Sippen beide allein mit dem Vater „blutsverwandt"; bei Geschwisterehen wären es die Kinder über den Großvater auch mit der Mutter gewesen! Und daraus ergab sich ein Problem: Man sah sich genötigt, seine Heiratspartnerinnen *außerhalb* der eigenen Verwandtschafts-, d.h. in der Regel: außerhalb der eigenen Lokalgruppe zu suchen, also *exogame* Verbindungen einzugehen. Das war ein Problem insofern, als es sich bei den Kandidatinnen um *Fremde* handelte, denen man als solchen *per se* mit Mißtrauen begegnete. Bantu in Südostafrika beteuerten einem Ethnologen zum Beispiel, daß einheiratende Frauen „als Angehörige eines anderen Klans [...] generell ungute Eigenschaften besäßen."[5]

Die potentiell unwägbaren, in Extremfällen unverträglichen Verhältnisse, die sich daraus ergaben, wurden allgemein dadurch abzumildern gesucht, daß immer nur zwei – seltener auch mehrere – Verwandtschaftsgruppen (Lineages, Sippen, Klane) ein und desselben Ethnos die Heiratspartnerinnen untereinander „auszutauschen" pflegten, so daß zumindest die *ethnische* Endogamie gewahrt, man also, wenn auch in erweitertem Rahmen, unter sich blieb. Das verband dann auf die Dauer beide, Abstammungs- und Heiratsverwandte, im zyklischen Wechsel über die Kinder zu einer zunehmend engeren, strukturell *quasiverwandtschaftlichen* Korporationsgemeinschaft. „Das Blut kehrte", wie man in Kodi auf Sumatra sagte, stets wieder „zu-

---

5   Pettersson 1963–64, S. 307.

rück".⁶ Zur dichteren Verschränkung wurden die Bande dabei zudem noch durch verschiedene reziproke Dienstleistungsverpflichtungen weiter gefestigt. In einzelnen Fällen bildeten sich daraus (in allen Teilen der Welt) Formen dualorganisatorisch verfugter Gemeinschaften, bestehend aus zwei *autonomen* Hälften (engl. *Moieties*), deren Antagonismus zumeist auch durch paarige Bezeichnungen wie rechts – links, oben – unten, Himmel – Erde, zugehörig – fremd usw. kategorial zum Ausdruck gebracht wurde.⁷

Doch war das Problem damit noch nicht vollends gelöst. Gängiger Auffassung nach durften Gruppenfremde einander nicht berühren – sie hätten sich wechselseitig *"verunreinigt"*, unter Umständen krankgemacht. Ließen sich Männer auf eine Liaison mit fremden Frauen ein, kam es zu Tot-, Fehl- oder Mißgeburten.⁸ Daher wurde die abschließende „Engführung", die Hochzeit selbst, in Form eines Übergangs-, bzw. *Umwandlungsrituals*, das heißt nach den Regeln der *Rites de Passage* vollzogen, dem sich zwar Braut wie Bräutigam, zunächst getrennt voneinander, zu unterziehen hatten, das sich vor allem aber, und insofern formal auf die strikteste Weise, auf die erstere bezog.

Dem üblichen Schema nach zogen sich beide zu Beginn in ein Versteck zurück, d. h. begaben sich in *Seklusion*, was ihrem Absterben von der Gesellschaft, ihrem „Tod", entsprach. Die Braut hatte dort, tiefverschleiert, möglichst bewegungslos und ohne ein Lebenszeichen von sich zu geben, einfach nur dazusitzen. Schließlich, wenn die Hochzeitsfeier nahte, wurden beide – von gleichaltrigen Verwandten und Freunden – befreit, d. h. wieder „ins Leben zurückgerufen", einander zugeführt und gemeinsam in die Brauthütte (bzw. das Brautgemach) geleitet und dort symbolisch miteinander verbunden, indem man etwa ihre Kleider mit Nadeln zusammensteckte oder beide mit einer Schnur umwand. Hier, abermals also in Seklusion, teilten sie ein besonderes, eigens für sie bestimmtes Mahl, um anschließend die Hochzeitsnacht zu begehen, die nicht nur die Krönung des Ganzen, sondern mit dem Intimverkehr auch den Höhepunkt der Kontaktnahme darstellte und insofern, zur Abwehr des Risikos, von den verschiedensten Verhaltensanweisungen und Tabus wahrhaft umstrickt war.

Formal entsprach die Verehelichung der Braut einem *Adoptionsritual*, das sie zur *Quasiverwandten* der Sippe ihres Ehemanns machte. Die Kinder, die sie gebar und die über den Fortbestand der Lokalgemeinschaft entschieden, büßten dadurch ihre mütterlichen „Fremdanteile" nahezu gänzlich ein und konnten als vollgültige patrilineare Abkömmlinge der Sippe ihres Va-

---

6  Hoskins 1993, S. 21.
7  Müller 2010, S. 186, Fußn. 44.
8  Müller 2010, S. 292 f.

ters gelten. Legitimiert wurde die Prozedur auch hier durch den anthropogonischen Schöpfungsmythos, demzufolge Mann und Frau (gewöhnlich in dieser Reihenfolge!) zwar getrennt erschaffen worden waren, aber ein und denselben *Vater* besaßen. Originär verband sie daher an sich *patrilineare* Abstammungsverwandtschaft, die desfalls, um der mythischen Vorgabe zu genügen, rituell immer wieder „reinszeniert", das heißt *scheinrestituiert* werden mußte.

## Frauengesäße als Zeichenträger

Doch wären die genannten Bemühungen allesamt „fruchtlos" geblieben, hätte man nicht noch ein weiteres *grundlegendes* Problem zu lösen gewußt. Ehen wurden geschlossen, um den Fortbestand der Familie und damit der Gruppe insgesamt zu sichern. Kinderreichtum war daher in allen indigenen Gesellschaften das Ideal einer jeden Familie.[9] Auch in der Bibel gebietet Gott schon Adam und Eva: „Seid fruchtbar und mehret euch und füllet die Erde!"[10]

Das Problem dabei war die *Fruchtbarkeit*, die unabdingliche Voraussetzung jeglicher „Mehrung", und die erwartete man zuallererst von der *Frau* – wie der Ackergrund, zu dem sie in Bezug gesetzt wurde[11], um so reichlicher trug, je fruchtbarer, je „fetter" er war. Hinter dem *Mann* standen seine patrilinearen Ahnen, die schon aus Eigeninteresse für seine Fortpflanzungsfähigkeit bürgten. Blieb eine Ehe kinderlos, lastete man das daher – außer der Mann war durch ein schweres Vergehen bei seinen Ahnen in Ungnade gefallen – gewöhnlich der Frau an.[12]

Offenbar hatte die Erfahrung gelehrt, daß junge, vor allem untenherum zur Üppigkeit neigende Frauen eher und rascher schwanger wurden als dort dürftiger ausgestattete. Das führte dazu, daß man verschiedentlich Mädchen, die ihrer Ehe entgegensahen, einige Monate zuvor separierte und einer regelrechten Mastkur unterzog – so im Altertum beispielsweise bei den Guanchen, der autochthonen Bevölkerung der Kanarischen Inseln, den Mossynoiken an der Schwarzmeerküste Kleinasiens (hier mit gekochten Walnüssen)[13] und in Ägypten sowie rezent u.a. noch bei Berbern und Tuareg, den Nuba und anderen Ethnien am oberen Nil, den Zay und Gurage in

---

9   Herrmann 1962, S. 293; Müller 1973-74, S. 91.
10  1. Mose 1,28; vgl. 9,1 u. 7.
11  Müller 1973-74, S. 91f.
12  Herrmann 1962, S. 293.
13  Xenophon: Anabasis V 4.

Südäthiopien, den Efik und Ekoi in West-[14] und verschiedenen Gruppen im mittleren Ostafrika.[15] Bei den Bondo im indischen Bundesstaat Orissa appellierte man an die Braut *wie* den Bräutigam: „*You must have a child within a year. Grow fat and strong, both of you, for you will need all your strength for the copulation you must do!*"[16] Ein schönes Mädchen sollte zwar schmale Hüften, aber auf jeden Fall bereits „*large buttocks*" mit in die Ehe bringen, weil dies als Gewähr dafür galt, daß es „bald Kinder gebären wird."[17] Ein Übriges taten dann auch, sowohl vor als nach der Hochzeit, mannigfaltige fruchtbarkeitsmagische Praktiken.[18]

Folgerichtig entsprachen Mädchen und junge Frauen, die kräftige Gesäßpartien und stämmige Oberschenkel besaßen, dem weithin geteilten weiblichen *Schönheitsideal* und galten als sexuell höchstmäßig attraktiv[19] – was wiederum dem erwünschten Kinderreichtum nur förderlich sein konnte. Hatten die Frauen dann in der Tat vielen Kindern das Leben geschenkt und waren ihre Formen mehr in die Breite gewachsen, beeinträchtigte dies ihre Wertschätzung nicht, sondern erhöhte sie noch, ja trug auch zum Ansehen ihres Gatten bei, der sichtlich das Seine dazugetan hatte – so bei den Hima zum Beispiel: „*To keep his wife fat [...] is a matter of pride and prestige for him.*"[20]

Allen vier Problemlösungen war der Erfolg indes nur beschieden, wenn man sich strikt an die Bedingungen hielt, die ihr Gelingen verbürgten. Ein ernster Tabubruch oder gar ein schweres Vergehen hätte Zorn und Strafe der Ahnen heraufbeschwören und alles Bemühen zunichte machen können. Daher der rigide Traditionalismus indigener Gesellschaften.

---

14 Müller 1973-74, S. 94 und die dort angegebenen Belege. Nicolaisen 1963, S. 13f. (Tuareg, Sahara).
15 La Fontaine 1972, S. 168 (Gisu); Brain 1978, S. 182 (Luguru); Elam 1973, S. 54, 86 (Hima).
16 Elwin 1950, S. 99.
17 Elwin 1950, S. 14.
18 Herrmann 1962, S. 293. Müller 1973-74, S. 88.
19 Müller 1973-74, S. 94; La Fontaine 1972, S. 168; Elam 1973, S. 19, 54, 86; Brain 1978, S. 182; Fischer 1955, S. 11; Rupp 1965, S. 266 (Pygmäen, Zentralafrika); Kröger 1978, S. 259f. (Bulsa, Ghana, Afrika); Nicolaisen 1963, S. 13f. (Tuareg, Sahara); Elwin 1936, S. 119 (Gond, Bastar, Indien); Ghurye 1963, S. 25 (Mahadev Koli, Maharashtra, Indien); Man 1883, S. 81f. (Andamanen-Insulaner, Indien); Hauser-Schäublin 1977, S. 86, Anm. 36 (Iatmul, Neuguinea); Köngäs-Maranda 1974, S. 189 (Insel Fouèda, Salomonen, Melanesien).
20 Elam 1973, S. 19.

## Göttliche Hebammen

Immer schon konnte der Mensch nur in der Gruppe bestehen; ganz besonders aber in bäuerlichen Gemeinschaften, in denen man *ortsfest* lebte, d.h. alle zwingend aufeinander angewiesen waren und ein kooperatives, friedfertiges Miteinander eine *conditio sine qua non* darstellte. Insofern gewann die Fruchtbarkeit der Frauen vor allem hier für den Fortbestand der Gruppe eine besondere Bedeutung und suchte man sich ihrer verstärkt auch durch den Beistand jenseitiger Instanzen zu versichern.

Davon zeugen *weibliche Idole*, wie sie erstmals bereits im oberen Jungpaläolithikum (dem Gravettien, ab 29000 v. Chr.), um so mehr aber dann während des Neolithikums (ab 10000 v. Chr.) in Europa bis nach Sibirien[21] und dem gesamten Mittelmeerraum auftreten. Dabei handelte es sich um 5 bis 20 cm hohe Statuetten aus Holz, Knochen, Elfenbein, Ton oder Stein, teils auch Felszeichnungen[22], mit ausladendem Unterbau, schweren, hängenden Brüsten und deutlicher Schammarkierung, die nicht selten auch in Gebärstellung dargestellt sind und ein Kind auf dem Schoß, dem Kopf oder den Armen tragen (sog. „Madonnen-Figuren")[23]. Besondere Berühmtheit erlangte die „Venus von Willendorf" (Abb. 1a). Die – formal weithin übereinstimmende – Stilisierung dieser vermutlich weibliche Hilfsgeister, Fruchtbarkeits- und Muttergöttinnen darstellenden Figurinen brachte unzweideutig zum Ausdruck, welche Hoffnungen man mit ihrem Besitz verband und daß sie Jahrtausende später noch das Vorbild für das weibliche Schönheitside-

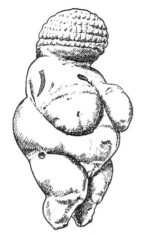

Abb. 1a: Venus von Willendorf, Niederösterreich. Ex: Grahmann 1956, S. 298

Abb. 1b: Sitzende Frau (Göttin?), Hacilar, Anatolien (6. Jt. v. Chr.), türkische Postkarte

---

21 Okladnikov 1970, S. 35–46.
22 Vgl. z.B. Peschlow-Bindokat 2007, S. 162.
23 Hutchinson 1963, S. 54; Nilsson 1950, S. 289–295; Müller 1973–74, S. 59f., 69.

al abgaben (Abb. 1b). Sie zielten, um es mit Hans-Georg Soeffner zu sagen, *qua* Stilisierung auf eine „ästhetisierende Überhöhung des Alltäglichen" ab, die als lediglich „schillerndes Fettauge auf der schweren Suppe des Alltags und der Existenz anzusehen", für einen „überaus flüchtigen Blick" zeugen[24], d.h. ihrer zutiefst seinssichernden Bedeutung nicht gerecht werden würde.

Als ästhetisches Ideal lebte das Motiv wohlgerundeter Unter- und Oberpartien bei Frauen über die prämodernen ländlichen Gesellschaften hinaus bekanntlich noch in der neuzeitlichen Malerei, von der Renaissance (Peter Paul Rubens!) bis zu den biedermeierlichen Illustrationen der Bechstein-Märchen durch Ludwig Richter (1803–1884), fort (Abb. 2). Auch heute geht, wie der Verfasser dieser Blätter verallgemeinern zu können glaubt, von nicht allzu sparsam ausgeprägten Hüften, Gesäßen und Büsten, eben dem *„Venus-Effekt"*, ein stärkerer erotischer Reiz als von sichtlich hungergezeichneten Model-Figuren aus. Offensichtlich schlägt hier unser Ahnenerbe noch durch.

Abb. 2: Ludwig Richter: „Schneeweißchen". Ex: Bechstein 1974, S. 251.

Erfahrung und Gefallen wuchsen auf gediegenem Grund. In den genannten Partien *fördert* das weibliche Sexualhormon Östrogen die *Fettablagerung*. Neuere Forschungen haben ergeben, daß Mädchen und Frauen eine bestimmte Menge an Körperfett speichern müssen, damit die Menarche einsetzen kann und ein regelmäßiger Menstruationszyklus aufrechterhalten bleibt. Diese Reserven werden während der Schwangerschaft – die immerhin bis zu 80 000 Kalorien Energie erfordert – abgebaut und dem heranreifenden Kind zugeführt, das seinerseits ein ausreichendes Fettpolster benötigt, um die harte Zeit nach der Geburt überstehen zu können. Infolgedessen fällt bei Frauen, die über einen zu geringen Fettvorrat verfügen, die Schwangerschaft kürzer aus, das heißt gefährdet das Überleben des Kindes.[25]

---

[24] Soeffner 2005, S. 23f.
[25] Frisch 1988, S. 68f.; Spät 2013, S. 15f.

## Die Hermeneutik fülliger Fraulichkeit

Der Venus-Effekt stützt das hermeneutische Kulturkonzept Hans-Georg Soeffners. Als Menschen sind Frauen *Mängelwesen*.[26] Unterernährt, bedrohen sie das Überleben der Gruppe. Diese grundlegende Erfahrung wurde sichtlich schon früh zutreffend gedeutet und durch die „außeralltägliche Lösung"[27] der Zufütterung in das Verhaltensrepertoire integriert. Um möglichen Einwänden zu begegnen, legitimierte man die Praxis durch Rückbezug auf den Mythos.[28] Somit verwurzelt in der Lebenspraxis, trug sie, gefestigt durch Konvention und Ritualisierung in kritischen Bereichen (Hochzeit)[29], nicht nur zur urmenschlichen „Sehnsucht nach Ordnung"[30], d.h. zur Stabilisierung und Kontinuität der Kultur, sondern durch die Markierung ihrer Bedeutung *via* typisierender Stilisierung[31] zum weiblichen Schönheitsideal bei. Kultur ist „jener Bedeutungsrahmen, in dem Ereignisse, Dinge, Handlungen, Motive, Institutionen und gesellschaftliche Prozesse dem Verstehen zugänglich, verständlich beschreibbar und darstellbar werden."[32] Mithin dürfen wir den Jubilar nicht zuletzt auch als Anwalt weiblicher Wohlförmigkeit sowohl deuten als auch verstehen.

## Literatur

Bechstein, L. (1974): Sämtliche Märchen. Stuttgart: Parkland Verlag.
Beidelman, T. O. (1971): The Kaguru. A matrilineal people of East Africa. New York: Holt, Rinehart und Winston.
Brain, J. L. (1978): Symbolic rebirth. The *mwali* rite among the Luguru of eastern Tanzania. In: Africa 48, S. 176–188.
Burt, B. (1982): Kastom, Christianity and the first ancestor of the Kwara'ae of Malaita. In: Mankind 13, H. 4, S. 374–399.
Buxton, J. C. (1963): Chiefs and strangers. A study of political assimilation among the Mandari. Oxford: Clarendon Press.
Elam, Y. (1973): The social and sexual roles of Hima women. A study of nomadic cattle breeders in Nyabushozi county, Ankole, Uganda. Manchester: Manchester University Press.
Elwin, V. (1936): Leaves from the jungle. Life in a Gond village. London: Oxford University Press.

---

26  Soeffner 2000, S. 21, 26.
27  Soeffner 2005, S. 137.
28  Soeffner 2005, S. 43.
29  Soeffner 1992, S. 107; Soeffner 2000, S. 207, 269.
30  Soeffner 2000, S. 13f.; Soeffner 2005, S. 137.
31  Soeffner 2005, S. 23–25.
32  Soeffner 2000, S. 167.

Elwin, V. (1950): Bondo highlander. Bombay: Oxford University Press.
Fischer, E. (1955): Insektenkost beim Menschen. Ein Beitrag zur Urgeschichte der menschlichen Ernährung und der Bambutiden. In: Zeitschrift für Ethnologie 80, S. 1–37.
Frisch, R. E. (1988): Fett, Fitness und Fruchtbarkeit. In: Spektrum der Wissenschaft 1988, H. 5, S. 68–75.
Ghurye, G. S. (1963): The Mahadev Kolis. 2. Auflage. Bombay: Popular Prakashan.
Grahmann, R. (1956): Urgeschichte der Menschheit. Einführung in die Abstammungs- und Kulturgeschichte des Menschen. 2. Auflage. Stuttgart: W. Kohlhammer.
Grigson, W. (1949): The Maria Gonds of Bastar. 2. Auflage. Oxford: Oxford University Press.
Hauser-Schäublin, B. (1977): Frauen in Kararau. Zur Rolle der Frauen bei den Iatmul am Mittelsepik, Papua New Guinea. Basel: Ethnologisches Seminar der Universität und Museum für Völkerkunde.
Herrmann, F. (1962): Fruchtbarkeitssymbole. In: Die Kapsel 11, S. 292–300.
Hoskins, J. (1993): The play of time. Kodi perspectives on calendars, history, and exchange. Berkeley: The University of California Press.
Hutchinson, R. W. (1963): Prehistoric Crete. 2. Auflage. London: Penguin Books.
Hutton, J. H. (1921): The Sema Nagas. London: Macmillan.
Köngäs Maranda, E. (1974): Lau, Malaita. „A woman is an alien spirit." In: Matthiasson, C. J. (Hrsg.): Many sisters. Women in cross-cultural perspective. New York: The Free Press, S. 177–202.
Krige, E. J./Krige, J. D. (1947): The realm of a rain-queen. A study of the pattern of Lovedu society. 3. Auflage. London: Oxford University Press.
Kröger, F. (1978): Übergangsriten im Wandel. Kindheit, Reife und Heirat bei den Bulsa in Nord-Ghana. Hohenschäftlarn: Klaus Renner.
La Fontaine, J. S. (1972): Ritualization of women's life-crises in Bugisu. In: La Fontaine, J. S. (Hrsg.): The interpretation of ritual. Essays in honour of A. I. Richardson. London: Tavistock Publications, S. 159–186.
Majumdar, D. N. (1937): A tribe in transition. A study in culture patterns. London: Longmans, Green und Co.
Malinowski, B. (1981): Korallengärten und ihre Magie. Bodenbestellung und bäuerliche Riten auf den Trobriand-Inseln. Frankfurt am Main: Syndikat.
Man, E. H. (1883): On the aboriginal inhabitants oft the Andaman Islands. In: The Journal of the Anthropological Institute of Great Britain and Ireland 12, S. 69-175, 327-434.
Müller, K. E. (1973-74): Grundzüge der agrarischen Lebens- und Weltanschauung. In: Paideuma 19–20; S. 54–124.
Müller, K. E. (1983): Einführung. In: Müller, K. E. (Hrsg.): Menschenbilder früher Gesellschaften. Ethnologische Studien zum Verhältnis von Mensch und Natur. Gedächtnisschrift für Hermann Baumann. Frankfurt am Main: Campus, S. 13–69.
Müller, K. E. (2010): Die Siedlungsgemeinschaft. Grundriß der essentialistischen Ethnologie. Göttingen: V&R unipress.
Nicolaisen, J. (1963): Ecology and culture oft he pastoral Tuareg. With particular reference to the Tuareg of Ahaggar and Ayr. Copenhagen: National Museum of Copenhagen.
Nilsson, M. (1950): The Minoan-Mycenaean religion and its survival in Greek religion. 2. Auflage. Lund: Kunglige Humanistiska Vetenskapssamfundet.
Okladnikov, A. P. (1970): Yakutia before its incorporation into the Russian state. London: McGill-Queen's University Press.

Peschlow-Bindokat, A. (2007): Die prähistorischen Felsbilder des Latmos. In: Badisches Landesmuseum Karlsruhe (Hrsg.): Vor 12.000 Jahren in Anatolien. Die ältesten Monumente der Menschheit. Karlsruhe: Badisches Landesmuseum, S. 162–163.

Pettersson, O. (1963-64): Magic and medicine in South African Bantu psychiatry. In: Centaurus 9, S. 293–316.

Rüsen, J. (2013): Historik. Theorie der Geschichtswissenschaft. Köln: Böhlau.

Rupp, A. (1965): Der Zwerg in der ägyptischen Gemeinschaft. Studien zur ägyptischen Anthropologie. In: Chronique d'Egypte 40, S. 260–309.

Soeffner, H.-G. (1992): Die Ordnung der Rituale. Frankfurt am Main: Suhrkamp.

Soeffner, H.-G. (2000): Gesellschaft ohne Baldachin. Über die Labilität von Ordnungskonstruktionen. Weilerswist: Velbrück Wissenschaft.

Soeffner, H.-G. (2005): Zeitbilder. Versuche über Glück, Lebensstil, Gewalt und Schuld. Frankfurt am Main: Campus.

Spät, P. (2013): Rettende Geburt. In: Spektrum der Wissenschaft 2013, H. 4, S. 14–16.

Tait, D. (1961): The Konkomba of northern Ghana. London: Oxford University Press.

Ilja Srubar
# Lebenswelt und Trauma

## Die Ebenen der lebensweltlichen Sinnbildung und ihre Selektivität

Husserls Hervorhebung der natürlichen Einstellung als dem ursprünglichen Ort, an dem die Welt ihr Sinnkleid erhält und zur Lebenswelt des Menschen wird (Husserl 1962), hat dem Lebensweltbegriff eine positive Aufladung verliehen. Im Urteil einiger späterer Denker erscheint diese Aufladung jedoch als zu positiv. Diese Einschätzung ist oft mit dem Vorwurf verbunden, der Begriff würde die problematischen Seiten der sozialen Wirklichkeit vorschnell verdecken. So erscheint Habermas die Lebenswelt als ein Konzept, das sich auf ursprüngliche Formen konsensförmiger Kommunikation bezieht und somit für die Analyse moderner Gesellschaften nicht ausreicht (Habermas 1981a, 182 ff.). Für Bourdieu (1976, S. 146 ff.) bedeutet die methodologische Verankerung soziologischer Analysen in den Strukturen der Lebenswelt einen Verzicht auf die Möglichkeit, den gesellschaftlichen Alltag zu transzendieren und wissenschaftlich kritisch zu durchleuchten. Muss jedoch eine phänomenologisch angeleitete Analyse der Lebenswelt notwendigerweise zu solchen Resultaten führen? Ist die Lebenswelt solch ein harmloser Ort?[1] Ich möchte mich der Antwort auf diese Frage nähern, indem ich zu zeigen versuche, dass einer der wesentlichen Aspekte, die die Lebensweltstruktur prägen, in der Selektivität der sinnkonstituierenden Mechanismen besteht, die dieser Struktur ihre jeweilige empirische Gestalt verleiht.

Bereits Helmuth Plessner (1931) hat Selektivität als ein konstitutives Moment der conditio humana ausgemacht, als er erkannt hatte, dass der homo sapiens aufgrund seines biologischen Bauplans gezwungen ist, seinen Weltzugang selbst zu formen. In diesem Sinne sei der Mensch quasi dazu „verurteilt", unter seinen offenen Handlungsmöglichkeiten zu wählen und sie so zu selbstgeschaffenen Programmen zu verknüpfen. Darin bestehe die natürliche Künstlichkeit seiner Welt, deren scheinbare unmittelbare Präsenz sich ihm nur vermittelt durch diese Selbstprogrammierung bietet. Der Prozess der Selbstprogrammierung stellt also Sinnkonstitution im weitesten Sinne

---

[1] Damit greife ich eine frühere Fragestellung auf (Srubar 2007, S. 13 ff.).

dar. Die Resultate dieser Selbstprogrammierung per Sinn stellen dann das dar, was wir als die Varietät der humanen Kultur kennen. Erst durch die Varianten der kulturellen Verweisungskontexte erhalten in dieser Sicht singuläre Phänomene ihren Sinn. Es wird also deutlich, dass die selektierenden Sinn konstituierenden Prozesse nicht nur universalanthropologisch den Weltzugang bestimmen, sondern dass sie auch für seine kulturelle Prägung ausschlaggebend sind.

Angesichts dieses Befunds stellen sich zumindest zwei Fragen. Erstens ist nach den Selektionsmechanismen zu fragen, die in der Selbstprogrammierung am Werke sind. Zweitens geht es um die Prozesse der Sedimentierung sowie der Speicherung der Resultate dieser Selektivität, die auf Erlebtes bezogen wird. Um diese Fragen zu beantworten, kann man Spuren aufnehmen, die in einer Anzahl von Ansätzen gelegt wurden und die angesichts der Implikation des Gegenstandes in gewisser Hinsicht konvergieren. Folgt man der strukturalistischen, durch Sprachforschung gewonnenen Sicht (Jakobson 1987; Lévi-Strauss 1971), so verweist die unendlich variierende Oberfläche von Sinnphänomenen auf eine endliche Anzahl von Elementen und generierenden Mechanismen, durch deren Kombination die Vielfalt mundaner Sinnwelten zustande kommt. Als ein generalisierbares Modell der sinnbildenden Selektivität dient hier die sprachliche Semiosis: Erst wenn aus der begrenzten Anzahl möglicher Phoneme Kombinationen entstehen, die in einer natürlichen Sprache bedeutungstragend werden, werden aus Lauten Sinnträger, deren Variation eine Vielfalt von Sinnwelten entstehen lassen kann. Der hier entscheidende Sinnbildungsvorgang besteht also in einer Spezifizierung, durch die einem bestimmten (Laut-)Element ein bestimmter Bedeutungshorizont bzw. ein Verweisungsschema zugeordnet wird, durch die es sich von anderen Elementen unterscheidet. Husserls phänomenologische Analysen (Husserl 1968 und 1999) weisen uns allerdings darauf hin, dass diese Sinnbildung per Differenz erst dann stattfinden kann, wenn das tragende Element selbst in seiner Typik erfasst wird, die seine immer wieder erkennbare Identität ausmacht.

Es lässt sich also erkennen, dass wir es hier mit einem sinngenerativen Zusammenhang zu tun haben, dessen selektive Mechanismen auf unterschiedlichen Ebenen angesiedelt sind und auch unterschiedlich funktionieren. Wir können davon ausgehen, dass die unterschiedlichen Ebenen mit unterschiedlichen Sedimentierungsprozessen und Speicherungsorten des generierten Sinns korrespondieren, denen auch eigene Selektivitätspotenziale eigen sind. Den systematischen Zusammenhang von Sinngenerierung und Speicherung im Prozess der Selbstprogrammierung von Individuen und sozialen Gebilden in seiner ganzen Reichweite führt uns dann die „general system theory" (Bertalanffy 1968) vor Augen, indem sie schlicht darauf hinweist, dass Informationen in Systemen nur dann längerfristig wirken, wenn sie irgendwo gespeichert sind. Die Art und Weise, wie generierter Sinn als Selbstprogrammierung von Individuen und sozialen Gebilden wirksam wird, hängt demnach von der Art seiner Speicherung ab. Damit hört die Frage nach der Funktionsweise und der Gestalt sozialen Erinnerns auf, lediglich eine Angelegenheit schöngeistigen Interesses zu sein und führt zu zentralen Prozessen der Selbstorganisation von Individuum und Gesellschaft. In diesem Kontext sind Formen der Selektivität der Sinnbildung von besonderem Interesse.

Wenden wir uns also dem sinngenerativen Zusammenhang und seinen Selektionsmechanismen zu. Es lassen sich vier Ebenen des sinngenerativen Zusammenhangs sozialer Realität unterscheiden (Srubar 2009):

- Es ist zuerst die Ebene der subjektiven Sinnkonstitution, also jene der wirklichkeitskonstituierenden Bewusstseinsakte mit ihrer Temporalität und Intentionalität sowie jene der Leiblichkeit.
- Eine weitere Ebene stellt die zeitliche, räumliche und soziale Struktur der pragmatisch erzeugten Wirkwelt dar, mit ihren Variationen und mit ihrer Aufgliederung in mannigfaltige Sinnschichten.
- Die dritte Ebene bilden die Zeichensysteme mit ihrer Struktur, die sich in unterschiedlichen Semantiken und Medien realisieren.
- Letztlich ist da die Ebene der kommunikativen Interaktion und der Diskurse.

Bevor ich auf die einzelnen Ebenen näher eingehe, möchte ich eine kurze Synopse ihres Zusammenhangs vorausgehen lassen. Die Intentionalität des Erlebnisstroms und der ihn tragenden Bewusstseinsakte, durch die wir die Welt wahrnehmen, wäre sozusagen ortlos, wenn Bewusstseinsprozesse nicht per Leib und Leiblichkeit in der Welt verankert wären. Die leiborientierte Erfahrung der Welt geht jedoch auf das Wirken des Leibes in dieser – also auf das Handeln – zurück. Der Anteil der Handlungsakte an der Konstitution der Wirklichkeit ist ebenso bedeutungtragend wie jenes des Bewusstseins selbst. Wirken in der Welt bedeutet eine Interaktion mit Objekten und mit anderen, die als Kommunikation begriffen werden muss, eine Kommunikation allerdings, die sowohl einen asemiotischen als auch einen semiotischen Charakter haben kann (Srubar 2012). Handlungen erhalten hiermit nicht nur einen realitätsgenerativen Charakter, sondern auch einen Zeichencharakter, der eine komplexe semiotische Ordnung der nunmehr sozialen Realität nach sich zieht, die sich auf Zeichensysteme stützt. Zeichensysteme ihrerseits sind an unterschiedliche Materialien und Vehikel ihrer Realisierung gebunden – sie verwirklichen sich in unterschiedlichen Medien. Das pragmatisch generierte Wissen, das leiblich und bewusstseinsmäßig sowie in Zeichensystemen und Medien sedimentiert wird, ist anhand seiner Genese immer perspektivisch, da die pragmatischen Relevanzen individueller und kollektiver Akteure unterschiedliche Gestalt annehmen. Das Resultat davon ist nicht nur eine Vielfalt von Kulturformen, sondern auch eine Form von Wissensproduktion, in der einerseits das Wissen auf Dauer gestellt, andererseits legitimes von illegitimem Wissen geschieden wird. Die (Macht-)Diskurse, in denen dies geschieht, stellen daher ebenso einen formalen Mechanismus der Lebensweltstruktur dar, in dem die empirische Gestalt einer Kulturwelt generiert wird.

Alle diese Ebenen weisen spezifische Arten der Selektivität auf. Als einen grundlegenden Selektionsvorgang, der auf der Ebene der subjektiven Sinnkonstitution angesiedelt ist, kann man mit Husserl (1999) die Typenbildung betrachten. Sie ist an die Struktur des intendierten Gegenstands gebunden, der so an der sinnbildenden Selektion der Typencharakteristika beteiligt ist. Somit ist der Typus nicht notwendigerweise eine mediatisierte Konstruktion, obwohl er den Gegenstand nicht in seiner ganzen Fülle eins zu eins erfasst. Typenbildung ist so grundsätzlich auch asemiotisch möglich. Die sensumotorische Erfassung des Gegenstands innerhalb meines Augen-Hand-Felds – der „manipulatory area" also – erfolgt zwar in der Interaktion/Kommunikation mit diesem, in der sich seine typischen Eigenschaften mitteilen. Der Zusammenhang dieser Eigenschaften, der die typische Struktur des Gegenstands ausmacht und seine Wiedererkennung ermöglicht, stellt jedoch kein arbiträres Zeichen dar. Die Selektionsleistungen, die wesentlich Typisches vom unwesentlich Atypischen des Gegenstands trennen und somit seine wiedererkennbare Struktur ausmachen, beruhen nicht auf arbiträrer Verbindung von Signifikant und Signifikat, sondern sind materiell gebunden, einerseits an den Gegenstand selbst und andererseits an seinen primären Interpreten – den Leib. Selbstverständlich laufen Typisierungsprozesse ebenfalls auf unterschiedlichen Ebenen der Abstraktion ab und erfassen auch, wie Husserl (1999, S. 317 ff.) zeigt, ideelle Gegenständlichkeiten als reine Bewusstseinsinhalte. Die Gebundenheit der Sinnbildung an die Struktur des intendierten Gegenstands bleibt jedoch erhalten. Die Relation zwischen den leibbedingten bzw. den kognitiven Relevanzen des Subjekts und den interaktiv erfahrenen Eigenschaften des Gegenstands stellt dann den die Typisierung tragenden Selektionsmechanismus dar.

Diese Relation realisiert sich in der Interaktion mit dem Gegenstand. Sie ist für das Lernen offen, das mit der Kreativität des Handelns (Joas 1992) einhergeht. Da Typisierungen die Identität des Gegenstands dadurch bewahren, dass sie seine einmal erfasste Struktur als Erwartung in die Zukunft projizieren, ist diese Struktur auch retrospektiv, d. h. aus der Sicht ihrer Erfüllung bzw. Nichterfüllung in dem jeweiligen „Jetzt und So" modifizierbar. Die mit ihr typisch verbundenen thematischen sowie Interpretations- und Motivationsrelevanzen bewähren sich dann im Handeln quasi auf Abruf, wobei die in der aktuellen Situation neu auftauchenden Relevanzstrukturen als selektive Filter fungieren. Der an die Temporalität des Bewusstseins gebundenen Plastizität der Typenbildung steht jedoch ihre Bindung an die materiale Struktur des Gegenstands entgegen, die keine beliebige Variation des Typus zulässt. Dieser erfahrbaren und leiblich erlebbaren Beharrungskraft der Typisierung entspringt ihr Vermögen, sich als Habitus in die handlungsleitende Sinnorientierung einzuschreiben. Die leibliche Prägung, die dieser Sedimentierungsprozess nach sich zieht, offenbart sich in inkorporierten Verhaltens- und Handlungsmustern, die ich hier als Routinen bezeichnen will. Sie ist aber auch präsent in jenen semiotisch erzeugten kognitiven Strukturen, aus denen stabilisierte Erwartungen resultieren, die den Charakter von Vorurteilen haben. Da solche Muster und Erwartungen für die Stabilität der Umwelt des Subjekts stehen, besteht häufig auch eine emotionale Bindung an sie und ihren Vollzug, die Gehlen (1975, 49 ff.) als „Hintergrunderfüllung" bezeichnet.

Die sinnselektiven Leistungen von leiblichem Habitus sowie von vorurteilsartigen Erwartungen liegen auf der Hand. Inkorporierte Typisierungen, die zu präreflexiven Handlungsabläufen sedimentiert sind, sind per Reflexion nicht abzulegen und können höchstens abtrainiert, d. h. durch die Habitualisierung anderer Abläufe überdeckt werden (Bourdieu 1976). Während sich im Falle von Routinen der Vorgang der Typisierung an der materialen Struktur des intendierten Gegenstands ausrichtet, wird diese im Falle der Vorurteilsbildung durch die symbolische Repräsentation einer solchen Struktur ersetzt. Auch semiotisch konstruierte Typisierungen können so inkorporiert werden und ohne jeglichen Kontakt mit dem intendierten Gegenstand für seine Identität stehen. Die subjektiv erlebte leiblich-emotionale Bindung an solche Typisierungen verleiht ihnen oft den Charakter von handlungsorientierenden Werten. Der kontrafaktische Charakter solcher Erwartungen tut ihrer durch die Inkorporierung gewonnenen Motivationskraft keinen Abbruch. Im Gegenteil: Kognitive Dissonanzen, die durch die Begegnung mit dem materialen Gegenstand des Vorurteils eventuell hervorgerufen werden, führen nicht zur Korrektur bzw. zu einer Aufhebung der Typisierung, sondern zu einer Verstärkung ihres Wirklichkeit ordnenden Anspruchs, die sich in der häufig auch emotional gefärbten Empfindung eines kontrafaktischen Sollens artikuliert. Ähnlich wie die inkorporierten Routinen sind so paradoxerweise auch die semiotisch konstruierten Typisierungen des Vorurteils in ihrer Persistenz durch sprachliche Kommunikation allein kaum tangierbar. Auch ihre eventuelle Modifikation bedarf einer gelebten Konfrontation mit der materialen Struktur des Gegenstands, die im Stande ist, die assimilierende Funktion der Typisierung zu durchbrechen und zu ihrer Akkommodation beizutragen, wenn man es in Piagetschen Termini fassen will (z. B. Piaget 1978). Und selbst, wenn eine inkorporierte Typisierung am

Widerstand des Gegenstands zerschellt, hinterlässt sie eine emotional-leibliche Spur.

Am Beispiel der Vorurteilsbildung können wir also verfolgen, wie die Selektivität der Typenbildung und jene der symbolischen Repräsentation ineinander greifen können. Nichtsdestoweniger muss betont werden, dass es auch hier wesentliche Unterschiede gibt. Während die Selektivität der Typenbildung von der Interaktion mit dem Gegenstand ausgeht, liegt die Selektivität der Semiosis im Medium selbst bzw. in der Interaktion mit ihm und durch dieses. Ungeachtet der materialen Struktur der intendierten Gegenstände vollzieht sich die semiotische Selektivität offensichtlich auf mehreren Ebenen. Primär wird hier einem Element des Mediums ein Bedeutungsfeld zugewiesen, das bestimmte Sinnkonnotationen zulässt und andere ausschließt. Die Differenz zwischen den Lauten etwa steht für die Differenz der Bedeutungen. Die notwendige Identität der so in der Zeit entstehenden Sinneinheiten wird hier nicht durch die materiale Struktur der intendierten Gegenstände gewährleistet, sondern durch die soziale Konvention des Gebrauchs der Zeichen. Diese primäre Selektivität der Semiosis, durch die den Zeichen Bedeutungen zukommen, stellt die Voraussetzung für die Kreativität des Mediums dar, durch welche situationsunabhängige Sinnwelten generiert werden können. Aber auch dieser scheinbar unbegrenzte Raum der semiotischen Kreativität wird strukturiert durch selektive Mechanismen, die sich primär auf die Selektivität des Mediums stützen. Obwohl es hier sicher medienspezifische Differenzen gibt, kann man davon ausgehen, dass allen sinntragenden Medien eine basale Selektivität eigen ist, die Alfred Schütz (2003) am Beispiel der Sprache deutlich machte. Mit ihm kann man Sprache als ein Selektionsmedium in dem Sinne begreifen, dass sie nicht alles thematisiert bzw. thematisierbar macht, wobei sie das, was sie thematisiert, durch die Art dieser Thematisierung zugleich mit einer Interpretation und einer Handlungsmotivation verbindet.[2]

Diese semantischen In- und Exklusionen von Thema, Interpretation und Motivation unterliegen auf der Ebene des kreativen Gebrauchs des Mediums den selektiven Mechanismen des Diskurses. Im Diskursverlauf wird über die Anschlussfähigkeit von Themen, ihren Interpretationen und angesagten Handlungsmotivationen entschieden. Damit entstehen Selektionsmuster, die als generative Regeln einzelner Semantiken gelten. Es werden damit auch selektive Mechanismen freigesetzt, die in der Konkurrenz der Semantiken um die Definitionsmacht In- und Exklusionen bewirken, durch die legitimes Wissen vom illegitimen sowie das Sagbare vom Unsagbaren geschieden wird. Die selektiven Verläufe von Diskursen sind eigenmächtig und im Hin-

---

2  Dabei gilt Denken als inneres Handeln.

blick auf ihre Resultate nicht steuerbar. Wie Foucault (1997) feststellt, tun Diskurse den Menschen und den Dingen Gewalt an, indem sie Bedingungen des Handelns, Denkens und Sprechens aufzustellen vermögen, die von den Diskursteilnehmern nie oder nicht derart intendiert wurden, die jedoch nunmehr nicht nur semantisch präsent sind, sondern auch auf den Habitus durchschlagen. Das disziplinierende Wirken der Diskurse zielt damit letztlich auf den Leib (Foucault 1977). Die Selektivität des Diskurses wird so in der subjektiv gelebten Struktur der Lebenswelt vor dem Hintergrund von Gewalt als asemiotischer Kommunikationsform wirksam, deren am Leib ansetzende Selektivität am Horizont alltäglicher Typisierung immer präsent bleibt (Srubar 2012).

Die Eigenmächtigkeit der die soziale Realität schaffenden Selektivität der Diskursverläufe ist keine Entdeckung der Sozialwissenschaften. Ihre Macht wurde in der Lebenspraxis der Gesellschaften lange vor dem Zugriff der Wissenschaft erkannt und Kontrollversuchen unterworfen. Formen dieser reflexiven Selektivität, die um die Kontrolle der Kommunikation bemüht ist, sind vielfältig (Srubar 2009a). Sie beginnen bei simplen Unterdrückungsmechanismen, durch welche die (Re-)Produzenten missliebiger Semantiken am Werk gehindert werden, sei es durch die Zensur, sei es durch physische Eliminierung. Elaboriertere Methoden finden wir in dem, was Marcuse (1970, 130ff.) „die Absperrung des Universums der Rede" nannte. Diese Selektionsmechanismen setzen nicht (nur) auf Gewalt, sondern nutzen die Selektivität des Mediums selbst, um die darin repräsentierten Inhalte gegen alternative Sinnangebote immun zu machen. Während schlichte Zensur als Sinnselektion lediglich die Möglichkeit der Verbreitung alternativer Sinnentwürfe behindert, nimmt eine solche „Absperrung" den Kommunizierenden die Sprache weg, in der überhaupt Alternatives formulierbar wäre. Marcuse zeigt auf, wie durch eine quasi Orwellsche Zusammenziehung semantischer Oppositionen (z. B. „saubere Bombe") die Differenzierungsfähigkeit der öffentlichen Sprache eingeebnet wird, sodass gewisse semantische Optionen ihren Sinn verlieren und alternative Sinnentwürfe sprachlos werden. Darüber hinaus wird eine derart eindimensional gewordene Sprache moralisierend aufgeladen, sodass ihr Gebrauch oder Nichtgebrauch selbstindikativ über die soziale Achtung bzw. Nichtachtung des Sprechers entscheidet. Foucaults „verbotenes Wort" wird hier zum „verlorenen Wort". Der Mechanismus jedoch, den Foucault (1997) als den „Willen zur Wahrheit" bezeichnet und der unerlässlich ist, damit die Selektivität des Diskurses ihre Wirkung nicht verfehlt, bleibt auch hier erhalten. Auch hier stellt das Bestreben der Individuen, durch den Gebrauch der legitimen „wahren" Sprache an der Definitionsmacht des Diskurses zu partizipieren, das Vehikel der Akzeptanz und schließlich auch der Inkorporierung der darin enthaltenen Wert-Vorurteile, die letztlich als Typisierungen handlungsleitend werden.

## Das Zusammenwirken der Selektivitätsmodi: Biographie und Diskurse

Das Zusammenwirken unterschiedlicher Ebenen der Selektivität, die der Autogenese von Gesellschaften und der damit verbundenen kulturellen Selbstprogrammierung des Menschen immanent sind, lässt sich am anschaulichsten an Lebensverläufen und ihren narrativen Darstellungen demonstrieren. Bereits die in der Biographieforschung übliche Unterscheidung zwischen Lebensverlauf, seiner aktuellen Darstellung sowie den semantischen Mitteln, mit welchen es geschieht, und schließlich den „autoepistemischen Prozessen", die durch die aktuelle Neukonfiguration des biographischen Narrativs ausgelöst werden können (Alheit/Hoerning 1989, S. 139 ff.; Alheit/Dausien/Fischer-Rosenthal 1999; Lucius-Hoene/Deppermann 2004, S. 74 ff.), verweisen auf die oben beschriebenen Selektionsmechanismen, die den Weltzugang und somit die Lebenswelt von Individuen prägen. In ihren minutiösen biographischen Analysen zeigt Gabriele Rosenthal, wie in der jeweils aktuellen Zuwendung zum Erlebten sein noematischer Kern durch die Optik der jeweils aktuell wirksamen sozialen Formate immer wieder neu gestaltet wird. Diese Formate erstrecken sich auf semantische Repertoires, die im aktuellen Diskurs positiv sanktioniert werden, auf Wissen über konforme Biographiemuster sowie auf die daraus resultierenden Konsequenzen für die Komposition des Gesamtnarrativs (Rosenthal 1995, S. 99 ff.). Rosenthal weist darauf hin, dass durch diese diskursive Selektivität eine Sprachlosigkeit entsteht, durch die relevante Bereiche des Erlebten nicht artikulierbar werden, da sonst anhand der selbstindikativen Funktion des Narrativs negative Sanktionen zu erwarten wären bzw. das innere Selbstbild des Erzählers zerstört werden könnte. Der Biograph stößt hier auf ein „ineffabile" (Schütz 2003a, S. 103 f.), das in seiner äußersten Ausprägung zu einer Doppel- bzw. Mehrfachidentität führen kann. Diese Zweigleisigkeit der inneren und äußeren Identitätsbildung beschreiben auch Wohlrab-Sahr, Karstein und Schmidt-Lux (2009, S. 299 ff.) für die ehemalige DDR. Rosenthals Untersuchungen zeigen nun, dass die Reformulierung der biographischen Narrative vom gegenwärtigen „jetzt und so" aus nicht immer bloß den auferlegten Repräsentationsschemata folgen, sondern auch Resultate einer autoepistemischen Umbewertung des Erlebten und seiner früheren Interpretationen durch den Erzähler sind. Doch auch hier bleibt das Beharrungsvermögen der inkorporierten Typisierungen aufgrund ihrer leiblich-emotionalen Bindungskraft bestehen. In den von Rosenthal (1987 und 1995) geführten biographischen Interviews wird deutlich, dass selbst wenn durch späteres Erleben die ursprünglich positive Einstellung der Erzähler zum NS-Regime korrigiert wurde und zu seiner Ablehnung führte, so dass die Erzähler, gestützt auf diese Umbewertung, freimütig über ihre Jugend berichten können, die positive Färbung ihrer Erlebnisse in der HJ bzw. im BDM nicht auslöschbar ist. Ähnliche Effekte lassen sich auch in den biographischen Interviews mit Bürgern der früheren DDR beobachten (Wohlrab-Sahr/Karstein/Schmidt-Lux 2009, S. 266ff.), wo selbst in den Familien mit starkem religiösen Hintergrund die emotionale Bindung an die Geborgenheit in sozialistischen Arbeitskollektiven zum Ausdruck kommt, die durch die DDR-Ideologie gefördert wurden.

Diese biographischen Beispiele führen uns vor Augen, dass zwischen der Selektivität der unterschiedlichen Ebenen zwar immer Wechselwirkungen bestehen, dass sich dieses Zusammenwirken jedoch keineswegs in homogenen, inhaltlich kohärenten Sinnmustern niederschlägt. Vielmehr führt die unterschiedliche Temporalität der einzelnen Ebenen zu Verwerfungen, die die Vorstellung einer homogenen, bruchlosen Biographie nicht zulassen. Dieser Befund ist von dem Konzept der „patchwork identity" wohl zu unterscheiden, das auf die Identitätsbildung in der postmodernen „Multioptionsgesellschaft" zielt (Gross 1994). Denn die hier zum Vorschein kommenden Verwerfungen resultieren nicht aus der gesteigerten Wahlfreiheit postmoderner Spaßgesellschaften und haben auf die Identitätsbildung qua Selbstprogrammierung schwerwiegende Auswirkungen. Die Folgen der Verwicklung von Biographien in den Wechselstrom der Diskurse und ihrer semantischen sowie soziostrukturellen Resultate wird deutlich am Beispiel der Geschichte Mitteleuropas im 20. Jahrhundert. Ein um 1900 geborener Deutscher wurde in den Milieus des wilhelminischen Deutschlands sozialisiert, konnte 1914 die Kriegseuphorie erleben und – falls er 1918 noch eingezogen wurde – auch die Differenz zwischen der semiotischen und der materialen Typenbildung des Phänomens „Krieg" leiblich erfahren. Nach 1918 konnte er in der Konkurrenz der in der Weimarer Republik herrschenden Semantiken ein Konservativer, ein Sozialdemokrat, ein Kommunist diverser Couleurs bzw. ein Republikaner werden, oder sich über die Versailler Schmach grämen und Sympathien für die NSDAP entwickeln. Wenn er nicht emigrierte oder in einem KZ endete, fand er sich 1939 in einem Krieg wieder, an dessen Ende ihn Flucht/Vertreibung oder die Gefangenschaft erwartete. Ein weiterer Machtdiskurs zog nach 1945 recht willkürlich eine Grenze durch seine Lebenswelt, die nach 1949 in zwei völlig entgegengesetzte soziale Räume divergierte, deren einer von ihm die nochmalige Anpassung an die Bedingungen der parlamentarischen Demokratie erforderte, der andere ihn jedoch erneut einem totalitären Machtdiskurs unterwarf, dessen Wertevorzeichen allerdings in die entgegengesetzte Richtung wiesen wie jene des vorherigen. Und, wenn er noch lange genug lebte, brach schließlich 1989 auch dieses totalitäre Gefüge zusammen und dieser Zusammenbruch machte seine während seines letzten Lebensabschnitts mühsam aufgebaute und aufrechterhaltene Lebensform einmal mehr unbrauchbar.

Biographien, die durch derartige Umbrüche strukturiert werden, sind keine deutsche Besonderheit. Sie können im beliebigen Zeitraum und in beliebiger geografischer Region gefunden werden. Wenn unsere vorherige Analyse der Selektivitätsebenen stimmt, dann liegt es auf der Hand, dass unter solchen Umständen gelebte Biographien zu einer inkonsistenten Identitätsbildung führen und zwar sowohl auf der Ebene der narrativen Repräsentation als auch auf der Ebene der Selbstauslegung. Diese Inkonsistenzen sind auf die Gleichzeitigkeit des Ungleichzeitigen in der Biographiebildung zurückzuführen, die in der unterschiedlichen Temporalität der in die Biographie eingreifenden Ebenen der Selektivität begründet ist. Hier konfligiert die Beharrungskraft der inkorporierten Typisierungen mit den in der Zeit wechselnden Formaten der symbolischen Repräsentation, die durch die in aktuellen Machtdiskursen obsiegenden Semantiken dem Subjekt auferlegt werden. Wir müssen also annehmen, dass die durch solche Verwerfungen gezeitigten Bereiche des Nicht- bzw. des Unsagbaren nicht nur zur typischen Sinnstruktur von Diskursen gehören, wie Foucault uns lehrt, sondern auch ein Merkmal der Lebenswelt sind, wo sie quasi in Kavernen des „ineffabile" in Biographien eingekapselt und von der Selbstauslegung umgangen werden, aber nichtsdestoweniger handlungswirksam sind.

## Trauma

Eine solche handlungswirksame und zugleich verdrängend einschließende Speicherung von Sinnelementen wird Trauma genannt. Die Traumaforschung zeigt, dass solche Sinnelemente immer leibgebunden sind und bleiben, selbst wenn sie später artikuliert werden (Herzka 1997, S. 51; Kizilhan 2008, S. 56). Untersuchungen zum posttraumatischen Syndrom legen nahe, dass traumatisierende Erlebnisse einen Sinnkontext erzeugen, der sich „wie ein Geruch" (Herzka 1997, S. 45) über das Erinnern legt und sprachlich nicht aufzuheben ist. Derartige Erlebnisse entstehen durch eine abrupte Unterbrechung der Lebenslinie; sie werden dadurch charakterisiert, dass sie in den semantisch darstellbaren Bereich der Erinnerung nicht integrierbar sind (Kizilhan 2008). Damit stehen sie der Selbstauslegung sowie einer kohärenten Identitätsbildung im Wege. Sie führen so auch zu einer inneren Sprachlosigkeit und ziehen einen Verlust der Fähigkeit nach sich, das Traumatische zu symbolisieren (Schmidt 2004, S. 30 ff.). Immer wieder wird in diesem Kontext auf die therapeutische Paradoxie hingewiesen, die aus diesem Verhältnis von Trauma und Sprache resultiert: Man geht davon aus, dass die Wirkung traumatisierender Erlebnisse durch ihre sprachliche Artikulierung gemildert werden kann, was auf die Erwartung hinausläuft, über Unsagbares sprechen zu können (Gilmore 2001, S. 7 ff.; Roth 2012, S. 82 ff.).

Traumata werden auf verschiedene Ursachen zurückgeführt: Gewalt, sexuelle Übergriffe, Flucht, Verletzung, Tod. Derartige Erlebnisse können natürlich immer wieder im Verlauf privater Lebensführung vorkommen. Sie können jedoch ebenso die Folge sozialer Auseinandersetzungen sein, die im Rahmen von Machtdiskursen entfacht wurden. Es ist nicht zu übersehen, dass es – trotz Differenzen – Berührungspunkte gibt zwischen traumatisierenden Erlebnissen, die als „Wechselfälle des Lebens" im Lebenslauf auftauchen, und den Effekten der Umbrüche, die durch die Verschränkung von habitueller und diskursiver Selektivität entstehen. Im Falle der Traumatisierung durch „Schicksalsschläge" scheint der innere Sprachverlust eine, wenn auch nicht hinreichende, schützende Funktion zu haben. Das Erlebte wird hier verdrängt, dadurch aber doch nicht in seiner Wirkung behindert. Im Falle der diskursiven Selektivität resultiert das traumatisierende Geschehen dagegen aus der auferlegten Verdrängungsmacht des „verbotenen Wortes" selbst, durch die das leiblich Erlebte erst unaussprechlich wird. In beiden Fällen werden jedoch die nicht artikulierbaren Sinnelemente der Erinnerung aus der sprachlich repräsentierbaren Biographie ausgeschlossen. Sie bleiben aber weiterhin im Lebensverlauf wirksam.

Es bestehen natürlich weitere Unterschiede in der Genese der individuellen Traumatisierung und jener, die aus dem Verwobensein von Biographie und Diskurs resultiert. Im ersten Falle liegt die Quelle der traumatisierenden Angst im originären Erlebnis einer Verletzung, dessen außerordentliche Gewalt die geregelten Bahnen eines alltäglich normalen Lebensverlaufs sprengt. Im zweiten Falle resultiert diese Angst aus dem Umstand, dass eine als alltäglich gängig geltende Lebensführung durch den Wandel legitimer Semantik zum Stigma wird, dessen Artikulation Gewalt nach sich ziehen kann. Zugleich wird jedoch deutlich, dass die beiden Ebenen des Traumatisierungsprozesses miteinander verbunden sind. Traumatisierende individuelle Gewalterlebnisse sind häufig die Folge diskursiv erzeugter Konflikte und Verfolgungen. Ihre Artikulierbarkeit, d.h. auch ihre historische und soziale „Abarbeitung", unterliegt aber ebenso dem auferlegten Zwang herrschender Semantiken.

Die hier sichtbar werdende Macht der diskursiven Selektivität führt zum unterschiedlichen Umgang mit ihrer Wirkung. Ihr Mechanismus wird in der gesellschaftlichen Praxis betätigt, die zum Auflösen kollektiver Traumata Mittel einsetzt, die auch Traumatisierungen hervorrufen: jene des Diskurses. Durch den Semantikwandel, die Schaffung von Ritualen, Denkmälern und Erinnerungsprogrammen wird dem unaussprechlich Gewordenen wieder eine Sprache verliehen. Einige Analytiker neigen daher zu der Ansicht, dass es nicht die erlebten Ereignisse sind, die kollektive Traumata hervorbringen. Vielmehr würden solche Erlebnisse erst dann zur Grundlage eines kulturellen Traumas, nachdem sie im Diskurs als traumatisierend definiert wurden (Alexander 2004). Durch diese kulturalistisch-konstruktivistische Verkürzung des Traumatisierungsprozesses, die seine leibliche Verankerung übergeht, werden wir nichtsdestoweniger auf einen wichtigen Umstand aufmerksam: Die diskursive Selektivität, die in die Biographie eingreift, wirkt traumatisierend nicht nur dadurch, dass sie dem Erleben die Sprache nimmt, sondern auch dadurch, dass sie durch semiotische Typisierung traumatisierendes Erleben evoziert und die Diskursakteure daran teilnehmen lässt. Auf der Ebene der Semantik können so ohne jeglichen Bezug auf die Teilnahme an originären Ereignissen kollektive Traumata mit den gleichen symbolischen Mitteln erzeugt und aufrechterhalten werden, mit welchen der Diskurs auch ihre Aufhebung in Aussicht stellt.

Diese Struktur der Trauma erzeugenden und zugleich kathartischen Semantik ist bereits der antiken Tragödie eigen (Patočka 1984, S. 85 ff.). Ihre selektierende Wirkung wurde jedoch auch in der Moderne am Beispiel ethnischer und nationaler Mythologien (Smith 1999) sowie der politischen Religionen (Voegelin 1931) untersucht. Diese Narrative gehen von einem unbeschwerten Urzustand des betreffenden Kollektivs aus, der durch Verrat, Niederlage oder das Wirken dunkler Mächte zunichte wurde. Dieses Trauma zu beheben, erfordere eine rituell geregelte Praxis, die die Wiederherstellung der verlorenen Positionen verheißt. Die dieser Semantik innewohnende Selektivität zieht neue Grenzen durch den sozialen Raum und ihre definitorische Macht zeitigt In- und Exklusionen, die die Struktur des imaginierten Kollektivs schlagartig verändern. Sie verändert nachhaltig die Gestalt der sozialen sowie der zeit-räumlichen Struktur der Lebenswelt. Die in der Reichweite der Subjekte liegenden Möglichkeiten verschieben sich, und die für das aktuelle Handeln ausschlaggebende Relevanz von Vergangenheit und Zukunft nimmt andere Züge an. Die geplante Heirat wird zur Rassenschande, der verehrte Lehrer ein Volksverräter, der eigene Vater ein Klassenfeind. Das semiotisch evozierte kollektive Trauma wird auf dem Wege seiner diskursiven Behebung zum individuellen Erlebnis von biographischen Umbrüchen, deren traumatisierendes Potential sich in den leiblichen Spuren realisiert, die es im originären Erleben hinterlässt, und in der Unmöglichkeit, eine konsistente Form der narrativen Repräsentation dafür zu finden.

So schließt sich der Kreis der traumatisierenden Wirkung der Selektivität, die den unterschiedlichen Ebenen der sinngebenden Selbstprogrammierung von Gesellschaften eigen ist. Der Blick auf die Selektivität der sinngebenden Mechanismen der Lebenswelt zeigt uns diese als einen durchaus auch polemogenen, gewaltsamen Ort. Wird die Gesellschaft als die je empirische Gestalt der Struktur der Lebenswelt begriffen, so scheint sie nur halbwegs ein guter Ort für den Menschen zu sein. Nun hat er aber keinen anderen.

# Literatur

Alexander, J. C. (2004): Toward a Theory of Cultural Trauma. In: Alexander, J. C./Eyerman, R./Giesen, B./Smelser, N. J./Sztompka, P. (Hrsg.): Cultural Trauma and Collective Identity. Berkeley etc.: University of California Press, S. 1–30.

Alheit, P./Hoerning, E. M. (Hrsg.) (1989): Biographisches Wissen. Frankfurt am Main: Campus.

Alheit, P./Dausien, B./Fischer-Rosenthal, W. (Hrsg.) (1999): Biographie und Leib. Gießen: Psychosozial-Verlag.

Bertalanffy, L. v. (1968): General Sytem Theory. New York: Braziller.

Bourdieu, P. (1976): Entwurf einer Theorie der Praxis. Frankfurt am Main: Suhrkamp.

Foucault, M. (1977): Überwachen und Strafen. Frankfurt am Main: Suhrkamp.

Foucault, M. (1997): Die Ordnung des Diskurses. Frankfurt am Main: Fischer.

Gehlen, A. (1975): Urmensch und Spätkultur. Frankfurt am Main: Athenaion.

Gilmore, L. (2001): The Limits of Autobiography. Trauma and Testimony. Ithaca/London: Cornell University Press.

Gross, P. (1994): Multioptionsgesellschaft. Frankfurt am Main: Suhrkamp.

Habermas, J. (1981): Theorie des Kommunikativen Handelns, Bd. I. Frankfurt am Main: Suhrkamp.

Habermas, J. (1981a): Theorie des Kommunikativen Handelns, Bd. II. Frankfurt am Main: Suhrkamp.

Heidegger, M. (1967): Sein und Zeit. Tübingen: Niemeyer.

Herzka, H. S. (1997): Zur Generationen übergreifenden Erfahrung. Das peritotalitäre Syndrom. In: Wirtgen, W. (Hrsg.): Trauma. Wahrnehmen des Unsagbaren. Heidelberg: Asanger, S. 39–58.

Husserl, E. (1962): Die Krisis der europäischen Wissenschaften und die transzendentale Phänomenologie, Husserliana Bd. VI. Den Haag: Nijhoff.

Husserl, E. (1968): Logische Untersuchungen. Bd. II/1. Tübingen: Niemeyer.

Husserl, E. (1999): Erfahrung und Urteil. Hamburg: Meiner.

Jakobson, R./Waugh, L. R. (1987): Die Lautgestalt der Sprache. Berlin: De Gruyter.

Joas, H. (1992): Die Kreativität des Handelns. Frankfurt am Main: Suhrkamp.

Kizilhan, I. (2008): Die Gegenwärtigkeit der Vergangenheit. Die Funktion des Erinnerns traumatisierter Erlebnisse. Berlin: Irena Regener.

Lévi-Strauss, C. (1971): Strukturale Anthropologie. Frankfurt am Main: Suhrkamp.

Lucius-Hoene, G./Deppermann, A. (2004): Rekonstruktion narrativer Identität. Wiesbaden: VS.

Marcuse, H. (1970): Der eindimensionale Mensch. Neuwied: Luchterhand.

Patočka, J. (1984): Kunst und Zeit. Stuttgart: Klett-Cotta.

Piaget, J. (1978): Das Weltbild des Kindes. Stuttgart: Klett-Cotta.

Plessner, H. (1931): Macht und menschliche Natur. Berlin: Junker und Dünnhaupt.

Rosenthal, G. (1987): „... wenn alles in Scherben fällt...". Typen biographischer Wandlungen. Opladen: Leske und Budrich.

Rosenthal, G. (1995): Erlebte und erzählte Lebensgeschichte. Gestalt und Struktur biographischer Selbstbeschreibungen. Frankfurt am Main: Campus.

Roth, M. S. (2012): Memory, Trauma and History. New York: Columbia Univ. Pr.

Schmidt, Ch. (2004): Das entsetzliche Erbe. Träume als Schlüssel zu Familiengeheimnissen. Göttingen: Vandenhoeck & Ruprecht.

Schütz, A. (2003): Symbol, Wirklichkeit und Gesellschaft. In: Schütz, A.: Theorie der Lebenswelt 2 (ASW V.2). Konstanz: UVK, S. 119–198.
Schütz, A. (2003a): Das Problem der Personalität in der Sozialwelt. In: Schütz, A.: Theorie der Lebenswelt 1 (ASW V.1). Konstanz: UVK, S. 95–163.
Smith, A. D. (1999): Myths and Memories of Nations. Oxford: Oxford Univ. Press.
Srubar, I. (2007): Ist die Lebenswelt ein harmloser Ort? Zur Genese und Entwicklung des Lebensweltbegriffs. In: Srubar, I. (Hrsg.): Phänomenologie und soziologische Theorie. Wiesbaden: VS, S. 13–34.
Srubar, I. (2009): Die Grundzüge der pragmatischen Lebenswelttheorie als Grundlage interkulturellen Vergleichs. In: Srubar, I. (Hrsg.): Kultur und Semantik. Wiesbaden: VS, S. 65–90.
Srubar, I. (2009a): Wo liegt Macht? Semantik und Sinnbildung in der Politik. In: Srubar, I. (Hrsg.): Kultur und Semantik. Wiesbaden: VS, S. 201–220.
Srubar, I. (2012): Formen asemiotischer Kommunikation. In: Renn, J./Sebald, G./Weyand, J. (Hrsg.): Lebenswelt und Lebensform. Zum Verhältnis von Phänomenologie und Pragmatismus. Weilerswist: Velbrück, S. 206–229.
Voegelin, Eric (1931): Die politischen Religionen. Wien: Bermann-Fischer.
Wohlrab-Sahr, M./Karstein, U./Schmidt-Lux, T. (2009): Forcierte Säkularität. Religiöser Wandel und Generationsdynamik im Osten Deutschlands. Frankfurt am Main. Campus.

# Protosoziologisches

Ehrhardt Cremers

# "*Spricht* die Seele, so spricht ach! schon die *Seele* nicht mehr"[1]
Über die Schwierigkeit, die Lebenspraxis im Sprechen des Menschen aufzufinden

Ein Phänomenologe tanzt nicht, zu allerletzt kostümiert.
Von Günther Anders Edmund Husserl zugesprochen

… wobei ich Gott lächeln sehe, wenn wir von primitiven Kulturen reden.
Wilhelm Schapp

## Sprache und Sprechen in kultursoziologischer und kulturhistorischer Absicht

Im Folgenden[2] geht es mir nicht darum, die Hermeneutik der Lebenspraxis gegen das „Nicht-Hermeneutische" auszuspielen und den vielen Repräsentanten der Repräsentation die „Produktion von Präsenz" (Gumbrecht 2004, S. 32f.) entgegenzusetzen. Auch denke ich nicht im Entferntesten daran, die Objektdominanz des Diskurses gegen die Gewissheit des Miteinandersprechens von Personen zu stellen oder den Symbolbegriff der modernen hermeneutischen Wissenssoziologie mit Goethes (1960, S. 638) Charakterisierung der Symbolik zu kontrastieren: „Die Symbolik verwandelt die Erscheinung

---

1 Schiller (1973, S. 313).
2 Meine Überlegungen verdanken sich wesentlich einem heuer in das fünfte Dezennium gehenden Nach-Denken über das von Hans-Georg Soeffner schon Vor-Gedachte. Wer direkte Verweise auf dieses Denken im Literaturverzeichnis vermisst, sei auf ein Wort Goethes in den *Maximen und Reflexionen* verwiesen: „Das Schrecklichste für den Schüler ist, dass er sich am Ende doch gegen den Meister wiederherstellen muss. Je kräftiger das ist, was dieser gibt, in desto größerem Unmut, ja Verzweiflung ist der Empfangende" (Goethe 1960, S. 641). Ganz herzlich danke ich Karl-Siegbert Rehberg, der mich einmal mehr im wirkenden Wort überzeugt hat, das hier Gedachte bereits jetzt als Skizze und Fragment vorzustellen, obwohl – wenn auch im Kern bereits erkenntlich – es längst noch nicht zu Ende gedacht ist.

in Idee, die Idee in ein Bild, und so, daß die Idee im Bild immer unendlich wirksam und unerreichbar bleibt und, selbst in allen Sprachen ausgesprochen, doch unaussprechlich bliebe" (Goethe 1960, S. 641).

Im Anfang steht lediglich das bloße Staunen darüber, dass in allen theorieprägenden Abstraktionen, methodologischen Reflexionen und methodischen Anweisungen, die sich auf das Verhältnis des Menschen zu sich selbst, zu anderen und zu den Dingen seiner Umwelt beziehen, eine der Urformen associierter Sozialität – das Sprechen – wenig bis gar keine Beachtung findet. Darüber können letztlich auch die vielen Hinweise nicht hinwegtäuschen, die sich unter anderem vor allem im Schrifttum Heideggers, Gehlens, Cassirers und Gadamers finden lassen und die uns verdeutlichen sollen, dass doch allein das Sprechen die einzige soziale Wirklichkeit der Sprache ist.[3]

Einer der Gründe für diese Geringschätzung ist sicherlich darin zu suchen, dass bereits in einem sehr frühen Stadium der Inauguration der Sprachwissenschaft (Herder, Humboldt, Grimm, Steinthal, Wundt, Saussure) zwar der Sprachwandel stets aus der Gegenwärtigkeit des tatsächlichen Sprechens abgeleitet wird, trotzdem aber die individuierte Form des gesprochenen Wortes sozusagen zum „Sonderfall der Sprache" (Benjamin 1991, S. 140) wird, und zwar im Sinne einer entweder formalen Übereinstimmung oder aber einer normbrechenden Abweichung vom strukturell vorgegebenen Regelsystem der jeweiligen Schriftsprache. Macht diese Elimination des Sprechens aus dem besonderen Erkenntnisinteresse einer Wissenschaft von der Sprache noch weitgehend Sinn[4], fällt es gleichwohl umso schwerer einzusehen, dass die so behauptete systemische Identität und strukturelle Integrität von Sprache und Sprechen sich in die Zentren der philosophischen Anthropologie hinein verlängert. Auch hier wird bis in die Gegenwart wirksam – allein Leibniz folgend – die Sprache zur ‚eingeborenen Idee' und zum konstitutiven Element der Bestimmung des Menschen. In einer evolutiven Reihung und Rangfolge stehend wird die Sprache so zum Distinktionsmerkmal; wird zum emergenten Prinzip eines immer noch naturalistisch-organisch geprägten Menschenbildes.

Damit aber stellt sich die Praxis einer theoretisch betriebenen Anthropologie zuallererst bewusst gegen die von Kant (1833, S. X f.) aufgestellte Maxime:

---

3 Soweit ich es überblicke, ist die vierbändige Studie von Rosenstock-Huessy (1964) der einzige systematische Versuch, die Sprache des Menschen als „leibhaftige Grammatik" vom Sprechen ausgehend zu begründen.
4 Vor allem als unabdingbare Voraussetzung für die Entwicklung formaler Sprachen, die von Maschinen ‚verstanden' werden.

> „Eine Lehre von der Kenntniß des Menschen (Anthropologie) kann es entweder in physiologischer oder in pragmatischer Hinsicht sein. – Die physiologische Menschenkenntniß geht auf die Erforschung dessen, was die Natur aus dem Menschen macht, die pragmatische auf das, was er als freihandelndes Wesen aus sich selber macht, oder machen kann und soll. – Wer den Naturursachen nachgrübelt, worauf z. B. das Erinnerungsvermögen beruhen möge, kann über die im Gehirn zurückbleibenden Spuren von Eindrücken, welche die erlittenen Empfindungen hinterlassen, hin und her (nach dem Cartesius) vernünfteln; muß aber dabei gestehen: daß er in diesem Spiel seiner Vorstellungen bloßer Zuschauer sei und die Natur machen lassen muß, indem er die Gehirnnerven und Fasern nicht kennt, noch sich auf die Handhabung derselben zu seiner Absicht versteht, mithin alles theoretische Vernünfteln hierüber reiner Verlust ist."

Nun mag man hier wohl einlassend bemerken wollen, dass Evolutionstheorie und Neurowissenschaften den Vorbehalt Kants wirksam außer Kraft gesetzt habe und nunmehr seine Frage „Was ist der Mensch?" nur noch in einer gestuften Ontologie des Organischen (Plessner) zu beantworten sei; darüber hinaus die kosmologische *Stellung* des Menschen (Scheler) letztlich davon abhängig zu machen sei, welche Charakteristika ihn von den – ebenso evolutiv determinierten – tierischen und anderen Lebensformen unterscheiden bzw. welches genetische Residuum jedes Individuum der Gattung – nicht nur zu Zeiten seiner Kindheit, wie Herder (1965, Bd. 1, S. 141) noch meint – zum lebenslangen „Invaliden [seiner] obern Kräfte" werden lässt. Die Herausarbeitung distinkter Merkmale zwischen den tierischen und menschlichen Lebensformen in einer naturphilosophischen Anthropologie zu behaupten, beruht – solange das ‚Missing Link' nicht auszumachen ist – allerdings allein auf der petitio principii, nicht weiter danach zu fragen, wie sich diese strukturbildende Differenz in der biologischen Evolution überhaupt gebildet haben kann (Tugendhat 2010, S. 22).

Dieser grundlegende Einwand lässt es ratsam erscheinen, in kulturwissenschaftlicher Hinsicht mit Kant einvernehmlich auf der sicheren Erkenntnisseite einer *pragmatischen Anthropologie* zu bleiben, in der die Kultur des Menschen nicht als etwas zwangsläufig Universales anzusehen ist, das es gegen etwas anderes abzugrenzen gilt, sondern Kultur „im Ganzen genommen [...] als Prozess der vorschreitenden Selbstbefreiung des Menschen" zu begreifen ist. Ein Prozess, in dem „Sprache, Kunst, Religion und Wissenschaft [...] unterschiedliche Phasen bilden" und in all denen „der Mensch eine neue Kraft entdeckt und erweist – sich eine eigene, eine ‚ideale' Welt zu errichten" (Cassirer 2007, S. 345).[5] Mag schon sein, dass diese Hinsicht, *diesseits* einer *Dialektik der Aufklärung*, manchen erinnert an eine – wenn nicht antiquierte, so doch als abgelebt geltende – alteuropäische Denktradition. Sehr wohl aber ist diese Erinnerung *jenseits* der *Dialektik der Aufklärung* von mir durchaus gewollt; denn der Name *Anthropologie* ist – worauf Löwith (1981, S. 329) noch einmal hinweist – doppeldeutig: Er kann sich – in der Üblichkeit der Benennung verbleibend – einerseits auf das Wissen und die Lehre vom Menschen beziehen, andererseits aber auch „den Logos des Anthropos selber meinen". Und es ist einzig diese zweite Bedeutungsschicht, die im Mittelpunkt meines Anliegens steht: Die Absicht, das *Sprechen* zum einen als einen wesentlichen Teil protosoziologischer Überlegungen zu einer – im Husserlschen Verstande – Ontologie der Lebenswelt zu orten und zum anderen das *Sprechen* als ein konstitutives Element in die Reflexionen über die Menschwerdung des Menschen zurückzuholen. Es ist – nach meinem Selbstverständnis – ein Versuch, den ‚physiologischen Teil der Menschenkenntnis' in seiner Bedeutung zwar nicht zu leugnen, ihn aber angesichts seiner immer noch geltenden wissenschaftlichen Unzugänglichkeit vollständig auszublenden; meint: auf die Thematisierung der Natur des Menschen in kulturwissenschaftlicher Absicht in Gänze zu verzichten, insofern diese nicht selbst als *materialer* Teil eines erkennbaren sozial-kulturellen Transformationsprozesses gegenständlich ist oder gegenständlich gemacht werden kann.[6]

Dabei kann es in der modernen philosophischen Anthropologie wohl durchaus eingängig formuliert sein, dass – wie z.B. bei Plessner (1975, S. 309) nachzulesen ist – es in der *Natur* des Menschen liegt, ‚sich zu dem, was er ist, erst machen zu müssen' und dass die hier von Plessner als anthropologisches Grundgesetz formulierte „natürliche Künstlichkeit" des Menschen einer List der Evolution entsprungen ist. Und dass es gerade diese Listigkeit ist, die ihn zum geborenen Schauspieler auf der Bühne der Welt[7] macht. Aber wie man es auch dreht und wendet, ungestellt bleibt so die Frage, wie das Zusammenspiel von Homo Capax (Ricœur 1999, S. 336), Homo Lingua und Homo Faber in einer Genealogie und Archäologie der Menschwerdung überhaupt entdeckt sein will.

---

5 In diesem Sinne erscheint es mir schon fast bedrohlich, von einer *Unternehmenskultur* oder gar einer *Kultur des Krieges* zu sprechen.

6 In der das Tier dann entweder als Haustier oder Nutzvieh erscheint und der Baum zum schattenspendenden Segen auf der Wanderung wird oder aber auch als Menetekel der kurz bevorstehenden Apokalypse Bedeutung erlangen soll.

7 Also ganz im Sinne Shakespeares: „All the world's a stage, And all the men and women merely players."

Und wenn man schon unbedingt die Metaphorik des Theaters zur wissenschaftlichen Instanz einer als angemessen anzusehenden Repräsentation der Lebenspraxis machen will, ist es doch wohl nur allzu menschlich, zumindest danach fragen zu dürfen, ob man als Akteur an einem „Katakomben- oder Kathedralentheater" (Tabori 2007) engagiert ist oder ob man gar an einem „Theater der Grausamkeit" (Artaud 1996) Schiffbruch zu erleiden hat; mithin einem Theater, in dem als sein „Double" allein *Pest, Metaphysik* und *Grausamkeit* in der für sich seienden Wirklichkeit jedweder Inszenierung die Regie führt. Solange aber in einer fragwürdigen Metaphorik in den Geisteswissenschaften von einer Theatralisierung des Sozialen gesprochen wird, so lange wird der unerhörte Reichtum der kulturgeschichtlichen Tradition des Theaters mit all seinen Requisten zum Steinbruch einer Archäologie des Wissens degradiert, in dem man sich ungeniert und nach Belieben bedienen darf. Ad exemplum für das hiermit Gemeinte steht, dass nicht nur die unverzichtbaren Rollen des Teichoskopen und des Chores nicht auf dem Besetzungszettel des Schauspiels von der geisteswissenschaftlichen Theatralisierung erscheinen, sondern auch das darin in den unterschiedlichsten Kontexten bemühte Requisit der *Maske* ihren angestammten Bedeutungshorizont unbeobachtet lässt. Wie die Kulturgeschichte des attischen, des klassischen und des modernen Theaters eindrücklich belegt, wird aber die Differenz des gemeinen Sprechens Jedermanns zum in Tragödie und Komödie Gesprochenen eben erst in der Gleichzeitigkeit von *Maske* und *kóthorno* bzw. *sýkcho* sichtbar und verstehbar (Fink 1971). Und da man bekanntlich zwar tausende von Schauspielen über das Leben schreiben und aufführen kann, lässt sich doch – wenn man nicht gerade Caroline Schlegel/Schelling heißt – nicht auch nur eines davon leben.

## Zur Genealogie des Sprechens

Gleichviel ob wir die Existenz eines jeden menschlichen Individuums als mehr oder weniger zufällige Laune einer günstigen Gelegenheit bestimmen oder ob wir sie als notwendig biologisch kausal determinierte Abfolge von eingetretenen Ereignissen wissenschaftlich (re-)konstruieren und analysieren: Der Mensch wird in eine Welt hineingeboren, in der die *Unaufhörlichkeit des Sprechens* und nicht die Endlichkeit einer Sprache – und schon gar nicht der Streit um die Existenz und das Realsein dieser Welt – die Grundlage seiner primären Erfahrung sein wird. Dass und was gesprochen wird, kann er in seinen Anfängen nur als ein um ihn herum geschehendes raunendes Lauten *erleben,* im Laufe seiner Entwicklung dann als ein sehr wohl unterscheidbares Stimmen *vernehmen,* und erst zu einem späteren Zeitpunkt als ein an ihn und andere gerichtetes Sprechen *hören.*[8] Mehr und mehr aber wird in der Chronologie des weiteren Lebens sein umtriebiges Sprechen zum – im anthropologischen Sinne – eigentlichen *Nukleus* seiner Lebendigkeit. Darüber hinaus wird er in vielen Situationen ein – manchmal recht leidvolles – Wissen darüber erlangen, dass sein eigenes Sprechen einen kaum mehr messbaren Bruchteil von dem ausmacht, was gleichzeitig mit ihm in der Welt gesprochen ist, was vor ihm schon gesprochen war und was nach seinem Ende noch gesprochen sein will. Mehr noch: Dass allein sein Sprechen alle Facetten und Nuancen seiner Individualität anzusprechen vermag, die ihn unterscheidet und unterscheidbar macht. Und letztlich ist es auch sein Sprechen, das ihn ein Bewusstsein von Zeit und Raum bilden lässt, sodass ihm – über alle Widerständigkeit hinweg – jedwede entgegentretende soziale Ordnung als eine Kontinuität im Wandel und gleichzeitig als ein Wandel in der Kontinuität erfahrbar wird.

Die so skizzierte ontogenetische Entwicklung des Sprechens wiederholt in unendlicher Rekursion die stammesgeschichtliche Genese der Gattung. Die Assoziierte Sozialität beginnt– Agamben (2012, S. 126 ff.) folgend – in der Urstiftung des ‚*Rhythmus'*. Aristoteles – so Agamben – „fragt am Anfang des 2. Buches des Physik nach einer möglichen Definition der Natur. An dieser Stelle verwendet er den Begriff toarrhythmiston", der Agamben zufolge meistens mit „*form-* oder *gestaltlos* übersetzt wird." In dessen Übersetzung heißt es: „dasjenige, dem jeglicher Rhythmus fehlt". Aristoteles wende sich gegen einen Begriff von Natur, der sie als elementare Materie bestimmt. Stattdessen begreife er „die Natur (also das ursprüngliche Prinzip der Anwesenheit) mit dem *rhythmos,* mit der Struktur, die als Synonym der Form gedacht wird" (Agamben 2012, S. 129). So verstanden ist der menschliche Rhythmus nicht nur als Bedingung der Möglichkeit der Mimesis zu vermuten, sondern grundsätzlicher: als Folge des aufrechten Ganges. Zu sprechen bedeutet dann, „[...] in die Ekstase des Rhythmus – in das Außen einer ursprünglicheren Zeit – geworfen zu sein. In die epochale (im griech. Sinn der *epoché*) Öffnung des Rhythmus, der gibt und zugleich zurückhält" (Agamben 2012, S. 135).

---

8   Seine Erfahrung des Sprechens als einen – mit einer bestimmten Absicht verbundenen – zu ihm hin und in Gleichzeitigkeit von ihm weg führenden Zugang zur Welt zu nutzen, setzt eine Reihe von zum Teil parallel verlaufenden ontogenetischen Entwicklungsstadien voraus, die vor allem im Lacanschen Theorem vom ‚Spiegelstadium' als Genese der Selbstheit in der Exteriotität des Bildes vermutet werden (Gondek 2011, S. 194 ff.).

Die nach dieser *Urstiftung* folgende weitere Entwicklung orte ich – darin hauptsächlich mit Gehlen (2004, S. 139 ff.) übereinstimmend – im entweder schreiend-empörenden oder stillen *Lärmen*, das als *Lauten und Gebärden* in seinem bewusst werdenden Vernehmen, sich reflexiv in einem zu sich selbst kommenden *Stimmen aufhebt*. In der Gleichzeitigkeit einer weiteren Entwicklung sind die *Partitur* (die Melodie) und die Choreographie (Mimesis) des Sozialen als ein rhythmisch gestimmtes *Einrichten* in der Lebenswelt zu beschreiben, die mit dem *Libretto* des Sozialen (dem Sprechen) als dem zu sich selbst kommenden Stimmen im ästhetischen Gleichklang – in der sozialen Gleichheit des rhythmisch Gestimmten – sich vollendet. Sprache entwickelt sich – als ein zu lösendes Translationsproblem in der Begegnung mit dem Fremden – als ein reflexives – in Lexik und Grammatik zu beschreibendes – zu sich selbst Finden des Sprechens.[9] Sprache – und Bedeutung – verweisen in ihrer *Tektonik* und *Techné* auf den Übergang des eindrücklichen Sprechens zum progressus ad infinitum: der sinnstiftenden Ordnung der Welthaftigkeit der Lebenswelt.

Was und wie der Mensch in den mannigfaltigen Episoden, Ereignissen und Geschichten spricht – und in der weiteren Entwicklung schreibt und kommuniziert – ist abhängig von vielen Faktoren und der Jeweiligkeit strukturell vorgegebener bzw. situativgeforderter Bedingtheiten. Diese Mannigfaltigkeit ist originärer Gegenstand einer Phänomenologie und Soziologie von der Sprache und Kommunikation; mithin das unverzichtbare Fundament einer theoretischen Abstraktion und der empirischen Reduktion. Notwendig aber wird so das Sprechen in der theoretischen Reflexion grußlos verabschiedet und in der empirischen Analyse in einen methodisch generierten Datenraum transponiert, der sich – trotz aller technischer Möglichkeiten medialer Konservierung – sehr weit von seinem raumzeitlichen Ursprung entfernt (Luckmann 2007). Das Maß dieser Entfernung ist selbst nicht messbar, bezeugt allerdings eindrücklich, dass eine andere als die sich qua Methode selbst generierende Empirie in den eng zu ziehenden Grenzen der Wissenschaft nicht denkbar ist. Da diese engen Grenzen allzu häufig in der Praxis der empirischen Wissenschaften missachtet werden, sei in einem kleinen Exkurs noch einmal an Husserls (1976, S. 52) Mahnung erinnert, dass das „Kleid der Symbole" es macht, dass

---

9 Wenn überhaupt man diesen Prozess des Werdens als „exzentrische Positionalität" (Plessner 1975) des Menschen beschreiben will, dann ist diese Positionalität – die raumzeitliche Synchronisation – und die Exzentrizität – die reflexive Abweichung davon – nicht als eine biologisch eingeborene Idee zu begreifen, sondern ist ein Bewusstwerden des je Selbstsprechens, das erst in der Möglichkeit seiner Übersetzbarkeit – außerhalb dieser beiden Zentren – zum anderen hin und zu sich selbst zurück – zu einem sozial verbindlichen Wissen von der Sprache werden kann.

„wir für wahres Sein nehmen, was eine Methode ist, dazu da, um die innerhalb des lebensweltlich wirklich Erfahrenen und Erfahrbaren ursprünglich allein möglichen rohen Voraussichten durch ‚wissenschaftliche' im Progressus in infinitum zu verbessern: die Ideenverkleidung macht es, dass der eigentliche Sinn der Methode, der Formeln, der ‚Theorien' unverständlich blieb und bei der naiven Entstehung der Methode niemals verstanden wurde".

Husserl ist darin Recht zu geben, dass die Urstiftung der neuzeitlichen Wissenschaft sich allein darin begründet, dass sie in Beobachtung und Experiment eine durchaus überschaubare Anzahl von Methoden[10] gefunden hat, die sinnlich-anschaubare Welt in einem als beobachtbar und experimentabel gedachten Kontinuum zu ordnen, in dem Chaos und Gesetz gleichermaßen und einträchtig nebeneinander den ihnen zugewiesenen Platz einzunehmen haben. Zusammengenommen: „Was ein Gegenstand bedeutet, erweist sich erst, wenn er als Instanz in einer Methode fungiert, also an dem, was er ermöglicht und nicht an dem, was er ist" (Blumenberg 1973, S. 199). Das, was die Wissenschaft ermöglichen soll, ist aber – wenn auch in anderer Form – nichts anderes als ein erneuter Versuch und ein weiteres Angebot, das, was sie als Natur vorstellig macht, zum Sprechen zu bewegen. Es hat viele Menschenalter gedauert – und in einigen Resten der Lebenspraxis setzt sich dieser erste Versuch munter fort – einzusehen, dass allen magischen Beschwörungen zum Trotze die Natur nicht antworten kann, weil sie unser Sprechen nicht versteht. Die neuzeitliche Wissenschaft ist in meinem – eng an Husserl angelehnten – Verständnis das unzulängliche Bemühen, ein Übersetzungsmedium zu finden, nunmehr umgekehrt: die Sprache der Natur zu erlernen, dadurch ihr Wirken zu verstehen und das Verstandene in einer geeigneten menschlichen Sprache aufzuschreiben. Hierin macht dann die Metapher von der *Lesbarkeit der Welt* (Blumenberg 1996) durchaus Sinn. Die ohne jeden Zweifel überzeugenden Anfangserfolge der Wissenschaften, die den Glauben daran befördern, in der vollständigen Mathematisierung die neue Einheit einer Weltsprache gefunden zu haben, können allerdings nicht darüber hinwegtäuschen, dass sie sich immer mehr zum selbstversorgten Kosmos einer Gegenwelt entwickeln. Mit der Folge, sich immer tiefer in die von Husserl (1976) beschriebene *Krisis der europäischen Wissenschaften*

---

10 Die Methode(n) aller neuzeitlichen Wissenschaften bleiben bis heute begrenzt auf Experiment und Beobachtung, das heißt alle Veränderungen (Entwicklungen) der neuzeitlichen Wissenschaften beziehen sich strukturell nur auf deren Methodologien. Demgegenüber unterliegen die Methoden selbst lediglich einer kontinuierlich graduellen Spezialisierung; vor allem hinsichtlich dessen, was jewels an *Medien* der messenden Beobachtung oder im Experiment anzuerkennen ist.

zu verstricken, die letztlich in der Vergessenheit der Lebenswelt ihren Grund findet.

## Wort und Tat

Die Gleichsetzung des altgriechischen Wortes *légein* mit dem deutschen *sprechen* und die Übersetzung des *lógos* im Deutschen mit *Wort, Geist, Vernunft* lässt sich nicht ohne deutlich erkennbare philologische Schwierigkeiten bewerkstelligen. Zu subtil und filigran sind die Ergebnisse in der Etymologie dieser Benennung vorangekommen, die – in ihrer Referenz an eine jeweilige Zeitschicht gebundenen – Übersetzungen als gültige übernehmen zu können.[11] Dies berücksichtigend, werde ich das Phänomen des Sprechens – soweit es die etymologischen Ursprünge berührt – weitgehend auf den Bedeutungshorizont der deutschen Sprache begrenzen.

Was also – bleibt zu fragen – ist im Phänomen des Sprechens als das Sich-selbst-Zeigende dem Bewusstsein gegeben? Gleichviel ob man dem Gedanken der eidetischen oder transzendentalen Reduktion Husserls folgt, ist das Sprechen zunächst vollständig von der Sprache zu lösen. So – erst vorläufig bestimmt – gehört über alle Besonderheiten der Sprachfamilien und historischen Bezüge hinweg das Sprechen zu den *Konstituenzien* des menschlichen Daseins. Ganz in diesem Sinne verbindet auch der Autor des Johannes-Evangeliums gleich zu Beginn das Neue Testament mit dem Alten. „Im Anfang war das Wort und das Wort war bei Gott". Auch wenn Goethe seinen Faust sprechen lässt, dass am Anfang nicht das Wort, sondern die Tat stand, ist doch dem Johannes darin Recht zu geben, dass der Tat bekanntlich ein seiend werdendes gesprochenes Wort vorausgeht. Goethe fordert, dass das Wort sich dem voluntativen Entwurf des Gedankens unterzuordnen hat; mit anderen Worten: Wille und Tat werden bei ihm in eins gedacht. Aber der bloße Wille, etwas zu wollen, ist selbst noch keine Tat. „Der bloße Wille kann zwar auch auf andere Weise evident werden, aber eigentlich wahrnehmbar nur, wenn er in ein Wort verwandelt und dadurch ausgedrückt worden ist. Das Wort wird gegeben anstatt der Sache" (Tönnies 1991, S. 39 f.).

Insofern ist dann *tatsächlich* die Annahme, auch das Sprechen einer Sprache sei eine Handlung, übereilt. Denn bevor etwas Handlung werden kann, will die Inaugurationsformel gesprochen sein. So zumindest legt es die Genesis im Alten Testament nahe. „Es werde Licht! Und es ward Licht."

---

11 Im Kontext des gegenständlichen Sagens kann ich hier nur auf die ausgezeichnete Auswahl von entsprechenden Texten verweisen, die jüngst von Perilli (2013) herausgegeben worden sind.

Es in diesem „es werde" Gott gleich tun zu wollen und ihm darin nachzueifern, dass Wille, Wort, Sinn und Tat ein einheitliches Ganzes bilden, scheint das eigentliche Geschick des Menschen[12] zu sein: Dass er – das Numinose zum Vorbild nehmend – auf der immer währenden Suche danach ist, das rechte Wort zu finden, auf das *es* ebenso unmittelbar seiend *sein*[13] werde; kurz gesagt: dass *ES* – im Sprechen des ICHs – *SEIN* werde. Und erst in dieser Identität würde die Unaufhörlichkeit des Sprechens in der vollständigen Besitznahme einer – allein dem Menschen seienden – Welt enden können. Solange dies aber in den Kosmologien der Vergangenheit und Gegenwart eine schöne Illusion und ein frommer Wunsch bleibt und solange dies in den säkularen Weltanschauungen des modernen Menschen in die Rationalität einer offenen Zukunft verlagert werden muss, solange wird die Unaufhörlichkeit des Sprechens als Movens des „noetischen Bewusstseins" (Voegelin 2004) bei der Suche nach dem rechten Wort Bestand haben. Und so wird wohl die Menschheit weiterhin in ihrem ‚Unterwegs sein zur Sprache' (Heidegger) die Hoffnung nicht aufgeben, dass Wittgenstein (2006, S. 11) darin Recht behält, dass die Welt im wohlgeformten Satz sich darin erschöpft, alles zu sein, „was der Fall ist".

## Was *sprechen* heißt

Es ist vor allem die Etymologie des Verbs ‚sprechen' selber, die die Einbildungskraft zum assoziativ-bildlichen und analytisch-trennenden Denken hier auffordert. Wie sowohl im Deutschen Wörterbuch von Jakob und Wilhelm Grimm (online) als auch in Kluges Etymologischem Wörterbuch der Deutschen Sprache (2011) nachzulesen, sind Ursprung und Wandel dieses Zeitwortes hinreichend belegt. Im Kontext des hier Gegenständlichen interessiert vor allem der zu vermutende Ursprung im altnordischen „*spraka*" (althochdeutsch: *sprehhan*; altsächsisch: *sprekan*), in der Bedeutung von

---

12 Also nicht erst in der Sprache finden sich der lógos des Anthropos, sondern bereits und zuallererst in seinem Sprechen. Heidegger irrt in seiner Metaphorik, die Sprache als das „Haus des Seins" zu bestimmen. Wenn überhaupt, ist es das Sprechen des Menschen und das ist eben phylogenetisch lange bevor das Sprechen Sprache wird. Auch wenn im metaphorischen Gleichklang Heidegger gerne den Menschen als den „Hirten des Seins" sehen würde, spricht nichts dafür, dieses Geschäft an eine besondere Elite von Wahrheitssuchern zu delegieren. Wenn überhaupt, ist dieser Hirte jeder bei Gelegenheit sprechende Mensch in all seinem Vernehmen und Unvernehmen.
13 ‚Sein' ist an dieser Stelle *sowohl* als Verb als auch als Possessivpronomen zu verstehen und das ES ist hier nicht im Sinne Sigmund Freuds oder Georg Groddecks gemeint, sondern bezieht sich auf die im Spätwerk Eric Voegelins zu findenden Untersuchungen zum „noetischen Bewusstsein".

„knistern, prasseln", das wiederum etymologisch ähnlich in den verwandten Sprachen zu finden ist.[14] Ich kann es hier nur andeuten: Die Archäologie des Sprechens im altnordischen „spraka" zu verorten, verweist auf die Kosmologie des Heraklit, der bekanntlich im ‚Krieg der Gegensätze', der Hoffnung eines steten Entflammens des Feuers die Drohung seines Erlöschens gegenüberstellt. Stetes Hoffen und stetes Bedroht-sein ist allein die Weise der menschlichen Existenz, in der er an dem ewig lebendigen Feuer der Welt teilhaben kann (Heidegger/Fink 1996) und in der er sich nur so behaupten kann.

Und so gilt auch für jegliches Sprechen, dass es seinem Wesen nach ein – auf Evidenz gerichtetes – zumutendes (begehrendes)[15] *Behaupten* als ein „Zeigen" oder „Benennen" (Bühler) sich zeigt. Um Missverständnisse an dieser Stelle erst gar nicht aufkommen zu lassen, scheint eine erläuternde Erklärung angebracht, was hier mit *behaupten* benannt sein will:

> „Ich kann nichts *behaupten,* d.i. als ein für jedermann notwendig gültiges Urteil aussprechen, als was Überzeugung wirkt. Überredung kann ich für mich behalten, wenn ich mich dabei wohl befinde, kann sie aber und soll sie außer mir nicht geltend machen wollen" (Kant 1977, Bd. 4, S. 688).

Das Wesen des Sprechens im zumutenden Behaupten zu erkennen, kann angemessen das Spannungsfeld von Meinen, Glauben und Wissen beschreiben, in dem sich jedes Sprechen *bewegt* und das Kant auf den nachfolgenden Seiten des obigen Zitats als ein „Führwahrhalten" in seinem subjektiven und objektiven Gehalt bestimmt. Nicht dieses Wort Kants zu wählen, begründet sich damit, dass zwar im *Führwahrhalten* jener Teil des *Behauptens* zureichend bestimmt wäre, der sich auf den materialen Gehalt des ausgesprochen Behaupteten bezieht, nicht aber derjenige ebenso wesentliche reflexive Teil des intensional zu denkenden *Sich-Behauptens;* denn im Sprechen verbindet sich die Intentionalität des Bewusstseins mit der Intension des stimmlichen oder gebärdenden Artikulierens.

Dieses grundlegende Vermögen öffnet die Sphäre, bei Gelegenheit *mitsprechen* zu können, und zwar als Möglichkeit und Potenz dem im Sprechen material Behaupteten einen Sinn zuzusprechen. Erst beides zusammengenommen macht die *Mündigkeit* des Menschen aus. Das im Ereignis der Begegnung stattfindende Zulassen des behaupteten Sinns erfolgt im Modus

---

14 Die jeweiligen Nominalableitungen (wie Spruch, Sprecher und so fort), Präfigurierungen (be-, ent- und versprechen) sowie auch Partikelverben (ab-, an- und zusprechen) gehen erst zurück auf das mittelhochdeutsche *sprechen.*

15 *Zumuten* lässt sich etymologisch ableiten aus: *ich strebe, trachte, begehre.* Wobei *begehren* im etymologisch zu belegenden Zusammenfallen von *Gier* und *Gähnen* seinen Ursprung hat.

der Angemessenheit als *Fest-Stellung* des jeweils Behaupteten, will sagen, etwas zuzulassen oder etwas zu lassen ist gleich ursprünglich. Ohne die Einlassung anderer hält sich die begehrende Behauptung allerdings nur dann standhaft – und kann sich nur dann standhaft zur Wehr setzen – wenn sie sich auf die Voraussetzung der Angemessenheit und Aufrichtigkeit des *Statthaften*[16] zu berufen weiß. Die Statthaftigkeit ihrerseits gestaltet sich als Einräumung in einem so Eingefriedeten und Umfriedeten und wird allererst dadurch ein räumlich geteilter und zeitlich synchronisierter *Zeitraumort*: ein – in als statthaft zu denkender – *Topos* (hier in der Wortbedeutung des *stehenden Sagens*), der die Gleichzeitigkeit einer gemeinsamen Gegenwart stiftet und auf relative Dauer stellt. Den Sinn des Behaupteten nicht zuzulassen, erfolgt vice versa im Modus des Versagens der Feststellung des behaupteten Sinns; erfolgt als ein *Anstatt* des als statthaft Geltenden.

Gelingt diese Ortung einer geteilten Gegenwart im „Hin- und Her des Sprechens" (Gadamer 1977, S. 94) nicht, endet die Begegnung – wenn wir dem Zeugen vom Hörensagen des Alten Hildebrand-Liedes vertrauen dürfen – „Ort widar Orte"[17], in dem dann das Versagen des Sprechens angezeigt ist. Dem versagten Rhythmus des Sprechens folgt notwendig ein anderer Rhythmus, der Takt und Ton vorgibt: der Kampf um die Herrschaft des Raumes und der Zeit; ein Bestehen auf und ein Stehenbleiben in der a-synchronen, je eigenen Welt der Ungleichzeitigkeit.

Wenn ich an dieser Stelle auf die weitere Bestimmung hinsichtlich des Versagens des Sprechens, der *Verschwiegenheit* und des *Verschweigens* des Sprechens, vor allem aber auf seine Erscheinungsformen im *Lassen des Sprechens* (in der *Kunst* und im *Schweigen*) nicht weiter eingehen kann, dann geschieht dies mit der Hoffnung, bei weiterer Gelegenheit davon und darüber einmal ausführlicher sprechen zu können.

## Literatur

Agamben, G. (2012): Der Mensch ohne Inhalt. Berlin: Suhrkamp.
Artaud, A. (1996): Das Theater und sein Double. München: Matthes & Seitz Verlag.
Benjamin, W. (1991): Über Sprache überhaupt und über die Sprache des Menschen. In: Gesammelte Schriften Band II.1. Frankfurt am Main: Suhrkamp.
Blumenberg, H. (1973): Der Prozeß der theoretischen Neugierde. Frankfurt am Main: Suhrkamp.
Blumenberg, H. (1996): Die Lesbarkeit der Welt. Frankfurt am Main: Suhrkamp.
Bühler, K. (1982): Sprachtheorie: Die Darstellungsfunktion der Sprache. Stuttgart: Fischer.

---

16 Der stattliche Mensch ist der der aufrechte, der auf-gerichtete Mensch.
17 In der Übersetzung: „Speerspitze gegen Speerspitze".

Cassirer, E. (2007): Versuch über den Menschen. Einführung in eine Philosophie der Kultur. Hamburg: Meiner.
Fink, E. (1971): Epiloge zur Dichtung. Frankfurt am Main: Klostermann.
Gadamer (1977). Kleine Schriften IV. Variationen. Tübingen: Mohr Siebeck.
Gehlen, A. (2004): Urmensch und Spätkultur. Philosophische Ergebnisse und Aussagen. Frankfurt am Main: Klostermann.
Goethe, J. W. (1960): Berliner Ausgabe. Herausgegeben vom Aufbau/Siegfried Seidel: Poetische Werke Berlin: Aufbau.
Gondeck, H.-D. (2011): Jacques Lacan. In: K. Busch/Därmann I. (Hrsg.): Bildtheorien aus Frankreich. Ein Handbuch. München: Fink, S. 193–204.
Gumbrecht, H. U. (2004): Diesseits der Hermeneutik. Die Produktion von Präsenz. Frankfurt am Main: Suhrkamp.
Heidegger, M. (2003): Unterwegs zur Sprache. Stuttgart: Klett-Cotta.
Heidegger, M./Fink, E. (1996): Heraklit. Seminar Wintersemester 1966/1967. Frankfurt am Main: V. Klostermann.
Herder, J. G. (1965): Ideen zur Philosophie der Geschichte der Menschheit. 2 Bände. Berlin/Weimar: Aufbau.
Husserl, E. (1976). Die Krisis der europäischen Wissenschaften und die transzendentale Phänomenologie. Eine Einleitung in die phänomenologische Philosophie. Husserliana Band VI. Haag: Nijhoff.
Kant, I. (1833): Anthropologie in pragmatischer Hinsicht (Vorwort von J. F. Herbart). Leipzig: Immanuel Müller.
Kant, I. (1977): Werke in zwölf Bänden (hgg. v. W. Weischedel). Frankfurt am Main: Suhrkamp.
Kluge, F./Seebold, E. (2011): Etymologisches Wörterbuch der deutschen Sprache. Berlin: de Gruyter.
Löwith, K. (1981): Mensch und Menschenwelt. Beiträge zur Anthropologie. Sämtliche Schriften Band 1. Stuttgart: Metzler.
Luckmann, T. (2007): Lebenswelt, Identität und Gesellschaft. Schriften zur Wissens- und Protosoziologie. Konstanz: UVK.
Perilli, L. (2013): Logos. Theorie- und Begriffsgeschichte. Darmstadt: Wiss. Buchges.
Plessner, H. (1975): Die Stufen des Organischen und der Mensch. Einleitung in die philosophische Anthropologie. Berlin: de Gruyter.
Ricœur, P. (1999). Moral, Fundamentalethik und Bereichsethiken. In: Kulturwissenschaftliches Institut im Wissenschaftszentrum NRW, S. 336–348.
Rosenstock-Huessy, E. (1964): Die Sprache des Menschengeschlechts. Eine leibhaftige Grammatik in vier Teilen. Heidelberg: Lambert Schneider.
Schiller, F. (1996–2004): Sämtliche Werke (aufgrund der Originaldrucke hgg. von G. Fricke und H. G. Göpfert). 5 Bände. 4. durchgesehene Auflage. München: Hanser.
Tabori, G. (2007): Bett & Bühne. Über das Theater und das Leben. Berlin: Wagenbach.
Tönnies, F. (1991): Gemeinschaft und Gesellschaft. Grundbegriffe der reinen Soziologie. Darmstadt: Wissenschaftliche Buchgesellschaft.
Tugendhat, E. (2010): Anthropologie statt Metaphysik. München: Beck.
Voegelin, E. (2004): Auf der Suche nach Ordnung. Ordnung und Geschichte. Band X. München: Fink.
Wittgenstein, L. (1984): Tractatus logico-philosophicus. In: Ludwig Wittgenstein: Werkausgabe Band 1. Frankfurt am Main: Suhrkamp.

Jürgen Fohrmann

# Kritik, Hermeneutik und die Kultur der Deliberation

## Vorüberlegung

Die Facetten und zugleich Herausforderungen einer „Hermeneutik als Lebenspraxis" in den Blick zu nehmen – dies setzt voraus, dass eine so perspektivierte Hermeneutik geschichtlich überhaupt am Möglichkeitshorizont erscheint. Denn die aus den Textkritiken erwachsende Hermeneutik auf ein wie auch immer geartetes Lebenskonzept zu beziehen, ist ja schon Ergebnis einer komplexen Entwicklung.

Die folgenden Überlegungen gehen davon aus, dass sich diese Entwicklung seit dem späten 18. Jahrhundert vollzieht und in ihrem Gefolge eine Reihe neuer Sprecherpositionen gefunden wird, etwa die des Intellektuellen (Fohrmann 2005). Mit ihm entsteht ein neuer Begriff von ‚Kritik'. Parallel dazu finden wir eine Umorientierung der Hermeneutik, die sich aus den engeren Banden der Textphilologie löst und zu einem Temporal- wie Lebensmodell des Verstehens umgebaut wird. Hier ist Schleiermacher einer der wichtigsten Gewährsleute. Zwischen diese neue Kritik und diese neue Hermeneutik tritt eine andere Auffassung des Beurteilungsvermögens, des iudiciums, das sich zunächst unter anderem als Kunst der Deliberation verstehen ließ.

Diesen drei Entwicklungen soll im Folgenden ausschnitthaft nachgegangen werden.

## Kritik

Nicht erst in Michel Foucaults nachgerade berühmter Formulierung, Kritik entstehe mit der Frage: „Wie ist es möglich, dass man nicht derartig, im Namen dieser Prinzipien da, zu solchen Zwecken und mit solchen Verfahren regiert wird – dass man nicht so und nicht dafür und nicht von denen regiert wird?" (Foucault 1992, S. 11f.) – nicht erst hier findet sich ein Schema, das zumindest alle neuzeitliche Kritik durchzieht. So lesen wir etwa 1770 beim Freiherrn d'Holbach, es sei zu verhindern, dass „die Politik zu einer unheilvollen Kunst entarte, das Glück aller den Launen eines einzelnen oder einiger bevorrechtigter Schurken zu opfern" (Holbach 1770, S. 58).

Kritik in diesem Sinne setzt mithin zunächst immer an einer sozialen Asymmetrie an, die nun als falsch erachtet wird, die es auf Grund bestimmter Prinzipien, ja im Namen der Geltung *wahrer* Grundsätze zu vermeiden gilt.

Dieser Einschätzung liegt zugrunde, dass die Kritik sich aus ihren philologischen Zusammenhängen emanzipiert und dabei eine einschneidende Neubewertung erfährt.

Das formale Schema, das die moderne Kritik ja auch mit älteren Kritikformen, etwa der Textkritik teilt, ist eine Funktion des Beurteilungsvermögens, des iudiciums. Es soll das Subjekt in die Lage versetzen, zu beurteilen, wie die Dinge und die Orte, zu denen sie gehören, miteinander verbunden sind; es soll die Einschätzung ermöglichen, ob sich eine Sache an ihrem rechten oder an ihrem falschen Ort befindet. In soziale Verhältnisse übertragen, lässt sich damit gerade nicht so sehr ‚Kritik' im modernen Sinne betreiben, sondern die Kritik hat – etwa in der satirischen Tradition – die Funktion, das rechte Alte, das Ideal wiederherzustellen, an seinen rechten Ort zu bringen, also etwa die Zugehörigkeit zu ständischen Grenzen und das Einhalten eines Standesethos einzufordern, die superstitio in weltlicher wie religiöser Hinsicht scharf zu geißeln.

Sehe ich recht, so beginnt der moderne Begriff der Kritik mit einer Spaltung, die sich gerade diesem Schema der rückwärtsgewandten Einschreibung aufs Schärfste entgegen stellt. Die Prämisse, von der aus dies geschieht, ist nicht mehr die grundsätzliche Anerkenntnis sozialer Asymmetrien, sondern gerade die Aufhebung von Ungleichheit nicht nur in jedem konkreten Fall, sondern auch des *Prinzips* der Ungleichheit selbst. Es geht um eine neue transzendentale Bestimmung von Sozialität schlechthin; sie sagt jetzt: Gesellschaft ist prinzipiell eine Veranstaltung von Gleichen, und jede Form, dies zu negieren oder mit Macht oder Gewalt zu verhindern, fällt der Kritik anheim. Oder noch weiter: Diese Gesellschaft, die in einem riskanten und damit fragilen Sinne auf Äquilibration setzen muss, bedient sich als Operationsmodus der Kritik. Und es ist kein Zufall, dass dieser Begriff der Kritik mit dem Modell einer Printöffentlichkeit eng verbunden ist und dass es gerade die Zeitschriften des Jungen Deutschlands, also Zeitschriften der 1830er Jahre sind, die diesen Operationsmodus als das Modell des Intellektuellen propagieren. In ihrem Verständnis ist auch die Poesie nun von der Kritik ganz affiziert: Denn auch „die Poesie ist in die Geschichte getreten. Sie fliegt nach einem andern Rhythmus als dem sechsfüßigen, und Wahrheit und Dichtung heißt jetzt die Biographie der Menschheit" (Jung 1837, S. 21).

Es geraten auf diese Weise zwei Universalitätsvorstellungen miteinander in Konflikt: Auf der einen Seite das alte ständische Modell, das – in wie transformierter Form auch immer – das Allgemeine in Form einer monumentalen Repräsentation sich abbilden und als integratives Bild in Wirkung sieht; auf der anderen Seite die schnelle, ereignishafte Zirkulation von Positionsnahmen, die zugleich einen hohen Balancebedarf zur Erreichung des angestrebten Gleichgewichts auslöst. Auf diese Weise stoßen dann auch zwei Modalitäten von Kritik aufeinander: Einerseits die Etikettierung intellektueller Kritik als zerstörerische Parteinahme, als Spaltung; andererseits der Versuch, jede nicht durch Öffentlichkeit und demokratische Teilhabe begründete Herrschaft als Usurpation zu markieren und die üblicherweise vorgebrachten legitimistischen Argumente durchzustreichen. Damit wird ein lange akzeptierter Zusammenhang, der Konnex zwischen Genesis und Geltung, zerstört: Das, was ist, legitimiert sich nicht allein schon durch sein Herkommen; es bedarf eines gesamtgesellschaftlichen Mandats, und dieses ergibt sich entweder über demokratische Verfahren oder aber durch jene neue Stellvertreterschaft, aus der die Stimme der Vernunft vermeintlich spricht. Man will und muss sich die Vernunft jetzt zumuten. Dass und wie dies seinerseits als Usurpationsbewegung nun des Intellektuellen verstanden worden ist, der sich eines advokatorischen Diskurses bedient, um in der Öffentlichkeit zu kritisieren und mit dieser Kritik zugleich die Prinzipien, die eine solche Kritik möglich machen, zu verteidigen, erläutern dann die Diskussionen der Zeit nach 1900. Karl Mannheim hat die Berechtigung solcher Positionsnahme mit der These begleitet, der Intellektuelle stehe über den Klassen, könne sie freischwebend beobachten (Mannheim 1929). Mannheim bildet so eine homologe Instanz zu jener Figur, die in älteren Modellen der Reisende aus der Fremde, etwa bei Friedrich Just Riedel der ‚reisende Chinese', innehat (Riedel 1768).

Mit dieser Positionsnahme ist eine neue Asymmetrie verbunden: die zwischen denjenigen, die sich dieser Vernunft gemäß verhalten, weil sie sich ihres Verstandes umfassend bedienen können; und diejenigen, die dies noch nicht vermögen, aber doch bald dazu in die Lage versetzt werden sollen. Diese Differenz findet sich nicht erst bei Kants Unterscheidung zwischen aufgeklärten Menschen und Hausvieh (Kant 1784); sie respezifiziert im Grunde die Francis Baconsche Idolenlehre sozial; ging es bei Bacon ganz im Allgemeinen um die Trübung des Verstandes durch Irrtümer, Vorurteile und um das, was beide erzeugt (wieder einmal: vornehmlich der Überhang der Sinnlichkeit) (Bacon 1620), so wird nun eine grundlegende Differenz zwischen Lehrern und zu Belehrenden etabliert, oft auch akademisch institutionalisiert; in diesem Sinne – allerdings dabei ohne auf sich selbst zu schauen – formuliert Adorno später:

> „Die ausdrückliche Aberkennung des kritischen Rechts denen gegenüber, die keine Position innehaben, macht das Bildungsprivileg, zumal die durch Examina eingehegte Karriere zur Instanz dafür, wer kritisieren darf, während diese Instanz allein der Wahrheitsgehalt der Kritik sein dürfte" (Adorno 1973, S. 15).

Es ist auch die Antipathie gegen den präzeptorialen Gestus und sein stets alles grundierendes Pathos (etwas zu geißeln und dabei aus gerechtem Unwillen heraus zu sprechen), die an dieser Haltung ihrerseits eine Kritik formuliert und gerade dieses Oberlehrerhafte los werden will, auch dann, wenn dieser Duktus nicht von wirklichen Oberlehrern, sondern – noch einmal mit Adorno – von Zeitungen getragen wird, die sich „eines Tones [befleißigen], den man in Amerika [...] mit pontifical bezeichnet" (Adorno 1973, S. 16).

Ein Weg, sich dieses ‚Pontificalen' zu entledigen, und damit ein Weg, der die Soeffnersche Vorstellung einer Hermeneutik als Lebenspraxis ja auch mitbestimmt, lag in der Entwicklung einer Metareflexion. Eine solche Metareflexion steigert die Ebenen und verlangt es jeder Kritik ab, ihre eigenen Bedingungen offen zu legen. Dies greift allerdings weit über die Situation des frühen 19. Jahrhunderts hinaus und findet sich etwa bei dem, was später Roland Barthes einfordert (Barthes 1963), wenn er sich gegen eine Ideologieproduktion als Schmuggelware im Gepäck des Szientismus verwahrt und jeden Versuch, im Namen wahrer Prinzipien zu sprechen, verpflichten will, zum ‚eigenen Chinesen', also selbstreferent, zu werden.

Noch weiter greift ein zweiter Versuch in die unmittelbare Gegenwart aus; es ist der Versuch, den Kritikbegriff selbst zu eskamotieren und nur dann mit einer Kritik aufzuwarten, wenn es gerade darum geht, gegen die Beibehaltung vermeintlich kritischen Bewusstseins ins Feld zu ziehen. Die Kritik wird hier zum Hanswurst, der vom menschlichen Theater vertrieben werden soll. Dieser Versuch segelt – recht oder schlecht – unter der Fahne der Ironie, und er verschiebt damit den bisherigen Ansatzpunkt kritischer Haltung. Ohne dies an dieser Stelle entfalten zu können, seien nur vier der hier vorgebrachten Argumente angeführt. Sie sagen erstens: Jede Signifikation ist sowohl vorläufig als auch supplementär; zweitens: In der je aktuellen Gesellschaft zirkulieren gegenwärtige und vergangene Positionen iterativ und weitgehend losgelöst von ihren Entstehungskontexten; drittens: Jede Kritik verliert sich in selbstreferentiellen Schleifen, die eine infinite Relativierung des eigenen Geltungsanspruchs mit sich bringen; viertens (allerdings nur in einzelnen Varianten, etwa bei den damals jungen Herren vor dem Hotel Adlon: Benjamin von Stuckrad-Barre, Christian Kracht u. a.): Konsum ist schön, weg mit den Schulmeistern!

Wie auch immer man diese Argumente im Einzelnen bewerten mag: Als grundlegendes Problem steckt in diesen Aussagen, dass die Universalisierbarkeit von Geltungsansprüchen bezweifelt und damit auch die Möglichkeit von Kritik vermeintlich untergraben wird. Und dies ist dann nicht nur ein Problem für den Versuch, den Kritikbegriff weiterhin in systematischer Absicht im intellektuellen Gepäck zu führen; es ist vor allem auch ein Problem der Geltungsansprüche einer Politik, die weder nur die Politik „einiger bevorrechtigter Schurken" sein noch jenen letzten Begründungspunkt finden will, von dem aus sie ‚schlagend' und ‚letal' walte(r)t (Benjamin 1921, S. 64).

Dass ein solcher Kritikbegriff nicht die moderne Gesellschaft bestimmen sollte (obwohl er es in einzelnen historischen Phasen mit großem Schaden bereits getan hat), liegt auf der Hand. Es stellt sich die Frage, wie es gelingen kann, aus den transzendental aporetischen Schleifen der Kritik, der Selbstkritik und der Kritik der anderen herauszukommen. Die Antworten, die für die Idee einer „Hermeneutik als Lebenspraxis" ausschlaggebend sein könnten, lauten: Erstens durch eine neue Konzeption der Hermeneutik, die sowohl Temporal- als auch Lebensmodell ist; und zweitens durch die Handhabung einer solchen Hermeneutik in der Kunst deliberativen Handelns, für die allerdings keine Regel, aber doch eine Kultur angegeben werden kann, die ihrerseits eine sehr alte antike Figuration beerbt: die Nemesis.

## Hermeneutik

Die neue Konzeption der Hermeneutik findet sich in dieser verdichteten Form – anerkennend, dass es eine Reihe von Präfigurationen gegeben hat – bei Schleiermacher. Erst Schleiermacher entfaltet sich wechselseitig sowohl stützende als auch relativierende Kategorienpaare, die es erlauben, Hermeneutik im oben genannten Sinne zu konzeptionalisieren.

So geht es, um zu bestimmen, was die hermeneutische Aufgabe oder das Verstehen fremder Rede denn sei, seit der *kompendienartigen Darstellung* von 1819 und seit den *Akademiereden* um einen Unterscheidungsaufbau, der zwei Verfahren mit zwei Aufgaben verbindet. Die Verfahren heißen ‚divinatorisch' und ‚komparativ', die Aufgaben sind einerseits die grammatische, andererseits die psychologische Erklärung.

Die grammatische Auslegung bezieht sich auf die Gesamtheit *der* Sprache, die psychologische auf die Spezifik eines Autors *in* dieser Sprache. Das komparative Verfahren sucht die Übereinstimmung, die Regularitäten oder gar die Regel, das divinatorische versucht gerade *den* Punkt zu bezeichnen, an dem das Komparative nur zu einer Wiederholung des Bekannten gelangen würde, der der Rest, die Abweichung usw. unerschlossen bliebe.

Betrachtet man zunächst das Verhältnis von Sprache und Urheber (Autor), so fällt auf, dass die Idee einer ‚Sprache als solcher' jenes Allgemeine setzt, das die Rekurrenz auf ein „Kalkül" möglich macht (Schleiermacher 1838, S. 143): Es gilt, nicht-verstandene sprachliche Einzelheiten auf ein Regelsystem so rückzubeziehen, dass sie als Ableitungen aus diesem Regelsystem verstehbar werden. Hierzu bedarf es des *komparativen Verfahrens*. Sprache ist hier eigentlich ein virtuelles Gesamt.

Denn andererseits ist der Urheber aber derjenige, dessen Individualität etwas ‚aus der Sprache herausnimmt' und es so umprägt, dass sein eigener Stil entsteht:

> „Gesetz: Jeder Schriftsteller hat seinen eigenen Stil. Ausnahmen von denen, welche überhaupt keine Individual[ität] haben. Diese bilden aber massenweise eine gemeinschaftliche" (Schleiermacher 1838, S. 174).

Wenn die erste Operation in der Komparation besteht, so wird *nach* ihrem Abschluss zugleich klar, dass der Urheber nicht einfach ins Kalkül zu zwingen ist; es bleibt ein Unterschied, der nicht durch die Regel, sondern nur durch ‚Anschauung' erfasst werden kann. Hier wäre der Ort der Unmittelbarkeit, des ‚Divinatorischen':

> „Für das ganze Geschäft gibt es vom ersten Anfang an zwei Methoden, die divinatorische und die komparative, welche aber, wie sie aufeinander zurückweisen, auch nicht dürfen getrennt werden. Die *divinatorische* ist die, welche, indem man sich selbst gleichsam in den andern verwandelt, das Individuelle unmittelbar aufzufassen sucht. Die *komparative* setzt erst den zu Verstehenden als ein Allgemeines und findet dann das Eigentümliche, indem mit andern unter demselben Allgemeinen verglichen wird" (Schleiermacher 1838, S. 169).

Es ist wichtig zu bemerken, dass beide Verfahren, das komparative wie das divinatorische, sowohl für die Ebene der Allgemeinsprache als auch für die Ebene des Urhebers in Ansatz kommen. Auch wenn man den Urheber verstehen will, ist eine Komparation notwendig (etwa das vorliegende Werk im Kontext der anderen Werke des Urhebers); aber auch diese Komparation wird an einen Punkt gelangen, über den durch reinen Vergleich nicht hinauszugelangen ist. Und hier setzt dann wieder das ‚profetische' oder divinatorische Verfahren ein. Man könnte daher sagen: Nicht nur die Beziehung von Sprache und Urheber ist ein Verhältnis von ‚allgemein' zu ‚individuell', sondern die Differenz wiederholt sich auch noch auf der Seite der Sprache wie auf der Seite des Urhebers selbst, so dass wir es mit mehrfach sich kreuzenden Figuren zu tun haben. Und wiederholt wird diese Differenz dann auch noch, wenn Schleiermacher die Hermeneutik über die Gemeinsamkeit von Ethik und Physik, Willen und Natur, zu bestimmen versucht:

> „Jede Rede kann ferner nur verstanden werden durch die Kenntnis des geschichtlichen Gesamtlebens, wozu sie gehört, oder durch die Kenntnis der sie angehenden Geschichte. Die Wissenschaft der Geschichte aber ist die Ethik. Nun aber hat auch die Sprache ihre Naturseite; die Differenzen des menschlichen Geistes sind auch bedingt durch das Physische des Menschen und des Erdkörpers. Und so wurzelt die Hermeneutik nicht bloß in der Ethik, sondern auch in der Physik. Ethik aber und Physik führen wieder zurück auf die Dialektik als die Wissenschaft von der Einheit des Wissens" (Schleiermacher 1838, S. 77).

Entscheidend ist nun, dass ein vollkommenes Verstehen, das beides zusammenfallen ließe, nicht erwartet werden kann:

> „Wir werden daher die aufgestellte Frage nicht anders beantworten können, als daß, wenn das sichere und vollkommene Verstehen nicht unmittelbar mit dem Vernehmen zugleich erfolgt, beiderlei Methoden auf beide Seiten – natürlich in verschiedenem Maß nach Maßgabe der Verschiedenheit des Gegenstandes – müssen angewendet werden, bis eine jenem unmittelbaren Verstehen möglichst gleiche Befriedigung entsteht" (Schleiermacher 1835, S. 325).

Solche Befriedigung ist weniger intellektuelles denn physisches Resultat; es entsteht erst in der Erschöpfung des Interpreten:

> „Es ist das allmähliche Sichselbstfinden des denkenden Geistes. Nur daß, wie auch der Umlauf des Blutes und der Wechsel des Atems sich allmählich vermindert, so auch die Seele, je mehr sie schon besitzt, auch im umgekehrten Verhältnis ihrer Empfänglichkeit träger wird in ihren Bewegungen, daß aber auch in der lebendigsten, eben weil jede in ihrem einzelnen Sein das Nichtsein der anderen ist, das Nichtverstehen sich niemals ganz auflösen will" (Schleiermacher 1835, S. 328).

Als Bewegung ergibt sich damit ein ‚Hin und Her', von einer Seite zur anderen, „und wie dies geschehen soll, darüber lassen sich keine Regeln geben" (Schleiermacher 1838, S. 81).

Was gewinnt man mit diesen Unterscheidungen, was gewinnt man mit ihrer Konfiguration?

Man gewinnt ein Temporalmodell nicht nur der Text-Auslegung, sondern der grundsätzlichen Auffassung allen Lebens, das sich eingespannt sieht in zwei sich wechselseitig relativierende und zugleich steigernde Hinsichten. Beide Hinsichten sind nur die beiden Seiten desselben (sozialen) Phänomens: Der Blick auf die Regel ermöglicht den Vergleich, der Blick auf die Ausnahme relativiert den Geltungsbereich dieses Vergleichs und macht seinen nur vorläufigen Status deutlich. Er ist auch – zumindest da, wo er gelingt – ein Blick auf die Schönheit der Ausnahme. Da diese wechselseitige Relativierung von Regel und Abweichung nicht beendet werden kann, wird ein Temporalmodell für die Auslegung aller Phänomene geschaffen. Als soziale Praxis ist die Hermeneutik dann in ihren Ergebnissen sowohl unabgeschlossen als auch auf alle Phänomene des sozialen Lebens im Sinne einer ständigen Relativierung von eigener Kritik, Kritik der anderen und Selbstkritik ausdehnbar – auch da, wo eine Steigerung des Verstehens, eine Mehrung geglückter Lebenspraxis in teleologischer Perspektive mitgedacht wird oder sogar mitgedacht werden muss.

## Deliberation

Schleiermachers fast beiläufig erscheinende Äußerung zum Wechsel zwischen den Seiten, zwischen Regel und Ausnahme: „und wie dies geschehen soll, darüber lassen sich keine Regeln geben" (Schleiermacher 1838, S. 81) ist in Wahrheit eine überaus folgenreiche Formulierung. Denn diese Einsicht führt zu einer veränderten Auffassung des iudiciums, des Beurteilungsvermögens. Seine Ergebnisse sind stets vorläufig. Eine „Hermeneutik als Lebenspraxis" hat sich in mehrfacher Weise darauf einzustellen. Einmal hat sie sich *mit* ihrer Vorläufigkeit zu begnügen; dann aber hat sie sich – zwischen Regel- und Ausnahme-Perspektive oszillierend – *in* ihrer Vorläufigkeit einzurichten, und zwar derart, dass sie entscheidet, wann im Blick auf Text wie Kontext (also auf das Soziale) ein vorläufiger Abschluss erreicht ist oder wann man Interpretationen und Handlungen fortzuführen hat.

Weil diese Entscheidung sowohl eine zeitliche als auch eine situative Dimension hat, geschieht sie stets im Rekurs auf die je spezifische Rahmung, die Zeit und Situation mit sich bringen. Zwischen konkreten Alternativen ist eine Abwägung vorzunehmen. Es geht damit um deliberative Prozesse, und – auf das Subjekt bezogen – um das *Vermögen zur Deliberation*. Dieses Vermögen, im gegebenen Moment die richtige Entscheidung zu treffen, die auf der richtigen ‚Lektüre' beruht, dem richtigen Abwägen zwischen zu viel und zu wenig, zu spezifisch und zu allgemein sich gründet, eben für dieses Vermögen lässt sich mit Schleiermacher keine Regel angeben. Nur in der emphatisch gedachten Liebe wäre dieses Vermögen immer schon zu sich selbst gekommen, aber diese Liebe ist ja bekanntlich, ein berühmtes Diktum Niklas Luhmanns aufgreifend, „eine ganz normale Unwahrscheinlichkeit" (Luhmann 1982, S. 10). Stellt man die Liebe an dieser Stelle ungebührlicher Weise einmal hintan, so läge es nahe, Deliberation als eine *Kunst* zu fassen. Dies etwa wäre der Fall, legte man einen ebenfalls emphatischen, im Kern frühromantischen Begriff von Hermeneutik zugrunde. Aber auch Kunst bleibt selten und ist nicht universalisierbar.

Akzeptiert man eine ‚Kunst der Deliberation' neben der Liebe als zweiten Sonderfall, so macht es aber gleichwohl Sinn, von einer *Kultur* der Deliberation zu sprechen. In ihr wäre eine Hermeneutik als verallgemeinerbare Lebenspraxis aufgehoben. Denn es ist ja die Einübung einer Praxis, ohne die weder eine demokratische Verfasstheit noch eine Symmetrie der Asymmetrien (also der moderne Begriff von Kritik) zu denken wären. Dass es sich hierbei um eine regulative Idee handeln mag, die immer wieder von den von Foucault beschriebenen Macht-Wissen-Verhältnissen durchkreuzt wird, tut der Wirkmächtigkeit dieser Kultur keinen Abbruch. Sie muss für jede Lebenspraxis systematisch voraus gesetzt werden.

In der Antike ist diese Deliberation in der alten Gottheit der Nemesis Rhamnusia präfiguriert. Sie ist die Göttin, der die Aufgabe zukommt, über die rechte Verteilung, über das Maß an Zu-Teilung zu wachen und es dort, wo es signifikant verletzt wurde, zu restituieren. Mit ihrer Restitution ist eine Geschichte jeweils zu Ende erzählt. In der modernen Gesellschaft hat eine *Kultur der Deliberation* diese Funktion übernommen. Sie öffnet den Raum, in dem sich Temporalität als langfristiger Ausgleich zeitweise bestehender Asymmetrien entfalten kann. Eine deliberative Hermeneutik ist ihr Instrument und damit das moderne Äquivalent zur alten Gottheit. Nur ist nun, wie es sich für die Moderne ja immer anbietet, dieses Instrument vom Götterhimmel in das Subjekt und seine Spuren verlegt. Damit aber wird keine Geschichte abschließbar, sondern ist in ein stetes Netz von Wandlungen eingebunden.

## Literatur

Adorno, T. W. (1973): Kritik. In: Adorno, T. W.: Kritik. Kleine Schriften zur Gesellschaft. 2. Auflage. Frankfurt am Main: Suhrkamp.

Bacon, F. (1620): Novum Organum [Idolenlehre]. In: Lenk, K. (Hrsg.) (1984): Ideologie. Ideologiekritik und Wissenssoziologie. 9. Auflage. Frankfurt am Main/New York: Campus, S. 50–52.

Barthes, R. (1963): Was ist Kritik? In: Barthes, R. (1991): Literatur oder Geschichte. Frankfurt am Main: Suhrkamp, S. 62–69.

Benjamin, W. (1921): Zur Kritik der Gewalt. In: Benjamin, W. (1971): Zur Kritik der Gewalt und andere Aufsätze. Frankfurt am Main: Suhrkamp, S. 29–65.

Fohrmann, J. (2005): Der Intellektuelle, die Zirkulation, die Wissenschaft und die Monumentalisierung. In: Fohrmann, J. (Hrsg.): Gelehrte Kommunikation. Wissenschaft und Medium zwischen dem 16. und 20. Jahrhundert. Wien/Köln/Weimar: Böhlau, S. 325–479.

Foucault, M. (1992): Was ist Kritik? Berlin: Merve.

Holbach, P. H. D. Freiherr von (1770): Système de la Nature [Die Funktion religiöser Vorstellungen]. In: Lenk, K. (Hrsg.) (1984): Ideologie. Ideologiekritik und Wissenssoziologie. 9. Auflage. Frankfurt am Main/New York: Campus, S. 57–60.

Jung, A. (1837): Briefe über die neueste Literatur. Denkmale eines literarischen Verkehrs. Hamburg: Hoffmann und Campe.

Kant, I. (1784): Beantwortung der Frage: Was ist Aufklärung? In: Kant, I. (1983): Werke. Bd. 9. Darmstadt: Wissenschaftliche Buchgesellschaft, S. 51–61.

Luhmann, N. (1982): Liebe als Passion. Zur Codierung von Intimität. Frankfurt am Main: Suhrkamp.

Mannheim, K. (1929): Ideologie und Utopie. Bonn: Cohen.

Riedel, F. J. (1768): Briefe über das Publikum. Jena: Christian Henrich Cuno.

Schleiermacher, F. (1838): Hermeneutik und Kritik. In: Schleiermacher, F. (1990): Hermeneutik und Kritik. Mit einem Anhang sprachphilosophischer Texte Schleiermachers. 4. Auflage. Frankfurt am Main: Suhrkamp, S. 69–306.

Schleiermacher, F. (1835): Über den Begriff der Hermeneutik mit Bezug auf F. A. Wolfs Andeutungen und Asts Lehrbuch. In: Schleiermacher, F. (1990): Hermeneutik und Kritik. Mit einem Anhang sprachphilosophischer Texte Schleiermachers. 4. Auflage. Frankfurt am Main: Suhrkamp, S. 309–346.

Hubert Knoblauch
# Reflexive Methodologie[1]
Sozialwissenschaftliche Hermeneutik und kommunikatives Handeln

## Einleitung

Das Verstehen ist ein zentraler Prozess der Wissenschaft vom sozialen Handeln. Es ist dieser Begriff, der die Soziologie vor dem naiven Positivismus schützt, und es ist dieser Begriff, der die soziologische Forschung Respekt vor ihrem „Gegenstand" lehrt. Auch wenn das „Verstehen" theoretisch spätestens durch Alfred Schütz thematisiert wird, so wird es erst mit der objektiven Hermeneutik, der sozialwissenschaftlichen Hermeneutik bzw. der hermeneutischen Wissenssoziologie zu einem ausdrücklichen methodischen Verfahren in der „qualitativen" Sozialforschung. Erst mit dieser Entwicklung hat die Hermeneutik eine explizite Rezeption und eine eigenständige Entwicklung in der Soziologie erfahren.[2] Gleichwohl muss man auch festhalten, dass diese soziologische Rezeption der Hermeneutik weitgehend auf den deutschsprachigen Raum beschränkt blieb. Zwar hat die Hermeneutik in der angelsächsischen Philosophie breiten Anklang gefunden, die angelsächsische Soziologie hat jedoch keine eigene Hermeneutik entwickelt, und die deutschsprachige Hermeneutik ist nur selten ins Englische übersetzt oder breiter im englischsprachigen Raum rezipiert worden (z.B. Blau 1998). Derweil darf man die Auswirkungen dieser hermeneutischen Bewegung nicht unterschätzen. Sie hat die Ausbreitung der qualitativen Methoden in Deutschland massiv befördert (Hitzler/Honer 1997). Die Hermeneutik spielt auch für die theoretische Neuausrichtung des Sozialkonstruktivismus als kommunikativer Konstruktivismus eine große Rolle (Keller/Knoblauch/Reichertz 2012).

Gerade dieses Verhältnis zwischen wissenssoziologischer Hermeneutik und kommunikativem Konstruktivismus gehe ich in diesem Beitrag an. Da-

---
1 Ich danke Theresa Vollmer und Rene Tuma für Hinweise und Kommentare.
2 Zum Verhältnis von Historismus und Hermeneutik: Gadamer (1975) und Kurt (2004)

bei werde ich keine Theorie der Hermeneutik entwickeln. Vielmehr möchte ich von der sozialwissenschaftlichen Hermeneutik ausgehend einen Bezug zum kommunikativen Konstruktivismus herstellen. Die wesentliche These für diesen Bezug lautet, *dass alles, was wir verstehen (und was entsprechend Gegenstand auch der sozialwissenschaftlichen Hermeneutik wird), vorher kommuniziert worden sein (oder als kommuniziert betrachtet werden) muss.* Diese These führt zu einer Radikalisierung einiger Züge der sozialwissenschaftlichen Hermeneutik, die ich kurz skizzieren werde: die Betonung der Ethnohermeneutik, die Radikalisierung des Textes hin zur Objektivation und die Fassung des Verstehens als Handeln. Die hermeneutische Grundhaltung erfordert und ermöglicht zudem eine Vorgehensweise, die ich als reflexive Methodologie bezeichne (Knoblauch 2000). Sie ist, wie ich glaube, eine der unbedingten Voraussetzungen für (Sozial-)Wissenschaft – und damit auch eine ihrer zukünftigen zentralen Legitimationsquellen.

Angesichts der Kürze des Textes kann die These lediglich skizziert werden. Für die nähere Erläuterung zentraler Begriffe muss ich auf andere Texte verweisen[3]; dies gilt auch für den Aufweis ihrer Relevanz für die empirische Forschung (Knoblauch/Schnettler 2012). Auch bei der Skizze der sozialwissenschaftlichen Hermeneutik muss ich hier Verkürzungen vornehmen und auf detailliertere Ausarbeitungen verweisen: vor allem auf Soeffners sozialwissenschaftliche Hermeneutik (und die seiner Wegbegleiter, also Reichertz, Schröer, Kurt u. a.), weil sie in meinen Augen am entschiedensten und – als „wissenssoziologische Hermeneutik" (Schröer 1997; Hitzler/Reichertz/Schröer 1999) – am reflektiertesten soziologische Fragestellungen verfolgt, indem sie Sozialität oder Gemeinschaftlichkeit nicht lediglich unterstellt, sondern die Klärung der Sozialität des Sinnes und seines Verstehens selbst zum Gegenstand macht.

Ich komme im Folgenden auf einige Grundzüge der sozialwissenschaftlichen Hermeneutik zu sprechen, die ich jeweils so radikalisieren möchte, dass ihr Bezug zum kommunikativen Konstruktivismus sichtbar wird. Dabei verweist diese radikalisierte Hermeneutik auf eine Methodologie, die ich hiermit skizziere und als reflexive Methodologie bezeichne.

---

3 Ich habe an anderer Stelle ausgeführt, welchen empirischen Nutzen der Begriff des kommunikativen Handelns hat (Knoblauch 1995), wie er sich von Schütz' Theorie des sozialen Handelns ableitet (Knoblauch 2013) und wie er sich an Habermas' Begriff des kommunikativen Handelns (Habermas 1981) anlehnt und zugleich von diesem unterscheidet (Knoblauch 2012).

# Radikalität und die Radikalisierung der sozialwissenschaftlichen Hermeneutik

Für Soeffner ist Hermeneutik in der Tat sehr grundlegend. Sie ist begründet in der biologisch bedingten Mehrdeutigkeit des Verhaltens (Soeffner 1989a, S. 98). Im Gefolge der philosophischen Anthropologie argumentiert er, dass die mangelnde biologische Instinktausstattung des Menschen der Grund für die schwache Regelung des menschlichen Verhaltens ist. In den Lücken, die durch diese schwache Regelung geschaffen werden, öffnet sich sozusagen der Raum für Interpretationen. In diesen Lücken, so könnte man deswegen sagen, nistet der „Sinn", und zwar auch und gerade jener Sinn von Handlungen, den Weber (1922/2001) zur Grundlage der Soziologie erklärte. Verstehen ist aber nicht zuerst eine Anforderung an die Wissenschaft vom Menschen; sie ist eine Notwendigkeit für alle Menschen, die miteinander handeln.

## Jenseits des Textes: Lebensäußerungen und Objektivationen

Das Verstehen allerdings bewegt sich nicht im luftleeren Raum des reinen Sinnes. Vielmehr wendet sich die sozialwissenschaftliche Hermeneutik dem Sinn zu, weil er ein Definiens des Handelns und damit auch des sozialen Handelns ist. Die Hermeneutik richtet ihr Augenmerk dabei auf das, was bei Dilthey „fixierte Lebensäußerungen" heißt. Interpretation, so Dilthey (1973, S. 49)

> „kann nur dann zu einem kunstmäßigen Vorgang werden, […] wenn die Lebensäußerung fixiert ist und wir so immer wieder zu ihr zurückkehren können. Solches kunstmäßige Verstehen von dauernd fixierten Lebensäußerungen nennen wir Auslegung oder Interpretation".

Der Begriff der fixierten Lebensäußerungen wurde jedoch (vielleicht auch wegen der eher protestantisch-philologischen Herkunft der Hermeneutik) sehr eng mit der Sprache und dem Text verbunden. Verstanden wird aus dieser Perspektive nur, was gesprochen, besser noch (wie vor allem die Bibelforschung bemerkte) geschrieben ist. So sieht etwa Gadamer (1975), einer der wichtigsten Begründer der philosophischen Hermeneutik, die Sprache als das Medium des Verstehens, das jedoch erst in der Schriftlichkeit „in seine volle Souveränität gelangt" (Gadamer 1975, S. 368). Diese Textorientierung findet sich auch noch etwa in der objektiven Hermeneutik. So sieht Oevermann nicht Handlungen als eigentlichen Gegenstand der Hermeneutik an, sondern „Protokolle von realen, symbolisch vermittelten sozialen Handlungen oder Interaktionen, seien es verschriftete, akustische, visuelle, in verschiedenen Medien kombinierte oder anders fixierte Archivierungen" (Oevermann 1979, S. 387).

Diese sprach- und textzentrierte Perspektive wird in der sozialwissenschaftlichen Hermeneutik radikal erweitert. Zwar halten auch Soeffner und Raab (2011, S. 533) noch daran fest, dass die „Lebensäußerung" als „geronnener Text im weitesten Sinne vorliegt". Allerdings wird der Begriff des Textes so weit gefasst, wie dies etwa Luckmann vorschlägt, der die Hermeneutik auf alles Handlungsverstehen ausweitet; auch Soeffner (1989b, S. 72 f.) zufolge kann alles

> „zum Gegenstand von Deutungen und Interpretationen gemacht werden, [...] was als sinnhaft postuliert ist und als zeichenhaft repräsentiert angesehen wird: im europäischen und europäisierten Kulturraum vor allem menschliche Äußerungen, Äußerungsformen und auch Erscheinungs- und Darstellungsformen, also Rede, Gesten, Handlungen, Produkte, Kleidung etc. und auch die Typik und die soziale Attribuierung der Körperlichkeit".

Verstehen richtet sich also nicht nur auf Worte; Verstehen richtet sich auch auf körperliche Abläufe – und deren Ergebnisse.

### Verstehen und kommunikatives Handeln

Mit der Betonung auf die „Fixierung" scheint die Hermeneutik in der Tat den Fokus auf die Ergebnisse des Handelns zu legen. Man könnte dies auch mit dem Begriff der „Objektivation" bezeichnen, den Berger und Luckmann (1969) verwenden und der grundlegend für den kommunikativen Konstruktivismus ist. Objektivierungen haftet zum einen eine „basale Zeichenhaftigkeit" an (Soeffner/Raab 2011, S. 552). Das bedeutet, dass sie als sinnhaft verstanden werden können. Dieser Sinn haftet ihnen aber nicht einfach deswegen an, weil sie Zeichenträger („signifikant") sind, wie etwa die Semiotik annimmt. Vielmehr stehen Objektivierungen und ihr Sinn in einem direkten Zusammenhang mit Handlungen. Hermeneutik ist „auf die Objektivationen angewiesen, in denen der Entwurf [von Handlungen] jeweils zum Ausdruck kommt" (Schröer 1997, S. 219). Noch genauer geht die sozialwissenschaftliche Hermeneutik davon aus, dass der Sinn einer Objektivation in einem unmittelbaren Zusammenhang steht mit ihrer zeitlichen Anordnung. Dieser Annahme widmet sie ihre ausführliche Lehre der Sequenzanalyse, die hier allerdings nicht erläutert werden kann.[4] Vielmehr werde ich nun das Problem kurz ansprechen, ob sich das Verstehen des Sinnes lediglich auf die abgeschlossenen Ergebnisse des Handelns beziehen kann, wie in der Hermeneutik nahegelegt wird.

Die Annahme, dass erst der Sinn von abgeschlossenen Handlungen gedeutet werden kann, geht auf Schütz' Unterscheidung von Handeln und Handlung zurück. Handeln im Entwurf und Vollzug und abgeschlossene Handlung haben, wegen ihrer je unterschiedlichen zeitlichen Struktur, auch je einen anderen Sinn. Allerdings gilt diese Unterscheidung für die subjektive Perspektive. Wenn wir hermeneutisch das Handeln *anderer* verstehen wollen, dann machen wir die Frage, wann eine Handlung abgeschlossen wird, zu einer empirischen Frage. Wir müssen deswegen auf den Vollzug achten (oder ihn rekonstruieren), um überhaupt seinen Abschluss beobachten und verstehen zu können. Interpretation bezieht sich deswegen notwendig immer auch auf soziales Handeln im Vollzug. Handeln, das sozial an anderen orientiert ist und Objektivierungen erzeugt, die verstanden werden können, ist per definitionem ein kommunikatives Handeln.

Dabei sollte man durchaus Luckmanns Einwand bedenken (1981), der zweifelt, ob man alles soziale Handeln als kommunikatives Handeln bezeichnen könne. Allerdings, so meine ich, zielt die Hermeneutik keineswegs auf jedes soziale Handeln. Hermeneutik kann nur jenes soziale Handeln verstehen, das, wie Luckmann (1981, S. 519) zu Recht bemerkt, „zur Kenntnis gelangt". *Das Verstehen setzt also Kommunikation voraus und es ist diese Kommunikation, die die Hermeneutik versteht.*

Dass wir nicht nur die Kommunikation verstehen, sondern auch das kommunikative Handeln, hat keineswegs nur damit zu tun, dass wir die Handlung lediglich „zuschreiben", wie dies System- und Attributionstheorien (z.B. Schulz-Schaeffer 2007) behaupten. Die Kommunikation ist nicht vor allem deswegen ein kommunikatives Handeln, weil wir die Intention der Anderen verstehen, sondern weil wir die Kommunikation selbst als beabsichtigt verstehen. Kommunikatives Handeln verweist auf die Subjektivität der Verstehenden selbst (und zwar, wie Goffman gezeigt hat, auch im Grenzfall des solitären Handelns – etwa des Selbstgespräches).

---

4 Dazu Soeffner (1989a); zur Diskussion verschiedener Begriffe von Handlungssequenzen auch Knoblauch (2011a).

## Ethnohermeneutik, wissenschaftliche Hermeneutik und Triangulation

Dieser Verweis des Verstehens auf das verstehende Subjekt bezieht sich nicht nur auf das sozialwissenschaftliche Verstehen, auf das ich weiter unten eingehen werde. Es ist ein wesentlicher Beitrag der sozialwissenschaftlichen Hermeneutik, dass sie auf das Verstehen der Handelnden in Alltagssituationen hinweist, in denen sie nicht wissenschaftlich beobachtet oder aufgezeichnet werden. Hermeneutik ist keineswegs nur eine „Kunstlehre", die erst durch die wissenschaftlich reflektierte Zuwendung zu Texten ausgebildet wird, sondern eine Leistung der Handelnden, die auch ohne jede Kenntnis über die Hermeneutik erbracht wird. Soeffner nennt sie deswegen auch eine „Alltagshermeneutik", denn „die ersten Interpreten dieses Textes [sind] die Unterhaltungs- und Interaktionspartners selbst" (Soeffner 1989b, S. 67; S. 102). Die sozialwissenschaftliche Hermeneutik geht davon aus, dass auch die (von den Wissenschaftlerinnen und Wissenschaftlern) beobachteten Handelnden selbst Interpretationen vornehmen und zwar auf der Grundlage ihrer eigenen Handlungen, Handlungsprodukte und „Interaktionsprodukte". Die Handelnden selbst haben also die Welt nicht nur immer schon interpretiert, wie Schütz (2004) mit seinem Konzept der „Konstrukte erster Ordnung" betont; sie verfügen über eigene Verfahren der wechselseitigen Deutungen ihrer Handlungen. Diese eigenständigen Formen des Interpretierens sind bekanntlich auch von der Ethnomethodologie hervorgehoben worden. So machte Garfinkel (1967) ganz entschieden darauf aufmerksam, dass Handelnde nicht nur Handeln, sondern die Beobachtbarkeit und Verstehbarkeit („accountability") ihrer Handlungen gleichzeitig aufzeigen. Man könnte die Prozeduren des alltäglichen Verstehens deswegen auch mit einem Begriff von Armin Geertz (2003) als *„Ethnohermeneutik"* bezeichnen. Ethnohermeneutik bezeichnet die alltäglichen Weisen der Erzeugung von Verständigung, die nicht als „Kunstlehre" zum Spezialwissen geworden sind.

Auch wenn die sozialwissenschaftliche Hermeneutik diese Ethnohermeneutik anerkennt und nutzt, so zielt sie doch nicht auf diese Ethnohermeneutik. Im Unterschied zur Ethnomethodologie, die in radikaler Manier auch der Wissenschaft einen unreflektierten Gebrauch dieser Prozeduren unterstellt, zielt sie eben auf eine sozial„wissenschaftliche" Hermeneutik, die sich von dieser „Alltagshermeneutik" unterscheidet.

> „Die im Alltag Handelnden verstehen und deuten [...] auf der Grundlage eines Wissens, von dem man eigentlich nicht sagen kann, dass sie es haben: sie leben es. Die wissenschaftliche Hermeneutik dagegen entfaltet ex post aus den Handlungsprotokollen dieses Wissen und darüber hinaus die Bedingungen der Möglichkeiten dieses Wissens. In der vollende-

ten Auslegung hat sie dann dieses Wissen, aber sie lebt es nicht" (Soeffner 1989b, S. 83).

Die sozialwissenschaftliche Hermeneutik ist, analog zu Schütz' „Konstrukten zweiter Ordnung", ein „Verstehen des Verstehens" (Hitzler/Honer 1997, S. 24).

Was nun zeichnet diese Hermeneutik als wissenschaftliche aus? Neben den konkreten sequenzanalytischen Verfahren (z. B. Soeffner 1989a) sind es verschiedene Methoden, die Wissenschaftlichkeit herstellen sollen. Ich möchte mich hier zunächst auf die *theoretische* Differenz beschränken. Denn die sozialwissenschaftliche Hermeneutik unterscheidet sich von der „Alltagshermeneutik", weil sie die empirischen Daten „mit einem Netz von Kategorisierungen, idealtypischen Annahmen, Modellen, ex-post-Schlüssen und Kausalisierungen oder ‚Finalisierungen (‚Um-zu' und ‚Weil-Motiven')" (Soeffner 1999, S. 41) überzieht. Auch wenn die Kategorisierungen, Idealtypen oder Um-zu- und Weil-Motive sich inhaltlich je nach den empirischen Fällen unterscheiden, so leiten sich diese allgemeinen, für alle empirischen Fälle verwendeten Grund-Begrifflichkeiten doch aus einer besonderen Theorie (bzw., in dieser Verwendung, Methodologie ab). Die „Strukturen der Lebenswelt" von Alfred Schütz und Thomas Luckmann (2003) bieten sozusagen die „mathesis universalis" (Luckmann 1980), die allgemeine Matrix zur Erfassung des Sinns sozialer Wirklichkeiten aller Lebenswelten auch für die sozialwissenschaftliche Hermeneutik.

So sehr ich selbst dieser phänomenologischen Begründung der sozialwissenschaftlichen Begriffe durch die Theorie der Lebenswelt zustimme, darf man doch zum einen nicht übersehen, dass diese Begründung keineswegs unumstritten ist, sondern nur ein Ansatz in einem pluralen Feld sozialwissenschaftlicher Grundlagentheorien. Zum zweiten sollte man beachten, dass die Annahme allgemeiner bzw. „universaler" Begrifflichkeiten nicht nur von Seiten „kritisch-theoretischer", dekonstruktivistischer oder postkolonialistischer Theorien scharf kritisiert wird. Die Kritik an der, in der Universalisierung von Begriffen übersehenen, Perspektivität (sei es des „Eurozentrismus", des „Androzentrismus" oder anderer Relativierungen) ist durchaus ein Argument, das von der phänomenologisch begründeten Wissenssoziologie selbst formuliert werden kann und muss. In der Tat kann man beispielsweise die Annahme von Schütz, dass die Unterscheidung zwischen einer primären und einer sekundären Wirkzone des Handelns universal sei, durch neue Formen der Mediatisierung von technisch vermittelter Kommunikation entschieden in Frage stellen (Knoblauch 2013). Eine wissenssoziologische Kritik muss indessen keineswegs in einen Relativismus münden, der die Wissenssoziologie selbst auf eine bloße Wiedergabe, Übersetzung oder Moderation der Stimmen der untersuchten Akteure reduziert (dazu Moulaert/Dyck 2014). Vielmehr ist es ja eine der entschiedenen Aufgaben gerade der Hermeneutik, ihre eigene Relativität zum Thema zu machen. Eine Methode dazu bestünde etwa in der Triangulation von historisch und kulturell unterschiedlichen Verständnissen von Theorien. So ließe sich etwa Schütz' Theorie der Lebenswelt mit Blick auf die seither erfolgten historischen Veränderungen durch Triangulation ebenso „relationieren" (Mannheim 1929/1985, S. 77) wie durch kulturelle Vergleiche mit anderen Lebenswelten.

### Hermeneutik als kommunikatives Handeln

Wenn Reflexivität die Betrachtung der eigenen Voraussetzung bei der Forschung bezeichnet, dann kann sie sich bei der Hermeneutik keineswegs nur auf die theoretischen bzw. epistemischen Kategorien beziehen, mit denen die Deutung verfährt. Dazu genügt es nicht, dass die klassischen wissenschaftstheoretischen Anforderungen an die Klarheit, logische Konsistenz und Widerspruchsfreiheit der Begriffe erfüllt werden (jedenfalls in nicht-dialektischen Theorien). Die sozialwissenschaftliche Hermeneutik stellt überdies die Forderung auf, dass sich die Wissenschaft vom Gegenstand durch die Entlastung von den pragmatischen Zwängen der untersuchten Handelnden auszeichnen soll. In dieser Forderung klingt die Desinteressiertheit nach, die Schütz als Forderung an die Wissenschaft erhob und die Webers Postulat der „Wertfreiheit" in seine Handlungstheorie übersetzt.

Wenn man Wissenschaft dadurch auf das bloße „Erkenntnisinteresse" beschränkt, sollte man das bedenken, was Giddens die „doppelte Hermeneutik" nennt: dass die Wissenschaft auch dann in die Sozialwelt hinein handelt, wenn sie dies nicht beabsichtigt.[5] Obwohl die Hermeneutik das passiv anmutende „Verstehen" zur Aufgabe hat, muss es keineswegs entpragmatisiert sein. Der Handlungscharakter des Verstehens wird etwa von Böhme (1978, S. 19) angedeutet, dem zufolge Verstehen „seiner Struktur nach […] Entwurfscharakter" hat. Der Handlungscharakter des Verstehens ist allerdings keineswegs selbstverständlich. So fasst Luhmann (1984) das Verstehen als einen Aspekt der Kommunikation (neben Information und Mitteilung). Auch Luckmann (1981) sieht das Verstehen als passiven, quasi automati-

---

5   „The concepts of the social sciences are not produced about an independently constituted subject-matter, which continues regardless of what these concepts are. The ‚findings' of the social sciences very often enter constitutively into the world they describe" (Giddens 1987, S. 20). Giddens betont hier die „Rückwirkung" der wissenschaftlichen Konzepte auf den Alltag, die sie aufnehmen oder ablehnen, aber auch umsetzen oder übersetzen können.

schen Vorgang, bei dem der typische Sinn von Mithandelnden appräsentativ erfasst wird, ohne dass es zu „urteilenden Bewusstseinsleistungen" komme. Das mag für den Fall „unproblematischen", routinisierten oder habitualisierten Verstehens sicherlich zutreffen; in interkulturellen Situationen allerdings dürfte diese Selbstverständlichkeit aufbrechen. So lässt sich bei der Begegnung von Handelnden mit unterschiedlicher sprachlicher Herkunft eine „Hermeneutik des Mißverständnisses" (Knoblauch 1991) beobachten, die sehr deutlichen Handlungscharakter hat.

Auch wenn es unklar sein kann, wann genau das Verstehen im Alltag in Handeln umschlägt, steht doch außer Zweifel, *dass das Verstehen der wissenschaftlich betriebenen Hermeneutik einen Handlungscharakter* hat. Ganz entschieden ist schon das Handlungsziel der klassischen Text-Hermeneutik gesetzt, einen bestimmten Text und darin besondere Äußerungen verstehen zu wollen, was im handelnden Vollzug des Lesens geschieht (Stierle 1974). Noch mehr gilt das für die sozialwissenschaftliche Hermeneutik, die sich ja häufig nicht auf die einsame Lektüre von Texten verlässt, sondern diese Texte selbst herstellt. Dabei kann es sich um Schriftdokumente, Fotografien, audiovisuelle Produkte, die im Feld gesammelt und zusammengetragen werden, handeln; häufig sind es um Objektivierungen, die von den Forschenden selbst erzeugt werden, wie etwa schriftliche Interviews, Tonband- oder Videoaufzeichnungen bzw. deren Transkriptionen. Weil sie mit solchen Objektivierungen umgeht, ist die Hermeneutik selbst ein kommunikatives Handeln. Und sie ist es sogar in einem sehr ausgeprägten Maße, denn während die klassische Hermeneutik ebenso wie viele andere qualitative und quantitative Methodologien die Analyse der Begegnung des einsamen Forschenden mit dem objektivierten Datum überlassen, neigen gerade hermeneutisch operierende Forschende zur Interpretation und Analyse in Gruppen. Wie jüngst Reichertz (2013) gezeigt hat, sind diese Formen auch in einer besonderen Weise institutionalisiert, die mit dem Begriff der Datensitzung oder Gruppendiskussion verbunden sind.

## Reflexive Methodologie

Die Analyse in Gruppen bzw. die sogenannten „Datensitzungen" dienen keineswegs nur dazu, eine anregende Atmosphäre zur Generierung von Interpretationen zu schaffen; Datensitzungen sind vor allen Dingen auch Orte, Deutungen und ihre analytische Zuordnung auf eine Weise vorzubringen, die für andere nachvollziehbar ist. In dieser Hinsicht sind Datensitzungen Ausdruck einer Reflexivität, die für die verstehende Methode bezeichnend ist. Daten werden hier nicht einfach als positive Gegebenheit angesehen, sondern als deutungsbedürftig; dabei werden die Deutungen selbst, also der

Prozess des Verstehens, in öffentlicher Kommunikation so vollzogen, dass sie nachvollziehbar sind.

Ein Beitrag der sozialwissenschaftlichen Hermeneutik besteht sicherlich in der Kultivierung dieser Reflexivität des wissenschaftlichen Forschens. Dabei bedenkt sie durchaus die oben angesprochene kulturelle Perspektivität der Forschenden, indem sie auf die kulturelle und sozialstrukturelle Zusammensetzung von Interpretationsgruppen Wert legt.[6] Die Betrachtung dieser Wissensperspektivität zählt zweifellos zu den zentralen Forderungen einer (wissenssoziologisch) reflexiven Methodologie. Dazu zählt aber auch die Reflexion auf den Handlungscharakter des Verstehens. So beschreiben die meisten Methodenbücher die Herstellung wissenschaftlicher Daten bislang nach wie vor aus der Perspektive des Lehnstuhls. Die faktische Handlungspraxis der Datenkonstruktion ist zwar im Bereich der Natur- und Lebenswissenschaften detailliert beschrieben. Eine entsprechende Erforschung der handelnden Konstruktion sozialwissenschaftlicher Daten steckt jedoch nach wie vor in den Kinderschuhen.[7] Und auch die Frage, wie sozialwissenschaftliche Daten wirklich interpretiert werden, ist bislang lediglich ansatzweise behandelt worden. So untersucht etwa Tuma (2012) in Form von Video-Aufzeichnungen, wie Videoaufzeichnungen sozialwissenschaftlich analysiert werden.

Während die sozialwissenschaftliche Hermeneutik die (verstehende) Explikation dessen zum Gegenstand hat, was die Handelnden verstehen bzw. verstanden haben, erweitert die (wissenssoziologisch) reflexive Methodologie dieses Ziel auch auf das (kommunikative) Handeln der Wissenschaft selbst (und das schließt durchaus auch ihre sozioökonomische Situation mit ein). Es geht der reflexiven Methodologie darum, wie die Sozialwissenschaft selbst arbeitet. Dieses Ziel verfolgt sie jedoch keineswegs nur aus bloßem Erkenntnisinteresse. Indem die Vorgehensweise untersucht wird, geht es auch um eine reflektierte Methodologie, die nicht nur retrospektiv beschreibt, sondern auch anleiten kann. Dabei kann man durchaus die Frage stellen, ob dann diese Methodologie nicht in einen Zirkel gerät, wenn sie das beschreiben will, was selbst Teil der Beschreibung ist. Auch wenn es sich dabei nicht um einen hermeneutischen Zirkel handeln muss, stehen uns, wie erwähnt, auch keine unbezweifelten universalen Begriffe und substantiellen Wahrheiten zur Verfügung, mit denen wir uns aus diesem Zirkel befreien können. Was uns alleine zur Verfügung steht, ist die Möglichkeit, das, was wir tun, zu

---

6 Bei videoanalytischen Verfahren wird die Perspektive der Akteure ethnographisch bzw. durch Elizitierungen eingeholt: Tuma/Schnettler/Knoblauch (2013).

7 Als Beispiel siehe Bourdieu (2001).

reflektieren.[8] Man könnte sogar sagen, dass es eine der Besonderheiten der Wissenschaft ist, das reflektieren zu können, was sie tut. Die Pflicht und Möglichkeit, darstellen zu können, wie man zu dem kommt, was als „Ergebnis" erscheint, ist nicht nur der Kern jeder Methodologie. In Ermangelung substantieller Wahrheiten, vor dem Hintergrund des Zweifels an der Rationalität des Wissens und im Angesicht einer Entgrenzung der Zugänglichkeit und Wissensproduktion könnte diese reflexive Methodologie möglicherweise auch das zentrale Merkmal sein, das die Wissenschaft auszeichnet und das es zu pflegen gilt, will man die Wissenschaft erhalten.

## Literatur

Blau, J. (1998): Book Review. The Order of Rituals: The Interpretation of Everyday Life. In: Human Relations 51, 4, S. 563–565.
Berger, P./Luckmann, T. (1969): Die gesellschaftliche Konstruktion der Wirklichkeit. Frankfurt am Main: Fischer.
Boehme, G. (1978): Einleitung. In: Gadamer, H.-G. (Hrsg.) (2012): Seminar: Die Hermeneutik und die Wissenschaften. Frankfurt am Main: Suhrkamp, S. 7–61.
Bourdieu, P. (2001): Science de la science et réflecivité. Paris: Raisons d'agir.
Dilthey, W. (1973): Die Entstehung der Hermeneutik. In: Reiß, R. (Hrsg.): Materialien zur Ideologiegeschichte der deutschen Literaturwissenschaft. Bd. 1. Tübingen: Max Niemeyer-Verlag, S. 55–68.
Gadamer, H.-G. (1975): Wahrheit und Methode. 4. Auflage. Tübingen: Mohr.
Garfinkel, H. (1967): Studies in Ethnomethodology. New Jersey: Englewood Cliffs.
Geertz, A. W. (2003): Ethnohermeneutics and World View Analysis in the Study of Hopi Indian Religion. In: Numen 30, 3.
Giddens, A. (1987): Giddens, Social Theory and Modern Sociology. Oxford: Oxford University Press.
Habermas, J. (1981): Theorie des kommunikativen Handelns. Frankfurt am Main: Suhrkamp.
Hitzler, R./Honer, A. (1997): Einleitung: Hermeneutik in der deutschsprachigen Soziologie heute. In: Hitzler, R./Honer, A. (Hrsg.): Sozialwissenschaftliche Hermeneutik. Konstanz: UVK, S. 7–30.
Hitzler, R./Reichertz, J./Schröer N. (Hrsg.) (1999): Hermeneutische Wissenssoziologie. Stnadpunkte zur Theorie der Interpretation. Konstanz: UVK.
Keller, R./Knoblauch, H./Reichertz, J. (Hrsg.) (2012): Kommunikativer Konstruktivismus. Theoretische und empirische Arbeiten zu einem neuen wissenssoziologischen Ansatz. Wiesbaden: VS.

---

8 Wie andernorts ausführlicher erläutert (Knoblauch 2011b), muss man nicht, wie etwa Habermas (1981), annehmen, dass die Reflexivität der Wissenschaft der Wahrheit näher sei; die Reflexivität begründet sich vielmehr im kulturellen Glauben an die Wahrheit, nicht an der Wahrheit selbst.

Knoblauch, H. (1991): Der Kontext der Kommunikation. John J. Gumperz und die Interaktionale Soziolinguistik. In: Zeitschrift für Soziologie 6, S. 446–462.
Knoblauch, H. (1995): Kommunikationskultur. Die kommunikative Konstruktion kultureller Kontexte. Berlin/New York: Gruyter.
Knoblauch, H. (2000): Zukunft und Perspektiven qualitativer Forschung. In: v. Kardoff, U. E./Steinke, I. (Hrsg.) (2000): Qualitative Forschung: Ein Handbuch. Hamburg: Rowohlt, S. 623–631.
Knoblauch, H. (2011a): Videoanalyse, Videointeraktionsanalyse und Videographie – zur Klärung einiger Mißverständnisse. In: Sozialer Sinn 1, S. 139–147.
Knoblauch, H. (2011b): Relativism, Meaning and the New Sociology of Knowledge. In: Schantz, R./Seidel, M. (Hrsg.): The Problem of Relativism in the Sociology of (Scientific) Knowledge. Frankfurt/Paris/Lancaster: Ontos, S. 131–156.
Knoblauch, H. (2012): Grundbegriffe und Aufgaben des kommunikativen Konstruktivismus. In: Keller, R./Knoblauch, H./Reichertz, J. (Hrsg.): Kommunikativer Konstruktivismus. Theoretische und empirische Arbeiten zu einem neuen wissenssoziologischen Ansatz. Wiesbaden: VS, S. 25–48.
Knoblauch, H. (2013): Alfred Schutz' Theory of Communicative Action. In: Human Studies, 36, 3, S. 323–337.
Knoblauch, H./Schnettler, B. (2012): Videography: analysing video data as ‚focused' ethnographic and hermeneutical exercise. In: Qualitative Research 12, 3, S. 334–356.
Kurt, R. (2004): Hermeneutik. Eine sozialwissenschaftliche Einführung. Konstanz: UVK.
Luckmann, T. (1980): Philosophie, Sozialwissenschaften und Alltagsleben. In: Lebenswelt und Gesellschaft. Paderborn: Schöningh, S. 9–56.
Luckmann, T. (1981): Zum hermeneutischen Problem der Handlungswissenschaften. In: Fuhrmann, H. R./Jauss, W. Pannenberg (Hrsg.): Text und Applikation – Theologie. Jurisprudenz und Literaturwissenschaft im hermeneutischen Gespräch: Poetik und Hermeneutik. Bd. IX, München: Fink, S. 513–523.
Luhmann, N. (1984): Soziale Systeme. Grundriß einer allgemeinen Theorie. Frankfurt am Main: Suhrkamp.
Mannheim, K. (1985/1929): Ideologie und Utopie. Frankfurt: Klostermann.
Moulaert, F., Van Dyck, B. (2014): Framing Social Innovation Research: A Sociology of Knowledge Perspective. In: Moulaert, F./MacCallum, D./Mehmood, A./Hamdouch, A. (Hrsg.): The International Handbook on Social Innovation: Collective Action, Social Learning and Transdisciplinary Research, Cheltenham, Edward Elgar, Chapter 35; im Erscheinen.
Oevermann, U./Allert, T./Konau, E./Krambeck, J. (1979): Die Methodologie einer „objektiven Hermeneutik" und ihre allgemeine forschungslogische Bedeutung in den Sozialwissenschaften. In: Soeffner, H.-G. (Hrsg.): Interpretative Verfahren in den Sozial- und Textwissenschaften. Stuttgart: Metzler, S. 352–434.
Reichertz, J. (2013): Gemeinsam interpretieren. Die Gruppeninterpretation als kommunikativer Prozess. Wiesbaden: VS.
Schröer, N. (1997): Wissenssoziologische Hermeneutik. In: Honer, A./Hitzler, R. (Hrsg.): Sozialwissenschaftliche Hermeneutik. Opladen: Leske und Budrich, S. 109–129.
Schulz-Schaeffer, I. (2007): Zugeschriebene Handlungen. Ein Beitrag zur Theorie sozialen Handelns. Weilswist: Verbrück.

Schütz, Alfred (2004): Common-Sense und wissenschaftliche Interpretation menschlichen Handels. In: Strübing, J./Schnettler, B. (Hrsg.): Methodologie interpretativer Sozialforschung. Klassische Grundlagentexte. Konstanz: UVK, S. 157–197.

Schütz, A./Luckmann, T. (2003): Strukturen der Lebenswelt. Konstanz: UVK.

Soeffner, H.-G. (1989a): Hermeneutik: Zur Genese einer wissenschaftlichen Einstellung durch die Praxis der Auslegung. In: Soeffner, H.-G.: Auslegung des Alltags – der Alltag der Auslegung. Frankfurt am Main: Suhrkamp, S. 98–139.

Soeffner, H.-G. (1989b): Prämissen einer sozialwissenschaftlichen Hermeneutik. In: Auslegung des Alltags – der Alltag der Auslegung. Frankfurt am Main: Suhrkamp, S. 66–97.

Soeffner, H.-G. (1999): Verstehende Soziologie und sozialwissenschaftliche Hermeneutik. Die Rekonstruktion der gesellschaftlichen Konstruktion der Wirklichkeit. In: Hitzler, R./Reichertz, J./Schröer, N. (Hrsg.): Hermeneutische Wissenssoziologie. Standpunkte zur Theorie der Interpretation. Konstanz: UVK, S. 39–49.

Soeffner, H.-G./Raab, J. (2011): Kultur und Auslegung der Kultur. Kultursoziologie als sozialwissenschaftliche Hermeneutik. In: Jäger, F./Straub, J. (Hrsg.): Handbuch der Kulturwissenschaften. Band 2: Paradigmen und Disziplinen. Stuttgart: Metzler, S. 546–567.

Stierle, Karlheinz (1974): Der Akt des Lesens. München: Fink.

Tuma, R. (2012): The (Re-)Construction of Human Conduct: „Vernacular Video Analysis". In: Qualitative Sociology Review VIII, 2.

Tuma, R./Schnettler, B./Knoblauch, H. (2013): Videographie. Wiesbaden: VS.

Weber, M. (2001/1922): Wirtschaft und Gesellschaft. Teilband 1. Tübingen: Siebeck.

Thomas Luckmann

# Vom Deuten des Handelns und der Interpretation von Handlungen

Für Hans-Georg Soeffner[1]

## Einleitung

Für die in vielen wissenschaftlichen Disziplinen, z.B. in der Jurisprudenz, Theologie und Philologie praktizierte Methode, schwierige Texte auszulegen, hat sich der Begriff „Hermeneutik" eingebürgert. Die damit bezeichnete Auslegungspraxis hat eine lange Geschichte.[2] Auch die Sozialwissenschaften, darunter vor allem die Soziologie, deuten gelegentlich Texte, die nicht immer einfach sind, z.B. Briefe oder Zeitungsartikel. Dass solche Analysen eventuell als „hermeneutisch" bezeichnet werden könnten, ist damals, soviel ich weiß, vor der späteren Ausweitung des Begriffs, niemandem eingefallen. Seit einigen Jahrzehnten werden jedoch auch in der Soziologie bestimmte interpretative Methoden als hermeneutisch verstanden, zuerst bei Oevermann als „objektive Hermeneutik" und dann bei Hans-Georg Soeffner un-

---

1 Wenn ein jüngerer Freund Fünfundsiebzig erreicht, bestätigt das dem Älteren in voller Anschaulichkeit, dass das Älterwerden auch die Flinkfüßigen nicht verschont. Ich wünsche dem Jubilar, dem Flachlandgams, wie ich ihn seinerzeit leicht verärgert und widerwillig bewundernd titulierte, als er mir bei dem Aufstieg zu einem Hochgebirgssee im Isonzogebiet hurtig davonzog, dass seine Beine noch lange diesen Titel rechtfertigen.
2 Sie reicht von Homer- und Bibel-Interpretationen und vielleicht sogar von den griechischen Orakeldeutungen bis zu den gegenwärtigen interpretativen Methoden in Literaturwissenschaft und Soziologie. Lesenswert ist der Artikel „Hermeneutik" (in Ueding 1996, S. 1350–1374).

```
           BÜCHER HOLZBERG GMBH
               Clubstr. 2
            49808 Lingen (Ems)
              Tel. 0591 / 3316


              Q U I T T U N G



13.09.16/0060  14:54    Kasse: 01 EUR

Artikel Mg.   Preis  MwSt.     Summe

Hermeneutik als Lebenspraxis
WGR 1215 2091102500428
978-3-7799-2963-5
         1    49,95  7,00%     49,95

 TOTAL                3,27     49,95
 Nettoentgelt:  EUR 46,68
 GEGEBEN Bar                   49,95

    Vielen Dank für Ihren Einkauf!
       STNR: 61 203 55638
```

www.buecher-holzberg.de

ter der Bezeichnung „sozialwissenschaftliche Hermeneutik".³ Auch im englischsprachigen Gebiet trifft man immer häufiger auf „Hermeneutisches".⁴

Obwohl über diese Entwicklung schon einiges geschrieben und gesagt wurde, lohnt es sich vielleicht doch, auf die Voraussetzungen nicht nur sozialwissenschaftlicher Hermeneutik hinzuweisen. Die Interpretation von Texten setzt die elementare Fähigkeit voraus, den Sinn menschlichen Handelns zu verstehen. Diese Grundlage aller Deutungen als selbstverständlich hinzunehmen ist nicht empfehlenswert.⁵

---

3   Schon viele Jahre bevor Soeffner den Begriff einer sozialwissenschaflichen Hermeneutik eingeführt hat, hat er sich mit Problemen der Interpretation und der Hermeneutik beschäftigt. In seiner Bibliographie finde ich ihn 1979 als Herausgeber und Verfasser der Einleitung des Buches *interpretative Verfahren in den Sozial- und Textwissenschaften* (Soeffner 1979). Zehn Jahre später erscheint der Begriff im Titel seines bekannten Buches *Auslegung des Alltags – der Alltag der Auslegung. Zur wissenssoziologischen Konzeption einer sozialwissenschaftlichen Hermeneutik* (Soeffner 1989). Einige Jahre später ist er als Handbuchkategorie voll etabliert (Soeffner 2000). Auch Hitzler/Honer 1997.

4   Ich eröffnete meinen Beitrag zu einer Tagung, bei der viel von Hermeneutik die Rede war (veröffentlicht in Staudigl 2010; ihm folgt ein lesenswerter Beitrag des Jubilars), mit einer an die englischsprachigen Teilnehmer gerichteten Bemerkung über schwierige Texte. Manche dieser Kollegen zitierten, interpretierten, kritisierten die deutschen Texte von Husserl, Schütz und anderen Phänomenologen ausschließlich in Übersetzungen. Die Bemerkung, nicht ganz versteckt boshaft, wurde im Band nicht abgedruckt. Zur Erbauung des Lesers gebe ich sie hier im Original wieder: „Approximately a quarter of a century ago, I spent a year at the Stanford Center with my wife and youngest daughter. My wife, at that time working on a study of scholars who had fled from the National-Socialist, Fascist and Francoist regimes, called on Eric Voegelin who was at that time fellow at the Hoover Institute in Stanford. Mrs. Voegelin invited us to tea. During the conversation my wife asked Voegelin – who must have been past eighty then – what he was presently doing. As best as I recall, he answered that he was studying the Akkadian language. While competent scholars had assured him, he said, that in his work on ancient Egypt he could rely on excellent translations, he did not think that the same held true of whatever translations were available of Akkadian (or was it Sumerian?) texts. I mention this not only as a tribute to Voegelin's impressive scholarship but also for another reason. If there were such a thing as a phenomenological hermeneutics, something which I disbelieve as much as I disbelieve the possibility of a phenomenological sociology, its first task would be to interpret its own difficult texts, foremost among them the foundational works of phenomenology, most of which were written in German, in Husserl's case rather peculiar, rather difficult German. Few of the English translations of these works are good, most range from middling to poor, as seems to have been the case with Voegelin's Akkadian translations. I should think that we do not want to follow the example of some well-known anthropologists who had to use interpreters in what was then quaintly called ‚the field'."

5   Doch schon Schleiermacher und Dilthey erkannten, dass Texte interpretieren zunächst Menschen verstehen heißt.

# Kommunikatives Handeln
# und kommunikative Handlungen[6]

Kommunikation im eigentlichen Sinn, nämlich zeichenhafte Kommunikation, die auf einem geschichtlichen Bedeutungssystem, einer Sprache, begründet ist, hat sich aus vorzeichenhaftem sozialem Handeln entwickelt. Den Begriff der Sprache so weit zu dehnen, dass er unabhängig von Zeichenhaftigkeit wird und z. B. Gesichtsausdruck, Körperbewegung usw. (sofern diese nicht selbst im sozialen Handeln zu Zeichensystemen ausgebildet werden) einschließt, vermengt Kommunikationsformen, die zwar im evolutionären Zusammenhang stehen und im unmittelbaren kommunikativen Handeln verschmelzen, aber unterschiedlich strukturiert sind. Ein Handgemenge, auch wenn es von Flüchen begleitet wird, ist soziale, eine Beschimpfung, auch wenn sie zu Ohrfeigen führt, jedoch spezifisch kommunikative Interaktion. Beides ist für die Handelnden sinnvoll und kann von Außenstehenden verstanden werden. Dazu braucht es keiner hermeneutischen Verfahren. Die Beschimpfung muss allerdings als kommunikatives Handeln erfasst werden, damit sie als soziale Handlung überhaupt verstanden werden kann.

Alles soziale Handeln hat einen Sinn, der erfasst werden kann (Weber 1992a; Weber 1992b, bes. 1 Teil, Kapitel I.). Aber nicht alles soziale Handeln ist im eigentlichen Sinn kommunikativ. Sinn ist nicht Bedeutung und Verstehen ist nicht Auslegen. Hält man das nicht auseinander, gelangt man zum Fehlschluss, den Text mit der lebendigen Rede gleichzusetzen.[7] Die Hermeneutik, einschließlich der sozialwissenschaftlichen Hermeneutik, muss die unterschiedlichen Bedingungen der Konstitution von Sinn und Bedeutung, und so der Fundierung von Bedeutung auf Sinn, festhalten.

---

6   Die nachfolgenden Ausführungen beruhen im Wesentlichen auf meinem Beitrag „Zum hermeneutischen Problem der Handlungswissenschaften" (Luckmann 1981); auf Analysen in meinem Buch *Theorie des Sozialen Handelns* (Luckmann 1992); und auf dem in Fußnote 3 erwähnten Beitrag.
7   Paul Ricœurs Vorschlag, die Textauslegung zum Paradigma der Sozialwissenschaften zu machen, kann ich nicht folgen. Man kann Ricœur (1971) zwar zustimmen, dass Texte nicht nur der Gegenstand der Literaturwissenschaften und der Linguistik sind, sondern auch ein beträchtlicher Teil des Gegenstands, mit dem sich sowohl die Jurisprudenz und die Theologie als auch die Sozialwissenschaft befassen. Daraus folgt aber keineswegs, dass der Text als Modell des Handelns dienen kann. Karlheinz Stierles Betrachtungsweise ist jener von Ricœur entgegengesetzt und steht meinen Ausführungen näher als Ricœurs Vorschlag, Handlungen als Texte zu betrachten. Er sieht einen interpretativen Gewinn in der Betrachtung des Texts als Handlung (Stierle 1975; Stierle 1981).

Wie alles Handeln ist kommunikatives Handeln doppelsinnig[8]: es richtet sich nach einem Entwurf und kann, einmal vollzogen, also zur Handlung geworden, in vielerlei Perspektiven gedeutet werden.

Der Sinn des Entwurfs ergibt sich sowohl aus seiner Motivation durch subjektive Relevanzstrukturen als auch aus seiner Beziehung zu gesellschaftlichen Institutionen („Normen"), wie schließlich aus der im Entwurf getroffenen Auswahl aus den Möglichkeiten des quasi-idealen Zeichensystems („Sprache"), einer Auswahl, die bei Sprachbeherrschung hochgradig routinisiert ist. Es geht natürlich um Möglichkeiten, von denen der Handelnde Kenntnis hat und die in der kommunikativen Situation, also in der Beziehung zu Mithandelnden, mehr oder minder dem Entwurf gemäß verwirklicht werden. Der Sinn der vollzogenen kommunikativen Handlung ist Anderen nur zugänglich, wenn deren Kenntnis der Selektionsmöglichkeiten aus dem Zeichensystem einigermaßen der Kenntnis des Handelnden entspricht (Linell/Luckmann 1991). Erst die – meist routineartige – Auslegung der Bedeutung des kommunikativen Handelns erschließt den Sinn der Handlung selbst. Zum einen kann dieser in Hinsicht auf den Entwurf des „Autors" und dessen Motive rekonstruiert werden. Seine „Nah-Absichten" werden zwar unmittelbar der „Oberflächenbedeutung" des kommunikativen Handelns, dem „Gesagten, entnommen, aber was dahinter steckt" kann durch Deutung der rhetorisch-stilistischen Realisierung des Gesagten im konkreten Zusammenhang der kommunikativen Situation ermittelt werden.

Zum anderen kann das Gelingen oder Misslingen des vollzogenen Handelns interessieren. Schon im alltäglichen Leben – und nicht erst in der historiographischen Rekonstruktion bedeutender Geschehnisse – will man oft die im ursprünglichen Entwurf nicht absehbaren Folgen der Handlung abschätzen.

Interpretationen und Re-Interpretationen werden im unmittelbar wechselseitigen Handeln zu praktischen Zwecken vorgenommen. In der kommunikativen Interaktion bestimmen nämlich routineartige Interpretationen soeben vergangenen Handelns meist den Fortgang des Handelns quasi-automatisch mit, bis es sich herausstellt, dass sie nicht ausreichen. Erst wenn ein kommunikatives „Problem" auftritt, werden Re-Interpretationen nötig. Sie führen z.B. zu Fragewiederholungen und Paraphrasen, zu Vorwürfen, Rechtfertigungen, usw.

Wie jedes soziale Handeln setzt wechselseitiges kommunikatives Handeln elementare Verstehensleistungen voraus. Hinzu kommen aber Deutungsakte, die – obwohl sie, wie gesagt, oft hochgradig routinisiert sind – als

---

8 Schütz hat dies schon im „Sinnhaften Aufbau" (Schütz 1932) gezeigt und in späteren Aufsätzen ausgeführt.

vorwissenschaftliche Stufe wissenschaftlicher Interpretation angesehen werden können. Sie bilden eine Art interessengeleiteter „Alltagshermeneutik". Immerhin enthalten schon die fortlaufenden Deutungen der Beteiligten an einem Gespräch gewisse Analogien zu hermeneutischen Verfahren im engeren Sinn des Wortes. Ein Beispiel sind die (im Sinn von Charles S. Peirce) abduktiven Deutungen von Gesprächsteilen im Hinblick auf ein vorweggenommenes Gesprächsende und von einer jeweils vollendeten Gesprächsphase auf die vorangegangenen Gesprächsteile. Eine Entsprechung zum hermeneutischen Zirkel kann man schon in den mündlichen Gattungen der alltäglichen Kommunikation entdecken. Allerdings haben, genau genommen, die Deutungsakte nicht die spezifische Struktur von Textauslegungen, da ihr Gegenstand nicht Werke, nämlich immer wieder nachlesbare Texte sind, sondern flüchtige Rede ist.

Die sozialwissenschaftliche Hermeneutik, heute eine der wichtigen Methoden der Gesellschaftsanalyse, war in ihren Anfängen, bevor jemand auf die Idee kam, sie als hermeneutisches Verfahren zu erfassen, im Wesentlichen auf institutionengebundene, zweckorientierte Texte, z. B. Verordnungen, Lehrbücher, Prozessakten usw., beschränkt. Mit Thomas' und Znanieckis Briefanalysen (Thomas/Znaniecki 1958/1928) wurde die Nähe zu hermeneutischen Verfahren deutlicher. Im Schreiben und Lesen von Briefen wird eine Ebene der alltäglichen Hermeneutik erreicht, die zwar auf den Verstehensleistungen, die im unmittelbar-wechselseitigen kommunikativen Handeln eingesetzt werden, beruht, aber mit der Produktion und Interpretation einer bestimmten Gattung von Texten eine übergeordnete Ebene erreicht. Diese wurde von Thomas und Znaniecki nicht ausdrücklich zum Thema ihrer Analyse gemacht. Erst viel später wurden Deutung und Auslegung als Problem der Sozialwissenschaften systematisch aufgenommen.

## Von Texten zu „Texten"

Die wichtigste Voraussetzung für die Entwicklung einer auf das Erkenntnisinteresse der Sozialwissenschaften – auf die Erklärung des Handelns – ausgerichteten Hermeneutik war eine technischen Neuerung, die es möglich machte, zu analytischen Zwecken Handeln in immer wieder nachlesbare „Werke" zu verwandeln, flüchtige Rede zu Texten zu machen. Handeln, Rede konnte selbstverständlich schon immer berichtet, nacherzählt, zusammengefasst, nachträglich niedergeschrieben (Bergmann/Luckmann 1995) und für Quasi-Monologe wie z. B. Predigten oder politische Aufrufe in schriftlichen Vorlagen geplant werden. Für Historiker, die an der Gesprächskultur einer Epoche interessiert sind, stellen solche Texte einen wichtigen, wenn auch unzuverlässigen Hinweis auf das gesprochene Wort dar. Noch näher an die lebendige Rede kamen seit etwa 200 Jahren die Stenogramme heran, in denen die lebendige Rede allerdings stark redigiert wurde.

Eine eigentliche Reproduzierbarkeit ursprünglicher Rede wurde erst durch die Technologie von Tonbandaufnahmen, und des Handelns erst durch Film- bzw. Videoaufnahmen ermöglicht. Schon in den Zwanziger Jahren des 20. Jahrhunderts machten Homerforscher Plattenaufnahmen von montenegrinischen Barden, als diese ihre Heldenepen rezitierten. Sie werteten sie in einer Weise aus, die ahnen ließ, wie fruchtbar eine Rede- (bzw. Sang-) Hermeneutik werden könnte (Parry 1930; Lord 1960). Die Soziologie hat lange keinen Gebrauch von dieser Möglichkeit der „Datenproduktion" gemacht.

Die „naturgetreue" Untersuchung des kommunikativen Interagierens wurde von der Konversationsanalyse mit den Pionierarbeiten von Harvey Sacks begonnen. Sie beeinflusste nachhaltig die Kernbereiche der anthropologischen Linguistik, der linguistischen Pragmatik und der soziologischen Ansätze der „objektiven Hermeneutik" Oevermanns, der soziologischen Untersuchungen kommunikativer Gattungen und der rede-analytischen Teile des hauptsächlich von Hans-Georg Soeffner entwickelten Instrumentariums der sozialwissenschaftlichen Hermeneutik (Soeffner 1989; Hitzler/Honer 1997).

So unterschiedlich die theoretischen Anknüpfungen dieser Forschungsrichtungen auch sein mögen, sie haben doch wichtige methodologische Gemeinsamkeiten. Diese werden ihnen durch die zeitlich konstituierte Struktur des gemeinsamen Untersuchungsgegenstands sozusagen aufgezwungen: dem wechselseitigen kommunikativen Handeln in „natürlichen", genauer, um mit Plessner zu sprechen, in „natürlich-künstlichen" Situationen. Zuerst ging es um unmittelbares kommunikatives Handeln oder um mittelbares, bei dem die Unmittelbarkeit lebendiger Rede weitgehend erhalten blieb. (Die Konversationsanalyse begann mit Analysen von Telefonaten.) Der Untersuchungsgegenstand wird technisch durch Ton- und später auch durch Videoaufnahmen festgehalten, sodass die Zeitlichkeit des Handelns reproduziert werden kann und der Analyse zugänglich gemacht wird. Die Aufnahmen werden, je nach Analysezweck, möglichst genau (phonetisch, paralinguistisch, mit Pausen, Überlappungen, Lautstärke usw.) transkribiert. Die Zeitstruktur des Handelns wird dadurch anschaulich, sozusagen Zeile auf Zeile. Die Transkriptionen erlauben die Bildung einer Art Partitur, die man lesen kann, während man der Musik der Aufnahme zuhört.

So wird die flüchtige Rede zum „Text", einem Text freilich, dessen allmähliche Verfertigung immer wieder reproduziert werden kann. Sie wird zu einem sozialwissenschaftlichen Datum, dessen Analyse intersubjektiv überprüfbar wird (Bergmann 1985). Die angesprochene Gemeinsamkeit der verschiedenen Forschungsrichtungen ist die sequenzanalytische Vorgehensweise. In einem ersten Durchgang versucht man, das kommunikative Handeln

– so gut es geht – Schritt für Schritt in der Perspektive der Handelnden zu interpretieren. Selbstverständlich trifft hier die Redensart „man steckt nicht drinnen" zu. Die Perspektive der Handelnden kann nur im Rückgriff auf Alltagstypologien rekonstruiert werden: die des Handelnden und die des Forschers. Die des Handelnden sind nicht unmittelbar greifbar. Ihre Übereinstimmung mit denen des Forschers kann nur auf Grundlage ausreichenden Wissens über Symmetrien und Asymmetrien in der Verteilung des gesellschaftlichen Wissensvorrats glaubwürdig angenommen werden (Linell/Luckmann 1991).

Theoretische Vorgriffe werden möglichst rigoros eingeklammert und das Wissen vom Ende der ganzen Episode, der vollzogenen kommunikativen Interaktion, wird zunächst nicht zur Deutung verwendet. Die Handelnden kennen nicht den Ausgang ihres eigenen Handelns. Erst in weiteren Durchgängen fließt zur Aufklärung dunkler Stellen immer mehr Wissen vom Fortgang der Episode, bzw. vom folgenden „Text" ein. Mit diesem Schritt wird freilich die Perspektive der Handelnden aufgegeben.[9]

Die Interpretation von Texten unterscheidet sich von der von „Texten" schon dadurch, dass die Zeit der „Texte" eine Zeit ist, welche die Zeit des kommunikativen Handelns „eingefroren" hat und die beliebig oft „aufgetaut" werden kann. Die Zeit der Texte hingegen ist die Konstruktion des Autors: Die Zeit des Kaufvertrags, des Tagebucheintrags, die erzählte Zeit und die Erzählzeit des realistischen Romans, die Zeit der Zeitwanderungen der phantastischen Literatur. Die Zeit, die für das Niederschreiben dieser Texte verwendet wurde, ist jedenfalls für ihr Verständnis in der Regel irrelevant.

Die quasi-automatischen Vorwegnahmen des Verstehens der kommunikativen Handlung durch den Anderen stehen unter Zeitdruck und das Handeln vollzieht sich im Hin und Her von Produktion und vorweggenommener Interpretation. Der „Text" entfaltet sich allmählich, um diese Kleistsche Wendung hier einmal aufzugreifen. Der Briefeschreiber, der Autor eines Romans kann entwerfen, überlegen, verwerfen, verändern. Die dabei waltende Zeitverzögerung fällt bei Telefonaten und neueren technisch vermittelten quasi-unmittelbaren Formen der Kommunikation fort.

---

9   Eine Übersicht dazu findet sich in Luckmann 2002 (siehe auch Luckmann 1999). Ein Beispiel für die oben kurz umrissene interpretative Praxis findet sich in zwei von Jörg Bergmann und mir geleiteten Forschungsprojekten zu rekonstruktiven und moralischen Gattungen alltäglicher Kommunikation (Bergmann/Luckmann 1999).

## Schluss

An eine Lehre vom Verstehen und Erklären im Sinne Diltheys konnte eine soziologische Methodologie, der es im Erklären darum ging, Kausalzusammenhänge aufzudecken, zwar nicht vorbehaltlos anknüpfen. Im Gegensatz zu positivistischen Grundannahmen setzt sich mit Max Weber in Verbindung mit sozialwissenschaftlichem Empirismus jedoch eine Konzeption der sozialen Wirklichkeit durch, welche Gesellschaft als eine Gebilde auffasst, das im sinnorientierten Handeln der Menschen gründet. Verstehen und Erklären werden somit in einer Weise verbunden, die der Eigenart menschlichen Handelns angemessen ist. Hier setzte das Denken von Alfred Schütz ein. Er war es, der in seinem ersten Werk (Schütz 1932) darauf hinwies, dass ohne eine genaue Analyse der Verstehensleistungen, die sinnorientiertem Handeln zugrunde liegen, eine allgemeine Handlungstheorie im Sinne Max Webers nicht bestehen könne (Weber 1992a; Weber 1992b) Kausalerklärungen, die sich auf gesellschaftliche Wirklichkeit beziehen, müssen auf der Beschreibung der Konstitution und Konstruktion dieser Wirklichkeit im sinnorientierten Handeln gründen.

Um es in der vorhin formulierten Begrifflichkeit auszudrücken: Kausalerklärungen setzen eine sozialwissenschaftliche Rekonstruktion der Alltagshermeneutik voraus. Hierbei nehmen die sequenzanalytischen Vorgehensweisen einen besonderen Platz ein. Sie verbinden eine auf dem Sinnverstehen der Handelnden begründete Handlungsanalyse mit einer auf dem interpretativen Wissen der Handelnden bezogenen sozialwissenschaftlichen Hermeneutik der „Texte". Es bietet sich, zum Schluss, in diesem Zusammenhang noch einmal an, sich an die für die Entwicklung einer solchen Hermeneutik grundlegenden Beiträge des Jubilars zu erinnern.

## Literatur

Bergmann, J. R. (1985): Flüchtigkeit und methodische Fixierung sozialer Wirklichkeit. Aufzeichnungen als Daten interpretativer Soziologie. In: Soziale Welt, Sonderband 3, S. 299–320.

Bergmann, J. R./Luckmann, T. (1995): Reconstructive Genres of Everyday Communication. In: Quasthoff, U. M. (Hrsg.): Aspects of Oral Communication. Berlin/New York: de Gruyter, S. 289–304.

Bergmann, J. R./Luckmann, T. (Hrsg.) (1999): Kommunikative Konstruktion von Moral, I: Struktur und Dynamik der Formen moralischer Kommunikation, und II: Von der Moral zu den Moralen. Opladen/Wiesbaden: Westdeutscher Verlag.

Hitzler, R./Honer, A. (Hrsg.) (1997): Sozialwissenschaftliche Hermeneutik. Opladen: Leske und Budrich.

Linell, P./Luckmann, T. (1991): Asymmetries in Dialogue: Some Conceptual Preliminaries. In: Marková, I./Foppa, K. (Hrsg.): Asymmetries in Dialogue. Hertfordshire: Harvester Wheatsheaf, S. 1–20.

Lord, A. B. (1960): The Singer of Tales. Cambridge, MA: Harvard University Press.

Luckmann, T. (1981): Zum hermeneutischen Problem der Handlungswissenschaften. In: Fuhrmann, M./Jauß, H. R./Pannenberg, W. (Hrsg.): Text und Applikation. Theologie, Jurisprudenz und Literaturwissenschaft im hermeneutischen Gespräch. Poetik und Hermeneutik IX. München. Fink, S. 513–524.

Luckmann, T. (1992): Theorie des Sozialen Handelns. Berlin/New York: de Gruyter, Göschen.

Luckmann, T. (1999): Remarks on the Description and Interpretation of Dialogue. In: International Sociology, 14 (4), S. 387–402.

Luckmann, T. (2002): On the Methodology of (Oral) Genres. In: Linell, P./Aronson, K. (Hrsg.): Jagen och rösterna: Goffman, Viveka och samtalet. Linköping: Department of Communication Studies, S. 319–345.

Parry, M. (1930): Studies in the Epic Technique of Oral Verse-Making, I, Homer and Homeric Style. In: Harvard Studies in Classical Philology 41, S. 73–147.

Ricœur, P. (1971): The Model of the Text: Meaningful Action Considered as a Text. In: Social Research 38. S. 529–562./dt.: Der Text als Modell: hermeneutisches Verstehen. In: Bühl, W. L. (Hrsg.) (1972): Verstehende Soziologie – Grundzüge und Entwicklungstendenzen. München: Fink.

Schütz, A. (1932): Der Sinnhafte Aufbau der Sozialen Welt. Wien: Springer.

Soeffner, H.-G. (Hrsg.) (1979): Interpretative Verfahren in den Sozial- und Textwissenschaften. Stuttgart: Metzler.

Soeffner, H.-G. (1989): Auslegung des Alltags – der Alltag der Auslegung. Zur wissenssoziologischen Konzeption einer sozialwissenschaftlichen Hermeneutik. Frankfurt am Main: Suhrkamp.

Soeffner, H.-G. (2000): Sozialwissenschaftliche Hermeneutik. In: Flick, U./von Kardoff, E./Steinke, I. (Hrsg.): Qualitative Forschung. – Ein Handbuch, 2. Auflage. Reinbek: Rowohlt, S. 164–175.

Staudigl, M. (Hrsg.) (2010): Alfred Schütz und die Hermeneutik. Konstanz: UVK.

Stierle, K. (1975): Text als Handlung. München: Fink.

Stierle, K. (1981): Text als Handlung und Text als Werk. In: Fuhrmann, M./Jauß, H. R./Pannenberg, W. (Hrsg.): Text und Applikation. München: Fink, S. 537–545.

Thomas, W. I./Znaniecki, F. (1958/1928): The Polish Peasant in Europe and America. (2., überarbeitete Auflage). New York: Dover.

Ueding, G. (Hrsg.) (1996): Historisches Wörterbuch der Rhetorik. Bd. 3. Tübingen: Niemeyer, S. 1350–1374.

Weber, M. (1992a): Gesammelte Aufsätze zur Wissenschaftslehre. Tübingen: Siebeck-Mohr

Weber, M. (1992b): Wirtschaft und Gesellschaft. In: Weber, M.: Grundriss der Sozialökonomik, III. Abteilung. Tübingen: Siebeck-Mohr.

Karl-Siegbert Rehberg

# Verstehen als Weltauslegung
## Wissenssoziologie und soziologische Hermeneutik*

### Wissenssoziologie als Problem

#### Eine Methodologie der Rekonstruktion

Stellt man Hans-Georg Soeffners soziologische Forschungen in den Kontext der Wissenssoziologie (die immer schon mehr als eine spezielle Soziologie war, vielmehr eine grundlegende Perspektive des Faches eröffnete, selbst dort, wo sie mit diesem Namen nicht verbunden wird), so stellt sich die zumeist nicht explizit gestellte Frage, inwieweit sie eine auch auf die Gegenwart bezogene historische *Rekonstruktionsmethodik* oder eine *Konstitutionstheorie* der menschlichen Lebensführung und besonders des Handelns ist (Rehberg 2014a). Dies ist für das Verhältnis der wissenssoziologischen Tradition seit Max Scheler und Karl Mannheim zu phänomenologischen Ansätzen und zur Neuen Wissenssoziologie von Belang. Dazu merkte Hans-Georg Soeffner in einem Interview auf die Frage: „Schütz oder Mead?" einmal spontan an: „Die Antwort heißt Weber" (Soeffner/Reichertz 2004).

Was bedeutet das systematisch? Nicht selten missgedeutet, handelt es sich bei Webers Verstehender Soziologie im striktesten Sinne um eine Rekonstruktionstheorie von Handlungen als Arbeitsinstrument der historisch-vergleichenden Wissenschaften, besonders dann der Soziologie. Das bedeutet nicht, dass Weber dem „Bedürfnis" nach Erklärungen nicht gefolgt wäre – aber eine Wissenschaft von den Bedingungen des Handelns war (anders als bei Alfred Schütz und den an ihm orientiert phänomenologisch arbeitenden Soziologen) nicht sein Ziel. Deshalb kann man in Webers Forschungspragmatik keine Synthese von „Schütz und Mead" finden, wohl aber Anregungen für eine historisch informierte kultursoziologische Analyse.

In dieser Tradition steht auch Karl Mannheims (1959/1931) Wissenssoziologie, wobei er sich in ähnlicher Weise wie Weber um die erkenntnis-

---

\* Für die Unterstützung bei der unter größtem Zeitdruck stehenden Verfertigung dieses Textes, der auch an mein Grußwort (Rehberg 2004) anschließt, sage ich Stefan Wagner und Jan Wetzel herzlich Dank.

theoretische Begründung seines Verfahrens durchaus bemühte. Beide verbindet darüber hinaus die enge Verknüpfung der Sinn- und Wissensanalysen mit den jeweiligen Konflikten und Kampfkonstellationen innerhalb sozialer Beziehungen, besonders in ihrer Zeit. Sicher gibt es auch bedeutende Unterschiede. So hatte Weber keinerlei die Unvereinbarkeit von Wertsphären moderierende Synthese (Mannheim 1964/1923, S. 92–96) vor Augen, glaubte wohl auch nicht an Max Schelers „Weltalter des Ausgleichs" (1976/1927), sondern ging – gerade in einem seiner letzten Texte, der „Zwischenbetrachtung" zu seinen bis dahin durchgeführten religionssoziologischen Studien – ganz radikal und den sein gesamtes Leben und Werk bestimmenden Spannungsmotiven folgend, von unaufhebbaren Konflikten zwischen unterschiedlichen „Lebensordnungen" aus (Weber 1963/1920). Aber für diese Autoren kann man als zeittypisch annehmen, dass ihre Verstehensansätze mit der Deutung der bejahten und zugleich als problematisch empfundenen Modernisierungsprozesse immer aufs Engste verknüpft waren. Deshalb auch spielen Ordnungskategorien und oftmals politische Konnotationen eine wichtige Rolle, bilden sogar die Voraussetzung des Verstehenwollens.

## Die doppelte Wissensanalyse: Erkenntnis versus Täuschung

Seit den antiken Deutungen über das Verhältnis menschlicher Erkenntnis zu einer (als kosmisch vorgeordnet gedachten) Welt sind zwei Dimensionen der Wissensanalyse miteinander verbunden gewesen: einerseits eine „Kritik" der Erkenntnis im Sinne der Erörterung der Bedingungen ihrer Möglichkeit und andererseits das Problem der (Selbst-)Täuschung. Und auch die – besonders nach dem Fall Konstantinopels im Jahre 1453 und der diesem folgenden Wanderung vieler Gelehrter samt wichtiger antiker Schriften nach Italien – durch klassisch-griechische Einsichten inspirierte Entwicklung exakter, experimenteller und mathematisierbarer (Natur-)Wissenschaften war mit dem Ziel einer Befreiung von selbstverschuldeter Unmündigkeit verbunden, wie Immanuel Kant (1784, S. 481) das in seiner weltberühmt gewordenen Programmformel zur Aufgabe aller Aufklärung bündig zusammengefasst hat. Schon deshalb konnte „Kritik" für lange Zeit zum Namen für eine philosophisch-wissenschaftliche Realitätserfassung werden.

Es war zuvor besonders die, Platons Höhlengleichnis aufnehmende, *Idola*-Lehre des Francis Bacon (1902/1620, S. 19–22) gewesen, welche beide Dimensionen der Reflexion über die Möglichkeiten unseres Wissens miteinander verband: erstens die Klärung seiner Voraussetzungen, wofür mit der späteren Kantischen Transzendentalphilosophie das einflussreichste Modell geschaffen wurde, von dem auch alle Erweiterungen und Neuansätze beeinflusst sind, und zweitens die Proklamation der welterschaffenden und welterobernden Kraft des Wissens als eines Machtpotentials. Das stand im Dienste der *rationalen* Erfüllung der göttlichen, schon im Paradiese dem Menschen gegebenen Herrschaftsermächtigung durch den „Befehl", sich die Erde „unterthan" (1. Moses 1,28) zu machen. Und die Bacon'sche (1902/ 1620, S. 11) Bestimmung des Wissens als Macht konnte noch in der Arbeiterbewegung inspirierend wirken, wenn die Massen durch Bildung befähigt werden sollten, Wissen zum entscheidenden Mittel des Widerstands gegen die systembedingte Ausbeutung zu machen.

Die Wissensanalyse stand somit immer schon in engem Zusammenhang mit einer Kritik der Verhältnisse. Lange schon vor der stolzen Ausrufung einer „reflexiven Moderne" war gezeigt worden, dass handelnde Weltveränderung und die reflexive Aneignung ihrer Folgen und Nebenfolgen einander bedingen, wie das etwa für den an Georg Wilhelm Friedrich Hegel geschulten Karl Marx ganz selbstverständlich war. Noch in der totalitären Erfindung einer dessen Werk ausbeutenden ML-Orthodoxie fand sich das im Begriff des „wissenschaftlichen Sozialismus" ausgedrückt.

### Die Wissenssoziologie und ihre Gegner

Es ist übrigens gerade diese, zumindest implizite, wenn auch in der ausdifferenzierten akademischen Philosophie zumeist vergessene oder zu einer bloß historisierenden Erinnerung gewordene Verbindung von grundlegendster Wissensanalyse und dem Impetus einer Erforschung von ‚Weltbildern' als Bedingungen und Folgen gesellschaftlicher Verhältnisse, die zu Ideologiekritik und Wissenssoziologie geführt haben. Diese beiden Formen der Wissensanalyse stehen einander so fern nicht. Deshalb möchte ich – mit einer Option für letztere – unterscheiden zwischen einer, die „objektiven" Gesetze und Verlaufswege der Geschichte zum Bezugspunkt machenden *Ideologiekritik* und einer derartigen ontologischen Selbstgewissheit gegenüber skeptischeren *Wissenssoziologie*. Für diese hatte Max Scheler neben der Namenskreation entschiedene Anstöße gegeben, und es war dann Karl Mannheim, der sie zu einem konkreten Forschungsprogramm verdichtet hat. Dass dessen Werk – trotz seiner, gerade die politische Relevanzstruktur dieses Ansatzes deutlich machenden, Konservatismus-Studie (Mannheim 1984/1926) – bloß einen Entwurfscharakter behielt, war bedingt dadurch, dass Mannheim und Viele in seinem Umkreis 1933 (also nur drei Jahre nachdem er den Frankfurter Soziologielehrstuhl übernommen hatte) durch die NS-Diktatur ins Exil gezwungen worden waren. So blieb ein begonnenes, viele Genres der „Wissens"-Generierung einbeziehen sollendes Netzwerk von Dissertationen (das Norbert Elias als Mannheims Assistent am Frankfurter Soziologielehrstuhl zu koordinieren hatte), unrealisiert (Gleichmann/Goudsblom/ Korte 1977).

Es war gerade die vernichtend wirken sollende Kritik von rechts und links an Mannheims Versuch, durch eine die unterschiedlichen Standpunkte zueinander in Beziehung setzen könnenden Analyse mit dem Zeitalter des „Polytheismus der Werte" (wie Max Weber [1922/1917, S. 99] John Stuart Mills zitiert hatte) ernst zu machen, in denen sich die politische Relevanz dieser rekonstruktiven Methode zeigt (Meja/Stehr, 1982). Während Ernst Robert Curtius (1982/1929) aus kulturkonservativer Perspektive monierte, dass die akademische Jugend durch einen derartigen „Relativismus" aller Wertstandpunkte beraubt werde, gingen marxistische Autoren schärfer mit Mannheim ins Gericht, gerade weil seine Denkweise durchaus „linke" Züge aufwies, so Karl August Wittfogel (1982/1931, S. 611), der dessen „Flucht vor dem Marxismus" sogar als „Kulturfaschismus" bezeichnete. Ebenso entschieden wurde Mannheims Ansatz von den Mitgliedern der „Frankfurter Schule" kritisiert, am fairsten noch von Herbert Marcuse (1982/1929), schärfer schon von Max Horkheimer (1982/1930) und in geradezu empörender Weise von Theodor W. Adorno (1977/1937), der sogar so weit ging, Mannheims soziale Selektionsprinzipien (Blut, Besitz, Leistung) in die Nähe zum faschistischen „Neuadel aus Blut und Boden" zu rücken. Vielleicht habe nur sein „Kulturpessimismus" (Adorno 1977/1937, S. 34) ihn von den Nazis entfernt (was die Vertreibung Mannheims aus Deutschland durch eben diese anstößigerweise verschweigt, und das von einem Autor, der 1933 selbst ins Exil gehen musste). Ideologisch gehe Mannheims „Hinaufstilisierung der ‚Krise' zum ‚Problem des Menschen'" einher mit der „neudeutschen Anthropologie" (Adorno 1977/1937, S. 43) und Existenzphilosophie, wie sehr Mannheim sich auch gegen beide immer wieder abzugrenzen gesucht habe. Und in einer Zeit, in der die von den Nazis errichteten Konzentrations- und Arbeitslager als bedrückende Tatsache längst bekannt waren, formulierte Adorno, was einem Flüchtling vor den Nazis (wie ihm selbst) gegenüber mehr als geschmacklos war: „Die Wissenssoziologie richtet der obdachlosen Intelligenz Schulungslager ein, in denen sie lernen soll, sich selbst zu vergessen" (Adorno 1977/1937, S. 46).

## Kommunikation als Zeitsignum

### Von der Rekonstruktion zur Konstitutionstheorie des Wissens

Ich habe mit dieser, notwendig kursorisch bleibenden, Erwähnung der Wissensanalysen begonnen, um daran zu erinnern, wie in der Tradition noch die fundamentalsten erkenntnistheoretischen Überlegungen mit einem

Blick auf die gesellschaftlichen Verhältnisse aufs Engste verbunden waren – und dies lange bevor in der Kette jüngster Gesellschaftsbegriffs-Kreationen das nichtssagende Etikett „Wissensgesellschaft" ausgerufen wurde, denn alle Gesellschaften basieren auf bestimmten Beständen und Ausdifferenzierungen des Wissens. Nur insofern ist mit diesem Begriff etwas Richtiges getroffen, als zertifizierter Wissenserwerb für die Positionierung in der Gesellschaft für eine immer größer werdende Anzahl von Menschen tatsächlich lebensentscheidend wird und die Verwissenschaftlichung des Wissens in der – wie man wohl sagen kann: beispiellosen – „Informationsgesellschaft" eine zunehmend wichtigere Rolle spielt.

Aber auch schon bei diesem kurzen Rückblick zeigt sich, wie eine konsequente Analyse „des Wissens" den einen als gefährlich, den anderen zumindest als anstößig erschienen ist. Das kann wichtig sein für die Beurteilung einer Neuen Wissenssoziologie, welche Aporien der klassischen Ansätze vermeiden will, dabei aber in Gefahr steht, in der subtilen Analyse zahlreicher Kulturerscheinungen und in sie verflochtener Handlungskonzepte die gesellschaftsbestimmenden Ideologeme der Machtbehauptung und vor allem: Machtverdeckung (Rehberg 2012, S. 439–441) aus dem Blick zu verlieren. Das fügt sich gut in die postmoderne Suggestion einer zentrumslosen Pluralität, in der Machtzusammenballungen nicht mehr auszumachen seien, oder in Niklas Luhmanns Suggestion hierarchiefreier (und sogar jenseits jeder Stratifikation zu denkender) Systemkoppelungen in der Moderne.

Für das Forschungsprogramm der Neuen Wissenssoziologie und die Beurteilung wiederum des Soeffner'schen Beitrages zu ihr sind nun derartige Überlegungen erst einmal einzuklammern, denn die entscheidende Differenz zu der Weber-Mannheim-Linie liegt vor allem darin, dass mit dem imponierenden Werk von Alfred Schütz Webers Soziologie theoretisch so fundiert werden soll, dass daraus eine Konstitutionsanalyse der sozialen Welt werden konnte (Schütz 1974/1932; Schütz/Luckmann 1975 und 1984; auch Schütz/Parsons 1977).

Gegenüber den erwähnten Rekonstruktionstheorien des Handelns sind *Konstitutionstheorien* beispielsweise anthropologische Bestimmungen einer den Menschen geradezu definierenden Handlungsgebundenheit, funktionalistische Bedürfnistheorien (z.B. Bronislaw Malinowski), Philosophische Anthropologie, pragmatistische Intersubjektivitätstheorien (George Herbert Mead) oder die Theorie kommunikativen Handelns von Jürgen Habermas. Auch anders gelagerte phänomenologische Analysen der Struktur des Verhaltens und der menschlichen Sinne und Leiblichkeit als Bedingung von Handeln, Wahrnehmen und Bewusstsein (Maurice Merleau-Ponty oder Helmuth Plessner) gehören in diesen Zusammenhang. Ebenfalls wären Ansätze zu einer Soziologie der Emotionen und – oft auf sozialpsychologische

Gesetzmäßigkeiten zurückgreifende – Verhaltenstheorien sowie die unterschiedlichsten Rational-Choice-Ansätze zu nennen.

Alfred Schütz (1974/1932) hatte mehr getan, als die Weber'schen Begriffe nur zu präzisieren. Vielmehr ging es ihm um die Erfassung des „sinnhaften Aufbaues der sozialen Welt". In derselben Weise hat dann Thomas Luckmann (2007) in seiner produktiven Rekonstruktion der weiteren Konzeptentwürfe von Schütz und seinen eigenen, daran anknüpfenden Arbeiten eine „Protosoziologie" entworfen, in der es immer um die Voraussetzungen unserer Wahrnehmungen und unseres Sprechens über „Gesellschaft" und somit diese selbst geht. Daran knüpft auch das Konzept einer Neuen Wissenssoziologie an, in der nun wiederum die unterschiedlichsten Methoden, Spezialisierungen, aber auch thematischen Erweiterungen – etwa kulturethnographische Studien (z.B. Hitzler/Honer 2013/1988; Hitzler/Honer/Pfadenhauer 2008) oder eben Hans-Georg Soeffners Ansätze, die neuerdings auch eine Soziologie des Visuellen einschließen – sich versammeln (Hitzler/Reichertz/Schröer 1999).

Mit dem *linguistic turn* war eine Verschiebung der Grundbegrifflichkeiten der Sozialtheorie und der soziologischen Analyse zu beobachten, die (wie in dem hier behandelten Kontext nicht überraschend) viel weiter zurückliegende Quellen hat. Jedoch dürfte wissenssoziologisch entscheidend sein, dass sich in der (im Goethe'schen Sinne gesprochen) ‚merkwürdigen' Zentralität des Begriffes „Kommunikation" in den unterschiedlichsten und oft gegeneinanderstehenden Konzepten – wie etwa denen von Luhmann und Habermas – vor allem die kommunikationstechnische Revolution unserer Tage spiegelt. Gleichwohl handelt es sich nicht nur um eine modische Reaktion auf den Zeitgeist, denn unbestreitbar ist die Bedeutung der Sprache, mehr noch dessen, was Arnold Gehlen anthropologisch mit Johann Gottfried Herder als „Sprachmäßigkeit" bezeichnet hat, wenngleich der Mensch nicht allein ein ‚sprechendes' Wesen ist. Alle seine Wahrnehmungen sind (schon im Mutterleib) vor allem an Körperberührungen geknüpft, beruhen auf Tasterfahrungen, Hunger und Gesättigtheit, Wärme und Kälte, Empfindungswechsel und schließlich der Fülle der Seheindrucke und Geräusche als dem sachbezogenen und interpersonalen Kommunikations- und Erfahrungsfeld. Entscheidend werden dann die von sprachlichen Lauten begleiteten und in gleicher Weise abrufbaren gehirnlichen Codierungen auch des visuell, auditiv oder taktil Erfahrenen. Insofern ist Sprache, wie Wilhelm von Humboldt sie erfasst hat, mehr als ein Kommunikationsmittel, vielmehr ein „Schlüssel zur Welt" und ein Medium ihrer Erschaffung (Humboldt 1963, S. 224). Soeffner (1988, S. 3 und 17 ff.) spricht deshalb von einer Haltung „ihr gegenüber".

## Neue Wissenssoziologien

Unbestreitbar sind alle Äußerungsformen des Menschen kommunikativ und insofern mit der menschlichen Sprachfähigkeit auch dann verbunden, wenn gar nicht gesprochen wird. Das bleibt ein Evidenzhintergrund selbst dann noch, wenn mit geistvollen Begründungen und in eindrucksvoller Abstraktion die handelnden Subjekte aus der unmittelbaren Betrachtung der Soziologie ausgeschlossen werden. Das hat eindrücklich Niklas Luhmann für *seine* ‚Neue Wissenssoziologie' durchgeführt, indem er zwar nicht von der Sinnkategorie, wohl aber von allen Mannheim'schen Relationierungen zwischen Trägergruppen und Denkformen Abstand nahm. Statt nach sozialen Einflüssen auf Denkinhalte und -stile zu fragen, soll es in der Systemtheorie darum gehen, wie weit es in der soziokulturellen Evolution Zusammenhänge gibt zwischen einer „Variation semantischer Materialien" und bestimmten Soziallagen (Luhmann 1980, S. 61). Von Mannheims Verbindung von Wissen und Interessenlagen sowie der damit verbundenen Bezugnahme auf Schichten und Klassen hat er sich losgelöst, weil ihm dessen Untersuchungsgegenstand als zu „kollektivistisch" erschien, „das heißt ohne Analyse der internen Kommunikationsstrukturen" solcher Großgruppen. Auch sei es Mannheim nicht gelungen, die verschiedenen von ihm untersuchten „Korrelationen" zwischen sozialstrukturellen und „begriffs- oder ideengeschichtlichen Veränderungen" in eine soziologische Theorie einzubetten, wie Luhmann das in seiner auf kommunikativen Handlungen „als letzten Elementen" beruhenden Gesellschaftstheorie (Luhmann 1980, S. 9–71) durchgeführt hat. Jedenfalls lassen sich auf diese Weise z. B. Wandlungen der Relevanz eines Wissens oder die Ausdifferenzierung von Problemlagen durch unterschiedliche Semantiken (wie im Formwechsel von Galanterie zu Freundschaft oder in der Leitdifferenz „plaisir/amour" bis hin zur paradoxen Synthese romantischer Liebe) auf der Ebene von Kommunikations-Codes beschreiben (Luhmann 1982). Gedanken- und Weltmodelle werden, durchaus mit historischer Einbettung, von den Usancen des kommunikativen Austausches her vielschichtig erfassbar. Aber die hinter den kommunizierten Problematisierungen und Problemlösungen sichtbar werdenden Menschen-„Figurationen" (Elias 1970, S. 139–145) werden marginal. Damit ist zwar das Problem von sozialen Kausalitäten elegant umgangen, aber die Bedingungs- und Wirkungsfaktoren des Wissens sind zugleich gewissermaßen virtualisiert. Jedenfalls können Machtprozesse und dergleichen strukturgestützte Einflussdifferenzen so weit in den Hintergrund treten, dass sie gar nicht mehr wahrnehmbar sind, womit man sich innerhalb eines wissenssoziologischen Konzeptes von Mannheim so weit wie nur möglich entfernt hätte.

Dass auch phänomenologische Konstitutionstheorien notwendig in Distanz zu unmittelbaren Ereignisverkettungen stehen müssen, ist selbstverständlich und bestimmt das inspirierende Werk von Alfred Schütz ebenso wie jenes Grundbuch von Peter L. Berger und Thomas Luckmann (1971), von dessen Titel Berger sich heute kokett distanzieren kann, indem er ihn zu einem „Hauptmissverständnis" erklärt, das den Welterfolg allerdings begründet habe.[1] Damit wollte er wohl andeuten, dass die Auswüchse eines die Realität verleugnenden radikalen Konstruktivismus, wie er in postmoderner Virtualitätshybris eine Zeit lang zur modischen Selbstverständlichkeit zu werden schien, nicht intendiert waren. (Inzwischen ist das durch eine neue, zuweilen wiederum mystifizierende Sakralisierung der Dinge abgelöst worden.)

Entscheidende weitere Anstöße erhielt diese Art einer neuartigen Wissens- und Praxisuntersuchung von Erving Goffman und Anselm Strauss, aber auch von den Ethnomethodologen und ihren, Alltagsroutinen verfremdenden, Krisenexperimenten. Ralf Bohnsack, der in Harold Garfinkel zurecht einen „Erben Mannheims" sieht, betont dabei den veränderten Blick und ein Interesse nicht nur an den, etwa „ideologischen", Inhalten (an dem, *was* gewusst wird), sondern an dem *Wie*, also an der Herstellung von Alltagsdeutungen und Weltbildern. Dabei wird ein wichtiger Aspekt Mannheims weitergeführt und methodisch konkretisiert, nämlich die Untersuchung von „dokumentarischem" und insbesondere dem historisch-„genetischen" Sinngehalt, in dessen Dienst Hintergrundfaktoren wie Generationslagerungen oder Milieuzusammenhänge stehen.

Die „Neue[n] Perspektiven der Wissenssoziologie" (Tänzler/Knoblauch/ Soeffner 2006) folgen diesem weithin rezipierten wissenssoziologischen Neuansatz, verbinden ihn jedoch noch enger mit einer sozialwissenschaftlichen Hermeneutik und dem Ziel eines „Verstehens des Verstehens" (Soeffner 1992b, S. 16; Tänzler/Knoblauch/Soeffner 2006a, S. 10), wie es durchaus auch für die Begründung der Geisteswissenschaften durch Wilhelm Dilthey (1979/1883) bereits leitend war. Kommunikation eröffnet hier die Möglichkeit einer Verbindung von grundlagentheoretischen Analysen und rekonstruktivem Verstehen von Wissens- und Handlungsformen (Luckmann 2006). Dabei ist die „Geschichtlichkeit" von Wissensbeständen eine der entscheidenden Prämissen, woraus sich dann eine „Komparatistik sozialer Wirklichkeitsentwürfe" (Soeffner 2006, S. 55) ergibt. In diesem Sinne kann Soziologie, wie Soeffner (der in Tübingen, dem Ort des feurigen Utopikers

---

1 Interview mit Peter L. Berger, geführt von Karl-Siegbert Rehberg, Joachim Fischer und Stephan Moebius, während des 30. Kongresses der Deutschen Gesellschaft für Soziologie am 13. Oktober 2010 in Frankfurt am Main im Rahmen des von der Fritz Thyssen Stiftung finanzierten Archivierungsprojektes „Audio-visueller Quellenfundus zur deutschen Soziologie seit 1945" (Videoaufnahme und Transkription sind noch nicht bearbeitet und deshalb zur Veröffentlichung noch nicht freigegeben).

Ernst Bloch, jedoch bei Walter Schulz mit einer Arbeit über Utopie promoviert worden ist) es formulierte, als „primär rückwärtsgewandte Prophetie" angesehen werden (Soeffner 2005, S. 103; Soeffner 2006, S. 55). Tatsächlich führt das zu historischen Studien als einem legitimen Teil empirischer Forschung in der Soziologie. Methodologisch ergeben sich daraus (auch der Schütz'schen Lebensweltverankerung wegen) subtile Methoden der Beobachtung bis hinein in Mikrostrukturen (ohne, dass das Ganze etwa als „Mikrosoziologie" von der gesamtgesellschaftlichen Analyse und einer grundlegenden Sozialtheorie abzutrennen wäre).

Das gilt auch für Soeffners Sozialhermeneutik, wie sie angeregt war durch den vornamens-gleichen Gadamer und eine methodische „Disziplinierung"[2] durch den Kommunikationswissenschaftler (man denke dabei nicht an die „Mainzer Schule"!) Gerold Ungeheuer erfuhr, der ihn vor jedem ‚Herauszaubern' irgendwelcher Interpretationen „aus der Hosentasche" bewahrt hatte oder gar vor der Stabilisierung eigener Interpretationen durch „reine Plausibilitätsgründe", obwohl wir im Alltag ja gerade so verfahren.

## Ritual- und Symboltheorie

### ‚Re-Sozialisierung' einer elementaren Sprech- und Textanalyse

Zweifelsfrei darf man in den subtilen Überlegungen zur lebensweltlichen Konstitution der sozialen Welt und den sich daran anschließenden, vom Sprechen und der Sprache, von kognitiven Einstellungen, Handlungsentwürfen und -vollzügen und der von Relevanzannahmen geleiteten Verschränkung von Intentionen und Wahrnehmungsperspektiven ausgehenden „Protosoziologie", wie Thomas Luckmann (2007) sie entwickelt hat, einen Fortschritt in der theoretisch-methodischen Erfassung des Menschen und seines Weltverhältnisses sehen. Und mit seinem Vorhaben, „kommunikative Gattungen" voneinander zu unterscheiden und zum Beispiel konversations-

---

2 Den methodischen Durchbruch (obwohl die wissenssoziologische Hermeneutik nicht Methode sein soll, allenfalls methodologische Reflexion) eröffnete eine Tagung in Essen (dem Ort auch seiner Habilitation), die 1977 dem Vergleich und der Kooperation „Interpretativer Verfahren" gewidmet war und an der etwa Konrad Ehlich, Jochen Rehbein, Michael Giesecke, Peter Gross, Ernest Hess-Lüttich, Bruno Hildenbrand, Ulrich Oevermann, Melvin Pollner, Fritz Schütze und Ruth Wodak-Leodolter teilnahmen. Es entsprach ein solches relativierendes und zugleich Beziehungen stiftendes Projekt nicht nur Soeffners Naturell, sondern ist auch in Zusammenhang zu sehen mit dem allgemeineren, in demselben Jahr von M. Rainer Lepsius als Vorsitzenden der DGS konzipierten und von Karl Otto Hondrich systematisierten „Theorievergleich" des 17. Soziologentages in Kassel.

analytisch empirisch zu erfassen, ist eine produktive Annäherung zwischen hermeneutischem Verstehen und den Strukturen der als sinnhaft erfassten Welt gelungen. Auch dabei öffnet die Verbindung zwischen Kommunikation und Handlung, vor allem in der Untersuchung von Lebensstilen, notwendig den Blick auch für Gruppenzusammenhänge (z. B. Soeffner 2005, S. 23–27).

Hans-Georg Soeffner zentriert seine kultursoziologischen Untersuchungen auf zwei Schlüsselphänomene: die Symbolhaftigkeit aller menschlichen Lebensvollzüge und die besondere Rolle von Ritualen, die sich gleichsam gegenseitig auslegen, denn Rituale sind symbolische Handlungsvollzüge in Reinform und verleihen zugleich den durch sie geschaffenen und verwendeten Symbolen eine prägnante Präsenz (Gumbrecht 2001; Rehberg 2001). Auch tendieren beide Aspekte auf Stilisierungen, bis hin zu festgelegten Verhaltensstilen und Habitualisierungen. All das wirkt – selbst noch nach durchgreifenden Entzauberungsprozessen – durchaus magisch (Rehberg 2014b, S. 211 und 220 und öfter). Eingebettet wird das in Luckmanns Unterscheidung unterschiedlicher Transzendierungsdimensionen, so dass alle Analysen einer „symbolischen Formung" (Soeffner 2010) auf Überschreitungsphänomene hinweisen, sogar noch auf ‚kleine' Außeralltäglichkeiten wie etwa die in der Flucht von Ruhrgebiets-Bergleuten beobachtbare Transzendierung in eine himmelsnahe Taubenzüchterlebenswelt, durch welche eine Gegenwirklichkeit zur ewigen Nacht der Schachtanlagen und Stollen gesucht wird (Soeffner 2010, S. 111–132).

Aus der Fülle der Beobachtungen und der Durchdringung auch noch episodischer Geschichten und einer noch in kleinsten Szenen auffindbaren Situationstypik entwickelt Soeffner auch durchaus Momente einer Zeitdeutung, womit eine Beziehung zur älteren, meines Erachtens nicht abgegoltenen, Wissenssoziologie hergestellt ist.

### Vom Kanon zur Performance

Wenn man entsprechend dem Selbstverständnis des Autors solche Studien auf die Fragestellung der älteren Wissenssoziologie bezieht, so geht es selbstverständlich in beiden Fällen immer um Wissen und Kommunikation. Aber es könnten in der Neuen Wissenssoziologie insgesamt und sogar in Soeffners Ausflügen in Gegenwelten, deren Kontrastreichtum er durch eine Mobilisierung von gebildeten und oft weit ausgreifenden historischen Sinnsetzungen gerade erst zur Wirkung bringt, doch ein grundlegender gesellschaftlicher Strukturwandel zum Ausdruck kommen: *Wissen* verweist immer auf einen Kanon, selbst wenn es in medial vermittelter Beweglichkeit erscheint, als ein ‚Gewusstes', dem häufig Kontexte und Entwicklungszusammenhänge verlorengegangen sind. Kanonische Formen des Wissens werden oft mit herrschaftlicher, etwa auch priesterlich-dogmenstiftender Attitüde durchgesetzt und sind schon deshalb umkämpft. Das gilt auch für Wissensordnungen der Bildung und des kulturellen Gedächtnisses, wie sie in der Bundesrepublik etwa im Rahmen der Schul- und Curricularreformen der 1960er und 1970er Jahre auf den Prüfstand gestellt wurden. Und inzwischen konnte man sehen, dass aus dem Zerbrechen von Wissensordnungen eben auch schon wieder neue aufsteigen. Nach der scheinbaren Verabschiedung ‚gültiger' Wissensbestände sah man bald die Rückkehr beispielsweise in den literarischen Neu-Kanonisierungen, wie sie etwa durch Marcel Reich-Ranicki mit Breitenwirkung propagiert wurden. Und bald folgte dann auch, was als „Bildung" in einem einzigen Band präsentierbar war (Schwanitz 2002).

An solche Ordnungen ist der Wissensbegriff implizit gebunden, während *Kommunikation* von jeder Kanonvermutung entlasten kann. So kommt es zu einem dominanten Wechsel auch des analytischen Interesses von fester gefügten Wissensformen (beispielsweise auch politisch umschreibbaren Ideologemen) zu offenen Entstehungsprozessen der Wissensvernetzung, Wissensgenerierung und allen dynamischen Formen des Ausdrucks, des Sich-Äußerns oder der Selbstdarstellung.

Mit alledem, sowohl den grundlegend sozialtheoretischen Reflexionen als auch einer Hermeneutik, die ihr reiches Material in alltagsweltlichen Situationen findet, wurde eine Subtilisierung der soziologischen Beobachtung erreicht, die facettenreich und mit ethnographischen Varianten die Fülle des sozialen Lebens zeigt und interpretiert.

Daraus kann aber auch eine Rechtfertigung dafür entstehen, die wissenssoziologische Aufmerksamkeit von den ‚Zentren' in die Peripherien individueller und kleingruppenbezogener Lebenswelten zu verlagern. Gleichwohl existieren gesellschaftliche und oft durch die Globalität kommunikativer Vernetzungen mitgeprägte Ideologeme, welche eine gesamtgesellschaftlich orientierte wissenssoziologische Analyse, einschließlich der Zurechnung bestimmter Denkstile zu benennbaren Trägergruppen, nach wie vor notwendig macht. Beispiele wären heute etwa Subjekt-Konstruktionen, wie sie in der zynischen Formel von der „Ich-AG" zum Ausdruck kommen, in der die Bezeichnung für die größten Kapitalgesellschaften auf die prekärsten individuellen Schicksale angewandt wird. Vergleichbare Phänomene werden auch in Studien über die Netzwerkideologie (Boltanski/ Chiapello 2003) oder das „unternehmerische Selbst" (Bröckling 2007) durchaus wissenssoziologisch behandelt.

Es lässt sich derlei aber auch wiederum von einzelnen Handlungstypen und Selbststilisierungsformeln her untersuchen. Ein Meisterstück einer von Verhaltensbeobachtungen ausgehenden und zugleich durchaus wissenssoziologischen Analyse liefert Soeffner (1992c) in seiner Darstellung der als „Geschwister" erscheinenden (politischen) Persönlichkeitstypen des Charismatikers einerseits und des Populisten andererseits. Beide verbinde eine „verborgene, pikante unheimliche Allianz zwischen Persönlichkeiten des öffentlichen Lebens" und unterschiedlichen Publika. Beide aktionsorientierten Selbststilisierungen finden ihre Chance, wo „Amtscharisma" mit seinen aus der Tradition entwickelten Legitimationsgründen geschwächt ist. Während der Charismatiker – wie der im 7. Kapitel des *Contrat Social* nach antikem Vorbild entworfene (und noch auf Kant wirkende) „Gesetzgeber" Jean-Jacques Rousseaus (1977/1762, S. 99–104) – eine neue Ordnung imaginiert, muss sich der Populist zwar den „Anschein des Charismatischen" geben, ist jedoch ein „soziales Chamäleon", das auf vielen Hochzeiten tanzt und sich an Stimmungen anzupassen weiß (Soeffner 1992c, S. 179). Er muss „zusammengeflickte Vielfalt" bieten, wo der Charismatiker den seherischen Ernst so weit treibt, dass dieser in Lächerlichkeit umschlagen kann (Soeffner 1992c, S. 197). Zwar hatte Soeffner mithilfe dieses Begriffspaars Rituale der deutsch-französischen und später der deutsch-polnischen Versöhnung symboltheoretisch durchleuchtet. Dabei kam er aber durchaus zu einer umfassenderen Typologie inszenierter Eindrücklichkeit, wie sie für die Rekrutierung einer Gefolgschaft ebenso wichtig ist wie für die (scheinbare) Aufhebung des alltäglichen Dahinlebens.

### Angst vor dem Institutionellen?

Alle Wahrnehmungen der heutigen Welt in ihrer – wie auch Soeffner Habermas (1985) zitiert – „Unübersichtlichkeit", in ihren Ambivalenzen und Synkretismen, wie sie in einer blühenden Literatur über das „Hybride" präsent sind, könnten bei aller phänomenologischen Sensibilität für derartige Phänomene durchaus der Grund dafür sein, dass zumeist – übrigens ganz anders als im berühmten Buch von Berger und Luckmann (1971, S. 84–98) – die Institutionenkategorie umgangen wird, weil sie – wie ähnlich bei Mead (1973/1934, S. 307–320) – vor allem an „oppressive, stereotype und ultrakonservative" Formen denken lässt. Das führt oft zu einer Begriffsvermeidung, um sich von den damit verbundenen Ordnungsansprüchen zu distanzieren. Die äußerst anregende und in der Darstellung der Genese von institutionellen Verpflichtungen, also gerade auch von Riten und gemeinschaftlichen Handlungsverschränkungen ausgehende, Institutionenlehre Arnold Gehlens mag das für die deutsche Diskussion verschärft haben, weil sein (die eigenen Forschungen oftmals sogar konterkarierender) institutionalistischer Konservatismus genau solche Affekte bestärkt. Nicht unähnlich den „Frankfurtern" wird auch bei Soeffner latent eine schon im Begriff festgeschriebene Gegenposition zu aufgeklärter Modernität befürchtet, kann man demgegenüber fluide Begrifflichkeiten absolut setzen, weil man – mit Adorno (1969, S. 75) zu sprechen – jeder „Verdinglichung" entgehen will.

Aber Rituale, von den kleinsten Wiederholungsfestlegungen bis zu den großen Zeremonien, sind mit Institutionalisierungsprozessen notwendig verbunden, weshalb ich für die institutionelle Analyse empfehle, nicht vom monolithischen Begriff der „Institution" auszugehen, sondern von spezifischen „institutionellen Mechanismen", die in jeder sozialen Beziehung (von Paarbeziehungen bis zu Weltorganisationen) zu deren Verstetigung zu beobachten sind (Rehberg 2014b).

Soeffner (2010, S. 59) hat nicht ohne ironisches Befremden die Gründe vieler Ordnungstheoreme (wie sie etwa von Thomas Hobbes über Durkheim bis zu Gehlen formuliert worden sind) in den oft tiefen Ängsten vor der Unordnung gesehen. Dabei werde verkannt, in welcher Weise für soziales Handeln „die Empfindung oder Wahrnehmung von Ordnung und Unordnung gleich grundlegend" sind (Soeffner 2010, S. 60). Aber gerade deshalb wären Institutionen eben nicht als festgefügte Gebilde zu verstehen, vielmehr als Spannungsstabilisierungen (Gehlen 2004/1956, S. 88–96; Rehberg 2014b, S. 189 und öfter).

Jedenfalls ist das berechtigte Interesse an Formen der Unordnung, der Entformung, des Formenwandels ein Grund, warum Soeffner das Repertoire seiner kultursoziologischen Begriffe zur hermeneutischen Entschlüsselung von Praktiken und Vorstellungsinhalten gerne an ‚Virtuosen der Abweichung', etwa an Punks (Soeffner 1992a) oder anderen widerborstigen Jugendsubkulturen bewährt.

Institutionelle Analysen erweisen sich als Hilfsmittel für eine historische Komparatistik (wie sie auch Soeffner vielfältig durchgeführt hat), weil sie Modelle der Transformationen entwickelt, statt den großen Bruch zwischen Vormoderne und Moderne zu behaupten und konzeptionell zu dramatisieren. Das zeigt sich auch in seiner Diskussion über die Aktualität von Ritualen: Anders als Mary Douglas, sieht er in den heutigen Gesellschaften nicht nur das Antiritualistische, d. h. Sozialbeziehungen, in denen jeder (auch politische) „Ritualismus" als ‚oberflächlich' und ‚zwanghaft' bekämpft wird (Soeffner 2010, S. 54 und S. 133 f.), während in den frühen, d. h. ‚rituellen' Gesellschaften die Bedeutungstiefe eines durch Wiederholung regelhaft eingeschliffenen Zusammenhandelns (etwa in Ritualtänzen) dominant gewesen sei, samt einer – wie Gehlen (2004/1956, S. 156–163) gut sah – dadurch sich einstellenden „unbestimmten Verpflichtung". Soeffner bezieht sich dabei auch auf die Interaktionsanalysen von Erving Goffman, denn dieser Theoretiker der Rekonstruktion des Zustandekommens und In-Geltung-Haltens von Regeln hat gezeigt, in welchem Maße es in den modernen Gesellschaften einen „weitgehend undurchschauten Ritualismus", sogar noch der Ritualabwehr gibt (Soeffner 2010, S. 54 f.). Auch hier zeigt der historisch vergleichende Blick selbstverständlich gewichtige Unterschiede, aber eben auch Gemeinsamkeiten, die jedoch nie ohne Transformationsprozesse zu denken sind. So beobachtet Soeffner (2010, S. 56 f.), dass Rituale in pluralistischen Gesellschaften „die Kluft zwischen den Individuen und ihren ‚kleinen Lebenswelten' einerseits und den großen gesellschaftlichen (staatlichen) Institutionen andererseits" nur in geringem Maße noch „zu schließen" in der Lage seien.

Obwohl Soeffner (1992b, S. 8 f.) davon ausgeht, dass „tradierte Ordnungsgitter" und (wie bei Luhmann hätte es auch hier genauer heißen sollen: ständische) „Stratifizierungen" seit dem sechzehnten, besonders aber seit dem Ende des achtzehnten Jahrhundert – wie das ja auch zur „Sattelzeit"-These Reinhart Kosellecks (1972, S. XV) passt – an Wert verloren hätten, gebe es auch heute noch „Insignien", in welchen sich „die Zugehörigkeit zu kollektiven Lebens- und Werthaltungen" zeigten. Im Ritus wird die Form selbst zum Inhalt (Soeffner 1992b, S. 11) und entsteht aus – mit Gehlen (2004/1956, S. 181) zu sprechen –„darstellendem Verhalten" eine „Ordnung des Handelns", die symbolisch aufbewahrt wiederum in andere Zusammenhänge transformiert werden kann.

### Horizontverschmelzungen[3]

Unabhängig von möglichen Einwänden im Detail, liegt in der Verbindung von Hermeneutik mit einem ethnographischen Blick und der Erweiterung der Handlungsebene auf Gruppenzusammenhänge die entscheidende Innovation der Neuen Wissenssoziologie und des Soeffner'schen Ansatzes. Gerade in soziologischen Diskussionen, besonders in manch überflüssiger Feindsetzung zwischen unterschiedlichen Paradigma-Gruppen, kennt man den Einwand, Verstehen sei unkontrollierbar, Hermeneutik nichts als jener Zirkel, dem sie das treffende Adjektiv lieh. In der Frage der „Unbestimmtheit" von Interpretationen (ebenso wie im Konflikt um die legitime Pluralität von theoretischen und methodischen Ansätzen) betont Soeffner durchgängig die „Optionalität" und Ambivalenz menschlichen Handelns, der damit verbundenen Äußerungen und Selbstauslegungen, aber ebenso der Symbole und aller durch sie vermittelten Ordnungszusammenhänge. Er findet gerade darin das „wirklich Faszinierende" an allen „Menschheitsentwürfen" und dies auch in der heutigen „Globalkultur", in der „Vielfalt", in „neuen Bündnissen, überraschenden Überschneidungen und Wahlverwandtschaften", ebenso in „Konkurrenz, Kampf und Antago-

---

3 Zu dieser Anspielung: Gadamer 1965, S. 356 und 359.

nismen" (Soeffner 2006, S. 64). Übrigens konstatiert er das keineswegs nur für Spannungen zwischen symbolischen Formen, sondern durchaus im Sinne der Mannheim'schen Fragestellungen für diejenigen Gruppierungen, „die sich über solche Formen interpretieren bzw. ein- und ausgrenzen". Damit zeigt der Konstanzer Wissenssoziologe, der Soeffner auch ist, Wege einer Verbindung auf zwischen der mit dem Namen eben dieser Universität verbundenen Weiterentwicklung soziologischer Wissensanalyse und den umfassenderen Ansprüchen des Mannheim'schen Ansatzes. In einer Verbindung beider Positionen ließe sich dann die oft zu beobachtende Tendenz wohl vermeiden, alle Fragen nach Trägergruppen und Interessenkonstellationen unter der ‚postmodernen' Suggestionskraft Luhmann'scher (Rehberg 2005) und poststrukturalistischer Personenauflösungen sozusagen in bloßen Semantik- und Diskursbeobachtungen verdampfen zu lassen.

## Literatur

Adorno, Th. W. (1969): Einleitung. In: Adorno, Th. W. u. a.: Der Positivismusstreit in der deutschen Soziologie. Neuwied/Berlin: Luchterhand, S. 7–79.
Adorno, Th. W. (1977/1937): Das Bewußtsein der Wissenssoziologie. In: Adorno, Th. W.: Gesammelte Schriften. Bd. 10.1: Kulturkritik und Gesellschaft I. Prismen, Ohne Leitbild. Frankfurt am Main: Suhrkamp, S. 31–46.
Bacon, F. (1902/1620): Novum Organum (hgg. von J. Devey). New York: Collier.
Berger, P. L./Luckmann, Th. (1971): Die gesellschaftliche Konstruktion der Wirklichkeit. Eine Theorie der Wissenssoziologie. Frankfurt am Main: Fischer.
Boltanski, L./Chiapello, È. (2003): Der neue Geist des Kapitalismus. Konstanz: UVK.
Bröckling, U. (2007): Das unternehmerische Selbst. Soziologie einer Subjektivierungsform. Frankfurt am Main: Suhrkamp.
Curtius, E. R. (1982/1929): Soziologie – und ihre Grenzen. In: Meja/Stehr, S. 417–426.
Dilthey, W. (1979/1883): Einleitung in die Geisteswissenschaften. Versuch einer Grundlegung für das Studium der Gesellschaft und der Geschichte. 8., unv. Auflage. Stuttgart: Teubner/Göttingen: Vandenhoeck & Ruprecht.
Elias, N. (1970): Was ist Soziologie? München: Juventa.
Gadamer, H.-G. (1965): Wahrheit und Methode. Grundzüge einer philosophischen Hermeneutik. Tübingen: Mohr Siebeck.
Gehlen, A. (2004/1956): Urmensch und Spätkultur. Philosophische Ergebnisse und Aussagen. 6. Auflage (hgg. von K.-S. Rehberg). Frankfurt am Main: Klostermann.
Gleichmann, P. R./Goudsblom, J./Korte, H. (Hrsg.) (1977): Human Figurations. Essays for/Aufsätze für Norbert Elias [zum 80. Geburtstag]. Amsterdam: Amsterdams SociologischTijdschrift.
Gumbrecht, H. U. (2001): Ten Brief Reflections on Institutions and Re/Presentation. In: Melville, S. 69–74.
Habermas, J. (1985): Kleine politische Schriften. Bd. 5: Die neue Unübersichtlichkeit. Frankfurt am Main: Suhrkamp.

Hitzler, R./Honer, A. (2013/1988): Reparatur und Repräsentation. Zur Inszenierung des Alltags durch Do-It-Yourself. In: Moebius, St./Albrecht, C. (Hrsg.): Kultur-Soziologie. Klassische Texte der neueren deutschen Kultursoziologie. Wiesbaden: Springer VS, S. 429–450.

Hitzler, R./Honer, A./Pfadenhauer, M. (Hrsg.) (2008): Posttraditionale Gemeinschaften. Theoretische und ethnografische Bestimmungen. Wiesbaden: VS.

Hitzler, R./Reichertz, J./Schröer, N. (Hrsg.) (1999): Hermeneutische Wissenssoziologie. Konstanz: UVK.

Horkheimer, M. (1982/1930): Ein neuer Ideologiebegriff? In: Meja/Stehr, S. 474–514.

Humboldt, W. von (1963): Werke. Bd. III: Schriften zur Sprachphilosophie. Stuttgart: Cotta.

Kant, I. (1784): Beantwortung der Frage: Was ist Aufklärung? In: Berlinische Monatsschrift, H. 12, S. 481–494.

Koselleck, R. (1972): Einleitung. In: Brunner, O./Conze, W./Koselleck, R. (Hrsg.): Geschichtliche Grundbegriffe. Historisches Lexikon zur politisch-sozialen Sprache in Deutschland. Stuttgart: Klett, S. XIII–XXVII.

Luckmann, Th. (2006): Die kommunikative Konstruktion der Wirklichkeit. In: Tänzler/Knoblauch/Soeffner 2006, S. 14–26.

Luckmann, Th. (2007): Lebenswelt, Identität und Gesellschaft. Schriften zur Wissens- und Protosoziologie (hgg. von J. Dreher). Konstanz: UVK.

Luhmann, N. (1980): Gesellschaftsstruktur und Semantik. Studien zur Wissenssoziologie der modernen Gesellschaft. Bd. 1. Frankfurt am Main: Suhrkamp.

Luhmann, N. (1982): Liebe als Passion. Zur Codierung von Intimität. Frankfurt am Main: Suhrkamp.

Mannheim, K. (1959/1931): Wissenssoziologie. In: Vierkandt, A. (Hrsg.): Handwörterbuch der Soziologie. Stuttgart: Enke, S. 659–680.

Mannheim, K. (1964/1923): Beiträge zur Theorie der Weltanschauungs-Interpretation. In: Mannheim, K.: Wissenssoziologie. Auswahl aus dem Werk (hgg. von K. H. Wolff). Berlin/Neuwied: Luchterhand, S. 91–154.

Mannheim, K. (1984/1926): Konservatismus. Ein Beitrag zur Soziologie des Wissens (hgg. von Kettler, D./V. Meja/N. Stehr). Frankfurt am Main: Suhrkamp.

Marcuse, H. (1982/1929): Zur Wahrheitsproblematik der soziologischen Methode. In: Meja/Stehr, S. 459–473.

Mead, G. H. (1973/1934): Geist, Identität und Gesellschaft. Frankfurt am Main: Suhrkamp.

Meja, V./Stehr, N. (Hrsg.) (1982): Der Streit um die Wissenssoziologie. 2 Teilbände. Frankfurt am Main: Suhrkamp.

Melville, G. (Hrsg.) (2001): Institutionalität und Symbolisierung. Verstetigungen kultureller Ordnungsmuster in Vergangenheit und Gegenwart. Köln/Weimar/Wien: Böhlau.

Rehberg, K.-S. (2001): Weltrepräsentanz und Verkörperung. Institutionelle Analyse und Symboltheorien. Eine Einführung in systematische Absicht. In: Melville, S. 3–49.

Rehberg, K.-S. (2004): Hermeneutik als Lebensentwurf. Grußwort des Vorsitzenden der Deutschen Gesellschaft für Soziologie. In: Reichertz, J./Honer, A./Schneider, W. (Hrsg.): Hermeneutik der Kulturen – Kulturen der Hermeneutik. Zum 65. Geburtstag von Hans-Georg Soeffner. Konstanz: UVK, S. 9–11.

Rehberg, K.-S. (2005): Konservativismus in postmodernen Zeiten: Niklas Luhmann. In: Burkart, G./Runkel, G. (Hrsg.): Funktionssysteme der Gesellschaft. Beiträge zur Systemtheorie von Niklas Luhmann. Wiesbaden: VS, S. 285–309.

Rehberg, K.-S. (2012): Institutionelle Analyse als historische Komparatistik. Zusammenfassung der theoretischen und methodologischen Grundlagen und Hauptergebnisse des Sonderforschungsbereiches 537 „Institutionalität und Geschichtlichkeit". In: Melville, G./Rehberg, K.-S. (Hrsg.): Dimensionen institutioneller Macht. Fallstudien von der Antike bis zur Gegenwart. Köln/Weimar/Wien: Böhlau, S. 417–443.

Rehberg, K.-S. (2014a): Handeln und Handlung. In: Müller, H.-P./Sigmund S. (Hrsg.): Max Weber-Handbuch. Leben – Werk – Wirkung. Stuttgart/Weimar: Metzler.

Rehberg, K.-S. (2014b): Symbolische Ordnungen. Beiträge zu einer soziologischen Theorie der Institutionen (hgg. von H. Vorländer). Baden-Baden: Nomos.

Rousseau, J.-J. (1977/1762): Vom Gesellschaftsvertrag oder Prinzipien des Staatsrechtes. In: Ders.: Politische Schriften. Bd. 1 (hgg. von L. Schmidts). Paderborn: Schöning/ UTB, S. 59–208.

Scheler, M. (1976/1927): Der Mensch im Weltalter des Ausgleichs. In: Ders.: Gesammelte Werke. Bd. 9 (hgg. von M. S. Frings). Bern/München: Francke, S. 145–170.

Schütz, A. (1974/1932): Der sinnhafte Aufbau der sozialen Welt. Eine Einleitung in die verstehende Soziologie. Frankfurt am Main: Suhrkamp.

Schütz, A./Luckmann, Th. (1975): Strukturen der Lebenswelt. Neuwied/Darmstadt: Luchterhand.

Schütz, A./Luckmann, Th. (1984): Strukturen der Lebenswelt. Bd. 2. Frankfurt am Main: Suhrkamp.

Schütz, A./Parsons, T. (1977): Zur Theorie sozialen Handelns. Ein Briefwechsel (hgg. von W. M. Sprondel). Frankfurt am Main: Suhrkamp.

Schwanitz, Dietrich (2002): Bildung. Alles was man wissen muß. München: Goldmann.

Soeffner, H.-G. (1988): Kulturmythos und kulturelle Realität(en). In: Soeffner, H.-G. (Hrsg.): Kultur und Alltag. Göttingen: Schwartz, S. 3–20.

Soeffner, H.-G. (1992): Die Ordnung der Rituale. Die Auslegung des Alltags 2. Frankfurt am Main: Suhrkamp.

Soeffner, H.-G. (1992a): Stil und Stilisierung. Punk oder die Überhöhung des Alltags. In: Ders. 1992, S. 76–101.

Soeffner, H.-G. (1992b): Vorwort. In: Soeffner. 1992, S. 7–19.

Soeffner, H.-G. (1992c): Populistische Inszenierungen. In: Soeffner. 1992, S. 177–202.

Soeffner, H.-G./Reichertz, J. (2004): Das Handlungsrepertoire von Gesellschaften erweitern. Hans-Georg Soeffner im Gespräch mit Jo Reichertz. Forum Qualitative Sozialforschung/Forum Qualitative Social Research 5, Heft 3, Art. 29.

Soeffner, H.-G. (2005): Zeitbilder. Versuche über Glück, Lebensstil, Gewalt und Schuld. Frankfurt am Main/New York: Campus.

Soeffner, H.-G. (2006): Wissenssoziologie und sozialwissenschaftliche Hermeneutik sozialer Sinnwelten. In: Tänzler/Knoblauch/Soeffner 2006, S. 51–78.

Soeffner, H.-G. (2010): Symbolische Formung. Eine Soziologie des Symbols und des Rituals. Weilerswist: Velbrück.

Tänzler, D./Knoblauch, H./Soeffner, H.-G. (Hrsg.) (2006): Neue Perspektiven der Wissenssoziologie. Konstanz: UVK.

Tänzler, D./Knoblauch, H./Soeffner, H.-G. (2006a): Einleitung. In: Tänzler u.a.: 2006, S. 7–14.

Weber, M. (1963/1920): Zwischenbetrachtung. Theorie der Stufen und Richtungen religiöser Weltablehnung. In: Ders.: Gesammelte Aufsätze zur Religionssoziologie. Bd. I. 5., photomech. gedr. Auflage. Tübingen: Mohr Siebeck, S. 536–573.

Weber, M. (1992/1917): Wissenschaft als Beruf. In: Weber, M.: Gesamtausgabe. Bd. I/17: Wissenschaft als Beruf. Politik als Beruf (hgg. von W.J. Mommsen/W. Schluchter). Tübingen: Mohr Siebeck, S. 71–111.

Wittfogel, K. A. (1982/1931): Wissen und Gesellschaft. In: Meja/Stehr, S. 594–615.

**Soziologisches**

Peter A. Berger

# Von Texten und Bildern
Die Versozialwissenschaftlichung
von Gesellschaftsbildern[1]

## Sozialreportagen, Ungleichheitssemantiken, Versozialwissenschaftlichung

In dem von Hans-Georg Soeffner im Jahre 1988 herausgegebenen, sechsten Sonderband der Sozialen Welt mit dem Titel „Kultur und Alltag" findet sich ein Text von Heinz Hartmann (1988) zu „Sozialreportagen und Gesellschaftsbild", der mit den Worten beginnt: „Welches Bild soll ich mir von ‚Gesellschaft' machen? Wo finde ich Antwort auf scheinbar einfache Fragen, die jeder sich regelmäßig stellt: Was ist üblich? Wie machen es die anderen?" Die Frage nach dem „*Bild*" von Gesellschaft blieb dabei zwar in der Schwebe zwischen einem eher handlungstheoretischen Blick auf Erwartungsmuster und einem strukturtheoretischen Blick auf „Gesellschaftsbilder" in der Tradition von Heinrich Popitz, Hans-Paul Bahrdt u.a. (Popitz et al. 1957). In Anlehnung an Ulrich Becks viel diskutierte Individualisierungsthese (Beck 1983 und 1986; auch Berger 1996; Berger/Hitzler 2010) hielt Hartmann allerdings unmissverständlich fest, dass die Zeiten „in denen unser Gesellschaftsbild durch Instanzen mit verbindlicher Definitionsmacht relativ fertig vorgegeben wurde" lange vorbei seien, was auf den „schwindenden Einfluss von Partei und Gewerkschaft, von Kirche und Klasse" auf die „Deutung der sozialen Position" zurück zu führen sei.

In Auseinandersetzung mit Klassen- und Schichtkonzepten (Berger 1986 und 1987) und meiner Erinnerung nach von Hartmanns Text allenfalls indi-

---

[1] Dieser Text ist Hans-Georg Soeffner zum 75. Geburtstag gewidmet – in Dankbarkeit für die hervorragende Zusammenarbeit im Vorstand der Deutschen Gesellschaft für Soziologie, die in eine Freundschaft mündete. Der mittlere Teil entstammt in überarbeiteter und gekürzter Form einem Beitrag, der im Auftaktband des Rostocker DFG-Graduiertenkollegs „Deutungsmacht: Religion und belief systems in Deutungsmachtkonflikten" erschienen ist (Berger 2014).

rekt[2] beeinflusst, begann ich zur gleichen Zeit, mir ein paar eigene Gedanken zur Eigenlogik und -dynamik von „Ungleichheitssemantiken" zu machen (Berger 1988 und 1989). Diese im Unterschied zu Hartmanns material gesättigtem Text[3] abstrakt bleibenden Überlegungen waren außer von klassischen Studien zu „Gesellschaftsbildern" (Popitz et al. 1957) oder zur „Klassenstruktur im sozialen Bewusstsein" (Ossowski 1972) angeregt durch wissenssoziologische und phänomenologische Ansätze – von Karl Mannheim und Alfred Schütz bis zu Peter L. Berger und Thomas Luckmann. Zusätzliche Motivation fanden sie in Niklas Luhmanns Arbeiten zu „Gesellschaftsstruktur und Semantik" (1980 ff.) und in Pierre Bourdieus (1989) Konzept des „Habitus", mit dem dieser ja nicht nur, wie manche verkürzten Rezeptionen bis heute nahelegen, (statistische) Zusammenhänge zwischen Positionen, die Menschen im „sozialen Raum" einnehmen, und ihren Lebensstilen fassen wollte. Vielmehr betonte Bourdieu immer wieder nachdrücklich, dass Bewertungen und Klassifikationen sozialer Praktiken, mithin die Wahrnehmung und Wahrnehmbarkeit sozialer „Strukturen", untrennbar mit *„symbolischen Auseinandersetzungen"* verbunden und durch sie geformt sind (Barlösius 2005). Dieses weniger substantialistische als vielmehr (sozial-)konstruktivistische Verständnis von Habitus, das sich aus einer sowohl mit Bourdieu als auch mit Luhmann einnehmbaren Beobachterperspektive „zweiter Ordnung" ergibt, stimmt im übrigen mit einer von Hans-Georg Soeffner (2010) in Auseinandersetzung mit Georg Simmel entwickelten Auffassung von (Lebens-)Stil überein: Danach entsteht ein Lebensstil nicht allein (oder vielleicht nicht einmal hauptsächlich) in Abhängigkeit von Ressourcen oder Kapitalien, sondern er wird in einer Gesellschaft „von Beobachtern und Beobachteten, von Deutenden und Gedeuteten, von Interpreten und Interpretierten" ebenso, wenn nicht sogar mehr, von „bestätigenden oder ergänzenden Interpretationen der Beobachter und Interpreten" (Soeffner 2010, S. 89) hervorgebracht.

Mit meinen Überlegungen zu Ungleichheitssemantiken, die in die Zeit eines beginnenden Aufschwungs der Lebensstil- und Milieuforschung in (West-)Deutschland fielen, wollte ich die Aufmerksamkeit der Sozialstrukturforschung auf einen in längerfristig angelegten Analysen zum „Bedeutungswandel" sozialer Ungleichheit eingelassenen *„hermeneutischen Zirkel"* lenken[4]: „Neue" soziologische Konzepte, wie etwa Lagen-, Lebensstil- und

---

2   Heinz Hartmann war Mitherausgeber der Sozialen Welt, ich selbst zu dieser Zeit deren Redakteur.
3   Empirische Referenz war bei Hartmann (1988) insbesondere das damals populäre Buch „Ganz unten" von Günter Wallraff (1985).
4   Ein sehr viel gründlicher durchdachtes und präziser ausgearbeitetes Verständnis einer „sozialwissenschaftlichen Hermeneutik" findet sich bei Soeffner 2004a und 2004 b.

Milieumodelle, können ja als orientierende „Theorien" beispielsweise in die Geschichtswissenschaft eindringen, dort durch die Verwendung differenzierterer Beschreibungsschemata und Daten „neue" Ergebnisse erbringen, die dann wiederum Veränderungen der theoretischen Raster auslösen. Gesellschaftliche (Selbst-)Beschreibungen nach dem Muster „nivellierte Mittelstandsgesellschaft" (Schelsky 1965a und 1965b), „plural differenzierte, mittelschichtsdominierte Wohlstandsgesellschaft" (Bolte 1990), „Erlebnisgesellschaft" (Schulze 1992) – um hier nur einige Beispiele zu nennen –, ergeben sich aus dieser Perspektive dann nicht länger gleichsam „von selbst" aus empirisch getreu nachzeichenbaren Veränderungen „objektiver" (Verteilungs-)Verhältnisse. Jenseits wissenssoziologisch „eindimensionaler" Vorstellungen sozialer Struktur(beschreibung)en, die sich häufig allzu schnell auf die „Objektivität" amtlicher oder nichtamtlicher Massendaten verlassen, sollte damit der Blick zugleich auf das Ausmaß gelenkt werden, in dem Konzepte und „Bilder" aus den Sozial- und Kulturwissenschaften, aber auch aus den Wirtschafts- und Geschichtswissenschaften mittlerweile in „Auslegungen des Alltags" und den „Alltag der Auslegung" (Soeffner 2004) eingedrungen und dort mitunter fest verankert sind.

Eine ähnliche Beobachtung beschäftigte anscheinend auch schon Ulrich Oevermann in seinem Text „Zur Analyse der Struktur von sozialen Deutungsmustern" (Oevermann 2001a/1973).[5] *Soziale Deutungsmuster* werden darin bestimmt als „in sich nach allgemeinen Konsistenzregeln strukturierte Argumentationszusammenhänge", die „ihre je eigene ‚Logik', ihre je eigenen Kriterien der ‚Vernünftigkeit' und ‚Gültigkeit' haben" (Oevermann 2001a/1973, S. 5). Sie erscheinen nicht als „erkenntnisanthropologisch universelle Strukturen", sondern als „entwicklungsoffen" und „historisch wandelbare, je ‚unfertige' Systeme" (Oevermann 2001a/1973, S. 8f.). Max Webers Analysen einer voranschreitenden „Rationalisierung" folgend, müsse man daher bei der Analyse von Deutungsmustern auch auf das „eigentümliche zirkuläre Verhältnis von Wissenschaft und Alltagsdeutung" stoßen. Und daher solle man auch mit einer zunehmenden „Versozialwissenschaftlichung von Alltagspraxis" (Overmann 2001a/1973, S. 9f.) oder, wie er dies im „Versuch ei-

---

5 Dieser maschinenschriftliche, gleichwohl viel zitierte Text zirkulierte lange Zeit nur als „graues Papier" und ist erst seit 2001 in gedruckter Form allgemein zugänglich. Zum wissenschaftsbiografischen Hintergrund merkt Oevermann (2001b, S. 37) an: „Der Ausdruck ‚Deutungsmuster' war mir aus meiner ‚Sozialisation' als Soziologe in meiner Münchener und Mannheimer Zeit bei Emerich K. Francis und Rainer M. Lepsius geläufig. Darin war viel von ‚gedachter Ordnung' in der Gesellschaft die Rede und soweit ich mich erinnere gebrauchte Lepsius in seiner leider unveröffentlichten Habilitationsschrift über die Theorie sozialer Schichtung analog dazu den Ausdruck ‚Deutungsmuster'."

ner Aktualisierung" aus dem Jahr 2001 nennt, mit einer „Szientifizierung des Alltagswissens" (Oevermann 2001b, S. 71 ff.), rechnen.

Die Idee der „*Versozialwissenschaftlichung*"[6] soll nun hier, durchaus im Sinne Oevermanns, der seine Begrifflichkeit ja ursprünglich als Vorbereitung für eine – anscheinend nie zustande gekommene – „empirische Untersuchung" von „Lehrmaterialien und Lernzielkatalogen im Sozialkundeunterricht" verstand (Oevermann (2001a/1973, S. 3), anhand einiger „*Bilder*" sozialer Strukturen veranschaulicht werden. Zunächst soll aber exemplarisch verdeutlicht werden, welche Spuren einer Ver(sozial)wissenschaftlichung sich in *textbasierten* hermeneutischen Analysen finden lassen.

## „Texte": Analysen von Deutungsmustern sozialer Ungleichheit

So kann etwa Patrick Sachweh (2009 und 2011) auf der Grundlage „diskursiver" Interviews Grundzüge ungleichheitsbezogener Deutungsmuster rekonstruieren, wobei deren „gemeinsamer Kern" in der Vorstellung von „Ungleichheit als unabänderliche, mit der menschlichen Existenz eng verbundene Tatsache und damit als eine unausweichliche Begleiterscheinung gesellschaftlicher Ordnung" (Sachweh 2011, S. 575) besteht. Die für das europäische Denken und insbesondere die Soziologie konstitutive Einsicht in die „Konstruiertheit gesellschaftlicher Strukturen" wird darin freilich negiert, womit sich die Befragten anscheinend auch dem Druck zur normativen Rechtfertigung sozialer Ungleichheit entziehen und zugleich von Deutungen, die den Zusammenhang zwischen sozialer Herkunft und Ungleichheit in den Blick nehmen, absetzen können.

Zumindest im Sinne von auch in der Alltagspraxis nicht von vornherein ausgeschlossenen, (meta-)theoretischen Reflexionen auf den „Konstruktcharakter" gesellschaftlicher Ordnungen scheint in diesen Fällen also eine „Versozialwissenschaftlichung" des Alltagsdenkens eher gering ausgeprägt. Das ist anders bei der zweiten Gruppe von auf die „*Herkunftsbedingtheit sozialer Ungleichheit*" (Sachweh 2011, S. 576) verweisenden Deutungsmustern, bei denen die Interviewten wenigstens rudimentäre Vorstellungen einer (historischen und sozialen) Genese sozialer Ungleichheit entwickeln.

Neben einer zumindest vagen Vorstellung einer sozialen Bedingtheit sozialer Ungleichheiten, die durchaus als Moment einer „Versozialwissen-

---

6 Die Idee einer „Versozialwissenschaftlichung" wurde dann zu Beginn der 1980er Jahre vor allem im Kontext der von Ulrich Beck initiierten „Verwendungsforschung" aufgegriffen und entfaltet (Beck 1982).

schaftlichung" gedeutet werden kann, sind dabei auch Hinweise auf eine gewisse „Standortgebundenheit" (Mannheim 1969) der Wahrnehmungen und Deutungen zu erkennen.[7] Diese lassen sich freilich nicht nur an der Position in einem hierarchisch strukturierten sozialen Raum, sondern beispielsweise auch an *berufsspezifischen* Wirklichkeitssichten festmachen.

Anknüpfend an die schon erwähnte Studie zu Gesellschaftsbildern westdeutscher Hüttenarbeiter in den 1950er Jahren (Popitz et al. 1957) schlägt Lukas Neuhaus (2008 und 2011) in einer Untersuchung *berufsbedingter Muster sozialer Klassifizierung* bei Ingenieuren und Architekten dazu vor, zwischen „Klassifikation" und „Klassifizierung" zu unterscheiden: *„Klassifikation"* soll ein „Modell" bezeichnen, durch das unterscheidbare Elemente „zueinander in Beziehung gesetzt werden", *„Klassifizierung"* sich demgegenüber auf die Einordnung und Bewertung einzelner Elemente in ein solches gedankliches Modell beziehen (Neuhaus 2008, S. 95 f.). Ein *„Gesellschaftsbild"* als „Summe der Vorstellungen über den Aufbau und die Funktionen der Gesellschaft" wäre demnach ein spezieller Fall einer Klassifikation, die einzelne Akte des Klassifizierens formt, ohne in jedem Einzelfall eine Eins-zu-Eins-Entsprechung zwischen dem abstrakten Klassifikationsprinzip und der Einordnung konkreter Einzelfälle herstellen zu können und zu wollen (Neuhaus 2008, S. 97 f.). Das „Klassifikationswissen" nimmt hier die Form einer „sozialen Topik" (Popitz et al. 1957, S. 81 ff.) an, und die in Akten des Klassifizierens verwendeten Klassifikationsschemata können dann im Sinne des praxeologischen Ansatzes bei Bourdieu (1989), aber ebenso im Sinne der sozialwissenschaftlichen (Lebensstil-)Hermeneutik Soeffners (2004 und 2010) als Produkte „vergangener und gegenwärtiger ‚symbolischer Auseinandersetzungen'" gelten (Neuhaus 2008, S. 98). Deshalb fahndet Neuhaus auch weiter nach Klassifikationsschemata, die sich direkter mit der *„Logik" von Berufen* – in seinem Fall: Ingenieure und Architekten – und deren typischen Handlungsproblemen verknüpfen lassen.

Über die Interpretation leitfadengestützter Interviews (Sachweh 2009 und 2011) hinaus verwendet Neuhaus zusätzlich das von den Bourdieu-Mitarbeitern Luc Boltanski und Laurent Thévenot (1983) vorgeschlagene Forschungsinstrument des „Kartensortierspiels".[8] Dabei sollen Karten (im Format DIN-A6), die Informationen über schulische und berufliche Bildung sowie über die aktuelle Berufstätigkeit fiktiver Personen enthalten, so zu Gruppen zusammengefasst und in eine Rangfolge gebracht werden, wie es

---

[7] Hier wäre daher auch ein Punkt, an dem derzeit erneut aufflammende Diskussionen um die Mittelschichten (z. B. Burzan/Berger 2010; Heinze 2011; Mau 2012) auf erfolgversprechende Weise mit Deutungsmusteranalysen verbunden werden könnte.

[8] Für Deutschland wurde dies in leicht modifizierter Form meines Wissens erstmals von Franz Schultheis et al. (1996), seither aber nur höchst selten angewendet.

die Interviewten für „richtig" und „stimmig" halten. Da die Interviewten zugleich gebeten wurden, „sich während des Gruppierens spontan zu ihrer Vorgehensweise zu äußern", konnte damit nicht nur das Klassifizieren beobachtet, sondern auch der „Prozess der Herstellung der Klassifikation" erfasst werden (Neuhaus 2008, S. 104). Wir haben es hier also mit einer Methode zu tun, die das Klassifizieren und die Produktion von Klassifikation zwar gewissermaßen unter „Laborbedingungen" beobachtet, dabei jedoch sowohl *räumlich-bildliche Anordnungen* (als physische Aktivitäten und deren Ergebnisse), wie auch die (neuerliche) „*Vertextung*" dieser Praxis registrieren kann.[9]

Die nachgezeichneten „Muster der Klassifizierung" hängen erwartungsgemäß mit den jeweiligen sozialstrukturellen Positionen sowie mit den Biographien der Befragten zusammen. Ähnlich wie bei Lehrkräften, deren Praxis des Klassifizierens durch Besonderheiten „pädagogischen Handelns" beeinflusst wird (auch Neuhaus 2011), scheint freilich auch bei Ingenieuren und Architekten die „qualitative Ausgestaltung der beruflichen Tätigkeit mit den durch sie nahe gelegten Basisunterscheidungen mindestens ebenso wirksam zu sein" (Neuhaus 2008, S. 117).

Waren nun im Falle der Deutungsmuter sozialer Ungleichheit bei Sachweh Ansätze einer „Versozialwissenschaftlichung" lediglich beim Muster der „Herkunftsbedingtheit" erkennbar, so scheinen bei Ingenieuren und Architekten eher allgemeine Vorstellungen der „Gestaltbarkeit" von Welt und dementsprechende Rationalitätskonzepte die berufspezifischen Muster des Klassifizierens zu formen. Dies entspricht freilich mehr einer generellen „Verwissenschaftlichung" im Sinne Oevermanns (2001a/1973, S. 9 f.); deutlichere Anzeichen einer „Ver*sozial*wissenschaftlichung" finden sich dagegen, so eine hier leitende Vermutung, bei „Sozialstrukturbildern", um die es im nächsten Abschnitt gehen wird.

## „Bilder": Sozialstruktur als „Haus", „Zwiebel", „Kartoffeln"

Im Unterschied zu bisherigen, meist an „*Texten*" orientierten Deutungsmusteranalysen wählt Eva Barlösius (2012) in ihrem Aufsatz über „Bilder der US-amerikanischen und der deutschen Sozialstruktur" einen Zugang, der unmittelbar an räumlichen Veranschaulichungen oder „*Bildern*" der sozialen Welt ansetzt. An Bildern zudem, die nicht primär als eigenständige „Analyse- oder Erkenntnismittel" zu „wissenschaftlichen Zwecken" angefertigt wurden, sondern als „wissenschaftsgenerierte Repräsentationen" (Barlösius

---

9 Zu einem für sozialwissenschaftliche Hermeneutik tauglichen, erweiterten Begriff von „Text" siehe auch Soeffner 2004a.

2005) der „Popularisierung von Wissenschaft" dienen sollen, sich dabei auf „wissenschaftliche Expertise" berufen und so prima facie erst einmal „außer Verdacht stehen, partikulare oder interessengebundene Sichtweisen zu transportieren". Solche „Repräsentationen des Sozialen" sind jedoch nichtsdestoweniger, so Barlösius' Grundannahme, die ich ausdrücklich teile, „immer auch Ergebnis von Machtkämpfen, von Kämpfen über die angemessene Darstellung von sozialen Ungleichheiten wie von Kämpfen um die ‚Macht der Repräsentation'" (Barlösius 2012, S. 92 f.).

Anhand von Bildern, wie sie in Deutschland z. B. in Schulbüchern verwendet werden, will sie „Regeln des Repräsentierens" nach der „wissenschaftlichen Herkunft der Visualisierung" sowie nach dem „grafischen Charakter der Bilder" analysieren (Barlösius 2012, S. 94 f.).[10] Es handelt sich bei ihr um Bilder der Soziologen Karl-Martin Bolte und Ralf Dahrendorf aus den 1960er bzw. frühen 1970er Jahren (Bolte/Kappe/Neidhardt 1967; Dahrendorf 1965), die auch schon Oevermann hätte untersuchen können, und um eine grafische Darstellung der sogenannten „Sinus-Milieus" für Deutschland aus dem Jahr 1985.[11] Ergänzt wird ihr Bildmaterial um ein in den Schulen der USA verbreitetes, buntes und in einem schmalen Begleitband erläutertes „Poster" (im Originalformat A0) von Stephen J. Rose (2007), das nach mehrfachen Revisionen mittlerweile in einer Fassung vorliegt, die die „Social Stratification in the United States" im Übergang vom 20. in das 21. Jahrhundert darstellen soll. Barlösius' Fragen richten sich dabei einerseits auf Veränderungen der bildlichen Veranschaulichungen der Sozialstruktur seit den 1970er Jahren und möglicherweise korrespondierenden Wandlungen in „sozialen Wahrnehmungen, Repräsentationen und Debatten über soziale Stratifizierung". Andererseits zielt sie auf die „Genese" dieser Bilder und fragt nicht nur danach, wie diese Bilder das „sozialstrukturelle Gefüge" repräsentieren, sondern auch nach den Konzepten und Theorien sozialer Ungleichheit, die sich in darin widerspiegeln (Barlösius 2012, S. 94 f.).

Das „Haus" bzw. das „Gebäude sozialer Schichtung" nach Ralf Dahrendorf (Abb. 1) und die „Zwiebel" nach Karl Martin Bolte (Abb. 2) können dabei als „Metaphern" gelten, die „Grundformen des Alltags" zur Verbildlichung der (west-)deutschen Sozialstruktur der 1960er Jahre nutzen wollen. Trotz ähnlicher Datengrundlage unterscheiden sich die Bilder insbesondere bei den „unteren" sozialen Lagen, die bei Bolte eher einer (schmalen) „Wur-

---

10 Die von Eva Barlösius (2012) ausgewählten und interpretierten Darstellungen werden hier – ohne Anspruch auf Vollständigkeit – noch um einige weitere, aktuelle Sozialstrukturbilder ergänzt.
11 Abb. 4 präsentiert hier zusätzlich eine aktualisierte Version der „Sinus-Milieus" aus dem Jahr 2005.

zel", bei Dahrendorf dagegen mehr einer (breiten) „Bodenplatte" ähneln (Barlösius 2012, S. 109f.). Mehr oder weniger explizit wird jedoch in beiden Fällen die Entwicklung einer geschlossenen Form behauptet, die die „gesamte Sozialstruktur" repräsentieren kann (Barlösius 2012, S. 112f.).

Abb. 1: Soziale Schichtung der westdeutschen Bevölkerung in den 1960er Jahre nach Ralf Dahrendorf

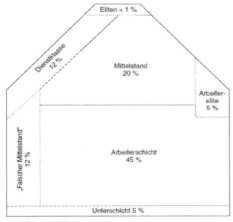

Quelle: Geißler 2010a, S. 99

Abb. 2: Statusaufbau und Schichtung der westdeutschen Bevölkerung in den 1960er Jahre nach Karl Martin Bolte

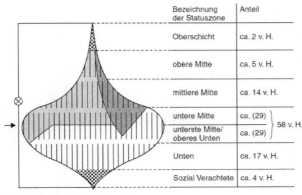

Quelle: Geißler 2010a, S. 98

Abb. 3: Sinus-Milieus in Deutschland 1985

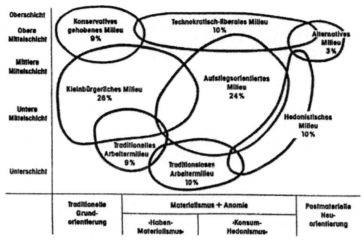

Quelle: Barlösius 2012, S. 113

Abb. 4: Sinus-Milieus in Deutschland 2005

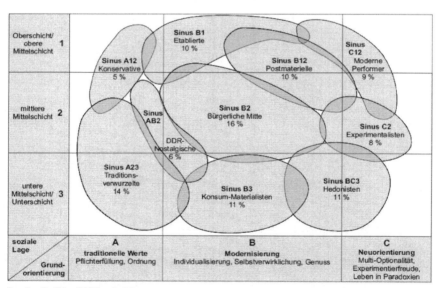

Quelle: Geißler 2010a, S. 98

Dieser Anspruch findet sich auch noch in neueren Strukturbildern, also etwa in den sogenannten „Sinus-Milieus" für 1985 und 2005 (Abb. 3 und Abb. 4), die „optisch" eher in der Bolte-Tradition stehen, im Sozialstrukturbild von Reiner Geißler (Abb. 5), das im Grunde das Dahrendorfsche Haus durch einige Um- und Anbauten erweitert hat, oder – um hier ein weiteres, von Barlösius nicht analysiertes Beispiel anzuführen – in einem auf komplexeren statistischen Operationen beruhenden Struktur„bild" einer kombinierten Verteilung des ökonomischen und kulturellen Kapitals im Sinne Bourdieus, wie es Christoph Weischer (2010) aus Daten des Jahres 2007 für Deutschland „errechnet" hat (Abb. 6).

Die Darstellungen von Bolte und Dahrendorf sowie die manchmal auch als „Kartoffelgrafik" bezeichneten Sinus-Milieus und das Sozialstrukturmodell von Geißler sind dabei eher auf „die Mitte" der Gesellschaft ausgerichtet, unterscheiden sich allerdings mit Blick auf die Gesamtgestalt, die im Falle der mehrere Stockwerke aufweisenden „Häuser" von Dahrendorf und Geißler in der klassischen „Pyramidenform" letztlich stärker die soziale Hierarchie, bei Bolte die „Mittelschichtdominanz" und bei den Sinus-Milieus, auf denen z. B. auch Michael Vester (2001) sein Modell „Sozialer Milieus" aufgebaut hat, eine (horizontale) Differenzierung und (diachrone) „Modernisierung" von Werthaltungen ausdrücken sollen. Weischer (Abb. 6) schließlich scheint mit seiner ein „Auseinandertreten" betonenden Darstellung der deutschen Sozialstruktur mehr einem auf Differenz, Spaltung und Konflikt verweisenden „Klassenmodell" zu folgen als die meisten anderen Bilder, die in ihrer mehr oder weniger ausgeprägten „Mittendominanz" letztlich auf Integration und Zusammenhalt verweisen.

Die „Zwiebel" Boltes, die „Häuser" Dahrendorfs und Geißlers, die neben Anregungen Bourdieus insbesondere auch die Tradition Theodor Geigers (1932) aufgreifenden „Landschaften" sozialer Milieus von Vester, die einer „Zellteilung" ähnelnde Darstellung bei Weischer und – mit Einschränkungen – die „Kartoffelgrafiken" des Sinus-Instituts repräsentieren Vorstellungen, nach denen die Sozialstruktur aus „klassen- bzw. schichtspezifischen Vergesellschaftungsprozessen" entsteht – dies drückt sich für Barlösius (2012, S. 114) auch darin aus, „dass die Bolte-Zwiebel, das Haus von Dahrendorf, aber auch die Sinus-Milieus aus Flächen zusammengesetzt sind, die jeweils sozialstrukturelle Gruppen repräsentieren: soziale Schichten und soziale Milieus". Ungleichheitsrelevante Dimensionen wie Bildung, Einkommen und Beruf(sprestige) werden dabei meist vorab zu „klassifizierenden Kategorien" zusammengefasst – mit der Ausnahme von Weischer (2010), bei dem die verwendeten statistischen Klassifikationsverfahren der zwei Grunddimensionen Bildung und Einkommen jedoch letztlich ebenfalls zu „kategorialen" Untergliederungen zu führen scheinen.

Abb. 5: Soziale Schichtung der westdeutschen Bevölkerung 2000 nach Rainer Geißler

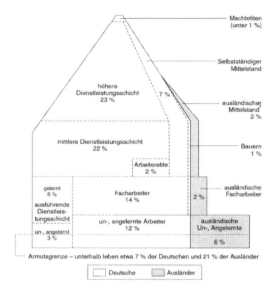

Quelle: Geißler 2010a, S. 100

Abb. 6: Kombinierte Verteilung des ökonomischen und kulturellen Kapitals in Deutschland 2007 nach Christoph Weischer

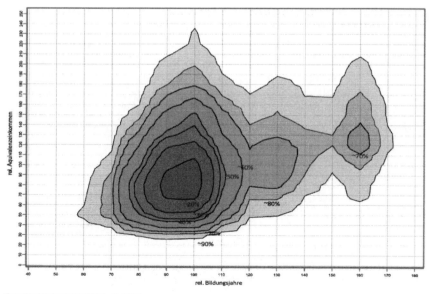

Quelle: Weischer 2011, S. 286

Abb. 7: Social Stratification in the United States 2007 nach Stephen J. Rose

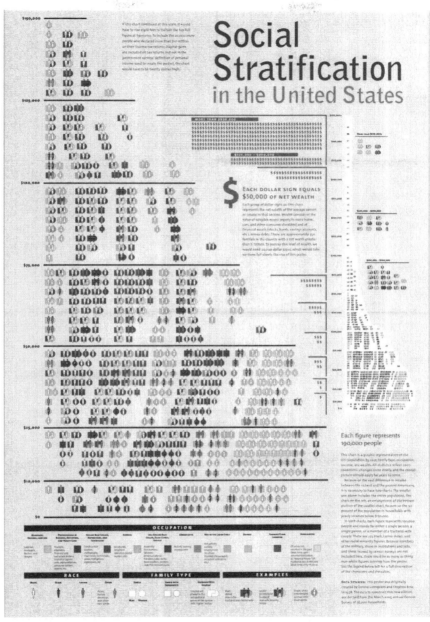

Quelle: Rose 2007, Posterbeilage

Diesem (europäischen) Klassifikationsmuster, das unverkennbar jene „ständischen" Traditionen aufgreift, die schon Max Weber neben der ökonomisch bedingten „Klassenlage" als zweites zentrales Moment sozialer Ungleichheit hervorhob, kann man, wiederum Barlösius (2012) folgend, das US-amerikanische „Poster" (Abb. 7) gegenüberstellen, in dem Stephen J. Rose (2007) ein detailliertes Bild der „Social Stratification in the United States" zeichnen will. Auffällig daran ist vor allem, dass bei Rose *keine* Strukturkategorien wie Klasse, Schicht oder Milieu verwendet und solche kategorialen Unterscheidungen auch nicht grafisch dargestellt werden. Die „Figuren" und „Icons", die mit Beruf, Einkommen und Vermögen sozialstrukturell relevante Merkmale repräsentieren, werden vielmehr als graduelle Unterschiede betrachtet und unmittelbar auf Personen zugerechnet: „Dadurch entsteht die Impression, dass die erlangte soziale Position Folge individueller Leistungen ist und sich die Sozialstruktur aus den individuell errungenen sozialen Positionen zusammensetzt" (Barlösius 2012, S. 115).

## Die „Einzelperson" als Produzent von Gesellschaftsbildern

Der vorstehende Schnelldurchgang durch einige verbreitete Sozialstrukturbilder, die mehr oder weniger intensiv im schulischen Unterricht, aber auch in der Hochschullehre verwendet werden, kann gut ein bisher meist vernachlässigtes Moment von „Versozialwissenschaftlichung", das auf Bilder setzt, illustrieren. Dabei scheint die „Wirkung" bildhafter Darstellungen nachhaltiger und eindrücklicher als die „vertexteter" Deutungsangebote – was vielleicht auch damit zu tun hat, dass *„Bilder"* im Unterschied zu *„Texten"* zu einer gewissen Vereindeutigung neigen und so der „Vormachtstellung des Auges" (Soeffner/Raab 2004c, S. 256ff.) entgegenkommen. Dies näher zu untersuchen wäre eine vordringliche Aufgaben für eine „visuelle Wissenssoziologie" (Raab 2008; Müller et al. 2014), die freilich im Moment erst zu entstehen scheint und sich, jedenfalls soweit ich sehe, Fragen einer „Versozialwissenschaftligung" bisher noch kaum gestellt hat.

Die (Weiter-)Entwicklung einer (kritischen) *visuellen* Wissenssoziologie wäre auch deshalb wünschenswert, weil ja angesichts des „Schwindens" der Verbindlichkeit kollektiver Gesellschaftsbilder nicht nur in hermeneutisch geschulten, qualitativen Studien auf die „Einzelperson als Sinnproduzent" (Hartmann 1988: 341) zugegriffen wird. Vielmehr finden sich auch in auf Quantifizierung angelegten, standardisierten Erhebungen immer wieder Versuche, „Gesellschaftsbilder" durch die Befragten *selbst* rekonstruieren zu lassen – so etwa, und an dieser Stelle eher unerwartet, auch in einer Begleitstudie zum 4. Armuts- und Reichtumsbericht der Bundesregierung (WZB/ IAB 2011, S. 239 ff.).[12]

Dabei wurden den Befragten zuerst

„drei Bilder vorgelegt, die mögliche Verteilungen von ‚Armut und Reichtum' darstellen. Das Abbild einer Mittelstandsgesellschaft wird durch eine *Zwiebelform* repräsentiert. Die größte Form der Ungleichheit zeigt sich in der Abbildung eines *Dreiecks*. Eine Gesellschaft in der es eben so viele Arme wie Reiche gibt wird als *Rechteck* dargestellt. Die Befragten wurden dazu aufgefordert, eine Abbildung auszuwählen, die ihren Vorstellungen von der aktuellen Gesellschaft am meisten entspricht" (WZB/IAB 2011, S. 295 ff., Herv. d. Verf.).

In einem zweiten Schritt wurden die Befragten dann darum gebeten, „ihre *eigene* Position im Gefüge von Armut und Reichtum zu bestimmen und zwar die aktuelle Position, die Position ihrer Eltern als die Befragten selbst 15 Jahre alt waren und die Position, die sie schätzungsweise in 10 Jahren einnehmen werden." Im dritten Schritt sollten die Befragten schließlich „eine Linie in das Bild zu zeichnen, von der sie annehmen, dass darunter die ‚arme' Bevölkerung zu identifizieren ist" (WZB/IAB 2011, S. 295 ff.). Daraus kann man eine Häufigkeitsverteilung der dabei entstehenden (subjektiven) Gesellschaftsbilder (Abb. 8) sowie eine Verteilung der insgesamt mehr als 2 200 Befragten innerhalb dieser Gesellschaftsbilder (Abb. 9) erstellen.

Es ist hier nicht der Ort, die mit diesem Verfahren erzielbaren Ergebnisse ausführlich zu diskutieren – auch deshalb nicht, weil bislang, jedenfalls so weit ich sehe, eine vollständige Auswertung dieser Daten und eine entsprechende Veröffentlichung noch aussteht. Bemerkenswert ist jedoch, dass es trotz eines erheblichen Ausmaßes an wahrgenommener Ungleichheit – immerhin wählen drei Viertel die klassische Pyramidenform, in der allerdings auch die „kulturelle Universalie" der vertikalen Klassifikation (Schwartz 1981) am klarsten ausgeprägt scheint –, einen erkennbaren „Drang zur Mitte" gibt: Denn obwohl „die meisten das Dreieck wählen und damit die größte Form der Ungleichheit verwirklicht sehen, sehen sie sich selbst davon weniger betroffen. [...] Im Durchschnitt positionieren sich die Befragten in der Mitte des gesellschaftlichen Rankings" (WZB/IAB 2011, S. 258 f.).

---

12 Erste Vorarbeiten dafür entstanden übrigens schon 1993 im Rahmen eine Arbeitsgruppe am Institut für Soziologie der Universität München, an der neben dem Autor dieser Zeilen auch – in alphabetischer Reihenfolge – Jutta Allmendinger, Ulrich Beck, Ronald Hitzler, Elmar Koenen, Werner Schneider und Peter Sopp beteiligt waren.

Abb. 8: Wahl der Gesellschaftsbilder

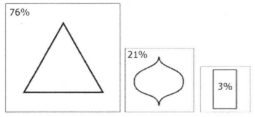

Quelle: WZB/IAB 2011, S. 242

Abb. 9: Verteilung der Stellungen in den Figuren

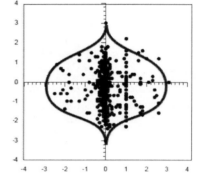

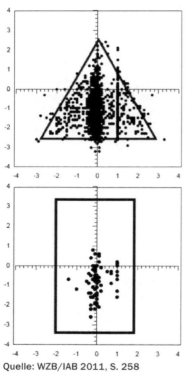

Quelle: WZB/IAB 2011, S. 258

In diesen tendenziell gegenläufigen Wahrnehmungen von „Gesellschaft" bzw. deren Ungleichheitsstruktur insgesamt auf der einen und der je eigenen Positionierung in dieser Struktur auf der anderen Seite, zeigen sich freilich auch mögliche Grenzen von Verfahren, die sich ausschließlich auf die „Einzelperson als Sinnproduzent" verlassen wollen. Denn dabei wird, so vermutet Hartmann (1988, S. 341) in dem eingangs schon zitierten Aufsatz, „deren Bereitschaft und Fähigkeit zu hoch angesetzt und die vielen Interpretationen [werden] unterschätzt, in denen uns immer noch vielfältige, wenn auch keineswegs mehr zwingende Informationen und Bewertungen über Gesellschaft zur Auswahl angeboten werden".

Diese begründete Skepsis gilt umso mehr unter den Bedingungen eines „fragilen Pluralismus" (Soeffner/Boldt 2014), der ja nicht nur vielfältigste Formen einer Stilisierung des Lebens, sondern ebenso vielfältige Formen des Zugangs zur und der Abbildung der sozialen Wirklichkeit von Gesellschaften kennt – vom „naiven" Alltagswissen der Spontansoziolog(inn)en (Bourdieu 1984) über „Sozialreportagen" und deren mediale Zuspitzungen bis hin zu den immer ausgefeilteren sozialwissenschaftlichen Methoden. Indizien einer „Versozialwissenschaftlichung", das sollten diese Überlegungen beispielhaft plausibel machen, werden sich dabei freilich nicht allein einer Interpretation von *„Texten"* erschließen. Vielmehr scheint angesichts einer sich immer mehr beschleunigenden und verdichtenden multimedialen Vernetzung der Welt auch die Macht der *„Bilder"* immer mehr anzuwachsen. Da deren Deutungsmacht freilich trotz zweifelsohne weit zurückreichender und bisweilen tiefschürfender philosophischer, geistes- und kulturwissenschaftlicher Anstrengungen (z. B. Stoellger 2014) noch immer unbegriffen scheint, bedarf es der Kunst wie der reflektierten Methodik einer „Auslegung des Alltags" (Soeffner 2004) vielleicht mehr als jemals zuvor.

## Literatur

Barlösius, E. (2005): Die Macht der Repräsentation. Common Sense über soziale Ungleichheiten. Wiesbaden: Westdeutscher.

Barlösius, E. (2012): Bilder der US-amerikanischen und der deutschen Sozialstruktur. In: Reinecke, Ch./Mergel, Th. (Hrsg.): Das Soziale ordnen. Sozialwissenschaften und gesellschaftliche Ungleichheit im 20. Jahrhundert. Frankfurt am Main: Campus, S. 91–122.

Beck, U. (1983): Jenseits von Stand und Klasse? Soziale Ungleichheiten, gesellschaftliche Individualisierungsprozesse und die Entstehung neuer sozialer Formationen und Identitäten. In: Kreckel, R. (Hrsg.): Soziale Ungleichheiten. Soziale Welt Sonderband 2. Göttingen: Schwartz & Co, S. 35–74.

Beck, U. (1986): Risikogesellschaft. Auf dem Weg in eine andere Moderne. Frankfurt am Main: Suhrkamp.

Beck, U. (Hrsg.) (1982): Soziologie und Praxis. Erfahrungen, Konflikte, Perspektiven. Soziale Welt Sonderband 1, Göttingen: Schwartz & Co.

Berger, P. A. (1986): Entstrukturierte Klassengesellschaft? Klassenbildung und Strukturen sozialer Ungleichheit im historischen Wandel. Opladen: Westdeutscher.

Berger, P. A. (1987): Klassen und Klassifkationen. Zur „neuen Unübersichtlichkeit" in der soziologischen Ungleichheitsdiskussion. In: Kölner Zeitschrift für Soziologie und Sozialpsychologie 39, Heft 1, S. 59–85.

Berger, P. A. (1988). Die Herstellung sozialer Klassifikationen. Methodische Probleme der Ungleichheitsforschung. In: Leviathan 16, S. 501–520.

Berger, P. A. (1989): Ungleichheitssemantiken. Graduelle Unterschiede und kategoriale Exklusivitäten. In: Archives Européennes de Sociologie XXX, S. 48–60.

Berger, P. A. (1996): Individualisierung. Statusunsicherheit und Erfahrungsvielfalt. Opladen: Westdeutscher.

Berger, P. A. (2014): „Bilder" sozialer Ungleichheit – Zur „Versozialwissenschaftlichung" sozialer Deutungsmuster. In: Stoellger, Philipp (Hrsg.): Deutungsmacht: Religion und belief systems in Deutungsmachtkonflikten. Tübingen: Mohr Siebeck, S. 349–380.

Berger, P. A./Hitzler, R. (Hrsg.) (2010): Individualisierungen. Ein Vierteljahrhundert „jenseits von Stand und Klasse"? Wiesbaden: Westdeutscher.

Boltanski, L./Thévenot, L. (1983): Finding one's way in social space: a study based on games. In: Social Science Information 22, S. 631–680.

Bolte, K. M. (1990): Strukturtypen sozialer Ungleichheit. In: Berger, P. A./Hradil, S. (Hrsg.): Lebenslagen, Lebensläufe, Lebensstile. Sonderband 7 der Sozialen Welt. Göttingen: Schwartz & Co.

Bolte, K. M./Kappe, D./Neidhardt, F. (1967): Deutsche Gesellschaft im Wandel. Opladen: Westdeutscher.

Bourdieu, P. (1979:) Entwurf einer Theorie der Praxis. Frankfurt am Main: Suhrkamp.

Bourdieu, P. (1984): Die feinen Unterschiede. Kritik der gesellschaftlichen Urteilskraft. Frankfurt am Main: Suhrkamp.

Burzan, N./Berger, P. A. (Hrsg.) (2010): Dynamiken (in) der gesellschaftlichen Mitte. Wiesbaden: Westdeutscher.

Dahrendorf, R. (1965): Gesellschaft und Demokratie in Deutschland. München: Piper.

Davis, K./Moore, W. E. (2009/1947): Einige Prinzipien der sozialen Schichtung. In: Solga, H./Powell, J./Berger, P. A. (Hrsg.): Soziale Ungleichheit. Klassische Texte zur Sozialstrukturanalyse. Frankfurt am Main/New York: Campus, S. 49–56.

Geiger, Th. (1932): Die soziale Schichtung des deutschen Volkes. Soziographischer Versuch auf statistischer Grundlage. Wiederabdruck 1967. Darmstadt: Wissenschaftliche Buchgesellschaft.

Geißler, R. (2010a) Die Sozialstruktur Deutschlands: Zur gesellschaftlichen Entwicklung mit einer Bilanz zur Vereinigung. Wiesbaden: Westdeutscher.

Geißler, R. (2010b): Die Sozialstruktur Deutschlands. Aktuelle Entwicklungen und theoretische Erklärungsmodelle. Gutachten im Auftrag der Abteilung Wirtschafts- und Sozialpolitik der Friedrich-Ebert-Stiftung.

Hartmann, H. (1988): Sozialreportagen und Gesellschaftsbild. In: Soeffner, H.-G. (Hrsg.): Kultur und Alltag. Sonderband 6 der Sozialen Welt. Göttingen: Schwartz & Co., S. 341–352.

Heinze, R. (2011): Die erschöpfte Mitte. Zwischen marktbestimmten Soziallagen, politischer Stagnation und der Chance auf Gestaltung. Weinheim/Basel: Beltz Juventa.

Luhmann, N. (1980 ff.): Gesellschaftsstruktur und Semantik. Studien zur Wissenssoziologie. Band 1–5. Frankfurt am Main: Suhrkamp.

Mannheim, K. (1969): Ideologie und Utopie. Frankfurt am Main: Klostermann.

Mau, S. (2012): Lebenschancen. Wohin driftet die Mittelschicht. Frankfurt am Main: Campus.

Müller, M. R./Raab, J./Soeffner, H.-G. (Hrsg.) (2014): Grenzen der Bildinterpretation. Wiesbaden: Springer VS.

Neuhaus, L. (2008): Produktives Problemlösen. Berufsbedingte Muster sozialer Klassifizierung bei Ingenieuren und Architekten. In: sozialer sinn. Zeitschrift für hermeneutische Sozialforschung 9, Heft 1, S. 95–120.

Neuhaus, L. (2011): Wie der Beruf das Denken formt: Berufliches Handeln und soziales Urteil in professionssoziologischer Perspektive. Marburg: LIT.

Oevermann, U. (2001a/1973): Zur Analyse der Struktur von sozialen Deutungsmustern. In: sozialer sinn. Zeitschrift für hermeneutische Sozialforschung 2, Heft 1, S. 3–33.

Oevermann, U. (2001b): Die Struktur sozialer Deutungsmuster – Versuch einer Aktualisierung. In: sozialer sinn. Zeitschrift für hermeneutische Sozialforschung 2, Heft 1, S. 35–81.

Ossowski, S. (1972): Klassenstruktur im sozialen Bewußtsein. Neuwied/Berlin: Luchterhand.

Popitz, H./Bahrdt, H.-P./Jürres, E. A./Kesting, H. (1957): Das Gesellschaftsbild des Arbeiters. Tübingen: Mohr Siebeck.

Raab, J. (2008): Visuelle Wissenssoziologie. Theoretische Konzeptionen und materiale Analysen. Konstanz: UVK.

Rose, S. J. (2007): Social Stratification in the United States. The American Profile Poster. Revised and Updated. New York: New York Press.

Sachweh, P. (2009): Deutungsmuster sozialer Ungleichheit. Wahrnehmung und Legitimation gesellschaftlicher Privilegierung und Benachteiligung. Frankfurt am Main: Campus.

Sachweh, P. (2011): Unvermeidbare Ungleichheiten? Alltagsweltliche Ungleichheitsdeutungen zwischen sozialer Konstruktion und gesellschaftlicher Notwendigkeit. In: Berliner Journal für Soziologie 21, S. 561–586.

Schelsky, H. (1965a/1954): Die Bedeutung des Schichtungsbegriffes für die Analyse der gegenwärtigen deutschen Gesellschaft. In: Schelsky, H.: Auf der Suche nach Wirklichkeit. Gesammelte Aufsätze. Düsseldorf/Köln: Bund, S. 331–336.

Schelsky, H. (1965b/1961): Die Bedeutung des Klassenbegriffs für die Analyse unserer Gesellschaft. In: Schelsky, H.: Auf der Suche nach Wirklichkeit. Gesammelte Aufsätze. Düsseldorf/Köln: Bund, S. 352–389.

Schultheis, F. et al. (1996): Repräsentationen des sozialen Raums im interkulturellen Vergleich. Zur Kritik der soziologischen Urteilskraft. In: Berliner Journal für Soziologie, S. 43–68.

Schwartz, B. (1981): Vertical Classification. A Study in Structuralism and the Sociology of Knowledge. Chicago: University of Chicago Press.

Soeffner, H.-G. (Hrsg.) (1988): Kultur und Alltag. Sonderband 6 der Sozialen Welt. Göttingen: Schwartz & Co.

Soeffner, H.-G. (2004): Auslegung des Alltags – Alltag der Auslegung. Konstanz: UVK.

Soeffner, H.-G. (2004a): Prämissen einer sozialwissenschaftlichen Hermeneutik. In: Soeffner, H.-G. (2004): Auslegung des Alltags – Alltag der Auslegung. Konstanz: UVK, S. 78–113.

Soeffner, H.-G. (2004b): Hermeneutik. Zur Genese einer wissenschaftlichen Einstellung durch die Praxis der Auslegung. In: Soeffner, H.-G. (2004): Auslegung des Alltags – Alltag der Auslegung, Konstanz: UVK, S. 114–159.

Soeffner, H.-G./Raab, J. (2004c): Sehtechniken. Die Medialisierung des Sehens: Schnitt und Montage als Ästhetisierungsmittel medialer Kommunikation. In: Soeffner, H.-G. (2004): Auslegung des Alltags – Alltag der Auslegung. Konstanz: UVK, S. 254–284.

Soeffner, H.-G. (2010): Symbolische Formung. Eine Soziologie des Symbols und des Rituals. Weilerswist: Velbrück.

Soeffner, H.-G./Boldt, T. D. (Hrsg.) (2014): Fragiler Pluralismus. Wiesbaden: Springer VS.

Stoellger, Ph. (Hrsg.) (2014): Deutungsmacht: Religion und belief systems in Deutungsmachtkonflikten. Tübingen: Mohr Siebeck.

Vester, M./Oertzen, P. von/Geiling, H./Hermann, T./Müller, D. (2001): Soziale Milieus im gesellschaftlichen Strukturwandel. Frankfurt am Main: Suhrkamp.

Wallraff, G. (1985): Ganz unten. Köln: Bund.

Weischer, Ch. (2010): Die Modellierung des Sozialen Raums. In: Burzan, N./Berger, P. A. (Hrsg.): Dynamiken (in) der gesellschaftlichen Mitte. Wiesbaden: Westdeutscher, S. 107–134.

Wissenschaftszentrum Berlin für Sozialforschung/Institut für Arbeitsmarkt und Berufsforschung (WZB/IAB) (2011): Soziale Mobilität, Ursachen für Auf- und Abstiege. Studie für den 4. Armuts- und Reichtumsbericht der Bundesregierung im Auftrag des Bundesministeriums für Arbeit und Soziales. www.bmas.de/SharedDocs/Downloads/ DE/PDF-Publikationen/a415-3-soziale-mobilitaet-pdf.pdf?__blob=publicationFile.

Reiner Keller, Angelika Poferl

# Soziologische Wissenskulturen
Zur Generierung wissenschaftlichen Wissens
durch die Praxis der Auslegung

Wer heute danach fragt, was das ‚Eigentliche' soziologischen Wissens ausmacht, muss tief schürfen. Es ist nicht sicher, ob sie oder er dabei fündig wird. Die Einheit der Disziplin liegt mehr denn je in der Verwendung eines Namens – Soziologie ist dann das, was Menschen tun, die ihr Tun so benennen (Adorno 1979a/1957, S. 196). Die Außengrenzen der Soziologie sind damit ebenso uneindeutig wie unbeständig, die Zahl der Binnendifferenzierungen nimmt zu. Fachpolitische Identitäten sollen uns daher nicht weiter beschäftigen. Stattdessen möchten wir eine Unterscheidung aufgreifen, die Hans-Georg Soeffner vor längerer Zeit identifiziert hat und die – wissenssoziologisch genauer – auf einige Besonderheiten soziologischer Wissensproduktion verweist. In seinem ursprünglich 1985 erschienenen Aufsatz „Anmerkungen zu gemeinsamen Standards standardisierter und nicht-standardisierter Verfahren in der Sozialforschung" macht er deutlich, dass die Haupttrennlinie in den Sozialwissenschaften zwischen „cartesianischen" und „hermeneutischen" wissenschaftstheoretischen Positionen verläuft:

> „Allerdings – und darüber muss man sich im Klaren sein – ist die hermeneutische Argumentation grundsätzlich anticartesianisch. Sie akzeptiert weder deren *formalmethodischen* Subjektivismus [...] noch die daraus folgende Aufteilung der Welt und des ihr gegenüberstehenden Erkenntnissubjekts in Außendinge (gedehnte Materie, ‚res extensa') einerseits und deutende Erkenntnis (denkende Substanz, ‚res cogitans') andererseits. [...] Sie geht aus von historisch-gesellschaftlichen Konstruktionen der Wirklichkeit(en). [...] Die Hauptkampflinie verläuft somit nicht zwischen *den* ‚Quantitativen' und *den* ‚Qualitativen', sondern zwischen den Quantitativen und den Qualitativen, die einen ‚cartesianischen' Wissenschaftsbegriff beibehalten, einerseits und denjenigen Quantitativen und Qualitativen, die sich einer sich fortentwickelnden hermeneutischen Wissenschaft verpflichtet fühlen, andererseits. Mit anderen Worten: Es geht nicht um das ‚Quantitative' oder ‚Qualitative' an sich, sondern um

die jeweilige wissenschaftstheoretische Qualität des Quantitativen oder Qualitativen" (Soeffner 2004, S. 67 f.).

In der hier als Binnenunterscheidung aufgemachten Differenz zwischen cartesianischen und hermeneutischen Paradigmen schwingen neben den genannten Merkmalen zwei sehr unterschiedliche Denktraditionen mit, die mitunter zu nationalen – eher ‚französischen' oder eher ‚deutschen' – Denk- und Wissenschaftsstilen überpointiert wurden. Dass die Lagen komplizierter und komplexer sind, deutet jedoch schon Soeffner im unmittelbaren Zusammenhang des vorangehenden Zitates an, wenn er in einem Schreibzug Émile Durkheim als Protagonisten der Soziologie – den Durkheim der „Elementaren Formen des religiösen Lebens" – gegen Descartes in Stellung bringt. Im selben Jahr veröffentlichte Wolf Lepenies (1985) seine vergleichenden Studien zur „Soziologie zwischen Literatur und Wissenschaft" in Frankreich, England und Deutschland. Es wäre ein naheliegendes Missverständnis, den Titel dieser Studien – „Die drei Kulturen" – auf die untersuchten Länder und ihre Soziologiegeschichte zu beziehen. Doch gemeint ist etwas anderes: die Sozialwissenschaften als eine „dritte Kultur" neben den Naturwissenschaften und den Geisteswissenschaften, die sich gerade dadurch auszeichne, dass sie diese beiden Gegensätzlichkeiten in sich vereint. Das ist der Punkt, an dem die Arbeit von Lepenies sich mit der von Hans-Georg Soeffner diagnostizierten Trennlinie innerhalb der Soziologie trifft.

Wir wollen uns in diesem Beitrag mit der Frage befassen, wie sich das Feld der qualitativen Sozialforschung in Deutschland und Frankreich unter dem Aspekt der Herausbildung soziologischer Wissenskulturen entwickelt hat. Dabei stützen wir uns auf ein noch laufendes Forschungsprojekt, das die entsprechenden Prozesse seit den 1960er Jahren in den Blick nimmt.[1] Zunächst werden wir erläutern, was wir unter dem Begriff der „soziologischen Wissenskulturen" (Keller/Poferl 2010) verstehen. Daran anschließend werden wir exemplarisch einen zentralen Befund vorstellen, den wir als These vorweg formulieren: Typisierbare Differenzen zeichnen sich in der Auffassung des wissenschaftlichen Erkenntnisprozesses selbst und hier insbesondere hinsichtlich der Beziehung zwischen dem Forschenden als wissenschaftlichem Akteur und dem von ihm untersuchten Gegenstandsbereich ab. Wie für jede wissenschaftliche Betätigung stellt auch für qualitative Sozialforschung die *Frage der Erkenntnis* das grundlegende Ausgangsproblem dar. Die Antworten auf dieses Problem fallen unterschiedlich aus.

---

[1] Es handelt sich um das von der DFG geförderte Projekt „Soziologische Wissenskulturen. Entwicklung qualitativer Sozialforschung in der deutschen und französischen Soziologie seit den 1960er Jahren." Projektmitarbeiter: Denisa Butnaru, Maja Halatcheva-Trapp, Oliver Kiefl; Leitung: Reiner Keller und Angelika Poferl.

Im deutschsprachigen Kontext qualitativer und interpretativer Sozialforschung wird die Lösung vor allem in *Verfahren* gesucht, die das Verhältnis des Forschers *zu* der von ihm analytisch bearbeiteten Welt regulieren. Dieses Verhältnis erscheint als in hohem Maße reflexions- und gestaltungsbedürftig und daher nicht fraglos gegeben, sondern im Kern durchaus problematisch. Im Unterschied dazu kann die Möglichkeit des wissenschaftlichen Zugriffs *auf* die Welt im französischen Kontext an eine weitgehend selbstverständlich unterstellte (sei es explikative, sei es deskriptive) *Kompetenz* des Forschers anschließen, für die Verfahrensfragen von nachrangiger Bedeutung sind. Damit ist keine nationale Exklusivität und sicherlich nicht das Feld der Forschung insgesamt beschrieben; zahlreiche Variationen innerhalb von und quer zu beiden Ländern sind vorhanden. Dennoch liegt in der skizzierten Differenz unseren Ergebnissen nach ein markantes, konstitutives Merkmal von Wissenskultur, das sowohl diskursive als auch forschungspragmatische Strukturierungen nach sich zieht. Wir haben dies auf die kontrastierende Kurzformel „*Forscher*[2] *als Lösung und Problem*" gebracht.

## Soziologische Wissenskulturen

Der unter anderem von Wolf Lepenies oder Karin Knorr Cetina benutzte Begriff der „Wissenskulturen" betont die Bedeutung spezifischer Zusammenhänge von sozialen Akteuren, Praktiken, institutionellen Settings und auch Materialitäten im Prozess der Wissenserzeugung. Bezogen auf die Herstellung wissenschaftlichen Wissens zielt Knorr Cetina auf

> „diejenigen Praktiken, Mechanismen und Prinzipien, die, gebunden durch Verwandtschaft, Notwendigkeit und historische Koinzidenz, in einem Wissensgebiet bestimmen, *wie wir wissen, was wir wissen.* […] Beschrieben werden die jeweiligen Verständnisse des Empirischen, die Art der Realisierung von Objektbeziehungen, die Konstruktion und Form sozialer Arrangements. Der Ausdruck ‚epistemisch' soll auf Erkenntnis verweisen; es geht also um diejenigen Strategien und Prinzipien, die auf die Erzeugung von ‚Wahrheit' oder äquivalente Erkenntnisziele gerichtet sind" (Knorr Cetina 2002, S. 11).

In diesem Sinne lassen sich Wissenskulturen – auch soziologische Wissenskulturen – als mehr oder weniger deutlich voneinander abgrenzbare Weisen

---

2   Von ‚dem Forscher' sprechen wir als Handlungsfigur und nicht als Person.

der praktischen Hervorbringung und Vermittlung von (wissenschaftlichem) Wissen begreifen. Bestandteile solcher Wissenskulturen sind Arten und Weisen, etwas zu tun: zu forschen, zu argumentieren, zu publizieren. Techniken und Objekte zu nutzen, legitime und illegitime Bezugnahmen zu unterscheiden, Traditionen, Kanonisierungen, Vermittlungsformen auszubilden, spezifische Formen des Ressourcenzugangs zu haben und in „Ordnungen des Diskurses" (Michel Foucault) eingebunden zu sein. Die Formen, Spielräume und Ergebnisse der soziologischen Wissensproduktion hängen nicht nur von konkreten Forschungsinfrastrukturen und tatsächlichen Praktiken oder Stilen der Forschung ab, sondern auch von den Perspektiven, Erfahrungs-, Erwartungs- und Möglichkeitshorizonten, die durch verfügbare erkenntnistheoretische Positionen, Theorieparadigmen, Zitationstraditionen, bestehende Kontroversen und Koalitionen, etablierte methodologische Standards und entwickelte methodische Angebote eröffnet werden. Der Begriff der Wissenskultur sensibilisiert für Unterschiedlichkeiten der Wissenserzeugung und Wissensbegründung.

Wir beziehen den Begriff der soziologischen Wissenskulturen im Folgenden auf die theoretische, methodologische, methodische und empirische Landschaft der Soziologie in Deutschland und Frankreich, genauer: auf einen spezifischen Ausschnitt – das Feld der qualitativen Sozialforschung im Unterschied zu quantitativen Ansätzen, themenzentrierten Forschungstraditionen und allgemeinsoziologischen Theorieentwicklungen. Im Kern geht es darum, wie der wissenschaftliche Geltungs- und Wissensanspruch qualitativer Sozialforschung und ihrer Methodik konturiert wird, auf welche wissenschaftlichen Wissensbestände dabei zurückgegriffen und wie dies in den jeweiligen Wissenschaftskontexten mit konkreten Vorgehensweisen bei der Materialerhebung und -auswertung verbunden wird. Ein solcher Zugang bietet sich an, um die Entwicklungsverläufe, Entstehungsbedingungen, Bezugsrahmen und Selbstverständnisse unserer eigenen Disziplin herauszuarbeiten und sowohl die Typik als auch die Vielfalt qualitativer Sozialforschung jenseits von Stereotypen und plakativen Urteilen aufzuzeigen.

Wie lässt sich die Wissenskultur der qualitativen oder interpretativen[3] Sozialforschung näher beschreiben? Im Unterschied zu anderen Teilfeldern der Soziologie sind ihre Methoden auf der Ebene einer empirisch forschenden Sozialwissenschaft angesiedelt. Als „qualitative" oder „interpretative Methoden" werden weithin nicht-standardisierte Vorgehensweisen des empirischen soziologischen Forschens verstanden, wie sie sowohl im Rahmen

---

3 Auf die Unterscheidungen zwischen qualitativer und interpretativer Sozialforschung, wie sie in den jeweiligen Feldern (vor allem im deutschen Kontext) gemacht werden, können wir an dieser Stelle nicht näher eingehen.

der Datenproduktion (etwa: leitfadengestützte Interviews, Beobachtungsverfahren, Aufzeichnungen audiovisueller Daten) als auch im Bereich der Datenauswertungen (Interpretationsverfahren wie z. B. Sequenzanalyse, Kodierungen) zum Einsatz kommen.

Vergleichende sozial- und kulturgeschichtliche Analysen haben wiederholt die „cartesianische" wissenschaftliche Rationalität als Merkmal der französischen Kultur der deutschen „romantischen", „metaphysischen" oder auch „hermeneutischen" Tiefe der Weltauslegung gegenübergestellt. Entsprechende Charakterisierungen wurden insbesondere auch für die klassische Soziologie beider Länder vorgenommen. So verweist Raymond Aron (1953/1934–1935) in den 1930er Jahren auf die Differenz zwischen deutscher geisteswissenschaftlicher Soziologie und französischer empiristisch-positivistischer Soziologie. Historisch kann also durchaus von einer länderspezifischen Ausbildung soziologischer Fachkulturen gesprochen werden, eine Entwicklung, die sich ebenso in der Neuinstitutionalisierung der Soziologie nach dem zweiten Weltkrieg in Europa wie in ihrem weiteren Verlauf in den USA beobachten lässt. Zwar zeichnet sich die Soziologiegeschichte schon früh durch internationale Rezeptionsbewegungen und Kontakte aus. Insofern gehören Sprachgrenzen übergreifende Bezugnahmen, Resonanzen, Beeinflussungen oder auch Abgrenzungen von Anfang an zu ihrem Alltag. Das sollte keineswegs unterschätzt werden. Und doch kann nicht davon ausgegangen werden, dass der Bezug auf Weber, Durkheim, Simmel, Spencer usw. überall in gleicher Weise erfolgen würde, den ‚gleichen Sinn macht'. Weischer (2004, S. 33 f.) resümiert zur Entwicklung der empirischen Sozialforschung in der Bundesrepublik: Die nationale Prägung der Etablierungsphase des soziologischen Feldes „ist auch in jüngerer Zeit nicht verschwunden; das hängt insbesondere mit der Lagerung der soziologischen Diskurse in (national geprägten) gesellschaftspolitischen Diskursen zusammen." Auch Knoblauch/Flick/Maeder (2005, S. 2) unterstreichen die ausgeprägte und der disziplinären Aufmerksamkeit entgehende Heterogenität qualitativer Sozialforschung in den verschiedenen Ländern Europas.

## Sozialforschung als Erkenntnisprozess

Zwischen deutsch- und französischsprachiger Soziologie bestehen zahlreiche Unterschiede. Sicherlich sind die jeweiligen Theorielandschaften deutlich verschieden, ungeachtet selektiver wechselseitiger Rezeptionen spezifischer Paradigmen. Auch haben die Fachgesellschaften eine noch sehr junge Geschichte in Frankreich und eine alte Tradition in Deutschland. In der Nachkriegszeit ist die Soziologie in Deutschland stärker an Universitäten und in Forschungseinrichtungen institutionalisiert als in Frankreich. Die institutionellen Strukturen der Hochschul- und Forschungslandschaft befördern differente Lehr- und Forschungszusammenhänge. Und wo heute in Frankreich die Handreichungen zur „enquête de terrain", zur soziologisch-ethnographischen Feldforschung, kaum noch zu überblicken sind, lassen sie sich im deutschsprachigen Raum an einer Hand abzählen – wobei dieses Verhältnis bei allgemeinen Einführungen in qualitative Methoden eher umgekehrt zu sein scheint.

Thomas Eberle wies vor einigen Jahren darauf hin, dass es in den französischen Sozialwissenschaften mehr um die Erzielung von Ergebnissen gehe und weniger um die Frage, was ein legitimer Methodeneinsatz sei, während die Diskussion im deutschsprachigen Raum sich auf letzteres konzentriere (Eberle 2007, S. 220). Wir wollen einen ähnlichen Unterschied hervorheben, der erkennbar die jeweiligen soziologischen Wissenskulturen qualitativen Forschens prägt – auch wenn damit nicht behauptet werden kann und soll, es sei der jeweils ausschließliche Stil wissenskultureller Praxis. Und weitere Einschränkungen sind nötig: Wir rekurrieren mit unseren Aussagen auf einen ausgewählten Bereich dieses Forschens: die Verhandlungen, die sich in Gestalt von Texten unterschiedlichster Art finden, welche sich ausdrücklich auf Fragen der Forschung beziehen.[4] Unbestritten gibt es natürlich viele weitere Bereiche qualitativer oder interpretativer Sozialforschung, über die wir damit nicht sprechen.

## „Kriterien für die Gültigkeit und Verallgemeinerung von Diskussionsmaterial": Die Frankfurter Gruppendiskussionsverfahren

In der bundesdeutschen Soziologie der 1950er Jahre werden nicht nur zahlreiche Untersuchungen durchgeführt – vor allem in den Feldern der Industrie-, Betriebs- und Arbeitssoziologie oder der Jugendsoziologie (Adorno 1979c/1959). Bereits seit Anfang jenes Jahrzehnts findet auch eine Verständigung über Ziele, Fragestellungen, Konzeptionen und Vorgehensweisen statt. Daran sind mehrere Mitarbeiter des Frankfurter Instituts für Sozialforschung beteiligt – nicht zuletzt Theodor W. Adorno, der sich häufig mit dem Verhältnis von Soziologie, Theorie und empirischer Sozialforschung auseinandersetzt. Er tritt als Anwalt einer theoretisch reflektierten Empirie in Erscheinung, die sich wiederholt von simpler Meinungsforschung absetzt, aber sowohl quantitative als ausdrücklich auch qualitative Vorgehensweisen vor-

---

4 Wir zitieren dabei etwas länger als üblich, um Textauszüge als ‚Dokumente' und ‚Daten' sprechen zu lassen.

sieht, unter anderem zu dem Ziel und Zweck, das Potential empirischer Forschung zur Widerlegung theoretischer Vorannahmen zu erschließen (Adorno 1979b/1952, S. 485 ff.). Gewährleistet soll dabei sein, dass die Forschung selbst durch ihre kategorialen Vorgaben nicht zur Bestätigungspraxis verformt wird. So formuliert er im Jahre 1952:

> „Was etwa eine Schlüsselgruppe sei, darüber kann die Statistik als solche nicht belehren, sondern nur die Reflexion auf die tatsächliche Machtverteilung innerhalb der Gesellschaft. Sie können daran sehen, wie aktuell das Verhältnis quantitativer und qualitativer Analyse für unsere Wissenschaft ist. […] Gerade in Amerika, wo die quantitativen Methoden auf ihre gegenwärtige Höhe getrieben wurden, wird die Notwendigkeit der qualitativen Arbeit nicht nur als einer Ergänzung, sondern als eines konstitutiven Elements der empirischen Sozialforschung heute eingesehen" (Adorno 1979b/1952, S. 490f.).

Der Begriff der qualitativen Analyse wird im Kontext des Frankfurter Instituts mit Referenzen insbesondere auf Allan Barton und Paul Lazarsfeld benutzt.[5] Obwohl in deren Text vor allem für einen Einsatz qualitativer Verfahren in explorativen Phasen der Forschung geworben wird, demonstrieren die Frankfurter Beiträge zum Vorgehen der Gruppendiskussion einen deutlich selbstbewussten, eigenständigen Standort des Qualitativen:

> „Nicht ganz selten fallen der empirischen Sozialforschung Materialien zu, die sich nach Thematik und Gehalt auf wesentliche gesellschaftliche Fragen beziehen, aber ihrer Aufbereitung und Auswertung nach den etablierten Methoden widerstreben. […] Das jedoch dispensiert nicht davon, wann immer Materialien zur Verfügung stehen, die viel versprechen, mit denen man aber nicht recht fertig ward, sich anzustrengen, sie methodologisch zu bewältigen, anstatt sie der Wissenschaft verloren gehen zu lassen. Das ist die Situation der Befunde, welche das Gruppenexperiment ergab, über das im zweiten Band der Frankfurter Beiträge zur Soziologie berichtet wurde" (Horkheimer/Adorno 1960/1959, S. 5).

Zur Erläuterung unserer These liefert Werner Mangolds 1960 erschienene Arbeit zum Gruppendiskussionsverfahren, für die Horkheimer und Adorno das Vorwort geschrieben haben, eine ideale Grundlage. Das Frankfurter

---

5  1979 ist dann „Qualitative Sozialforschung" der Titel des Buches von Christel Hopf und Elmar Weingarten, in dem der Text von Barton und Lazarsfeld erneut aufgenommen ist (nunmehr in deutscher Übersetzung).

„Gruppenexperiment" (so der Titel eines Studienberichts von Friedrich Pollok im Jahre 1955) bzw. die dortigen, seit Winter 1950 durchgeführten 121 „Gruppendiskussionen", zu denen Diedrich Omer und Volker von Hagen 1953 und 1954 ihre Dissertationen abschlossen, hatte seine Vorläufer ebenfalls in US-amerikanischen Vorbildern, die Ende der 1940er Jahre unter anderem im Kontext der Motiv- und Marktforschung entwickelt worden waren (und im Grunde heute unverändert als Fokusgruppen genutzt werden). In Mangolds Studie kommt zudem die Rezeption einiger Untersuchungen aus dem Kontext der Chicago School zum Ausdruck, die sich mit Gruppen („The Gang" oder die „Street Corner Society"), aber auch kritisch mit Massenkommunikations- und Meinungsforschung auseinandersetzten (etwa Herbert Blumer). Mangold (1960) selbst zielt auf eine systematische Begründung des „Gruppendiskussionsverfahrens", denn

> „obwohl also das Gruppendiskussionsverfahren allmählich zu einem Standardverfahren der sogenannten Markt- und Meinungsforschung sich entwickelt […] sind die methodologischen und theoretischen Implikationen der verschiedenen Ansätze, die Vereinbarkeit der besonderen Bedingungen der Gruppensituation mit den visierten Ermittlungszielen bisher noch nicht umfassend und systematisch untersucht worden. […] Eine solche Analyse wird in der vorliegenden Arbeit versucht " (Mangold 1960, S. 14).

Das mache, so Mangold weiter, die Entwicklung besonderer

> „Kriterien für die Gültigkeit und Verallgemeinerung von Diskussionsmaterial erforderlich. […] Die Schwierigkeiten liegen darin, die soziale Struktur sogenannter informeller Kommunikationssituationen, die Beziehungen der einzelnen Gesprächspartner zueinander und die inhaltliche Struktur und Bedeutung situationsspezifischer Gruppennormen näher zu bestimmen" (Mangold 1960, S. 14).

Eine solche Systematisierung schien nötig geworden zu sein, denn die durchgeführten „qualitativen Analysen" der Diskussionen mit „Steigern", „Lagergruppen", „Bauerngruppen", „Bergarbeitergruppen" etc. wurden „nach den eingespielten Regeln des Wissenschaftsbetriebs" wegen „methodologischer Mängel" bezweifelt – sie hätten keine „objektive Gültigkeit". Deswegen gilt: „Das Buch von Mangold will weiterführen" (Horkheimer/Adorno 1960/1959, S. 5f.) – und beansprucht dies in mehrfacher Hinsicht:

> „Ihr Ziel ist es, Möglichkeiten und Grenzen der Methode für die systematische und kontrollierte Ermittlung von Meinungen, Einstellungen

und Verhaltensweisen zu bestimmen und daraus nicht nur Vorschläge für die Auswertung, sondern auch solche für die konkrete Ausgestaltung des Verfahrens selbst abzuleiten" (Horkheimer/Adorno 1960/1959, S. 6).

Die Komplexität des Erhebungsinstruments und seiner Ergebnisse lasse sich zudem kaum in „rein objektivierenden" Verfahren erfassen, sondern das „Begreifen der Sache selbst" verlange ein „Mehr an Subjektivität: an Erfahrenheit und interpretativer Kraft des einzelnen Forschers" (Horkheimer/ Adorno 1960/1959, S. 7).

Im Einzelnen diskutiert Mangold in seiner Studie dann zunächst Probleme der „Ausfallquoten", der „Schweiger", der „Vergleichbarkeit der Einzelreaktionen", des Einflusses der „Gruppenkontrolle" und anderes mehr. Der überwiegende Teil seiner Erläuterungen konzentriert sich auf die Analyse mehrerer Diskussionsprotokolle. Diese lässt sich am ehesten als eine Mischung aus wiedergegebenen Protokollabschnitten und kommentierenden Passagen des Forschers beschreiben, die durch längere analytisch-betrachtende Einschübe unterbrochen werden. An solche eher inhaltlich orientierten Auswertungen schließen sich Vergleiche nach sozialstrukturellen Kriterien an.

## „In Form sein für das Feld": Edgar Morins multidimensionales Vorgehen in Plozevet

Die Soziologie im Nachkriegsfrankreich befindet sich in einer desolaten Situation. Zu den frühen Impulsen, die für ihre Neubelebung – in der Literatur ist von ihrer „zweiten Geburt" die Rede – ausschlaggebend sind, gehört das 1946 gegründete Centre de Recherche Sociologique, dessen Leitung 1949–1951 vom „Generalinspekteur für Technikdidaktik", Georges Friedmann, übernommen wird. Friedmann befasste sich vor allem mit Transformationen von Arbeit.[6] Wie viele seiner Mitarbeiter war er zuvor in den USA gewesen und dort in Kontakt mit arbeits- und industriesoziologischen Forschungen gekommen. Die Maxime, die er der am Institut aufzubauenden ‚Soziologie ohne Soziologen' – niemand hatte eine soziologische Ausbildung – gab, lautete, „es nicht so wie Durkheim zu machen" (Piotet 2004, S. 122 f.). Das mag angesichts der überragenden Rolle Durkheims in der Begründung der Soziologie in Frankreich überraschen. Die Abwertung bezog sich auf

---

6 Er kannte Horkheimer und Adorno seit 1934 und veröffentlichte in der Institutsreihe (Friedmann 1959). Alle folgenden Übersetzungen aus dem Französischen: Reiner Keller.

dessen Spätwerk, die weiter oben schon erwähnte Studie zu den „Elementaren Formen des religiösen Lebens", der man spekulative Lehnstuhlsoziologie mit Daten aus zweiter und dritter Hand vorwarf. Es anders als Durkheim zu machen, hieß daher: eigene empirische Forschung zu betreiben. Orientiert am US-Vorbild meinte das, „Daten mit allen verfügbaren Mitteln zu sammeln: Meinungsumfragen, große Fragebogenuntersuchungen, Interviews, Beobachtung, usw. Es ging hauptsächlich darum, ‚hinzugehen und nachzusehen', wie Georges Friedmann oft sagte" (Masson 2008, S. 12).

1966 veröffentlichte der langjährige Institutsmitarbeiter Edgar Morin, aus der Resistance kommend, ohne formale Ausbildung und journalistisch interessiert, in den *Cahiers Internationaux de Sociologie* den Beitrag „La démarche multidimensionelle en sociologie". Auf seine Überlegungen greifen wir exemplarisch zurück. Den Hintergrund bilden Untersuchungen zur Modernisierung des ländlichen Frankreichs anhand ausgewählter Regionen und Kommunen, in denen die Soziologie neben Agrarwissenschaften und anderen Disziplinen eine randständige Rolle einnahm. Es gab keinen genauen Plan für sein Vorgehen – ‚der Weg, die Methode entstand im Gehen' (Morin 2013/1967, S. 9):

> „Verweigerung einer Fragebogen-Untersuchung, Privilegierung von Gesprächen bei zufälligen oder vorbereiteten Begegnungen; in dem Fall lange Unterhaltungen mit Tonbandaufzeichnung, die nach ein oder zwei Stunden tiefgehende Obsessionen zutage brachten. Kein Programm a priori, sondern eine durchgehende Strategie, die nach Maßgabe der gesammelten Erkenntnisse bei jedem Treffen des Forschungsteams ihre Prioritäten und Ziele veränderte."[7]

Interessant ist die Fußnote, die die Herausgeber der *Cahiers* gleich am Beginn platzieren: „E. Morin präsentiert hier Überlegungen und Vorschläge, die für einen ‚Feld'-Ethnologen weniger verwirrend sind als für einen Soziologen. Für den letzteren haben sie den Charakter einer provozierenden Anregung zu einer methodologischen Debatte" (Note de la Direction, in Morin 1966, S. 49). Die Leserschaft muss wohl vorbereitet werden auf das, was folgt. Morin stellt zunächst seine „Feldforschung" im bretonischen Finistère vor – eine komplexe Studie zur Mikrogesellschaft einer Kommune in ihren Relationen zur Makro-Gesellschaft. Spezifischer werde sich der Artikel mit dem Problem befassen, was das denn sei: eine Forschung im „Feld" (terrain):

---

7 Die Magnetbänder lagern heute im Rathaus von Plozevet, im Arbeitszimmer von Bernard Paillard, der damals als studentische Hilfskraft das Projekt begleitete.

„Deswegen brauchen wir eine Methode, die sich an die Multidimensionalität des untersuchten Phänomens anpasst, die das Auftauchen konkreter Daten begünstigt, die seine Einzigartigkeit ausmachen, die die Entwicklung eines Denkens erlaubt, welches diese Daten in eine umfassendere Totalität integriert und welche den Status und die Charakteristika dieser Totalität bestimmen" (Morin 1966, S. 50).

Für ein solches Vorhaben kommen, so Morin, die Methoden standardisierter Forschung nicht in Frage. Die ‚enquête' könne nicht jeden Haushalt einbeziehen, sondern müsse stattdessen ihr Sample im Zuge ihrer Umsetzung aufbauen. Die Mittel der Erforschung konkreter Daten umfassen ‚harte' Dokumente (Aufzeichnungen, möglichst offene Interviews, Ereignisnotationen) und die verschiedenen Dimensionen des untersuchten Phänomens, also unterschiedliche Zugänge. Es gehe darum, Korrekturen und Verifikationen im Fortgang eines interpretierenden Denkens zuzulassen. Genutzt werde (1) die „phänomenographische Beobachtung", die mit der ethnographischen Beobachtung verwandt sei, (2) das Interview und (3) die Teilnahme an den Aktivitäten der Gruppen in ihrer sozialen Praxis. Morin spezifiziert diese Erhebungsinstrumente wie folgt: Die phänomenograpische Beobachtung beziehe öffentliche und private Orte ein; idealerweise erfasse sie die Totalität des untersuchten Phänomens und dabei auch den Beobachter als Beobachter. Sie solle zugleich panoramisch und analytisch sein, Balzac und Stendhal folgen (der Enzyklopädie und dem Detail verpflichtet). Die Interviews würden nach Zufallskriterien und sozialstrukturellen Merkmalen geführt, entlang der Maßgabe maximaler Signifikanz und Kontrastierung. Dabei seien Intuitionen und Sympathien wichtiger als Regeln und Techniken. Ein Interview sei gelungen, wenn es sich in tatsächliche Kommunikation verwandele. Hinzu käme schließlich die Teilnahme an Gruppenaktivitäten, die mitunter auch in experimentellen Settings hervorgerufen würden.

All diese Vorgehensweisen konfrontieren mit dem „methodologisch fundamentalen Problem: der Beziehung zwischen Forscher und Feld" (Morin 1966, S. 55). Es erfordere sowohl Distanzierung und Objektivierung als auch Partizipation und Sympathie. Der Forscher sei zugleich der Wissende und der integre Freund, einer unter Gleichen und doch auch derjenige, der über das „Mana" der Erkenntnis verfüge. Zwar sei und bleibe sein Gegenüber unhintergehbar Objekt, doch bedürfe es in jedem Fall einer Gegengabe. Für den Forscher gelte:

„Die multidimensionale Methode verlangt zunächst eine Neugier, die für alle Dimensionen des Phänomens Mensch offen ist, und sie erfordert den vollen Gebrauch unterschiedlicher Fähigkeiten. [...] Wohlgemerkt, der volle Einsatz der Persönlichkeit erfordert die optimalen inneren Bedingungen, welche die Sportler die ‚Form' nennen. Jede Formschwäche betrifft sofort die Qualität der Arbeit. Man wird verstehen, dass eine Methode, in der die Kunst und die persönlichen Dispositionen eine so große Rolle spielen, sich radikal gegen die standardisierten Methoden stellt" (Morin 1966, S. 56f.).

Die in mehreren Erhebungswellen umgesetzte Forschung sei von der Entwicklung von Konzepten begleitet gewesen, unter anderem entlang der Idee signifikanter Oppositionen, polarisierter antagonistischer Totalitäten. Im Hin und Her zwischen Begriffsbildung und Phänomen entfalte sich die Beziehung zwischen Mikro- und Makrokosmos der Gesellschaft:

„Das Terrain ist riesig für den Forscher. [...] Man muss das Terrain in eine Totalität integrieren, ohne es zu desintegrieren. Wir haben uns um eine Methodologie bemüht, die den vollen intellektuellen Einsatz erfordert. [...] In diesem Unternehmen, bei dem Sanftheit und Strenge riskieren, sich wechselseitig zu zerstören [...], bevorzugen wir die rohen Materialien und das elaborierte Denken" (Morin 1966, S. 61).

## ‚Forscher als Lösung und Problem': Konstitution von Wissenskulturen

Die erläuterten Unterschiede sind keine Eigenheiten einzelner, hier selektiv herausgegriffener Texte. Sie machen vielmehr eine je eigene Logik der Forschung, der Generierung wissenschaftlichen Wissens durch die Praxis der Auslegung, sichtbar. Aufschlussreich kann hierbei auch ein Blick auf Aufzeichnungsformen sein. Mangolds Arbeit stützt sich auf künstlich, also von den Forschenden erzeugtes Datenmaterial; sie enthält in ihrem Anhang die kompletten Transkriptionen einiger Diskussionen und greift in der Argumentation auf kommentierte Transkriptionsprotokolle zurück. Es scheint für den deutschsprachigen Kontext wichtig, dass die Fixierung flüchtiger Wirklichkeiten, d.h. die Verfügbarkeit der Daten als Text, die Transparenz der Analyse möglich macht, also offenlegt, wie die Forschenden Datenmaterial und eigene Aussage zueinander in Beziehung setzen. Aus der in den 1950er Jahren entwickelten Nutzung solcher Protokolle resultiert ein Spezifikum qualitativen Forschens – die Variation und Begründung der Interpretation wird zum Dreh- und Angelpunkt der (Selbst-)Verständigung über gelungene Erkenntnis, zumindest gilt dies (in unserem Fall) für den deutschsprachigen Raum. Um Protokolle so verwenden zu können, bedurfte es entweder wörtlicher stenographischer Mitschriften oder verfügbarer Aufnahmetechnologien. Diese stehen auch im französischen Beispiel zur Verfügung, doch finden sie gerade nicht das Interesse und die Aufmerksamkeit des Forschers. Die multidimensionale Datenlage impliziert vielmehr eine Gemengelage von ‚natürlichen' und ‚erzeugten' Daten, deren Zusammenschau nur im (‚formstarken') Kopf des Forschenden erfolgen kann. Es ist ihm strukturell verwehrt, diese Daten für andere sichtbar zur Verfügung zu stellen. Man kann nur glauben, dass es so und nicht anders gewesen ist, und man ist gezwungen, die Genialität, Kompetenz und Aufrichtigkeit bis hin zur Schreibfähigkeit der Forschenden als Begründungsfigur anzunehmen. Sie kann durch nichts ersetzt werden.

Wir wollen keineswegs behaupten, dass Edgar Morin mit seinem fulminanten Aufsatz stilprägend für die Wissenskultur qualitativen Forschens in Frankreich geworden ist. Gleichwohl bringt er exemplarisch auf den Punkt, wie die *Lösung des Erkenntnisproblems sich auf den Forscher verschiebt* – nicht irgendeiner kann dazu beitragen, sondern derjenige, der all die geforderten Fähigkeiten in sich vereint und erfolgreich zur Geltung bringt. Dies umfasst durchaus das Spiel mit allen möglichen Verfahren. Letztlich jedoch wird der Forscher zur einzigartigen Garantie; er selbst stellt die Antwort dar auf die Anforderungen und Probleme, die die Erforschung der sozialen Welt mit sich bringt. Im französischen Beispiel begegnet die Forschung einem ‚positiv gegebenen Phänomen', dessen Komplexität entschlüsselt werden kann – durch die Multiplikation der Zugänge und insbesondere durch die Kompetenz des Forschenden, *Meister aller Analyseweisen* zu sein. Denn nur dann kann es gelingen, dem Objekt seine Rätsel zu entreißen. Die Meisterschaft der Analyse garantiert, dass die vorgenommene Praxis der Auslegung wissenschaftliche Wahrheiten zu Tage fördert.

Für den gewählten und sehr viel nüchterner gehaltenen Ausschnitt aus der deutschsprachigen Soziologie ist auf der Phänomenebene der Texte hingegen eine Konzentration auf Fragen des Verfahrens festzustellen – die Geltungskraft, der Wissensanspruch wird wesentlich über die *Systematik der Untersuchung* gewonnen. Darin kommt eine Haltung zum Tragen, die den wissenschaftlichen Erkenntnisprozess nicht als ‚selbstverständlich' begreift, sondern sich der jeweiligen Möglichkeiten der Erfassung der Welt zu vergewissern hat, einschließlich ihrer Regulative, Kontrollen, Absicherungen und Grenzen, wie dies formal nur durch die Entwicklung spezifischer Verfahren und Methodiken gewährleistet werden kann. Ausgangspunkt ist dabei eine grundlegende *Fragilität des Erkenntnisprozesses* an beiden Enden der wissenschaftlichen Relation: So wenig wie die Welt für qualitative Forschung als positiv gegeben oder abbildbar sich darstellt, so wenig kann dem Forscher als alleiniger, erkenntnismächtiger Instanz vertraut werden. Dies aber bedeutet, dass der Prozess der Forschung zum Problem wird, d.h. zu einem Gegenstand der (Selbst-)Prüfung, der Aushandlung, der Abwägung aller Elemente wissenschaftlichen Handelns. Eine ironische Volte enthält unsere

Beobachtung insoweit, als der (anti-positivistische?) Kontext des Frankfurter Instituts Verfahrensdisziplinen initiiert, während der (cartesianische?) Kontext der französischen Soziologie auf die Begabung der Erkennenden setzt.

## Literatur

Adorno, Th. W. (1979a/1957): Soziologie und empirische Forschung. In: Adorno, Th. W.: Soziologische Schriften I. Frankfurt am Main: Suhrkamp, S. 196–216.
Adorno, Th. W. (1979b/1952): Zur gegenwärtigen Stellung der empirischen Sozialforschung in Deutschland. In: Adorno, Th. W.: Soziologische Schriften I. Frankfurt am Main: Suhrkamp, S. 478–493.
Adorno, Th. W. (1979c/1959): Zum gegenwärtigen Stand der deutschen Soziologie. In: Adorno, Th. W.: Soziologische Schriften I. Frankfurt am Main: Suhrkamp, S. 500–531.
Aron, R. (1953/1934–1935): Die deutsche Soziologie der Gegenwart. Stuttgart: Alfred Kröner.
Barton, A. H./Lazarsfeld, P. F. (1955): Some Functions of Qualitative Analysis in Social Research. In: Frankfurter Beiträge zur Soziologie. Frankfurt am Main: Europäische Verlagsanstalt, S. 321–361. [dt: Einige Funktionen von qualitativer Analyse in der Sozialforschung. In: Hopf, Chr./Weingarten, E. (Hrsg.) (1984): Qualitative Sozialforschung. Stuttgart: Klett-Cotta, S. 41–89.]
Eberle, Th. (2007): Die Crux mit der Überprüfbarkeit sozialempirischer Forschung. Forschungspragmatik vs. elaborierte methodologische Gütestandards. In: Erwägen Wissen Ethik 18, 2, S. 217–220.
Friedmann, G. (1959): Vorwort zur deutschen Ausgabe. In: Friedmann, G.: Grenzen der Arbeitsteilung. Frankfurt am Main: Europäische Verlagsanstalt.
Horkheimer, M./Adorno, Th. W. (1960/1959): Vorwort. In: Mangold, W. (1960): Gegenstand und Methode des Gruppendiskussionsverfahrens. Aus der Arbeit des Instituts für Sozialforschung. Frankfurt am Main: Europäische Verlagsanstalt, S. 5–8.
Keller, R./Poferl, A. (2010): Soziologische Wissenskulturen. Die Entwicklung qualitativer Sozialforschung in der deutschen und französischen Soziologie seit den 1960er Jahren. Unveröff. Projektantrag an die DFG. München/Landau.
Knoblauch, H./Flick, U./Maeder, Chr. (2005): Qualitative Methods in Europe: The Variety of Social Research. In: Forum Qualitative Sozialforschung 6 (3). http://qualitative-research.net/fqs-texte/3-05/05-3-34-e.htm (Abruf am 26.02.14).
Knorr Cetina, K. (2002): Wissenskulturen. Ein Vergleich naturwissenschaftlicher Wissensformen. Frankfurt am Main: Suhrkamp.
Lepenies, W. (1985): Die drei Kulturen. Soziologie zwischen Literatur und Wissenschaft. München/Wien: Carl Hanser.
Mangold, W. (1960): Gegenstand und Methode des Gruppendiskussionsverfahrens. Aus der Arbeit des Instituts für Sozialforschung. Frankfurt am Main: Europäische Verlagsanstalt.
Masson, P. (2008): Faire de la sociologie. Les grandes enquêtes françaises depuis 1945. Paris: La Découverte.

Morin, E. (1966): La démarche multidimensionnelle en sociologie. In: Cahiers Internationaux de Sociologie. Vol. 41, S. 49–61.
Morin, E. (2013/1967): La métamorphose de Plozévet. Commune en France. Paris: Fayard.
Piotet, F. (2004): Le „Traité de sociologie du travail". In: Grémion, P./Piotet, F. (Hrsg.): Georges Friedmann. Un sociologue dans le siècle. 1902–1977. Paris: CNRS EDITIONS, S. 119–129.
Soeffner, H.-G. (2004): Anmerkungen zu gemeinsamen Standards standardisierter und nicht-standardisierter Verfahren in der Sozialforschung. In: Soeffner, H.-G.: Auslegung des Alltags – Der Alltag der Auslegung. Zur wissenssoziologischen Konzeption einer sozialwissenschaftlichen Hermeneutik. Konstanz: UVK/UTB, S. 61–77.
Weischer, Chr. (2004): Das Unternehmen „Empirische Sozialforschung". Strukturen, Praktiken und Leitbilder der Sozialforschung in der Bundesrepublik Deutschland. München: Oldenbourg.

Ronald Kurt, Regine Herbrik

# „Wir müssen uns überlegen, wie es weitergeht ..."[1]
Die Sequenzanalyse als Methode der Sozialwissenschaftlichen Hermeneutik[2]

## Verstehen

Menschen sind soziale Lebewesen. Sie orientieren sich in ihrem Denken, Fühlen, Wollen und Handeln an anderen Menschen. Es gehört zu den Bedingungen dieses Aufeinanderbezogenseins, dass kein Mensch Zugang zum Bewusstsein eines anderen Menschen hat. Um inneren Sinn zum sinnlichen Ausdruck zu bringen, ist es Menschen aber möglich, Zeichen (wie z.B. Worte, Gesten, Texte oder Bilder) zu verwenden, mit denen sie sich wechselseitig etwas zu verstehen geben. Das Zeichensetzen und Zeichenverstehen bildet die Basiskompetenz sozialer Orientierung. Menschen *müssen* sich ausdrücken und sie *müssen* verstehen (Kurt 2009a, S. 10 ff.), um die für sie lebensnotwendigen sozialen Beziehungen herstellen und aufrechterhalten zu können.

Verstehen bedeutet, menschlichen Lebensäußerungen Sinn zu geben. Mit Wilhelm Diltheys Worten (1957, S. 318): „Wir nennen den Vorgang, in welchem wir aus Zeichen, die von außen sinnlich gegeben sind, ein Inneres erkennen: Verstehen." In diesem Sinne handelt es sich genau dann um Verstehen, wenn Menschen meinen, dass sie es mit den Zeichensetzungen anderer Menschen zu tun haben. Fehlt diese für das Verstehen notwendige Sinn- und Subjektivitätsunterstellung, dann liegt auch kein Verstehen vor.

---

1 Methodische Anmerkung Hans-Georg Soeffners im Rahmen einer Sequenzanalyse, die er am 24. Juni 1997 in der Universität Konstanz im Rahmen seines Kolloquiums durchführte. Die Verfasser dieses Textes gehörten der Interpretationsgruppe an.
2 Dieser Text ist die gekürzte und an einigen Stellen veränderte Version eines Aufsatzes, der unter dem Titel ‚Sozialwissenschaftliche Hermeneutik' in Baur/Blasius (2014) erscheint.

Die Grundmerkmale des Verstehens:
- *Universalität des Verstehens:* Um sich in der Welt orientieren zu können, sind Menschen ständig darauf angewiesen zu verstehen, indem sie sinnlich Gegebenes als Ausdruck von subjektivem Sinn auffassen.
- *Perspektivität des Verstehens:* Das Verstehen ist immer an den subjektiven Standpunkt des Verstehenden gebunden.
- *Soziohistorisches Apriori des Verstehens:* Die Seinsgebundenheit des Verstehens ist ein Produkt der Prägung durch Geschichte, Gesellschaft und Lebenslauf.
- *Geschichtlichkeit des Verstehens:* Verstehen bezieht sich auf Ereignisse in der Geschichte und ist selbst ein Ereignis in der Geschichte.
- *Vorstruktur des Verstehens:* Jedes Verstehen beruht auf Vorverständnissen.
- *Selektivität des Verstehens:* Verstehensgegenstände konstituieren sich in (bewussten oder auch nichtbewussten) Auswahlprozessen.
- *Motiviertheit des Verstehens:* Menschen sind pragmatisch und verstehen deshalb interessenorientiert.
- *Unabschließbarkeit des Verstehens:* Aufgrund seiner Perspektivität und Geschichtlichkeit kann kein Verstehen letztgültig sein.

Die Grenzen des Verstehens:
- *Man kann nie ganz verstehen.* Gegen hundertprozentiges Verstehen sprechen nicht nur die Perspektivität und Geschichtlichkeit des Verstehens, sondern auch die Unzu*gäng*lichkeit und Unzu*läng*lichkeit des Bewusstseins: Es ist für sich selbst nicht transparent, und es kann inneren Sinn nicht 1:1 in Ausdruck übersetzen, geschweige denn vollständig versprachlichen. „Spricht die Seele so spricht ach! schon die Seele nicht mehr" (Schiller 1983, S. 297).
- *Voraussetzungsfreies Verstehen ist nicht möglich.* Jedes Verstehen beruht auf Vorverständnissen, auf einem Immer-schon-verstanden-Haben. Die Vorstruktur des Verstehens (Heidegger 1993, S. 151) hat eine Doppelfunktion: Sie ermöglicht Verstehen und präfiguriert es zugleich.
- *Das Verhältnis zwischen Zeichen und Bezeichnetem ist nicht eindeutig.* Die Mehrdeutigkeit des Zeichensinns macht das Verstehen zu einer unendlichen Aufgabe, die sich immer wieder neu und anders stellt (Schleiermacher 1959, S. 31).

Aus der Unzugänglichkeit des Bewusstseins, der Verwurzelung des Verstehens in Vorverständnissen und der Uneindeutigkeit des Zeichensinns folgt, dass die Voraussetzungen für angemessenes Verstehen heikel sind. Die Hermeneutik ist eine Antwort auf die Frage, wie die Operation „Verstehen" gleichwohl gelingen kann – als methodisch kontrollierte wissenschaftliche Tätigkeit.

## Hermeneutik

Ursprünglich eine lose Sammlung von Verfahren, mit denen sich (z.B. in der antiken Bibelexegese) unverständliche Texte in verständliche verwandeln ließen, wurde das hermeneutische Denken von Friedrich Daniel Ernst Schleiermacher (1768–1834) Anfang des 19. Jahrhunderts in die Form einer „*Kunstlehre des Verstehens*" gebracht. In der „Kunst, die Rede eines anderen richtig zu verstehen" (Schleiermacher 1995, S. 75) geht es um zwei Auslegungsaufgaben: „die Rede zu verstehen als herausgenommen aus der Sprache, und sie zu verstehen als Tatsache im Denkenden" (Schleiermacher 1995, S. 77). Das Ziel des sich am Allgemeinen wie am Individuellen ausrichtenden Interpretierens besteht darin, in der „Umkehrung eines Aktes des Redens" zu rekonstruieren, „welches Denken der Rede zum Grunde gelegen" hat (Schleiermacher 1995, S. 76). Indem er „sich gleichsam in den anderen verwandelt" (Schleiermacher 1995, S. 169), nähert sich der Verstehende dem zu Verstehenden in einer Rückwärtsbewegung an. Wie kam er dazu, sich sprachlich so und nicht anders auszudrücken?

In der Suche nach Antworten vollzieht das hermeneutische Denken Bewegungen, die vom Einzelnen zum Ganzen und von diesem wieder zu jenem führen. Diese heute als *hermeneutischer Zirkel* bekannte Denkfigur beruht auf der Annahme, „dass alles Einzelne nur verstanden werden kann vermittelst des Ganzen und also jedes Erklären des Einzelnen schon das Verstehen des Ganzen voraussetzt" (Schleiermacher 1995, S. 328). Als paradoxe Verstehensforderung formuliert: „Man muß den Menschen schon kennen, um die Rede zu verstehen, und doch soll man ihn erst aus der Rede kennen lernen" (Schleiermacher 1959, S. 44). Gelingt das Verstehen trotz alledem, dann ist, so Schleiermacher, der Hermeneut durchaus in der Lage, eine „Rede zuerst ebensogut und dann besser zu verstehen als ihr Urheber" (Schleiermacher 1995, S. 94). Das ist nicht besserwisserisch gemeint. Einen „Autor besser zu verstehen, als er selbst von sich Rechenschaft geben könne" (Schleiermacher 1995, S. 324), bedeutet, „zum Bewusstsein zu bringen suchen, was ihm unbewusst bleiben kann" (Schleiermacher 1995, S. 94).

Wilhelm Dilthey (1833–1911) emanzipierte das Verstehen als *die* Methode der Geisteswissenschaften vor dem naturwissenschaftlichen Erklären – „Die Natur erklären wir, das Seelenleben verstehen wir" (Dilthey 1957, S. 144) – und erweiterte den Anwendungsbereich der Hermeneutik, indem er nicht nur sprachliche, sondern alle menschlichen Ausdrucksformen zu möglichen Gegenständen des wissenschaftlichen Verstehens erklärte; unter der Voraussetzung, dass sie in der Form von Texten, Bildern, Videodaten, Kleidern, Gärten (und anderen Artefakten jedweder Art) als objektive Daten methodisch kontrolliert und für andere nachvollziehbar interpretiert werden können. Der Fluchtpunkt der Interpretation von „dauernd fixierten Lebensäußerungen" (Dilthey 1957, S. 319) besteht für Dilthey darin, die individuellen Sinnzusammenhänge des Seelenlebens im Kontext von Geschichte und Gemeinschaft zu verstehen. Dabei stellt sich Dilthey Deutende wie Gedeutete als Mitglieder von Wir-Sphären vor: „der einzelne erlebt, denkt und handelt stets in einer Sphäre der Gemeinsamkeit, und nur in einer solchen versteht er. [...] Wir leben in dieser Atmosphäre, sie umgibt uns ständig. Wir sind eingetaucht in sie" (Dilthey 1958, S. 147). Die Hauptaufgabe der Hermeneutik sahen Schleiermacher und Dilthey in der Sinnrekonstruktion, also in der hypothetischen Nachbildung des Sinnzusammenhangs, der verstehbar macht, warum sich ein Mensch so ausgedrückt hat, wie er sich ausgedrückt hat.

Für gewöhnlich verstehen wir, ohne dass uns bewusst wäre, dass und wie wir verstehen. Die Als-Struktur des Verstehens (Heidegger 1993, S. 151) – etwas als etwas aufzufassen – bleibt im Alltag unterschwellig. Solange das Verstehen wie ein Automatismus abläuft, vollzieht es sich weitgehend nicht bewusst. Erlernte Deutungsroutinen tragen dafür Sorge, dass sich fast immer fast alles wie von selbst versteht. Man erkennt Bekanntes, versteht wie üblich und tut, was man tut, so wie man es schon immer tat – und arbeitet pragmatisch die Forderungen des Tages ab. Das ist die (von Alfred Schütz so genannte) *natürliche, alltagsweltliche Einstellung*, in der uns das Verstehen aufgrund seiner Selbstverständlichkeit verborgen bleibt. In der *Alltagspraxis* geschieht das Verstehen also weitgehend reflexartig: als blitzschnelles Einordnen gegebener Zeichen in bereit stehende Wissensbestände. In der *wissenschaftlichen Praxis* darf das Verstehen aber kein Reflex sein. Es muss eine Reflexion sein: ein bewusster, sich selbst beobachtender und steuernder, den Sinn gegebener Zeichen aus der Perspektive des Zeichen Setzenden rekonstruierender Interpretationsprozess.

## Sozialwissenschaftliche Hermeneutik

Die von Hans-Georg Soeffner (z. B. 1989) entwickelte *sozialwissenschaftliche Hermeneutik* fragt nach den (allgemeinen) Problemen, die Menschen in ihrem Handeln (auf besondere Art und Weise) zu lösen versuchen, sie fragt nach den Deutungsroutinen, Handlungsmustern, Ritualen und Symbolen, mit denen Menschen im sozialen Aufeinanderbezogensein ihrem Alltagsleben Sinn und Struktur verleihen, sie fragt nach den biographischen, soziohistorischen und kulturellen Hintergründen individueller Lebenswelten, und sie fragt nach Freiheit: nach Möglichkeiten des Andersdenken-, Andersdeuten- und Andershandelnkönnens.

Ursprünglich für die Interpretation textförmiger Daten konzipiert, wurden die Grundsätze der sozialwissenschaftlichen Hermeneutik mittlerweile auch auf die Untersuchung von Bild- und Videodaten übertragen (Kurt 2002 und 2008; Raab 2008; Raab/Tänzler 2009; Herbrik 2011; Reichertz/ Englert 2011; Müller 2012; Tuma/Schnettler/Knoblauch 2013). Ihr Ziel ist es in allen Fällen, die gesellschaftliche Bedeutung von sozialen Handlungen, Interaktionen und Interaktionsprodukten in Form von Typenbildungen rekonstruktiv zu verstehen (Soeffner 1989; Schröer 1994 und 1997; Hitzler/ Honer 1997; Kurt 2004; Reichertz 2013). Als angewandte verstehende Soziologie ist die sozialwissenschaftliche Hermeneutik ein Mittel zur ex post Analyse empirischer Einzelfälle. Sie basiert auf der Bereitschaft, sich immer wieder von den Daten und den eigenen Deutungen irritieren zu lassen. Hermeneutik ist methodisierte Skepsis.

Im Vergleich zu der auf die Entdeckung latenter Strukturen ausgerichteten objektiven Hermeneutik Ulrich Oevermanns (Oevermann et al. 1979) geht es in der sozialwissenschaftlichen Hermeneutik als Methode einer (im Anschluss an Weber, Schütz und Berger/Luckmann) wissenssoziologisch forschenden verstehenden Soziologie primär um die Rekonstruktion individueller und gesellschaftlicher Sinnkonstruktionen. Die sinnrekonstruierende Zeicheninterpretation zielt dabei nicht auf das vollständige Verstehen von Individuen, sondern auf ein typenbildendes Verstehen sozialer Sinnzusammenhänge. Die sozialwissenschaftliche Hermeneutik knüpft hier an Max Webers Konzept des methodologischen Individualismus an: Der Weg zum Sozialen führt in der Verstehenden Soziologie über das Individuum. Auf diesem Weg bewegt sich die sozialwissenschaftliche Hermeneutik im Zwischen zweier Prämissen:

1. *dass Verstehen durch die Gleichheit bzw. Ähnlichkeit menschlichen Denkens und Deutens gewährleistet ist.* In diesem Sinn konzipiert Dilthey das Verstehen als „ein Wiederfinden des Ich im Du" (Dilthey 1958, S. 191). Hier garantieren die Wesensgleichheit und die soziale Seelenverwandtschaft, dass Verstehen zwischen ego und alter möglich ist. Hier ließe sich auch auf Husserl, Schütz und Gadamer verweisen: Edmund Husserl begründet das Axiom der Gleichheit phänomenologisch, indem er auf die allgemeine Struktur der Lebenswelt verweist, Alfred Schütz bringt an diesem Punkt das Ideal der Reziprozität der Perspektiven ein und Hans-Georg Gadamer argumentiert für die Möglichkeit, den Abstand zwischen Geist und Geist in Horizontverschmelzungen aufzuheben.
2. *dass der Mensch dem Menschen ein Fremder ist.* Durch radikale Differenz voneinander getrennt, sind sich die Menschen am nächsten im Nichtverstehen; in dem Paradox, dass die Präsenz des Anderen in seiner Absenz erfahrbar ist. „Die Abwesenheit des anderen ist gerade seine Anwesenheit als des anderen" (Lévinas 1984, S. 65). So wie etwa bei Augustinus die Nichtverstehbarkeit Gottes als entscheidendes Bestimmungsmerkmal

des Göttlichen fungierte – „Wenn du es nämlich verstehst, ist es nicht Gott" –, so wird heute diese Nichtverstehbarkeit dem Du zugeschrieben. Das Nicht-verstanden-werden-Können wird von Autoren wie Waldenfels und Lévinas positiv konnotiert. Es garantiert Unverfügbarkeit und Freiheit, und es schützt davor, von der Macht des Verstehens durchschaut und vereinnahmt zu werden.

In der sozialwissenschaftlichen Hermeneutik können diese gegensätzlichen Grundannahmen gleichberechtigte Orientierungsalternativen sein. In die Form einer Forschungshaltung gebracht: Betrachte das zu Verstehende *nie nur* unter den Vorzeichen von Identität/Gleichheit/Ähnlichkeit, sondern *immer auch* unter den Vorzeichen von Differenz.

## Die Hermeneutische Haltung

Im Wechsel vom Modus „Alltag" in den Modus „Wissenschaft" wird das alltägliche Verstehen, die Konstruktionen ersten Grades, zum Gegenstand des wissenschaftlichen Verstehens, den Konstruktionen zweiten Grades (Schütz 2010, S. 334). In diesem Verstehen des Verstehens wird das Verstehen selbstreflexiv. Erst die methodisch kontrollierte Rückwendung auf sich selbst verleiht dem Verstehen Wissenschaftlichkeit. Andererseits:

> „Wer über die Akte der Deutung nichts weiß und sich über ihre Prämissen und Ablaufstrukturen keine Rechenschaftspflicht auferlegt, interpretiert – aus der Sicht wissenschaftlicher Überprüfungspflicht – einfältig, d.h. auf der Grundlage impliziter alltäglicher Deutungsroutinen und Plausibilitätskriterien" (Soeffner 1989, S. 53).

Um dies zu vermeiden, gilt es, eine hermeneutische Haltung einzunehmen. Der Wechsel in eine solche Haltung setzt voraus, dass die Mechanismen des Alltagsverstehens systematisch außer Kraft gesetzt werden; durch ein umfassendes Negationsprogramm (Kurt 2009b, S. 82ff.; Soeffner 1989, S. 10–50), das die folgenden Punkte umfasst:

- Nicht schnell verstehen, sondern in aller Ruhe
- Nicht pragmatisch verstehen, sondern distanziert und interesselos
- Nichts als selbstverständlich hinnehmen, sondern alles in Frage stellen
- Nicht wie üblich verstehen, sondern anders verstehen
- Nicht nach Eindeutigkeit streben, sondern nach Mehrdeutigkeit

Aus dieser hermeneutischen Haltung heraus kann die Sinn rekonstruierende Zeicheninterpretation in drei Richtungen gehen, wobei es in der konkreten Interpretation darauf ankommt, diese Verstehensbewegungen so miteinander zu verknüpfen, dass sie sich gegenseitig widersprechen und konstruktiv ergänzen können. Die drei Richtungen hermeneutischen Interpretierens wenden sich:

- zum Anderen (Perspektivenübernahme, rekonstruierende Hermeneutik)
- zum Eigenen (Reflexion auf das eigene Vorverständnis, distanzierende Hermeneutik)
- zu den Zeichen (Sinnzusammenhänge zwischen Einzelnem und Ganzem konstruieren, pluralisierende Hermeneutik) (Marquard 1991)

## Die Sequenzanalyse als Methode der Hermeneutik

Ein zentrales Verfahren des Verstehens stellt die Sequenzanalyse dar. Sie ist ein Interpretationsverfahren, das den Sinn jeder Art menschlichen Handelns Sequenz für Sequenz, also Sinneinheit für Sinneinheit, in der Linie des ursprünglichen Geschehens zu rekonstruieren versucht. Geleitet wird die Sequenzanalyse von der Annahme, dass sich im Nacheinander des Handelns Sinnzusammenhänge realisieren. Der hermeneutische Ansatz, das Einzelne als Teil eines Ganzen zu denken, überspannt in der Sequenzanalyse das konkrete menschliche Handeln hypothetisch mit einer alle Handlungsschritte umfassenden Sinngestalt. Ohne diese Sinninvestition – als „Vorgriff der Vollkommenheit" (Gadamer 1990, S. 299) – wären Sequenzanalysen nicht durchführbar.

## Arbeitsschritte und Vorgehensweisen der Sequenzanalyse

Die grundlegenden Verfahrensschritte (Kurt 2004, S. 240 ff.) der Sequenzanalyse, die weiter unten noch genauer beschrieben werden, sind die folgenden:

| Verfahrensschritte | Beispiel |
|---|---|
| *1. Sequenzbestimmung:* Eine Sequenz isolieren und das Wissen über den Kontext ausblenden. | Erste Sequenz: „Es war einmal" |

| Verfahrensschritte | Beispiel |
|---|---|
| 2. *Hypothesenentwicklung:* Lesarten entwickeln. Lesarten bezeichnen Handlungszusammenhänge, in denen die in Frage stehende Sequenz als Teil des Ganzen Sinn ergibt (Reichertz 1986, S. 250). | *Erste Lesart:* Die Sequenz könnte der Anfang eines Märchens sein. Wenn es sich bei dem Text um ein Märchen handelt, könnte der Text so weitergehen: „ein Müller" oder: „eine Prinzessin" etc. *Zweite Lesart:* Die Sequenz könnte der Beginn eines Kinderliedes sein. Ein möglicher Anschluss wäre dann: „ein Apfel" |
| 3. *Hypothesenprüfung:* Überprüfung der fantasierten Lesarten (a) anhand der Folgesequenzen *(innerer Kontext)* und/oder (b) anhand des Handlungskontextes *(äußerer Kontext).* | Die nächste Sequenz lautet: „ein Politiker". Diese Erwartungsenttäuschung im Hinblick auf die erste und zweite Lesart führt zur Formulierung neuer Hypothesen, die dann wieder empirisch am (Kon-)Text zu prüfen sind. |
| 4. *Verallgemeinerung:* Typisierung des Einzelfalls als besondere Lösung eines allgemeinen Problems. | In diesem fiktiven Beispiel ist der märchenhafte Beginn eine einzelfallspezifische Lösung des Problems, einen Politiker als Lügner darzustellen. |

Abbildung 1 veranschaulicht die handlungstheoretischen Hintergrundannahmen und die Verfahrensschritte der Sequenzanalyse. Sie stellt das Handeln als schrittweise Realisierung eines Handlungsentwurfs dar (Schütz 2004). Der Pfeil, der von der ersten Sequenz des Handelns auf das Ganze des Handlungsentwurfs zielt, markiert die hermeneutische Denkbewegung vom Einzelnen zum Ganzen. Ausgehend von einer einzelnen Sequenz („Es war einmal") wird fantasiert, um welches Ganze (Lesart 1: Märchen, Lesart 2: Kinderlied) es sich handeln könnte. Der vom Entwurf zurück in Richtung Handeln verlaufende Pfeil stellt dar, wie im Rückgang vom Ganzen zum Einzelnen die nächste Sequenz antizipiert wird („eine Prinzessin" bzw. „ein Apfel"). In diesem Verfahrensschritt geht es also darum, zu fragen, was unter der Prämisse der entworfenen Lesart sinnvoller Weise auf die erste Sequenz folgen könnte.

Abb. 1: Der Handlungsentwurf und seine schrittweise Realisierung im Handeln

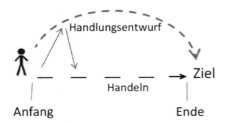

Die Schritte des sequenzanalytischen Verfahrens im Einzelnen:

**Alles auf Anfang.** Weil im Anfang schon das Ende mitgedacht ist, der Handlungsentwurf als vorweg gedachtes Ganzes also den Beginn (und auch den weiteren Handlungsprozess) bestimmt (Mead 1973, S. 50), fängt die Sequenzanalyse vorzugsweise am Anfang eines Handlungsablaufs an.

**Isolierung der Anfangssequenz.** Um das Bedeutungspotential der Anfangssequenz zu ergründen, wird die erste Sequenz isoliert betrachtet. Eine Sequenz zu isolieren, bedeutet praktisch, alle folgenden Sequenzen abzudecken (zum Beispiel mit Papier) oder sie gedanklich nicht zu berücksichtigen. Wo Sequenzen beginnen und enden, bestimmen die Interpretierenden.

**Ausblendung des Kontextwissens.** Der Kontext des Handlungszusammenhangs wird ausgeblendet. Man tut so, als ob man nicht wüsste, in welchem Zusammenhang das Handeln geschah. Man stellt sich unwissend (und ist es unter Umständen auch). Dieser Schritt erfordert von den Interpretierenden eine befremdende Denkweise: sich auf etwas (möglicherweise sogar gut) Bekanntes so einzulassen, als ob es vollkommen neu und unbekannt sei.

**Lesartenbildung.** Die vorübergehend aus ihrem Kontext herausgelöste Sequenz wird interpretiert, um eine Vielzahl von wahrscheinlichen und unwahrscheinlichen Lesarten zu entwickeln. Hier heißt die Leitfrage: In welchem Kontext könnte diese Sequenz Sinn ergeben? Je widersprüchlicher und unwahrscheinlicher die (in sich stimmigen) Lesarten und entworfenen Kontexte ausfallen, desto besser für den Interpretationsprozess.

**Hypothesenbildung.** Anhand der im vorherigen Arbeitsschritt konstruierten Lesarten und möglichen Kontexte wird nun in Form von Hypothesen antizipiert, was als nächstes geschehen könnte. Lesart für Lesart wird konkretisiert, wie es im Text weitergehen und wie die Handlung enden könnte. Dieses Phantasieren von Handlungsabläufen stützt sich auf das Wissen der Mitglieder der Interpretationsgruppe und ihre Möglichkeiten zum Beispiel durch Experten oder anhand eigener Recherchen (z.B. mittels Internet) andere Wissensquellen in den Prozess der Deutung einzubringen.

**Hypothesenüberprüfung.** Die Hypothesen werden im nächsten Schritt an der Folgesequenz (und gegebenenfalls am tatsächlichen Kontext) überprüft. Lesarten, die mit der Folgesequenz unvereinbar sind, scheiden aus dem Interpretationsverfahren aus. Der Text dient damit als objektive Korrekturinstanz für die Lesarten.

**Möglichkeitssinn.** Im Zuge dieses Arbeitsschrittes wird der Text nicht als Wirklichkeit, sondern als Möglichkeit betrachtet. In diesem Sinne fragen die Interpretierenden, was der Handelnde stattdessen hätte tun können. Welche Handlungsweisen wären aus Sicht des Subjekts objektiv möglich gewesen?

**Wirklichkeitssinn.** Das Gegenstück zu der Frage nach Alternativen bildet die Frage nach den objektiven Rahmenbedingungen des Handelns. Wie wurde das Handeln durch Faktoren wie Lebenslauf und Lebenslage mitbestimmt? Auf diese Weise wird Kontextwissen methodisch kontrolliert in den Interpretationsprozess integriert.

**Reduktion der Lesarten.** Die bis hierhin beschriebenen Verfahrensschritte werden nun von Sequenz zu Sequenz wiederholt. Dabei reduziert sich die Anzahl der Lesarten durch die Überprüfung des Möglichen am Wirklichen – einerseits. Andererseits bringt der Prozess der Interpretation unweigerlich immer wieder neue Lesarten hervor – die dann ihrerseits wieder am Text zu testen sind. Ist schließlich eine Lesart und mit dieser eine Strukturhypothese gefunden, die dem Text standhält, dann wird das Verfahren der Sequenzanalyse umgestellt. Nun geht es nicht mehr um die (induktive und abduktive) Generierung neuer Deutungen, sondern um die (deduktive) Suche nach Textstellen, mit denen die favorisierte Deutung falsifiziert werden kann. Gelingt die Falsifizierung nicht, dann gilt die Interpretation im Sinne Poppers als bis auf weiteres gültig. Die Sequenzanalyse folgt hier der Popperschen Forderung, 1. falsifizierbare Hypothesen aufzustellen, 2. ihre empirische Widerlegung anzustreben und sie 3., sofern eine Falsifizierung nicht gelingt, als vorläufig gültig zu etikettieren.

Abbildung 2 zeigt, wie im Prozess der Interpretation durch das kontinuierliche Kontrastieren von Möglichkeit und Wirklichkeit und der damit einhergehenden Reduktion der Lesarten die Typik des Einzelfalls rekonstruiert wird. Im Idealfall verläuft der Falsifikationsprozess so, dass sich die Anzahl der zu Beginn aufgestellten Lesarten von Sequenz zu Sequenz verringert, bis schließlich nur noch eine Lesart übrig bleibt. Der Praxis der Interpretation dient diese Verlaufsform als regulative Idee. Schließlich ist das Bilden und Prüfen von Lesarten kein Selbstzweck, sondern ein Mittel, um beim Querdenken zwischen den Zeilen auf gute Ideen zu kommen. In diesem Sinn basiert das sequenzanalytische Verfahren auf einem produktiven Paradox: Das strenge methodische Vorgehen beflügelt die Einbildungskraft und führt so zum Take-Off der Theorie-Fantasie.

Abb. 2: Zwischen Möglichkeit und Wirklichkeit

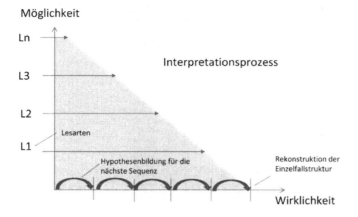

## Die Struktur des Einzelfalls

Im Verlauf der Sequenzanalyse wird das So-und-nicht-anders-Sein des interpretierten Handelns vor dem Hintergrund alternativer Deutungs- und Handlungsmöglichkeiten in seiner spezifischen Einzelfallstruktur erkennbar. Die Interpretation endet, wenn die handlungsleitenden Deutungs- und Verhaltensmuster typisiert sind und der Einzelfall als besondere Lösung eines allgemeinen Problems rekonstruiert werden kann (zur Protokollierung des Interpretationsprozesses Kurt/Herbrik 2014).

In der sozialwissenschaftlichen Hermeneutik nimmt die Sequenzanalyse aus den folgenden Gründen eine zentrale Rolle ein: Die Sequenzanalyse ist *objektiv*,

1. weil ihr (beispielsweise in Form eines Textes) objektiv Gegebenes zugrunde liegt;
2. weil sich mit ihrer Hilfe das Sinnpotential menschlicher Zeichensetzungen entfalten und im Modus des objektiv Möglichen (im Rahmen des Wissenshorizontes der Interpretierenden) rekonstruieren lässt;
3. weil ihr ein Testverfahren eigen ist, mit dem sich die im Prozess der Interpretation gebildeten Hypothesen objektiv (d.h. intersubjektiv nachvollziehbar) überprüfen lassen.

Die Sequenzanalyse ist nicht nur ein hypothesengenerierendes, sondern zugleich auch ein hypothesentestendes Verfahren – d.h. abduktive, deduktive und induktive Denkprozesse werden in der Sequenzanalyse methodisch ineinander verzahnt. Ein weiteres zentrales Qualitätsmerkmal der Sequenzanalyse besteht darin, dass sie am besten in der Gruppe funktioniert. Das Entscheidende ist, dass es hier nicht der Genius Einzelner ist, der das Neue gleichsam aus dem Nichts erzeugt, sondern der Genius der Gruppe (Sawyer 2007). Das Ergebnis einer Sequenzanalyse ist demnach nicht einem einzelnen Autor, sondern dem Interpretationskollektiv bzw. dem spiel-ähnlichen Prozess zuzuschreiben, in dem die Gruppenmitglieder dialogisch Deutungen generieren. Als Gruppeninterpretationsverfahren ist die Sequenzanalyse eine Methode, mit der sich nicht nur Denkblockaden lösen lassen. Es ist auch eine Methode, um sich von der allzu schematischen Anwendung wissenschaftlicher Methoden abzubringen, ohne in die Problematik einer rein subjektiven und für andere nicht nachvollziehbaren Interpretation zu geraten.

Auch Zufälle können im Prozess der Interpretation eine wichtige Rolle spielen. Die Gruppe muss nur erkennen können, dass sie per Zufall etwas wissenschaftlich Relevantes fand, nach dem sie unter Umständen ursprünglich gar nicht auf der Suche war. Das ist in etwa das, was Merton mit dem Begriff „Serendipity" umschreibt: „ein unerwartetes, von der Regel abweichendes, forschungsrelevantes Datum, das die Gelegenheit bietet, eine neue Theorie zu entwickeln oder eine bereits bestehende Theorie zu erweitern" (Merton/Barber 2004, S. 293, Übersetzung d. Verf.). Im Sinne Mertons ist Serendipität ein glücklicher Moment, in dem der Geist einerseits Neues entdeckt und andererseits Gestalt bildend tätig ist. Die Sequenzanalyse begünstigt solche Geistesblitze, weil sie die gemeinsam Interpretierenden sowohl nach neuen Lesarten als auch nach Sinnschließungen suchen lässt. Im Rahmen dieser öffnenden und schließenden Denkbewegungen erhält der Interpretationsprozess Struktur. Im kontinuierlichen Oszillieren zwischen dynamisierender Lesartenproduktion und steuernder Theoriebildung kann sich die Gruppe durch den tendenziell chaotischen Interpretationsprozess hindurch navigieren und am Ende der Sinn rekonstruierenden Textinterpretation eine Antwort auf die Frage geben, auf welche Frage der Einzelfall die Antwort ist.

## Das Menschenbild der sozialwissenschaftlichen Hermeneutik

Im Zentrum der Hermeneutik Hans-Georg Soeffners steht der Mensch als bedeutungsbedürftiges Individuum, das nur in den Sinnstiftungen der Kultur Halt und Orientierung finden kann. Der Möglichkeit, „bewusst zur Welt *Stellung* zu nehmen und ihr einen *Sinn* zu verleihen" (Weber 1968, S. 180), steht dabei die Notwendigkeit gegenüber, das In-der-Welt-Sein dauerhaft und ausreichend mit Sinn zu versorgen. Aus diesem Spannungsverhältnis gewinnt die Hermeneutik von Hans-Georg Soeffner ihre Leitfrage: „Wie lösen wir das Problem, ein sinnhaftes Leben führen zu müssen?" (Soeffner 2005, S. 13[3]). Halten wir (uns) an dem fest, was wir vorfinden, oder suchen wir nach neuem Sinn? Hier geht die sozialwissenschaftlichen Hermeneutik davon aus, dass die Sinnsuche des Menschen zwei Motiven folgt: der Suche nach Gemeinschaft, Heimat und Sicherheit einerseits und dem Streben nach einem besseren Leben andererseits. Bei der Suche nach Sinn und Glück jenseits des Vertrauten entfaltet der Mensch seinen Möglichkeitssinn: das ist das „Programm der Entwürfe, Optionen und Alternativen, das Leben im Als-ob" (Soeffner 2005, S. 34). In diesem Zusammenhang ist auch die Utopie zu nennen; nicht als Kunstform, sondern als Potential menschlichen Denkens und Wollens, in Imaginationen auf die „Veränderbarkeit des Vorgefundenen" (Soeffner 2005, S. 5) anzuspielen.[4] Indes: Wenn aus dem Wunschdenken nicht Wirklichkeit wird, dann kann der Konjunktiv belastend wirken. „Die unaufhebbare Spannung zwischen dem gewaltigen Entwurfspotential und der geringen Chance, es faktisch einlösen zu können, ist das, was Menschen unzufrieden macht" (Soeffner 2005, S. 15). Vor dem Hintergrund dieses Menschenbildes ist das Leben ein riskantes Balancieren „zwischen Wunsch und Realität, zwischen der Erfahrung und dem Versuch, Alternativen zur Erfahrung zu denken" (Soeffner 1974, S. 316).

Die sozialwissenschaftliche Hermeneutik holt den Menschen gleichsam da ab, wo er steht: zwischen dem, was ist, und dem, was sein könnte, zwischen Sein und Sollen bzw. zwischen Pragmatik und Ästhetik. Sie fragt danach, wie sich das Individuum in diesem Verhältnis zu diesem Verhältnis verhält. Hier setzt auch die Sequenzanalyse an. Mit ihrer Hilfe versuchen Hermeneuten zu rekonstruieren, in welchen Wirklichkeiten Menschen leben (bzw. leben wollen), welche Möglichkeiten sie haben (bzw. haben könnten) und wie sie ihre Probleme lösen (bzw. lösen könnten). In diesem Sinne muss die sozialwissenschaftliche Hermeneutik sowohl Wirklichkeitswissenschaft als auch Kunstlehre sein: „hermeneutisch-analytisch ist sie Wirklichkeitswissenschaft, hermeneutisch-ästhetisch ist sie Kunstlehre" (Soeffner 2005, S. 34). Rat gebende Funktionen soll sie dabei nicht übernehmen. Die sozialwissenschaftliche Hermeneutik Hans-Georg Soeffners folgt dem Weberschen Wert der Werturteilsfreiheit. Mit der Frage, was wahr, gut und schön ist, lässt der Hermeneut die Menschen allein – und gerade damit nimmt er den Menschen als selbstverantwortlich handelndes Individuum ernst.

---

3   Wir zitieren hier aus einem (noch) nicht veröffentlichten Interview, das Ronald Kurt im Juli 2005 mit Hans-Georg Soeffner führte, Kurt 2011.
4   Es ist kein Zufall, sondern gleichsam innere Notwendigkeit, dass Hans-Georg Soeffner über seine „Untersuchungen zur Struktur und Wirkensbedingung der Utopie" (Soeffner 1974) zur Hermeneutik fand.

# Literatur

Baur, N./Blasius, J. (Hrsg.) (2014): Handbuch der empirischen Sozialforschung. Wiesbaden: Springer VS.
Dilthey, W. (1957): Die geistige Welt. Einleitung in die Philosophie des Lebens. Gesammelte Schriften. Bd. V. Stuttgart: Teubner; Göttingen: Vandenhoeck und Ruprecht.
Dilthey, W. (1958): Der Aufbau der geschichtlichen Welt in den Geisteswissenschaften. Gesammelte Schriften. Bd. VII. Stuttgart: Teubner; Göttingen: Vandenhoeck und Ruprecht.
Gadamer, H.-G. (1990): Wahrheit und Methode. Grundzüge einer philosophischen Hermeneutik. Tübingen: Mohr.
Heidegger, M. (1993): Sein und Zeit. Tübingen: Niemeyer.
Herbrik, R. (2011): Die kommunikative Konstruktion imaginärer Welten. Wiesbaden: VS.
Hitzler, R./Honer, A. (Hrsg.) (1997): Sozialwissenschaftliche Hermeneutik. Opladen: Leske und Budrich.
Kurt, R. (2002): Menschenbild und Methode der Sozialphänomenologie. Konstanz: UVK.
Kurt, R. (2004): Hermeneutik. Eine sozialwissenschaftliche Einführung. Konstanz: UVK/UTB.
Kurt, R. (2008): Vom Sinn des Sehens. Phänomenologie und Hermeneutik als Methoden visueller Erkenntnis. In: Raab, J./Pfadenhauer, M./Stegmaier, P./Dreher, J./Schnettler, B. (Hrsg.): Phänomenologie und Soziologie. Wiesbaden: VS, S. 369–378.
Kurt, R. (2009a): Indien und Europa. Ein kultur- und musiksoziologischer Verstehensversuch. Bielefeld: transcript.
Kurt, R. (2009b): Hermeneutik. Die Kunstlehre des (Nicht-)Verstehens. In: Rehbein, B./Saalmann, G. (Hrsg.): Verstehen. Konstanz: UVK, S. 71–91.
Kurt, R. (2011): Hans-Georg Soeffner: Kultur als Halt und Haltung. In: Moebius, S./Quadflieg, D. (Hrsg.): Kultur. Theorien der Gegenwart. 2. Auflage. Wiesbaden: VS, S. 227–240.
Kurt, R./Herbrik, R. (2014): Sozialwissenschaftliche Hermeneutik. In: Baur, Nina/Blasius, Jörg.
Lévinas, E. (1984): Die Zeit und der Andere. Hamburg: Meiner.
Marquard, O. (1991): Frage nach der Frage, auf die die Hermeneutik die Antwort ist. In: Marquard, O.: Abschied vom Prinzipiellen. Stuttgart: Reclam, S. 117–146.
Mead, G. H. (1973): Geist, Identität und Gesellschaft aus der Sicht des Sozialbehaviorismus. Frankfurt am Main: Suhrkamp.
Merton, R./Barber, E. (2004): The Travels and Adventures of Serendipity. A Study in Sociological Semantics and the Sociology of Science. Princeton: University Press.
Müller, M. R. (2012): Figurative Hermeneutik. Zur methodologischen Konzeption einer Wissenssoziologie des Bildes. In: sozialer sinn 13, Heft 1, S. 129–161.
Oevermann, U./Allert, T./Kronau, E./Krambeck, J. (1979): Die Methodologie einer objektiven Hermeneutik und ihre allgemein forschungslogische Bedeutung in den Sozialwissenschaften. In: Soeffner, H.-G. (Hrsg.): Interpretative Verfahren in den Sozial- und Textwissenschaften. Stuttgart: Metzler, S. 352–433.
Raab, J. (2008): Visuelle Wissenssoziologie. Theoretische Konzeption und materiale Analysen. Konstanz: UVK.

Raab, J./Tänzler, D. (2009): Video Hermeneutics. In: Knoblauch, H./Schnettler, B./Raab, J./Soeffner, H.-G. (Hrsg.): Video Analysis: Methodology and Methods. Qualitative Audiovisual Data Analysis in Sociology. Frankfurt am Main: Peter Lang, S. 85–97.

Reichertz, J. (1986): Probleme qualitativer Sozialforschung. Zur Entwicklungsgeschichte der objektiven Hermeneutik. Frankfurt am Main/New York: Campus.

Reichertz, J. (2013): Gemeinsam interpretieren. Die Gruppeninterpretation als kommunikativer Prozess. Wiesbaden: Springer VS.

Reichertz, J/Englert, C.J. (2011): Einführung in die qualitative Videoanalyse. Eine hermeneutisch-wissenssoziologische Fallanalyse. Wiesbaden: VS.

Sawyer, K. (2007): Group Genius. The Creative Power of Collaboration. New York: Basic Books.

Schiller, F. (1983): Werke in vier Bänden. Bd. 1. Salzburg: Das Bergland-Buch.

Schleiermacher, F. (1959): Hermeneutik. Nach den Handschriften (neu hgg. u. eingel. v. H. Kimmerle). Heidelberg: Carl Winter Universitätsverlag.

Schleiermacher, F. (1995): Hermeneutik und Kritik (hgg. u. eingel. v. M. Frank). Frankfurt am Main: Suhrkamp.

Schröer, N. (1994) (Hrsg.): Interpretative Sozialforschung. Auf dem Weg zu einer hermeneutischen Wissenssoziologie. Opladen: Westdeutscher Verlag

Schröer, N. (1997): Wissenssoziologische Hermeneutik. In: Hitzler, R./Honer, A., S. 109–129.

Schütz, A. (2010): Zur Methodologie der Sozialwissenschaften. Alfred Schütz Werkausgabe IV. Konstanz: UVK.

Schütz, A. (2004): Der sinnhafte Aufbau der sozialen Welt. Alfred Schütz Werkausgabe II. Konstanz: UVK.

Soeffner, H.-G. (1974): Der geplante Mythos. Untersuchungen zur Struktur und Wirkensbedingung der Utopie. Hamburg: Helmut Buske.

Soeffner, H.-G. (1989): Auslegung des Alltags – Der Alltag der Auslegung. Zur wissenssoziologischen Konzeption einer sozialwissenschaftlichen Hermeneutik. Frankfurt am Main: Suhrkamp.

Soeffner, H.-G. (1992): Die Ordnung der Rituale. Die Auslegung des Alltags 2. Frankfurt am Main: Suhrkamp.

Soeffner, H.-G. (2005): Interview-Transkript, unveröffentlicht, 34 Seiten.

Tuma, R./Schnettler, B./Knoblauch, H. (2013): Videographie. Einführung in die interpretative Videoanalyse sozialer Situationen. Wiesbaden: VS.

Weber, M. (1968): Gesammelte Aufsätze zur Wissenschaftslehre. (hgg. von J. Winkelmann) Mohr: Tübingen.

Sighard Neckel

# Emblematische Soziologie als Kritik: Siegfried Kracauer

Es ist keine ganz neuartige Einsicht, dass die Normativität intellektueller Kritik die Wahrnehmung des Unglücks in modernen Gesellschaften bisweilen zu verhindern vermag, wenn die sicher gewusste Moral als Filter der eigenen Empfänglichkeit für die Nöte des Alltags fungiert. Fallen die Richtschnüre der Kritik allzu selbstgewiss aus, laufen kritische Theorien, die die Geltung allgemeiner Prinzipien wie soziale Gerechtigkeit oder die Menschenrechte einklagen, an den zeitgenössischen Schauplätzen des Leids mitunter geradewegs systematisch vorbei. Nur in der Literatur bewahrt sich die Sozialkritik dann noch ein Gedächtnis für die Verletzungen auf, die gesellschaftliche Routinen und Institutionen dem Einzelnen zufügen können.

Überdies hat die Gesellschaftskritik häufig ein gleichsam exploratives Problem. Normative Theorien stehen in der Gefahr, Veränderungen nicht hinreichend wahrzunehmen, wenn neuartige Situationen an überkommene Maßstäbe angepasst werden. Hans-Georg Soeffner hat dies einmal mit einem Bild aus der nautischen Kriegsführung beschrieben: „Man segelt wie die Armada mit veralteten Seekarten und wird über kurz oder lang auch den gleichen Erfolg haben wie sie" (Soeffner 1989a, S. 45). Moralische Prinzipien mögen unhintergehbar für die intellektuelle Praxis sein – aber können sie auch die Kenntnis alltäglicher Wirklichkeiten erschließen? Ein kalter Blick ist hier meist wertvoller als ein heißes Herz, und ein boshafter Kommentar oft treffender als die moralische Denkschrift. Normative Gesellschaftskritik, der es an mikrologischer Beobachtungsgabe mangelt, belädt sich dann recht schnell mit dem einmal von Hegel auf die Philosophie gemünzten Verdacht, dass sie, „da die Religion verloren, sich aufs Erbauen lege und den Pfarrer vertrete" (Hegel 1970/1803, S. 588).

Zur eigenen Orientierung ist die Gesellschaftskritik gut beraten, sich einer nützlichen Charakteristik von Georg Simmel zu bedienen: Moralisches Engagement ohne Beobachtungsgabe endet nicht selten in „steriler Aufgeregtheit" – doch Beobachtung ohne Moral ist typischerweise „blasiert" (Simmel 2008/1903, S. 323 ff.). Wie aber die moralische Abgestumpftheit des Blasierten und seine altkluge Erfahrungsarmut vermeiden, ohne der moralischen Rechthaberei und ihrer Selbstgewissheit zu verfallen?

Die Verknüpfung von empirischer Exploration und intellektueller Kritik lässt sich am besten an gelungenen Beispielen diskutieren. Mir dient als Exempel die Arbeitsweise von Siegfried Kracauer, den manche Auguren der Frankfurter Schule allzu schnell aus dem Kreis der soziologischen Gesellschaftskritik vertrieben haben. Das böse Wort von der „Warenschriftstellerei", das Adorno, obgleich Kracauers engster Freund, über dessen Texte im Kreis des Instituts für Sozialforschung fallen ließ (Schopf 2013, S. 38), mag hierbei eine ungute Rolle gespielt haben. Gleichwohl nimmt Kracauer durch die frappierende Genauigkeit seiner kulturellen Detailanalysen bis heute eine einzigartige Stellung in der Geschichte kritischer Sozialforschung ein. Gewürdigt wird sie indes weit mehr in Filmtheorie und Literaturwissenschaft, was der soziologischen Disziplin das Zeugnis ausstellt, das jedenfalls ihre szientistischen Fakultäten verdienen. Eine Ausnahme stellt Hans-Georg Soeffner dar, der Siegfried Kracauer in die „lange und gute Tradition soziologischer Beschäftigung mit symbolischen Ausdrucksmitteln" (Soeffner 1989b, S. 158) stellt und in Kracauers Studien zum *Ornament der Masse* (Kracauer 1977/1963) ganz zu Recht einen Vorläufer seiner eigenen Untersuchungen zur soziologischen Emblematik erblickt. Doch zeigt sich in Kracauers Arbeiten auch, dass moralische Sensibilität und empirisches Wahrnehmungsvermögen durchaus einander sich bedingen. Erst im Licht von normativen Kategorien, die Kracauers Studien zur Alltagskultur uns als verletzt anzeigen, gewinnen seine Beobachtungen ihre kritische Substanz und die intellektuelle Statur, soziologische Aufklärung zu sein.

Nicht unwahrscheinlich ist, dass Siegfried Kracauer sein soziologisches Gespür auf biographischen Wegen erworben hat. Keine vierhundert Meter von der Wohnung des Autors dieses Aufsatzes entfernt, wuchs Kracauer in der Elkenbachstraße 18 im östlichen Teil des Frankfurter Nordends auf. Heute ein beliebtes Szeneviertel der besser verdienenden und akademisch gebildeten Mittelschicht, war das östliche Nordend am Ende des 19. Jahrhunderts ein einfaches Wohngebiet kleiner Leute, die wie die Kracauers nicht selten aus Niederschlesien und anderen östlichen Landstrichen zugewandert waren. Als Siegfried Kracauer dort 1889 als Sohn eines Handelvertreters für Tuchwaren geboren wurde, war die Familie bald von Depressionen umfangen. Der äußere Grund hierfür war die Deklassierung, welche die Familie im damaligen Nordend erfuhr. In seinem autobiographisch angelegten Roman *Ginster* heißt es: „Der Vater reiste in Stoffen, feiner englischer Ware, die er selbst nicht trug" (Kracauer 1928/2004, S. 53). Und lakonisch beschreibt Kracauer die Resignation, mit der Ginsters Familie auf Sonntagsspaziergängen die Fassaden und Vorgärten der gutsituierten Häuser im feinen Frankfurter Westend abschreitet, begleitet von der stummen Einsicht, dass man ein Leben im komfortablen bürgerlichen Milieu selbst nie würde führen können:

„Ginster stammte aus F., einer historisch gewachsenen Großstadt, an einem Fluß, zwischen Mittelgebirgen. Wie andere Städte auch, nutzt sie ihre Vergangenheit zur Hebung des Fremdenverkehrs aus. Kaiserkrönungen, internationale Kongresse und ein Bundesschützenfest fanden in ihren Mauern statt [...] Kultstätten und Börse sind nur räumlich voneinander getrennt. Das Klima ist lau, die nicht im Westend wohnhafte Bevölkerung, zu der Ginster gehörte, kommt kaum in Betracht" (Kracauer 2004/ 1928, S. 22).

Es dürften solche Erfahrungen der Statusspannung gewesen sein, die Siegfried Kracauer in die hell erleuchteten Straßen der Großstadt trieben, um der Depression im dunklen Zuhause zu entgehen, und die einen intellektuellen Welthunger erzeugten, den er zunächst im *Philantrophin* stillte, dem Realgymnasium der Israelitischen Gemeinde, später im Umkreis des Freien Jüdischen Lehrhauses, an dem er mit dem jungen Adorno zusammen jahrelang die *Kritik der reinen Vernunft* las, und der ihn schließlich ins *Café Westend* am Opernplatz führte, wo Kracauer und Adorno Leo Löwenthal, Ernst Simon und Walter Benjamin kennenlernten. Die soziale Verletzlichkeit des Milieus, aus dem Kracauer stammte, das Erleben von Zurücksetzungen, die er als Jude und auch dadurch erlitt, dass er durch den Sprachfehler des Stotterns an Zwanglosigkeit gehindert war, bereitete den Boden dafür, eine starke soziologische Neugier mit dem Scharfblick für die Sprache der Geringschätzung zu vereinen.

Schauen wir uns dies anhand seiner wohl berühmtesten Untersuchung an, *Die Angestellten,* 1929 zunächst als zwölfteilige Serie in der *Frankfurter Zeitung* erschienen, ein Jahr später als Buch (Kracauer 1974/1930), das auch heute im Zeitalter des Konsumkapitalismus und seiner Laufstegökonomie unverändert als aktuell gelten darf. Vielleicht sind Kracauers Lesarten der sichtbaren Textur von Warenhäusern, Vergnügungspalästen, Kino und Konfektion sogar interessanter denn je, hat die kommerzielle Populärkultur doch eine Entwicklung genommen, die stark von der Bedeutung des Performativen gekennzeichnet ist. In den heftig umkämpften Konsumgütermärkten können Vorteile in der Angebotskonkurrenz zumeist nur durch die Beschleunigung von Zeichenproduktionen und die Erfindung neuer Präsentationsmuster erworben werden: Die „ornamental culture" (Faludi 1999) der Marktgesellschaft ist um die symbolische Aufladung des Verkaufsaktes herum organisiert. Marketing und Werbemedien bedürfen daher einer Vielzahl von Protagonisten, bei denen der Körper als Botschaft fungiert und „Eindrucksmanagement" als Schlüsselqualifikation (Neckel 2008).

In *Die Angestellten,* den Symbolen und Praktiken der großstädtischen Mittelschichtskultur im Berlin der 1920er Jahre gewidmet, vermag Kracauer Miniaturen über die urbane Massenkultur mit einer mikrologischen Deutung des modernen „Kults der Zerstreuung" und der Mentalitätsstudie einer seinerzeit neuen Sozialschicht zu verbinden. Darüber hinaus repräsentiert *Die Angestellten* eine literarische Form soziologischer Analyse, die in ihrer Verknüpfung von dichter Beschreibung und typologischer Zuspitzung einzigartig geblieben ist. Formal als eine Abfolge inhaltlich miteinander verzahnter soziologischer Essays gestaltet, gehen Kracauers Texte aus einer Verbindung von Datenreport, eigenen Beobachtungen und Interviews sowie Zitaten aus Befragungen und Dokumenten hervor. Hierzu suchte er sowohl die Arbeitsplätze und Berufsverbände der Angestellten auf als auch die Vergnügungsstätten, an denen sie bevorzugt ihre Freizeit verbrachten. Die Darstellung folgt dem Prinzip der Montage, durch das die verschiedensten Ausschnitte aus der Arbeits- und Lebenswelt des Berliner Angestelltenmilieus zu einem Mosaik exemplarischer Fälle zusammengestellt werden. In diesem Vorgehen gibt Kracauer seiner methodischen Überzeugung Ausdruck, wonach die Wirklichkeit eine Konstruktion sei (Kracauer 1974/1930, S. 16), von der man eine soziologische Einsicht erst durch die analytische Dokumentation ihrer tragenden Elemente gewinne, wie Kracauer in der Sprache seines Studienfachs der Architektur bemerkt.

Thematisch nimmt Kracauer mit *Die Angestellten* ein soziales Phänomen auf, das seinerzeit ein höchst aktueller Gegenstand der Berufssoziologie („Angestelltensoziologie"), der Sozialstrukturforschung und der marxistischen Klassentheorie war. Den Hintergrund hierfür stellten die rapide Zunahme von Angestellten an der Gesamtzahl der Erwerbstätigen und die gleichzeitige Taylorisierung ihrer Berufspraxis in der Rationalisierungsperiode der Weimarer Republik dar. Diesem Wandel vom „Privatbeamten zum angestellten Arbeitnehmer" (Kocka 1981), den die Angestelltenschaft in sich vollzog, spürte Kracauer in seinen sozialen und kulturellen Folgen nach. Angestellte werden dabei als ein neuer Typus von Arbeiter geschildert, den die technische Rationalisierung von Produktion und Verwaltung hervorbrachte, der sich jedoch in Konsum, Lebensführung und politischem Bewusstsein von Arbeitern wesentlich unterschied. Ohne feste Verankerung in der gesellschaftlichen Statusordnung, „geistig obdachlos" (Kracauer 1974/ 1930, S. 91) und im eigenen Aspirationsniveau auf das Bürgertum ausgerichtet, grenzen sich Angestellte leidenschaftlich von der Arbeiterschaft ab und üben den sozialen Aufstieg als Mimikry an höhere Schichten ein. Dem Hang, ihre gegebene soziale Lage durch Wunschbilder zu überblenden, entspricht die Flucht vor der Wirklichkeit in die Kulissenwelt der modernen Massenkultur und die Begeisterung für großstädtische Vergnügungspaläste und Warenhäuser, für Illustrierte, Kino und Konfektion.

In einer seiner Miniaturen, die den Titel *Auslese* (Kracauer 1974/1930, S. 17 ff.) trägt, erzählt uns Kracauer die Frühgeschichte der kommerziellen Front-Stage-Kultur, die seinerzeit in einer Stadt wie Berlin bereits deutlich zu registrieren war. Auf der Suche nach Antwort darauf, welche Zauberkräfte eigentlich einer Erscheinung innewohnen müssen, damit sie als Verkaufs- oder Büropersonal eine Anstellung findet, holt sich Kracauer Auskünfte in einem Warenhaus ein. Man achte vorwiegend auf ein angenehmes Aussehen, sagt ein Herr der Personalabteilung, und auf Kracauers Bitte einer genaueren Explikation, ob „pikant" oder „hübsch", heißt es dann: „Nicht gerade hübsch. Entscheidend ist vielmehr die moralisch-rosa Hautfarbe, Sie wissen doch..." (Kracauer 1974/1930, S. 24).

Mit einem Schlag macht das begriffliche Ungetüm den dekorativen Zwang im neuen Angestelltenberuf transparent, den Kracauer in dem grässlichen Ausdruck genau zu entziffern weiß:

„Seine Moral soll rosa gefärbt sein, sein Rosa moralisch untermalt. So wünschen es die, denen die Auslese unterliegt. Sie möchten das Leben mit einem Firnis überziehen, das seine keineswegs rosige Wirklichkeit verhüllt. Wehe, wenn die Moral unter die Haut dränge und das Rosa nicht gerade noch moralisch genug wäre, um den Ausbruch der Begierden zu verhindern. Die Düsterkeit der ungeschminkten Moral brächte dem Bestehenden ebenso Gefahr wie ein Rosa, das unmoralisch zu flammen begänne. Damit beide sich aufheben, werden sie aneinander gebunden" (Kracauer 1974/1930, S. 24).

Indem Kracauer das Dekorative der Moral mit der Moral des Dekorativen assoziiert, erfasst er in einem einzigen Sinnschluss die ganze gelackte Vulgarität des modernen Geschäftsbetriebs. Dass die Angestellten an ihr unfreiwillig beteiligt werden, stellt das Skandalon einer symbolischen Ökonomie dar, die die Wirklichkeit nicht verbirgt, sondern sie vortäuscht und hierbei Personen als Staffagen gebraucht. Der „verminderten Absatzfähigkeit von Runzeln, rachitischen Anlagen und ergrauten Haaren" (Kracauer 1974/1930, S. 23) gilt daher auch Kracauers ganze polemische Schärfe. In ihr gibt sich die normative Implikation zu erkennen, die seine Aufmerksamkeit auf die freundliche Brutalität des *Castings* – wie es heute genannt wird – erst gelenkt haben dürfte: Die „Zuchtwahl" (Kracauer 1974/1930, S. 25) der Wirtschaft stellt eine Entwürdigung des Individuellen dar, weil sie der persönlichen Eigenart keine Chance auf Anerkennung gewährt.

Mit Befunden wie diesen lieferte Kracauer wichtige Anstöße für die Kritik an der Kulturindustrie, wie sie später von der Frankfurter Schule formuliert worden ist, und entwarf Modellanalysen, die zum klassischen Vorbild in der Kultursoziologie wurden. An „unscheinbaren Oberflächenäußerungen" (Kracauer 1977/1963, S. 50) entlang fand Kracauer einen phänomenologischen Zugang zur Gesellschaftskritik, wobei ihm die Unbewusstheit alltäglicher Texte als Unterpfand ihrer symptomatischen Bedeutung diente.

Durch deren Interpretation hindurch wächst das kritische Wissen über die Gesellschaftsstruktur. Oder, wie Kracauer in *Das Ornament der Masse* schrieb: „Der Grundgehalt einer Epoche und ihre unbeachteten Regungen erhellen sich gegenseitig" (Kracauer 1977/1963, S. 50). Zwar hat Kracauer recht wenig von jenen intellektuellen Gegenspielern der gesellschaftlichen Mächte gehalten, die sich vornehmlich in den Selbstgenuss ihrer Radikalität versenken. Doch gab er sich selbst ein intellektuelles Programm, das für die Gesellschaftskritik viel nachhaltiger wirkt: „das normale Dasein in seiner unmerklichen Schrecklichkeit zu ermessen" (Kracauer 1974/1930, S. 109).

Notwendig war hierfür zunächst ein entschieden egalitärer Impuls, der es ihm erlaubte, die Phänomene der populären Kultur den gleichen Rang wie die „höheren" Bildungsgüter einnehmen zu lassen. Auf diese Weise gegen die billige Überheblichkeit des Blasierten gefeit, zielten seine soziologischen Deutungen nicht zuletzt auf die Entschlüsselung der subtilen Missachtungen und Gewalttätigkeiten in der Zeichensprache des Kulturbetriebs ab, die den Persönlichkeitswerten und der moralischen Integrität einer modernen Gesellschaft entgegenstehen. Darin ist die Normativität seiner Analysen zu erblicken. Sie hat die intellektuelle Kritik am gesellschaftlichen Schicksal des Einzelnen indes nicht behindert, sondern überhaupt erst möglich gemacht. Da sie sich aber zuerst der Phänomene und nicht der Prinzipien annahm, entging sie auch der empirischen Unempfindlichkeit des reinen Normativismus.

Kracauers Arbeiten sind heute noch als Modelle zu verstehen, wenn man wissen möchte, wie sich eine kritische Sozialanalyse durch Erfahrung bildet und an ihr sich zugleich korrigieren lässt. In Publikationen der Tagespresse konnten Kracauers Texte einen gewissen zeitgenössischen Einfluss gewinnen, ohne freilich mehr als ein intellektuelles Leuchtfeuer zu sein. Die Soziologie täte gut daran, Kracauers analytische Techniken einer emblematischen Soziologie nicht zu vergessen. Die Gesellschaftskritik wiederum sollte sich bei Siegfried Kracauer über die Erfahrungslust einer kritischen Sozialforschung informieren.

## Literatur

Faludi, S. (1999): Stiffed. The Betrayal of the American Man. New York: William Morrow and Company.

Hegel, G. W. F. (1970/1803): Aphorismen aus Hegels Wastebook [1803–1806]. In: Werke in zwanzig Bänden, Bd. 2. Frankfurt am Main: Suhrkamp.

Kocka, J. (1981): Die Angestellten in der deutschen Geschichte 1850–1980. Göttingen: Vandenhoeck & Ruprecht.

Kracauer, S. (2004/1928): Ginster. Von ihm selbst geschrieben. Roman. Frankfurt am Main: Suhrkamp.

Kracauer, S. (1974/1930): Die Angestellten. Aus dem neuesten Deutschland. Frankfurt am Main: Suhrkamp.

Kracauer, S. (1977/1963): Das Ornament der Masse. Essays, Frankfurt am Main: Suhrkamp.

Neckel, S. (2008): Flucht nach vorn. Die Erfolgskultur der Marktgesellschaft. Frankfurt am Main/New York: Campus.

Schopf, W. (2013): „bin ich in Frankfurt der Flaneur geblieben". Siegfried Kracauer und seine Heimatstadt. Berlin: Suhrkamp.

Simmel, G. (2008/1903): Die Großstädte und das Geistesleben. In: Individualismus der modernen Zeit und andere soziologische Abhandlungen. Frankfurt am Main: Suhrkamp, S. 319–333.

Soeffner, H.-G. (1989a): Alltagsverstand und Wissenschaft. Anmerkungen zu einem alltäglichen Missverständnis von Wissenschaft. In: Soeffner, H.-G.: Auslegung des Alltags – Der Alltag der Auslegung. Zur wissenssoziologischen Konzeption einer sozialwissenschaftlichen Hermeneutik. Frankfurt am Main: Suhrkamp, S. 10–50.

Soeffner, H.-G. (1989b): Emblematische und symbolische Formen der Orientierung, In: Soeffner, H.-G.: Auslegung des Alltags – Der Alltag der Auslegung. Zur wissenssoziologischen Konzeption einer sozialwissenschaftlichen Hermeneutik. Frankfurt am Main: Suhrkamp, S. 158–184.

Manfred Prisching

# Wissens- und Deutungsprobleme beim öffentlichen Vortrag

*Public Science* ist nicht nur wegen der Rede Michael Burawoys (2005) zu einem Thema geworden, sondern auch aufgrund der Tatsache, dass sich Universitäten immer stärker gedrängt fühlen, den Nachweis zu erbringen, dass sie allgemeinbildende Fortbildungsaktivitäten setzen. Die Soziologie befindet sich dabei in einer Situation, die anders ist als jene der Astronomie oder der Hirnforschung: Sie ist „näher" am Leben der Menschen. Die neuesten Visualisierungsergebnisse von Gehirnaktivitäten mögen interessant sein, aber sie betreffen das alltägliche Leben des „Normalmenschen" nicht. Hingegen muss dieser selbst so etwas wie „mundane Soziologie" betreiben, weil er sich, als Mitglied dieser Gesellschaft, möglicherweise Sorgen über Armut, Pension oder Klimaerwärmung macht und persönlich betroffen fühlt von Entwicklungen von Religion oder Familie (alles dies sind Themen der Soziologen[1]). Er stellt also im Grunde durchaus Fragen, die zum „normalen Arbeitsbereich" der Soziologie gehören – und da wäre es nicht ganz abwegig, von diesen Experten die eine oder andere nützliche Information zu erwarten. Eigentlich hat sich die Soziologie, als Reflexionswissenschaft des gesellschaftlichen Zusammenlebens, deshalb immer ebenso als *Entzifferungsunternehmen* (in Bezug auf die soziale Realität) wie als *Vermittlungsunternehmen* für ihre Erkenntnisse (in Bezug auf die „Öffentlichkeit") gesehen. *Public Sociology* ist deshalb eine Selbstverständlichkeit, und sie findet statt.[2]

---

1 Im Text verdopple ich zuweilen die Geschlechter, benutze aber häufig aus sprachästhetischen Gründen das generische Maskulinum. Es wäre allzu umständlich, andauernd von den „Sozialwissenschaftlerinnen und Sozialwissenschaftlern" zu sprechen, natürlich sind in den einschlägigen Fällen immer beide Geschlechter gemeint.
2 Natürlich weiß ich, dass Public Sociology *keine* Selbstverständlichkeit ist, und der Vortrag von Burawoy hat ja auch eine Diskussion mit durchaus unterschiedlichen Akzenten ausgelöst. In dieser Arbeit werde ich mich allerdings weder der Frage widmen, ob die Soziologie mehr oder weniger für ihre Öffentlichkeitswirksamkeit tun soll, noch der Frage, wie dies im Bejahungsfall geschehen könnte, sondern ich werde mich mit dem „laufenden Betrieb" befassen; mit dem regelmäßigen Strom des soziologischen Wissens, der über eine Reihe von Kanälen in die Öffentlichkeit fließt. Angesichts der Tatsache, dass Soziologen u. a. Fragen behandeln, die jeden Normalbür-

Ich werde mich mit einer spezifischen Form, dem *öffentlichen Vortrag*, befassen. Die spezifische Variante öffentlicher Vorträge wird, obzwar ein häufiger Vermittlungstypus, in der Diskussion über *Public Science* in erstaunlichem Maße vernachlässigt. Öffentliche Vorträge finden statt in Bildungszentren, Erwachsenenbildungseinrichtungen und Pfarrgemeinden, sie werden organisiert von politischen Parteien und Gewerkschaften, von Banken und Unternehmen, von quasi-öffentlichen Institutionen, Stiftungen, Klöstern und Theatern, von privaten Vereinen und wissenschaftlichen Vereinigungen. Es sind einzelne Veranstaltungen oder Veranstaltungsreihen, Einzelvorträge oder Konferenzen, in denen spezifische oder allgemeine, aktuelle oder überzeitliche Themen abgehandelt werden.[3] Ich werde zwei Fragestellungen behandeln: einerseits den öffentlichen Vortrag als Ritual und Selbstdarstellung der Wissenschaft, verbunden mit exemplarischen Hinweisen auf die Erwartungshaltungen des Publikums; andererseits die aus der empirischen Erfahrung gewonnenen Besonderheiten und Schwierigkeiten des Zusammentreffens unterschiedlicher Sinn- und Wissenswelten in den Arenen solcher Vorträge.

## Die Lebenspraktik des Vortrags

Lebenspraxis vollzieht sich, wo immer man „lebt", aber eben in verschiedenen Milieus auf unterschiedliche Weise. Zur Lebenspraxis des (Sozial-)Wissenschaftlers gehört das Lesen und Schreiben, das Lehren und Vortragen, das Publizieren und Edieren. Nun beschäftigen sich Sozialwissenschaftler allerdings wenig mit ihrem eigenen Tun. Das gilt schon im „wissenschaftlichen Raum", wo die Vorannahmen, die in Theorienbildung und Empiriearbeit eingehen, selten reflektiert werden; viel mehr noch für den „öffentlichen Raum", in dem unterschiedliche Wissensbestände, Vorannahmen, Erwartungen, kognitive und normative Deutungen aufeinander treffen. *Public Science* bzw. *Public Sociology* gehört nur peripher zur Lebenspraxis des „gemeinen Wissenschaftlers", der sich zu gleicher Zeit über ihre Absenz beklagt

---

ger interessieren, halte ich es für verblüffend, dass man weitschweifig darüber räsoniert, ob man ein paar dieser Fragen möglicherweise beantworten sollte.

3 Meine empirische Grundlage für die folgenden Ausführungen bieten in erster Linie eigene Erfahrungen, die ich in den unterschiedlichsten Milieus und bei den unterschiedlichsten Anlässen sammeln konnte und zeitweise ganz bewusst unter dem Gesichtspunkt dieser Thematik reflektiert habe; wohl im Ausmaß von einigen hundert Vorträgen in den letzten Jahren. Man mag das Alltagsethnographie oder teilnehmende Beobachtung oder anderswie nennen.

wie über ihre Gefahren räsoniert[4]; die wenigen Sozialwissenschaftler mit Öffentlichkeitsbezug werden von den anderen gerne als „Journalisten", „Populärschriftsteller" oder „Vielschreiber" gescholten.[5]

## Die Landschaft der Public Science

Im Rahmen der Burawoyschen Vierer-Typologie, die sich rasch herumgesprochen hat, steht die *professionelle Soziologie* im Zentrum, es ist die „wissenschaftliche Soziologie" der Zeitschriften und Bücher, der Konferenzen und der Gesellschaften, in ihren empirischen und theoretischen Clustern. Die *Policy Sociology* umfasst die angewandte Forschung, bei der spezifische Studien für Auftraggeber produziert werden. Es kommt die *kritische Soziologie* hinzu, deren Vertreter die Grundlagen der Forschungsprogramme (der professionellen Soziologie) diskutieren, die Verzerrungen und Verschweigungen, die offenen und versteckten Wertbezüge. Die vierte Kategorie ist die *Public Sociology*. Sie hat mit der kritischen Soziologie gemeinsam, dass es sich um Reflexionswissen handelt (im Gegensatz zum instrumentellen Wissen der professionellen Soziologie und der *Policy Sociology*), aber sie richtet sich an ein außerakademisches Publikum.

Die öffentliche Soziologie, so referiert Heinz Bude Burawoys These,

„ist mit den gesellschaftlichen Öffentlichkeiten über Fragen des öffentlichen Interesses im Gespräch. […] Man führt einer gesellschaftlichen Öf-

---

4   Die vorherrschende Stimmungslage in der deutschsprachigen Soziologie scheint derzeit zugunsten einer *Public Sociology* auszuschlagen, aber es gibt auch Widerworte. So hat Ronald Hitzler realistischerweise vor zwei Gefahren der Popularisierung gewarnt: zum einen vor der erforderlichen Trivialisierung, die zu einem Niveauverlust führen würde, und zum anderen vor einer Besserwisserei, die im Sympathieverlust enden könnte. Das Trivialisierungsproblem erfordert didaktische Kompetenzen, aber es wäre übertrieben, sozialwissenschaftliche Erkenntnisse schlechthin als unvermittelbar darzustellen; das Besserwissereiproblem ist eine Frage des persönlichen Habitus des Vortragenden (Hitzler 2012). Freilich ist die wissenssoziologische, wissenschaftssoziologische oder kommunikationssoziologische Frage interessant, inwieweit sich die Darstellung (oder gar Erklärung) wissenschaftlicher Ergebnisse ändert, wenn man eine Popularisierung vornimmt. Georg Vobruba hat beispielsweise in einer Rezension des Buches von Wolfgang Streeck über die „Gekaufte Zeit" die verschwörungstheoretische Neigung, die darin zum Ausdruck kommt, auf die Absicht des Autors zurückgeführt, in einem populären Buch Anschaulichkeit dadurch erzeugen zu wollen, dass Phänomene eine Personalisierung erfahren, also auf das Handeln von Akteuren zurückgeführt werden (Vobruba 2014).
5   Es gibt einen einfachen Gegensatz: Mit wissenschaftlichen Bestsellern lassen sich im angelsächsischen Raum Karrieren befördern, im deutschsprachigen Raum hemmen.

fentlichkeit vor, was diese zwar sieht und spürt, aber nicht bemerken will. Dem liegt eine bestimmte Politik der Interpretation zugrunde, die sich zur ursprünglichen Passion für soziale Gerechtigkeit, politische Gleichheit, für zwischenmenschliche Anerkennung und persönliche Emanzipation bekennt" (Bude 2005, S. 376).

Heinz Bude macht mit Recht auf den normativen Bias aufmerksam, der in der appellativen Orientierung Buraboys steckt: „The standpoint of sociology", so sagt dieser, „is civil society and the defense of the social", besonders „in times of market tyranny and state despotism" (Burawoy 2005, S. 369; auch Burawoy 2004).

Das ist in der Tat die sonderbare Akzentuierung einer Engagiertheitssoziologie, die ignoriert, dass der Mainstream soziologischer „Öffentlichkeitsarbeit" anderswo zu finden ist. Die meisten Publika wollen nicht ideologisch indoktriniert werden, sie suchen kein Sprachrohr für ihre unartikulierten Bedürfnisse, keine „intellektuellen Sozialarbeiter", keinen Advokaten, der mit der Fahne vorauseilt[6] – sie wollen vielmehr etwas *wissen*, da ihnen das spätmoderne „Kosmion" (Voegelin 1959; Soeffner 2000, S. 194) ungreifbar und unverstehbar geworden ist. Sie holen sich Information. Es geht ihnen nicht um Sachverhalte, die sie nicht „bemerken" wollen; vielmehr drängen sich ihnen Phänomene auf, die sie nicht verstehen. Warum sollte man nicht die zuständigen Experten fragen?

## Diversifizierte Wissensbestände

Die Öffentlichkeit ist keineswegs eine diskursive, sie ist eher von *public ignorance* geprägt (Prisching 2010); dennoch wird sie unterschätzt, wenn ihr der einfache Informations- und Orientierungsbedarf, der an Fächer wie Ökonomie, Philosophie, Politikwissenschaft und Soziologie gerichtet ist, abgesprochen wird. Doch treffen im öffentlichen Vortrag ganz unterschiedliche Wissenswelten aufeinander – und das macht ihn zu einer schwierigen Übung. Sozialwissenschaftler, die geringe Resonanz für ihre Erkenntnisse beklagen, pflegen von ihrer eigenen Perspektive auszugehen, die sie – fatalerweise – entsprechend „vereinfachen" müssen, um das, was sie für wichtig halten, „hinüberzubringen". Es ist jedoch verblüffend, dass bei einschlägigen Klageliedern über das Desinteresse oder Unverständnis der Öffentlichkeit fast nie

---

6  Bude fragt auch mit Recht: „Wie kann eine öffentliche Soziologie, die bestimmten Gruppen von Ausgeschlossenen, Übersehenen oder Unterdrückten zur Sprache verhilft, ihre professionelle Autonomie gegenüber den Selbstpropagandainteressen der Betroffenen wahren?"

Überlegungen zu finden sind, was denn das Publikum von der Sozialwissenschaft (oder anderen „sinnrelevanten" Disziplinen) *will*: was denn eigentlich jene Fragestellungen sind, welche die Menschen da draußen bewegen; und ob und inwieweit die Soziologie dazu etwas zu sagen hat.

In akademischen Arenen werden Äußerungen eines Vortragenden an anderen (einschlägigen) *Texten* (Studien, Aufsätzen oder Büchern) geprüft, in öffentlichen Arenen hat man es im Allgemeinen mit Menschen zu tun, die Äußerungen an ihren jeweils eigenen *Erfahrungswelten* prüfen, an ihren Aufgabenstellungen in Unternehmen, an ihren Begegnungen mit Nachbarn, an ihren Problemen in der Familie, an ihren Gefühlen im Krankenhaus oder im Shoppingcenter. Abstrakte Ergebnisse aus dem Statistischen Amt treffen also auf die „Naherfahrung", dass die Ehe der Tochter kaputtgegangen ist, die eigene zweite Ehe auch schon wackelt und die Kinder einen gewünschten Enkel verweigern. Da ist es eine legitime Frage, wissen zu wollen, „was da eigentlich geschieht".[7] Wenn die Soziologen die Antwort verweigern (weil dies mit der reinen Wissenschaftlichkeit nicht vereinbar scheint oder weil es ihnen an der Artikulationsfähigkeit mangelt), dann haben sie Bedeutungslosigkeit verdient.

Die unterschiedlichen Wissensbestände schließen natürlich bestimmte Themenbereiche für öffentliche Vorträge aus: Niemanden interessieren subtile Unterschiede in den Konzeptionen von Talcott Parsons und Niklas Luhmann. Es sind Insider-Anliegen, inwieweit das Mikro-Makro-Problem oder jenes emergenter Phänomene theoretisch konzeptualisiert werden kann oder ob jenseits von Esser alle Probleme der Rationaltheorie beseitigt sind. Auch empirische Detailstudien sind für ein Publikum, welches damit nichts zu tun hat, kaum interessant: wie es den Roma-Zuzüglern im nördlichen London geht; oder dass auch in Nürnberg, wie überall sonst, Arbeitslose weniger gesund sind als Arbeitende. Bei öffentlichen Vorträgen muss man innerwissenschaftliche Relevanzkriterien relativieren und die Wissensbestände und Lebensumstände des Publikums reflektieren; denn in diese Interessensgefüge und Wissensordnungen werden die Aussagen des Vortragenden eingepasst, an ihnen werden sie gemessen und geprüft. Der Vortrag ist ja nicht für den Vortragenden da, auf dass er sich über sich begeistere; sondern für ein Publikum. *Jeder öffentliche Vortrag ist ein wissenssoziologisches Experiment.*

---

7   Oft steckt auch die Frage dahinter, ob es sich um ein psychologisches oder ein soziologisches Problem handelt. Anders formuliert: Ist bei den eigenen Kindern etwas „schiefgegangen" oder ist so ein Verhalten in der jüngeren Generation „üblich"?

## Das Ritual und seine Ziele

Ein öffentlicher Vortrag eines Wissenschaftlers ist ein Ritual, eine bestimmte Art der symbolischen Darstellungsform von Wissen, die für die meisten Menschen, die in den „Beobachtungs- und Inszenierungsgesellschaften" (Soeffner 1992, S. 9) sozialisiert sind, in einem bekannten und überschaubaren Rahmen abläuft. Natürlich handelt es sich, wie in vielen anderen Fällen, um kein „bloßes Ritual", also keine sinnentleerte Handlungsfolge; aber die Tatsache, dass es sich für alle Beteiligten um eine „inhaltlich" bedeutsame, sinnhafte, allenfalls interessante Angelegenheit handelt, nimmt einem Vortrag nicht seinen ritualistischen Charakter. Es ist kein außeralltägliches (im Sinne von: religiöses, ekstatisches, esoterisches, transzendentes) Geschehen, es ist ein Ritual des Alltags[8], sogar ein Ritual, in dem „Vernunft" zelebriert wird. Wir werden einen kurzen Blick auf die Abfolge des Geschehens werfen und uns dann unterschiedliche Perspektiven der Zuhörerschaft vornehmen.

## Die ritualistische Abfolge

Die Veranstaltung beginnt mit der Einladung des Wissenschaftlers, mit der Vereinbarung von Termin und Rahmenbedingungen, mit dem Wunsch nach einer Präzisierung des Titels und allenfalls einem Abstract, mit der Aufforderung, Literatur (insbesondere die eigenen Bücher) und allenfalls den eigenen Lebenslauf bekanntzugeben, mit der Frage, ob man für das Prospekt ein Foto zur Verfügung stellen kann, mit Vereinbarungen über Hotelreservierung und dergleichen. Irgendwie muss die Veranstaltung in der engeren oder weiteren Öffentlichkeit bekannt gemacht werden (sofern es sich nicht ohnehin um einen Pflichttermin für eine angebbare Gruppe handelt), durch Versand der Einladung innerhalb einer Gruppe oder eines Vereins, durch Flyer, E-Mail, Homepage und/oder Ankündigung in der Zeitung.

Die Organisation der Veranstaltung hat ihren „Rahmen" und ihre „Bühne": Aufstellen der Sessel, Installieren der technischen Infrastruktur, Dekoration mit Blumen, Vorbereitung des Empfangs und der Garderobe, zuweilen auch Präparationen für das anschließende Buffet. Der Vortragende kommt, wird vom Organisator begrüßt und in der Folge verschiedenen eintreffenden Honoratioren vorgestellt, die er sich nicht merkt; die Powerpoint-Präsentation wird eingespielt, allfällige technische Probleme werden besei-

---

8 Mit Vorbehalt: Natürlich ist der Vortrag aus dem Alltagsgeschehen herausgehoben, die Veranstaltung hat Anfang und Ende; aber er steht näher dem Alltag als jener Vorstellung von Außeralltäglichkeit, die sich üblicherweise mit dem Ekstatischen, Heiligen oder Übersinnlichen verbindet.

tigt; das Wasserglas wird gefüllt. Die Zuhörer treffen ein. Der Saal füllt sich – es gehört zu den organisatorischen Profi-Tricks, Sessel eher an der unteren Einschätzungsgrenze aufzustellen und allenfalls zusätzliche zu ergänzen. Die Besucher suchen sich, je nach Disposition, einen Platz, sie haben ein „Rezeptwissen", d.h. bestimmte Erwartungen darüber, wie ein solcher Vortrag abläuft.

Der Gast wird vorgestellt, typischerweise mit biographischer Überhöhung und Übertreibung. Jeder Auslandsaufenthalt wird zum Signal internationaler Begehrtheit stilisiert. Schließlich sollen Erwartungshaltungen geweckt werden, der Veranstalter will sich damit ja auch indirekt selbst preisen. Manche Organisatoren wollen einleitend auch noch unter Beweis stellen, dass sie sich im Thema auskennen oder die Bücher des Gastes (an)gelesen haben. Geldgeber müssen bedankt, lokale oder organisatorische Machthaber allenfalls begrüßt oder erwähnt werden.

Dann beginnt der Vortrag. Auch der Wissenschaftler selbst hat seine Inszenierung bedacht, schließlich muss er seine Wissenschaftlichkeit, seine Progressivität oder seine Normalität – wie immer auch – entsprechend symbolisieren. Er wählt seine Kleidung als Person mit Reputation (mit Krawatte und gebügeltem Sakko) oder als progressiver Kritiker (in konformer antikonformistischer Krawattelosigkeit und mit zerknautschtem Sakko); zuweilen mit sorgfältig abgerissener Kleidung, insbesondere in einem künstlerischen Ambiente; oder er tritt als Guru auf (mit besonders langem Bart oder quasi-klösterlichem Hemd).[9] Er inszeniert seine Unbeholfenheit, Sattelfestigkeit, Quirligkeit, Seriosität – was immer. Manchmal wird Gestottere als Signal der Spontaneität eingesetzt oder argumentatives Durcheinander als Signal des lebendigen Denkens; andere wieder bieten eine professionell durchgestylte PPT-Präsentation. Der Vortragende kann die Rolle näher oder ferner der Wissenschaft anlegen: „Er muss sich [jedenfalls] in Handlungen und äußerer Darstellung als Mitglied ‚von etwas' und als zugehörig ‚zu etwas' so erkennbar machen, dass ihn tendenziell jedermann, ohne ihn persönlich zu kennen und ohne ihn je gesehen zu haben, ‚einzuordnen' vermag" (Soeffner 1992, S. 9). Es folgt üblicherweise eine Diskussion, anschließend werden die Danksagungen für diesen „spannenden" Event platziert; auch die risikolose Bemerkung ist üblich, dass man das Thema nicht erschöpfend habe behandeln können. Allenfalls folgt die Ankündigung der nächsten Veranstaltungen. Dann geht es häufig zum Buffet.[10]

---

9   Entsprechende Typisierungen lassen sich natürlich auch beim weiblichen Geschlecht ausmachen.
10  Diese Schilderung ist an einem Einzelvortrag orientiert, man könnte Entsprechendes auch für einen Einleitungsvortrag einer Konferenz oder für eine Podiumsdiskussion machen.

Der öffentliche Vortrag eines Wissenschaftlers findet, wie ersichtlich ist, in einem klaren Rahmen (mit bestimmbaren Variationen) statt. Es ist naiv anzunehmen, es gehe dabei nur darum, die einfachste und klarste Ausdrucksweise zu finden; vielmehr geht es um eine plausible Erzählung, die durch die „Rahmung" beglaubigt wird. Der „Stil" ist die halbe Botschaft – Puristen schüttelt es bei diesem Hinweis freilich vor Grauen. Je weniger jedoch durch die Rezipienten „nachgeprüft" werden kann, desto wichtiger wird die Glaubwürdigkeit des Referenten. Was Hans-Georg Soeffner am Beispiel politischer Nachrichten in den Medien dargestellt hat, kann in gleicher Weise auf den öffentlichen Vortrag bezogen werden: Nicht die Information selbst, sondern der Rahmen des Genres „öffentlicher wissenschaftlicher Vortrag" etabliert die Glaubwürdigkeit des Berichteten beim Publikum (Soeffner 1992, S. 167). Das Wissen, um das es geht, wird gerahmt, eingefasst, geformt, bewertet, strukturiert – es ist ein „fremdes" Wissen, das seine „Unheimlichkeit" durch die Vertrautheit des Vorganges verliert. Es kann dann angeeignet und in den eigenen Wissensbestand eingefügt werden.[11] – In der Folge setzen wir an den abstrakten Wissensfunktionen an, die auf einer konkret-empirischen Ebene illustriert werden sollen.

**Erstens: Orientierung.** Die allgemeinste Fragestellung, die sich Individuen und Kollektive ganz unterschiedlicher Art stellen, ist die Frage: Was geschieht da draußen in der Gesellschaft? Was geschieht mit uns? Was sind die großen Trends? Es geht dabei um die „großen Bilder": *What is it all about?*

Es ist jene Frage, bei der viele Sozialwissenschaftler die Nase rümpfen – und damit schon das entscheidende Desiderat vieler Publika verfehlen. Denn diese erwarten, dass jene paar hundert einschlägigen Bücher, deren Lektüre durch den Experten vorausgesetzt werden kann, und seine methodisch-logische Kompetenz ihn zu einer besseren Beurteilung der Sachlage führen, als dies dem „Laien" möglich ist, auch zu besserer Urteilsfähigkeit über die reine Wissenschaft hinaus. Dass diese Gesellschaft eine verwirrende, unübersichtliche, flüchtige, fragmentierte und inkonsistente ist, kann in einer großen Zahl von Studien nachgelesen werden; und genauso empfindet es das Publikum. Heinz Bude sagt: „Die Gesellschaft, die sich vor unser aller Augen aus den Grundfesten der Nachkriegszeit herausentwickelt hat, ist den

---

11 Dabei geben wir uns natürlich nicht irgendwelchen Illusionen darüber hin, wie viel von einem Vortrag tatsächlich verstanden oder dem Gedächtnis einverleibt wird. Gerade die Diskussionsfragen machen dem Vortragenden oft deutlich, wie rasch irgendeine Bemerkung aus einem Nebensatz für einen Hörer als wesentliche These wahrgenommen wird, wenn diese Bemerkung mit seinem Vorwissen oder seinen Gefühlen kompatibel ist – und selbst jene Schritte, die er dann selbst noch weitergedacht hat, werden plötzlich als Behauptungen des Vortragenden interpretiert.

Leuten unbekannt geworden. Sie wissen nicht mehr, in was für einer Welt sie leben" (Bude 2005, S. 375). Also fragen sie die Soziologen.

Der „rumorende Selbstverständigungsbedarf" (Bude 2005, S. 375) führt natürlich zu den großen zeitdiagnostischen Fragen: Kann man ein paar der großen Entwicklungslinien skizzieren? Wandel von der Moderne zur Postmoderne – was heißt denn das? Alles wird anders, bis hinein in die Praktiken des Alltags – damit haben sich schon Autoren wie Durkheim, Weber, Elias, Bell und viele andere beschäftigt, aber dennoch ist in der Gegenwartssoziologie die Verwechslung der „Analyse des Zeitgeistes" mit einer „Zeitgeistigkeit der Analyse" nicht so selten. Die Puristen unterstellen auch dort, wo das Erstere vorliegt, gerne das Letztere. Natürlich werden die allgemeinen Fragestellungen auch heruntergebrochen auf Trends in den großen Lebensbereichen: Die Scheidungsraten steigen und die Geburtenraten sinken – geht es weiter in diese Richtung? Was lässt sich heute noch unter Bildung und Ausbildung verstehen? Das 21. Jahrhundert, das jenes der „green energy" werden sollte: Ist nun, mit Fracking, Kohle und Atom, die Öko-Politik schon wieder Schnee von gestern? Bricht die Europäische Union in den nächsten Jahren zusammen? Die Schwierigkeit, in die solche Fragen führen, liegt auf der Hand: die *futurologische Versuchung*. Bei weitreichenden Fragen nach der Gesellschaft am Ende des 21. Jahrhunderts wird man die Zuhörer enttäuschen müssen, aber ein paar Trends lassen sich als wahrscheinlich bezeichnen: Die Frauen werden nicht in breiter Front an den heimischen Herd zurückkehren. Migration wird nicht zum Stillstand kommen. Die USA werden in der zweiten Jahrhunderthälfte nicht mehr die allein weltbeherrschende Macht sein.

**Zweitens: Nützlichkeit.** Die Soziologie hält sich immer wieder zugute, dass ihre Erkenntnisse zur Gestaltung einer „besseren" Gesellschaft nützlich sein könnten. Im engeren Sinn handelt es sich um *Policy Sociology* im Sinne Burawoys, also um die Verfertigung von Gutachten für konkrete Auftraggeber oder um in einem weiteren Sinne technokratische Anwendungen. Das können auch nützliche Patientenbefragungen für das Krankenhaus oder kommunalpolitische Stadtteilkonzepte sein. Das Publikum öffentlicher Vorträge hegt meist Nützlichkeitserwartungen hinsichtlich der Soziologie. In Anbetracht des Umstandes, dass weltweit die Bevölkerungsagglomerationen zunehmen, wäre es naheliegend, dass die Soziologen (nicht nur die Architekten und die Raumplaner) zu dem Problem der *Stadtentwicklung* insgesamt etwas zu sagen haben. Oder: Was macht man angesichts der modernen Burn-out-Problematik? Mit welchem Selbstverständnis konzipiert man den neuen Lebensabschnitt, die „lange Altersphase"?

Freilich gibt es dabei einen *therapeutischen Bias:* den übereilten Übergang von der Analyse zur Maßnahme. Man schätzt es als Vortragender nicht besonders, wenn die erste Frage nach dem Vortrag diese ist: „Sie haben diese Tendenzen überzeugend geschildert, aber was soll man tun?" – Man kann sich erstens aus der Schlinge ziehen, indem man über Wertfreiheit meditiert und die Rolle der Wissenschaft auf die Analyse beschränkt; aber dann scheint die Soziologie doch wieder zu nichts nütze. Man kann zweitens explizit machen, dass man die wissenschaftliche Rolle verlässt und als (wohlinformierter) Staatsbürger seine Meinung äußert. Aber man kann sich auch mit großer Vorsicht in eine dritte Version hineintasten: Wenn die Soziologie ein Problem analysieren kann, dann muss sie auch ein paar Ratschläge geben können, wie man diese Krise vermeiden oder jene Entwicklung befördern kann.[12]

Auch die *therapeutischen Rezepturen* aus dem Publikum kommen oft rasch in Schwung. Einerseits finden sich die großformatigen *Wertpostulate*: Wir müssen wieder solidarisch werden. Wir müssen den Werteverfall bremsen. Andererseits stellen *Partikulärtherapien* eine Versuchung dar. Manche glauben über den Hebel zu verfügen, der alle aktuellen Übel beseitigt. Beispiel: Der Zins (oder überhaupt das Geld) müsse abgeschafft werden, damit seien alle Übel des Finanzkapitalismus eliminiert. Als Vortragender tut man sich in diesen Fällen schwer, denn Einwände helfen selten.[13] Noch größeres Unbehagen wächst, wenn konkrete *lebenstherapeutische* Ratschläge eingefordert werden; da muss man wohl verweigern.

**Drittens: Aktualität.** Es treten aktuelle Probleme auf, die einer systematischen Erörterung bedürfen, bei denen es also nicht damit getan ist, einigermaßen solide Zeitungen zu lesen, und dabei entsteht zuweilen der Verdacht, Soziologen könnten zur Klärung beitragen.

Beispiel I: Eine Welle von Skandalen hat in den letzten Jahren das Thema der Korruption (einschließlich Untreue, Steuerhinterziehung, Parteispenden, Geldwäsche) aktuell werden lassen. Da liegt es nahe, dass die eine oder

---

12 Das ist natürlich das gefährliche Terrain, bei dem sich persönliche Vorstellungen mit wissenschaftlichen Analysen vermengen lassen. Allerdings sind andere wissenschaftliche Disziplinen weniger zimperlich: Ich habe noch keinen wirtschaftspolitischen Vortrag eines Ökonomen gehört, der sich nach einer Analyse der Lage gescheut hätte, Zensuren für das Verhalten von Zentralbanken oder Regierungen zu verteilen oder die Vorzüge der von ihm präferierten Strategien zu erläutern.

13 Wenn man beispielsweise gegen die Idee, wie wunderbar es wäre, wenn nach der Abschaffung des Geldes alle Transaktionen über Tauschprozesse (der Nachbarn) erfolgen sollen, die Frage stellt, wie man dann (jenseits des Austauschs von Gemüse) beispielsweise für Leistungen in einem Krankenhaus „bezahlen" möchte, kommt nur die Gegenantwort, dass es sich ohnehin um unmenschliche Institutionen handelt, die man völlig anders organisieren muss. Aber wie diese „völlig andere" Organisation beschaffen wäre, bleibt offen.

andere Institution jenseits der aktuellen Fälle auch wissen will: Was ist eigentlich Korruption und in welchen Konstellationen kann sie gedeihen? Was sind die Gründe für die aktuelle Welle von Malversationen? Ist Korruption wirklich, wie es scheint, allgegenwärtig? Welche Maßnahmen zur Verhinderung sind zielführend?

Beispiel II: Zwar ist auch lebensweltlich wahrnehmbar, dass die Mädchen im Bildungssystem Erfolge erzielen, aber eine solide Studie, die mit harten empirischen Tatsachen und überzeugenden theoretischen Begründungen die männlichen Jugendlichen als Verlierer der gegenwärtigen Situation ausweist (und auf ein möglicherweise entstehendes soziales Problemfeld hinweist), erregt auch in einer informationsüberlasteten Öffentlichkeit Aufsehen – mit der Folge, dass sich etliche Veranstalter dieses überraschende Ergebnis im Detail erklären lassen wollen (Hurrelmann/Quenzel 2010). Lehrerinnen und Lehrer sollten jedenfalls sensibel werden.

**Viertens: Unterhaltung.** Wissenschaft kann auch zur (mehr oder weniger gelehrten) Unterhaltung dienen, etwa im Sinne von Fernsehsendungen wie *Galileo*. Sie kann den Reiz eines gewissen Exotismus ausstrahlen, ein bisschen – bei guter Darstellung – vom „Rätsellösen" suggerieren. Es gibt bestimmte Disziplinen, die eine solche Vermittlung geschickt leisten können. Das mögen neue Erkenntnisse über Affenpopulationen oder die Gehirnforschung sein, es besteht aber auch ein traditionell breites Interesse für Archäologie und Geschichte. Die Soziologie hat in dieser Kategorie Nachholbedarf.

Auch *Festvorträge,* die zu unterschiedlichen Anlässen gehalten werden, mögen in diese Kategorie gezählt werden: zu runden Jahrestagen von Institutionen, zu historischen Gedenkanlässen, zur Emeritierung angesehener Gelehrter, als Einstieg in eine große Konferenz, zu einer Preisverleihung oder einer Festival-Eröffnung. Das Thema muss passen, ein paar tragende Gedanken sollen erkenntlich sein, und das Ganze darf auch ein etwas festivpathetisches Flair haben. Diskussion ist normalerweise nicht vorgesehen. Auch Vorträge von „Stars" können derart „überhöht" werden, von Carl Djerassi bis Paul Krugman, von Bill Clinton bis Reinhard Marx.

## Die Typologie der Publika

Die meisten Soziologen attestieren dem Publikum Unverständnis, wenn sie selbst nicht in der Lage sind, eine verständliche, interessante und didaktisch sinnvolle Darbietung zu gestalten. Aber man muss die Kommunikationskontexte reflektieren: *Dieselbe Aussage, in ein jeweils anderes Publikum hineingesprochen, wird anders verstanden.* Die jeweiligen Zuhörer interpretieren nach ihrem Vorverständnis, sie sind jeweils anders sozialisiert und professionalisiert, sie weisen unterschiedliche Lebenserfahrungen auf; und deshalb ordnen sie eine Aussage anders ein, aktivieren andere Assoziationsfelder, verstehen Symbole und Metaphern anders. Die Vorstände einer Großbank hören und empfinden etwas anderes als die Mitglieder eines Pfarrgemeinderates. Die Appräsentationen von Worten, Sätzen, Tatsachen und Theorien sind für den Referenten andere als für die Zuhörer, und bei verschiedenen Zuhörergruppen sind sie wiederum unterschiedlich.

Es ist gewissermaßen das *ethnographische Problem auf den Kopf gestellt*: Geht es bei der Ethnographie um das Verstehen fremder Kultur (und das Verstehen von Fremdheit), so geht es in unserem Fall um die Präsentation der eigenen „Kultur" (der eigenen Aussage) in einer Weise, dass die „fremde Kultur" (auch wenn sie innerhalb der eigenen Gesellschaft liegt) diese rezipieren oder verstehen kann – was wiederum voraussetzt, dass man schon vorneweg ansatzweise versteht, was im Kopf der Adressaten vor sich geht. Die Produktion des Vortragsinhalts geschieht gemeinsam in den Köpfen von Sender und Empfänger, in der Koproduktion von Referent und Adressat – und wenn der Vortragende daran Interesse hat, dass *seine* Darlegungen verstanden werden, muss er den Prozess in den Köpfen des Publikums antizipieren.

Es gehört zu den naheliegenden Vorbereitungen eines öffentlichen Vortrages, die jeweiligen Verständnishorizonte und Erwartungshaltungen unterschiedlicher Publika zu enträtseln. Übertrieben gesagt: *Jedes Publikum braucht einen anderen Vortrag.* Einige typische Arenen sollen illustrieren, was damit gemeint ist.

Tab. 1: Arenen

|  | Quasi-wissenschaftlicher Vortrag | Spezialistischer Vortrag | Generalistischer Vortrag |
|---|---|---|---|
| **Hochspezialisiertes Publikum** | „Liebhabervorträge" mit exotischem Touch | | |
| **Professionelles Publikum** | | Gemeinsamer Themenschwerpunkt von Vortragendem und Publikum | Allgemeine Gegenwartsanalyse |
| **Allgemeines Publikum** | | Spezielle Themen in allgemeiner Aufbereitung | Allgemeine Gegenwartsanalyse |

**Erstens: Quasi-wissenschaftlicher Vortrag, hochspezialisiertes Publikum.** Vergleichsweise exotische Spezialistenvorträge für ein allgemeines, aber selbstselektiertes Publikum („Liebhabervorträge") können relativ „wissenschaftsnahe" sein. Einen Vortrag über die jüngsten archäologischen Ausgrabungen in Ephesos besucht man ebenso wenig zufällig wie einen über Komplexitätstheorie. Man kann zum 200. Geburtstag von Charles Darwin fragen, was von seinen Lehren bleibt. Man kann Podiumsdiskussionen über Ludwig Wittgenstein abhalten oder sich über die Religion bei Richard Wagner aufklären lassen. Verschiedene Disziplinen können an Darbietungen dieser Art beteiligt sein, auch die Soziologie.

Bei diesen speziellen Ereignissen muss man wenig „Rücksicht" auf intellektuelle Verständlichkeitsvoraussetzungen nehmen (allerdings wäre Verständlichkeit auch im rein wissenschaftlichen Kontext nicht gerade eine Unanständigkeit). Ähnliches gilt auch für Begleitveranstaltungen für kulturelle Events (Festivals, Theaterveranstaltungen oder Galerieausstellungen), da kann man schon auch einmal geheimnisvolle Titel einsetzen wie „Liaisons dangereuses" oder „Truth is concrete", ja es wird mit diesem Exotismus geradezu spekuliert. Bei den letzteren Varianten ist allerdings eher eine Art von Intellektualität gefragt, die auf Überraschung baut, auf Paradoxien, auf unerwartete Querverbindungen, auf ein Vokabular mit Flair – mehr französische Philosophie als deutsch-wissenschaftliche Gründlichkeit.

**Zweitens: Spezialistischer Vortrag, professionelles Publikum.** Spezialistenvorträge für ein professionelles Publikum können auch wissenschaftlich geprägt sein, wenn es um gemeinsame Forschungs- bzw. Interessensbereiche von Vortragendem und Publikum geht. So wird beispielsweise ein Religionssoziologe zu einer Versammlung katholischer Verbände oder in ein evangelisches Bildungshaus im Rahmen einer Reflexionswoche oder eines Workshops eingeladen. Das Publikum ist sachverständig und interessiert, das Thema liegt im *wissenschaftlichen* Arbeitsbereich des Vortragenden, aber die Zuhörer sind mit den *praktischen* Komponenten des Themas vertraut. Sie können also an der eigenen Erfahrung messen, wie wirklichkeitsnahe die sozialwissenschaftlichen Erkenntnisse und Argumentationen sind, und scheuen sich zuweilen nicht, ihre konkreten Erfahrungen gegen theoretische Überlegungen auszuspielen. Dort muss man den „Praxistest" bestehen. Schwierig können auch Vorträge für ein professionelles Publikum sein, das mit etwas Neuem, das hinfort ihre Professionalität erweitern soll, bekannt gemacht wird: Allgemeine Ethik für Psychologielehrer (als Kurs für ein erst einzurichtendes Schulfach) oder organisationssoziologische Überlegungen zu neuen Compliance- oder Corporate Social Responsibility-Verpflichtungen für Aufsichtsratsmitglieder.

Ein etwas anderer Akzent wird gesetzt, wenn zwar nicht auf konkrete Anwendbarkeit gesetzt wird, wohl aber Elemente einer Professionalität mit theoretischem Hintergrund versehen werden sollen – ein Beispiel ist ein Vortrag für das Führungspersonal einer Versicherungsgesellschaft: Was bedeuten „Unsicherheit" und „Risiko" in einer spätmodernen Gesellschaft? Das Thema wird nicht viel beitragen zum konkreten Abschluss von Versicherungspolicen, aber es stellt doch eine Art von „Hintergrundwissen" für das professionelle Handeln dar. Ähnliche Fragen tauchen in anderen Bereichen auf: Inwieweit sind bargeldlose Bezahlsysteme auf „Vertrauen" angewiesen, und wodurch wird dieses erschüttert oder gefördert?

Perspektivische Vorträge sind auch gefragt, wenn für ein professionelles Publikum eine ungewohnte oder allgemeinere Perspektive auf den Arbeitsbereich geworfen werden soll. Ein Beispiel ist die Eröffnung einer Mediziner-Tagung durch einen Soziologen, der über gesellschaftliche Trends im Umgang mit dem Körper sprechen soll. Man kann beispielsweise zeitdiagnostische Betrachtungen anstellen über das zunehmende Verlangen nach der Verfügbarkeit über den Körper (in einer Gesellschaft der Machbarkeit), über aktuelle Entwicklungen von (medial inspirierten) Schönheitsvorstellungen und einschlägigen (chirurgischen) Praktiken, über Trends in der Entwicklung von Gesundheits- und Kranheitsinterpretationen, über die zukünftige (keineswegs perhorreszierte, sondern vermutlich ersehnte) Verbindung von Körper und Elektronik. – Ein zweites Beispiel ist die Eröffnung einer Rechtsanwälte-Tagung, die sich dem neuen Phänomen „Litigation Public Relations" widmet. Das Thema klingt speziell, doch für den Aufriss der Problematik muss man breit ansetzen. Es geht um die Erfahrung (insbesondere von Strafverteidigern), dass glamouröse Straffälle eine immer intensivere Begleitung durch die Massenmedien erfahren. Da gibt es undurchsichtige Informationsbeschaffung, Vorverurteilungen, Kampagnen, Grauzonen-Verhalten von Anklagebehörden, die mediale Aufbereitung von „Deals" und vieles mehr; und Rechtsanwälte erkennen, dass sie neben dem rechtlichen auch das mediale Spiel beherrschen müssen, wenn sie die Interessen ihrer Mandanten wahren wollen. Neben rechtlichen Aspekten muss man dabei die kommunikationssoziologische Perspektive berücksichtigen (es geht nicht um korrekte Subsumtionslogik, sondern um konkurrierende Narrative); die wissenssoziologische Perspektive (wer wirft die passenden Geschichten zur richtigen Zeit in die Arena der Medien?); die mediensoziologische Perspektive (wie funktionieren Massenmedien?); die rational-strategische Perspektive (welche neuen Instrumente stehen zur Verfügung?); und so weiter.

**Drittens: Generalistischer Vortrag, professionelles Publikum.** Interesse besteht bei unterschiedlichen Gruppen nicht nur an spezifischen Ergebnissen, im Sinne von: Lehrervereine wollen Bildungssoziologie; Familienberater wollen Familiensoziologie. Es besteht ein vielfältiges Interesse an generalistischen Vorträgen, im Sinne der eingangs gestellten Fragen: Wie entwickelt sich die Gesellschaft? Was ist los da draußen? Dieses Interesse besteht auch bei Vorstandstagungen von Großbanken, Leitungsgremien von Versicherungen, Führungsklausuren von Industrieverbänden oder Gewerkschaften – sie wissen über ihr engeres Feld Bescheid, haben aber zuweilen den Eindruck, sie müssten auch die Einbettung ihrer Strategien in breitere gesellschaftliche Entwicklungen reflektieren.

Eine offensichtliche Schwierigkeit ist der Umfang des Themas angesichts einer strikten zeitlichen Begrenzung: die ganze Welt in 30 Minuten. Aber auch die Antizipation des spezifischen Rezeptionsinteresses ist wichtig. Die Professionisten sehen auch allgemeine Erörterungen jeweils unter ihrer Perspektive oder Aufgabenstellung; sie „scannen" gleichsam alle Erörterungen unter dem Gesichtspunkt, inwieweit diese für ihre konkrete Situation von Bedeutung sind; sie lassen sich also nicht auf die „Eigenlogik" bestimmter Entwicklungen ein. Die Anschlussfragen sind: Was bedeutet dieses oder jenes Phänomen für mich, mein Unternehmen, meine Institution, meine Aufgabenstellung? Wenn Bankmanager von der „Entleerung des ländlichen Raums" hören, dann denken sie an die langfristige Neuaufstellung des Filialnetzes; und wenn von der „Intensivierung der Migration" gesprochen wird, überlegen sie den Einstieg in *Islamic Banking*.

**Viertens: Spezialistischer Vortrag, allgemeines Publikum.** Präzise aktuelle Themen drängen sich auf, und sie müssen in einen allgemeinen Verständnishorizont transponiert werden, wenn es sich um ein heterogenes Publikum mit ganz unterschiedlichen Wissensvoraussetzungen handelt. Ein Beispiel ist das breite Feld der europäischen Erinnerungskultur, im Jahr 2014 ganz besonders die Vorgeschichte des Ersten Weltkrieges – dafür interessieren sich viele Leute. Aber es gibt auch breitere Interessentengruppen für spezielle Themen: von der Jugendkriminalität bis zur Altersdemenz. Wenn es abstrakte Themen sind, müssen sie handfest aufbereitet werden: Was ist „das Böse"? Was heißt „Kreativität"? Wie entsteht „Kooperation" zwischen Menschen? „Zukunft der Bildung". „Vorbilder". „Das einfache Leben". „Tradition".

Die Schwierigkeit: Der Vortrag muss einfach und verständlich sein, aber doch substantiell. Da sitzen Hausfrauen und Kindergärtnerinnen, Kleinbauern und Installateure, Buchhalter und Autoverkäufer, Weinhändler und Buchhändler, da sind der Gemeindesekretär und der Pfarrer; aber da sind möglicherweise auch der Gymnasiallehrer, der Rechtsanwalt und der Arzt aus dem lokalen Krankenhaus. (Und gar noch ein Universitätsprofessor auf Urlaub.) Man muss für eine Zuhörerschaft sprechen, in der sich Personen an der Grenze zum Analphabetismus befinden, aber auch jene zufriedenstellen, welche die „ZEIT" abonniert haben.

Es gibt eine Reihe von relativ typischen Denkfehlern, die bei allen Publika auftauchen, vor allem aber bei einer unspezifischen Zuhörerschaft. Erstens der Einwand von Einzelfällen: „Sie haben gesagt...; aber bei meiner Nachbarin ist das ganz anders." Das Problem statistischer Größen, denen immer Gegenbeispiele entgegenstehen können, ist schwer vermittelbar. Zweitens die Quantifizierungsunfähigkeit: Es gibt keine Vorstellung von Größenordnungen, die das Alltagsleben überschreiten – Millionen oder Milliarden von Euros sind dasselbe, nämlich ungeheuer viel. Deshalb kursiert etwa die Vorstellung, dass man bloß eine kleine Vermögenssteuer einführen müsse, um Budgets zu sanieren und allen finanziellen Restriktionen zu entgehen. Drittens die Verschwörungstheorien: Für einzelne Personen beruhen alle Unzulänglichkeiten dieser Welt auf Verschwörungen der Freimaurer, der Juden, des Vatikans oder des CIA. Andere „Fundamentalisten" wollen partout jene feste These vortragen, mit der sie bei jeder Veranstaltung hausieren gehen, auch wenn diese mit dem aktuellen Thema nicht das Geringste zu tun hat.

Insbesondere bei Personen, die mit der Wissenschaft wenig vertraut sind, besteht zuweilen die Neigung, Wissenschaftler als Experten für alle Lebensprobleme der Gesellschaft anzusehen – als „eine modernisierte Ausgabe dessen, was Auguste Comte im Sinne hatte, als er sich Gedanken über die Soziologen als der Priesterschaft seiner neuen positivistischen Kirche machte" (Berger/Kellner 1984, S. 117). Die Bereitschaft steigt mit der Verunsicherung. Berger und Kellner (1984, S. 120) haben einen Ratschlag gegen diese Versuchung: „sich der besonderen Relevanzstruktur der Soziologie bewusst zu sein – und sich konsequent klarzumachen, dass nicht unbedingt für das Leben taugt, was für die Wissenschaft taugt". Das ist das Problem: höchst unterschiedliche Wissensbestände in eine partielle Entsprechung zu bringen. Aber das gehört zum normalen Geschäft der Wissenschaft.

## Literatur

Berger, P.L./Kellner, H. (1984): Für eine neue Soziologie. Ein Essay über Methode und Profession. Frankfurt am Main: Fischer.
Bude, Heinz (2005): Kommentar zu Michael Burawoy: Auf der Suche nach einer öffentlichen Soziologie. In: Soziale Welt 56, Heft 4, S. 375–380.
Burawoy, M. u.a. (2004): Public Sociologies: A Symposium from Boston. In: Social Problems 51, Heft 1, S. 103–130.
Burawoy, M. (2005): For Public Sociology. In: Soziale Welt 56, Heft 4, S. 347–374.
Hitzler, R. (2012): Wie viel Popularisierung verträgt die Soziologie? In: Soziologie 41 (4), S. 393–397.

Hurrelmann, K./Quenzel, G. (2010): Bildungsverlierer. Neue Ungleichheiten. Wiesbaden: VS.

Prisching, M. (2010): Rational Democracy, Deliberation, and Reality. In: Critical Review 22 (2-3), S. 185–255.

Soeffner, H.-G. (1992): Die Ordnung der Rituale: Die Auslegung des Alltags 2. Frankfurt am Main: Suhrkamp.

Soeffner, H.-G. (2000): Gesellschaft ohne Baldachin. Über die Labilität von Ordnungskonstruktionen. Weilerswist: Velbrück.

Vobruba, G. (2014): Die EU als Verhängnis. In: Soziologische Revue 37 (1), S. 20–23.

Voegelin, E. (1959): Die neue Wissenschaft der Politik. Eine Einführung. München: Pustet.

Dariuš Zifonun

# Der Kritikbegriff der hermeneutischen Wissenssoziologie

„Die Bezeichnung kritische Theorie ist unsinnig, jede Theorie
ist kritisch."
(Hans-Georg Soeffner, en passant)

## Marx returns

„What we may be witnessing is not just the end of the Cold War, or the passing of a particular period of postwar history, but the end of history as such: that is, the end point of mankind's ideological evolution and the universalization of Western liberal democracy as the final form of human government." (Fukuyama 1989, S. 4)

Als Francis Fukuyama vor 25 Jahren in *The National Interest* das Ende der Geschichte verkündete,[1] schloss er damit wie selbstverständlich auch das Ende der Kritik an den ‚Verhältnissen' mit ein: wenn in zeitlicher Perspektive alle ideologischen Widersprüche in der liberalen Demokratie aufgehoben sind, wenn also reine Gegenwart herrscht, bieten weder die Vergangenheit – im Mythos – noch die Zukunft – in der Utopie – eine Ausstiegsoption. Und wenn in räumlicher Perspektive die liberale Demokratie überall herrscht, gibt es auch keine Orte mehr, von denen aus Kritik artikuliert werden könnte. Für einige Jahre schien es so, als sollte Fukuyama Recht haben: Marx – ideologischer Stichwortgeber sowohl des real existierenden Sozialismus wie der westlichen Kritik am Liberalismus – war „out" nach 1989; die Wege führten von Marx zu Luhmann oder in die Postmoderne. Die These vom Austritt der Menschheit aus der Geschichte blieb nicht unwidersprochen,

---

1 Fukuyama hatte den Titel seines Aufsatzes noch mit einem Fragezeichen versehen, das im Titel des drei Jahre später erschienen Buches *The End of History and the Last Man* (Fukuyama 1992) verschwand. Samuel P. Huntington verfuhr in seiner Reaktion auf Fukuyama auf dieselbe Weise.

allein fehlte es der Kritik an einem einigenden Band. Seit einigen Jahren ist nun eine Rückkehr der Gesellschaftskritik zu beobachten. Was die neue Gesellschaftskritik eint – gleich, ob sie sich in der Philosophie (Jaeggi 2014) oder der Soziologie (Dörre/Lessenich/Rosa 2009) artikuliert, in den Queer (Voß/Wolter 2013) oder den Postcolonial Studies (Spivak 2008) –, ist ihr – bisweilen auf sozialrevolutionäre Praxis zielender (Badiou 2011) – erneuter Bezug auf Marx.

Gesellschaftskritik ist ein utopisches Projekt. Sie bedarf einer Position, die außerhalb der Gesellschaft angesiedelt ist und von der aus sich – ausgerüstet mit den Mitteln der Gesellschaftskritik – ein unverstellter Blick auf Gesellschaft werfen lässt. Und sie bedarf eines Modells von Gesellschaft, das als Alternative am Horizont des gesellschaftlich Möglichen erscheint, eines „geplanten Mythos" (Soeffner 1974), das die Erfüllung aller menschlichen Sehnsüchte verheißt. Bei diesem neuen Projekt der Kritik bleibt die Wissenssoziologie außen vor. Trotz aller Bezugnahme auf Marx im Gründungstext der ‚neuen Wissenssoziologie' „reihen sich", so Hans Joas in seiner zeitgleich zu Hans-Georg Soeffners Dissertation über die Utopie entstandenen Diplomarbeit, „Berger und Luckmann in die scheinneutrale Tradition der bürgerlichen Wissenssoziologie ein" (Joas 1975, S. 52). Affirmativ statt kritisch sei die Wissenssoziologie, so die kritische Kritik, orientiert am Ideal eines „methodologischen Agnostizismus" (Knoblauch 1999, S. 14), so die Selbstbeschreibung der Wissenssoziologie. Wie ist vor diesem Hintergrund und bezogen auf die von ihm begründete hermeneutische Wissenssoziologie Hans-Georg Soeffners oben zitierte Bemerkung zu verstehen? Welcher Kritikbegriff ist der hermeneutischen Wissenssoziologie als „reflexive[r] Theorie alltäglichen und außeralltäglichen Handelns" (Ronald Hitzler in der Einleitung zu diesem Band) zu eigen?

Im Folgenden soll zunächst die Praxis der hermeneutischen Wissenssoziologie anhand eines Fallbeispiels dargestellt werden und dann mit dem Verfahren einer kritischen Gesellschaftstheorie kontrastiert werden. Anschließend wird expliziert, welchen Kritikbegriff die hermeneutische Wissenssoziologie impliziert, bevor die Orte benannt werden, an denen sie in diesem Sinne kritisch aktiv werden kann.

## Die Rekonstruktion einer U-Bahnfahrt

Eine junge Frau – wir nennen sie M – betritt eine U-Bahn in Berlin. Sie orientiert sich mit ihren Blicken und stellt fest, dass keine der Vierersitzgruppen leer ist, sie also nicht wird alleine sitzen können. Sie registriert auch, dass lediglich eine der Sitzgruppen von nur einer Person besetzt ist, in allen anderen dagegen bereits zwei oder mehr Personen sitzen. M entschließt sich daraufhin, ihrer Gewohnheit entsprechend, sich zum allein sitzenden Mann (A) zu setzen, da dies ihrem Distanzbedürfnis entgegenkommt. Sie bewegt sich zu der Box und stellt, als sie näher kommt, fest, dass der andere Fahrgast breitbeinig über zwei Sitze sitzt. Sie entscheidet sich dann dafür, ihm gegenüber am Fenster Platz zu nehmen. Beim nächsten Halt steigen zahlreiche weitere Personen ein. Eine Frau (B) setzt sich auf den freien Platz neben M. Kurz darauf setzt sich ein junger Mann (C) an den Gangplatz neben dem breitbeinigen A, um den Preis, nur auf einer Po-Backe sitzen zu können, da A einen Teil des Platzes besetzt. M hört wie C seufzt und wendet ihm den Kopf zu. Es kommt zu einem kurzen Blickkontakt zwischen M und C, beide lächeln, die Blicke gehen wieder auseinander. Nach einiger Zeit der gemeinsamen Fahrt steht A auf, um die Sitzgruppe zu verlassen, woraufhin, wie M feststellt, weder B noch C die Beine bewegen, um A Platz zu machen. Sie bleiben gerade sitzen, sodass A sich zwischen ihnen durchzwängen muss, um die Box zu verlassen und aus der U-Bahn zu steigen.

Diese Situation ist überliefert, weil M sie dankenswerter Weise in einem soziologischen Seminar dargestellt hat. Sie folgte der Aufforderung des Dozenten, alltägliche Erfahrungen zu protokollieren und dann in der Lehrveranstaltung zu präsentieren, damit diese in der Seminargruppe gemeinsam gedeutet werden können. Doch das Deuten der Situation beginnt nicht erst in der Lehrveranstaltung und auch nicht erst, als M ihr Erlebnis protokolliert, sondern bereits in dem Moment, in dem M die Bahn betritt. Allerdings bleibt der größte Teil ihrer Deutungsleistungen in der Situation implizit. U-Bahn-Fahren ist für sie eine Routinetätigkeit. Die Antworten auf die Fragen „was ist hier los?" und „wie verhalte ich mich dazu?" gibt sie sich selbst, ohne die Fragen explizit formulieren zu müssen.

Ihre Wahrnehmungsgewohnheiten werden erst durch A unterbrochen, der, wie M sagt, auffällig breitbeinig sitzt. M fragt sich nun nach den Motiven ihres Gegenübers. Sie fragt sich, ob der Mann so sitzt, weil er ausdrücklich mehr Platz für sich beansprucht, als ihm normalerweise zukäme. Andere Möglichkeiten, die M in Erwägung zieht, sind, dass A krank sein oder unter Drogeneinfluss stehen könnte. Sie muss sich beim Fremdverstehen des A ganz auf die Auslegung von dessen körperlichem Ausdrucksverhalten verlassen, ein unmittelbarer Zugang zu seinen Bewusstseinsleistungen ist ihr verwehrt. Da Hinweise auf Krankheit und Drogengebrauch fehlen – A sitzt ruhig und stabil, der charakteristische Geruch von Alkohol fehlt, genauso wenig verweisen Gestik oder Mimik des A auf Schmerzen oder außeralltägliche Bewusstseinszustände –, interpretiert M sein Sitzen als männliche Selbststilisierung. Das nachfolgende Interaktionsgeschehen erscheint M in der Situation dann wieder nicht als auslegungsbedürftig. So versteht sie ohne Probleme den Interaktionssinn ihres geteilten Lächelns mit C als Einigkeit darüber, das Verhalten von A als verwerflich zu bewerten. Sie bestätigen sich gegenseitig, so Ms Wahrnehmung, dass A nicht den normativen Erwartungen gerecht wird, die an alle gesunden, nicht unter Drogeneinfluss stehenden Menschen gestellt werden können. Weiterhin konstituiert sich für M im gemeinsamen Lächeln ein moralisches Milieu. Dieses Milieu moralischer Überlegenheit gegenüber A bestätigt im Lächeln überdies die Bereitschaft, diese Situation so hinzunehmen, wie sie sich darstellt, also As Fehlverhalten unwidersprochen zu dulden. M fühlt sich durch das Lächeln bestätigt und ist dank des Lächelns besser dazu in der Lage, die Situation, so wie sie ist, zu akzeptieren und zu bewältigen. Vor diesem Hintergrund deutet M auch das Interaktionsgeschehen zwischen B und C, ohne dass ihr diese Interpretation in der Situation problematisch erscheint: sie versteht die Regungslosigkeit von B und C bei As Aussteigen als Nichteingehen auf den eigentlich herrschenden normativen Zwang, dem Aussteigenden auf seinem Weg aus der Box Platz zu machen. Sie interpretiert dieses unterlassene Handeln als ausdrücklichen Akt. In Ms Interpretation wird A durch die verweigerte Anerkennung seines Anspruchs, ihm beim Aussteigen freundlich Platz zu gewähren, für sein vorheriges Fehlverhalten sanktioniert. Wer sich außerhalb der moralischen Gemeinschaft – zu der nun auch C zählt –, die sich auf allgemeingültige Werte berufen kann und die in ihrem lokalen Auftreten letztlich nur die Aktualisierung einer viel größeren Gemeinde darstellt – stellt, hat nicht mehr mit deren Solidarität zu rechnen.

Wie voraussetzungsreich und fragil sowohl das Interaktionsgeschehen als auch Ms Deutungshandeln sind, wird in der Retrospektive erkennbar. Erst als sich die Seminarteilnehmer in wissenschaftlicher Einstellung und ohne pragmatischen Handlungsdruck der Situation reflexiv zuwenden, wird Folgendes deutlich: Deuten und Handeln setzen in der Situation die Gültigkeit der Generalthese der wechselseitigen Perspektiven mit ihren beiden Teilaspekten voraus: Nur aufgrund der Idealisierung der Vertauschbarkeit der Standpunkte – „Wäre ich dort, wo er jetzt ist, würde ich die Dinge in gleicher Perspektive, Distanz, Reichweite erfahren wie er" (Schütz/Luckmann 2003, S. 99) – kann M Cs Seufzen als Reaktion auf seine unbefriedigende Sitzsituation deuten. Und nur wegen der Idealisierung der Kongruenz der Relevanzsysteme – „Ich und er lernen es als gegeben hinzunehmen, […] dass wir so handeln und uns so verständigen können, als ob wir die aktuell und potentiell in unserer Reichweite stehenden Objekte und deren Eigenschaften in identischer Weise erfahren und ausgelegt hätten" (Schütz/Luckmann 2003, S. 99) – kann M das Lächeln von C als Angebot eines moralischen Bündnisses gegen A interpretieren. Das gemeinsame Lächeln beruht auf Seiten von M auf nicht mehr und nicht weniger als einer Konsensfiktion (Soeffner 2010). Es besiegelt eine Übereinstimmung, ohne dass zwischen den Interaktionspartnern Identität hergestellt würde oder angesichts der Einzigartigkeit subjektiver Standpunkte hergestellt werden könnte. Und M hat allen Grund dazu, diese Fiktion aufrechtzuerhalten, solange sie nicht durch das Interaktionsgeschehen selbst in Frage gestellt wird.

Genau hierin aber, in der Selbstläufigkeit der Interaktion, liegt auch die Fragilität des Handelns: die Handlungssituation ist unterbestimmt, kontingent und hätte an zahllosen Stellen einen anderen Verlauf nehmen können: sie ist bestückt mit alleinreisenden Personen mit je eigensinnigen Handlungsinteressen, es existiert kein übergreifender Handlungssinn, der einen kollektiven Handlungsbogen präfigurieren würde. Der Abschluss der Sequenz war bis zum Schluss offen. Die Handlung ist erst vollzogen, als das Handeln abgeschlossen ist. Der erfolgreiche Handlungsabschluss bewirkt zudem die Stabilisierung einer weiteren äußerst prekären Instanz: des subjektiven Wissensvorrats der Beteiligten. Ms Deutungsrepertoire ist nicht nur biographisch einzigartig, sondern auch mit Unsicherheit behaftet. Ihr Wissen etwa über Männer, Drogen und Krankheiten ist bruchstückhaft, entstammt den unterschiedlichsten Quellen und variiert hinsichtlich seiner Vertrautheit, Bestimmtheit und Glaubwürdigkeit. Da sie die Situation gemeistert hat, ergibt sich für M kein Anlass, die Situation weiter auszudeuten, in der Folge ihren Wissensvorrat in Frage zu stellen oder ihn gar zu modifizieren. Er bewährte sich unter dem situativen Handlungsdruck.

Die Seminargruppe dagegen nahm sich, des pragmatischen Handlungszwangs entledigt, etwa eine Stunde Zeit, um den Sinn der Situation zu hinterfragen, die Handlungs*potentiale* und Deutungs*ressourcen* zu rekonstruieren, die M in der Situation zur Verfügung standen, und die Handlungs- und Deutungs*selektionen* herauszuarbeiten, die M vorgenommen hat. In wissenschaftlicher Einstellung vollzog die Gruppe nach, was M in nichtwissenschaftlicher Einstellung in der Situation getan hat, um so auf systematische Weise zu einer schlüssigen und widerspruchslosen Deutung dessen zu gelangen, was sich in der Alltagssituation voraussetzungsreich und fragil vollzog.

## Die Adäquanz wissenschaftlicher Kritik

Nun ließe sich aus kritischer Perspektive Ms Handeln und Deuten auch ganz anders kontextualisieren, indem man ihr pragmatisches Alltagswissen mit positivem wissenschaftlichem Wissen konfrontiert. Zur Erinnerung: Ms Handlungsroutinen geraten ins Stocken, als sie wahrnimmt, dass Fahrgast A zwei Sitze okkupiert. Um sein Verhalten zu verstehen, zieht sie zunächst in Erwägung, er könne unter Drogeneinfluss stehen, verwirft diese Deutung dann aber, nachdem sie A weiter in Augenschein genommen hat. Ms Ausschluss der Drogenhypothese entspricht keinesfalls den Kriterien medizinischer Diagnostik. Erst eine körperliche Untersuchung mit anschließender Ermittlung und Auswertung von Laborwerten könnte eine verlässliche Aussage liefern. Ms Einschätzung dagegen hat lediglich den Status eines laienhaften (Vor-)Urteils.

Weiterhin erwägt M, ob As Sitzverhalten sich als geschlechtstypisch interpretieren lässt. Diese Deutung erscheint M plausibel, wie sie in der Seminarsitzung sagt: Es ist eben so, Männer sitzen breitbeinig. Dieses Alltagswissen erscheint M als ausreichend, um sich As Verhalten zu erklären. Auch hier ließe sich aus wissenschaftlicher Sicht Kritik anbringen. Es ließe sich fragen, ob denn alle Männer und ausschließlich Männer so sitzen, ob ihr Sitzverhalten nicht historisch und situativ variabel ist, sich raum-zeitlich unterscheidet oder in unterschiedlichen Kontexten möglicherweise unterschiedliche Bedeutungen haben kann. Einzig eine systematische soziokulturelle Analyse könnte hier Aufschluss geben. Schließlich ließe sich fragen, welche Folgen die Art und Weise hat, in der M die Kategorie Geschlecht in ihrer Situationsdeutung nutzt. So ließe sich fragen, ob Ms Deutung ihres Gegenübers als Mann, der männertypisch breitbeinig sitzt, nicht dessen Verhalten stillschweigend legitimiert („das ist eben so")? Führt nicht diese Deutung dazu, dass sie sich als Frau mit einer gesellschaftlich aufgezwungen Einschränkung der Wahl ihrer eigenen Art zu sitzen abfindet? Impliziert Ms Verhalten nicht eine Reproduktion gesellschaftlicher Machtstrukturen, wenn sie sich gefallen lässt, was ihr hier von männlicher Seite auferlegt wird? Affirmiert nicht M die ihr zugeschriebene Geschlechteridentität als Frau, wenn sie ihr Gegenüber als typischen Mann typisiert?

Wäre es daher nicht Aufgabe von Wissenschaft, sie über all das aufzuklären, ihr aufzuweisen, wie sie sich hätte wehren und sich möglicherweise aus dieser Situation hätte lösen können? Etwa indem sie ins Gespräch gekommen wäre mit A, wenn sie expliziert hätte, inwiefern tatsächlich Machtasymmetrie vorliegt, und wenn es zu einer Bereinigung der Situation gekommen wäre. Wäre M nicht durch eine kritische Analyse dazu in der Lage gewesen, ihre Situation zu verbessern? Müsste nicht eine kritische Theorie sie im Seminar dazu ermächtigen, in der Zukunft in vergleichbaren Situationen kritischer zu verfahren?

Aus Perspektive der hermeneutischen Wissenssoziologie ließe sich – im Gegensatz zur kritischen Gesellschaftstheorie – die Frage nach der Relevanz wissenschaftlichen Wissens für den Alltag und damit auch der Legitimation wissenschaftlicher Kritik von Alltag nur unter Rekurs auf die Alltagsdeutungen beantworten. Sie folgt hierin Alfred Schütz. Das von Schütz formulierte

> *Postulat der Adäquanz* verlangt, dass die Konstruktionen des Sozialwissenschaftlers mit den Konstruktionen der Alltagshandelnden konsistent zu sein haben. Sie müssen also verständlich sein und ein Handeln zutreffend erklären [...]. Damit erklären wir [Hitzler/Eberle; D.Z.] die subjek-

tive Perspektive des einzelnen Akteurs zum tatsächlich *letzten* Bezugspunkt für sozialwissenschaftliche Analysen, denn ‚das Festhalten an der subjektiven Perspektive' bietet, so Schütz, ‚die einzige, freilich auch hinreichende Garantie dafür, dass die soziale Wirklichkeit nicht durch eine fiktive, nicht existierende Welt ersetzt wird, die irgendein wissenschaftlicher Beobachter konstruiert hat'" (Hitzler/Eberle 2000, S. 113; Herv. i. O.).

Die Situation und ihre subjektive Deutung durch M liefern keinen Hinweis darauf, dass gesellschaftstheoretisch induzierte Fragen der Relativität der Geschlechteridentität oder von männlicher Herrschaft, von Diskursethik oder von herrschaftsfreier Interaktion für die handelnde Person M in der Situation relevant waren. Die Frage, die sich durch die hermeneutische Rekonstruktion dagegen aufdrängt, ist vielmehr, wie es kommt, dass eine Situation, die ein gehöriges Konfliktpotential birgt, von allen Beteiligten gemeinsam so bewältigt wird, dass es zu keiner Konflikteskalation kommt. Dies ist die Frage, auf die die Lebenspraxis von M und ihren Gefährten eine Antwort liefert, eine Frage, die durch die hermeneutische Rekonstruktion des lebenspraktischen Antwortverhaltens der Beteiligten zu Tage kommt. Das ist im Übrigen auch die Frage, die M dazu bewogen hat, sich der Situation nochmals zuzuwenden und sie im Seminar zu beschreiben. Als bemerkenswert erscheint aus dieser Sicht, dass eine Situation, in der unterschiedliche Menschen mit vielfältigen Handlungsoptionen, konfligierenden Interessenlagen und eigensinnigen Handlungsstrategien aufeinandertreffen, gerade ohne explizite Kommunikation bewältigt werden kann. Widerspruchsfreies, wahres wissenschaftliches Wissen erwies sich in der Situation für M nicht als relevant.

Im Gegensatz zur Wissenssoziologie legen sich kritische Gesellschaftstheorien vor aller Analyse normativ fest auf den Horizont, vor dem sie Wirklichkeit zu interpretieren gedenken. Sie interpretieren Wirklichkeit vor dem Hintergrund von Freiheit, Gleichheit, Solidarität, Gerechtigkeit, zwangloser Ordnung oder zwangsläufigem Zwang und zwar gleichgültig, ob sie utopisch oder apokalyptisch strukturiert sind. Gesellschaftstheorien ermöglichen damit keine ergebnisoffenen und falsifizierbaren Analysen. Jörg Bergmann konstatiert in seiner Auseinandersetzung mit der feministischen Forschung über Klatsch, die von der „These von der männlichen Suprematie" ausgeht:

„Es ist kaum möglich, mit dieser Interpretationshaltung etwas über Klatsch zu erfahren, was man – geht man von dieser These aus – nicht bereits im vorhinein ‚wüßte'. D.h. die Erkenntnistätigkeit beschränkt sich darauf, Klatsch unter ein theoretisches Postulat zu subsumieren, dessen Geltungsanspruch so global ist, daß es den Charakter einer Weltformel angenommen hat" (Bergmann 1987, S. 87).

Diese Einschätzung lässt sich auf die hier in Frage stehenden Zusammenhänge übertragen.

Gerade wenn man Fragen von Herrschaft und Gewalt, von Gerechtigkeit und kategorialer Klassifikation für soziologisch wichtig erachtet, dürfen die Antworten nicht bereits vorab feststehen. Aus dieser Perspektive ist am hier diskutierten Fall gerade bemerkenswert, dass die scheinbar schwächeren Akteure unter Beweis stellen, dass sie über ‚subversive' Handlungspotentiale verfügen. In der Situation offenbaren sich die Grenzen ‚hegemonialer Männlichkeit' und finden sich überraschende Sieger, die sich nicht nur moralisch überlegen fühlen, sondern bereits vorab siegessicher lachen.

## „Eine Art Denklabor von Alternativen"[2]

Kritik heißt dann aus Sicht der hermeneutischen Wissenssoziologie, das Spektrum alternativer Deutungs- und Handlungsmöglichkeiten offen zu legen, das Gesellschaften selbst produzieren, die Selektionsleistungen nachzuzeichnen, die vorgenommen werden und die Bedingungen zu benennen, unter denen diese Auswahl vollzogen wird (Soeffner/Reichertz 2004, S. 58, S. 62 und S. 64). Auf ihre Weise unternimmt die hermeneutische Wissenssoziologie damit, was Thomas Luckmann generell als „grundlegende Funktion der Theorie" bezeichnet: „erfolgversprechende Lösungen für grundsätzliche Probleme des täglichen Lebens vorzuschlagen und dem Menschen bei seiner handelnden Orientierung in der Welt zu helfen" (Luckmann 1979, S. 200).

Im Einzelnen leistet sie dies auf die folgenden Weisen: Die hermeneutische Wissenssoziologie gewährt durch die empirische Rekonstruktion sozialer Situationen Einsicht in die hermeneutischen Verfahren des Alltags, in die Selbstauslegungsweisen von Individuen, Gruppen und Gesellschaften (exemplarisch Soeffner 1992a; 1992b; 2000; 2005; 2011). Sie macht, in unserem Beispiel, deutlich, dass das Alltagshandeln von M und ihren Reisegenossen als Alltagshermeneutik zu verstehen ist. Sie nutzt dieses alltägliche Verfahren des Verstehens methodisch gewendet als Methodik für die Rekonstruktion des Handlungssinns (Soeffner 1989c; Soeffner/Hitzler 1993). Das methodisch kontrollierte Fremdverstehen, insbesondere mittels Sequenzanalyse und Leseartenbildung, offenbart, wie im hier verwendeten

---

2 Soeffner/Reichertz 2004, S. 62.

Beispiel erkennbar wurde, die Handlungsalternativen und Anschlussoptionen, die den Alltagshandelnden zur Verfügung standen bzw. verschlossen waren (Soeffner/Reichertz 2004). Statt rationales Wahlverhalten zu unterstellen, setzt sie das situative Deutungshandeln in Bezug zu den „Trägergruppen" (Soeffner 1989a, S. 173), sozialen Welten (Soeffner 1991a) und Milieus (Soeffner 1989b), als deren Angehörige die Handelnden erkennbar werden. Darüber hinaus lässt sich mit Hilfe der hermeneutischen Wissenssoziologie nachzeichnen, welcher sozialen Formen sich die Handelnden bedienen, um dem Sinn eine kommunikable Gestalt zu geben. Interaktionsrituale (Soeffner 1991b) und Kollektivsymbole (Soeffner 1992a) tragen ihren Teil zu den alltagsweltlichen Problemlösungen bei, indem sie Grenzen überwinden helfen und Sinnzusammenhänge stiften – in Ms Lächelbeziehung wie in Erinnerungskollektiven (Soeffner 2005). Schließlich bezieht sich ihre kritische Rekonstruktion auf die Strukturen der Lebenswelt, auf die Grundlagen also unserer Möglichkeit, uns in der Welt zu orientieren, uns in ihr zu bewegen und sie fortlaufend gemeinsam in unserer Lebenspraxis zu verwirklichen. Dabei zeigt die soziologische Analyse, dass insbesondere die oben diskutierten Bestandteile der Generalthese als „Kommunikationsmaximen" (Soeffner 2014, S. 212) zwar in ihrer Gültigkeit unterstellt werden, deshalb aber eben auch in der Alltagspraxis in Frage gestellt werden können: „Zugleich steht der unaufhebbar hypothetische Charakter dieser Kommunikationsmaximen für die prinzipielle Fragilität menschlicher Kommunikation und Kooperation" (Soeffner 2014, S. 212).

Die hermeneutische Wissenssoziologie verbleibt damit nicht auf der Ebene einer ‚inhaltsanalytischen' Wiederholung dessen, was im Alltag geschieht, die Konstruktionen also gar nicht als solche erkennbar macht. Vielmehr zielt sie auf die Rekonstruktion der Problemlösungen, die Gesellschaften selbst für die Probleme finden, die sie selbst als solche identifizieren. Sie weigert sich, eine Position außergesellschaftlicher Kritik einzunehmen, die Gesellschaft ‚von oben' beobachtet und von dort aus Bewertungsmaßstäbe der Kritik vorgibt. Stattdessen wählt sie den Rekurs auf die gesellschaftliche Selbstbeobachtungsgabe und die Problemlösungen, die im gesellschaftlichen Handeln selbst angelegt sind und dort erprobt wurden. Auf diese Weise kann Wissenschaft zu gesellschaftlicher Reflexivität beitragen, ohne gesellschaftliche Relevanzen durch theoretisch indizierte Präferenzen zu ersetzen.

## Die Orte hermeneutisch-wissenssoziologischer Kritik

Es bleibt die Frage, wer die Adressaten dieser Art von wissenschaftlicher Kritik sind und an welchen Orten sie beheimatet ist. Hans-Georg Soeffner hat in seiner eigenen hermeneutischen Lebenspraxis die Antwort auf diese

Fragen gegeben. Zum einen zielt die hermeneutisch-wissenssoziologische Kritik im wissenschaftlichen Diskurs auf die Kritik konkurrierender Theorien. Die zweite Adressatengruppe sind gesellschaftliche Entscheidungsträger, Eliten und Experten. Drittens ist es der „gut informierte Bürger", der medial vermittelt zum Adressaten der Kritik wird. Viertens schließlich sind es die Alltagshandelnden, die, wie M, über ein Wissen verfügen, um ihren Alltag zu bewältigen und denen eine hermeneutische Wissenssoziologie Verfahren an die Hand geben kann, mit denen sie ihre Wissensbeständen erweitern können. Der Ort, an dem Hans-Georg Soeffner diese Handelnden immer wieder gefunden hat, ist kein anderer als der Seminarraum. Wie vielleicht kein anderer ist er der Ort, an dem die Fähigkeit zu hermeneutischer Kritik vermittelt werden kann und so etwas wie Erziehung zu Mündigkeit stattfindet.

## Literatur

Badiou, A. (2011): Die kommunistische Hypothese. Berlin: Merve.
Bergmann, J. (1987): Klatsch. Zur Sozialform der diskreten Indiskretion. New York/Berlin: Gruyter.
Fukuyama, F. (1989): The End of History? In: The National Interest, Summer 1989, S. 3–18.
Fukuyama, F. (1992): The End of History and the Last Man. New York: The Free Press.
Dörre, K./Lessenich, St./Rosa, H. (2009): Soziologie – Kapitalismus – Kritik. Eine Debatte. Frankfurt am Main: Suhrkamp.
Hitzler, R./Eberle, Th.S. (2000): Phänomenologische Lebensweltanalyse. In: Flick, U./Kardorff, E. v./Steinke, I. (Hrsg.): Qualitative Forschung. Ein Handbuch. Reinbek: Rowohlt, S. 109–118.
Jaeggi, R. (2014): Kritik von Lebensformen. Berlin: Suhrkamp.
Joas, H. (1975): Die gegenwärtige Lage der soziologischen Rollentheorie. 2. verbesserte Auflage. Frankfurt am Main: Akademische Verlagsgesellschaft.
Luckmann, Th. (1979): Phänomenologie und Soziologie. In: Sprondel, W.M./Grathoff, R. (Hrsg.): Alfred Schütz und die Idee des Alltags in den Sozialwissenschaften. Stuttgart: Enke, S. 196–206.
Schütz, A./Luckmann, Th. (2003): Strukturen der Lebenswelt. Konstanz: UVK.
Soeffner, H.-G. (1974): Der geplante Mythos. Untersuchungen zur Struktur und Wirkungsbedingung der Utopie. Hamburg: Helmut Buske.
Soeffner, H.-G. (1989a): Emblematische und symbolische Formen der Orientierung. In: Soeffner, H.-G.: Auslegung des Alltags – Der Alltag der Auslegung. Frankfurt am Main: Suhrkamp, S. 158–184.
Soeffner, H.-G. (1989b): Prämissen einer sozialwissenschaftlichen Hermeneutik. In: Soeffner, H.-G.: Auslegung des Alltags – Der Alltag der Auslegung. Frankfurt am Main: Suhrkamp, S. 66–97.
Soeffner, H.-G. (1989c): Überlegungen zur sozialwissenschaftlichen Hermeneutik am Beispiel der Interpretation eines Textausschnittes aus einem „freien" Interview. In:

Soeffner, H.-G.: Auslegung des Alltags – Der Alltag der Auslegung. Frankfurt am Main: Suhrkamp, S. 185–210.

Soeffner, H.-G. (1991a): Trajectory – das geplante Fragment. Die Kritik der empirischen Vernunft bei Anselm Strauss. In: Bios 4, Heft 1, S. 1–12.

Soeffner, H.-G. (1991b): Zur Soziologie des Symbols und des Rituals. In: Oelkers, J./Wegenast, K. (Hrsg.): Das Symbol – Brücke des Verstehens. Stuttgart/Berlin/Köln: Kohlhammer, S. 63–81.

Soeffner, H.-G. (1992a): Der fliegende Maulwurf (Der taubenzüchtende Bergmann im Ruhrgebiet). In: Die Ordnung der Rituale. Die Auslegung des Alltags 2. Frankfurt am Main: Suhrkamp, S. 131–156.

Soeffner, H.-G. (1992b): Luther – Der Weg von der Kollektivität des Glaubens zu einem lutherisch-protestantischen Individualitätstypus. In: Die Ordnung der Rituale. Die Auslegung des Alltags 2. Frankfurt am Main: Suhrkamp, S. 7–19.

Soeffner, H.-G. (2000): ‚Auf dem Rücken eines Tigers'. Über die Hoffnung, Kollektivrituale als Ordnungsmächte in interkulturellen Gesellschaften kultivieren zu können. In: Gesellschaft ohne Baldachin. Über die Labilität von Ordnungskonstruktionen. Weilerswist: Velbrück, S. 254–279.

Soeffner, H.-G. (2005): Selbsterlösung – Einige Grundzüge deutscher Erinnerungspolitiken. In: Zeitbilder: Versuche über Glück, Lebensstil, Gewalt und Schuld. Frankfurt a. M. und New York: Campus, S. 103–128.

Soeffner, H.-G. (2010): Konsensfiktionen, Akteure, Herrschaft. Wissenssoziologische Perspektiven. In: Frei, N./Schanetzky, T. (Hrsg.): Unternehmen im Nationalsozialismus. Göttingen: Wallstein, S. 182–186.

Soeffner, H.-G. (2011): Fassadenpolitik. Ein Baron spielt Bürger. In: Soziologie 40, Heft 3, S. 267–275.

Soeffner, H.-G. (2014): Fragiler Pluralismus. In: Soeffner, H.-G./Boldt, Th. D. (Hrsg.): Fragiler Pluralismus. Wiesbaden: Springer VS, S. 207–224.

Soeffner, H.-G./Hitzler, R. (1993): Qualitatives Vorgehen – ‚Interpretation'. In: Herrmann, T./Tack, W. H. (Hrsg.): Enzyklopädie der Psychologie, Bd. 1. Methodologische Grundlagen der Psychologie. Göttingen: Hogrefe, S. 98–136.

Soeffner, H.-G./Reichertz, J. (2004): Das Handlungsrepertoire von Gesellschaften erweitern. Hans-Georg Soeffner im Gespräch mit Jo Reichertz [65 Absätze]. Forum Qualitative Sozialforschung/Forum Qualitative Social Research 5, Heft 3, Art. 29. http://nbn-resolving.de/urn:nbn:de:0114-fqs0403297.

Spivak, G. Ch. (2008): Can the Subaltern Speak? In: Can the Subaltern Speak? Postkolonialität und subalterne Artikulation. Wien: Turia + Kant, S. 17–118.

Voß, H.-J./Wolter, S. A. (2013): Queer und (Anti-)Kapitalismus. Stuttgart: Schmetterling.

# Organisationales

Helmuth Berking, Martina Löw

# „Knocking at the Front Door to America"
Imaginäre Geographien und Gefühlslandschaften in geschlossenen Räumen

15 Jahre nach der Eröffnung des „Ellis Island Immigration Museum" im Jahr 1990 feiert die deutsche Öffentlichkeit die Einweihung des transatlantischen Counterparts, „Deutsches Auswandererhaus" in Bremerhaven. Es wird angepriesen als das größte Museum für Migration auf europäischem Grund und Boden – ein Ort, an dem man Geschichte hautnah erleben könne. Zwischen 1830 und 1974 legten über sieben Millionen Migranten von Deutschland aus ab, um dem gelobten Land, Amerika, entgegenzufahren. Die Ausstellung in Bremerhaven ist so organisiert, als beträte man eine Schiffspassage. Sie beginnt mit der Wartehalle für die eingecheckten Passagiere, dann betritt man das Boot, überquert den Atlantik und landet schließlich im fernen Amerika. Um die Reise glaubhaft in Szene zu setzen, bekommt jeder Passagier/Besucher am Eingang die Identität eines Migranten zugewiesen. *Seinem* Lebensweg folgt man durch die Ausstellung. In jedem Raum erhält man neue Informationen dazu, wie es dem „eigenen" Migranten auf der Überfahrt/bei der Ankunft etc. ergangen ist. Dabei wird genau darauf geachtet, dass Männer in die Identität männlicher Vorfahren schlüpfen und Frauen die Erfahrungen ihres Geschlechts erfühlen sollen. Es sind drei Themen, die in der Show bearbeitet werden: Die Gründe, das Land zu verlassen, die „Überfahrt zwischen Bangen und Hoffen" und das biographische Resultat der Migration, „7 Millionen Schicksale" (Deutsches Auswandererhaus Bremerhaven 2014).

Erlebnismuseen sind selten in Deutschland. Im Land der Dichter und Denker herrscht gemeinhin ein großes Vertrauen in Aufklärung. Diese wird stets als Verstandeshandlung begriffen. Ausgehend von der binären Konstruktion, dass Emotion und Verstand gemeinsam zum Urteilsvermögen führen (Hastedt 2005, S. 44), setzt die Museumspädagogik gewöhnlich auf Text und Bild. Nun ist nach zwanzigjähriger Planung im Jahre 2005 ein Museum in einer Provinzstadt ganz im Norden der Republik eröffnet worden, welches – ausgerechnet beim Thema Migration – der Vernunft misstraut.

Jede Information des Museums kann „hautnah erlebt werden" (Deutsches Auswandererhaus Bremerhaven 2014). Hier wird Geschichte zum Mitfühlen inszeniert.

So wird zum Beispiel die Geschichte von Martha Hüner erzählt. Obwohl die Mutter sie anfleht, in der Heimat zu bleiben, machte die siebzehnjährige Martha sich auf in die Neue Welt. Nur für drei Jahre wolle sie das Land verlassen und von den USA aus die Familie in den harten Zeiten der Inflation finanziell unterstützen. Von ihrem Vater bekommt sie, so erfahren die Besucherinnen und Besucher, zum Abschied eine Pferdebürste geschenkt: deutsche Wertarbeit für den Wilden Westen. Der Vater, jeder Hoffnung auf ein eigenes Pferd in der Not vor dem Ersten Weltkrieg beraubt, glaubt nicht an die schnelle Rückkehr der Tochter. Seine Mitgift ist die Pferdebürste, eine Ressource, die ihr bei der Heirat eines Cowboys von Nutzen sein soll. Dieser, so die Erwartung, habe sicher Stall und Pferd, aber keine vergleichbare Bürste. Auf diese Weise wird Abschiedsschmerz in Szene gesetzt und kurze Zeit darauf die Rührung mit neuen Gefühlen vermischt. Denn selbstverständlich erfährt die Besucherin im Anschluss, dass Martha einen deutschen Bäcker geheiratet hat (also nie eine Pferdebürste brauchte) und 62 Jahre in Amerika lebte. Auch jener Zwischenraum zwischen Abreise und Karriere, das Verweilen auf dem Schiff, wird in jedem Moment emotional dramatisiert. Eine Puppe, die einen kleinen Jungen darstellt, wird viel zu nahe am Wasser platziert, sodass der Vater besorgt zu ihm rennen muss, um ihn zu retten. Der Besucher spürt das Schwanken des Schiffs, zuweilen auch einen kalten Luftzug, er riecht die schlechten Aromen unter Bord und zwängt sich durch die Enge der Kabinen.

Wir wollen im Folgenden drei Thesen ins Zentrum der Überlegungen stellen:

1. Der heimliche Lehrplan des Museums sieht eine Sensibilisierung für Klassenfragen im Migrationsfeld vor. Dieses Ziel wird systematisch nicht in Sprache gefasst, sondern als emotionales Erlebnis inszeniert.
2. Durch die Bindung von Emotionen an Räume (das Schiff in Bremerhaven auf dem Weg nach Amerika) gelingt es, gleichzeitig eine imaginäre Geographie Deutschland-USA zu produzieren und Bremerhaven als Stadt neu zu deuten.
3. Besucher werden angeregt, die eigenen Familienpfade zu erkunden, womit gleichzeitig Genealogien und Erinnerungen an eigentlich unbekannte Orte erst geschaffen werden.

## Erstens: Der heimliche Lehrplan

„Vergangenheit individuell erforschen und Migration heute verstehen", so lautet die zentrale Überschrift der Selbstpräsentation des Museums. Dabei wird die Ahnenforschung in einem hochmodernen, mit zahlreichen Computern ausgestatteten Raum ermöglicht, „mitfühlen" jedoch wird als Erlebnis nicht nur vergeschlechtlicht, sondern auch in die Erfahrungswelt der unteren Klassen getaucht. Die Besucherinnen und Besucher betreten die Wartehalle der so genannten dritten Klasse. Die Schlafräume – zu fünft in einer Koje, für jeden gerade 45 mal 170 Zentimeter Platz – das Wasser in Petroleumfässern, das eintönige Essen – morgens Getreidebrei, mittags Hering, sonst Speck mit Kartoffeln, sechs Wochen lang – und die grassierenden Infektionskrankheiten Typhus und Ruhr involvieren Besucherinnen und Besucher in die tragische Lebenswelt der Armen. Wenn Emotionen „Bewegungen" im wörtlichen und übertragenen Sinne sind (Thrift 2006), dann organisiert das Deutsche Auswandererhaus Bewegtheit über die schwierigen Lebensumstände der Migrantinnen und Migranten durch körperliche Bewegung im Museum und imaginierte Bewegung über das Meer. „Gefühle dienen [...] dazu, die Perspektive einer Besonderheit hervorzubringen und so eine innere Beteiligung zu schaffen. Sie sind Agenten der Wichtigkeitsbesetzung" (Hastedt 2005, S. 20). Nur über die Erfahrbarkeit von Besonderheit, von abweichenden Lebensumständen, kann – so scheinen die Ausstellungsmacher anzunehmen – noch Involviertsein produziert werden. Das Museum steht im drittreichsten Land der Welt, welches sich nur mühselig als Einwandererland begreift. Es steht in einer Stadt, in der seit Jahrzehnten Sozialdemokraten an der Macht sind, die aber auch als eine der wenigen deutschen Städte Rechtsradikale seit Jahren in die Stadtverordnetenversammlung wählt. Ausländerfeindlichkeit ist ein alltägliches Problem und eine Konfliktlinie in der regionalen Politik zwischen der linken Arbeiterpolitik der SPD und der rechtsradikalen Wählerschaft der Perspektivlosen.

Mit Unterstützung der rot-grünen Bundesregierung bekommt Bremerhaven nicht etwa das vor 20 Jahren (1985) zunächst von Berufs- und Hobbyforschern erdachte Informationszentrum für Auswanderung, sondern ein Erlebnismuseum. Und dort ist alles so inszeniert, dass die Besucherinnen und Besucher die Erkenntnis wie ein Blitz treffen kann: Auch Deutsche sind Wirtschaftsflüchtlinge! Unter schwersten Bedingungen, so erfahren die Besucherinnen und Besucher „hautnah", versuchten die Deutschen (und andere Europäer) ihr Glück in der neuen Welt, oft mit hehren Zielen wie die Unterhaltszahlungen für die Familie. Der Wunsch, am Reichtum der anderen zu partizipieren, wird als Mut, das Risiko der Auswanderung auf sich zu nehmen, erfahrbar. Für wichtig wird dabei nicht das Eintauchen in die Gefühlswelt der Vorfahren allgemein erachtet, sondern eine klassenspezifische

Erfahrung. Wie die zweite oder gar die erste Klasse reiste, werden die Besucherinnen und Besucher nicht erfahren. Das „Gewicht des gesammelten Wissens über affektive Reaktionen" (Thrift 2006, S. 235) wird genutzt, um politisch zu intervenieren. Dabei hat kein Kommentator der zahlreichen Zeitschriften, Zeitungen und Internetmeldungen, die anlässlich der Eröffnung des Museums erschienen sind, darauf hingewiesen, dass Mitfühlen hier als emotionale Manifestation und Performation klassenspezifischer Erfahrung organisiert ist. Es findet sich kein Hinweis in sprachlicher Form auf soziale Ungleichheit, Ungerechtigkeit oder gar Klassenerfahrung. Für die Durchsetzung dieses Wissens vertrauen die Ausstellungsmacher auf die Ästhetisierung der Räume und körperliche Erfahrung von Ekel, Enge und Schwindel. Sie setzen beim Engineering lieber auf Licht als auf Zahlen, lieber auf Identitätsinszenierung als auf Widersprüche, lieber auf Musik als auf Benennung. Man kann es auch anders sagen: Im Angesicht des tagtäglichen Rassismus verliert die Vernunft ihre politische Überzeugungskraft.

## Zweitens: Emotion und Raum

Gefühle verbinden nicht nur Menschen untereinander, sondern auch mit dem Raum, betonte bereits Hermann Schmitz (z. B. 2007) und hatte dabei die atmosphärische Bindung an Räume vor Augen. Räume können „gestimmt" sein. Wenn eine Fußgängerunterführung Angst erregend, ein Arbeitszimmer nüchtern und ein Sonnenuntergang über dem Meer romantisch wirkt, so sei dies auf dessen Gestimmtheit zurückzuführen. Nun könnte man annehmen, dass Gestimmtheit nicht mehr ist als die Projektion von Gefühlen auf die umgebenden Räume, gäbe es nicht das Phänomen des „Umgestimmt-Werdens" durch Räume. Man betritt zum Beispiel hektisch ein kleines Geschäft, um noch schnell vor Ladenschluss die nötigen Einkäufe zu tätigen, und wird durch ruhige Musik, angenehme Gerüche etc. in eine Stimmung der Gelassenheit versetzt. Das cultural engineering, die Arbeit an den Gefühlen der Besucherinnen und Besucher, erfolgt auch im Museum über Raumproduktionen. Man vertraut auf die Wirkung von Enge, Geruch, Geräusch und Licht. Diese Außenwirkungen der einzelnen Objekte bleiben nicht einfach als verschiedene Wirkungen nebeneinander bestehen, sondern entwickeln im gemeinsamen Arrangement eine eigene Potentialität. In der Zusammenschau verschiedener Außenwirkungen entstehen spezifische Atmosphären, die aktiv aufgegriffen werden müssen. Atmosphären sind demnach die in der Wahrnehmung realisierte Außenwirkung sozialer Güter und Menschen in ihrer räumlichen (An-)Ordnung. Gernot Böhme (1995, S. 34) definiert Atmosphäre als „die gemeinsame Wirklichkeit des Wahrnehmenden und des Wahrgenommenen." Damit wendet er sich sowohl gegen ein

Verständnis von Atmosphäre als Projektion der eigenen Befindlichkeit auf die sozialen Güter als auch gegen einen vom Menschen losgelösten Atmosphärebegriff.

Es ist die atmosphärische Qualität des Museums, die es in besonderem Maße ermöglicht, lokale Räume und globale Räume gleichzeitig erfahrbar zu machen. Auf der einen Seite wird mit Zitaten aus der Vergangenheit Bremerhavens gearbeitet. So trägt das Museumsrestaurant den Namen eines berühmt-berüchtigten Lokals „Chico's place". Einst von einem Einwanderer geführt, so erzählen die Bremerhavener, konnte man dort vor 50 Jahren erleben, was die große weite Welt zu bieten hat: Prostitution, Drogen, Fremde. Längst lebt nur noch die Erinnerung an Chico in den Köpfen der Leute, doch mit der Benennung des Lokals rufen die Betreiber eine Geschichte auf. Sie erinnern an Jugenderlebnisse, als das Fremde noch anziehend war. Sie schreiben so in einer Stadt, die von Arbeitslosigkeit und Perspektivlosigkeit geprägt ist, – sichtbar selbst für jene, die das Museum nicht betreten – die Produktion einer Geschichte von Multikulturalität und Freiheit fort. Dazu trägt auch der Museumsbau bei. Die Architekten des Hamburger Büros Andreas Heller arbeiten mit Sichtbeton und seiner Assoziation von „hart aber ehrlich" und verkleiden ihn teilweise mit Lärchenholzlatten. Der Bau ist einem Schiff nachempfunden. Er soll möglichst schnell Alter zeigen, indem er verwittert. Zur Stadt begrenzt den Bau ein Segel aus Beton, so als sei das Schiff halb hier, halb dort. Auf der Homepage des Museums darf der Bug des Musemsschiffs dann auch die Freiheitsstatue in New York berühren.

Es ist diese überladene Symbolik vom Schiff, halb auf dem Meer, halb in der Stadt, es ist das Betreten von Ellis Island als Station auf dem Museumsrundgang, es sind die erzählten Biographien, die auf der anderen Seite von Bremerhaven in die Vereinigten Staaten führen, die die Besucherinnen und Besucher gleichzeitig das lokale räumliche Gefüge erfahren lassen und dabei Teil einer imaginären Geographie Deutschland-USA werden lassen. Der Verweis auf 60 Millionen Amerikaner deutscher Herkunft rückt Amerika ganz nah an Deutschland heran. Auf der Eröffnung liest der Geschäftsträger John Cloud einen Brief von George W. Busch vor. Hervorgehoben wird das gemeinsame deutsch-amerikanische Erbe. Auch die US-Botschaft betont auf ihrer Homepage, dass das Museum an die „wichtigen historischen Verbindungen zwischen den Vereinigten Staaten und Deutschland" erinnere (www.us-botschaft.de). Und wenn zum Abschluss im Kinoraum Migrantinnen und Migranten aus aller Welt im Kurzfilm „welcome home" von ihren Erfahrungen im multikulturellen Amerika berichten, dann sitzt man gerührt auf dem rot gepolsterten Sessel und glaubt, dass dieses Lebensgefühl auch in Deutschland, selbst in Bremerhaven, möglich sein kann.

## Drittens: Heritage und Genealogie

Seit der Eröffnung des Auswandererhauses im August 2005, haben sich mehr als 1,4 Millionen Besucher dieser imaginären Passage durch Raum und Zeit überlassen, und in der Tat scheint die intendierte emotionale Verstrickung der Zeit-Raum-Reisenden die Distanzen zwischen „damals und heute" sowie zwischen „hier und dort" überaus einfach zu überbrücken. Auf den ersten Blick mag es sich bei dieser Art von Erlebnismuseum lediglich um eine weitere Variation der Kommodifizierung historischer Subjekte und deren Erinnerung handeln, die heute unter dem Signum der „heritage industry" global reüssiert. Doch je nach sozialräumlichem Maßstab oder geographischem Referenzpunkt lassen sich ganz unterschiedliche Geschichten erzählen.

Die Stadt selbst, Bremerhaven, bis in die 1950er Jahre des letzten Jahrhunderts in der Tat ein bedeutender Passagierhafen im Transatlantikverkehr, deren Name in ganz Mittel- und Osteuropa bis in die Dörfer der russischen Taiga als das Tor zur Neuen Welt bekannt war, geht, wie viele europäische Hafenstädte auch, durch die Fegefeuer der Deindustrialisierung mit all den bekannten Effekten wie dem Verlust der Werften und Fischereiindustrien und vor allem dem Ende des transatlantischen Linienverkehrs (Berking/Schwenk 2011). Obwohl auch heute noch einer der größten Containerhäfen Europas und ein zentraler Knotenpunkt der globalen Autoindustrie, spielt die Stadt in der mentalen Geographie Europas keine Rolle mehr. Sie verschwindet von den Landkarten der Erinnerung im Hier und Jetzt. Zu Bremerhaven fällt einem nichts ein. Die Eröffnung des deutschen Auswandererhauses bringt das Aschenputtel zurück in die öffentliche Aufmerksamkeit. Im lokalen Kontext fungiert das Auswandererhaus als eine Art neues Wahrzeichen und als ein in Stein gefasstes politisches Statement gegenüber einer in der Stadt präsenten rechtsradikalen Subkultur. Die lokale Akzeptanz ist hoch, die einheimischen Besucherzahlen aber sind minimal. Die Stadt verfügt nun über ihr eigenes kleines „signature building", das mittlerweile integrierter Bestandteil der „Hafenwelten" (Berking/Schwenk 2011, S. 47f.) ist, und der einst vergessene Ort verwandelt sich in eine touristische Destination ganz eigener Art. Auch auf nationalem, vor allem aber internationalem Parkett waren die Aufmerksamkeitsgewinne beträchtlich. Das Haus gewinnt 2007 den bedeutendsten Museumspreis „European Museum of the Year 2007" und ein Jahr später „The Best in Heritage Award". Nicht nur als größtes Migrationsmuseum auf europäischem Boden annonciert, sondern zugleich als „Kompetenzzentrum der Migration" mit Forschungsaufgaben betraut, spielt auch die Vernetzung im Feld der internationalen Migrationsforschung eine bedeutende Rolle.

Der vielleicht interessanteste Gesichtspunkt innerhalb dieser geographischen Kontextualisierung aber ist konzeptioneller Art und scheint uns das Verschwinden einer Leerstelle, das sinnhafte Auffüllen eines räumlichen Abstands zu sein. Das Museum redefiniert und verändert den leeren Raum, der sich einmal unendlich zwischen dem Hier und dem Dort dehnte. Alte und Neue Welt rücken sich nicht nur näher. Sie werden kausal ins Verhältnis gesetzt. Die Neue Welt hat ihre Ursprünge hier. Um wirklich zu verstehen, wer und was ein Individuum „dort" geworden ist, müssen er oder sie oder beide wissen, woher sie „hier" kamen. „Routes", um ein Wortspiel James Cliffords (1997) aufzugreifen, „can and have to be rooted again". Und diese Neuverortung, diese Suche nach den Wurzeln bringt die Genealogie ins Spiel.

Bremerhaven ist kein Einzelfall. Ein vergleichbares Multi-Millionen Euro-Projekt fand mit dem Aufbau des „Hamburger Auswanderer Hafens" statt, der 2007 seine Tore öffnete. Hamburg und Bremerhaven waren historisch die schärfsten Konkurrenten seit dem Beginn des Emigrationsgeschäftes in den 1830er Jahren. Interessanterweise verbindet beide Projekte die Wertschätzung für genealogische Forschung als Massengeschäft. Die Hamburger Projektmanager teilen mit, dass bereits 2,2 Millionen der über fünf Millionen Namen der Migranten digitalisiert sind, und, wie in Bremerhaven auch, bereit stehen, um von der Nachkommenschaft entdeckt und in Anspruch genommen zu werden. Und wieder bleibt die leichte Irritation: Warum Genealogie?

Zumindest einen Teil der Antwort findet man auf der anderen Seite des Atlantiks. Wir bleiben in unserer imaginären Geographie und erreichen nach den Mühsalen der Transatlantik-Passage den Vorposten der Neuen Welt. Während die Passagiere der ersten und zweiten Klasse bereits ihren Fuß auf dem festen Boden Manhattans haben, werden wir armen Schlucker des Zwischendecks auf Ellis Island „processed". Ellis Island, ein lange vergessener Platz der restriktiven amerikanischen Einwanderungspolitik, steigt 1990 wie Phönix aus der Asche (Kirshenblatt-Gimblett 1998). Ein goldener Handschlag zwischen Ronald Reagan und dem CEO der Chrysler Corporation 1986 setzt eines der größten Denkmalprojekte der USA in Gang und verwandelt eine Institution des repressiven Staatsapparates in einen Nationalpark. Colonial Williamsburg, Plymouth Rock, der Gran Canyon und jetzt eben auch Ellis Island bilden die zentralen Eckpfeiler der amerikanischen Erinnerungskultur. Ellis Island wird in den unzähligen Varianten seiner Souvenir-Industrie als „front door to America" präsentiert, der Ort selbst wird „the master paradigm for all ports of immigrant entry in all historical periodes" (Kirshenblatt-Gimblett 1998, S. 180) – ein nationales Monument für alle „pilgrims of freedom", selbst für jene, die niemals ihren Fuß auf diese Insel setzten. Es gibt eine „American Immigrant Wall of Honor" – die angeblich längste Namensmauer der Welt, bei der die Einträge nicht mehr um Krieger, Heldentaten und Schlachten kreisen, sondern vom Status des Kreditkarteninhabers abhängen. Für 100 Dollar können die Nachfahren jener „pilgrims of freedom" ein Körnchen Unsterblichkeit käuflich erwerben. Und natürlich findet der Besucher auch all jene einst von der Staatsbürokratie zum Zwecke der Grenzkontrolle gesammelten Daten, die nun nach geographischem Ursprung und ethnischer Herkunft aufbereitet und schnell verfügbar in die je eigene Familiengeschichte integriert werden können.

Einmal abgesehen von dem an sich schon aufregenden Problem, wie sich staatliche Kontrollfunktionen in Familiengeschichte übersetzen, sind es zwei für die US-amerikanische Gesellschaftsgeschichte typische Phänomene, die ein wenig Licht in das hochgetrieben genealogische Interesse zu bringen versprechen. Erstens: Die Selbstrepräsentation ethnischer Gruppen war immer und ist bis heute ein zentraler Bestandteil der amerikanischen Kultur. Ethnische Zugehörigkeit freilich ist durch und durch hierarchisiert, sie determiniert Lebenschancen und Position innerhalb der Gesellschaft mit Ausnahme der dominanten ethnischen Gruppe, die sich selbst nicht in ethnischen Terms thematisiert. Es bedurfte einer relativ langen Zeit und enormer symbolischer Grenzverschiebungen, bevor die makro-ethnische Kategorie der „Americans of European Origin" ins gesellschaftliche Leben trat. Seitdem und nur für diese Gruppe gilt die radikale Umschreibung von Ethnizität. Ethnizität, für diese und nur für diese Gruppe, ist nur mehr als Frage der individuellen Herkunft von besonderem Interesse – ein Luxusgut gewissermaßen, das vielleicht einigen kulturellen Surplus in der persönlichen Biographie zu generieren vermag. Zweitens: In den letzten Jahrzehnten konnte dem aufmerksamen Beobachter die zunehmende Selbstthematisierung oder sogar Selbst-Ethnisierung dieser kategorialen Identitätsformation der „Americans of European Origin" nicht entgehen. Im Kampf um soziale Vorteile bedient sich die ethnische Majorität mehr und mehr dieser Diskursform und es wäre zweifellos interessant, die politischen Implikationen dieser Selbst-Ethnisierung näher zu untersuchen. Doch unabhängig davon reicht es zunächst völlig aus, darauf hinzuweisen, dass die gesteigerte Aufmerksamkeit für und die Suche nach individueller Herkunft mittlerweile einen expandierenden Industriezweig hervorgebracht hat, den man genealogischen Tourismus nennen könnte. Nicht nur Bremerhaven und Hamburg, selbst Friedhöfe in Litauen und Shetl in der Ukraine sind heute Destinationen organisierter touristischer Erinnerungsreisen. Ein kurzer Blick auf die Metropolenregion Chicago mag das enorme Potential potentieller Kundschaft verdeutlichen. Hier allein findet man laut U.S. Census Bureau, 2005–2009 American Community Survey, folgende Zahlen ethnischen Ursprungs: 1,6 Millionen deutsch, 1,2 Millionen irisch, knapp 1 Millionen polnisch, 699 000 italienisch und 471 000 englisch.

In dem Maße, in dem Geschichte und Tradition, übersetzt in den spezifischen Modus der Familiengenealogie, als Strategien kultureller Distinktion verfügbar gemacht werden, werden die zufälligsten Orte zu Destinationen und Destinationen schließen sich zu einer imaginären Geographie, zu einem Bild von der Welt zusammen, das nicht mehr auf Grenzen, Staaten oder Abständen, sondern auf Verwandtschaft basiert. In einer solchen Geographie ist es die Authentizität der Herkunft, die die Unsterblichkeit der Wurzeln garantiert und die Antwort auf das „Wer" und „Wo" im globalen Hier und Jetzt mit Sinn versorgt. Wir werden Zeugen der Entstehung eines neuen, dichten Netzes von „Zeitgenossenschaft", das auf heritage und Genealogie basiert. Und wir werden Zeuginnen einer Lebenspraxis der Erinnerungspolitik, die ihre Weltbildstrukturen über Verwandtschaft und eine Nostalgie für die Vergangenheit evoziert, die niemals war. Dass diese Orientierungen à la longue generalisierte kulturelle Wissensbestände, Motive des organisierten Erinnerns und historische Erzählstrukturen schwächen, lässt sich leicht imaginieren. Ob sie diese freilich auch ersetzen, bleibt zumindest für heute eine offene Frage.

Kehren wir noch einmal zu unserer kleinen Fallstudie zurück. Das deutsche Auswandererhaus, Bremerhaven, ist selbstverständlich keine US-amerikanische Erfindung, obwohl Konzept und Design zum überwiegenden Teil Importe sind. Außer Zweifel steht auch die geographische Orientierung, die exklusiv auf die amerikanische Verwandtschaft zielt. Nach Auskunft des wissenschaftlichen Personals sind es heute drei bis fünf Prozent US-Bürger, die tatsächlich schon hier waren. „Where can I find myself", fragte ein älterer Herr, um seiner mitreisenden Ehefrau die Spuren zu präsentieren, die er im Frühjahr 1931 in Bremerhaven zurückgelassen hatte. Aber auch die Nachkommen derjenigen, die zurückblieben, machen von der Möglichkeit, ihren Familienstammbaum zu erweitern, regen Gebrauch.

Zwei irritierende Beobachtungen bleiben noch zu erwähnen. Erstens: Die Referenzen zum Globalisierungsdiskurs bleiben schwach. In dieser Hinsicht ist die Erzählung auf lokale Herkunft mit einer deutlichen nationalstaatlichen Untermalung fixiert. Zweitens: Das Referenzsystem Klassenerfahrung ist überdeterminiert. Welche Effekte produziert eine solcher Art klassen- und armutsüberladene Atmosphäre der Überfahrt? Der erste Eindruck jedenfalls ist der „als ob". Als ob wir Zeitgenossen Herr bzw. Frau über Raum und Zeit wären, Helden und Herolde des Fortschritts, die beides: geographische wie historische Abstände in kollektives Wohlbefinden verwandeln, und Christen natürlich, deren Weg zur Erlösung durch Leiden und Bewährung führt. Luxus und Überfluss sieht der Besucher nur als Voyeur, durch den Spalt in den Planken. Es ist nicht die Titanic, mit der wir den Atlantik überqueren. Und das ist gut so. Denn ihr Schicksal war längst besiegelt.

# Literatur

Berking, H./Schwenk, J. (2011): Hafenstädte. Bremerhaven und Rostock im Wandel. Frankfurt am Main: Campus.
Böhme, G. (1995): Atmosphäre. Frankfurt am Main: Suhrkamp.
Clifford, J. (1997): Routes. Travel and Translation in the Late Twentieth Century. Boston: Harvard University Press.
Deutsches Auswandererhaus Bremerhaven (2014): Deutsches Auswandererhaus Bremerhaven. German Emigration Center. www.dah-bremerhaven.de/museum.php (Abruf 20.2.2014).
Hastedt, H. (2005): Gefühle. Philosophische Bemerkungen. Stuttgart: Reclam.
Kirshenblatt-Gimblett, B. (1998): Destination Culture. Tourism, Museums, and Heritage. Berkeley: University of California Press.
Schmitz, H. (2007): Der Leib, der Raum und die Gefühle. Bielefeld/Locarno: Edition Sirius.
Thrift, N. (2006): Intensitäten des Fühlens. Für eine räumliche Politik der Affekte. In: Berking, H. (Hrsg.): Die Macht des Lokalen in einer Welt ohne Grenzen. Frankfurt am Main: Campus, S. 216–251.

Ulrike Froschauer, Manfred Lueger

# Vom Alltagswissen zum reflexiven Verständnis
Hermeneutik als Erweiterung des organisationalen Blicks

Organisationen sind in unserer Gesellschaft überaus vertraute Gebilde. Aber meist sehen wir nur die Oberfläche in Form der Außendarstellung, der erbrachten Leistungen, der formalen Strukturen oder auch von deutlich erkennbaren Problemen. Dieses Wissen erlangen wir in unserer alltäglichen Praxis, indem wir Erfahrungen in ein schnell verfügbares Alltagsverständnis integrieren. Dieses gaukelt uns vor, das Wesentliche zu wissen und unter Kontrolle zu haben, sodass wir meist gar nicht bemerken, dass wir nur das Offensichtliche in Form einer Außenfassade erblicken.

Will man etwas über die Dynamik von Organisationen oder über die Herstellung ihrer äußeren Erscheinung erfahren und verstehen, was sie bewegt, muss man diese Oberfläche durchbrechen. Aber das funktioniert nicht ganz so einfach wie der Blick hinter einen Bühnenvorhang. Man muss regelrechte Blickschneisen durch das Dickicht der organisationalen Hülle schlagen, um ein tiefergreifendes Verständnis der Organisation zu erlangen. Und dafür bieten die Arbeiten von Soeffner zur Hermeneutik wichtige Ansatzpunkte.

Der Beitrag befasst sich daher im ersten Abschnitt damit, warum die Versuchung so groß ist, dem Offensichtlichen unserer Wahrnehmung und unseres Wissens einen bevorzugten Stellenwert einzuräumen. Der zweite Abschnitt hingegen macht deutlich, warum es wichtig ist, diese Hülle zu durchbrechen, um die Dynamik der Organisation verstehen zu können. Wie ein solch tiefergreifendes Verständnis möglich ist und welche Bedeutung der Hermeneutik dabei zukommt, greift der letzte Abschnitt auf. Insofern liefert der Beitrag Argumente für eine reflexive Organisationsanalyse, um die organisationale Wirklichkeit zu ergründen – und das heißt auch, theoretische Überlegungen mit der Praxis des Handelns in Organisationen zu verknüpfen.

# Organisationales Alltagswissen:
# Die Herrschaft des Offensichtlichen

Um angemessen handeln zu können, braucht es einiges an Kenntnissen: Wir müssen Gegenstände, Personen, Situationen, Handlungen und deren Folgen deuten und in einen Sinnzusammenhang integrieren. Dabei gibt es jedoch ein Problem: Würden wir uns darüber lange den Kopf zerbrechen, hätte sich der Ereignisstrom schon längst weiterentwickelt, sodass unsere Handlungen meist zu spät kämen oder unangemessen wären. Es liegt daher nahe, auf ein im Alltag erprobtes und halbwegs verlässliches Wissen zurückzugreifen.

Dieses in der Praxis entwickelte und erprobte Alltagsverständnis zeichnet sich dadurch aus, dass es schnell verfügbar und umsetzbar ist, sich meist anschlussfähig zu den Handlungsweisen anderer hält und vorhersehbare Resultate erzielen lässt. Aber dafür braucht es Abkürzungen, welche die Komplexität der sozialen Welt reduzieren und eine generelle Orientierung ermöglichen. Dabei zeigt sich, dass wir dazu tendieren, das zu glauben, was uns unsere Sinne vermitteln, wobei in sinnlichen Erfahrungen gegenständliche und erscheinende Bedeutungsstrukturen zusammenfallen (siehe etwa Holzkamp 1978, S. 331). Stenger und Geißlinger (1991, S. 254f.) nennen in diesem Zusammenhang Evidenzkriterien subjektiver Erfahrung, welche die Wirklichkeitskonstruktion als sozialen und individuellen Prozess steuern und Erfahrungen Gewissheit verleihen. Dabei gilt, dass wir (1) für zuverlässig halten, was wir sehen, hören, spüren, riechen oder schmecken (sinnliche Wahrnehmung); (2) auf Annahmen über plausible Zusammenhänge vertrauen (kognitive Konstruktionen); (3) uns eher auf sympathische als auf unsympathische Personen verlassen (emotionale Erkenntnis); (4) und uns tendenziell der Meinung von als vertrauenswürdig eingeschätzten Anderen anschließen, wenn wir keine eigenen Erkenntnisquellen haben (soziale Bestätigung). Das macht uns selbst dann handlungsfähig, wenn unsere Annahmen nicht zutreffen: So können uns die Sinne täuschen, sympathische Personen können sich als hervorragende Betrügerinnen und Betrüger herausstellen, andere können Unrecht haben und unsere Konstruktionen über Zusammenhänge sind nicht immer zuverlässig.

Das korrespondiert mit der induktiven Generierung des Alltagsverstands, wonach der Glaube an Regelmäßigkeiten durch wiederholte sinnliche Beobachtung und Erfahrung gerechtfertigt wird. Popper ergänzt diese Ausführungen mit weiteren Besonderheiten der falschen Annahmen dieser Erkenntnistheorie des Alltagsverstandes (Popper 1993, S. 61ff.), wie etwa, dass es so etwas wie unmittelbares Wissen gibt, das wir passiv empfangen und durch unser Zutun nur verfälschen, oder dass durch Wiederholung gebildete Assoziationen zuverlässige Erwartungen ermöglichen. Soeffner (2004, S. 32f.) hat diese Verkürzungsstrategie klar herausgearbeitet: Ihm zufolge zeichnet sich der kognitive Stil des Alltagsverstands dadurch aus, dass er sich unter Handlungsdruck auf eine Interpretationsmöglichkeit konzentriert, im Interesse der Handlungsfähigkeit den Zweifel ausklammert und dadurch das Erkannte sichert. Im Alltag gehen wir von der Normalität des Verstehens unserer Erfahrungen aus; in Frage gestellt wird diese nur, wenn sie irritiert wird, indem etwa Erwartungen unerfüllt bleiben. Aber außerhalb solcher Unwägbarkeiten verlassen wir uns auf Selbstverständlichkeiten und anerkannte Regeln. Das erleichtert das Leben insofern, als wir uns nicht permanent über die Bedeutung von banalen Aussagen anderer Gedanken machen und nicht lange überlegen müssen, welche Verhaltensweisen in einem Kaufhaus üblich sind und wie die Rollen von Kundinnen und Kunden, Verkäuferinnen und Verkäufern, Lieferantinnen und Lieferanten etc. verteilt sind.

In Organisationen tritt ein weiteres zentrales Element hinzu: Wie schon Barnard (1970/1938) festgestellt hat, geben die Mitglieder einen Teil ihrer Handlungsautonomie auf und stellen ihre Handlungen in den Dienst der Organisation. Dabei wird der Alltagsorientierung ein organisationales Regelsystem zur Seite gestellt, das die Koordination der verschiedenen Akteure systematisch aufeinander bezieht, eine erwartbare Leistungserbringung ermöglicht und dadurch die Organisation stabilisiert. Damit gehen Elemente der Formalisierung einher: (1) Mitgliedschaftsbedingungen regeln, welche Verhaltensweisen in der Organisation gelten; (2) eine ausgeklügelte Arbeitsteilung ermöglicht eine ausgeprägte Spezialisierung; (3) festgelegte Abläufe oder Kommunikationswege stellen sicher, worauf man sich in der Koordinierung der Einzelhandlungen verlassen können sollte; (4) eine klare Hierarchie regelt, wem die Anordnungs- und Durchsetzungskompetenz zugesprochen wird, wer Anweisungen geben darf und wer sie befolgen muss. Dahinter steht ein offizielles Regelsystem, das legale Herrschaft als etablierte Ordnung anerkennt und Rechte und Pflichten sowie Über- und Unterordnungsverhältnisse mit Positionen systematisch verknüpft (Weber 1980/1922). Herrschaftsstrukturen verschaffen eine institutionell verankerte Sicherheit, die durch den Rückgriff auf gesellschaftliche Normierungen und etablierte Sanktionsinstanzen zusätzlich eine generalisierte Möglichkeit der Konfliktregelung bieten.

Der Glaube an rationale Entscheidungen im Rahmen formaler Strukturen wirkt hier ergänzend, wobei die durchdachte und planmäßige Folge von Entscheidungen die Organisation steuerbar halten sollen. Im Alltagsverständnis dominiert noch immer die Vorstellung, wonach das Management in der Lage sein sollte, die Entwicklungen des Umfeldes einzuschätzen, um dieses Wissen in Entscheidungen für eine effektive und effiziente Gestaltung der Organisation umzusetzen, um die gesteckten Ziele zu erreichen (Froschauer 2012).

## Reflexion und Zweifel: Unter die Oberfläche blicken

Fast scheint es, als würden wir die Welt aus zwei Positionen heraus betrachten: Zum einen aus der Position unserer Wahrnehmung, in der unsere Sinne die Führung übernehmen und uns sagen, „was Sache ist", in der das fraglos Funktionierende auch für die Wahrheit steht. Zum anderen aus der Position einer szientistisch verbrämten Magie (Soeffner 2000, S. 15f.), in der sich Rituale der Vernunft in zeremonielle Gewänder exakter Wissenschaft kleiden, die in Verfahrensregeln für Entscheidungen münden und in formalen Regelungssystemen ihren organisationalen Ausdruck finden. Solche Grundlagen des Organisierens sind plausibel darstellbar: in Anordnungen, schriftlichen Unterlagen, Verträgen, Organigrammen oder in Standards. Diese Kontrollillusion, gepaart mit den permanenten Enttäuschungen in Hinblick auf die tatsächliche Kontrolle, bildet für ganze Berufsgruppen (z. B. Managerinnen und Manager) und Organisationen (z. B. Beratungsunternehmen) eine einträgliche Geldquelle.

Aber diese Vorstellung ist trügerisch: Hinter der Maske der offiziellen organisationalen Darstellung verbirgt sich eine völlig andere Dynamik. Es ist, als würde das auf der Vorderbühne aufgeführte Stück, das mit dem Bühnenbild und dem standardisierten Ausdrucksrepertoire dem Publikum vorgaukelt, sich an bestimmte Normen zu halten, mit dem Theaterleben selbst verwechselt. Leicht vergisst man die entscheidende Rolle der Hinterbühne: Sie ist ein inoffizieller Ort, an dem die öffentliche Darstellung widerlegt und wo die Aufführungen für die Vorderbühne geprobt werden (Goffman 1985, S. 99ff.). Um also nicht nur das Stück auf der Vorderbühne, sondern die ihr zugrundeliegenden Abläufe und Regeln zu verstehen, muss man die Hinterbühne kennenlernen – und diese folgt anderen Regeln als das vorgeführte Stück. Erst der Blick hinter die Kulissen eröffnet einen Blick auf jene Welt, in der die offizielle Darstellung entwickelt wird und wo sich die Gründe für das Verhalten auf der Vorderbühne erschließen.

Sucht man in Organisationen nach Komponenten, die diese Hinterbühne ausmachen und die öffentlichen Darstellungen immer wieder brechen, so finden sich diese in den informellen Beziehungen. Informalität beruht auf persönlichen Beziehungen, welche Einfluss auf die Entwicklung der persönlichen Identität, die alltäglichen interaktiven Umgangsformen und letztlich auf die Praxis organisationaler Kooperationen nehmen. Diese informellen Interaktionsordnungen zeichnen sich durch spezifische Eigenschaften aus: Sie bilden sich in einem kleinen Kreis persönlicher Kontakte aus, indem sie Erwartungen in einem wechselseitigen Prozess stabilisieren. Dadurch können die an solchen informellen Beziehungen Beteiligten sehr genau die fremden und eigenen Verhaltensweisen einordnen und kennen die geltenden Handlungsspielräume. Das schafft Sicherheit, braucht aber auch Vertrauen, das wiederum von den Beteiligten Risiken abfordert (sonst bräuchte man kein Vertrauen). Damit verkürzt es zwar aufwendige Aushandlungen und reduziert Komplexität, erfordert aber längerfristige Erfahrungen, um dieses Vertrauen aufbauen zu können. Gerade die Enttäuschungsanfälligkeit von Vertrauen stärkt die Bindung an informelle Kollektive und sorgt für eine klare Distanz zu jenen, die nicht in diese Beziehung eingebunden sind. Eine solche Form sozialer Regulierung ermöglicht Improvisationen im Hinblick auf konkrete Situationen und fördert eine rasche und flexible Koordination, strukturiert aber gleichzeitig auch das Feld unterschiedlicher Zugehörigkeiten. Informalität fördert dadurch die Ausbildung lose gekoppelter Subkulturen, die nach außen intransparent sind, weil sie internes Wissen kultivieren und im Laufe der Beziehungsgeschichte implizites Wissen generieren, das aus der alltäglichen Beziehungspraxis entspringt und den Beteiligten nicht bewusst ist (Polanyi 1985).

Informalität ist die organisationale Hinterbühne, auf der man sich abspricht, Bündnisse schmiedet, sein Wissen austauscht und klärt, was man auf die offizielle Bühne transponiert. Das schafft einen Handlungsbereich, der nicht bloß auf instrumentelles Handeln bezogen ist, sondern sich wechselseitig der eigenen Position im sozialen Gefüge versichert und einen konstanten Austausch ermöglicht, der offizielle Positionen durchaus konterkarieren kann. Zudem ermöglicht das einen flexiblen Umgang mit Problemen, die aus formalen Anforderungen resultieren oder die durch formale Vorgaben nur unzureichend bestimmt sind und daher der Improvisation bedürfen. Man muss keineswegs einer Meinung sein, aber man kennt Sicht- und Handlungsweisen und kann Handlungen setzen, die sich außerhalb des offiziellen Rahmens bewegen und verborgene Interessen verfolgen, aber dennoch das Erscheinungsbild pflegen. Sie unterliegen internen Sanktionen, deren ultimative Variante der Ein- oder Ausschluss aus dem informellen Verbund ist – und sie erhalten die Fassade.

Während informelle Abstimmungen mit ihrer Differenz zur öffentlichen Darbietung Intransparenz fördern, befeuern strukturelle Faktoren eine Eigendynamik, die immer wieder ausgeklügelte Pläne konterkariert. Ein solcher Faktor ist die Kreuzung von Ereignisketten. Organisationen verknüpfen Ereignisse und Handlungen systematisch an vorgesehenen Kreuzungspunkten zu Prozessen und erzeugen damit komplexe und kontrollierte organisationale Abläufe. Aber das funktioniert nicht immer reibungslos, weil mitunter Ereignis- und Handlungsketten nicht in der erwarteten Weise aufeinander treffen, dafür andere unerwartet zusammenprallen. Diese Anfälligkeit für Zufälle, die tief in die Organisation eingreifen können (etwa Umstrukturierungen in der Folge eines EDV-Problems), wird daher intensiv bekämpft, indem man Mitglieder ersetzbar macht, technische Geräte sorgfältig wartet oder durch Ersatzgeräte sichert, Abhängigkeiten von Lieferantinnen und

Lieferanten ebenso wie von Kundinnen und Kunden verringert oder risikoreiche Geschäfte vermeidet (solche Möglichkeiten finden sich etwa bei Reason 2009 in Form einer Absicherungskaskade und auch bei Weick/Sutcliffe 2010 in der Betonung von Achtsamkeit).

Aber die Abhängigkeit von der Zuverlässigkeit des Handelns einzelner Personen in Kooperationsprozessen schafft weitere Unwägbarkeiten, die aus der Kontingenz des Handelns entspringt: Handelnde können Erwartungen (außer unter Zwang) enttäuschen und wissen voneinander, dass dies auch für andere zutrifft (zu dieser doppelten Kontingenz siehe Luhmann 1984, S. 148ff. und 2002, S. 315). Um ein sicheres Wissen über das Handeln anderer generieren zu können, müssen sie die anderen beobachten können. Nur ist nicht alles beobachtbar und das sichere Wissen ist nicht ganz so sicher. Das liegt auch daran, dass man es auch mit Personen aus anderen Subkulturen zu tun hat: Möglicherweise werden bestimmte Beobachtungen und Hinweise von Mitgliedern einer Marketingabteilung ganz anders als vom Controlling oder von der Produktion interpretiert – mit entsprechenden Folgen für ihre Handlungen. Daher entzieht sich der Gesamtzusammenhang einer komplexeren Organisation immer wieder dem kontrollierenden und steuernden Zugriff.

Eindeutige Kommunikation könnte vielleicht zur Erwartungssicherheit beitragen – nur ist diese keine bloße Informationsübertragung, sondern bedarf der Interpretation. Aus den beobachteten Mitteilungen lassen sich Informationen und mögliche Intentionen nur rekonstruieren – aber das heißt noch lange nicht, dass diese Interpretationen mit den ursprünglich gemeinten Informationen oder gar Intentionen übereinstimmen (siehe z.B. Luhmann 1988; Schultz von Thun 2009). Das bedeutet wiederum, dass es in Organisationen keine Möglichkeit gibt, eindeutige Informationen zu verbreiten, wobei die Wahrscheinlichkeit von Missverständnissen mit der internen Heterogenität und Komplexität zunimmt. Das sind aber keine persönlichen Unzulänglichkeiten, sondern die unterschiedlichen Rahmenbedingungen der Sinnintegration machen verschiedene Auslegungen wahrscheinlich.

Dazu kommen wechselseitige Abhängigkeiten als zusätzliche Quelle von Emergenz. Zeigt schon die Problematik der kommunikativen Verständigung, dass eine Harmonisierung der Weltsicht gar nicht so einfach ist, so verweist Wallace (1961, S. 27ff.) die Vorstellung, dass für eine erfolgreiche Handlungskoordinierung Konformität nötig ist, in das Reich der Mythen: Auch ohne gemeinsame Visionen und Vorstellungen über die Bedeutungen, Ursachen oder Folgen unseres Handelns gelingt es Organisationen, halbwegs stabile Ordnungen zu etablieren, solange sich die Handelnden ihrer wechselseitigen Abhängigkeit bewusst sind (soziale Akteurinnen und Akteure), Handlungen anderer gut vorhersagen können (Erwartbarkeit) und ein minimales Wissen darüber haben, dass ihre Handlungen für andere eine Voraussetzung bilden, dass diese ihre Handlungen weiterführen können und umgekehrt. Aber das bedeutet nicht, dass sich diese Strukturen planen lassen, weil sich solche Äquivalenzstrukturen überall in der Organisation selbständig herausbilden können, dadurch der Kontrolle entzogen sind und – zumindest aus der Perspektive des Managements – höchst dysfunktional sein können.

Schon diese kleinen Ansätze zeigen, wie wichtig es ist, hinter die Kulissen zu blicken und die Handlungsbedingungen für die Organisation zu analysieren. Während Alltagsverstand und formale Organisationsstrukturen darauf abzielen, das Ungewöhnliche zu minimieren oder gar zu eliminieren, also eine fraglose Normalität zu etablieren, ist es für die Analyse des organisationalen Hinter- und Untergrundes nötig, diese Sicht des Offenkundigen in Frage zu stellen. Alltagsroutinen sichern zwar das Vertrauen in einen gemeinsamen Wissensbestand und die Akzeptanz der Folgehandlungen, die sich in diese Normalität von Deutungs- und Handlungsmuster einfügen (Soeffner 2004, S. 22 ff.); aber diese Oberfläche verdeckt den Großteil jener Prozesse, die zum Verständnis beitragen können, wie bzw. warum diese Oberfläche in einer spezifischen Art gestaltet wird. Damit können Oberflächenphänomene, wie Alltagsroutinen, Regeln oder Strukturen, nicht als selbstverständlich und als in ihrer Bedeutung bekannt betrachtet werden. Sie sind eine Selektion aus vielen möglichen Alternativen, die ignoriert oder nicht erkannt wurden; und sie sind auch nicht einfach da, sondern haben sich in einem langen Prozess entwickelt. Aber sie entwickeln sich nicht beliebig – und genau das ist der Grund, weshalb man sich damit genauer befassen sollte, will man Organisationen besser verstehen.

## Organisationen verstehen: Zur Praxis der Hermeneutik

Organisationen sind also mehr als ihr äußeres Erscheinungsbild, und sie sind mehr, als uns viele Lehrbücher über Organisationen erzählen. Sie sind eine Praxis, deren Eigendynamik sich nur bedingt im Zaum halten lässt (Lueger/Froschauer 2011). Das Kernproblem ist aber, dass diese eigendynamischen Prozesse nicht so einfach erkennbar sind, weil sie teilweise als latente Sinnstrukturen Handlungsweisen anleiten, die zwar durchaus plausibel begründet werden können, damit allerdings vieles überdecken und aus dem Bewusstsein ausblenden. Der Begriff des impliziten Wissens (Polanyi 1985) schafft hier einen ersten Zugang: Demzufolge wissen wir mehr, als wir sagen können. Das liegt an der erfahrungsgetriebenen intuitiven Könnerschaft, die als Performanz regulativ unseren Alltag bewältigbar macht, ohne ihn hinterfragen zu müssen.

Wenn wir nicht nur das Stück auf der Vorderbühne genießen, sondern auch dessen Erzeugung verstehen wollen, dann zeigt sich die Problematik des organisationalen Alltagsverstandes in voller Schärfe: Die Beobachtungen und Erfahrungen, aus denen wir unser Wissen ableiten, die Verkürzungsstrategien, die uns in Form von Formalisierungen oder Selbstverständlichkeiten so plausibel erscheinen, erweisen sich plötzlich als Irreführung: Sie regeln zwar den Alltag ganz gut, verhüllen aber den Zugang zu jenen Prozessen, welche diesem Alltag zugrunde liegen. Also muss man diese latenten Strukturen und das implizite Wissen an die Oberfläche heben, um es dem wissenschaftlichen Verständnis zugänglich zu machen.

Nur ist das nicht ganz einfach: Das Alltagsverständnis zu überschreiten, erfordert die Überwindung eines dichten Schleiers, wofür die Hermeneutik einen besonders elaborierten Zugang bietet. Die Wissenschaft setzt sich dabei diametral vom Alltagsverständnis ab, indem sie jene Abkürzungen meidet, auf die der Alltagsverstand angewiesen ist: Sie setzt Selbstverständlichkeiten der Kritik aus, stellt damit die Normalität und das verfügbare Wissen zur Disposition, befreit sich von Handlungsdruck und verweigert sich der schnellen Umsetzung von Erkenntnissen. Im Zentrum eines solchen Wissenschaftsverständnisses stehen die Systematisierung des Zweifels und die Erkundung alternativer Deutungs- und Handlungsmöglichkeiten, welche auf die „Entfaltung des Erkennbaren" zielen (Soeffner 2004, S. 30 ff.). Die Auslegung des Materials über Organisationen wäre aber nicht möglich, wenn alles Beobachtete völlig fremd wäre und man keinen Ansatzpunkt für Verstehen hätte, aber unnötig, wenn überhaupt nichts fremd wäre und die Bedeutungen fixiert wären (Dilthey 1990/1910, S. 278). Insofern setzt die Hermeneutik genau in diesem Zwischenraum alternativer Interpretationsmöglichkeiten ein, indem sie sich mit der Funktionsweise der Vermittlung von Botschaften zwischen verschiedenen Akteuren befasst und versucht, jenen Sinn zu übersetzen, der in Äußerungen enthalten ist bzw. diese Interaktionen mitbestimmt.

Erst diese Distanzierung vom Gegenstand, verbunden mit einer Entlastung von Handlungsdruck, macht es möglich, die Oberfläche der Organisation als Grund und Folge von Handlungs- und Wahrnehmungsbedingungen zu verstehen und somit die Bedingungen der Konstitution organisationaler Wirklichkeit der Analyse zugänglich zu machen. Das erfordert eine radikale Umorientierung, nämlich die Manifestationen der Organisationen und ihre formalen Regeln nicht als gegeben zu akzeptieren, sondern deren Ursprünge zu erkunden und sie als Ausdrucksgestalt zugrundeliegender Regeln und Prozesse zu begreifen (Oevermann 1993, S. 128 ff.). Der hermeneutisch geschulte Blick hinter die Alltagsfassade befremdet sich die Organisation: Indem wir die Geltung unserer Überzeugungen in Frage stellen, versetzen wir uns in die Lage, die Fraglosigkeiten des organisationalen Alltags aus einem anderen Blickwinkel zu erkunden. Fragen sind somit ein zentrales Hilfsmittel hermeneutischer Interpretation (Gadamer 1990/1960, S. 368 ff.), mit deren Hilfe man Deutungs- und Handlungsalternativen erkundet, indem man Perspektiven variiert. Das umfasst hypothetische Umwelten, damit verbundene Sinnkonstruktionen und mögliche Orientierungen, die sich in den untersuchten Materialien sinnvoll rekonstruieren lassen (Soeffner 2004, S. 45 und S. 147 f.), was in der Folge einer rigorosen vergleichenden Prüfung der Lesarten im Hinblick auf die jeweilige Konstellation und im Ablauf bedarf (Soeffner 1979, S. 346 ff.).

Aber die Analyse von Organisationen rückt nicht nur das direkt aus einer Forschungsperspektive Beobachtete in den Vordergrund. Vielmehr erfordert die Analyse der Kooperations- und Interaktionsstruktur die Berücksichtigung der Akteursperspektive: also im Sinne einer Konstruktion zweiter Ordnung das Verstehen zu verstehen (Soeffner 2000, S. 168 f.). Gefordert ist die Rekonstruktion der Organisation aus den Binnenperspektiven der Akteure, also welcher Orientierungen sie sich bedienen, wie sie zu ihren Routinen, Plausibilitäten und Wissensbeständen gelangen und welche Regeln hinter ihren Entscheidungen und Handlungen stecken. In diesem Zusammenhang stellt Husserl (1999/1929, S. 113 f.) fest, dass wir immer etwas anderes wahrnehmen, als wir unmittelbar beobachten. Indem die Akteure bestimmte Aspekte der Organisation wahrnehmen, unterstellen sie das Ganze der Organisation und verbinden das gegenwärtig Präsente mit dem Nichtpräsenten (insbesondere Bedeutungswelten), das gleichwohl durch das Präsente hervorgerufen wird. Versucht man also zu klären, woran sich Menschen in ihrer Welt orientieren, so bietet sich an, das Wahrgenommene auf die Kernbestandteile des Präsenten zu reduzieren (was sehen verschiedene Akteure in einem organisationalen Ablauf), um dann zu untersuchen, was sie dazu bringt, sich einer solchen Orientierung zu bedienen, und welche Wirklichkeit die Beobachtenden daraus erschaffen. Diese Wirklichkeit lässt sich in der Folge als eine Möglichkeit unter anderen behandeln, woran die Frage anschließt, was eine spezifische Wirklichkeitskonstruktion unter welchen Bedingungen wahrscheinlich macht. Auf diese Weise nähert man sich im Rahmen der Hermeneutik an eine mehrdimensionale Rekonstruktion der Konstitutionsbedingungen von Wirklichkeitskonstruktionen an.

Damit eine solche distanzierende, kritische Analyse möglich ist, braucht es dauerhaft fixierte Lebensäußerungen, also Protokolle. Folglich sind Daten für hermeneutische Analysen keine Handlungsdaten oder Situationen, wie dies für Alltagsinterpretationen typisch ist, sondern Protokolle, welche durch eine wiederholte Zugänglichkeit eine sorgfältige Analyse ohne Zeitdruck ermöglichen. Idealerweise sind solche Daten von der Forschung unbeeinflusste Manifestationen des untersuchten Lebensweltbereichs. Jedoch sind solche natürlichen Daten vielfach nicht verfügbar, sondern müssen im

Zuge des Forschungsprozesses erst erhoben werden. Daher ist es für die Auswertung unerlässlich, die Erhebungssituation als wesentlichen Sinnkontext in die Analyse einzubeziehen (Hitzler/Honer 1997, S. 11 f.).

Eine solche Organisationsanalyse erkundet die generative Struktur der Organisation. Strukturen, Wahrnehmungs- oder Handlungsweisen werden dabei als Voraussetzung und Teil eines Entwicklungsprozesses betrachtet, dessen Regeln es unabhängig von den jeweiligen Intentionen zu erkunden gilt. Solche Regeln beziehen sich einerseits auf jene Regeln, die Anschlussoptionen eröffnen und somit die Handlungsspielräume bestimmen, und andererseits auf Regeln der Auswahl aus den verfügbaren Optionen, was die Besonderheit einer Handlungssituation oder einer Organisation ausmacht (Oevermann 2002, S. 6 ff.). Das rückt die Frage ins Zentrum, was die Akteure in Organisationen und im Umfeld von Organisationen dazu bringt, so zu handeln, wie sie handeln, wie sie ihre Handlungsweisen begründen, was sie damit ausblenden und welche Dynamik sie dadurch in der Organisation erzeugen.

Nun ist Hermeneutik nicht lediglich ein Werkzeug, das der Praxis einfache Ratschläge erteilt. Sobald man nämlich Erkenntnisse in der Praxis umzusetzen versucht, entwickeln die involvierten Akteure eigene Umgangsformen mit diesen Interventionen – inklusive nichtintendierter Folgen. Es ist dasselbe wie mit Kommunikation: Kaum ist etwas gesagt oder getan, führt das Gesagte oder Getane in den Interpretationen und Folgekommunikationen ein Eigenleben. Auch lassen sich Wissenschaft und Praxis nicht umstandslos verbinden, weil die Erkenntnisinteressen verschieden gelagert sind und sich wechselseitig in der Analysepraxis blockieren: Da die Praxis auf Umsetzung pocht, reduziert sie das Erkenntnispotential der Wissenschaft, wenn diese sich auf Umsetzung einlässt. Die sorgfältige Analyse von Möglichkeiten und die kritische Auseinandersetzung mit der organisationalen Praxis wiederum unterläuft die Forderung nach raschen und umsetzbaren Erkenntnissen. Wissenschaft kann ihrer Aufgabe also nicht gerecht werden, wenn sie möglichst schnell praktische Anleitungen generiert; einer Organisation wiederum ist nicht geholfen, wenn sie Erkenntnisse zu spät oder in zu abstrakter Form erhält.

Es wäre also naiv zu glauben, die Praxisnähe der Wissenschaft oder die einfache Implementation von deren Erkenntnissen (die ja schon eine Nähe zum Alltagsverstand unterstellt) reiche aus, um Organisationen zu „verbessern". Im Gegenteil: Wenn Wissenschaft zum politischen Handlanger der Praxis wird, verliert sie ihre Glaubwürdigkeit, zumal Organisationen nur bedingt kontrollierbar sind. Die Bedeutung für die organisationale Praxis ist anders zu verstehen: Es geht um die Reflexion organisationaler Prozesse, um das Wissen über Prozesse und Dynamiken, um die verschiedenen Perspektiven von Akteuren und deren Handlungsorientierungen. Die Öffnung des

Blicks für Alternativen generiert dabei neue Handlungsmöglichkeiten. Innovationen und Entwicklungsalternativen brauchen diesen erweiterten Blick, der Neues in den Wahrnehmungshorizont rückt und alternative Bedeutungswelten erschließt. Im Zentrum steht die Multiperspektivität, die gerade für das Verständnis komplexer Organisationen wesentlich ist.

Löcher in den Schleier des Augenscheinlichen zu reißen bedeutet aber auch, sich nicht mehr auf den Schutz des Baldachins (Soeffner 2000) zu verlassen, auch wenn Wissenschaft und Praxis immer wieder der Versuchung erliegen, die Löcher darin zu stopfen. Viel wichtiger ist es, Löcher zu reißen und durch diese zu blicken, um sich eine möglicherweise noch unbekannte Welt zu erschließen. Aber das heißt, immer von neuem das Beobachtete zu hinterfragen und alternative Blickfelder zu untersuchen: Während also die Wissenschaft Löcher in den Baldachin reißt, um einen Blick in die Ungewissheit zu werfen, repariert ihn die Praxis wieder, verändert ihn aber mit den immer neuen Flicken. Hermeneutik kann den organisationalen Blick erweitern und den Alternativenraum für Veränderungen vergrößern. Aber es ist ein durchaus komplexes Werkzeug – und es braucht einen Schritt heraus aus der Praxis, um anschließend diese neu zu verstehen und auf dieser Basis zu gestalten.

## Literatur

Barnard, C.I. (1970/1938): Die Führung großer Organisationen. 17. Auflage. Essen: Girardet.
Dilthey, W. (1990/1910): Der Aufbau der geschichtlichen Welt in den Geisteswissenschaften. 3. Auflage. Frankfurt am Main: Suhrkamp.
Froschauer, U. (2012): Was heißt „Steuerbarkeit"? Verblassende Mythen zielorientierter Kommunikation in Organisationen. In: Froschauer, U.: Organisationen in Bewegung. Beiträge zur interpretativen Organisationsanalyse. Wien: Facultas, S. 61–82.
Gadamer, H.-G. (1990/1960): Hermeneutik I. Wahrheit und Methode. Grundzüge einer philosophischen Hermeneutik. 6. Auflage. Tübingen: Mohr.
Goffman, E. (1985): Wir alle spielen Theater. Die Selbstdarstellung im Alltag. 5. Auflage. München/Zürich: Piper.
Hitzler, R./Honer, A. (Hrsg.) (1997): Sozialwissenschaftliche Hermeneutik. Eine Einführung. Opladen: Leske und Budrich/UTB.
Holzkamp, K. (1978): Sinnliche Erkenntnis – Historischer Ursprung und gesellschaftliche Funktion der Wahrnehmung. 4. Auflage. Königstein/Ts.: Athenäum.
Husserl, E. (1999/1929): Cartesian Meditations. An Introduction to Phenomenology. Dordrecht: Kluwer.
Lueger, M./Froschauer, U. (2011): Grenzen und Bedingungen organisationaler Steuerung. In: Mikl-Horke, G. (Hrsg.): Sozioökonomie: Die Rückkehr der Wirtschaft in die Gesellschaft. Marburg: Metropolis, S. 239–269.

Luhmann, N. (1984): Soziale Systeme. Grundriss einer allgemeinen Systemtheorie. Frankfurt am Main: Suhrkamp.
Luhmann, N. (1988): Was ist Kommunikation. In: Simon, F. B. (Hrsg.): Lebende Systeme. Wirklichkeitskonstruktionen in der systemischen Therapie. Heidelberg/Berlin/New York: Springer, S. 10–18.
Luhmann, N. (2002): Einführung in die Systemtheorie. Heidelberg: Carl-Auer-Systeme.
Oevermann, U. (1993): Die objektive Hermeneutik als unverzichtbare Grundlage für die Analyse von Subjektivität. Zugleich eine Kritik der Tiefenhermeneutik. In: Jung, T./ Müller-Doohm, S. (Hrsg.): „Wirklichkeit" im Deutungsprozeß. Verstehen und Methoden in den Kultur- und Sozialwissenschaften. Frankfurt am Main: Suhrkamp, S. 106–189.
Oevermann, U. (2002): Klinische Soziologie auf der Basis der Methodologie einer objektiven Hermeneutik – Manifest der objektiv hermeneutischen Sozialforschung. Manus. www.ihsk.de (Abruf 2.3.2014).
Polanyi, M. (1985): Implizites Wissen. Frankfurt am Main: Suhrkamp.
Popper, K. R. (1993): Objektive Erkenntnis. Ein evolutionärer Entwurf. Hamburg: Hoffmann und Campe.
Reason, J. (2009): Human Error. Cambridge: Cambridge University Press.
Schulz von Thun, F. (2009): Miteinander reden 1. Störungen und Klärungen. Allgemeine Psychologie der Kommunikation. 47. Auflage. Reinbek b. Hamburg: Rowohlt.
Soeffner, H.-G. (1979): Interaktion und Interpretation. Überlegungen zu Prämissen des Interpretierens in der Sozial- und Literaturwissenschaft. In: Soeffner, H.-G. (Hrsg.): Interpretative Verfahren in den Sozial- und Textwissenschaften. Stuttgart: Metzler, S. 328–351.
Soeffner, H.-G. (2000): Gesellschaft ohne Baldachin. Über die Labilität von Ordnungskonstruktionen. Weilerswist: Velbrück.
Soeffner, H.-G. (2004): Auslegung des Alltags – Der Alltag der Auslegung. Zur wissenssoziologischen Konzeption einer sozialwissenschaftlichen Hermeneutik. Konstanz: UVK.
Stenger, H./Geißlinger, H. (1991): Die Transformation sozialer Realität. In: Kölner Zeitschrift für Soziologie und Sozialpsychologie 1991/2, S. 247–270.
Wallace, A. F. C. (1961): Culture and Personality. New York: Random House.
Weber, M. (1980/1922): Wirtschaft und Gesellschaft. 5. Auflage. Tübingen: Mohr.
Weick, K. E./Sutcliffe, K. M. (2010). Das Unerwartete managen: Wie Unternehmen aus Extremsituationen lernen. 2. Auflage. Stuttgart: Schäffer-Poeschel.

Joachim Kersten

# „Können Ihre Studenten denn Ihre Texte lesen?"

## Zum Einstieg

Früher bin ich bei soziologischen Großveranstaltungen gelegentlich auf Kollegen aus der gleichen Alterskohorte gestoßen. Sie hatten – häufig erst nach der Wende – an Universitäten oder Fachhochschulen Professuren für Soziologie oder Sozialpädagogik ergattert und bedauerten mich ob meines berufsbiografischen Schicksals, da ich an Hochschulen der Polizei tätig war. „Haben Sie denn immer noch nichts anderes gefunden? Das ist ja schrecklich." Und anschließend die Frage: „Können Ihre Studenten denn Ihre Texte lesen?", die auch über diesem Beitrag zur Festschrift für Hans-Georg Soeffner steht. Letzterer hat sich in seiner Forschung mit Polizei befasst. Und dies tat er empirisch am Gegenstand polizeilichen bzw. kriminalpolizeilichen Handelns und somit schon vor längerer Zeit weit entfernt von der alten Front im Stellungskrieg von Soziologie und Polizei, die seit den 1970er und frühen 1980er Jahren zwischen den beiden Galaxien für Animosität gesorgt hat. Inzwischen geht die Beißfreude übrigens kaum noch von soziologischer Seite aus, aber in den oberen Etagen der Polizei halten einige die Soziologie immer noch für äußerst gefährlich.

Nach 20 Jahren soziologischer Lehre (ein bissel Kriminologie war auch dabei) an Hochschulen für angehende Kommissarinnen und Kommissare, zuletzt für die höher gelegene Abteilung der Ratsanwärter im Rahmen des Masterstudiums an der Deutschen Hochschule der Polizei in Münster, erhalte ich mit der Einladung, zu dieser Festschrift beizutragen, eine willkommene Gelegenheit, die Eigenartigkeiten dieses interstellaren Verhältnisses zwischen Soziologie und Polizei in seiner historischen und gegenwärtigen Dimension zu beleuchten und damit Hans-Georg Soeffner eine zur Gänze selbstgestrickte Gabe zum Wiegenfest darzureichen.

Wer im Sinne der verstehenden Disziplin Gehör finden will, fängt am besten mit einer kleinen Geschichte an. Ganz zu Anfang meiner Lehrtätigkeit als Soziologe an einer Hochschule für Polizei im deutschen Südwesten kam ich nach dem Mittagessen, in der Phase des sogenannten „Suppenkoma", in einen Hörsaal mit etwa 25 Studierenden, darunter damals auch eine einzige Studentin. Ich bemühte mich redlich, den Studierenden den Sinn und Zweck von Soziologie zu vermitteln, musste aber feststellen, dass der auf mich unverwandt gerichtete Blick völligen Unverständnisses auch durch meine gelinden Scherze nicht verändert wurde. Nach gefühlt etwa einer Dreiviertelstunde, vielleicht waren es nur zwanzig Minuten, änderte ich meine Taktik und fragte in den Hörsaal hinein: „Seid Ihr eigentlich *alle* Kartäuser?" Die Augen öffneten sich noch weiter, soweit sie inzwischen nicht halb geschlossen waren, und endlich meldete sich ein Student in der ersten Reihe: „Können Sie uns sagen, was Kartäuser sind?" Wahrheitsgemäß antwortete ich, dass Kartäuser Mönche seien, in zellenartigen Räumen leben würden, wo sie in ihrem Sarg schliefen. Dass man ihnen das Essen durch einen Schlitz in der Mauer reiche, und ferner, dass sie als Teil ihres Gelübdes als Diener des Herrn bis ans Lebensende schweigen müssten, aber ausgezeichnete Farbkopien zu fertigen in der Lage seien. Danach verließ ich den Hörsaal. Vierzehn Tage später hatte ich die gleiche Studiengruppe vor mir sitzen. Ich begann mit einer Entschuldigung für mein Verhalten und erklärte, dass es für einen Hochschullehrer nichts Schlimmeres gebe, als die komplette Kommunikationsverweigerung durch das studentische Gegenüber. Dies sei so ähnlich wie in einer Ehe, ein Thema, auf das wir dann später in der Soziologie (wegen der hohen Scheidungsrate von Polizisten) noch zu sprechen kämen. Die Atmosphäre war nun durchweg anders als beim ersten Mal: die Studenten kamen in ein Gespräch mit dem Soziologen. Was ich nicht wusste, war, dass diese Studiengruppe komplett aus Studierenden bestand, die im Rahmen von Fahrgemeinschaften aus der Umgebung einer mittleren Stadt des Bundeslandes gemeinsam morgens in die Hochschule fuhren und nach dem Ende des Unterrichts dann auch wieder hinunter in die Rheinebene. Das heißt, sie hatten einen ständigen Austausch miteinander, sprachen über alles, kannten sich schon aus der sogenannten O-Klasse, also der Vorbereitung für das Fachhochschulstudium, und so weiter. Einen Soziologen hatten sie bisher nicht kennengelernt. Mit dieser Studiengruppe bin ich später zweimal auf Studienfahrt gewesen, einmal innerhalb Deutschlands und das andere Mal im europäischen Ausland. Diese Studienfahrten gehören mit zu den interessanteren und lustigeren Ereignissen meiner Zeit als soziologischer Polizeioberlehrer. Ich glaube, wir halten uns gegenseitig in guter Erinnerung. „Gang leader for a day. A rogue sociologist takes to the streets" (2008) lautet ein Buchtitel von Sudhir Venkatesh über seine Forschung in den Strukturen der Drogengangs in den housing projects von Chicago. Ich war zwanzig Jahre Schurkensoziologe im Hörsaal von Polizisten und Polizistinnen.

## Kultureller Einfluss

Polizeiforschung und auch Polizeiunterricht sind in hohem Maße kulturspezifisch. Das weiß jeder, der vergleichende Polizeiwissenschaft betrieben hat. Ohne die Kenntnis einer spezifischen Länderpolizeikultur versteht man weder die Polizeireformen, die es in einem Land gegeben hat, noch die Agenda der Polizeiforschung und die Schwerpunktsetzung bei der Ausbildung. Es ist deshalb wichtig, im Rahmen der Betrachtung europäischer Polizeiausbildung, den spezifischen Fall von Ländern eingehender zu analysieren. Im Fortgang dieses Beitrags versuche ich dies am Beispiel der Entwicklung des deutschen Polizeihochschulwesens.

## Polizeywissenschaft

Im 18. Jahrhundert errichtete der König von Preußen Universitätslehrstühle in Polizeywissenschaft und zwar an den Universitäten von Halle und Frankfurt an der Oder. Gute Polizey wurde auf alle Bereiche der öffentlichen Verwaltung, der Volksgesundheit, des Handels, der Bauwirtschaft, der Märkte und alle anderen Sphären bezogen, in denen der paternalistische preußische Staat das Sagen hatte. Dieses traditionelle Konzept von sozialer Kontrolle wurde damals Polizey, in etwa gute Verwaltung, genannt und bezeichnete die allumfassende Zuständigkeit und Kompetenz von preußischen Sicherheitsbürokraten und -experten. Der Anhang Wissenschaft, als Begriff mit hohem Wert im deutschen und auch im osteuropäischen Verständnis, betont die systematische und forschungsbasierte Ausrichtung der Disziplin. Forschung und Wissenschaft verschafften dem entstehenden Bereich der Volksgesundheit als einem öffentlichen Dienst seine Basis und gleichzeitig sein Funktionieren als Institution sozialer Kontrolle. Die Kontrolle der Straßen und die Bekämpfung von Kriminalität war nur ein sehr kleiner Aspekt dieses Kontrollsystems. Die Polizeiwissenschaft des 18. Jahrhunderts kann man als akademischen Überbau einer autoritären Staatskontrolle vorwiegend im Interesse der Eliten (der Aristokratie, des Militärs und der Großgrundbesitzer) sehen. Insofern war es eine Wissenschaft der öffentlichen Verwaltung und nicht der Polizei im gegenwärtigen Verständnis (Feltes 2007; Mokros 2011). Seit der Mitte des 19. Jahrhunderts bezeichnet das Wort Polizei auch die Tätigkeit von uniformierten Polizeibeamten, die auf Kontrolle der öffentlichen Sicherheit und Ordnung und auf Kriminalitätsbekämpfung bezogen ist.

Das Personal der Polizei wurde aus dem Militär rekrutiert. Im Wesentlichen waren dies Unteroffiziere niedrigen Grades. Der Bildungsgrad des gewöhnlichen Straßenpolizisten, insbesondere aber des Gendarmen auf dem

Lande, war gerade etwas oberhalb des Bildungsstands der Bevölkerung, die die Polizei zu kontrollieren hatte: die Unterschicht, die zu dieser Zeit etwa siebzig Prozent der deutschen Bevölkerung ausmachte. Das betraf die städtische und ländliche Arbeiterklasse, die Pächter von kleinen Bauernhöfen und den großen Sektor der Haushaltsbediensteten in den Städten und auf dem Lande. Um die Jahrhundertwende herum wurden die ersten Polizeischulen im deutschen Reich eröffnet, vor allem in der Ruhrregion, wo die Industrialisierung und eine wachsende Arbeiterbewegung zu sozialer Unruhe führte, die von der Regierung als Bedrohung empfunden wurde. Diese ersten Polizeischulen lagen in Städten wie Düsseldorf, Dortmund und Hannover. Die Ausbildung dort dauerte etwa zwei bis drei Monate (Polizei-Führungsakademie 2002, S. 22). Trotz des sehr rudimentären Charakters dieser Polizeiausbildung sieht man diese Zeitperiode als den Beginn einer Professionalisierung, einer angewandten Forschung und einer schrittweise vollzogenen „Bürgernähe" der deutschen Polizei. Natürlich war damals die Polizeiwissenschaft als Disziplin noch weiter entfernt von der polizeilichen Praxis.

In der Weimarer Republik wurden Polizeioffiziere, insbesondere die für die Bereitschaftspolizei, aus dem früheren Freikorps rekrutiert und aus den freiwilligen Einheiten, die von den Schlachtfeldern des verlorenen Krieges heimkehrten. In den folgenden Jahren rekrutierte man aus dieser Kategorie ehemaliger Soldaten die paramilitärische Sicherheitspolizei, deren Mentalität durch die Kriegserfahrung geprägt war. Die Mehrheit der Sicherheitspolizei war antidemokratisch und deutlich auch gegen die Weimarer Republik. Ihre Sympathien galten eher den entstehenden nationalsozialistischen Polizeiverbänden und der Nazibewegung insgesamt. Mehrere Versuche, die Polizei von diesen Elementen zu reinigen und sie zudem zu demilitarisieren, scheiterten (Mokros 2011). Der Weimarer Innenminister Carl Severing hatte mehr Erfolg darin, die Schutzpolizei zu professionalisieren, indem er sie einer formalen Ausbildung unterzog. Zwischen 1920 und 1926 wurden in zehn der preußischen Provinzen Polizeischulen gegründet, wo Schutzpolizisten einen einjährigen Kurs abzuleisten hatten. Dies wurde für den Eingang in die deutsche Polizei obligatorisch. Obwohl diese Schulen von Polizeioffizieren geleitet wurden (auch die Lehrer waren Offiziere), gab es akademische Fächer im Curriculum, sogar Fremdsprachen. Der Höhepunkt dieser Entwicklung einer Professionalisierung der Polizei durch Hochschulausbildung war die Gründung des Charlottenburger Polizeiinstituts (1927), einer Schule für mittlere und höhere Polizeioffiziere. Der Unterricht bezog Rechtsfächer, Psychologie, Soziologie und Geschichte, Kriminalwissenschaften und Kriminologie mit ein (Polizei-Führungsakademie 2002, S. 41). Zu dieser Zeit gehörte die deutsche Polizei mit ihren Ausbildungsstandards und der entstehenden Polizeiwissenschaft zu den am weitesten entwickelten der westlichen Welt. Dieser Status wurde durch die willige Mitarbeit deutscher

Polizei beim Töten im Reich und in den besetzten Gebieten unterbrochen (Diel et al. 2010). Nach dem Krieg versuchten die Alliierten, speziell in der britisch besetzten Zone, ein demilitarisiertes System von ziviler Polizei zu errichten. Als Folge des Kalten Krieges und der Wiedereinstellung von Ex-Nazis als Führungskräften wandelte sich die Polizeikultur nur sehr langsam und die auch damals schon aktiven internen Reformer stießen auf heftigen Widerstand.

Die späten Sechzigerjahre des 20. Jahrhunderts waren Schicksalsjahre für die deutsche Polizei und sorgten für die Wiedergeburt der Polizeiwissenschaft, allerdings eher kritischer Ausprägung. Jüngere Polizisten und eine laut vernehmliche politische Opposition von Studenten und Intellektuellen setzten sich mit der bis dahin nicht in Frage gestellten autoritären Praxis der Polizei auseinander. Zu diesem Zeitpunkt begannen deutsche Sozialwissenschaftler, das Alltagsgeschehen von Sicherheit und Ordnung zu analysieren. Die Kritik der Soziologen war sicherlich nicht abwägend, vorsichtig und ausgeglichen, nicht zurückhaltend, sondern eher radikal. Bis heute gibt es einzelne einflussreiche Wortführer (die Selbstbezeichnung ist „Praktiker", obwohl sie von der polizeilichen Praxis weit entfernt agieren), die diese frühen Versuche der Polizeiwissenschaft als die „Erbsünde der Soziologie" bzw. der gesamten Polizeiwissenschaft (Mokros 2011, S. 39) ansehen. Sicherlich war eine deutliche Kritik eine legitime Antwort auf eine damals als überwältigend wahrgenommene polizeiliche Brutalität, die den Tod junger Demonstranten betraf (ob nun vermeintliche Kommunisten in den Fünfziger- oder Universitätsstudenten in den späten Sechziger- und frühen Siebzigerjahren). Nach dieser Kritik an der Polizei war das Verhältnis zwischen Soziologie, zum Teil auch Kriminologie, und der Führung der Organisation beschädigt und man begegnete sich seitdem mit äußerstem Misstrauen.

In den Siebziger Jahren wurden Polizeihochschulen für die gehobenen Ränge in den westdeutschen Ländern eingerichtet. Das war der Beginn einer zweigeteilten Struktur der Polizeiausbildung. Ein Teil war Berufsschule und wurde von höheren Polizeipraktikern unterrichtet, während akademische Lehrgebiete wie Politikwissenschaft, Soziologie und Psychologie von Lehrkräften mit Doktortitel und Forschungserfahrung, eben von akademischen Lehrern, besetzt wurden.

## Viele gute Studenten, einige schwierige „Praktiker"

Die Studenten sind kein Problem, denn ihr Vorteil ist, dass sie zuverlässig, höflich und entgegen meinen ursprünglichen Erwartungen äußerst motiviert im Erlernen und in der Durchführung von Forschung sind. Die gängigen sozialwissenschaftlichen Methoden wie Beobachtung, Interview (Vernehmung), Dokumentenanalyse und langwierig-langweiliges Beschäftigen mit Beweismitteln sind in guter Sozialwissenschaft, was Unverzichtbarkeit und Sorgfalt geht, ähnlich zentral wie im guten polizeilichen Handeln. Insofern musste man nur mit der Theorie ein bisschen zuschustern, damit daraus ganz erstaunlich gute Arbeiten, vor Bologna noch als Diplomarbeiten und jetzt auch als Masterarbeiten, entstanden.

Der Umgang mit Kritik ist das Problem zwischen soziologischer und polizeilicher Mentalität. Intern ist die Polizei eine Organisation, die mit Kritik überhaupt nicht spart. Wenige Berufsorganisationen sind so unzufrieden mit sich selbst, wie die Polizei in Deutschland, aber auch in den Niederlanden und in anderen europäischen Demokratien. Allerdings nur hinter der „blue wall". Nach außen dringt davon möglichst nichts. Und von außen kritisiert zu werden, speziell wenn diese Kritik von einem (im weitesten Sinne verstandenen) Mitglied der eigenen Organisation ausgeht, das schafft richtige Verstimmung. Zum Teil wird dem auch mit Sanktionen begegnet. Die tektonischen Spannungen liegen in der Inkompatibilität der Systeme und ihrer jeweiligen Mentalhygiene. Das akademische System, trotz aller Mängel und Merkwürdigkeiten ihrer narzisstischen Akteure, basiert im Wesentlichen auf einer Fähigkeit, Kritik zu üben und zu ertragen. Kritikfähigkeit heißt, aus Fehlern zu lernen. Gute Wissenschaft ohne Kritik gibt es nicht.

Auf der anderen Seite des Universums ist die Polizei ein System, das in der rechtsstaatlichen Verfassung, wie wir sie in unserem Land haben, auf der axiomatischen Vermeidung von Fehlern beruht und insofern logischerweise eine problematische Haltung gegenüber Kritik von außen hat. Im eigentlichen Sinne geht es darum, häufig um jeden Preis zu vermeiden, dass ein Fehler nachgewiesen werden kann. Ein Beispiel bietet der Fall von Theresa Z., ein Vorfall in München, bei dem einer jungen Frau im Polizeigewahrsam das Gesicht zertrümmert wird. Als bundesweit das Foto in den Medien kursiert, spricht der damalige Polizeipräsident unmittelbar danach von Notwehr des Beamten, bevor die internen Ermittler überhaupt die Akten auf dem Tisch hatten. Der Innenminister des Landes bescheinigt drei Tage später der jungen Frau ein Drogenproblem. Nach Ansicht der damaligen politisch Verantwortlichen musste sich der Polizist gegen den bevorstehenden Kopfstoß der gefesselten Frau verteidigen. Der betreffende Beamte wird im März 2014 in zweiter Instanz für schuldig befunden und verurteilt. Ein Zurechtrücken der damaligen Standpunkte gibt es endlich durch den neuen Polizeipräsidenten der Stadt. Der Fall zeigt: Der Umgang mit den „bad lieutenants" ist nicht nur ein Problem vereinzelter „schwarzer Schafe", sondern auch ein Führungsproblem.

## Primat der Praxis?

Polizeistudien, ein wenig geläufiger Ausdruck für meine Zunft, brauchen, auch auf der Ebene der graduate students in den MA-Studiengängen, der Vermittlung praktischer Kompetenz, die als praxisgesättigtes Wissen unterrichtet werden muss. Ein Teil dieses Wissens kann nur umgesetzt werden, wenn es in Gebrauch genommen wird. Es kann nicht aus Rezeptbüchern gelernt werden. Diese praktische Erfahrung ist tief eingelagert in Traditionen des Verhaltens und auch der Erfahrungsgewinnung (Brooks 2014). An dieser Stelle sind die praktischen Fähigkeiten von Experten, also von „Praktikern", unverzichtbar. In meiner Erfahrung dieser zwei Jahrzehnte Polizeiausbildung musste ich gelegentlich feststellen, dass die nichtakademischen Lehrkräfte an Polizeihochschulen auch über solche Kompetenz mitunter nicht verfügen. Obwohl dies eher ein Minderheitenproblem ist, ist es nicht untypisch für den Zustand der Polizeiausbildung in unserem Lande. Zurzeit gibt es in Deutschland etwa zwanzig ehemalige Polizisten, die einen Universitätsabschluss oder einen Doktortitel erworben haben und danach Lehrkräfte an Polizeihochschulen wurden und Polizeiforschung durchführen. Weniger als fünf Prozent der Lehrkräfte in höheren Positionen, die im Wesentlichen sogar an der Deutschen Hochschule der Polizei den Professoren gleichgestellt sind, verfügen über einen Universitätsabschluss oder eine Erfahrung in universitärer Lehre. Von Forschung kann häufig gar keine Rede sein. Immer noch fallen die meisten der berufspraktischen Lehrkräfte in eine Kategorie von Berufsschullehrern ohne pädagogische Ausbildung. Niemand bezweifelt ihre Qualifikation, wenn es um den Gebrauch von Schusswaffen, Verkehrsregelungen oder den Umgang mit Katastrophen oder betrunkenen Fußballfans geht. Sobald Fächer aber in das genuine Feld von Wissenschaft und Forschung hineinragen, zum Beispiel Personalmanagement, interkulturelle Kompetenz und Kommunikation, Krisenmanagement, Umgang mit Medien, Kriminologie, Soziologie oder Leadership-Training wird der „Amateurstatus" dieser Lehrkräfte deutlich – und zwar nicht nur für jeden, der diese Disziplinen studiert hat, sondern auch für Polizeistudenten im Hörsaal.

Das akademische Gewerbe hat eine andere Statuskultur als die Polizei. Natürlich ist der Rang wichtig. Ein Lehrstuhlinhaber hat in Fachbereichsangelegenheiten mehr zu sagen als ein W1-Professor. Im akademischen Geschäft beruht der Rang jedoch prinzipiell auf dem Erwerb akademischer Qualifikationen und dem Nachweis entsprechender Leistungen. Dieses Auswahl- und Nachweisverfahren ist jedoch nicht mit dem bisherigen Beförderungssystem in der Polizeiorganisation zu vergleichen. Dieses ist auf hierarchischen und beamtenrechtlichen Prinzipien aufgebaut und nicht auf dem Vergleich und dem Ermessen von Lehre, Veröffentlichungen oder anderen

Beiträgen. Im akademischen System sind Forschungs- und Veröffentlichungsleistungen als Maßstab eines „Verdienstes" messbar, und es gibt Regeln für den „Umgang auf Augenhöhe". Kritik zwischen akademischen Lehrern mag zwar nicht immer willkommen sein, speziell bei denjenigen, die Empfänger solcher Kritik sind. Kritik muss aber fair und gut argumentiert aufgebaut sein, anderenfalls wird sie nicht akzeptiert.

Die Polizeikultur gründet auf einer komplett anderen Sozialisation als die der Hochschule. Kritik in der Polizei geht von oben nach unten. Per Definition kann deshalb an einer Polizeihochschule ein Student schlecht eine höherrangige Lehrkraft kritisieren. Generell ist die Welt der Polizei nach Metall geordnet, im deutschen Fall gibt es metallose Farbsterne (anderswo Bronze), dann Silbersterne und schließlich für den höheren Dienst die Goldsterne auf der Schulter. Als Folge solcher inkompatiblen Sozialisationsmuster tun sich einige – glücklicherweise bei weitem nicht alle – polizeilichen Praktiker in der Lehre relativ schwer mit akademischen Prinzipien. Einige verwandeln ihre Statusprobleme und Minderwertigkeitsgefühle in antagonistische Verhaltensweisen gegen akademische Lehrer, Wissenschaft und Forschung überhaupt. Sie bestehen darauf, dass praktisches Wissen immer wichtiger ist als das „abgehobene" Wissen von akademischen Forschern. Dementsprechend ist es ein immer wiederkehrendes Problem in der Hochschulausbildung von Polizei, dass polizeiliche Führungskräfte, die dort das Sagen haben, jeweils versuchen, praktische Erfahrung und akademische Forschungsqualifikation auf ein 50:50-Prozent Verhältnis zurückzuschrauben, um eine Art Gleichberechtigung zu erzwingen. Aus solcher Parität entsteht eher Lähmung als Kooperation. Die Deutsche Hochschule der Polizei verfügt beispielsweise über vierzehn Fachgebiete. Sieben davon werden von Professoren geleitet, den Rest leiten höherrangige „Praktiker". Einige davon haben akademische Abschlüsse, aber bei Weitem nicht alle; einige haben überhaupt keine universitären Qualifikationen oder Forschungserfahrungen. Diese sind sich verständlicherweise mit den Teilen der polizeilichen Führung einig, die gegenüber dem Projekt der wissenschaftlichen Qualifizierung der Polizei (beschimpft als „Verwissenschaftlichung") eine skeptische Haltung haben. Dies resultiert in einer eher niedrig ausgeprägten Wertschätzung für polizeiliche Forschungs- und Ausbildungsinstitutionen. Anders ausgedrückt: Wenn sich Akademiker für eine Professur an einer Polizeihochschule oder einer Universität bewerben, treten sie Konkurrenten gegenüber, deren Lehrerfahrung eingeworbene Forschungsmittel, Veröffentlichungen und Performance on the job-Interview als Auswahlkriterien gelten. Gelegentlich wurden „Praktiker" zu Fachgebietsleitern, weil ein bestimmtes Bundesland jetzt mit der Besetzung „dran war", oder weil es keine ernstzunehmende Konkurrenz gab.

## Dirty Harry's Partner, Polizeilehrer aus Salbadern, Köpenickprofessoren und Mr. Hyde

Die minimale Wertschätzung, die von Teilen der polizeilichen Praxis dem akademischen Betrieb an Polizeihochschulen entgegengebracht wird, hat Konsequenzen. Die „Schulen" unterlagen lange Zeit dem Risiko, eine Art Asylstätte für nicht oder nicht mehr geeignete polizeiliche Praxiskräfte aus den oberen Rängen zu werden. Diese problematische Gruppierung bestand aus Polizeibeamten, die entweder zu gut oder zu schlecht für die polizeiliche Praxis waren. Diese Eigenschaften haben sie mit dem Partner von Dirty Harry im Film Magnum Force (1973) gemeinsam. Einige taten sich schwer mit einem wichtigen Anteil der polizeilichen Praxis, nämlich dem Umgang mit sehr schwierigen Personen oder sehr schwierigen und gefährlichen Situationen. Dies ist eine Kategorie von Polizeipredigern, die in meiner Erfahrung einigermaßen häufig an Hochschulen anzutreffen war. Andere Lehrkräfte aus der polizeilichen Praxis hingegen, gottlob zum gegenwärtigen Zeitpunkt wesentlich weniger als in früheren Phasen, wurden in die Lehre „verschickt", weil sie offensichtlich ein Problem damit hatten, sich selbst zu kontrollieren. Alkoholmissbrauch, Trunkenheit bei Verkehrskontrollen (als Fahrer), sexuelle Abenteuer, die in der Gerüchteküche gelandet waren – all dies konnten Gründe sein, weshalb Polizisten an eine Ausbildungsstätte „abgeschoben" wurden und eine frei werdende Dozentenstelle erhielten. Da ein bemerkenswerter Anteil des internen polizeilichen Diskurses, ähnlich wie der von anderen Organisationen oder Communities, auf Schimpf- und Lob-Klatsch basiert (Elias and Scotson 1965), werden die ursprünglichen Skandale und Probleme, die dazu führen, dass Hochschulen als Deponien benutzt werden, den Studenten häufig bekannt.

In ihren Personalakten werden einige höherrangige Praktiker, die als Fachgebietsleiter oder Lehrkräfte fungieren, als ganz besonders geeignete Teile der polizeilichen Organisation gelobt. Man bekommt einen etwas anderen Eindruck, wenn man als Hochschullehrer mit ihnen zusammenarbeiten muss. Was diese Männer vor allem anzutreiben scheint, ist das eigene Fortkommen. Ähnlich dem Charakter des Sy Ableman im Film der Coen Brothers *(A Serious Man)* geben diese Lehrkräfte häufig den salbungsvollen Schwätzer. Da sie über wenig andere Fähigkeiten verfügen, möchten sie die „Persönlichkeit" von graduierten Studenten (Alter zwischen 35 und 40) „formen". Ihre Lehrveranstaltungen sind uninspiriert und enthalten in der Regel keine innovativen Elemente. Dementsprechend stimmen viele Studenten mit den Füßen ab und gehen nicht mehr zur Vorlesung. Diese für einen Polizeidirektor im Hochschuldienst unglaublich dreiste Insubordination von Polizeistudierenden verwandelt ihn in einen DDR-Grenzwächter: er verlangt obligatorische Ausweiskontrollen am Hörsaaleingang, um Anwesenheit sicherzustellen. Im Fall, dass die Mehrheit der Studenten kritische Evaluationen ihrer Lehrveranstaltung verfasst, wird dies nicht ernst genommen. Es liege an den Mängeln des schlechten Evaluationsverfahrens. Lehrkräfte aus Salbadern versuchen stets, die Hegemonie von Praxis (jedoch selten praktisch definiert) zu betonen, weit überlegen der von „intellektuellen" Professoren, die „weit entfernt von den Notwendigkeiten polizeilicher Praxis" unterrichten.

Wie an Musik- oder Architekturhochschulen kann auch an Polizeihochschulen ein Praktiker zum Professor gemacht werden, ohne sich akademischen Qualifikationsprozeduren stellen zu müssen. Wenn ein solcher Praktiker den Professorentitel erhält, setzt er ihn sofort auf seine Bürotür und lässt sich einen Unterschriftenstempel mit seinem neuen Vornamen fertigen. Da er niemals an einer Universität war und auch niemals einen Abschluss erworben oder etwas Wesentliches publiziert oder erforscht hat, bleibt er in einer merkwürdigen Rolle zwischen Grandiositätsgebaren und Minderwertigkeitsneurosen. Man denkt an Karl Zuckmayers Stück *Der Hauptmann von Köpenick*. Dort findet ein aus dem Gefängnis entlassener ehemaliger Schuhmacher eine gebrauchte preußische Gardeuniform und zieht sie sich an. Das Theaterstück beruht auf einem tatsächlichen Vorfall zu Beginn des 20. Jahrhunderts in Preußen. Dort versorgte die Uniform eines Offiziers den Träger mit außergewöhnlichem Machtstatus und Respekt. Der Schuhmacher wurde im Gefängnis von einem ehemaligen Militärausbilder trainiert, sodass es ihm nicht schwer fällt, eine Gruppe von Grenadieren zu befehlen, die dann die Stadt übernimmt. In ähnlicher Weise hat Billy Ray Valentine (Eddy Murphy) im Film von John Landis *Trading Places* seine Straßenintelligenz benutzt, um in einem ihm zunächst fremden Upper Class Milieu ein erfolgreicher commoditybroker zu werden. Im Fall von Valentine und dem Hauptmann von Köpenick sorgen Fähigkeiten und Kleidung dafür, dass sie „gemachte Männer" werden. Dies ist an Polizeihochschulen schwieriger. Der wie auch immer ergatterte Professorentitel oder die Position als Fachgebietsleiter bieten längst keine Garantie dafür, dass hier auch Kompetenz in der Lehre besteht. „Köpenick-Professoren" werden gelegentlich als aufgeblasen wahrgenommen, aber auch sie haben beachtliche schauspielerische Fähigkeiten. Sie können ihr Auftreten an ihrer Umwelt, also je nach Publikum, ausrichten. Wenn sie in Polizei-Meetings sind, machen sie den Professor, sie bestehen darauf, mit Titel angesprochen zu werden, sie beziehen sich auf akademische Gegebenheiten und manchmal sogar auf Forschung. Wenn sie allerdings in akademischen Kreisen verkehren, machen sie den Praktiker. Nur sie wissen, was wirkliche Polizeiarbeit ist.

Ein anderer Typ von polizeilicher Lehrkraft kann ein sehr guter Kollege sein, höflich, freundlich und mit angenehmen Umgangsformen (so wie Dr. Jekyll). Solange man zusammenarbeitet, durchaus auch in Forschungsprojekten und in klar definierten Hierarchien, gibt es keine Probleme. Wie der magische Trank von Dr. Jekyll verwandelt aber diesen Praktiker Macht in ein Monster. Sobald er Führungsverantwortung an einer Hochschule bekommt, wird er zum Mister Hyde und damit zu einem Amateurexperten in rechtlichen Angelegenheiten. Gleich, ob es um das Format von Prüfungen, Forschungstreffen, Umgang mit Medien, Reisekosten oder sonst etwas geht, plötzlich wird alles, was Akademiker machen, zum Gegenstand von Kontrolle; und häufig wird es als „widerrechtlich", als „gegen die Vorschriften" charakterisiert, oder als gegen „die Art und Weise, wie wir hier immer Dinge geregelt" haben. Inzwischen hat sich das dadurch geändert, dass die Mr. Hyde Generation in den Ruhestand gegangen ist und die nachrückenden Polizisten in der Hochschulleitung kollegial und kompetent sind.

## Was forschen die angehenden Führungskräfte?

Eingangs habe ich behauptet, dass die Studenten das Beste an den Polizeihochschulen sind, und insgesamt alles besser wird. Schaut man sich die Themen der Masterarbeiten an, so wird deutlich, dass die *praktischen* Problembereiche gegenwärtiger Polizeiarbeit durchaus erkannt werden. Die deutsche Polizei wandelt sich von einer „Praxelorganisation" (streetcraft organization: Manning 2011) in eine Wissensorganisation (knowledge-based profession). Man braucht keine Angst zu haben, dass akademisch zertifizierte, aber praktisch unfähige Nerds das Polizeigeschäft übernehmen werden. Im Gegenteil: Die Forschung der Masterstudenten greift gezielt Themen auf dort, wo in den letzten Jahren Schwierigkeiten in der Praxis entstanden und wo Glaubwürdigkeit und Vertrauen verloren gegangen sind. Die Einstellung und Karriereförderung von Männern und Frauen mit Migrationshintergrund in den Polizeidienst (Majewski 2011; Reichelt 2013), ist eine sehr unaufgeräumte Baustelle. Gleiches gilt für die in den Hochglanzbroschüren der Länder- und Bundespolizei oft gepredigten community policing strategies in den von Migranten bewohnten Vierteln der Städte (Hassel 2012). Seit es Frauen in der deutschen Polizei gibt, stoßen sie mit dem Kopf an die gläserne Karrierebremse (Schlunz 2012). Ähnlich ungeklärt ist das Verhältnis zwischen Human Rights Organisationen und der Polizei. Social Media sind eine heftige praktische Herausforderung im polizeilichen Alltagshandelns und bei größeren Vorkommnisse wie Facebook Partys, Stuttgart 21 oder die Castor Transporte (Schug 2012; Dencinger 2013). Wie sieht die türkische Presse, die ja in Deutschland von türkischstämmigen Bürgern gelesen wird, die deutsche Polizei (Bingöl 2012)?

# Bildung und Wissenschaft als Fähigkeit, zu denken und Widerworte zu geben

Europäische Polizisten und Polizistinnen, die ein CEPOL (European Police College) Seminar besucht haben, kennen die Frage, was denn der Unterschied zwischen dem europäischen Himmel und der europäische Hölle sei. Der europäische Himmel ist zunächst einmal, wenn die Briten die Polizei stellen und die Franzosen die Köche. Die Deutschen arbeiten als Automechaniker. Italiener sind die Liebhaber und das Ganze wird organisiert von den Schweizern. In der europäischen Hölle sind die Deutschen die Polizisten und die Franzosen reparieren die Autos. Die Briten sind in der Küche tätig, die Schweizer sind die Liebhaber und das Ganze wird organisiert von den Italienern. Wie kann es sein, dass das Negativstereotyp des deutschen Polizisten als uniformiertem Maschinenmenschen, geprägt vom Kadavergehorsam und einem unmenschlichen Ordnungswillen, so viele Jahre nach dem Ende der Nazipolizei immer noch in den Köpfen steckt? Jeder scheint es vor sich zu sehen, obwohl es solche Gestalten seit einem halben Jahrhundert in der deutschen Polizei nicht mehr gibt. Vielleicht hat dies damit zu tun, dass es in den fiktiven Darstellungen von Nazipolizei als Schreckensbild und als eine Art negatives Archetyp unverändert attraktiv geblieben ist. Das Stereotyp des deutschen Polizisten in schwarzer Uniform, Bundhosen, Schaftstiefeln und Totenkopf an den Reversaufschlägen ist auch siebzig Jahre nach dem Ende der nazi-deutschen Geschichte immer noch ein funktionierendes Konstrukt Hollywoods, obgleich es mit der Realität von Polizei im heutigen Deutschland nichts zu tun hat. Bei Lubitsch, Charlie Chaplin und Monty Python hat die Komik, das Lachen über Hitler und seine Schergen, eine befreiende Wirkung. Dass 2009 der österreichische Schauspieler Christoph Waltz einen Oscar (beste Nebenrolle) für seine Darstellung des mörderischen SS-Polizeioffiziers in einer Disneyland-Version von Naziverbrechen erhält, nämlich in Quentin Tarrantinos Film *Inglourious Basterds,* machte mich stutzig. Der SS-Mann und Judenjäger Landa ist in diesem Streifen nahezu der einzige der Charaktere, der Intelligenz besitzt, allerdings eine ungebrochen bösartige. Er trägt damit das exakte Gegenteil der Persönlichkeitsmerkmale, die Hannah Arendt in Bezug auf polizeiliche Gewalttäter wie Eichmann als die Banalität des Bösen beschrieben hat. Der SS-Offizier Eichmann war der Verwalter der Shoah. Und die Gräueltaten, die von ihm und seinen Nazipolizeikollegen am Schreibtisch, an der Front, in den Ghettos und Lagern tagtäglich verrichtet wurden, beruhten Arendt zufolge auf ihrer „Unfähigkeit zu denken", ihrer ausgeprägten „Gedankenlosigkeit" und nicht auf ihrer Intelligenz oder auf ihrem ausgeprägten Willen, böse zu sein (Arendt 1986).

Die wissenschaftliche Ausbildung der mittleren und höheren Führungsebene unserer Polizei in den BA- und MA-Studiengängen ist zunächst eine Art Führerschein in einer Welt, in der formale Bildungsabschlüsse unverzichtbar geworden sind, um Augenhöhe zwischen Professionen herzustellen. Wenn damit zusätzlich die „Fähigkeit zum Denken" gefördert wird, kann dies der Polizei unseres Landes und der Demokratie nicht schaden.

## Literatur

Arendt, H. (1986): Eichmann in Jerusalem. Ein Bericht von der Banalität des Bösen. München: Piper. (Eichmann in Jerusalem – A report on the banality of evil).

Bingöl, A. (2012): ‚Merhaba Polizei' Die deutsche Polizei im Spiegel türkischer Printmedien am Beispiel der Tageszeitung Hürriyet. Frankfurt am Main: Verlag für Polizeiwissenschaft (M. A.-Arbeit, Münster: Deutsche Hochschule der Polizei).

Brooks, D. (2014): The Leadership Revival. In: International New York Times, January 15, p. 7.

Dencinger, M. (2013): Unkontrollierte Veranstaltungsorganisation in sozialen Netzwerken – Notwendigkeit und Möglichkeiten der frühzeitigen behördlichen Intervention. M. A.-Arbeit. Münster: Deutsche Hochschule der Polizei.

Diel, F./Hausleitner, M./Hölzl, M./Mix, A. (Hrsg.) (2010): Ordnung und Vernichtung. Die Polizei im NS-Staat. Dresden: Sandstein.

Elias, N./Scotson, J. L. (1965): The Established and the Outsiders. Dublin: University College Dublin Press.

Feltes, T. (2007): Polizeiwissenschaft in Deutschland. Überlegungen zum Profil einer (neuen) Wissenschaftsdisziplin. In: Polizei und Wissenschaft 4, S. 2–21.

Hassel, H. (2012): Polizei und türkischstämmige Migranten am Beispiel der Stadt Mannheim – Eine Qualitative Untersuchung. M. A.-Arbeit. Münster: Deutsche Hochschule der Polizei.

Majewski, A. (2011): Warum sich qualifizierte Migranten nicht bei der Polizei bewerben: Eine qualitative Studie am Beispiel türkischstämmiger Abiturienten in Berlin. Frankfurt am Main: Verlag für Polizeiwissenschaft.

Manning, P. K. (2011): Democratic policing in a changingworld. Boulder: Paradigm Publishers.

Mokros, R. (2011): Polizeiwissenschaft und Polizeiforschung in Deutschland. Versuch einer kritischen Bestandsaufnahme. Bochum: Ruhr Universität Bochum.

Polizei-Führungsakademie (2002): Schriftenreihe.

Reichelt, D. (2013): ‚Polizeibeamte mit Migrationshintergrund in Führungsfunktionen – eine explorative Studie spezifischer beruflicher Biografien'. M. A.-Arbeit. Münster: Deutsche Hochschule der Polizei.

Schug, C. (2012): Broadcast Yourself. Eine qualitative Untersuchung zur Darstellung der Polizei bei Großereignissen auf der Internetplattform YouTube und ihrer Wirkung auf den Nutzer. Frankfurt am Main: Verlag für Polizeiwissenschaft.

Schlunz, D. (2012) ‚Teilzeitbeschäftigung im Vollzugsdienst der Polizei Hamburg – Eine Untersuchung zu Auswirkungen behördlicher Rahmenbedingungen auf die Bereitschaft zur Veränderung der Arbeitszeitgestaltung von Teilzeitbeschäftigten und Beur-

laubten aus familiären Gründen'. M. A.-Arbeit. Münster: Deutsche Hochschule der Polizei.
Venkatesh, S. (2008): Gang leader for a day. A rogue sociologist takes to the streets. New York: The Penguin Press.

## Filme, Theaterstücke

Magnum Force (Dirty Harry II) (1973) Regie: Ted Post
Trading Places (1983) Regie: John Landis
A Serious Man (2010) Regie: Ethan and Joel Coen
Dr. Jekyll and Mr. Hyde (1886) Autor: Robert Louis Stevenson
Der Hauptmann von Köpenick (1931) Autor: Carl Zuckmayer
Inglourious Basterds (2009) Regie: Quentin Tarantino

Jo Reichertz, Sylvia Marlene Wilz

# „Pull up, pull up" – „We're gonna brace."
## Überlegungen zur Auslegung der Interaktion von menschlichen und technischen ‚Akteuren'

### Die Fragen, die Daten, der Rahmen

Am 15. Januar 2009 startet eine Airbus A-320 Maschine der American Airways mit der Flugnummer 1549 pünktlich vom New Yorker Stadtflughafen LaGuardia mit dem Ziel Charlotte, North Carolina. Kurz nach dem Start kollidiert das Flugzeug mit einem Vogelschwarm. Die Kollision führt dazu, dass Vögel in die Triebwerke der Maschine geraten und beide Triebwerke ausfallen. In dieser Situation befolgt der Pilot zunächst alle üblichen Routinen: Er prüft seine Umgebung, arbeitet Checklisten ab, reagiert auf Vorschläge von Fluglotsen und auf technische Warnsignale – und tut dann das Gegenteil von dem, was ihm von seinen Vorschriften, der Technik und der Flugkontrolle vorgeschlagen wird: Dreieinhalb Minuten nach dem Vogelschlag führt er eine Notlandung auf dem Hudson River durch, statt eine nah gelegene Landebahn anzufliegen. Mit dieser Entscheidung rettet er sich, seiner Crew und allen Passagieren das Leben – und wird als Held gefeiert.[1]

Die besondere Leistung des Piloten, so die allgemeine Einschätzung, bestand darin, dass er auf der Basis seiner persönlichen Integrität, seiner langjährigen Erfahrung und seiner hervorragenden Fachkompetenz blitzschnell eine kluge, bedachte Entscheidung getroffen und sie korrekt umgesetzt hat. Das scheint nicht unplausibel und ist angesichts der Dramatik der Situation eine nachvollziehbare Reaktion der Öffentlichkeit. Was die Erklärung angeht – also die Interpretation: „ein besonders kompetenter Akteur hat genau die richtige Entscheidung getroffen" – möchten wir den Fall aber ein wenig genauer unter die Lupe nehmen. Unser Interesse besteht darin, die Komple-

---

[1] Eine virtuelle aufbereitete Dokumentation der Ereignisse mit Originalton findet sich unter www.exosphere3d.com/pubwww/pages/project_gallery/cactus_1549_hudson_river.html, das Transkript der Kommunikation im Cockpit unter www.exosphere3d.com/pubwww/pdf/flight_1549/ntsb_docket/420526.pdf.

xität des Entscheidungsprozesses zu erfassen, das Zusammenspiel von menschlichen und technischen ‚Akteuren' zu analysieren – und im Zuge dieser Analyse zu erörtern, welche Implikationen sie mit Blick auf Daten und ihre Interpreten und Interpretinnen hat. Im Mittelpunkt unserer Überlegungen stehen damit zwei Fragenkomplexe:

1. Wie ist die Entscheidung zustande gekommen? Welche Bedeutung haben der Pilot, der Co-Pilot, der Fluglotse – und das Flugzeug und die darin eingelassene Technik im Ablauf des Entscheidungsprozesses? Und: Wie können wir das ‚Zusammenspiel', die Kollusion von Menschen und Technik angemessen untersuchen? Welche Daten benötigen wir dazu, und welche Methoden der Datenauswertung? Brauchen wir gar neue?
2. Wie kann man das Handeln der in eine solche Situation Geworfenen hermeneutisch deuten? Welche Rolle spielen das Kontextwissen in der Deutung, welche die subjektiven Lebenserfahrungen, Gefühle und Ängste der wissenschaftlichen Deuterinnen und Deuter?

Unser Beitrag befasst sich also nicht nur mit dem Gegenstand des Entscheidens in einer Krisensituation, sondern auch mit der Frage, wie dieser Gegenstand angemessen untersucht werden kann und welche Daten dazu herangezogen werden müssen. Mit der Frage nach den Daten betreten wir erst einmal das Terrain des Grundsätzlichen: Eine in der interpretativen Sozialforschung nach wie vor präsente Haltung von Forscherinnen und Forschern ist die, sie gingen ohne Vorurteile an ihren Forschungsgegenstand heran, stellten sich dumm und verzichteten auf jede theoretische Auffüllung des Untersuchungsgegenstandes und der Untersuchungssituation. Eine solche Forschungssituation, so unser Einwand, lässt sich aber empirisch nicht nur nicht herstellen, sie wäre auch völlig unproduktiv. Versuchte man doch, sie anzustreben, würde man sich nur seinen eigenen, selbstverständlich und damit unsichtbar gewordenen alltagstheoretischen Ansichten überlassen. Andere Sozialforscherinnen und Sozialforscher überlassen sich bei ihrer Forschung dem wissenschaftlichen Common Sense. Wenn man das tut, so der Einwand an dieser Stelle, hat alles aber bereits eine bestimmte Bedeutung, dann bleibt alles beim Alten, zumindest im Hinblick auf die Struktur des Wissens, während einige Elemente des Wissensbestandes sich durchaus ändern können. Schließlich kann man sich auch dem wissenswissenschaftlichen Common Sense selbst zuwenden und aus dem Impliziten eine explizite Theorie machen – zum Beispiel durch Reflexion auf das Wesen von Natur, Mensch und Kultur – und daraus eine Theorie der Daten und Dateninterpretation machen. Aber aufbrechen kann man den Zirkel – dass man nur dann etwas sehen kann, wenn man schon etwas weiß, und dass man dann etwas wissen kann, wenn man schon etwas gesehen hat – so nicht.

Ein vierter Weg besteht darin, den wissenschaftlichen Common Sense der Forschung systematisch zu erweitern und dann dessen Gültigkeit erst einmal auszusetzen, um die Anzahl der (Denk-)Möglichkeiten zu erhöhen. Diesen Weg sind wir – auch in Weiterführung der Überlegungen von Hans-Georg Soeffner (Soeffner 2004a und 2004b) – in unserer Deutungsarbeit gegangen. Daraus ergab sich zum einen, was die von uns zu entnehmenden Daten sein sollen und was sie repräsentieren (Theorie der Daten), und zum anderen, wie diese Daten zu interpretieren sind (Theorie der Dateninterpretation). Die Daten, die wir zur Analyse herangezogen haben, waren deshalb nicht von vornherein auf sprachlich verfasste Dokumente begrenzt. Sie umfassten nicht allein die Transkription der Kommunikation der in die Situation involvierten menschlichen Subjekte, sondern auch die Notation der akustischen sowie visuellen Spuren der in der Situation relevanten mechanischen und technischen Abläufe, soweit sie mit den Sinnen der Akteure wahrgenommen werden konnten, und darüber hinaus auch alles andere in der Situation, was von den Sinnen der Subjekte wahrgenommen werden konnte (die Vögel, Motorengeräusche, der Fluss etc.). Schließlich galt uns auch als Datum, was uns als Wissenschaftlerinnen uns Wissenschaftlern deshalb verfügbar ist, weil wir in bestimmter Hinsicht den Subjekten im untersuchten Handlungsfeld gleichen, weil wir wie sie Gefühle, Hoffnungen und Ängste haben und wissen, wie sich bestimmte Dinge (Ereignisse, Geschehnisse etc.) anfühlen. Als Datum galt uns also auch unsere eigene Reaktion auf die ablaufenden Ereignisse.

## Was in dreieinhalb Minuten im Cockpit geschah

In die hermeneutisch-wissenssoziologische Untersuchung (Hitzler/Reichertz/ Schröer 1999; Soeffner 2006) unseres Falls beziehen wir also Subjekte, die Situation, Bahnungen und den Prozessverlauf ein. Damit verbreitern wir die Perspektive der Handlungs- und Entscheidungsanalyse, die in der Regel – ebenso wie die alltagsweltliche und die mediale Deutung des Falls der geglückten Notlandung – vor allem und oft alleine den Akteur fokussiert. In dieser Sicht der Dinge auf das Entscheiden steht ein Akteur vor einem Problem. Er erkennt, analysiert und bewertet es und entscheidet sich, nachdem er deren jeweilige Stärken und Schwächen abgewogen hat, zwischen mehreren Handlungsalternativen für die beste. Diese Entscheidung muss, damit sie im ‚traditionellen' Sinne eine Entscheidung (und kein Affekt, kein Automatismus, keine Routine) ist, gerade in einem organisationalen Kontext einigermaßen rational sein – sie muss also orientiert am persönlichen Nutzen sein und spätestens in ihrer rückblickenden Begründung und Legitimation als überlegt und vernünftig gelten können. Darüber hinaus wird üblicherweise ein stufenweiser Ablauf des Entscheidungsprozesses unterstellt, in dem das Sondieren von Alternativen, Prüfen von Präferenzen, Auswählen und Umsetzen der gewählten Option logisch aneinander anschließen.

Ob das in einem bestimmten Fall jeweils der Fall ist, ist schwierig zu untersuchen – jedenfalls dann, wenn man, wie gerade skizziert, die Entscheidungsfindung als einsamen, inneren Prozess der mentalen Kalkulation von Möglichkeiten ansieht. Ein solcher Verlauf des Entscheidungsprozesses ist denkbar; er ist mit soziologischen Mitteln jedoch prinzipiell nicht zu erkennen. Was wir untersuchen können, das ist die Situation: die Bahnung, die Kommunikation und die Interaktion.[2] Im hier betrachteten Fall bestimmt neben den inneren Prozessen des entscheidenden Akteurs die organisationale Rahmung (Bahnung) die Interaktion in der Entscheidungssituation (und damit die Entscheidung) wesentlich mit: die Anwesenheit eines Co-Piloten, die technische Ausstattung des Flugzeugs, das automatische In-Gang-Kommen von Notfallverfahren, die Warnsignale der Maschine, die Kommunikation mit anderen Akteuren per Funk und das Verhalten der Passagiere. Der Pilot als der Akteur, der institutionell als der maßgebliche Entscheider angesehen wird (er hat die Verantwortung), stand im permanenten Austausch mit mindestens zwei weiteren menschlichen Akteuren: mit dem Co-Piloten, der die organisatorischen Regeln (Checklisten, Handbücher) durchgeht, mit dem er sich abspricht und Informationen austauscht, und mit dem Fluglotsen der Abflugkontrolle am Abflughafen, der aus seiner Perspektive Lösungen für das Problem anbietet. In die Entscheidungssituation eingebunden sind darüber hinaus die optischen und akustischen ‚Mitteilungen' und ‚Auskünfte' verschiedener technischer Systeme und, im Hintergrund, auch eine Stimme aus dem Cockpit eines anderen Flugzeugs sowie indirekt ein weiterer Fluglotse – und das Schweigen der Passagiere. Dieses Neben- und Miteinander mehrerer Akteure könnte allein als Kulisse und mehr oder weniger bedeutungsloses Rauschen für die Entscheidung des Piloten angesehen werden. Es ist aber erheblich mehr als das. Dies soll die folgende Analyse zeigen.[3]

Der Ablauf des US Airways Fluges 1549 ist anfangs ein ganz normaler. Pilot und Co-Pilot sowie Mitarbeiterinnen und Mitarbeiter der Abflugkontrolle des Flughafens LaGuardia unterhalten sich in knappen Worten über den technischen Ablauf des Starts. Der Umgangston ist professionell und freundlich, und die Gesprächspartner bestätigen sich routinehaft wechsel-

---

2 Zu unterschiedlichen Verständnissen des Entscheidens Wilz 2009 und 2010.
3 Die im methodologischen Rahmen von Grounded Theory und wissenssoziologischer Hermeneutik vorgenommene Sequenzanalyse kann hier natürlich nur ausschnittweise und auf spezifische Aspekte hin komprimiert vorgestellt werden. Für eine ausführliche Darstellung Wilz 2014.

seitig ihre Mitteilungen („gear up please", „gear up"). Direkt vor dem Abflug wechseln der Kapitän („your brakes, your aircraft") und der Co-Pilot („my aircraft") die Zuständigkeit für das Steuern des Flugzeugs. Zwei Minuten nach dem Abflug beendet der Pilot den Halbsatz des Co-Piloten „flaps up, after take off checklist" mit der Antwort „flaps up, after take off checklist complete". Ein Sekunde später sagt er: „Birds." Der Co-Pilot antwortet mit „whoa" und „oh"; der Pilot bestätigt „oh yeah" und der Co-Pilot äußert: „uh oh". Dann ist es knapp 4 Sekunden lang still im Cockpit.

Diese auf den ersten Blick unverständliche und angesichts der ansonsten weitgehend formelhaft geführten Konversation seltsam anmutende Kaskade von Interjektionen wird nur dann verständlich, wenn man als Interpretin bzw. Interpret sieht und hört (bzw. sich vorstellt), was die agierenden Personen sehen und hören, und wenn man sich selbst vergegenwärtigt, was dies für die Beteiligten bedeutet: Ein Vogelschwarm ist in die Triebwerke geflogen. Dies verursacht ein Poltern, und die Turbinengeräusche schwellen ab. Mit der Kaskade von Interjektionen verständigen sich die beiden Piloten darüber, dass sie eine ungewöhnliche Situation wahrgenommen und die darin liegende Gefahr (für die Maschine, für die Passagiere, für die Crew und für sich selbst) erkannt haben. Mit dem „oh yeah" des Piloten und dem „uh oh" des Copiloten artikulieren und evaluieren die beiden die Situation für sich etwa auf folgende Weise: „Ja, wir sind in Gefahr." – „Oh je, das ist schlimm".

Es sind also alltagsweltliche und vorverbale Äußerungen, die die Wahrnehmung der lebensbedrohenden Gefahr, die durch polternde Geräusche und das Abschwellen der Fluggeräusche deutlich wird, markieren und sehr verhalten zum Ausdruck bringen. Die bis dahin abgelaufene professionelle Konversationsroutine ist damit abrupt beendet. Es gibt kein ‚business as usual' mehr, keinen Flug nach Charlotte, North Carolina, sondern es geht jetzt um das Überleben aller. Der Einbruch der alltäglichen Kommunikationsweise in die formelhafte Pilotensprache dauert jedoch nicht lange an. Die formale Fachsprache wird vielmehr nach wenigen Sekunden wieder aufgenommen: Vier Sekunden später konstatiert der Kapitän den Ausfall beider Triebwerke („we got one rol-, both of them rolling back"); er setzt zwei technische Prozeduren in Gang („ignition start; I'm starting the APU") und übernimmt die Verantwortung für das Steuern des Flugzeugs zurück („my aircraft", „your aircraft"). Pilot und Co-Pilot wechseln also das institutionell und organisatorisch vorgehaltene und vorgegebene Programm: Sie stellen um von ‚Normalfall' auf ‚Notfall'.

Auch dabei greift der Pilot zunächst auf organisational verankerte Regeln zurück (Standards der Gesprächsführung, der Flugzeugsteuerung, des Herstellens und Markierens von Hierarchie und Entscheidungsbefugnis): Er weist den Co-Piloten an, das „Quick Reference Handbook" mit Blick auf den Ausfall beider Triebwerke zu konsultieren, und er setzt, nachdem wiederholt ein zusätzliches Geräusch zu hören ist, einen Notruf ab: „Mayday, mayday, mayday." Er nennt seine Flugnummer, das Problem („hit birds, lost thrust in both engines") und die Lösung: „we're turning back towards LaGuardia". Dieser erste Vorschlag, nämlich zum Abflugflughafen zurückzukehren, ist die Lösung des Problems, die der organisationalen Routine entspricht.

Auch im Fortgang der Kommunikation tut der Pilot zunächst das Übliche, indem er abwechselnd mit dem Co-Piloten, der Abschnitte aus dem Handbuch vorliest, Statusbeschreibungen der Umgebung in Form technischer Daten abgibt; dabei stellen beide fest, dass sie die für die Rückkehr erforderliche Geschwindigkeit unterschreiten. In dieses Zwiegespräch hinein erfolgen die Ansagen des Fluglotsen der Abflugkontrolle LaGuardia. Dieser bietet eine freie Landebahn auf dem Abflughafen an, doch zu diesem Zeitpunkt, 60 Sekunden nach dem Vogelschlag, sagt der Pilot: „We're unable, we may end up in the Hudson". Beide Piloten arbeiten weiter ihre Checkliste für den Notfall ab; parallel dazu erfolgen verschiedene Statusmeldungen und Warnungen der Fluggeräte und die Beratungen durch den Fluglotsen. Auf dessen Angebot einer anderen Landebahn reagiert der Flugkapitän mit der Bemerkung „unable", und auf das Angebot einer dritten hin sagt er: „I'm not sure we can make any runway".

Damit bringt er zum zweiten Mal die Möglichkeit der Landung auf dem Hudson ins Spiel – hier jedoch nicht explizit, sondern mit der Aussage, dass er nicht sicher sei, ob sie irgendeine Landebahn würden erreichen können. Im gleichen Atemzug spricht er eine neue Option an, nämlich die, auf einem anderen Flughafen, der rechterhand liegen sollte, zu landen („uh what's over to our right anything in New Jersey maybe Teterboro?"). Während der Fluglotse diesen Vorschlag aufgreift, nachfragt und nach der Bestätigung durch den Piloten auf seine Umsetzbarkeit hin prüft und als neue Option ansagt („you can land runway one at Teterboro") entscheidet der Pilot jedoch anders: Zehn Sekunden später wendet er sich an die Besatzung und die Passagiere: „This is the captain. Brace for impact" („Nehmen Sie die Schutzhaltung für den Aufprall ein"), weitere 20 Sekunden später teilt er dem Co-Piloten und dem Fluglotsen seine Entscheidung mit: „We're gonna be in the Hudson".

Während der Konversation mit dem Lotsen und auch weiterhin bleibt der Kapitän also im kontinuierlichen Austausch mit dem Co-Piloten. Beide erheben und registrieren immer wieder die technischen Daten und den Stand der Maschinen. Bereits zu diesem Zeitpunkt ignoriert der Pilot alle Ansagen von technischen Warnsystemen; er verbalisiert sie nicht und nimmt keinerlei erkennbaren Bezug mehr auf sie. Im Gespräch mit dem Co-Piloten klärt er aber weiterhin den Status der Maschine (Antriebskraft, Antriebssystem, Landeklappen, Geschwindigkeit). Gut zwanzig Sekunden vor dem Aufsetzen der Maschine wendet er sich explizit an den Co-Piloten und fragt: „Got any ideas?", und dieser antwortet „actually not". Das „Terrain Awareness and Warning System" (TAWS) tönt währenddessen immer wieder über die Lautsprecher: „Pull up, pull up, pull up", „caution, terrain". Doch der Kapitän zieht die Maschine nicht hoch, sondern sagt zu sich und seinem Co-Piloten: „We're gonna brace" („Wir sollten die Schutzhaltung einnehmen"). Nach insgesamt dreieinhalb Minuten bricht die Aufzeichnung ab – das Flugzeug ist auf dem Wasser gelandet.

### Einsame Entscheidung oder kommunikative Konstruktion?

Diese Entscheidung, auf dem Hudson zu landen statt zu versuchen, eine Landebahn zu erreichen, ist ungewöhnlich – nicht nur, weil die beabsichtigte Landung auf dem Wasser äußerst gefährlich ist, sondern auch, weil es dafür keine Routinen gibt. Die Entscheidung für diese Form der Lösung des Problems ist eine Entscheidung gegen alle Rahmen und Vorgaben, die nur verständlich wird, wenn man die Situation als extreme Ausnahmesituation begreift. Denn trotz der gelassenen Sprache der Beteiligten ist allen klar, dass sich die im Flugzeug befindlichen Menschen in einer extremen Grenzsituation befinden. Nicht nur der Maschine droht Schaden, sondern die Möglichkeit, innerhalb der nächsten Minuten zu sterben, ist für alle Flugzeuginsassen unausweichliche Wirklichkeit. Es geht mithin nicht um die Lösung eines normalen Handlungsproblems, sondern um eine existenzielle Bedrohung. Auch deshalb suchen die mit dem Problem verantwortlich Betrauten (und selbst in Todesgefahr Befindlichen) auch außerhalb der organisatorisch und institutionell vorgegebenen Handlungs- und Lösungsräume. Bei aller Eingebundenheit in die Routinen und Vorgaben ihrer Organisation treibt sie die Angst um ihr Leben an, nach irgendeiner Lösung zu suchen – unabhängig davon, ob diese institutionell vorgegeben und legitimiert ist oder nicht.[4]

Die Entscheidungssituation und die Entscheidung selbst liegen also außerhalb der Routine, während der Ablauf des Entscheidung-Treffens im Rahmen der üblichen Situation liegt. Bei genauerer Betrachtung wird deutlich, dass die Entscheidung des Piloten in der Kommunikation und Interaktion mit dem Co-Piloten fällt: Der Pilot bleibt durchgängig in der Kommunikation mit dem Co-Piloten, und im Verlauf dieser Kommunikation wägt

---

4 Für die Bedeutung der existenziellen Angst bei der Findung neuer Lösungen für alte Probleme, also bei der abduktiven Entdeckung des Neuen: Reichertz (2013a). Eine Lesart des Entscheidungsprozesses, in der vor allem die Nähe von Normal- und Krisenfall betont wird, diskutiert Wilz (2014).

er Möglichkeiten ab (oder scheint sie abzuwägen). Von anderen Teilen der Kommunikation schottet er sich hingegen teilweise ab: Die Tätigkeit von Pilot und Co-Pilot läuft neben der Kommunikation mit dem Fluglotsen her, der Pilot bricht an einem bestimmten Punkt die Kommunikation einseitig ab und konzentriert sich auf sich und seine Tätigkeit: Während der Lotse weiter spricht und Lösungen anbietet, und während die Technik (TAWS) bis zur geglückten Landung ihre Warnungen wiederholt, landet der Pilot. Er kann erkennen und deuten, was die Technik nicht erkennen und als sinnhaft deuten kann – und überstimmt sie.

In den Entscheidungsprozess involviert sind also drei menschliche Akteure, die in direkter Kommunikation miteinander stehen, und die nichtmenschliche Umgebung, und zwar sowohl die äußere Welt (Wetterlage, Aussicht, Gerüche und anderes) als auch die Technik (das nicht mehr funktionsfähige Flugzeug) und die Organisation, die dieses Flugzeug betreibt. Die organisationalen Routinen, das zeigt die Aufzeichnung der Interaktionen und Kommunikationen, werden von den Akteuren weitgehend befolgt: Pilot, Co-Pilot und Fluglotse weichen kaum von der Standardisierung der Sprache ab, sie ziehen die Handbücher heran und orientieren sich an technischen Statusmeldungen. Damit verbleiben sie auf den Spuren der Organisation – bis der Pilot etwas radikal anderes tut. Diese Abweichung von der Routine ist aber nicht voraussetzungslos, sie ist nicht losgelöst von der Umgebung zu betrachten und nicht allein einer plötzlichen, rein intrinsischen Eingebung des Piloten zuzurechnen.

Im Prozess des Entscheidens wird die Wirklichkeit vielmehr kommunikativ Schritt für Schritt zusammen mit den anderen Akteuren artikuliert und somit konstruiert. Dabei wird der Ausstieg aus der Routine kommunikativ vorbereitet und durchgespielt, und in diesem Prozess fällt die Entscheidung: Die Idee, auf dem Hudson notzulanden, war implizit da (erst vage; vielleicht schon im Moment des Aufstiegs, als der Pilot noch gut gelaunt zum Co-Piloten sagte: „What a view of the Hudson today"), sie baut sich im kommunikativ gestützten Entscheidungsprozess auf und aus, wird konkreter, wird ‚realer' und später auch Realität. In diesem Prozess fallen schrittweise Handlungsoptionen weg, und die gewählte Alternative schält sich heraus bzw. entwickelt sich in der Kommunikation. Dieser Vorgang des Wegfallens bzw. Entstehens von Handlungsalternativen ist aber etwas anderes als die Vorstellung, der Pilot habe innerlich alle möglichen Alternativen geprüft und sich gefragt, welche die beste sei. In dieser Beobachtung des kommunikativen Entscheidens ist weder zu bestimmen, ob der Pilot von Anfang an intuitiv wusste, wie er sich entscheiden würde, noch, ob er dies schnell denkend kalkulierte. Was deutlich wird, ist, dass die Entscheidung erst im Prozess des Kommunizierens zustande kommt und wirkmächtig wird.

Im beobachteten Entscheidungsprozess gibt es also ein Zusammenwirken verschiedener relevanter Dimensionen und Faktoren: menschliche Akteure, organisationale Routinen, technische Artefakte, Geräusche, Gerüche, die räumliche Umgebung, der Zeitdruck. Diese Faktoren sind aber nicht ‚gleichberechtigt': aus unserer Analyse lässt sich nicht herauslesen, dass nicht-menschliche und/oder technische Partizipanden ebenso relevant und entscheidungsfähig sind wie menschliche Akteure. Sie sind zwar wichtige Elemente der Situation. Es handelt sich aber nicht um ein Ensemble einander gleich gestellter Akteure, sondern es gibt einen herausragenden Akteur: den entscheidenden Piloten. Dieser entscheidet aber weder allein mental noch einsam, sondern eingebettet in die Situation. Das ist der aus unserer Sicht zentrale Punkt, der durch die Analyse der Kommunikation sichtbar wird: die Verankerung des Treffens der Entscheidung im praktischen und kommunikativen Handeln – unter Beteiligung des Flugzeugs (der Technik), des Co-Piloten, der Passagiere (die implizite Gegenüber des Akteurs sind), des Fluglotsen und der Stadt New York, unter Beteiligung der Organisation (ihr Handbuch, ihre Schulung) und des Subjekts (seine Erfahrung, seine Haltung, seine Wahrnehmungen, Deutungen und Gefühle). Es ist also nicht so, dass ein einsames Subjekt mit Hilfe innerer mentaler Prozesse Entscheidungen trifft, und es ist nicht so, dass die Maschinen die Entscheidung treffen. Eben so wenig agieren technische Artefakte aus sich heraus und führen eine Entscheidung herbei. Und schließlich ist nicht erkennbar, dass Technik und Mensch zu einem Hybriden verwachsen sind. Im Gegenteil: Der Mensch distanziert sich letztlich von der Technik in dem Moment, in dem sie ihm keine Hilfe mehr ist.

## Theoretische und methodologische Schlussfolgerungen

In der Analyse der Entscheidung in einer existenziellen Grenzsituation im Cockpit des Airbus A-320 zeigte sich also deutlich, dass nicht ein Subjekt allein aufgrund eigener rationaler Abwägungen eine Entscheidung trifft, sondern dass diese Entscheidung in mehrerer Hinsicht mit der Situation verwoben ist. Die Situation ist also sehr viel mehr als die Kulisse, in der die Entscheidungsfindung stattfindet. Die Entscheidung ergibt sich vielmehr maßgeblich aus der Situation.

Diese Schlussfolgerung verdient sowohl mit Blick auf ihre theoretische Einordnung als auch mit Blick auf ihre methodologischen Implikationen weitere Betrachtung. Die qualitative Sozialforschung neigt in ihren Analysen und Theoriebildungen in den letzten Jahren eher dazu, den Begriff der Situation zu vernachlässigen und den Handlungsbegriff in den Vordergrund zu stellen. Die ‚Situation', in den 1960er und 1970er Jahren noch eine zentrale Kategorie der jungen verstehenden Soziologie (Soeffner 2001 und 2013; Hitzler 1999; Reichertz 2013b), ist mittlerweile gerade dort ein wenig ins Vergessen geraten. Dabei ist sie für die Analyse sozialen Handelns unabdingbar: nicht nur, wenn das Geschehen mehr umfasst, als dass zwei oder mehr Menschen miteinander interagieren oder kommunizieren, sondern auch, wenn dabei Dinge auftauchen, die in direkter oder indirekter Weise das Handeln der menschlichen Akteure beeinflussen.

Zur Erinnerung: In der jeweiligen alltagsweltlichen Situation gehen die Subjekte von ihren Deutungen der Welt und der anderen Akteure aus und orientieren sich in ihrem Handeln an dieser Deutung der Situation. In der wissenschaftlichen Untersuchungssituation gehen die Wissenschaftlerinnen und Wissenschaftler von ihren Deutungen der Situation aus (und nicht von der Definition, welche die in der Situation befindlichen Akteure teilen) und richten ihre Datenerhebung und auch ihre Datenauswertung an dieser Deutung der Situation aus. Nicht nur die Subjekte in der Situation artikulieren für sich, in welcher Situation sie sich befinden, sondern auch die Wissenschaftlerinnen und Wissenschaftler artikulieren für sich, wenn auch nicht für die untersuchten Akteure, sondern für die Scientific Community, in welcher Situation sich alle befinden (allgemein dazu Keller/Knoblauch/Reichertz 2013).

In der von uns untersuchten Grenzsituation (Flugzeugabsturz) handelt es sich demnach um eine organisatorisch (Arbeitsteilung, Hierarchie, Standard Procedures) und institutionell (Gesetze, Praxis) und maschinell (Dingimperative) gebahnte Situation, die wir aus Sicht aller Akteure und aus deren Bewertung der Situation (re-)konstruieren müssen, um zu verstehen, was dort geschieht. In dieser institutionell, organisatorisch und maschinell gebahnten typischen Situation treffen Menschen in einer Ausnahmesituation aufeinander, von denen die meisten keine eigene Bildungsgeschichte miteinander haben, die jedoch manchmal durchaus über eine solche gemeinsame Geschichte verfügen (z. B. die Crew). Auch das muss man wissen, um den Fall zu interpretieren. Diese umfassende, aber keineswegs restlose Bahnung der Situation durch die institutionellen und organisatorischen Vorgaben, insbesondere der Standard Procedures, ist handlungsleitend für die Alltagsakteure in der Situation, hier: für die Piloten. Den wissenschaftlichen Interpretinnen und Interpreten ist sie meist unbekannt – was dazu führt, dass die Interpretinnen und Interpreten sich diese Bahnung durch eigene Recherchen oder Experten verfügbar machen müssen. Hier ohne das entsprechende Fach-Wissen interpretieren zu wollen, führt nicht nur nicht sehr weit, sondern oft auch in die Irre.

Eine zu analysierende Situation ist aber nicht nur institutionell, organisatorisch und maschinell vorgedeutet. Aus den genannten Vordeutungen folgen vielmehr auch typische Wahrnehmungen, typische Deutungen und typische Relevanzen der dort Handelnden, die den wissenschaftlichen Interpretinnen und Interpreten in der Regel ebenfalls unbekannt sind. Diese handlungsleitenden Bahnungen der Wahrnehmung, Deutung und Relevanzsetzung für die Interpretation zu erheben (durch welche Quelle auch immer) und nutzbar zu machen, ist ebenso notwendig wie das Sich-verfügbar-Machen von Expertenwissen. Ohne diese Erweiterung der eigenen Wissensreservoirs ist kein Verständnis möglich – daher stellt sie auch innerhalb der Hermeneutik keinen Verstoß gegen das Gebot der Kontextfreiheit dar, sondern ist die notwendige Bedingung, die Handlungen der Akteure zu verstehen und zu erklären.[5]

Die von uns untersuchte Situation (Menschen in einem Flugzeug, das abzustürzen droht) ist nicht normal, zumindest nicht für das alltägliche, mehr oder weniger ruhig fließende Alltagsleben. Sie ist jedoch normal für eine Ausnahmesituation, für eine existenzielle Grenzsituation. Insofern ist sie nicht repräsentativ für den Alltag, aber repräsentativ für Grenzsituationen, die auch im Alltag immer wieder vorkommen. Zugespitzt formuliert: sie ist ein Beispiel für den Alltag des Außeralltäglichen. Die Situation war in vielerlei Hinsicht außerordentlich – vor allem für die Betroffenen, weil die Situation sie in Lebensgefahr brachte. Damit einher ging eine dramatische Veränderung des Zeithorizonts. Aus der Binnenperspektive der im Flugzeug befindlichen Personen betrachtet änderte sich der Zeitstrahl von dem Attribut ‚endlos' mit einem Schlag hin zur Beschreibung ‚nur noch wenige Minuten'. Die Veränderungen, die mit einer solchen Verkürzung der (Lebens-)Zeit einhergehen, kann man nur erfassen, wenn man den Piloten und die im Flugzeug Sitzenden nicht mehr nur als Akteure auffasst, die Handlungsprobleme zu lösen haben, sondern auch als menschliche Subjekte, die Hoffnungen und Befürchtungen haben und aufgrund ihres bisherigen Lebens gelernt haben, damit umzugehen bzw. nicht damit umzugehen: Man kann die Situation nur erfassen, wenn man sich die Menschen vorstellt als Subjekte, die von Todesfurcht erfasst werden und somit etwas erleben, was die wenigsten von ihnen bereits erlebt haben und was auch für die wissenschaftlichen Interpretinnen und Interpreten meist jenseits gemachter Erfahrung liegt – ein Umstand, der für jeden Hermeneuten und jede Hermeneutin eine ernste Herausforderung darstellt. Hier müssen auch wissenschaftliche Interpretinnen und Interpreten, so unsere These, auf eigene subjektive Ängste und Erfahrungen zurückgreifen und sie als Datum nutzen, um die Situation und das Handeln der in der Situation Gefangenen zu verstehen.

---

5   Hier einige der Quellen, aus denen wir geschöpft haben: www.cbsnews.com/stories/2009/02/08/60minutes/main4783580.shtml; www.tagesschau.de/multimedia/audio/audio32254.html; www.tagesschau.de/multimedia/audio/audio33710.html.

Eine weitere Herausforderung für die Hermeneutik stellen einige aktuelle Entwicklungen in den theoretischen und/oder materialen empirischen Sozialwissenschaften dar, die mit der Akteur-Netzwerk-Theorie begründet werden (Latour 2010). In dieser Diskussion wurde in den letzten Jahren der Begriff des Subjekts so entleert (nämlich auf eine wirkende Agency reduziert), dass der Subjektbegriff auch auf einige andere ‚Entitäten' passt. Parallel dazu wurde in der Akteur-Netzwerk-Theorie und der sich daran anschließenden Sozialforschung der Begriff der Dinge (Artefakte, Technik) vor allem dadurch ‚belebt', dass man das sinnhafte Handeln auf ‚Wirken' reduziert.

Ohne Zweifel sind – im Sinne von: bedeuten – Dinge und auch Technik sehr viel mehr als die Absichten ihrer Erschaffer in sie ‚hineinlegten'. Die geschaffenen Dinge haben einen Bedeutungsüberschuss, welcher von ihren Erschaffern in der Regel nicht wahrgenommen wird. Die soziale Bedeutung eines Dings zeigt sich erst in der Geschichte seines Gebrauchs und in der Praxis der menschlichen Aneignung. Das geschaffene Ding hat über die Absichten der Erschaffenden hinaus auch deshalb unbeabsichtigte Wirkungen, weil jedes Werkzeug über seine Materialität immer auch auf den Werkzeugbenutzer zurückwirkt und sowohl ihn als auch die Gesellschaft, in der er lebt, verändert. Insofern erwecken Dinge, weil sie mehr sind als ihre Erschaffer im Sinn hatten und weil sie uns deshalb manchmal als etwas Naturhaftes entgegentreten, manchmal den Anschein, als würden sie etwas tun. Aber die Dinge bleiben immer nur Dinge, mit denen Menschen zu bestimmten Zwecken agieren. Insofern sind sie ‚Werkzeuge' von menschlichen Akteuren, aber nicht selbst Akteure. Nur der intentionalistische Sprachgebrauch mancher Sozialwissenschaftlerinnen und Sozialwissenschaftler macht diese Dinge zu Akteuren.

Menschliche Subjekte handeln grundsätzlich vor dem Hintergrund einer kommunikativ bestimmten Situation: Sie stellen für sich und für andere fest, was jeweils der Fall ist, und diese Bestimmung der Situation ist ganz entscheidend für das weitere Handeln (Reichertz 2010). Nur der Mensch kann den jeweils geltenden Rahmen von Interaktionen und Kommunikationen artikulieren und damit angeben, was jeweils die Situation ist und was in ihr eigentlich los ist. Auch wenn die Technik in bestimmten Situationen reklamiert, den Menschen diese Artikulation der Situation abzunehmen („caution, terrain", „pull up, pull up"), hat der Mensch hier immer das letzte Wort – selbst dann, wenn er Unrecht hat.

Will man also die Kollusion, das Zusammenspiel von Menschen und Maschinen verstehen, reichen die bisherigen hermeneutischen Verfahren der qualitativen Sozialforschung aus – wenn man bei der Ausdeutung den Situationsbegriff systematisch berücksichtigt und die Technik als menschliche ‚Gesten' (Flusser 1994) aus der Vergangenheit versteht, die selbst wieder

der hermeneutischen Ausdeutung zugänglich sind, und wenn man zugleich die eigene Praxis des Deutens reflektiert, wenn man also (ganz im Sinne der hermeneutischen Haltung von Hans-Georg Soeffner 2004b) nicht nur das Interpretierte bedenkt, sondern auch das Interpretieren.

## Literatur

Flusser, V. (1994): Gesten. Versuch einer Phänomenologie. Frankfurt am Main: Fischer.
Hitzler, R. (1999): Konsequenzen der Situationsdefinition. In: Hitzler, R./Reichertz, J./Schröer, N. (Hrsg.): Hermeneutische Wissenssoziologie. Standpunkte zur Theorie der Interpretation. Konstanz: UVK, S. 289–308.
Hitzler, R./Reichertz, J./Schröer, N. (Hrsg.) (1999): Hermeneutische Wissenssoziologie. Standpunkte zur Theorie der Interpretation. Konstanz: UVK.
Keller, R./Knoblauch, H./Reichertz, J. (Hrsg.) (2013): Kommunikativer Konstruktivismus. Wiesbaden: Springer VS.
Latour, B. (2010): Eine neue Soziologie für eine neue Gesellschaft. Einführung in die Akteur-Netzwerk-Theorie. Frankfurt am Main: Suhrkamp.
Reichertz, J. (2010): Kommunikationsmacht. Was ist Kommunikation und was vermag sie? Wiesbaden: Springer VS.
Reichertz, J. (2013a): Die Bedeutung der Abduktion in der Sozialforschung. Über die Entdeckung des Neuen. 2. Auflage. Wiesbaden: Springer.
Reichertz, J. (2013b): „Auf einmal platzte ein Reifen." Oder: Kommunikatives Handeln und Situation. In: Ziemann, A. (Hrsg.): Offene Ordnung? Philosophie und Soziologie der Situation. Wiesbaden: Springer VS, S. 155–182.
Soeffner, H.-G. (2001): Rezeption – Kommunikation – Situation. In: auslegen. essener schriften zur sozial- und kommunikationsforschung. H. 4. Essen: Universitätsdruck, S. 7–42.
Soeffner, H.-G. (2004a): Auslegung des Alltags – Der Alltag der Auslegung. Konstanz: UVK.
Soeffner, H.-G. (2004b): Das Handlungsrepertoire von Gesellschaften erweitern. Hans-Georg Soeffner im Gespräch mit Jo Reichertz. In: Forum: Qualitative Social Research 3, Art. 29. www.qualitative-research.net/fqs-texte/3-04/04-3-29-d.htm (Abruf 10.2.2014).
Soeffner, H.-G. (2006): Wissenssoziologische und sozialwissenschaftliche Hermeneutik. In: Tänzler, D./Knoblauch, H./Soeffner, H.-G. (Hrsg.): Neue Perspektiven der Wissenssoziologie. Konstanz: UVK, S. 51–78.
Soeffner, H.-G. (2013): Situation – Information – kommunikative Handlung. In: Ziemann, A. (Hrsg.): Offene Ordnung? Philosophie und Soziologie der Situation. Wiesbaden: Springer VS, S. 257–278.
Wilz, S. (2009): Entscheidungen als Prozesse gelebter Praxis. In: Böhle, F./Weihrich, M. (Hrsg.): Handeln unter Unsicherheit. Wiesbaden: VS, S. 105–120.
Wilz, S. (2010): Entscheidungsprozesse in Organisationen. Wiesbaden: VS.
Wilz, S. (2014): Held oder Routinier? Wie Arbeit, Organisation und Entscheidung zusammenhängen, in Vorbereitung.

Peter Strohschneider
# Funktionale Zweckfreiheit von Wissenschaft
Eine Erfahrungsskizze

## Textpraxis

Literaturwissenschaft verstehe ich als eine historisch-hermeneutische Kulturwissenschaft vom Text; meiner eigenen disziplinären Zuständigkeit zufolge sind ihr Gegenstand vor allem vormoderne Texte. Entscheidend setzt Literaturwissenschaft diesen Verständnisses die methodische Fähigkeit voraus, die Opazität und Abundanz (Warning 2009, S. 23 ff.) von historisch und vielfach auch poetologisch alteritären Texten zu erhöhen. Der hermeneutische Prozess zielt nicht *direkt* aufs Verstehen, sondern *indirekt*. Zunächst steigert er daher die Fremdheit des fremden Textes, beraubt er ihn, so gut er kann, alles dessen, was an ihm womöglich von selbst sich verstehen mochte. So macht er ihn in seiner Konstitution und seinen Funktionen allererst rekonstruktionsbedürftig (Becker/Mohr 2012). Wissenschaft vom Text erhöht in diesem Sinne zunächst die Befremdlichkeit, das Angewiesensein von Texten auf Auslegung. Sie erreicht das auch durch – im Verhältnis zu alltäglichen Lektüreroutinen – entschiedene Entschleunigung und Wiederholungen des Aktes der Lektüre. Als alltäglicher Erfahrungswert ist die Praxis dieser Wissenschaft insofern auch im Aphorismus auf den Begriff gebracht: „Je näher man ein Wort ansieht, desto ferner sieht es zurück."[1]

Die Lektürepraxis im Alltag wissenschaftsorganisatorischer und -politischer Handlungszusammenhänge ist davon denkbar deutlich unterschieden. Hier besteht ein permanenter Druck in der Gegenrichtung. Das Lesen steht unter einem Imperativ fortschreitender Beschleunigung. Seine Routinen gehen auf Reibungslosigkeit des schriftgestützten Informationsaustauschs und sie halten – gegen Schleiermachers (1838, S. 30) hermeneutisches Prinzip – nicht das Missverstehen, sondern das Verstehen für den wahrscheinlichen Fall. Es kommt keineswegs auf den verfremdenden Blick an, tendenziell begegnen Texte hier allein im Modus von sprachlicher Knappheit und Sinn-

---

1 Kraus, K. (1911): Die Fackel XIII. Nr. 326–328, S. 44.

transparenz, und wo diese gestört sein sollten, wird die Störung als Versagen aufgefasst. Dem entspricht übrigens, dass auch das Schreiben in diesen Kontexten weniger als eine Methode der Komplexitätssteigerung des Denkens geübt wird, denn zumal als ein Modus der technischen Speicherung von bereits Gewusstem.

Der hier angedeutete Abstand zwischen zwei höchst unterschiedlichen Typen von Textpraxis gehört – auch jetzt, da ich an diesem Text schreibe – zu meinen eindringlichsten Differenzerfahrungen an der Grenze von akademischer Forschung und Lehre zu wissenschaftspolitischen und forschungsadministrativen Tätigkeitsfeldern. Ob die Organisationen, von denen her solche Felder strukturiert sind, ihrerseits dem Wissenschaftssystem selbst zuzurechnen wären (so im Falle einer Förderagentur wie der Deutschen Forschungsgemeinschaft), oder ob sie (wie der Wissenschaftsrat) schon der inneren Verfassung nach eher als eine Institutionalisierung von Grenzverhandlungen zwischen Wissenschaft und Politik aufgefasst werden können: Für die besagte Differenzwahrnehmung spielt dies allenfalls eine geringe Rolle. Vor allem nämlich kommt es auf die kategorialen Unterschiede an, die zwischen dem konkreten Vollzug von Forschung und Lehre als einer sowohl epistemisch wie institutionell spezifizierten Praxis einerseits und andererseits jener Ebene der Verwaltung, Finanzierung und Steuerung von Wissenschaft bestehen, welche sich gleichermaßen als Wissenschaftspolitik wie in den intermediären Organisationen von Wissenschaftsförderung und -administration ausprägt (Stichweh 2013/1993, S. 137 ff.). Dort geht es ja um die Irritation etablierten Wissens und um das Aufbrechen seiner Ordnungen durch neue Wissensansprüche sowie ums Prinzip methodischer Skepsis. Hier, in der Alltagspraxis von wissenschaftsbezogener Verwaltung und Politik hingegen kommt es vielmehr auf die Institutionalisierung von Erwartungssicherheiten, stetigen Ordnungsgeltungen und stabilisierten sozialen Integrationsleistungen an. Deswegen setzt man auf Ökonomie und Sinntransparenz von Rede und Schrift. Deswegen auch werden in den Entscheidungsgremien von Organisationen des genannten Typs die Wissenschaften übrigens nicht durch Fachleute der Wissenschaftsforschung vertreten. Das soziologische, historische oder philosophisch-systematische Reflexionswissen aus dem ‚Sinnbezirk' von Wissenschaft wird gegebenenfalls auf anderen Wegen eingespeist, während man für den Entscheidungsprozess selbst auf die Vielfalt des spezialisierten beruflichen Erfahrungswissens von Wissenschaftlerinnen und Wissenschaftlern unterschiedlichster disziplinärer Herkunft baut, also auf deren Alltagsverständnis von Wissenschaft.

## Humboldtianismus – Solutionismus

Seit bald einem Dezennium übe ich mich beruflich darin, die besagte Grenze zwischen dem Handlungsfeld von Forschung und Lehre und demjenigen von Wissenschaftsorganisationen zu überschreiten; und zwar in beiden Richtungen. Das ist nicht allein wegen der Grenzübertretungen als solchen interessant, sondern auch, weil auf der Seite von Administration und Politik aus dem eben angesprochenen Grunde in dichter Folge eindrucksvolle Begegnungen mit Wissenschaftlerinnen und Wissenschaftlern möglich sind, die aus ganz anderen Bereichen der Wissenschaften als dem eigenen kommen. Es tut sich eine immer wieder neu faszinierende Vielfalt der Perspektiven und Beobachtungsmodi, der Intellektualitätsstile und Rationalitätsformen auf. Ein besonderer Reiz von Wissenschaft im Alltag der politischen oder administrativen Befassung mit dem Wissenschaftssystem liegt in der Vergegenwärtigung jener Fülle höchst diverser Möglichkeiten, wie man sich in methodisch kontrollierter Weise forschend, erklärend, deutend zur Welt verhalten kann.[2]

Andererseits: Die Wissenschaften selbst werden dort, wo es um ihre administrative oder politische Ermöglichung, Organisation und Steuerung geht, allenfalls ausnahmsweise zum Gegenstand analytisch distanzierter Beobachtung. Auch der Politik- und Verwaltungsalltag, gleich jedem anderen, ist hinsichtlich seines eigenen Wissenschaftsbezugs – und aus Gründen der Gewährleistung seiner reibungsarmen Funktionstüchtigkeit – ein normalisierter, möglichst irritationsarmer „Interaktionsraum der Selbstverständlichkeiten" (Soeffner 2004/1989, S. 20). Über ‚die Wissenschaft' herrschen in ihm durchaus routinisierte und typisierte, von der je eigenen Forschungs- und Lehrpraxis her plausibilisierte und daher der Befragung weitgehend sich entziehende Auffassungen. Man könnte mit Louis Althusser von „spontanen Philosophien der Wissenschaftler" (Hoffmann 2013, S. 81ff.) sprechen, oder besser vielleicht noch mit Popper von „Alltagstheorien".[3] In solche „Alltagstheorien", die Wissenschaftler über Wissenschaft hegen, gehen selbstverständlich historische Wissensbestände und theoretische Begründungsfiguren unterschiedlichster Art in vielfach nicht-expliziter Form ein.

---

2   Die Universität mag zu Zeiten solche Möglichkeiten gleichfalls eröffnet haben, in den Großbetrieben der *massification* von akademischer Bildung und Ausbildung werden sie, so scheint es, zunehmend unwahrscheinlicher – weswegen Exzellenzcluster und inneruniversitäre Institutes for Advanced Study sie unter veränderten Bedingungen in neuer Gestalt zu restituieren suchen.

3   Soeffner 2010, S. 220f.; dies im Unterschied zu jenem, alltägliches und wissenschaftliches Wissen entdifferenzierenden, Gebrauch des Ausdrucks ‚Alltagstheorien', den Soeffner (2004/1989), S. 15ff., einer systematischen Kritik unterzieht.

Zugleich sind sie typisch dadurch gekennzeichnet, dass in ihnen partikulare akademische Erfahrungen zu Regeln von Wissenschaft überhaupt generalisiert werden; Forschung im Allgemeinen stellt man sich so vor wie das eigene Experimentalsystem oder die eigenen Feld- und Archivstudien. Überdies werden diese Alltagstheorien, meiner Beobachtung nach, hinsichtlich des Verhältnisses von Wissenschaft und Gesellschaft vor allem auch durch zwei einander geradezu entgegengesetzte Komplexe von stabilisierenden Selbstverständlichkeiten geprägt. Ich kann sie hier nur stark vergröbernd kenntlich zu machen versuchen und bediene mich zu diesem Zweck der – freilich nicht völlig unpolemischen – Schlagworte ‚Humboldtianismus' und ‚Solutionismus'.

Die Formeln der ‚Einheit von Forschung und Lehre' sowie von ‚Einsamkeit und Freiheit' beschreiben in der Tradition des neuhumanistischen Bildungspathos Bedingungen der Möglichkeit gelingender universitär institutionalisierter Wissenschaft (und eine andere wird dabei auch kaum systematisch wahrgenommen, der Bedeutung privatwirtschaftlicher wie öffentlich finanzierter außeruniversitärer Forschung zum Trotz). Die Formeln markieren idealische Leitideen einer Diskurstradition, die von Fichte, Humboldt und Schleiermacher über Harnack, Dilthey und Spranger bis hin zu Karl Jaspers oder Helmut Schelsky die moderne Universität und ihre Wissenschaft einerseits als Einheit konzipiert (vgl. etwa Strohschneider 2010). Einheit nach innen wird andererseits in dieser Diskurstradition mit der Zeit immer emphatischer zugleich als notwendige Schließung nach außen verstanden. Freiheit für Forschung in Einsamkeit heißt dann Freiheit von den Zwecksetzungen, funktionalen Zumutungen und Erwartungen der Gesellschaft. Universitäre Wissenschaft tritt ganz in einer Selbstbezüglichkeit in den Blick, die als „Autonomie der Gelehrtenrepublik" eher beschworen denn systematisch rekonstruiert wird und die bis heute eine wirkungsreiche Hintergrunderfüllung oder fundierende Selbstverständlichkeit im wissenschaftsadministrativen oder -politischen Alltagshandeln darstellt. Man denkt sich Wissenschaft, wie wenn sie gar nicht anders sein könnte, als eine – um es kühler zu sagen – „entpolitisierte Protektorats-Existenz", für deren Interessen „eine kultusverwaltende Obrigkeit [...] stets schon einigermaßen gesorgt" haben wird (Lübbe 1965, S. 137). Diese ‚alltagstheoretische' Selbstverständlichkeit einer emphatisch aufgeladenen Einheit und Autonomie der Wissenschaften, die man schon deswegen „humboldtianistisch" (Bartz 2007, S. 71 ff.) nennen kann, weil sie sich weniger dem preußischen Universitätsreformer selbst, als vielmehr der um 1900 einsetzenden Humboldt-Rezeption verdankt (Paletschek 2002) und deren Grenzen etwa schon Max Scheler (1926) deutlich sah, sie scheint mir nicht zuletzt darin ihre Wirkmächtigkeit zu besitzen, dass sie einen verlässlichen Deutungsrahmen bereitstellt auch für die aktuellen Dynamiken der Herausbildung globalisierter Wissenschaftsgesellschaften. Deren Basisprozesse zeigen sich dann nämlich als Autonomiestörungen – also: das personelle und finanzielle Wachstum des Hochschul- und Wissenschaftssystems; seine in epistemischer wie institutioneller Hinsicht steigende Pluralität und Dezentralität; die Dialektik von Bedeutsamkeitssteigerung und Veralltäglichung von Wissenschaft; die zunehmenden Schwierigkeiten ihrer Unterscheidung von Pseudo- und Nicht-Wissenschaft in den Prozessen der Verwissenschaftlichung der Welt; die Tendenzen zur ‚Vergesellschaftung' von Wissenschaft durch Inanspruchnahme ihres symbolischen Kapitals wie durch Verzweckung für gesellschaftliche Kohäsion, für ökonomische Interessen oder für den Wandel zur Nachhaltigkeit (dazu Strohschneider 2014) usw. Unter den Selbstverständlichkeiten des ‚Humboldtianismus' spielt es keine Rolle, dass die Autonomiechancen der Gelehrtenrepublik offenkundig auch von den quantitativen und funktionalen Relationen zwischen Wissenschaft und Gesellschaft abhängen: Ob der Studierendenanteil an einer Jahrgangskohorte bei drei oder eher bei 50 % liegt; ob die Zahlen des wissenschaftlichen Personals in die Tausende oder in die Hunderttausende gehen; ob Wissenschaft eine unter mehreren Formen des Weltzugangs ist oder die gegenüber allen anderen weithin privilegierte; ob man ökonomische Dynamiken eher Agrarprodukten und Industriegütern zutraut oder digital prozessierter Information – solche Unterscheidungen sind für den ‚humboldtianistischen' Orientierungskomplex kaum systematisch relevant.

Ganz anders denn hier als Schließung ist das Verhältnis von Wissenschaft und Gesellschaft in einer anderen Alltagstheorie als Entgrenzung gefasst. Dabei wird es nicht in Richtung auf die Autonomie der Gelehrtenrepublik, sondern in der Gegenrichtung hin zur Heteronomie wissenschaftlicher Expertise vereinseitigt. Allein auf diese Expertise als Instrument zur Lösung praktischer gesellschaftlicher Problemvorgaben komme es noch an, sodass Wissenschaft dem Grunde nach lediglich im Maße ihrer direkten Gesellschaftsrelevanz als legitim angesehen wird. Prägnanten Ausdruck findet diese Einstellung im Schema von Problem und Lösung, weswegen ich (übrigens mit etwas anderem Akzent als Morozov 2013) von ‚Solutionismus' spreche.

Gewiss können ungezählte Leistungen, die Wissenschaft für andere Gesellschaftsbereiche erbringt, mehr oder weniger angemessen in diesem Schema beschrieben werden. Von Solutionismus lässt sich aber dann sprechen, wenn die gesellschaftlichen Funktionen von Wissenschaft vollständig auf dieses Schema, auf die Direktheit praktischer Nützlichkeiten reduziert werden. Denn Wissenschaft löst zwar, aber sie produziert auch Probleme. Sie ist über die Wissenschaftsfelder hinweg in erheblichem Umfang geradezu ein Modus der Problematisierung von gesellschaftlich ansonsten vielleicht ganz Unproblematischem. Und sie befasst sich in vielfältigen Perspektiven mit Problemen, die keineswegs in dem Sinne lösbar sind, dass sie dann aus der Welt geschafft wären (darunter keineswegs zuletzt das ‚Problem' der sozialen und kognitiven Reproduktion von Gesellschaft in der akademischen Lehre). Im alltäglichen ‚Solutionismus' – er sei wirtschaftlich-technologisch, medizinisch oder zum Beispiel auch klima- und energiepolitisch akzentuiert – stecken nicht nur Lösungs-, sondern gewissermaßen zugleich Erlösungsversprechen. Um sie geben zu können, werden Eigensinn und Eigenlogik von Wissenschaft ebenso ignoriert (wo nicht negiert), wie die epistemischen Grenzen zwischen wissenschaftlichem Wissen und anderen Wissensformen sowie überdies jene Besonderheiten der Organisation und Verwaltung von Wissenschaft, die daraus resultieren, dass sie auf die Produktion nicht nur verlässlichen, sondern zumal neuen Wissens verpflichtet ist (Luhmann 1992, S. 216 ff., 296 ff.; dazu Weingart 2003, S. 85 ff.): also auf *Störungen* gegebener Wissensbestände und Wissensordnungen! Der ‚Solutionismus' demgegenüber zwingt Forschung insgesamt in vorgegebene Pfadabhängigkeiten, in denen jeweilige gesellschaftliche Relevanzhierarchien, aktuelle Problemwahrnehmungen und derzeitige Lösungserwartungen *a priori* je schon begrenzen, was überhaupt als zukünftige ‚Lösung' in Frage kommen darf. Aus der Verwissenschaftlichung moderner Gesellschaften (neuerdings Hoffmann 2013) ergibt sich wie selbstverständlich das Bild einer zur Gänze vergesellschafteten Wissenschaft: also einer Auflösung der gleichermaßen epistemischen wie institutionellen Differenzen von Wissenschaft und nicht-wissenschaftlichen Gesellschaftsbereichen.[4]

## Ästhetisches

‚Humboldtianismus' und ‚Solutionismus': Freilich sind dies starke Typisierungen. Sie nehmen eine grobe Sortierung vor, sie verzerren – aber, wie ich hoffe: sie verzerren zur Kenntlichkeit –, was Studierendenvertreter, Forscherinnen, Verwalter und Politikerinnen als sozusagen ‚spontane Philosophien' über Wissenschaft im Alltagsraum wissenschaftsadministrativer und -politischer Selbstverständlichkeiten weitverbreitet, um nicht zu sagen: allgegenwärtig, halten. Die beiden Typen von Selbstverständlichkeiten schließen sich, systematisch betrachtet, gegenseitig aus. Sie können indes in solchem Alltag – eben als fundierendes Wissen, das unter dessen Bedingungen der Sphäre des Befragbaren und womöglich Negierbaren gerade entzogen ist –

---

4 Von der Hypothese einer *New Production of Knowledge* (Gibbons et al. 1994) bis zur *Unternehmerischen Universität* ist dieses Bild zu beobachten; zu den wissenschaftssoziologischen Debatten um Differenzierung oder Entdifferenzierung von Wissenschaft und Gesellschaft Weingart 2003, Kap. VII–X, insbes. S. 133 ff., 138 ff.

in Anspruch genommen werden, als seien sie widerspruchsfrei; man kann an sie appellieren und bei akademischen Jahrfeiern ‚humboldtianistisch' reden, hingegen bei Personalentscheidungen, Ressourcenverteilungskämpfen oder Fragen der sogenannten *governance* gleichwohl ‚solutionistische' Entscheidungskriterien bevorzugen. Und gemeinsam ist diesen Orientierungsschemata, die sich übrigens unter Geistes- wie unter Naturwissenschaftlern gleichermaßen finden, dass die Komplexität der Funktionsverhältnisse zwischen Wissenschaft und Gesellschaft hier wie da dramatisch unterschätzt wird. Die Differenz zwischen diesen beiden Funktionsbereichen samt ihren direkten wie indirekten, ihren ein- wie zweiseitigen Funktionsbeziehungen wird auf der einen Seite autonomistisch zu gegenseitiger Abschließung hypostasiert, oder aber sie löst sich auf der anderen Seite auf in einem Modell, das Wissenschaft allein als heteronom determinierte Expertise im Hinblick auf die ‚Lösung' gesellschaftlicher, ökonomischer, politischer Problemvorgaben konzipiert; *mode 1* und *mode 2* lauten dafür die Kürzel einer prominenten Hypothese (Gibbons et al. 1994), die sich eben als eine wissenschaftssoziologische Wiederholung des ‚solutionistischen' Selbstverständlichkeitskomplexes deuten ließe.

Nun ist der Alltag von Wissenschaftsadministration und Wissenschaftspolitik gerade nicht der Raum, die ihn stabilisierenden Selbstverständlichkeiten in Frage zu ziehen. Man kann es aber auch nicht unterlassen, jedenfalls dann nicht, wenn zwischen den beiden Selbstverständlichkeitskomplexen aus praktischen Gründen vermittelt werden muss, weil sie gemeinsam den widersprüchlichen diskursiven Rahmen wissenschaftsinstitutioneller Entscheidungen bilden, und wenn es zugleich richtig ist, dass sie beide in ihren komplementären Vereinseitigungen nicht ohne epistemische wie institutionelle Dysfunktionen zur alleinigen Richtschnur politischen und administrativen Handelns gemacht werden könnten. Insofern wäre eine Position zu bestimmen, welche die Unterkomplexität sowohl des ‚Humboldtianismus' wie des ‚Solutionismus' vermeiden kann. Und sie müsste, so ist überdies in Rechnung zu stellen, Plausibilität und Akzeptanz auch im Außenverhältnis von Wissenschaft gewinnen können: in zivilgesellschaftlichen, politischen, ökonomischen Sozialsphären, die auf die eigensinnige Komplexität von Wissenschaft wie auf die Komplexität ihrer Außenbeziehungen schon aus Gründen je eigener Funktionsprimate wenig Rücksicht zu nehmen geneigt sind.

Dies beschreibt die Lage, in welcher ich mich im wissenschaftsadministrativen Alltag regelmäßig wiederfinde. Und in ihr kommt mir in besonderer Weise ein Begriff immer wieder zu Hilfe, den Hans-Georg Soeffner (2010, S. 209 ff.) geprägt hat im Zusammenhang – und in der weiteren Tradition – ästhetischer Reflexion sowie „auf der Grundlage phänomenologisch-protosoziologischer und anthropologischer Überlegungen". Ich meine den Ausdruck Funktionale Zweckfreiheit: In wissenssoziologischer „Weiterentwicklung" (Soeffner 2010, S. 214) der Anthropologie Helmuth Plessners versteht Soeffner das Ästhetische weniger als Merkmal des Wahrgenommenen, denn als Effekt von Ästhetisierung, als Effekt einer spezifischen „,Bewusstseinsspannung' also, die den ‚Sinnbezirk' [Alfred Schütz] der Ästhetik und die ihn konstituierenden Wahrnehmungs-, Erlebnis- und Handlungsformen präge" (Soeffner 2010, S. 213f.) und mit der der Mensch auf die „grundlegende Krise" der „konstitutive[n] Gleichgewichtslosigkeit der exzentrischen Positionalität" antworte (Soeffner 2010, S. 218). Dieser „Realitätsmodus des ästhetischen Welt- und Selbstverhältnisses im Zeichen dessen", was bei Soeffner – wiederum mit Plessner (1983/1968) – ‚kategorischer Konjunktiv' heißt, unterscheide sich „einerseits vom ‚schließenden', praxisorientierten Realitätsmodus des Alltagsverstandes" und er stehe andererseits „durch seinen offenen und konjunktivischen Charakter dem Sinnbezirk der wissenschaftlichen Möglichkeits- und Realitätsentwürfe nahe […] – ohne sich jedoch mit ihnen zu decken" (Soeffner 2010, S. 223).

Es sind diese Offenheit einer „auch ‚ästhetische[n] Bewusstseinsspannung'" und die erst mit ihr gegebenen Befähigungen zur Phantasie- und Imaginationstätigkeit, welche in dem Ausdruck „Funktionale Zweckfreiheit" auf den – scheinbar paradoxen – Begriff gebracht sind und welche zugleich als Bedingungen der Möglichkeit auch von „produktive[r] Wissenschaft" verstanden werden müssen (Soeffner 2010, S. 223). Damit knüpft das Argument an die lange zuvor bereits in Form von „Anmerkungen zu einem alltäglichen Missverständnis von Wissenschaft" explizierte Unterscheidung von „Alltagsverstand und Wissenschaft" an. In ihr war der Realitätsmodus der Wissenschaft als „Aufrechterhaltung des Zweifels" von dem den Zweifel unterdrückenden Wirklichkeitskonzept des Alltagsverstandes abgehoben (Soeffner 2004/1989, S. 45) und – um es nun so zu sagen – die Funktionalität der Zweckfreiheitsdimension von Wissenschaft wie folgt bestimmt worden: „Das Wirkliche analytisch und verstehend, das heißt mit Hilfe menschlicher Vernunft, als das Feld der Möglichkeiten und Alternativen zu erschließen", als jenes Feld also, „auf dem im historisch konkreten sozialen Handeln Handlungsentscheidungen gefällt, Möglichkeiten aufgegriffen oder ausgeschlossen werden und Ursachen für Entscheidungen und Entscheidungszwänge auf verschiedenen Ebenen der Bewußtheit und durch die Analyse spezifischer Interaktionskonfigurationen deutlich gemacht werden können" (Soeffner 2004/1989, S. 28f.).

## Spannungsbalancen

Dies wissenschaftliche Konzept von Funktionaler Zweckfreiheit eigne ich mir, nicht ganz ohne Umakzentuierungen, für den Alltag wissenschaftsadministrativen Handelns und Entscheidens an. Dabei ist es unumgänglich, seine philosophisch-anthropologischen und wissenssoziologischen Theoriezusammenhänge weithin abzublenden. Allenfalls mag es gelingen, in aller Abgekürztheit anzudeuten, dass Wissenschaft als eine Kategorie der Distanz, der analytischen Abstandnahme von den Gegenständen, der Transformation selbst von Vertrautem in Unvertrautes, Befragungswürdiges, Erklärungsbedürftiges, dass sie als eine methodische Generalisierung der anthropologisch gegebenen Indirektheit des menschlichen Weltverhältnisses aufgefasst werden könne. Und dass sie sich als moderne, das heißt: immer auch disziplinäre und insofern selbstbezügliche Form der Erkenntnisproduktion (hierzu exemplarisch Stichweh 1984) gegenüber der Gesellschaft in auch funktionaler Hinsicht spezifisch indirekt verhalte. Aber eben doch auch: *zur* Gesellschaft sich *verhalte*, und dies nicht allein im Modus der Absonderung! Es sind nämlich höchst komplexe Verschränkungen, die zwischen den Selbstbezüglichkeiten eines intern extrem ausdifferenzierten Wissenschaftssystems und seinen vielfältigen direkten wie indirekten Fremdbezügen auf Gesellschaft, Wirtschaft, Politik, Justiz oder Militär, auf Gesundheits- und Erziehungssystem, auf Religion, Kultur und Kunst bestehen. Und die Sachangemessenheit und Qualität der Administration und Politik von Wissenschaft hängt maßgeblich davon ab, dass es gelingt, eine Auflösung dieser Verschränkungen nach der einen oder anderen Seite hin zu vermeiden; dass es also gelingt, sie in ihrer Komplexität auch im Administrations- und Politikalltag als Kriterium institutioneller Entscheidungen zur Geltung zu bringen.

Der Ausdruck von der Funktionalen Zweckfreiheit fasst dieses Ineinander von Selbst- und Fremdbezügen bereits in seiner oxymorischen Struktur; übrigens mit aus rhetorischen Gründen durchaus erwünschten Aufmerksamkeitseffekten. An ihm lassen sich die komplexen Verhältnisse von Wissenschaft und Gesellschaft alternativenreicher als in den Alltagstheorien der Forschenden auslegen, ohne dass man, gleich dem ‚Humboldtianismus', die soziologisch relevanten Veränderungsdynamiken des Hochschul- und Wissenschaftssystems ignorieren müsste, noch, wie der ‚Solutionismus', die anthropologischen, epistemologischen und philosophischen Voraussetzungen wissenschaftlicher Erkenntnis; bildungsbürgerliche Evasion ist in modernen Wissenschaftsgesellschaften ja ebenso wenig eine ernsthafte Option wie die schlichte Substitution von wissenschaftlicher Epistemologie durch technokratische Praxeologie.

Mit der besagten Doppelformel ermöglicht Hans-Georg Soeffner nämlich eine Unterscheidung von Funktionen und Zwecken. Zwecke reduzieren ja Komplexität, indem sie Handeln in Richtung auf eine außer ihm liegende Wirkung spezifizieren und zugleich die nicht bezweckten Wirkungen sowie die nicht den Zweck befördernden Handlungen als weniger legitim erscheinen lassen; Luhmann (1977, S. 47f.) nannte dies einmal „Scheuklappenprinzip" und „Gewaltmittel der Rechtfertigung". Insofern lassen sich zwar wohldefinierte wissenschaftliche Tätigkeiten, auch bestimmte Forschungsvorhaben oder Forschungskomplexe, in großem Umfang von außerwissenschaftlichen Zwecksetzungen her induzieren; letzteres heißt im Vokabular der Wissenschaftsverwaltung dann Programmorientierte Forschung. Für die Wissenschaften insgesamt und als solche ist dies hingegen ausgeschlossen, und zwar schon insofern, als ihre Wahrheitsorientierung Abstandnahme von direkten Zwecken voraussetzt – jedenfalls seitdem wissenschaftliches Wissen und praktische oder normative Handlungsorientierung nicht mehr unvermittelt auseinander hervorgehen: Dass „wahre Zwecke" nicht mehr „vorstellbar" sind (Luhmann 1977, S. 344), ist ja geradezu eine Bedingung der Möglichkeit moderner Wissenschaften und ihrer weltverändernden Kraft.

Demgegenüber erlaubt es der Funktionsbegriff, ohne dass die theoriegeschichtlich voraussetzungsreichen Fragen seiner kategorialen Struktur jeweils aufgegriffen werden müssten, das Relationsgefüge von Wissenschaft und Gesellschaft sehr viel differenzierter aufzufächern. Wissenschaft erbringt ja für alle anderen Bereiche von Gesellschaft bezweckte und nichtbezweckte Leistungen, direkte und indirekte, manifeste und latente, kurz-, mittel- und langfristige. Sie ist in Funktionen ganz unterschiedlicher Ordnung auf Nichtwissenschaft bezogen und zeitigt dort intendierte sowie nicht-intendierte Wirkungen ebenso wie erwünschte oder unerwünschte.[5] Jede Fokussierung allein auf fixe direkte Zweckbindungen wäre gegenüber dieser realen Funktionsvielfalt und Funktionsdichte im Verhältnis von Wissenschaft und Gesellschaft unausweichlich ein Reduktionismus: eine Verkennung der tatsächlichen sozialen Bedeutsamkeiten von Wissenschaft. Diese Bedeutsamkeiten haben nicht zuletzt stets damit zu tun, dass sich Gesellschaften in der Moderne qua Wissenschaft nicht lediglich mit Wissen ausstatten, das im Code der Wahr/Unwahr-Unterscheidung beansprucht werden kann, sondern vor allem mit *neuem* Wissen, solchem also, das sie gerade nicht antizipieren können und das die Bestände und Ordnungen ihres Wissens zunächst einmal – nämlich vor seiner sukzessiven Einarbeitung in etablierte Epistemiken – stört.

---

5 Dabei ist an dieser Stelle von der progredierenden Vervielfältigung dieser Leistungen im Prozess der Verwissenschaftlichung der Welt ebenso wenig schon die Rede wie von den Funktionen (von der Ausstattung mit Finanzen bis zu derjenigen mit Problemen), die Gesellschaft umgekehrt für Wissenschaft erfüllt.

Die hier angedeutete Unterscheidung von ‚Zwecken' und ‚Funktionen' geht bis zu einem gewissen Grade mit einer Entparadoxierung des Soeffnerschen Zwillingsausdrucks einher (Soeffner 2010, S. 209). Ich verstehe die Funktionale Zweckfreiheit von Wissenschaft weniger als ein Paradox, denn eher als eine oxymorische Spannungskonstellation (Gehlen 1986/1956, S. 78 ff.). Mit ihr lässt sich nämlich das Argument verbinden, dass eine partiell von direkten heteronomen Zwecken immer auch freigesetzte Selbstbezüglichkeit, in diesem Sinne also: Autonomie von Wissenschaft, deren Funktionalität für Nichtwissenschaft keineswegs mindern muss, sondern vielmehr entscheidend zu steigern vermag. Freiheit für nichtbezweckte Funktionen öffnet Wissenschaft auch für Wissensproduktionen, von denen man außerhalb ihrer selbst noch gar nicht wissen kann, ob und, wenn ja: wie sie gesellschaftliche Zwecke befördern, und sie bringt überdies die nichtbezweckten Effekte jener Wissensproduktionen in den Blick (wie immer diese Effekte zu bewerten sein mögen).

Dieser Anspruch von Wissenschaft auf eine Dimension der Freiheit *von* den Zwängen direkter außerwissenschaftlicher Zwecksetzungen eben zu dem ‚Zweck' einer Freisetzung *für* vielfältige andere soziale Funktionen ist eine Errungenschaft spezifisch moderner Gesellschaften. Das Privileg der Wissenschaftsfreiheit (Wilholt 2012) sichert diese Errungenschaft verfassungsrechtlich ab. Doch obwohl dieses Grundrecht auch im Alltag wissenschaftspolitischen oder -administrativen Handelns und Entscheidens nicht bestritten wird, muss doch die praktische Geltung jenes komplexen Funktionsprinzips moderner Wissenschaft, das mit dem Wissenschaftsfreiheitsprivileg im Grundsatz gewährleistet ist, unablässig reproduziert werden. Die Geltung des „kategorischen Konjunktiv[s] eines offenen wissenschaftlichen Selbst- und Weltverhältnisses" ist unter den Gegebenheiten alltäglichen Politik- und Administrationshandelns in der Regel erheblich unwahrscheinlicher als diejenige des „kategorischen Indikativ[s] der schließenden Verifikation" (Soeffner 2010, S. 224). Mit dem Versuch, gleichwohl zur Geltung dieses ‚kategorischen Konjunktivs' beizutragen, bin ich in meiner alltäglichen Arbeit in der Wissenschaftsverwaltung regelmäßig befasst. Und dabei brauche ich theoretisch begründbare wie praktisch funktionierende Begriffe. Schlagworte wie ‚Autonomie', ‚Einsamkeit', ‚Erkenntnis- und Neugiergeleitetheit', ‚Wissenschaftsfreiheit' oder ‚Grundlagenforschung', oder auf der anderen Seite ‚Problem und Lösung', ‚Frage und Antwort', ‚Programmorientierung', ‚Angewandte Forschung' oder ‚Relevanz' erfüllen diese Anforderung allenfalls im Ungefähren. Ich weiß keine Formel, welche die ebenso unumgänglichen wie produktiven Spannungsbalancen von wissenschaftlicher Selbstbezüglichkeit und gesellschaftlichen Fremdreferenzen so prägnant zu artikulieren erlaubte und welche zugleich auch im wissenschaftspolitischen oder forschungsadministrativen Alltag – trotz aller ‚humboldtianistischen' und ‚solutionistischen' Selbstverständlichkeiten – vergleichbar plausibel wirken würde, wie der Ausdruck von der Funktionalen Zweckfreiheit von Wissenschaft. Und das ist in diesem Alltag eine ermutigende Erfahrung.

## Literatur

Bartz, O. (2007): Der Wissenschaftsrat. Entwicklungslinien der Wissenschaftspolitik in der Bundesrepublik Deutschland 1957–2007. Stuttgart: Steiner.

Becker, A./Mohr, J. (Hrsg.) (2012): Alterität als Leitkonzept für historisches Interpretieren.

Gehlen, A. (1986/1956): Urmensch und Spätkultur. Philosophische Ergebnisse und Aussagen. (5. Auflage). Wiesbaden: Aula.

Gibbons, M./Limoges, C./Nowotny, H./Schwartzman, S./Scott, P./Trow, M. (1994): The New Production of Knowledge. The Dynamics of Science and Research in Contemporary Societies. London: SAGE.

Hoffmann, C. (2013): Die Arbeit der Wissenschaften. Zürich/Berlin: diaphanes.

Lübbe, H. (1965): Wissenschaftspolitik, Wissenschaft und Politik. In: Wenke, H./Knoll, J. H. (Hrsg.): Festschrift zur Eröffnung der Universität Bochum. Bochum: Kamp, S. 137–149.

Luhmann, N. (1977): Zweckbegriff und Systemrationalität. Über die Funktion von Zwecken in sozialen Systemen. Frankfurt am Main: Suhrkamp.

Luhmann, N. (1992): Die Wissenschaft der Gesellschaft. Frankfurt am Main: Suhrkamp.

Morozov, E. (2013): To save everything, click here. The Folly of Technological Solutionism. New York: PublicAffairs.

Paletschek, S. (2002): Die Erfindung der Humboldtschen Universität. Die Konstruktion der deutschen Universitätsidee in der ersten Hälfte des 20. Jahrhunderts. In: Historische Anthropologie 10, S. 183–205.

Plessner, H. (1983/1968): Der kategorische Konjunktiv. Ein Versuch über die Leidenschaft. In: Plessner, H.: Conditio humana. Gesammelte Schriften VIII. Frankfurt am Main: Suhrkamp, S. 338–352.

Scheler, M. (1926): Universität und Volkshochschule. In: Ders.: Die Wissensformen der Gesellschaft. Leipzig: Der Neue-Geist Verlag, S. 489–537.

Schleiermacher, F. D. W. (1838): Hermeneutik und Kritik mit besonderer Beziehung auf das Neue Testament. In: Lücke, F. (Hrsg.): Aus Schleiermachers handschriftlichem Nachlasse und nachgeschriebenen Vorlesungen. Berlin: Reimer.

Soeffner, H.-G. (2004/1989): Auslegung des Alltags – Der Alltag der Auslegung. Zur wissenssoziologischen Konzeption einer sozialwissenschaftlichen Hermeneutik. (2., durchges. u. erg. Auflage). Konstanz: UVK.

Soeffner, H.-G. (2010): Symbolische Formung. Eine Soziologie des Symbols und des Rituals. Weilerswist: Velbrück.

Stichweh, R. (1984): Zur Entstehung des modernen Systems wissenschaftlicher Disziplinen. Physik in Deutschland 1740–1890. Frankfurt am Main: Suhrkamp.

Stichweh, R. (2013/1993): Wissenschaft, Universität, Profession. Soziologische Analysen (Neuauflage). Bielefeld: transcript.

Strohschneider, P. (2010): Einheit der Wissenschaften. In: Sellin, V. (Hrsg.): Das Europa der Akademien. Heidelberg: Winter, S. 147–170.

Strohschneider, P. (2014): Zur Politik der Transformativen Wissenschaft. In: Brodocz, A./Schmidt, R./Schulz, D./Schulze-Wessel, J. (Hrsg.): Festschrift für Hans Vorländer. Wiesbaden: VS Verlag [in Vorbereitung].

Warning, R. (2009): Heterotopien als Räume ästhetischer Erfahrung. München: Fink.

Weingart, P. (2003): Wissenschaftssoziologie. Bielefeld: transcript.

Wilholt, T. (2012): Die Freiheit der Forschung. Begründungen und Begrenzungen. Berlin: Suhrkamp.

Georg Vobruba

# Von Gott zum Gleichgewicht
Zu den Anfängen des ökonomischen Denkens
der Gegenwart

## Einleitung

Ökonomisches Wissen ist für die Soziologie unter anderem aus den folgenden Gründen interessant. Erstens stellt die Ökonomie den ältesten Bestand an Wissen über die moderne Gesellschaft dar. Die Analyse der Entstehung und Entwicklung ökonomischen Wissens bietet darum einen Zugang zum Verständnis des Denkens in der Moderne in einem weiten historischen Zeithorizont. Zweitens ist ökonomisches Wissen gesellschaftlich hoch relevant. Denn ökonomisches Wissen bezieht sich im Kern auf Güterknappheit, und damit auf einen gesellschaftlichen Grundtatbestand, der sich in zahlreichen soziologisch relevanten sozialen Phänomenen – Ungleichheit, Interessenkonflikte, Armut, Arbeit, Geld etc. – manifestiert. Aus diesem Zusammenhang wiederum leitet die Ökonomie eine breite Zuständigkeit für Gesellschaftsinterpretation ab. Drittens hat ökonomischer Sachverstand ein Naheverhältnis zu gesellschaftlich dominanten Interessen und verfügt über relativ direkte Zugänge zu politischen Entscheidungsinstanzen. Die Ökonomie beansprucht nicht nur, relevantes Wissen über die Gesellschaft anzubieten, sie wird auch auf kurzem Wege selbst gesellschaftlich relevant.

Das ökonomische Denken der Gegenwart verfügt über einen präzise bestimmbaren epistemologischen Kern: das Gleichgewicht. Alle ökonomischen Theorieansätze beziehen sich auf eine Gleichgewichtsvorstellung, die meisten positiv, einige heterodoxe Ansätze abgrenzend negativ. So oder so macht die Vorstellung von interdependenten Gleichgewichtsprozessen die disziplinäre Identität der Ökonomie aus. Darum ist die Frage: Woher kommt das eigenartig zwingende ökonomische Gleichgewichtswissen? Und in welcher Weise bestimmt die Gleichgewichtsvorstellung das ökonomische Wissen?

In den folgenden Überlegungen geht es nicht um aktuelle wirtschaftliche Probleme. Selbstverständlich ist die Welt voll ökonomischer Schwierigkeiten; vor allem die Krise der gemeinsamen europäischen Währung samt all ihren Folgeproblemen stellt nun schon seit Jahren eine gewaltige ökonomische und politische Herausforderung dar. Unverkennbar ist, dass in der Eurokrise hohe Erwartungen an die Ökonomie adressiert wurden. Ebenfalls sehr deutlich ist, dass die Ökonomie, jedenfalls mit ihrer gegenwärtigen Theorieausstattung, von diesen Erwartungen weit überfordert war (abwägend dazu Spahn 2013). Zwei Indizien: Auf dem Höhepunkt der Eurokrise wurden Auffassungsunterschiede innerhalb des deutschsprachigen ökonomischen Sachverstandes nicht auf dem Wege wissenschaftlicher Diskurse, sondern über rivalisierende Unterschriftenlisten ausgetragen. Und führende US-amerikanische Ökonomen sehen sich dem Verdacht ausgesetzt, mit ihren Analysen eher die exklusive Stellung des US-Dollars als Weltreservewährung und die damit verbundenen Vorteilen für die US-Wirtschaft zu verteidigen, als Wissenschaft zu betreiben. Tatsächlich hat sich in den letzten Jahren ein Unbehagen an der Ökonomie entwickelt, das über ideologiekritikartige Einwände weit hinaus geht. Die Einwände laufen also nicht schlicht darauf hinaus, dass die Ökonomie als Wissenschaft mit ihren Handlungsempfehlungen partikularen Interessen entgegenkommt. Die Kritik richtet sich vielmehr darauf, dass diese Wissenschaft nicht in der Lage ist, ein angemessenes Bild der Realität zu konstruieren; ja, dass sie selbst Anteil an der Entstehung jener Probleme hat, zu deren Lösung sie sich anbietet. Solche Bedenken werden gegenwärtig breit als Kritik der Formalisierung, der Mathematisierung und der Modellbildung in der Ökonomie vorgetragen.

Undeutlich sind bisher freilich mögliche Alternativen. Ich sehe hier von eher wissenschaftsfernen Entwürfen wie Abschaffung der Geldwirtschaft, solidarischer Ökonomie und Ähnlichem ab. Solche Ideen tauchen regelmäßig im Kontext tief greifender ökonomischer Krisen auf. Sie mögen interessante Denkexperimente sein, mögen kleine Kreise von engagierten Aktivisten beschäftigen, aber sie tragen weder zum Verständnis noch zum Funktionieren des modernen kapitalistischen ökonomischen Weltsystems etwas bei. Darum aber geht es; denn: wir haben kein anderes und – man mag dies schlecht oder gut finden – seine Ablösung ist nicht in Sicht.

Ich befasse mich hier also weder mit der Diskussion aktueller ökonomischer Probleme noch mit ökonomischen Alternativentwürfen. Es geht um die Frage, wie die Ökonomie ihr Bild von Wirklichkeit konstruiert. Genauer: Es geht mir hier um die Frage, wie die Ökonomie zu ihrer Gleichgewichtsvorstellung gekommen ist, und wie das Gleichgewichtsdenken die ökonomische Theorieentwicklung bestimmt hat. Es geht also nicht um jede Art ökonomischen Denkens, wohl aber um das dominante Paradigma: Ohne die Basisidee, dass die wirtschaftlichen Prozesse immer wieder auf Gleichgewichte zustreben, lässt sich keine Wissenschaft vom ökonomischen System als einer abgrenzbaren und identifizierbaren Entität denken. Darum ist die Gleichgewichtsidee der epistemologische Kern der Ökonomie. Wo kommt die Gleichgewichtsidee her?

## Ursprünge

Im Übergang vom traditional-mittelalterlichen zum modernen Weltbild verlor die Gesellschaft ihren Baldachin (Soeffner 2000, S. 11). Es musste eine tief beunruhigende Entdeckung gemacht werden: Menschen verfolgen egoistische Interessen, und es ist kein übergeordnetes Prinzip verfügbar, kein absoluter Bezugspunkt, in dem die Antagonismen in einem übergeordneten, voraussetzbaren Ganzen aufgehoben werden. Die Interessen werden von keinen allgemein gültigen Wertmaßstäben kontrolliert und sind in keinerlei übergreifenden, versöhnenden Weltenplan eingebunden. Es ist dies die gesellschaftliche Seite der „Entzauberung der Welt". Zeitgenössischen Beobachtern musste dies brüchig Werden einer traditionalen normativ geordneten Welt als bedrohliches Chaos erscheinen.

Die Orientierungsnöte trieben damals seltsame Blüten. Domenico Scandella, genannt Menocchio, lebte im 16. Jahrhundert in Montereale im Friaul. Zum Verhängnis wurde ihm, dass er seine Bemühungen um eine Ordnungskonstruktion der Welt in seinem Dorf, in dem er Müller und eine Zeit lang Bürgermeister war, öffentlich vortrug und dass er in die Hände der Inquisition geriet.

> „Ich habe gesagt, dass was meine Gedanken und meinen Glauben anlanget, alles ein Chaos war, nämlich Erd', Luft, Wasser und Feur durcheinander. Und jener Wirbel wurde also eine Masse, gerade wie man den Käse in der Milch macht, und darin wurden Würm', und das waren die Engel. Und die allerheiligste Majestät wollte, dass das Gott und die Engel wären. Und unter dieser Zahl von Engeln, da war auch Gott, auch der wurde zur selbigen Zeit erschaffen aus jener Masse, und er ward zum Herrn gemacht mit vieren Hauptleut: Luzifer, Michael, Gabriel und Raffael" (Ginzburg 1979, S. 30).

Deutlicher kann der Begründungsnotstand, der durch den beginnenden Verfall des absolutistischen Weltbildes (Dux 2000) entstand, kaum werden: Gott ist nicht mehr vorausgesetzt, sondern wird selbst erschaffen. Gott wird Gegenstand eines kausalen Erklärungsversuchs. Der Versuch freilich bleibt in dem Rahmen, den das traditional-absolutistische Weltbild setzt: Die Erklärung rekurriert auf eine „allerheiligste Majestät". Aber auch auf diese lauert nun die Frage: „Und woher...?" Für Menocchio war sein Nachdenken tödlich. Er wurde etwa zur selben Zeit hingerichtet wie Giordano Bruno, auf ausdrückliche Anordnung aus dem Vatikan (Ginzburg 1979, S. 174). Der Bedarf an einer neuen Ordnungsvorstellung aber blieb.

Das ist die Weltbild-Konstellation etwa ab dem Beginn des 16. Jahrhunderts. Es ist bezeichnend, dass damals die Uhr und, etwas später, die Waage als Metaphern von Weltordnung in Mode kamen (Mayr 1987). Man konstruierte und bewunderte sie als Mechanismen, die, wenn sie erst einmal durch einen externen Anstoß in Gang gesetzt sind, aufgrund einer inneren Dynamik funktionieren.

„Der maschinale Kosmos als Ganzes findet noch eine Letztbegründung durch einen planenden Schöpfer; die innere Struktur dieses Kosmos hingegen zeigt Merkmale der Umstellung der Begründungsform. Der Schöpfungsakt durch den göttlichen Mechaniker-Ingenieur bleibt der subjektivischen Ursprungslogik verhaftet; die Weltmaschine als geschlossener regelhafter Funktionszusammenhang deutet hingegen bereits die neue relationale Logik aus" (Remmele 2003, S. 260).

In dem Maße, in dem innerweltlichen Prozessen Verursacherqualitäten zugebilligt werden, muss die Position Gottes zunehmend transzendent werden (vgl. mit Blick auf Newtons Denken Freudenthal 1982, S. 277 f.). Der absolutistische Bezugspunkt der traditionalen Logik wird nicht aufgelöst, rückt aber als letzte Ursache in immer größere Entfernung von der Welt.

Die Uhr war wohl das prominenteste Bild für einen Mechanismus, der, nachdem er von einer übergeordneten Instanz zusammengesetzt worden ist, lange Zeit von selbst läuft. Solange sie funktioniert, symbolisiert sie eine sich selbst überlassene Dynamik.[1] Erst wenn die Uhr in ihrem Lauf stockt und wenn sie schließlich zu Bruche geht, wird der „unbewegte Beweger", der sie in Gang gesetzt hat, wieder für sie zuständig. In der Trauerelegie für eine junge Frau im Jahr 1610 heißt es: „Müssen wir aber sagen, sie sei tot? Kann man nicht sagen, dass sie, so wie eine Uhr, die entzweigegangen ist, in ihre Teile zerlegt wird, nicht um für immer verloren zu sein, sondern um von der Hand des Uhrmachers wieder aufpoliert fehlerlos dazustehen" (zit. nach Mayr 1981, S. 65). 1610 war diese Vorstellung neu, 1830 nur noch berührend. Das populären Lied „Die Uhr" (Seidl[2]/Loewe 1830) endet so:

---

1 Was allerdings jenen als inakzeptable Reduzierung der Allmacht Gottes erscheinen musste, die ihn als unmittelbaren Antrieb hinter jeder Facette der Wirklichkeit sahen (Mayr 1981, S. 68).
2 Von Conrad Gabriel Seidl ist auch der Text jener Version der Österreichischen Kaiserhymne, die anlässlich der Vermählung von Kaiser Franz Josef I und Kaiserin Elisabeth 1854 eingeführt wurde. Alle Textversionen der Österreichischen Kaiserhymne wurden nach der Melodie gesungen, die Joseph Haydn 1796/1797 komponiert hatte, bis in die Gegenwart ist dies die Melodie der deutschen Nationalhymne.

„Doch stände sie einmal stille,
Dann wär's um sie geschehn,
Kein andrer, als der sie fügte,
Bringt die Zerstörte zum Gehn.

Dann müßt ich zum Meister wandern,
Der wohnt am Ende wohl weit,
Wohl draußen, jenseits der Erde,
Wohl dort in der Ewigkeit!

Dann gäb ich sie ihm zurücke
Mit dankbar kindlichem Flehn:
Sieh, Herr, ich hab nichts verdorben,
Sie blieb von selber stehn."

Parallel zu der Vorstellung von Gott als Uhrmacher, der hinter den Mechanismus zurücktritt und ihn in der Zeit sich selbst überlässt, entwickelte sich die Auffassung, dass man die Zeit nutzen müsse, um sie nicht unwiederbringlich verloren gehen zu lassen. Verlorene Zeit war vor allem eine Sorge der Unternehmer, wenn es um die Zeit der Arbeiter ging.

„Wenn ich meine Arbeiter am Samstagabend hereinrufe, um sie auszuzahlen, denke ich oft an den schreckenvollen Tag der großen letzten Abrechnung [...] Wenn ich sehe, dass einer meiner Arbeiter nicht den Lohn erreicht hat, den er hätte verdienen können [...] kann ich nicht anders als mir zu sagen, der Abend ist gekommen, Samstagabend ist gekommen. Keine Reue und kein Fleiß dieser armen Männer kann jetzt die Arbeit einer schlechten Woche wiedergutmachen." (H. Moore 1830; zit. nach Thompson 1980, S. 57f.)

Eine Schwundform der traditional-absolutistischen Logik findet sich noch in der Mitte des 20. Jahrhunderts im Artikel „Capitalism" von Werner Sombart in der Enzyclopedia of Social Sciences: „Wenn der moderne wirtschaftliche Rationalismus einem Uhrwerk gleicht, muß es jemanden geben, der es aufzieht" (zit. nach Thompson 1980, S. 65). Hier tritt der Unternehmer an die Stelle Gottes. Man sieht: Einerseits entwickelt sich die moderne relationale Logik der Welterklärung im Schutz des traditional-absolutistischen Denkens, andererseits erhalten sich eben deshalb Reste dieser Logik.

Die Waage als gesellschaftliche Ordnungskonstruktion ging darüber hinaus. Mit ihr wurde die Idee der Selbstregulierung als Gegensatz zu autoritären Ordnungskonstruktionen transportiert. Die Waage als Metapher war schon in der Antike geläufig. Damals war sie „Metapher der Unterscheidung, der Entscheidung und des Urteils" (Mayr 1981, S. 170). Dieses Bild hat eine klar normative Konnotation. Im Übergang zur Neuzeit wurde das Bild samt der normativen Konnotation wieder aufgenommen – und keineswegs durch eine empirische Gleichgewichtsvorstellung ersetzt, sondern mit ihr angereichert. Dadurch geriet das Waage-Bild in eine eigenartige Stellung zwischen normativem Anspruch und Tatsachenbehauptung. Nur so ist erklärbar, wieso im Diskurs des 16. Jahrhunderts die Waage ohne Weiteres mit Gleichgewicht assoziiert werden konnte. Denn man muss bedenken: Das Gleichgewicht ist für eine Waage eine voraussetzungsvolle Konstellation und eher die Ausnahme als die Regel. Das gilt erst recht für einen Gleichgewichtsmechanismus, also einen Mechanismus, durch den sich immer wieder Gleichgewichte herstellen. Denn eine Waage kann ein Gleichgewicht autonom ja nicht herstellen. Dazu muss die Waage um einen negativen Rückkoppelungsmechanismus ergänzt werden. Das ist ein Mechanismus, der beim Auftreten von Ungleichgewichten einen Abbau von deren Ursachen bewirkt. Eine solche Einheit aus Waage und Rückkoppelungsmechanismus ist eine voraussetzungsvolle Vorstellung. Es konnte der zeitgenössischen Beobachtung im 16. Jahrhundert kaum entgangen sein, dass es höchst unplausibel ist, das Bild der Waage mit einem autonom wirksamen Gleichgewichtsmechanismus voraussetzungslos gleichzusetzen. Dass diese Voraussetzung damals dennoch übergangen wurde, hat, wenn ich recht sehe, zwei Ursachen: Zum einen wurde die Gleichgewichtsidee in einer Zwischenlage von normativem Anspruch und empirischer Behauptung entwickelt. Das war im Rahmen des traditionalen Weltbildes ohne weiteres möglich. Denn: Wenn alles, Sein und Sollen, in einem absoluten Bezugspunkt konvergiert, dann ist die Differenz zwischen Sein und Sollen dort aufgehoben – was ist, soll auch so sein. Etwas anderes lässt sich einem allmächtigen Verursacher nicht zuschreiben. Und zum anderen wurde die Gleichgewichtsvorstellung als politisches Programm der Selbstregulierung vorgetragen. Also musste der Aspekt des automatischen Ausgleichs in den Vordergrund gestellt werden (Mayr 1981, S. 169f.).

Das Bild der Waage und des Gleichgewichts kam später als die Uhr als gesellschaftliche Ordnungskonstruktionen in Gebrauch und richtete sich manchmal direkt gegen die eher autoritäre Uhrvorstellung. Die Gleichgewichtsvorstellung hat eine Tradition als politisches Handlungskonzept, die bis in die griechische Antike zurück reicht. In der Neuzeit wurde die „balance of powers" vor allem als Doktrin der britischen Außenpolitik prominent (Polanyi 1977, S. 19f.). Die Gleichgewichtsidee wurde von David Hume (1987) als außenpolitische und außenhandelspolitische Maxime vertreten und von Adam Smith in das ökonomische Denken integriert. Das Gleichgewicht als epistemologischer Kern hat die Entwicklung des ökonomischen Wissens von der Klassik über die Neoklassik bis zu den gegenwärtigen Theorieangeboten entscheidend bestimmt und die konsequente Wendung der

Ökonomie zu einer modernen, empiriebasierten Sozialwissenschaft verhindert.

Vor allem zwei Personen müssen genannt werden, welche die Gleichgewichtsvorstellung in das Denken über Gesellschaft übertrugen: Bernard Mandeville und Adam Smith. Mandeville (1670–1733), geboren in Belgien, lebte überwiegend in London. Er war Arzt und Philosoph, verfasste zahlreiche, eher zur Unterhaltung gedachte Schriften und hatte einen Hang zur Provokation. Seine bei weitem berühmteste Schrift ist „Die Bienenfabel". Es handelt sich dabei ursprünglich um ein satirisches Lehrgedicht, das er später um Erklärungen und Kommentare erweiterte, ja erweitern musste, da sich die Gerichte mit dem Gedicht befassten.

## Gleichgewichtsprozesse

Im Jahr 1724 schildert Mandeville in seinem Gedicht eine Gesellschaft, in der von einer traditionalen Ordnung keine Rede sein kann. Ein paar kurze Beispiele:

„Die Advokaten waren groß
Im Rechts-Verdrehen und suchten bloß
Statt zu versöhnen die Parteien,
Sie immer mehr noch zu entzweien,
[…]
Sie zogen die Prozesse hin,
Um hohe Sporteln einzuziehn;

Den Ärzten, wurden sie nur reich,
War ihrer Kranken Zustand gleich.
Aufs Heilen gaben sie nicht viel,
Sie setzten sich vielmehr zum Ziel,
Durch eifriges Rezepte-Schreiben,
Des Apothekers Freund zu bleiben.

Minister dienten zwar den Königen,
Doch Treue fand man nur bei wenigen;
Da dienend nur sich selbst sie nützten,
Bestahl'n den Thron sie, den sie stützten."

Jedoch:
„Trotz all dem sündigen Gewimmel
War's doch im ganzen wie im Himmel.

[...]
Der Allerschlechteste sogar
Fürs Allgemeinwohl tätig war."

Was genau machte dieses Gedicht zum Skandal? Dass Minister korrupt und Ärzte geldgierig sein können, wusste man schon vorher. Dennoch sah es das Obergericht von Middlesex als geeignet an, „alle Religion und bürgerliche Gesellschaft" (Mandeville 1980, S. 13) umzustürzen. Und Bischof George Berkeley (1723, zit. nach Pribram 1992; S. 235) bezeichnete es als „das böseste Buch, das es je gab". Das Skandalöse war, dass es auf gute individuelle Absichten nicht ankommt, weil hinter den Akteuren ein Mechanismus wirkt, der aus allen Arten von Absichten gute Effekte macht. Mandeville zog den Gedanken, dass sich aus dem Zusammenwirken von egoistischen Handlungen ein gemeinsames Bestes herstellt, freilich noch nicht konsequent durch, und zwar in zweierlei Hinsicht. Zum einen trägt nicht jedes Laster zum Gemeinwohl bei. In Vorwegnahme kreislauftheoretischer Vorstellungen nennt er „Verschwendung [...] die nobelste der Sünden [...] jenes liebenswürdige, gutmütige Laster, das den Schornstein rauchen und den Kaufmann gedeihen läßt" (Mandeville 1980, S. 150). Implizit unterscheidet er also Formen des Egoismus, die in Gemeinwohl transformierbar sind, von anderen, bei denen dies nicht der Fall ist. Und zum anderen ist es nur in vorletzter Instanz ein subjektloser Mechanismus, der hinter dem Rücken der egoistischen Akteure aus individuellen Lastern das gemeinsame Beste herstellt. Dahinter steht immer noch Gott. Mandeville stellt seine anschauliche Darstellung eines gesellschaftlichen Ausgleichs noch in einen traditionalen Rahmen: Gerade die Existenz dieses selbsttätigen Ausgleichsmechanismus, so schließt sein eigener, zu seiner Verteidigung gedachter, späterer Kommentar zum Gedicht, offenbare „die unerforschliche Tiefe göttlicher Weisheit" (Mandeville 1980, S. 106).

Etwa 50 Jahre später trug Adam Smith den Gedanken gesellschaftlicher Selbstregulierung in die Ökonomie. Das Prinzip moralisch entgrenzter Interessenverfolgung wird hier bereits als Selbstverständlichkeit eingeführt und durch eine besondere Qualität ausgezeichnet: Man kann sich darauf verlassen, man kann seine Erwartungen darauf einstellen. Das ist der entscheidende Vorteil von „Interessen" gegenüber „Leidenschaften" (Hirschman 1980). Gerade das Zusammentreffen unterschiedlicher Interessen ermöglicht verlässliche Kooperation und Interessenausgleich. „Nicht vom Wohlwollen des Metzgers, Brauers und Bäckers erwarten wir das, was wir zum Essen brauchen, sondern davon, dass sie ihre eigenen Interessen wahrnehmen" (Smith 1978, S. 17). Die Verheißung in diesem wohl berühmtesten Zitat aus der Geschichte des ökonomischen Denkens lautet, dass eine Gesellschaft von Egoisten zum Wohl aller funktioniert. Denn hinter ihrem Rücken wirkt eine Kraft, welche die Interessen in Gemeinwohl transformiert, die „invisible hand". Aus Intentionen aller Art, schlechten wie auch guten, wird durch sie eine gute Gesellschaft. Die unsichtbare Hand muss also keineswegs das Gewissen abzuschaffen versuchen. Das geht nicht, denn „man gibt den Menschen kein gutes Gewissen, wenn man ihnen sagt, dass sie überhaupt keines zu haben brauchen" (Plessner 1981, S. 30). Wenn individuelle Intentionen durch soziale Mechanismen in einem qualitativ unterschiedlichen Ergebnis aufgehoben werden, verschiebt sich der Fokus moralischer Aufmerksamkeit von den Intentionen auf das Ergebnis. Es geht nicht mehr um die moralische (Selbst-)Beobachtung der individuellen Akteure, sondern um die Beobachtung des kollektiven Resultats. Diese Vorstellung hat etwas ungemein Beruhigendes. Man kann mit gutem Gewissen Egoist sein. So begann das ökonomische Gleichgewichtsdenken.

Die Gleichgewichtsidee machte in der Ökonomie eine strahlende Karriere. Ursprünglich wurde sie als ein starker Hinweis auf die Weisheit Gottes genommen, später als ein Zustand, der zwar nicht immer Realität ist, auf den die Ökonomie aber immer zustrebt – wenn man sie nur lässt. Entscheidend für die langfristige Entwicklung ökonomischen Wissens ist, dass praktische Erfahrungen, die mit der Gleichgewichtsidee nicht vereinbar waren, nicht zu einer Revision der Idee, sondern zu ihrer zunehmenden Immunisierung gegen eine schlechte Wirklichkeit führten, sowie zu Versuchen, die Wirklichkeit nach der Idee zu gestalten. Das ist die Folge der fortgesetzten Wirksamkeit der Mittellage der Gleichgewichtsidee zwischen Normativität und Empirie.

## Handeln

Der Übergang vom traditional-vormodernen zum modernen Weltbild hatte noch eine weitere entscheidende Konsequenz: Das Individuum als kleinstes identifizierbares Element der Gesellschaft wurde entdeckt (Freudenthal 1982; Soeffner 2010, 71 f.); oder, wenn man Vorformen in der Antike in Rechnung stellen will, wiederentdeckt. Es war ein langer Weg von der Einsicht der Renaissance, dass die Gesellschaft aus Individuen als ihren kleinsten Teilen besteht, über die Auffassung von Individuen als Exekutoren ihnen vorausgesetzter gesellschaftlicher und historischer Gesetzmäßigkeiten (bei Marx) bis zu einer Sicht auf die Leute als eigensinnige Subjekte. Sie handeln unter sozialen Bedingungen, also innerhalb eines vorauszusetzenden Rahmens, der aber ihr Handeln keineswegs determiniert. Genau daraus ergibt sich der Freiheitsgrad, der individuelles Handeln zum eigenständigen und zentralen Gegenstand sozialwissenschaftlicher Forschung und zum Kriterium von Hypothesenprüfungen macht. Diese Konsequenz, die erst relativ spät gesehen wurde, legt das Denken über Gesellschaft auf „methodischen Individualismus" fest. Das bedeutet: Erklärungen sozialer Sachverhalte müssen über das Handeln der Leute in der Gesellschaft, also real existierender Akteure, geführt werden, und die Frage nach Handlungsursachen und Handlungsfolgen müssen empirieoffen, also: als widerlegbare Behauptungen, gestellt werden und können genau darum nicht mit axiomatischen Annahmen über Handlungsdispositionen des Individuums beginnen.

Diese Denkkonstellation war zur Zeit der Wende zum 20. Jahrhundert weitgehend ausgereift. Aber ironischer Weise trug sie zur Entwicklung der Gleichgewichtsökonomie zu einer empiriefernen Wissenschaft entscheidend bei. Warum? Die Ökonomie musste auf die Entwicklung eines modernen Wissenschaftsverständnisses reagieren, das im Kern den Anspruch etablierte, dass theoretische Behauptungen an der Wirklichkeit zu überprüfen sind. Diese Entwicklung ging von den Naturwissenschaften aus und erfasste, über die Sozialmedizin und Sozialpolitik, dann die Gesellschaftswissenschaften bzw. die Soziologie, die sich um die Jahrhundertwende rasch professionalisierte. Die Entwicklung des Denkens über Gesellschaft führte bekanntlich unmittelbar zum Werturteilsstreit, in dem sich die Differenz zwischen Sein und Sollen als methodische Basisunterscheidung etablierte, hinter die niemand mehr ernsthaft zurück kann.

Dies konnte für die Ökonomie nicht ohne Folgen bleiben. Die Grenznutzenschule stellt den Versuch dar, Gleichgewicht und Handeln unter einen Hut zu bringen. Also: Das Gleichgewichtsaxiom nicht reiner Normativität zu überantworten und damit seinen wissenschaftsinternen Stellenwert preiszugeben. Wie dringend das Anliegen war, die Gleichgewichtsökonomie mit einem modernen empiriebasierten Wissenschaftsverständnis kompatibel zu machen, mag man daran sehen, dass dies weitgehend unabhängig voneinander von drei „Schulen" versucht wurde. Das waren die Cambridge School (Jevons; Marshall), die Lausanner Schule (Walras) und die österreichische Schule (Menger; Böhm-Bawerk).

Die Grenznutzenschule lässt die Idee eines den Dingen immanenten Wertes, um den die Warenpreise oszillieren und auf den sie sich tendenziell einpendeln, fallen. An ihre Stelle tritt der Versuch einer handlungstheoretischen Preisbestimmung. Damit muss sich Gleichgewichtsdenken der empirischen Tatsache stellen, dass nicht jede Art ökonomisch relevanten Handelns gleichgewichtskompatibel ist. Dies stellt die Ökonomie vor die Wahl, entweder das Gleichgewichtsaxiom in Frage zu stellen, oder sich gegen Empirie zu immunisieren. Während die nun aufkommende Soziologie sich als der Empirie verpflichtete Wissenschaft versteht, zwingt das Gleichgewichts-Apriori die Ökonomie zur entgegengesetzten Attitüde. Die handlungstheoretische Unterfütterung der Gleichgewichtstheorie misslingt, die handlungstheoretischen Annahmen werden dem Gleichgewichtsaxiom untergeordnet.

Zwar rekurriert die ökonomische Theorie auf subjektseitige Präferenzen, dabei aber handelt es sich nicht um empirisch vorfindbare Handlungsdispositionen als Hypothesen, sondern um fest stehende Annahmen. Carl Menger (1883) verpackte diese Annahmen als quasi-anthropologische Konstanten und hoffte, daraus eine exakte Wissenschaft politische Ökonomie analog den Naturwissenschaften entwickeln zu können (Hofmann 1964, S. 139). Ähnlich beharrten Ludwig von Mises und andere Vertreter der österreichischen Schule darauf, „dass sich bestimmte Sätze der Praxeologie von selbst verstünden und universell wahr seien, da sie schon im menschlichen Handeln als solchem lägen, somit ihrem Wesen nach apriorisch seien" (Pribram 1992, S. 783). Dabei ist nicht entscheidend, ob solche Annahmen von Fall zu Fall zutreffen oder nicht. An dieser falsch gestellten Frage arbeitete sich der ältere Methodenstreit ab. Entscheidend ist, dass die Handlungsannahmen a priori auf das zu begründende Ergebnis, ein Gleichgewicht, zugeschnitten sind. Aus dem Gleichgewichtsapriori müssen apriorische Handlungsannahmen folgen. Das erzwingen die Reste der traditionalen Logik in dieser Theoriekonstruktion, die ein Gleichgewicht immer schon voraussetzt. Die Ökonomie macht damit endgültig ihre präskriptive Wende: Wenn Theorie und Wirklichkeit nicht übereinstimmen – schlecht für die Wirklichkeit. Für einzelne Wissenschaftler war dies zugleich eine biographische Entscheidungssituation. Wilfredo Pareto entwickelte sich durch sie vom Ökonomen zum Soziologen (Bach 2004).

Der Innovationsschub der Grenznutzentheorie führte die Ökonomie im Effekt noch weiter von der Empirie weg. Damit ging am Beginn der 20. Jahrhunderts die Ökonomie in das Stadium über, nicht mehr die Theorie an der Wirklichkeit zu prüfen, sondern zu verlangen, dass die Wirklichkeit an der Theorie ausgerichtet werde. Dies bringt die Gleichgewichtstheorie in eine zwiespältige Position zur Politik: Sie muss versuchen, sich mit der Politik gegen politische Interventionen in das ökonomische System zu verbünden.

Der grenznutzentheoretische Versuch, die Makrobehauptung, es gäbe eine grundsätzliche Gleichgewichtstendenz, mit den Mikronutzenkalkülen der individuellen Marktteilnehmer zu versöhnen, scheiterte. Und er musste scheitern. Denn ein Theoriegebäude, das auf einer a priori-Festlegung auf Gleichgewicht beruht, hat keinen Platz für einen empirisch offenen Handlungsbegriff. Das Gleichgewichtsaxiom determiniert das Handeln der Leute, auch wenn die Gleichgewichtstheoretiker dies nicht wollen. Theorielogiken sind gnadenlos.

John Maynard Keynes (1936, S. 207f.) modifizierte das ökonomische Verständnis von Gleichgewicht. Sein entscheidendes Kriterium ist nicht mehr Markträumung. Gleichgewicht nennt er eine Konstellation, die stabil ist, weil von ihr keine Signale und Anreize für die Marktakteure ausgehen, ihr Verhalten zu ändern. Die entscheidende Innovation von Keynes besteht somit darin, den Gleichgewichtsbegriff seiner positiven Konnotation zu entkleiden: Der stabile Gleichgewichtszustand ist keineswegs zwingend im Allgemeininteresse. Keynes überwindet damit das moralphilosophische Erbe im Gleichgewichtsdenken. Gleichwohl hält sich das Gleichgewichtsaxiom als epistemologischer Kern der Ökonomie durch.

Selbstverständlich wurden immer wieder Anläufe unternommen, das Gleichgewichtsaxiom mit einem empirisch gehaltvollen Handlungsbegriff zu verbinden. Aber alle, auch noch so elaborierten Versuche, zeigen: Eine Theorie, die Handlungsergebnisse axiomatisch setzt, hat für eigensinniges Handeln keinen Platz. Konsequent konzediert Frank Hahn (1981, S. 253), bestimmt einer der reflektiertesten neueren Gleichgewichtstheoretiker, er habe keine Theorie anzubieten, die Handeln abseits von Gleichgewichtsprozessen erfassen könne.

## Schluss

Die Ökonomie ist als Wissenschaft im Strukturwandel der Weltbilder zur Moderne entstanden. Ihre Lage zwischen vormodernem und modernem Denken zeigt sich an der Unentschiedenheit der Gleichgewichtsvorstellung zwischen Normativität und Empirie. Dies hat sie bis heute geprägt (Vobruba 2012). Einerseits hält die Ökonomie von Anfang an Distanz zu der einfachen Vorstellung, dass sich alles was ist, einer dahinter stehenden Intention zurechnen lässt. Die Ökonomie lässt also das traditionale Weltbild, in dem sich Intentionen 1:1 in Effekte umsetzen, hinter sich und konstruiert ihre Gegenstände von Anfang an als Prozesse. Das Marktmodell ist der ökonomische Beitrag zum modernen Prozessverständnis der Welt. Das ist ihre genuin moderne Seite. Andererseits aber stabilisierte sich das ökonomische Denken an der Gewissheit, dass solche Prozesse immer wieder einen Ausgleich, ein Gleichgewicht, ein gemeinsames Bestes hervorbringen. Diese Gewissheit ist der Ausdruck eines absoluten Willens, der hinter den Prozessen waltet. Das ist der Rest traditionalen Denkens, den die Gleichgewichtsökonomie nie ganz überwunden hat. Mein Argument lautet nicht, dass es empirisch keine Gleichgewichtsprozesse gibt. Mein Argument ist, dass Gleichgewichte eine empirische Möglichkeit unter mehreren sind. Um dies zu erfassen, muss man allerdings die Gleichgewichtstheorie empirisch falsifizierbar formulieren. Und mein Anschlussargument lautet, dass die Ökonomie darauf hinarbeiten muss, unterscheidbar zu machen, unter welchen gegenstandsinternen Bedingungen Gleichgewichtsprozesse wahrscheinlich und welche Prozessmuster ansonsten zu erwarten sind. Die Ökonomie könnte sich also weiter entwickeln, indem sie Vermutungen über Regelmäßigkeiten (also: Hypothesen) entwickelt, unter welchen Bedingungen welche Regelmäßigkeiten auftreten, und wann überhaupt Regelmäßigkeiten empirisch zu erwarten sind.

Die Ökonomie entstand historisch als die erste Sozialwissenschaft im Umbruch vom traditionalen Denken zum Weltbild der Moderne. Sie hat einiges an modernem Denken früh formuliert, trägt aber nach wie vor schwer am Ballast traditionaler Denkreste.

## Literatur

Bach, M. (2004): Jenseits des rationalen Handelns. Zur Soziologie Vilfredo Paretos. Wiesbaden: VS.

Dux, G. (2000): Historisch-genetische Theorie der Kultur. Weilerswist: Velbrück.

Freudenthal, G. (1982): Atom und Individuum im Zeitalter Newtons. Frankfurt am Main: Suhrkamp.

Ginzburg, C. (1979): Der Käse und die Würmer. Die Welt eines Müllers um 1600. Frankfurt am Main: Syndikat EVA.

Hahn, F. H. (1981): Keynessche Theorie und allgemeine Gleichgewichtstheorie. Überlegungen zu einigen aktuellen Debatten. In: Hagemann, H./Kurz, H. D./Schneider, W. (Hrsg): Die Neue Makroökonomik. Marktungleichgewicht, Rationierung und Beschäftigung. Frankfurt am Main/New York: Campus, S. 240-259.

Hirschman, A. O. (1980): Leidenschaften und Interessen. Politische Begründungen des Kapitalismus vor seinem Sieg. Frankfurt am Main: Suhrkamp.

Hofmann, W. (1964): Sozialökonomische Studientexte. Bd. I. Berlin: Duncker & Humblot.

Hume, D. (1987/1742): Essays. Moral, Political, and Literary. Indianapolis: Liberty Classics.

Keynes, J. M. (1936): Allgemeine Theorie der Beschäftigung, des Zinses und des Geldes. Berlin: Duncker & Humblot.

Mandeville, B. (1980/1724): Die Bienenfabel. Frankfurt am Main: Suhrkamp.

Mayr, O. (1987): Uhrwerk und Waage. Autorität, Freiheit und technische Systeme in der frühen Neuzeit. München: C. H. Beck.

Menger, C. (1883): Untersuchungen über die Methode der Socialwissenschaften, und der politischen Ökonomie insbesondere. Leipzig: Duncker & Humblot.

Plessner, H. (1981/1924): Grenzen der Gemeinschaft. Eine Kritik des sozialen Radikalismus. In: Helmuth Plessner, Gesammelte Schriften V. Frankfurt am Main: Suhrkamp, S. 11-133.

Polanyi, K. (1977/1944): The Great Transformation. Wien: Europa Verlag.

Pribram, K. (1992): Geschichte des ökonomischen Denkens. Frankfurt am Main: Suhrkamp.

Remmele, B. (2003): Das Maschinenparadigma im Umbruch der Logiken. In: Wenzel, U./Bretzinger, B./Holz, K. (Hrsg.): Subjekte und Gesellschaft. Zur Konstitution von Sozialität. Weilerswist: Velbrück, S. 259-276.

Seidl, J. G. (Text)/Loewe, J. K. G. (Melodie) (1830): Die Uhr. http://ingeb.org/Lieder/ichtrage.html

Smith, A. (1978/1789): Der Wohlstand der Nationen: München: dtv.

Soeffner, H.-G. (2000): Gesellschaft ohne Baldachin. Über die Labilität von Ordnungskonstruktionen. Weilerswist: Velbrück.

Soeffner, H.-G. (2010): Symbolische Formung. Eine Soziologie des Symbols und des Rituals. Weilerswist: Velbrück.

Spahn, P. (2013): Subprime and Eurocrisis: Should We Blaime the Economists? FZID Discussion Paper 83-2013. Universität Hohenheim: http://opus.ub.uni-hohenheim.de/volltexte/2013/896/pdf/fzid_dp_2013_83_spahn.pdf

Thompson, E. P. (1980/1967): Zeit, Arbeitsdisziplin und Industriekapitalismus. In: Thompson, E. P.: Plebeische Kultur und moralische Ökonomie. Berlin: Ullstein, S. 33–66.

Vobruba, G. (2012): Kein Gleichgewicht. Die Ökonomie in der Krise. Weinheim, Basel: Beltz Juventa.

**Politisches**

Ulrich Beck

# Der Sozialvertrag der Europäer – eine Utopie?

## Kosmopolitisierung als Forschungsprogramm: Kritik des methodologischen Nationalismus

Hans-Georg Soeffner, dem dieser Text als Danksagung für seine großartige soziologische Leistung und Ausstrahlung gewidmet ist, formuliert in seinem Text „Fragiler Pluralismus" die signifikante Beobachtung: „dass sich Weltanschauungen, Religionen, Wertvorstellungen, nationale oder ‚ethnische' Herkunft nicht nur innerhalb eines Gemeinwesens, sondern auch ‚innerhalb' eines Individuums verschränken können und dessen Interaktionen prägen – so etwa, wenn ein bayerischer Förster zum Zen-Buddhismus konvertiert und als Meditationslehrer in den USA Novizen ausbildet. Damit steht er – in pikant variierter – Nachfolge eines bis heute prominenten, zum Christentum konvertierten Juden, der als römischer Staatsbürger zum missionarischen Wandercharismatiker wurde und Gemeinden sowohl in Kleinasien als auch in Rom gründete: Schon die pluralistische Mosaikgesellschaft des Römischen Reiches war durch solche Verschränkungen mitgeprägt [...]. Im Verlauf dieser Entwicklung definieren sich [...] die jeweiligen ‚Binnenlagen' der nationalen Gesellschaftssysteme zunehmend durch deren ‚Außenlagen'. Ohne es bewusst wahrzunehmen, stellen sich die Europäer damit zwangsläufig in jenen ‚praktischen Kulturvergleich', der allen Staaten und Gesellschaften, Händlern und Militärs, Missionaren, Entdeckungsreisenden und Auswanderern ‚von selbst' auferlegt wird, sobald sie sich in Austausch oder Auseinandersetzungen mit anderen begeben: in ein Feld von Wechselwirkungen, das vom Zwang zur Reziprozität der Perspektiven beherrscht wird" (Soeffner 2014, S. 208).

In meiner Sprache beschreibt Hans-Georg Soeffner hier einen Sachverhalt, in dem sich Kosmopolitisierung und Individualisierung überschneiden (Soeffner 2012). Wobei ich mit „Kosmopolitisierung" die verschiedenen Modi der gleichzeitigen Inklusion und Exklusion entfernter Anderer meine, oder, auf eine Formel gebracht: Der entfernte Andere ist in unserer Mitte (Beck 2006; Beck 2011).

Dieses Ineinander der Welten, die Kosmopolitisierung Europas kann nur dann in den Fokus geraten, wenn die Borniertheit des weiterhin herrschenden methodologischen Nationalismus durchbrochen wird. Denn methodologischer Nationalismus geht davon aus, dass Nation, Staat und Gesellschaft „natürliche" soziale und politische Formen der modernen Welt seien. Er nimmt eine „natürliche" Aufteilung der Menschheit in eine begrenzte Zahl von Nationen an, die sich im Innern als Nationalstaaten organisieren und nach außen hin von anderen Nationalstaaten abgrenzen. Er geht sogar noch weiter und stellt diese äußere Begrenzung im Zusammenhang mit der Konkurrenz zwischen Nationalstaaten als Zentralkategorie politischer Organisation dar. Tatsächlich ist das ganze bisherige soziologische Denken, ja sogar die soziologische Imagination, Gefangener des Nationalstaats. Und ebendieser methodologische Nationalismus hindert die Sozialwissenschaften daran, den Prozess der Kosmopolitisierung im Allgemeinen und der Europäisierung im Besonderen überhaupt ins Blickfeld der Analyse zu rücken.

Wo soziale Akteure diesem Glauben anhängen, spreche ich von einer „nationalen Perspektive"; wo er die Sicht sozialwissenschaftlicher Beobachter bestimmt, von „methodologischem Nationalismus". Und methodologischer Nationalismus ist kein Oberflächenproblem oder Schönheitsfehler. Er betrifft sowohl die Verfahren der Datenerhebung und -produktion als auch Grundbegriffe der modernen Soziologie und politischen Wissenschaft wie „Gesellschaft", „soziale Ungleichheit", „Klassen", „Familien", „Erwerbsarbeit", „Religion", „Staat", „Demokratie" und „imagined communities".

Eine Schlüsselfrage, die demgegenüber der methodologische Kosmopolitismus aufwirft, lautet: Wie können Untersuchungseinheiten jenseits des methodologischen Nationalismus gefunden und festgelegt werden, die es erlauben, die komplexen Prozesse und (Inter-)Dependenzen der Kosmopolitisierung zu erfassen und vergleichend zu analysieren? Worauf kann man die sozialwissenschaftliche Analyse beziehen, wenn man sie einerseits aus dem „Container" des Nationalstaats befreien, andererseits aber nicht zu abstrakten Konzepten der „Weltgesellschaft" Zuflucht nehmen will?

Die empirische Forschung in so unterschiedlichen Fächern wie der Soziologie, Ethnologie, Anthropologie, Geographie oder Politikwissenschaft hat in den vergangenen Jahren eine große Zahl von Konzepten entwickelt, die alle das Ziel haben, die vermeintlich „natürliche" Gleichsetzung von „Gesellschaft/Nation/Staat" aufzubrechen. Paul Gilroys Konzept des „Black Atlantic", Saskia Sassens Identifizierung der „global city", Arjun Appadurais Auffassung von „scapes", Martin Albrows Konzept des „global age" und meine eigene Analyse des „kosmopolitischen Europas" sind nur einige Beispiele für diese Forschungsrichtung (Gilroy 1993; Sassen 1991; Appadurai 1996; Albrow 2007; Beck/Grande 2004; Beck/Grande 2005).

Für den methodologischen Kosmopolitismus von besonderer Bedeutung ist die Frage nach dem Stellenwert des Nationalen und des Nationalstaats bei der Bestimmung von Untersuchungseinheiten. Die methodologisch radikalste Möglichkeit besteht darin, die nationale Rahmung der Untersuchungseinheit durch andere Fokusse zu ersetzen („replacing the national"). Wenn man den methodologischen Kosmopolitismus jedoch darauf beschränkte, würde man seine Reichweite und seine Anwendungsmöglichkeiten unzulässig einschränken. Denn die empirische Globalisierungsforschung hat längst gezeigt, dass der Nationalstaat auch im Zeitalter der Globalisierung nicht gänzlich verschwindet, sondern im Gegenteil aufgewertet wird.

Insofern ist es sinnvoll, auch die Möglichkeit in Betracht zu ziehen, dass der Nationalstaat machtvoll weiter besteht, aber seine epistemologische Monopolstellung verliert. Die methodologische Konsequenz bestünde dann darin, neue Untersuchungseinheiten zu finden, in denen das Nationale zwar enthalten ist, die aber nicht mehr deckungsgleich sind mit dem Nationalen.

Diese Einbettung des Nationalen in Prozesse der Kosmopolitisierung kann auf sehr unterschiedliche Weise geschehen. Entsprechend vielfältig sind die neuen Untersuchungseinheiten, die in dieser Variante des methodologischen Kosmopolitismus entwickelt wurden. Ein Beispiel dafür ist das Konzept der „transnationalen Politikregime" (Grande 2004, S. 384–401). Es bezieht sich auf neue Formen der transnationalen Institutionenbildung, die sich im Zusammenhang mit einer Reihe globaler Regelungsprobleme wie dem Klimawandel, dem Internet oder der Besteuerung transnationaler Unternehmen herausgebildet haben. Diese Institutionen organisieren transnationale Interaktionen, deren Grenzen nicht durch nationale Hoheitsrechte definiert werden, sondern durch ein spezifisches Regulationsproblem. Sie integrieren auf diese Weise sehr verschiedene und extrem variable Gruppen von Akteuren (öffentliche und private) und sie erstrecken sich über verschiedene territoriale Ebenen. Für eine empirische Analyse transnationaler Politik sind diese Politikregime vielfach die angemessenste Untersuchungseinheit.

Entscheidend ist hier, dass diese neuen Institutionen den Nationalstaat nicht ersetzen, sondern ihn vielmehr integrieren. Die Nationalstaaten sind in neue transnationale Regulationssysteme eingebettet, und eine der wichtigsten Aufgaben empirischer Forschung ist die Untersuchung der spezifischen Bedeutung, die sie im Rahmen dieser Institutionen annehmen. Wo der Nationalstaat nämlich seine Dominanz fortsetzt, wie wir es gegenwärtig in der internationalen Klimapolitik, ob in Kopenhagen oder Cancún, regelmäßig beobachten können, droht die transnationale Ebene zu einem bloßen „Schauplatz" des Nationalen zu verkümmern.

## Ein neuer „Contrat Social" für Europa

Die mögliche Katastrophe Europas hat man aus der Perspektive der politischen Institutionen, der Wirtschaft, der Eliten, der Regierungen, des Rechts analysiert, aber nicht aus der Perspektive des Individuums. Was bedeutet Europa für die Individuen und welche Prinzipien für einen neuen Gesellschaftsvertrag für Europa lassen sich daraus entwickeln? Einen Ansatz für eine mögliche Antwort auf diese Frage kann man bei Jean Jacques Rousseau finden, in seinem vor 250 Jahren erschienenen „Contrat Social". Darin hat Rousseau in einem bis heute faszinierenden Entwurf dargelegt, wie die Menschen, wenn sie den *l'état de nature* (Naturzustand) überwinden, durch einen *contrat social* (Gesellschaftsvertrag) zu Freiheit und Identität in der Gemeinschaft finden können. An Rousseaus Idee anknüpfend und sie weiterentwickelnd, werde ich im Folgenden die These *Europa braucht einen neuen „Contrat Social"!* in vier Schritten entfalten.

## Erstens: Mehr Freiheit durch mehr Europa

Europa ist keine Nationalgesellschaft und kann auch keine Nationalgesellschaft werden, da es aus demokratisch verfassten Nationalgesellschaften besteht. Und in diesem nationalstaatlichen Sinne ist Europa dann auch keine Gesellschaft. Die europäische „Gesellschaft" muss vielmehr als „post-nationale Gesellschaft der Nationalgesellschaften" begriffen werden. Die Aufgabe, die sich damit stellt, lautet: Finde eine Form des europäischen Zusammenschlusses, die mit ihrer gemeinschaftlichen Kraft jedes Individuum in jeder nationalen Gesellschaft rechtlich schützt und die gleichzeitig jeden, indem er oder sie sich mit Individuen anderer Sprachen und politischer Kulturen zusammentut, bereichert und freier macht als zuvor.

Der französische Soziologe Vincenzo Cicchelli hat über die junge Generation Europas geforscht, was sie eint, was sie trennt – und woran sie sich in diesen unsicheren Zeiten orientieren kann. Sein neues Buch trägt den Titel „Der kosmopolitische Geist: Bildungsreise der Jugend in Europa" (Cicchelli 2012). In seiner Studie wird deutlich, warum Europa, verstanden als gesellschaftlicher Erfahrungsraum, für die junge Generation ein Mehr an Freiheit und an Reichtum bedeutet: „Überall in Europa wird der Jugend bewusst, dass die Kultur ihres Heimatlandes sicherlich wichtig und konstituierend für ihre Identität ist, aber nicht ausreicht, um die Welt zu begreifen. Die Jugendlichen wollen die anderen Kulturen kennenlernen, denn sie ahnen, dass die kulturellen, politischen und wirtschaftlichen Fragen mit der Globalisierung eng zusammenhängen. Deshalb müssen sie sich an der Andersartigkeit reiben, am kulturellen Pluralismus. Das ist ein langer Lernprozess, über touristische, humanitäre und Studienreisen, aber auch, indem man sich zuhause für kulturelle Erzeugnisse der anderen interessiert, Kino, Fernsehserien, Romane, Kochkunst, Kleidung" (Rey-Lefebvre/Cicchelli 2012, S. 15).

Die junge Generation erfährt demnach die europäische Gesellschaft als „doppelte Souveränität": als Summe nationaler und europäischer Entfaltungschancen. Die Jugendlichen beschreiben ihre Identität nicht, wie oft erwartet wird, als eigenständige europäische Identität. Niemand ist nur Europäer. Die jungen Europäer definieren sich zunächst über ihre Nationalität und dann als Europäer. Europa ohne Grenzen und mit einer gemeinsamen Währung bietet ihnen Mobilitätschancen, wie es sie nie zuvor gegeben hat, und dies in einem sozialen Raum mit enormem kulturellem Reichtum, mit einer Vielzahl von Sprachen, Geschichten, Museen, Essenskulturen usw.

In der Studie von Cicchelli wird allerdings auch sichtbar, wie diese europäische Erfahrung im Gefolge der gegenwärtigen Krise ein Stück weit brüchig wird. Zunehmend wird die wechselseitige Anerkennung unterlaufen durch die Wiederkehr alter Rivalitäten und Vorurteile, beispielsweise zwischen dem Süden und dem Norden Europas.

Auffallend ist darüber hinaus, dass die Welt der Brüsseler Institutionen für die junge Generation weit weg, abstrakt und undurchschaubar ist. Ihre Erfahrung ist ein Europa ohne Brüssel. „Das Problem ist nicht das Fehlen von europäischem Gefühl, sondern die Tatsache, dass es mindestens zwei davon gibt. Es gibt das gute Gefühl jener übergroßen Mehrheit, die keine der großen europäischen Freiheiten mehr missen möchte. Und es gibt das ungute Gefühl oft derselben Menschen, dass da fern in Brüssel ein Paralleluniversum existiert, das dem eigenen Leben entrückt ist" (Brössler 2012, S. 4).

Warum kommt diese Erfahrung eines gelebten Europas der Individuen in der gegenwärtigen Auseinandersetzung um die Euro- und Europa-Krise so gut wie gar nicht vor?

Das liegt vor allem daran, dass die europäische Integration in der Politik, aber auch in der Europaforschung zumeist *eindimensional und institutionenorientiert* gedacht wird: Das Zusammenwachsen Europas wird als Prozess begriffen, der *vertikal*, das heißt – von oben nach unten – zwischen europäischen Institutionen und nationalen Gesellschaften stattfindet. Die Frage, wie die Individuen Europa erfahren, spielt dabei keine Rolle. Europäisierung heißt dann zum einen die Herausbildung supranationaler Institutionen (Behörden, Europäische Kommission, Finanzunion usw.); zum anderen die Rückwirkung dieser supranationalen Institutionenbildung auf die nationalen Gesellschaften, zum Beispiel die Anpassung nationaler Normen und Institutionen an europäische Vorgaben. *Vertikale* Europäisierung meint also die Integration der Nationalstaaten auf der Ebene der Institutionen (Beck/

Grande 2004). Das Haus Europa ist in dieser Sicht menschenleer. Keiner bewohnt es. Und das ist der Irrwitz dieser Sicht: keiner bemerkt das!

Wie die Studie Cicchellis zeigt, bleibt diese institutionelle Seite und Sicht sogar für die europaerfahrene „Erasmus-Generation"[1] undurchsichtig und fremd. Ihr gelebtes Europa verweist auf eine zweite, *horizontale* Dimension, die in der konventionellen Politik und Europaforschung ausgeblendet bleibt. Das Vergessen der europäischen Gesellschaft der Individuen ist also daraus zu erklären, dass das gelebte Europa der Individuen in der Institutionenperspektive der vertikalen Integration nicht auftaucht, während umgekehrt die vertikale Integration im Erfahrungshorizont der Individuen nicht präsent ist.

Hier wird zugleich deutlich, was den europäisch geprägten Gesellschaftsbegriff ausmacht – im Gegensatz zum nationalstaatlich geprägten: Auch wenn die Jugendlichen sich als Angehörige einer bestimmten Nation fühlen, als Polen, Franzosen usw., so ist ihr Lebensgefühl doch wesentlich bestimmt von den Freiheiten, sich selbstverständlich und ohne Hindernisse über Grenzen hinweg zu bewegen, von einem Land in ein anderes. Europa wird hier als mobile Gesellschaft der Individuen erfahren: *mehr Freiheit durch mehr Europa.*

Der Gesellschaftsbegriff des Nationalstaates meint dagegen eine Gesellschaft, die an ein bestimmtes Territorium gebunden ist, mit klar abgesteckten geographischen Grenzen, einem für alle Bürger geltenden Recht, einer relativ einheitlichen Kultur, einem gemeinsamen Bildungssystem, einer Amtssprache usw. Demgegenüber erfahren die Individuen das Europäische der europäischer Gesellschaften als Gewinn an Freiheit, an Offenheit und Durchlässigkeit nationalstaatlicher Grenzen, an Vielfalt der Kulturen, Sprachen, Rechtssysteme, Wirtschaftsformen, Lebensformen usw. In diesem Sinne erfahren die Jugendlichen ein kosmopolitisches Europa, in dem sich die nationalen Unterschiede und Gegensätze mischen und verwischen.

## Zweitens: Mehr soziale Sicherheit durch mehr Europa

Ein neuer Gesellschaftvertrag muss diese große europäische Freiheit vor den Übergriffen der nationalen Sehnsucht nach neuer Übersichtlichkeit und neuen Grenzen bewahren. Aber diese Verteidigung des Ist-Zustandes ist bei weitem nicht genug. Die europäische Gesellschaft der Individuen ist zugleich auch geprägt vom Risikokapitalismus, der einerseits geltende moralische Milieus, Zugehörigkeiten und soziale Sicherheiten auflöst, andererseits

---

[1] „Erasmus" ist der Name des Stipendiums, das es Studierenden erlaubt, an verschiedenen europäischen Universitäten zu studieren.

neue Risiken erzeugt. Die Individuen müssten das Gefühl bekommen, dass nicht alle Risiken der Welt, vor allem auch die der vom Bankrott bedrohten Banken und Staaten, auf ihren Schultern abgeladen werden, sondern dass es etwas gibt, das den Namen Europäische Gemeinschaft verdient, weil es ihnen in diesen unruhigen Zeiten die Erneuerung sozialer Sicherheit zum Programm erhebt und garantiert. Der verheißungsvolle Begriff „Europäische Gemeinschaft" stünde dann nicht nur für gelebte Freiheit und Risikomaximierung, nicht nur für ein kulinarisches, sondern für ein *soziales* Europa: mehr soziale Sicherheit durch mehr Europa!

Die Finanzkrise, die nicht die Individuen, sondern die Banken ausgelöst haben, und die Antwort der Sparpolitik, die sie in Europa gefunden hat, steht in den Augen der Bürger für eine ungeheuerliche Ungerechtigkeit: Für irrsinnige Summen, die die Banken verpulvert haben, müssen am Ende sie, die Bürger, oft die armen Bürger, mit der baren Münze ihrer Existenz bezahlen. Vielleicht lässt sich der Spieß umdrehen: Nicht bail out für die Banken, sondern einen „sozialen Rettungsschirm" für das Europa der Individuen – das könnte in den Augen der Menschen Europa glaubwürdiger, gerechter, wichtig für das eigene Leben machen.

Insofern ist Ralf Dahrendorfs Prognose vom „Ende des sozialdemokratischen Zeitalters" (Dahrendorf 1983, S. 16 ff.) veraltet. Im Gegenteil: Gerade jetzt und in Europa entscheidet sich, ob es mit der Mobilisierungskraft globaler Risiken gelingt, das Bild der sozialen und ökologischen Demokratie aus dem Dornröschenschlaf der wohlfahrtsstaatlichen Routinen zu wecken, ins Europäische hinein zu öffnen und zu einer Vision zu formen, für deren Verwirklichung sich die Individuen vieler Nationen zu sozialen Protest-, Internet- und Facebook-Bewegungen außerhalb und innerhalb des politischen Systems und über Grenzen hinweg zusammenschließen.

Bislang wurde die Idee sozialer Sicherheit ganz selbstverständlich und ausschließlich im Rahmen des Nationalstaates gedacht und von nationalstaatlichen orientierten und organsierten Parteien und Gewerkschaften verwirklicht. Aufgrund dieser engen Verkopplung musste sie im Zeitalter der Globalisierung in die Defensive geraten, und zwar in doppelter Hinsicht. Zum einen ist sie zum Gefangenen des nationalstaatlichen Politikverständnisses geworden, weil sie den nationalen Sozialstaat zum Ziel machte. Zum anderen ist mit dem Ende des Kalten Krieges und dem Ende der Konkurrenz zwischen Kommunismus und Kapitalismus der Ansporn zu einer sozialdemokratischen Zähmung des Kapitalismus zunächst entfallen.

Doch diese Ausgangssituation hat sich mit dem Taifun der Finanz- und Euro-Krise, der die Ungleichheiten in allen Gesellschaften dramatisch verschärft, fundamental verändert. Die soziale Frage ist zur globalen Frage geworden, auf die nur nationalstaatlich leere Antworten gegeben werden. Das kommt (in der alten Sprache gesprochen) einer vorrevolutionären Situation nahe oder gleich.

Der neue Gesellschaftsvertrag, der die Individuen für Europa gewinnen will, muss die Frage beantworten: Wie kann die realistische Utopie der sozialen Sicherheit so neu entworfen werden, dass sie nicht, wie das heute der Fall ist, in der einen oder anderen Sackgasse endet – entweder in der Verteidigung national wohlfahrtsstaatlicher Nostalgie oder im Reformeifer neoliberaler Selbstpreisgabe? Wie kann das soziale und ökologische Gewissen Europas und der Welt geweckt und zu einer politischen Protestbewegung geformt werden, die wütende Griechen, arbeitslose Spanier und die in den Abgrund blickende Mittelschicht europaweit, ja sogar weltweit verbindet – das politische Subjekt bildend, das den Gesellschaftsvertrag durchsetzt? Wie ist die Quadratur des Kreises möglich, einerseits den Sprung in die Transnationalität der europäischen Politik zu schaffen, andererseits nationalstaatliche Wahlen zu gewinnen?

### Drittens: Mehr Demokratie durch mehr Europa

Die Grundlage eines neuen Contrat Social für Europa ist nicht – wie Rousseau dies dachte – der *volonté générale* (Gemeinwille), der die Eigeninteressen aufhebt und absolut ist. Grundlage ist vielmehr die Einsicht, dass alte, für die Ewigkeit gedachte Institutionen zerfallen und dass es im Europa der Individuen für biographische und politische Schlüsselfragen keine fertigen Antworten gibt – und dass dies kein Mangel ist, sondern auch ein Mehr an Freiheit erlaubt. So verstanden ist die europäische Gesellschaft ein Labor sozialer und politischer Ideen, wie das nirgendwo sonst existiert. In der großen Politik wie im Leben des Einzelnen geht es darum, alternative Zukünfte aufzuzeigen und auf diese Weise, suchend und versuchend, die Schrecken der Vergangenheit zu überwinden und den Risiken der Gegenwart wirksam entgegenzutreten.

Ein freiwilliges europäisches Jahr (Beck/Cohn-Bendit 2012, S. 45; www.manifest-europa.de) soll nicht nur der jüngeren Generation und den Bildungseliten, sondern allen, auch Rentnern, Berufstätigen, Arbeitslosen ermöglichen, in einem anderen Land, einem anderen Sprachraum ein Stück Europa von unten zu verwirklichen.

Nehmen wir an, das freiwillige europäische Jahr für alle wäre bereits Wirklichkeit. Frank Schuster, 44 Jahre alt, Bankangestellter in Lüneburg, wirkt ein Jahr lang an einem Umweltprojekt in Athen mit und in dieser Zeit erfahren, wie schwer, aber auch verlockend es ist, im griechischen Mikrokosmos ein Stück ökologisches Europa zu schaffen. Dabei hat er Bekanntschaften und Freundschaften geschlossen. Er hat erlebt, wie der Mutter eines griechischen Freundes mehrfach die Rente gekürzt wurde, wie Nachbarn auszogen, weil sie die Miete nicht mehr zahlen konnten, wie Geschäfte in seiner Straße schließen mussten, wie die Menschen sich durch das Spardiktat zutiefst in ihrer Würde verletzt fühlten. Nach Deutschland zurückgekehrt, hört er fassungslos, wie in Medien, Politik und Alltag über die „Pleitegriechen" hergezogen wird. Während hierzulande der Vorwurf populär ist, die Griechen würden über ihre Verhältnisse leben, hat er das Gegenteil gesehen: dass immer mehr Menschen in die Armut abstürzen.

Brigitte Reimann aus Passau, 28 Jahre alt, arbeitslose Lehrerin, wirkt mit an einem Projekt in Warschau, das sich zur Aufgabe gesetzt hat, ein deutschpolnisches Geschichtsbuch zu verfassen. Sie wird sehr freundlich empfangen. Doch in manchen Momenten spürt sie, dass das deutsche Spardiktat Erinnerungen an den militanten Imperialismus Deutschlands weckt. Einmal bricht aus einem pensionierten Nachbarn die Frage heraus: „Was hat eigentlich dein Großvater damals getan?" Sie schaut ihn an und antwortet: „Mein Großvater war vierzehn Jahre alt, als der Krieg aufhörte." Da stutzt ihr Gegenüber einen Augenblick und sagt dann leise: „Entschuldigung."

An solchen Beispielen zeigt sich exemplarisch, auf welche Art des „Sozialen" das freiwillige europäische Jahr für alle abzielt. Es geht weder um Sozialdienst noch um Sozialarbeit im üblichen Sinne, sondern darum, dass im Zusammenleben der Individuen, in der Begegnung, im gemeinsamen Handeln, in Gesprächen, Beobachtungen, im Miterleben die Situation der anderen nachvollziehbar wird – ihre Ängste, Hoffnungen, Enttäuschungen, Gefühle der Demütigung, ihre Wut. Mit anderen Worten, es geht um ein Handeln, aus dem der kosmopolitische Blick erwächst.

Um die Krise Europas zu bewältigen, reicht nicht ein Umbau der europäischen Institutionen (Wirtschaftsregierung, Fiskalunion, Brandmauer, Eurobonds). Mit monetären „Rettungsschirmen" allein lässt sich Europa nicht retten. Die Malaise hat ihre Wurzeln darin, dass wir ein Europa ohne Europäer haben. Was fehlt, das Europa der Bürger, kann nur von unten wachsen, aus der Zivilgesellschaft selbst. Deshalb brauchen wir ein freiwilliges europäisches Jahr für alle.

Das freiwillige europäische Jahr beantwortet auf eigene Weise die Frage, was Europa für die Individuen bedeutet. Ermöglicht es doch die tätige Teilhabe der Individuen und stellt auf diese Weise eine durchaus oft kritische Verbindung her zwischen dem eigenen Leben und Handeln und jenem (aus der Sicht vieler Individuen) technokratischen Nirwana namens Brüssel.

Der Ausbau der politischen Union zu einer gemeinsamen Steuer-, Wirtschafts- und Sozialpolitik muss mit einer *demokratischen Garantie* verbunden werden, die es für den nationalen Bürger attraktiv macht zum politischen Bürger Europa zu werden. Diese kann gleichzeitig verschiedene Formen annehmen, zum Beispiel: das Europäische Parlament mit dem Recht auf Gesetzesinitiativen ausstatten; die verschiedenen Parlamente direkt miteinander koordinieren; oder einen EU-Präsidenten am selben Tag europaweit direkt wählen.

Wer die europäische Demokratie in dieser Richtung vertiefen will, trifft allerdings in der geltenden Struktur auf ein schier unüberwindliches Hindernis: Europäische Demokratie ist ohne europäisches Geld, europäische Steuern, europäische Haushaltssouveränität nicht möglich, europäische Haushaltsmittel ohne den Ausbau der europäischen Demokratie bleiben technokratisch-autoritär.

*Mehr Demokratie durch mehr Europa* braucht also einen eigenen Topf. Es müsste so etwas geben, wie eine Europasteuer oder Eurosteuer, die direkt nach Brüssel geht und über deren Verwendung das Europaparlament entscheidet. Wenn man sich auf den Standpunkt der Bürger stellt und fragt, was das heißt, dann ist sofort klar: Finger weg von einem „europäischen Solidarzuschlag" nach dem Modell des deutschen „Solidarzuschlags", Finger weg von einer europäischen Mehrwertsteuer usw. Individuum orientiert wäre eine Europasteuer wohl nur dann legitim, wenn diese zugleich ein Stück Gerechtigkeit zugleich den Zweck erfüllen, den entfesselten Risikokapitalismus zu zähmen, wie dies beispielsweise die Steuer auf finanzielle Transaktionen leistet oder auch eine Bankensteuer und eine EU-weite Abgabe auf Unternehmensgewinne.

## Viertens: Europäischer Frühling

Wir haben einen arabischen Frühling erlebt und dann einen heißen amerikanischen Herbst nach dem Vorbild des arabischen Frühlings der das ökonomische Weltbild des American Way erschüttert hat. Kann es, wird es einen europäischen Frühling geben? Eine europäische Protestbewegung gegen die eurodeutsche Sparpolitik, die via Internet und Facebook die Frustrierten, Arbeitslosen, Erniedrigten, in die Armut Abgestürzten aller europäischen Länder verbindet? Wie ist es möglich, dass der Ruf „Occupy Wall Street" nicht nur junge Menschen in anderen US-Städten, sondern auch in London und Vancouver, Brüssel und Rom, Frankfurt und Tokio erreicht hat? Und die Protestierenden sind nicht gekommen, um nur gegen ein schlechtes Gesetz oder für ein besonderes Anliegen ihre Stimme zu erheben, sondern gegen „das System" selbst.

Das, was früher „freie Marktwirtschaft" hieß und jetzt wieder „Kapitalismus", wird auf den Prüfstand gestellt und fundamentaler Kritik unterzogen. Warum ist die Welt plötzlich bereit zuzuhören, wenn Occupy Wall Street beansprucht, für die 99 Prozent Überrollten gegen die 1 Prozent Profiteure zu sprechen? Wird sie auch bereit sein, zuzuhören, wenn die Individuen – „Wir sind Europa" – von ihrem Leiden als personifizierte Kollateralschäden der deutschen Sparpolitik berichten? Wer könnte den europäischen Frühling auslösen?

Die, die das neue Prekariat bilden. Die, die sich keine Krankenversicherung leisten können. Die, deren Rente gekürzt wurde. Die, die sich verschulden müssen, um studieren zu können. Nicht die Überflüssigen (Bauman 2005), nicht die Ausgeschlossenen, nicht das Proletariat, sondern die Individuen aus der Mitte der europäischen Gesellschaft protestieren dann auf den öffentlichen Plätzen Europas, wie sie es heute schon in Athen, Madrid, Rom und Frankfurt tun.

Woraus könnte die Macht der Europabewegung entstehen? Die Euro-Krise hat dem neoliberalen Europa die Legitimität entzogen. Die Folge ist: Es gibt eine Asymmetrie von Macht und Legitimität. Große Macht und geringe Legitimität auf der Seite des Kapitals und der Staaten sowie geringe Macht und hohe Legitimität auf der Seite der Protestierenden. Das ist ein Ungleichgewicht, das die Europabewegung nutzen könnte, um Kernforderungen – wie zum Beispiel eine globale Finanztransaktionssteuer – im wohlverstandenen Eigeninteresse der Nationalstaaten gegen deren Borniertheit und für Europa einzuklagen.

Um diese Robin-Hood-Steuer durchzusetzen, entstünde exemplarisch ein legitimes und machtvolles Bündnis zwischen Protestbewegungen und der Avantgarde der nationalstaatlichen Europa-Architekten, das den politischen Quantensprung in die transstaatliche Handlungsfähigkeit staatlicher Akteure diesseits und jenseits nationaler Grenzen schaffen könnte.

Gegen das schnelle Aussichtslos hilft vielleicht diese Einsicht: Die Hauptgegner der globalen Finanzwirtschaft sind nicht diejenigen, die jetzt weltweit ihre Zelte auf den öffentlichen Plätzen und vor den Bankkathedralen aufbauen, trotz aller Wichtigkeit und Unverzichtbarkeit. Der überzeugendste und ausdauerndste Gegner der globalen Finanzwirtschaft ist – die globale Finanzwirtschaft selbst.

Das alles mag nach Hölderlins Hoffnungsvers klingen, nach der tröstlichen Verheißung: „Mit der Gefahr wächst das Rettende auch." Aktualisiert und auf Europa angewendet, müsste das heißen: Mit der Gefahr wachsen die Rettungsschirme auch.

Aber wie wir gegenwärtig beobachten können, gilt auch die Umkehrung: Mit den Rettungsschirmen wächst die Gefahr. Denn aus den Versuchen, die Eurokrise zu bewältigen, entsteht bislang beides: die Vertiefung der Euro-Krise und das deutsche Europa.

# Literatur

Albrow, M. (2007): Das globale Zeitalter. Frankfurt am Main: Suhrkamp.
Appadurai, A. (1996): Modernity at Large: Cultural Dimensions of Globalization. Minneapolis: University of Minnesota Press.
Bauman, Z. (2005): Verworfenes Leben. Die Ausgegrenzten der Moderne. Hamburg: Hamburger Edition.
Beck, U. (2006): The Cosmopolitan Vision. Cambridge: Polity Press.
Beck, U. (2011): We do not Live in an Age of Cosmopolitanism but in an Age of Cosmopolitisation: The ‚Global Other' is in our Midst. In: Irish Journal of Sociology 19(1), S. 16–34.
Beck, U./Cohn-Bendit, D. (2012): Wir sind Europa! Manifest zur Neugründung der EU von unten. In: DIE ZEIT, 3. Mai, S. 45; www.manifest-europa.eu.
Beck, U./Grande, E. (2004): Das kosmopolitische Europa. Gesellschaft und Politik in der Zweiten Moderne. Frankfurt am Main: Suhrkamp.
Beck, U./Grande, E. (2005): Europas letzte Chance: Kosmopolitismus von unten. In: Blätter für deutsche und internationale Politik 9/2005, S. 1083–1097.
Brössler, D. (2012): Das gefühlte Europa. In: Süddeutsche Zeitung, 29. Juni, S. 4.
Cicchelli, V. (2012): L'esprit cosmopolite: voyages de formation des jeunes en Europe. Paris: Sciences Po./Les Presses.
Dahrendorf, R. (1983): Die Chancen der Krise. Über die Zukunft des Liberalismus. Stuttgart: DVA.
Gilroy, P. (1993): Black Atlantic. Modernity and Double Consciousness. London/New York: Verso.
Grande, E. (2004): Vom Nationalstaat zum transnationalen Politikregime – Staatliche Steuerungsfähigkeit im Zeitalter der Globalisierung. In: Beck, U./Lau, C. (Hrsg.): Entgrenzung und Entscheidung. Was ist neu an der Theorie reflexiver Modernisierung? Frankfurt am Main: Suhrkamp, S. 384–401.
Rey-Lefebvre, I./Cicchelli, V. (2012): „Die Pfade werden kurviger". Der französische Soziologe Vincenzo Cicchelli über die Jugend Europas, was sie eint, was sie trennt – und woran sie sich in diesen unsicheren Zeiten orientieren kann. In: Süddeutsche Zeitung, 31. Mai, S. 15.
Sassen, S. (1991): The Global City: New York, London, Tokyo. Princeton: Princeton University Press.
Soeffner, H.-G. (2012): Cosmopolitan Individualization. Twelve Theses on Ulrich Beck: A God of One's Own. Religion's Capacity for Peace and Potential for Violence. In: Heinlein, M./Kropp, C./Neumer, J./Poferl, A./Römhild, R. (Hrsg.): Futures of Modernity: Challenges for Cosmopolitical Thought and Practice. Bielefeld: transcript, S. 215–230.
Soeffner, H.-G. (2014): Fragiler Pluralismus. In: Soeffner, H.-G./Boldt, T. D. (Hrsg.): Fragiler Pluralismus. Wiesbaden: Springer.

Claus Leggewie

# „Du sollst es einmal besser haben als wir"
Erben: Wie sich Generationen verstehen

„Gewiss muss die Tante erst tot sein, die man beerben will; doch vorher schon kann man sich sehr genau im Zimmer umsehen."
Ernst Bloch, Erbschaft dieser Zeit, 1935

„Die Überflutung der Küstenstädte, zunehmende Risiken für die Nahrungsmittelproduktion mit höheren Unterernährungsquoten; viele Trockengebiete werden trockener, Feuchtzonen feuchter, in vielen Regionen wird es ungeahnte Hitzewillen geben, besonders in den Tropen. Es wird erhebliche Wasserknappheit, mehr intensive Tropenstürme, und es wird einen unumkehrbaren Verlust an Artenvielfalt geben, besonders bei den Korallenriffs."
Weltbank 2013

„Die meisten Konflikte des 21. Jahrhunderts bestehen nicht zwischen ‚uns' und ‚denen', sondern zwischen uns und unseren Enkeln, zwischen kurzfristigen und langfristigen Interessen. Auf lange Sicht sind unsere Schicksale so sehr miteinander verknüpft, dass es eine immer stärkere Konvergenz der Interessen unterschiedlicher Länder gibt, je weiter man in die Zukunft zu blicken vermag."
Horst Köhler 2014

Spätestens im *Silver Age* denkt man darüber nach, was man Nachlebenden vermachen könnte: ein Vermögen, ein Haus, ein Werk, eine Geschichte, eine Abrechnung, einen Auftrag und so weiter. Gesetzgebung und familiäre Konventionen, die letztlich auf agrarische Verhältnisse zurückgehen, stecken den engen Kreis primär Erbberechtigter ab: Kinder und enge Verwandte. Und sie erlauben, potenzielle Erbnehmer in eine Rangordnung zu setzen – wer beispielsweise den Hof erbt, wer ausgezahlt und wer am besten rechtzeitig verheiratet wird. Doch die Fantasie moderner Erblasser reicht weit über diesen engeren Kreis der Blutsverwandten hinaus und kann illegitime Liebschaften und Nachkommen, Mitarbeiter und Fernstehende, Organisationen, karitative Einrichtungen und völlig Fremde als Erbnehmer einsetzen.

Diese Unbestimmtheit kann Alt und Jung in Verlegenheit stürzen und Räsonnements im Modus von Futur II auslösen: Werde ich die Richtigen bedacht haben? Verdiene ich die Erbschaft beziehungsweise hätte ich sie nicht *mehr* verdient als andere? Ist die „Erbengemeinschaft" gerecht bedacht worden, oder war eine oder einer darunter, der oder die das Erbe gar nicht verdient hätte? Derartige Irritationen sind in literarischen und dramatischen Versuchen häufig Thema (Willer et al. 2013) und spielen vor Zivilgerichten eine große Rolle (Brox/Walker 2012), fast jeder kennt einschlägige Skandalgeschichten aus eigenem Erleben oder vom Hörensagen. (Ver-)Erben ist mehr als ein formaler Rechtsakt oder eine quantifizierbare Überlassung von Gütern, es erfordert vielfältige alltags- und lebenspraktische Verstehensleistungen.

Und eine generationelle Wissenssoziologie: Wie kommunizieren wir, metaphorisch gesprochen, mit künftigen Generationen, wie können wir deren Ansprüche und Vorstellungen antizipieren und wie können wir ihnen unsere Handlungspräferenzen plausibel machen (Lettke 2003; Lüscher 2003; Hansert 2003)? Auf dem Weg zu einer solchen transgenerationellen Hermeneutik möchte ich hier lediglich das soziologische Konzept der Generation in Erinnerung rufen, aktuelle Vermögensübertragungen in Deutschland skizzieren, Familienkommunikationen über Erbschaften diskutieren, den Blick dann auf politische Kontexte und ökologische Risiken erweitern und Modifikationen des „Generationenvertrags" vorschlagen.

## Das Konzept der Generation

Während die Soziologie in der Regel eher räumlich denkt, stellt die wissenssoziologische Forschung Generationen als *temporale* Sozialstruktur heraus (Mannheim 1964/1928; Matthes 1985), wobei Altersgruppen sequenziell durchlaufen werden, während Generationen als Kollektive von einem benachbarten Geburtsjahrgang aus eine geschichtliche Periode prägen. Generationskonstrukte entstehen und wirken durch eigene Zuordnung („68er") und per Fremdzuschreibung; die Familien-Konstellation von (Groß-)Eltern und (Kindes-)Kindern verleiht dem eine lebensweltliche Plausibilität. Die doppelte Konfiguration von „Alten" und „Jungen" überschneidet sich in Familien und entfaltet in der weiteren Gesellschaft ein beachtliches Konfliktpotential (Weigel et al. 2005; Jureit 2006; Kohli 2006; Parnes et al. 2008; Wissenschaftlicher Beirat für Familienfragen 2012; Schmid 2014).

In Familien fallen wechselseitige Verstehensleistungen zwischen Alten und Jungen an – und scheitern. Seit Jahrhunderten heißt es, die Jugend sei verdorben beziehungsweise die Alten kämen nicht mehr mit, oder, verteilungspolitisch gewendet, die Jüngeren hätten für die Alten übermäßig aufzukommen oder würden deren Vermögen vorzeitig durchbringen. Wo Jung und Alt am intimsten zusammenkommen, heißt es einerseits, Blut(-sverwandtschaft) sei dicker als (Vertrags-)Tinte und in diesem Bund seien Vertrauen, Loyalität und Solidarität über Altersgrenzen hinweg am ehesten ausgebildet. Andererseits befassen sich Romane, Filme und Privaterzählungen sehr häufig mit dem „Krieg", der in Familien abläuft. Der 1605/6 von William Shakespeare verfasste „King Lear" hat dieses Drama in all seinen Facetten ausgebreitet, und interessanterweise entfaltet sich in diesem Stück nicht nur eine Familientragödie, sondern auch eine Naturkatastrophe und eine politische Krise (Shakespeare 1973).

Ein häufiger Topoi lautet: „Ihr [die Jungen, C. L.] sollt es einmal besser haben als wir [die Alten, C. L.]!". Das Versprechen adressiert eine objektive, durch Wirtschafts- und Produktivitätswachstum, technischen Fortschritt und friedliche Konfliktaustragungen unterlegte Aufwärtsentwicklung, die auch Krisen und Kriege übersteht, es insinuiert aber auch Verzichtsleistungen der Älteren zugunsten der Jüngeren – nach dem Motto: Wir legen uns krumm für euch, wir wollen das Beste für euch, wir fördern eure Anlagen und Begabungen. Ältere spannen einen Wertehimmel auf, eröffnen den Zugang zu Bildung, Wissen und Netzwerken, üben vertrauensvolle Kommunikation ein und übertragen materielle „Hinterlassenschaften": Geld und Kapital, Immobilien und Betriebe. Jenseits der Familie kumulieren aber die Problemlagen, die ebenfalls vermacht werden: Umweltzerstörung, Überschuldung, soziale und politische Konflikte.

## Die Erbengesellschaft

Vererbt werden in Deutschland – nach einer jüngsten Studie von Reiner Braun (2011) – im laufenden Jahrzehnt geschätzte 2,6 Billionen Euro. In 7,7 Millionen Haushalten (von insgesamt 40,6 Millionen in 2012) (Statistisches Bundesamt 2014) wird es Sterbefälle geben, 5,7 Millionen Erblasser werden ein geschätztes Vermögen von 1,7 Billionen Euro „vermachen". Deutschland wird damit nicht reicher, aber ungleicher – zwischen Alt und Jung (das Gros der Erbnehmer gehört zur Babyboomer-Generation und ist zwischen 40 und 65 Jahren alt), zwischen Ost und West und vor allem zwischen den ohnehin Reichen und dem Rest der Gesellschaft. Deshalb lässt sich das Grundprinzip der Erbschaft aus meritokratischer Sicht ganz in Frage stellen: Warum sollen materielle und ideelle Güter überhaupt an Personen fallen, die dafür nicht das Mindeste geleistet haben? Fallen sie nicht besser der Allgemeinheit oder besser noch besonders Bedürftigen zu (Beckert

2013)? Doch wäre die Auswahl der Erbnehmer dann nicht erneut von Vorurteilen und Idiosynkrasien verzerrt? Es ist den modernen Wohlfahrtsstaaten mit ganz verschiedenen Formen der Erbsteuer nicht gelungen, ein einheitliches und in allen Aspekten überzeugendes Muster fiskalischer Intervention zu entwickeln (Beckert 2004). In der erwähnten Studie von Braun (2011, S. 724) heißt es dazu:

„Wegen der ungleichen Vermögensverteilung konzentrieren sich große Erbschaften auf wenige Fälle. Nur 2 % der Erbschaftsfälle vereinen etwa ein Drittel des gesamten Erbschaftsvolumens. Innerhalb der übrigen 98 % der Erbschaftsfälle werden nur knapp 1,2 Billionen Euro auf die nächste Generation übertragen: 121 Mrd. Euro Sachvermögen, 575 Mrd. Euro Immobilien und 515 Mrd. Euro Geldvermögen. [...] Geringverdiener erben seltener und weniger. Erben von Vermögen über 25 000 Euro haben durchschnittlich einen Einkommensvorsprung gegenüber Gleichaltrigen von etwa 600 Euro/Monat. Von großen Erbschaften profitiert vor allem, wer auch hohe Vermögen aus dem eigenen Einkommen angespart hat. Insbesondere die Vermögensschwächeren können ihre Altersvorsorge nicht auf Erbschaften bauen. Hinzu kommt: Die ungleiche Verteilung auf die Erbengeneration wird sich künftig noch verschärfen. Denn vor allem Erblasser aus höheren Einkommensschichten haben heute weniger Kinder und vererben damit mehr auf weniger Personen. Künftige Erben sind infolge steigender Lebenserwartung der Erblasser zudem älter."

Die Studie macht auch Aussagen über die typische Verwendung des Erbes:

„Bei der Betrachtung der Verwendungsseite der Erbschaften fällt auf, dass sehr vorsichtig mit diesen Werten umgegangen wird. Erbschaften sind wertbeladen und werden nicht einfach als subjektiv verwertbare Verfügungsmasse betrachtet. Sie sind offensichtlich für die Begünstigten mit unsichtbaren Auflagen versehen und dürfen nicht einfach ‚verjubelt' oder leichtfertig aufs Spiel gesetzt werden. Nur drei von zehn geerbten Immobilien werden veräußert, aber sechs von zehn Erbschaften aus Geldvermögen umgeschichtet. Allerdings wird dieses Geld vorwiegend in Immobilien angelegt" (Braun 2011, S. 726).

Eine gesonderte Betrachtung verdienen derzeit die Betriebsvermögen, da zur Vermeidung von Erbschaftssteuern (die seit 2009 geltende Verschonungsregel für Familienunternehmen könnte vom Bundesverfassungsgericht gekippt werden) derzeit viele Unternehmen frühzeitig an Kinder verschenkt werden (für das Jahr 2012 in Höhe von 17 Milliarden Euro) (FAZ 1.2.2014).

Wenn mehr Vermögen verschenkt als vererbt wird, deutet das auf die verbreitete Neigung hin, Steuern zu vermeiden, die wenigstens einen Teil des akkumulierten Volksvermögens durch fiskalische Umverteilung an die Gemeinschaft zurückgäben. Da Kinder und Enkel dank der gestiegenen Lebenserwartung immer länger auf ihr Erbe warten müssen, hat sich ausgehend von den USA die Finanzierung einer Ausbildung als Übertragungsmodus zu Lebzeiten verbreitet. Das alles bietet viel Gesprächsstoff.

## Familienkommunikation über Erbschaften

Familienkommunikation ist zwingend, persönlich (mit der Unterstellung: vertrauens- und liebevoll) und umfassend: alles soll auf den Tisch, Geheimnisse und Schweigen werden nur schwer geduldet. Familiale Beziehungen gelten als selbstevident und verlässlich und man nimmt ihre Asymmetrie (qua Seniorität, Gender, Generation) hin, Dienstleistungen lassen sich nicht einfach aufrechnen. Familien leben also von Konsensfiktionen und Reziprozitätserwartungen, die zugleich höchst fragil sind, sodass bei Enttäuschung sich starke Affekte und Konflikte an so empfundener Ungerechtigkeit und Ungleichbehandlung entzünden: Eltern fühlen sich ausgenutzt, Kinder unverstanden. Auch die Außenkontakte von Mitgliedern des Familiensystems, das in seiner Kommunikation eine starke Wir-Identität aufbaut, können zu Störungen führen: Kinder haben „falsche Freunde" und gehen Mesalliancen ein, Eltern wirken peinlich.

Eine (anstehende oder erfolgte) Erbschaft verschärft die Sensitivität der familiären Sphäre, weil damit das unpersönliche Medium Geld (bzw. Äquivalente) in sie eintritt, an dem eigentlich nicht aufrechenbare Familienbeziehungen objektiv zu gewichten sind. Erbschaften rütteln darüber hinaus an einem großen Tabu: dem (absehbaren) Tod eines nahestehenden Menschen. Erbschaften führen also zwei Aspekte ein, die die familiale Kommunikation tunlichst vermeidet: den Tod als Bedrohung einer Familienexistenz und -identität, und die Ökonomisierung von Zu- und Abneigung (Lettke 2003). Erben testet die Qualität der familiären Beziehung(en) und kann festgefügte Reziprozitätsannahmen mit einem Schlag erschüttern.

Dabei wird die Machtdimension im Familiensystem erkennbar. Testamente erwecken den Anschein von patriarchalen (oder auch matriarchalen) Befehlen und Anweisungen, sie eröffnen Optionen, können sie aber auch massiv einengen – bis zu dem Punkt, an dem ein attraktives Erbe ausgeschlagen wird respektive postume Gerichtsgänge angetreten werden. Das drastischste Verdikt lautet „Enterbung", nuancierter sind offene und heimliche Rangfolgen und „Schlechterstellungen", die implizite oder ausdrückliche Vorannahmen korrigieren und durchkreuzen. In der Soziologie gibt es zur

Familienkommunikation über Erbschaften bisher wenig empirisches Material. Die genannte Studie unterschied grob fünf Verwendungsmilieus (Wirtschaftswoche 13.3.2012):

- *Rationale Bewahrer*: Gut jeder dritte und damit die Mehrzahl der Erben zählen zu diesem Typ. Er ist eine Art Referenzerbe: Die Erbschaft kommt nicht überraschend, der Familienbesitz wird hochgehalten. Geerbte Immobilien werden selbst genutzt, Gelderbschaften nicht übermäßig konsumiert.
- *Treuhänder*: Jeder fünfte zählt zu dieser Kategorie. Er ist psychologisch eng verwandt mit dem rationalen Bewahrer, hat aber mehr Abstand zur Erbschaft. Er reicht das Vermögen deshalb an Kinder und Enkel weiter. So gefällt er sich in seiner Rolle als „Gönner" und besitzt damit auch ein gewisses „Erpressungspotenzial" gegenüber den Begünstigten.
- *Zerrissene Überraschte*: Jeder sechste zählt zu der Gruppe der Überraschten. Sie teilt sich in zwei Untergruppen. Der „überrascht Zerrissene" steht dem Bewahrer nahe. Er möchte den Familienbesitz bewahren, sich aber auch kleine Träume verwirklichen. Das Vermögen droht ihm zwischen den Fingern zu verrinnen.
- *Überrascht Konsumfreudige*: Die überraschten Erbtypen sind noch recht jung. Sie geben das geerbte Geld für alles aus, was ihnen Spaß macht. Falls sie – was selten vorkommt – eine Immobilie erben, ziehen sie selbst dort ein oder verkaufen sie.
- *Selbstverwirklicher*: Zu dieser Spezies zählt jeder vierte Erbe. Er bekommt eher kleinere Vermögen vermacht und fühlt sich dem Erblasser gegenüber nicht verpflichtet: Immobilien werden verkauft, Geldvermögen aufgelöst.

Hintergrund dieser durch vertiefte Analysen ausbaufähigen Typisierung ist, dass in Deutschland und anderen OECD-Ländern die Bereitschaft zum Sparen zuletzt stark zurückgegangen ist. Die deutsche Sparquote sank von 13% 2011 auf 10% 2013, womit Jahr für Jahr mehrstellige Milliardenbeträge nicht mehr „zurückgelegt" werden. Bei Jüngeren scheint sich ein Trend weg von der Investition in langlebige Konsumgüter hin zur Anschaffung von Technik und Reisen abzuzeichnen (FAZ 2.2.2014).

Konflikte können alle Formen der Erbschaft, egal zu welchem Zeitpunkt, in der (potenziellen) Erbengemeinschaft induzieren. Wird nur einer bedacht, muss eine Kompensation für andere Erbberechtigte geschaffen werden; im Falle, dass alle (relativ) gleich bedacht werden, kann es zu ungünstigen Vermögenssplittings kommen und zu Unstimmigkeiten über die Verwendung eines Grundstücks, Hauses oder Betriebes. Als aktuelles Beispiel wird der „Grabenkampf im Hause Oetker" (FAZ 31.1.2014; auch Kohli/

Schmiede/Stamm 2009) kolportiert, der offenbar dadurch ausgelöst wurde, dass der 2007 verstorbene Unternehmenschef Rudolf-August Oetker sein Erbe zu gleichen Teilen an acht Kinder aus drei Ehen aufgeteilt hat.

In der Vermögensübertragung handeln die Parteien aus, was gerecht und fair sein soll, wie Gleichheit bemessen wird, wie Anerkennung und deren Verweigerung ausgedrückt und empfunden werden. Im Falle einer Übertragung zu Lebzeiten geschieht dies zwischen Erblassern und Erbnehmern direkt. Im Fall einer Testamentseröffnung nach dem Tode des Erblassers kommunizieren die Erbnehmer gewissermaßen im Schatten erklärter oder unterstellter Absichten des dahingeschiedenen Erblassers. Frühere Erfahrungen, namentlich Kränkungen und Bevorzugungen, spielen hinein, gerade bei Geschwistern und Kindern aus verschiedenen Ehen oder zwischen leiblichen und adoptierten Nachkommen, auch wenn (oder gerade weil) sie im Medium quantitativer Geldäquivalente objektiviert und durch gesetzlich geregelte Pflichtanteile relativiert werden.

In der Erbschaft zeigt sich, welche unausgesprochenen Gegenobligationen ein Gabentausch enthalten kann (Moebius 2012; Adloff/Mau 2005). Wer gibt, verschafft sich Ehre und Stolz, wer annimmt, wird womöglich in eine Unterlegenheit gebracht und damit beschämt. Zwar wirkt ein Erbe in der Regel als einseitiges Geschenk, das naturgemäß keine Gegengabe nach sich zieht, doch reagiert die Gewährung einer Erbschaft oftmals auf antizipierte Gegengaben (wie freundliche Behandlung des Erblassers und diverse Vorleistungen) und auf eine wenigstens symbolische Antwort wie Dankbarkeit, Kontinuität, Bewahrung des freundlichen Andenkens und dergleichen. Die Gegengabe ist gewissermaßen schon erfolgt, wenn die Gabe gegeben wird.

Das Thema Erbschaft ist in der Soziologie in jüngster Zeit verstärkt aufgegriffen (Beckert 2004 und 2013; Lettke 2003) und als Forschungsdesiderat ist der hermeneutische Ansatz benannt worden (Lettke 2003, S. 186 und 263 ff.). Dass in der Vorkommunikation zu Lebzeiten, im Selbstgespräch wie in der postumen Interaktion „letzte Willen" ausgedeutet und Zukünfte projiziert werden, ist eine Fundgrube für hermeneutische Fallstudien. Da man über historische Erbschaftsmuster in der vorindustriellen und hochbürgerlichen Periode bereits viel weiß (Reinhard 2004, S. 211 ff.), bieten sich nun „postkonventionelle" Patchworkfamilien, interkulturelle Lebensgemeinschaften und Adoptionsverhältnisse als Vergleiche an. Und es bietet sich an, nun auch ‚die Erbschaft unserer Zeit' systematischer einzubeziehen.

## Welterbe

„Die Zeit fault und kreißt zugleich. Der Zustand ist elend oder niederträchtig, der Weg heraus krumm. Kein Zweifel aber, sein Ende wird nicht bürgerlich sein." So düster lautete Ernst Blochs (1973/1935, S. 15) Zeitdiagnose, die er 1935 als staatenloser Emigrant im Zürcher Exil formulierte. Nach 1945 wurde die Erwartungshaltung deutlich heller: Deutsche Demokratie und Europäischer Friede wirken stabil, Wohlstand und Wohlfahrt sichern die meisten Deutschen gegen alle möglichen Lebensrisiken. In diesem Zusammenhang hat sich auch das Verhältnis zwischen den Generationen entspannt, der Abstand der Werthaltungen zwischen (Groß-)Eltern und Kindern bzw. Enkeln ist in den zentralen Fragen nicht sehr groß. Dabei ist in den vergangenen Dekaden die soziale Ungleichheit in den meisten Wohlfahrtsstaaten gewachsen und unter den Berufseinsteigern hat sich ein Prekariat entwickelt, das vielen die Zukunftsplanung (bis in die familiale Reproduktion hinein) erschwert (Wehler 2013).

Drei Aspekte verdüstern die Erbschaft unserer Zeit: *erstens* die Infrastrukturfalle, in der hochentwickelte Gesellschaften stecken, da sie namentlich in den „dreißig glorreichen Jahren" zwischen 1950 und 1980 massive Modernisierungsinvestitionen in die bauliche, verkehrliche und energetische Infrastruktur vorgenommen haben, die heute immense Reparatur- und Erneuerungsleistungen erfordern. *Zweitens* die Schuldenbelastung der öffentlichen Hände, die in der laufenden Dekade durch die sogenannte Schuldenbremse eingedämmt werden soll – was die soziale Ungleichheit verschärfen und den Abbau des Wohlfahrtsstaates beschleunigen könnte. Klimawandel und Artensterben sind *drittens* Beispiele, wie mangelnde Nachhaltigkeit gesellschaftliche Optionen der kommenden Generationen einengt, Zeit verknappt, Zukunft verstellt und politisch-ökonomische Entscheidungen unter eine Art Naturvorbehalt stellt. Bei den *tipping points* des Erdsystems handelt es sich nicht um ein apokalyptisches Gruselkabinett, sondern um Szenarien auf Basis messbarer Naturphänomene. Der „Zwei-Grad-Leitplanke" liegt die wohlfundierte Einsicht zugrunde, dass eine zwei Grad Celsius überschreitende Erderwärmung zerstörerische, eventuell katastrophale Wirkungen haben könnte. „Zwei-Grad" ist eine evidenzbasierte Schwelle (WBGU 2011) von der Art jener Grenzwerte, die Risikogesellschaften vernünftigerweise akzeptieren – bei der Arbeitssicherheit wie beim Verbraucherschutz, in der Medizin wie im Umweltschutz, um schädliche Dosen von Gift, Lärm und Radioaktivität zu vermeiden.

Die in der Naturschutzbewegung beliebte rhetorische Figur „Wir haben die Erde nicht von unseren Vorfahren geerbt, wir haben sie von unseren Kindern geborgt" (nach Sitting Bull) blieb im praktischen Generationenverhältnis eine Phrase, auch lässt sich daraus bisher kaum eine politische Konfliktlinie entwickeln. Die Schwierigkeit besteht offenbar darin, transgenerationelle Konstellationen aus der Familie in die gesamtgesellschaftliche Kommunikation über Zukunft zu überführen. Das von einigen Autoren und Politikern erwogene Kinderwahlrecht nahm die demokratische Mehrheitsentscheidung ins Visier, sie ist jedoch verfassungsrechtlich problematisch und lädt zum Missbrauch der advokatorischen Stimmen durch die Eltern ein. Vorzuziehen sind Antizipationen künftiger Interessenlagen, Präferenzen und Optionen in diskursiven und deliberativen Verfahren, am besten in Mehr-Generationen-Dialogen, die aktuelle Gerechtigkeits- und Verteilungskonflikte in den Möglichkeitsraum kommender Jahrzehnte projiziert und die Abwesenden virtuell zum Sprechen bringt.

### Ein neuer Generationenvertrag?

Der „Generationenvertrag", von dem alltagssprachlich und in der sozialpolitischen Debatte die Rede ist, ist kein geschriebener Vertrag, aber in vielen institutionellen und informellen Arrangements niedergelegt. Sozialökonomisch soll er durch familiale Inklusion (Altenteil) oder qua Renten-, Kranken- und Pflegeversicherung verbürgen, dass die aus dem Erwerbsleben ausscheidenden Alten einen würdigen Lebensabend genießen. Im Bezug auf die Jüngeren besteht die analoge Verpflichtung, Kinderarmut zu vermeiden und Bildungskapital zur Verfügung zu stellen. Zwischen den Altersgruppen – das wäre der Kern eines Vertrages – muss dabei eine gerechte Balance herrschen.

Die aktuelle Debatte um eine gerechte Energiewende ist ein gutes Beispiel dafür, wie ökologische Vorteile und ökonomische Renditen in der Zukunft durch eine gegenwartsfixierte Debatte über steigende Strompreise konterkariert werden, wie also *intra*generationelle *inter*generationelle Gerechtigkeitsüberlegungen übertrumpfen. Ähnliches gilt für die Rentenreformen einiger OECD-Staaten, die kurzfristig Besitzstände der Babyboomer-Generation wahren und künftige Generationen eventuell belasten. Das krasseste Beispiel einer solchen nachhaltigen Belastung ist die ungeklärte Frage, wo der radioaktive Abfall aus Atomkraftwerken sicher deponiert werden soll.

Kann eine altruistische Projektion gelingen; die Öffnung intragenerationeller Diskurse in Richtung auf transgenerationelles Verstehen? Michel Sandel (2013), der gegen den libertären Utilitarismus einen globalen Solidarismus postuliert, beklagt die Psychologie der Engstirnigkeit und die Philosophie der ebenso restringierten national-staatlichen Solidargemeinschaft. Doch sind Menschen durchaus zu Empathie, Altruismus und Kooperation fähig, auch im Sinne einer Empathie und Solidarität mit „Fernsten" (Messner et al. 2013). Und die Idee der Willensfreiheit, ein Kernaspekt des liberalen Weltbildes, erschöpft sich nicht im Ausleben infantiler Konsumwünsche, „alles überall sofort" bekommen zu können, wie es Online-Händler mit *same-day-delivery*-Angeboten versprechen. Die Lebensmaxime des verantwortlichen *consumer citizen* ist die Fähigkeit zur reflektierenden Selbstbewertung, also Wünsche zweiter Ordnung in Bezug auf solche erster Ordnung auszubilden. Der Wille einer Person ist nur dann frei, wenn sie sich auf höherer Ebene mit ihren Wünschen identifiziert und Wünsche zweiter Ordnung handlungswirksam werden (Frankfurt 2001).

Ex negativo ändern sich die Verhältnisse ohnehin, es wird bereits vom „Krieg der Generationen" geschrieben (tageszeitung 1.2.2014). Auslöser waren die Reformpläne der Großen Koalition – wie „Mütterrente" und „Rente ab 63" –, die bei Jüngeren den Eindruck erwecken, die „Rentnerdemokratie" beanspruche zu viele fiskalische Ressourcen und Aufmerksamkeit für die Generation 60plus. In der Tat liegt die Armutsquote von Kindern und Jugendlichen heute deutlich über dem Niveau der Generation 60plus. Der „Krieg der Generationen" bleibt aus,

> „wenn öffentliche Ressourcen von den Jüngeren an die Älteren gehen und diese einen Teil davon wieder an ihre Kinder und Kindeskinder zurückgeben. [...] Familien sind besser als staatliche Umverteilungssysteme dazu fähig, Notlagen zu beobachten, gezielt auf sie einzugehen und dabei das Missbrauchsproblem (moral hazard) zu vermeiden. Transfers im Rahmen der Familie haben darüber hinaus nicht nur eine ökonomische Bedeutung, sie sind Teil eines umfassenderen Beziehungsgeflechtes, das ihren Wert steigert und gesellschaftliche Inklusion fördert" (Kohli 2006, S. 133 f.).

Bei einer Zuspitzung der Konkurrenz zwischen den Generationen jedoch kann „diese integrative Rolle der Familie zunehmend unter Druck geraten".

Die hermeneutische Sozialwissenschaft rekonstruiert Geschichten, die Menschen in kritischen Entscheidungssituationen austauschen. Diese erzählen von Umbrüchen und Katastrophen genau wie von Glücksmomenten und Hoffnungen, und sie stehen oft im Kontext der Weitergabe von materiellen und immateriellen Gütern an Kinder und Kindeskinder. Erbschaften sind ein zentrales Scharnier im Generationenverhältnis, und dieses transzendiert im Blick auf Zukunftsrisiken zunehmend die familiäre Konstellation und adressiert übergeordnete Probleme der Generationengerechtigkeit. Darauf nimmt, um mit einem demokratiepolitischen Aspekt zu enden, das überkommene System gewaltenteiliger Demokratie bislang wenig Rücksicht. Ein Politikmodus im Futur II würde alle Segmente klassischer Gewaltenteilung tangieren: die Judikative muss sich zunehmend an Rechten künftiger Generationen orientieren, die Legislative sollte Moratoriums- und Revisionsklauseln einbauen, die Exekutive über den Ressorthorizont blicken. Ob sich eine derartige „Konsultative" im gewaltenteiligen Willensbildungs- und Entscheidungsprozess verankern ließe, werden entsprechende politische Experimente zeigen. Ein Netzwerk dezentraler Deliberationsgremien würde die Legislative und Exekutive nicht mit einem imperativen Mandat binden, verpflichtet sie aber zur Kenntnisnahme und Berücksichtigung möglicher Interessen und Perspektiven künftiger Generationen in Planungs- und Entscheidungsprozessen. Seit den 1970er Jahren verbreiten sich Bürgerhaushalte, Zukunftskonferenzen, *Town Hall Meetings* und Bürgerräte. Solche „Zukunftskammern" erlauben einen kollektiven Lernprozess in überschaubaren Lebenswelten und bringen eine „futurische" Zeitperspektive und pragmatische Zukunftsorientierung in politisch-administrative Routinen ein (Leggewie/Nanz 2012).

## Literatur

Adloff, F./Mau, S. (Hrsg.) (2005): Vom Geben und Nehmen. Zur Soziologie der Reziprozität. Frankfurt am Main: Campus.
Beckert, J. (2004): Unverdientes Vermögen. Soziologie des Erbrechts. Frankfurt am Main: Campus.
Beckert, J. (2013): Erben in der Leistungsgesellschaft. Frankfurt am Main: Campus.
Bloch E. (1973/1935): Erbschaft dieser Zeit. Frankfurt am Main: Suhrkamp.
Braun, R. (2011): Erben in Deutschland. In: Wirtschaftsdienst 91, Heft 10, S. 724–726, Langfassung mit Ulrich Pfeiffer und Lorenz Thomschke. Köln 2011 (DIA). www.wirtschaftsdienst.eu/archiv/jahr/2011/10/2655/ (Abruf 15. 2. 2014).
Brox, H./Walker, W.-D. (2012): Besonderes Schuldrecht. 36. Auflage. München: C. H. Beck.
Frankfurt, H. G. (2001): Freiheit und Selbstbestimmung (hgg. von M. Betzler/B. Guckes). Berlin: Akademie Verlag.
Hansert, A. (2003): Die Erbschaft im Kontext familiärer Generationenbeziehungen. In: Lettke, F. (Hrsg.): Erben und Vererben. Gestaltung und Regulation von Generationen-Beziehungen. Konstanz: UVK, S. 157–188.
Jureit, U. (2006): Generationenforschung. Göttingen: Vandenhoeck & Ruprecht.
Kohli, M. (2006): Alt – Jung. In: Lessenich, S./Nullmeier, F. (Hrsg.): Deutschland – eine gespaltene Gesellschaft. Frankfurt am Main: Campus, S. 115–135.
Kohli, M./Schmiede, N./Stamm, I. (2009): Von Generation zu Generation – Der Nachfolgeprozess in Familienunternehmen. In: Hilger, S./Soénius, U. (Hrsg.): Familienunternehmen im Rheinland im 19. und 20. Jahrhundert. Netzwerke – Nachfolge – Soziales Kapital. Köln: Stiftung Rheinisch-Westfälisches Wirtschaftsarchiv zu Köln, S. 177–187.
Leggewie C./Nanz, P. (2013): Neue Formen der demokratischen Teilhabe – am Beispiel der Zukunftsräte. In: Transit: europäische Revue: Zukunft der Demokratie 44, S. 72–85.

Lettke, F. (2003): Kommunikation und Erbschaft. In: Lettke, F. (Hrsg.): Erben und Vererben. Gestaltung und Regulation von Generationen-Beziehungen. Konstanz: UVK, S. 157–188.

Lettke, F./Lange, A. (Hrsg.) (2007): Generationen und Familien. Analysen – Konzepte – gesellschaftliche Spannungsfelder. Frankfurt am Main: Suhrkamp.

Lüscher, K. (2003): Erben und Vererben. Ein Schlüsselthema der Generationenforschung. In: Lettke, F. (Hrsg.): Erben und Vererben. Gestaltung und Regulation von Generationen-Beziehungen. Konstanz: UVK, S. 125–142.

Mannheim, K. (1964/1928): Das Problem der Generationen. In: Mannheim, K.: Wissenssoziologie. Auswahl aus dem Werk (hgg. von K. H. Wolff). Neuwied/Berlin: Luchterhand, S. 509–565.

Matthes, J. (1985): Karl Mannheims „Das Problem der Generationen", neu gelesen. Generationen-„Gruppen" oder „gesellschaftliche Regelung von Zeitlichkeit". In: Zeitschrift für Soziologie, 14. Jg. Nr. 5, S. 363–372.

Messner, D./Guarín, A./Haun, D. (2013): The Behavioural Dimensions of International Cooperation. Duisburg: Global Cooperation Research Papers 1.

Moebius, S. (2012): Marcel Mauss, Essai sur le don. In: Leggewie, C./Zifonun, D./Lang, A./Siepmann, M./Hoppen, J. (Hrsg.): Schlüsselwerke der Kulturwissenschaften. Bielefeld: transcript, S. 47–50.

Parnes, O./Vedder, U./Willer, S. (2008): Das Konzept der Generation, Frankfurt am Main: Suhrkamp.

Reinhard, W. (2004): Lebensformen Europas. Eine historische Kulturanthropologie. München: C. H. Beck.

Sandel, M. (2013): Solidarität. In: Transit 44, Herbst, S. 103–117.

Schmid, T. (2014): Generation, Geschlecht und Wohlfahrtsstaat: intergenerationelle Unterstützung in Europa. Wiesbaden: Springer VS.

Shakespeare, W. (1973): King Lear/König Lear (hgg. von R. Borgmeier/B. Puschmann-Nalenz). Stuttgart: Reclam.

Statistische Bundesamt: Haushalte insgesamt, Haushalt und Familien. www.destatis.de/DE/ZahlenFakten/GesellschaftStaat/Bevoelkerung/HaushalteFamilien/Tabellen/Haushaltsgroesse.html (Abruf 15. 2. 2014).

WBGU (Wissenschaftlicher Beirat der Bundesregierung für Globale Umweltveränderung) (Hrsg.) (2011): Hauptgutachten. Welt im Wandel. Gesellschaftsvertrag für eine Große Transformation. Berlin: WBGU.

Wehler, H.-U. (2013): Die neue Umverteilung. Soziale Ungleichheit in Deutschland. 4. Auflage. München: C. H. Beck.

Weigel, S. et al. (Hrsg.) (2005): Generation. Zur Genealogie des Konzepts – Konzepte von Genealogie. München: Fink.

Willer, S./Weigel, S./Jussen, B. (Hrsg.) (2013): Erbe: Übertragungskonzepte zwischen Natur und Kultur. Berlin: Suhrkamp.

Wissenschaftlicher Beirat für Familienfragen (2012): Generationenbeziehungen. Herausforderungen und Potenziale. Wiesbaden: Springer VS.

Jürgen Raab
# Bildpolitik
Zur Präsentation und Repräsentation
politischer Weltbilder in symbolischen Formen
und rituellen Ordnungen[1]

Hermeneutik als Lebenspraxis meint, so Ronald Hitzlers Vorschlag in seiner Einladung und Einleitung zum vorliegenden Band, den deutend-verstehenden Umgang mit dem unvermeidbar Widersprüchlichen in jeder kulturell geglaubten Wirklichkeit. Die nachfolgenden Ausführungen konzentrieren sich auf das Politische und damit auf das soziale Handeln innerhalb einer gesellschaftlichen Wertsphäre, für die das Herstellen und Absichern von Wirklichkeitsglauben zum Alltagsgeschäft gehört, und die in der von Hans-Georg Soeffner für die Auslegung des Alltags und für den Alltag der Auslegung entwickelten und vorangetriebenen hermeneutischen Wissenssoziologie vermutlich deshalb zu einem zentralen Forschungsgebiet wurde. Der hier anstehende Versuch, das unvermeidbar Widersprüchliche in politischen Wirklichkeitskonstruktionen exemplarisch im Rahmen einer Fallstudie deutend zu verstehen und auf seine Kulturbedeutung zu befragen, greift einen für Soeffners politische Soziologie zentralen Gedanken auf:

„Im Kollektivhandeln arbeitet die Gemeinschaft an der Erhaltung der Einheit von Glauben und Handeln – zumindest im Bereich der symbolischen Formen. Sie stellt sich im Ritualensemble des kollektiven Ritus nicht nur immer wieder die eigene Weltanschauung in einer geordneten symbolischen Großform vor, sondern sie gestaltet sich zugleich auch im Handeln als die aktiv gelebte Repräsentation ihres Weltbildes. Sie bestätigt und verleiht sich immer wieder ihre Existenz durch das, was sie sich und anderen im Symbol vorführt: Die rituelle Gemeinschaft *ist*, was sie repräsentiert. Anders ausgedrückt: Sie *re*präsentiert sich und ihr Weltbild, indem sie sich *präsentiert*. Präsentation und Repräsentation werden so im rituellen Handeln zusammengezogen" (Soeffner 2009, S. 88 f., Hervorhebungen im Original).

---

1  Für eine erweiterte Fassung dieses Beitrages siehe Raab 2014.

# Eine politische Fotografie
## und ihr gesellschaftliches Ereignis

Am 20. September 2001 erklärte George W. Bush in einer gemeinsamen Sitzung der beiden Kammern des US-Kongresses: „Our war on terror begins with al Qaeda, but it does not end there. It will not end until every terrorist group of global reach has been found, stopped and defeated" (United States Department of State 2002, S. 135). Fast zehn Jahre später, am 1. Mai 2011, gelang der Obama-Regierung mit der Hinrichtung von Osama bin Laden ein entscheidender Schlag im proklamierten „war on terror". Als zentrales Element in den medialen Erfolgsmeldungen über die Tötung des Hauptverantwortlichen für die Anschläge vom 11. September 2001 sollte sich schon bald die mit den offiziellen verbalen, textförmigen und audiovisuellen Verlautbarungen zeitgleich erfolgte Veröffentlichung einer Fotografie erweisen. Die Einspeisung ins Internet und die dadurch mögliche Verbreitung verhalf der Fotografie zu einer beachtlichen internationalen Wahrnehmung. Denn nicht nur zahlreiche Nachrichtenberichterstatter reproduzierten und kommentierten das Bild im Rahmen ihrer tagesaktuellen Meldungen wie auch in ihren Jahresrückblicken. Es regte auch eine breite, vielgestaltige und anhaltende Resonanzkommunikation im interaktiven Medium an, bildete darüber hinaus den Gegenstand von sozial- und kunstwissenschaftlichen Interpretationen, und reüssierte nicht zuletzt zum Objekt künstlerischer Auseinandersetzung, beispielsweise in der Installation „May 1, 2011" des chilenischen Künstlers Alfredo Jaar (Janser/Seelig 2011, S. 44 f.). Für manchen Interpreten erlangte die Fotografie bereits den Status einer modernen Ikone und gilt schon heute für ausgemacht, dass sie in die Geschichtsschreibung eingehen und sich ins kollektive visuelle Gedächtnis des westlichen Kulturraumes, wie auch seiner ideologischen und politischen Kontrahenten, einprägen wird (Diers 2011).

Abb. 1: President Barack Obama and Vice President Joe Biden, along with members of the national security team, receive an update on the mission against Osama bin Laden in the Situation Room of the White House, May 1, 2011 www.flickr.com/photos/whitehouse/5680724572/ (Abruf 3.3.2014).

Die bemerkenswerte Karriere und der beachtliche Bekanntheitsgrad der Fotografie aus dem ‚Situation Room' machen exemplarisch aufmerksam auf die Bedingungen, die Möglichkeiten und die Wirkungen einer innerhalb der global vernetzten Gegenwartsgesellschaften und unter den Vorzeichen der digitalen und interaktiven, sogenannten Web 2.0-Kommunikation aktuell sich vollziehenden transnationalen Bildproduktion und transkulturellen Bildpolitik. Zumal das technisch generierte und technisch vermittelte Bild vermag, als inzwischen nicht nur weltweit omnipräsentes und wiederabrufbares, sondern vor allem als vermeintlich universell lesbares und verstehbares Zeichen- und Symbolsystem, die Grenzen von Gesellschaften, Nationen und Kulturen leichter als Sprache und Schrift zu überwinden und Prozesse kultureller Annäherung und kulturellen Austauschs zu befördern. Zugleich eröffnet die technische Medienentwicklung immer wieder auch neue Potenziale zur Ausformung und Vorführung von selbstreferenziellen Bildwelten. Sie helfen Medienproduzenten und Medienrezipienten, ihre Wahrnehmungen aufeinander abzustimmen und aneinander anzugleichen, um innerhalb ihrer kulturellen Lebenswelten wechselseitige Deutungsbereitschaft und geteiltes Verstehen herstellen, und dergestalt die eigene Sozialwelt aufrecht, sicher und stabil halten zu können. Sie werden darüber hinaus aber auch propagandistisch in die Austragungen symbolischer Rivalitäten und kriegerischer Konflikte eingebracht, um das eigene Weltbild gegenüber den – in der Regel gleichfalls bildmedial verbreiteten – konkurrierenden Entwürfen anderer Kulturräume und Sinnwelten herauszuheben oder gar provokant und offensiv durchzusetzen. Ganz in letzterem Verständnis liefert die Fotografie aus dem ‚Situation Room' ein aktuelles und zudem prominentes Fallbeispiel für die Präsentation und Repräsentation politischer Haltungen und darüber hinaus für die Legitimation politischen Handelns in gesellschaftlichen Krisensituationen.

Die hier anstehende Feinanalyse jenes politisch motivierten visuellen Handelns geschieht aus einer hermeneutisch-wissenssoziologischen, genauer: aus einer symbol- und ritualsoziologischen Perspektive. Die „kleinteilige Auslegung eines Beispiels symbolischer Formung und rituellen Handelns" (Soeffner 2010, S. 10) könnte für ihren Ausgang auch Pierre Bourdieu – fast – beim Wort nehmen, für den

„Politik denken [...] heißt, noch so triviale Realitäten wie ein politisches Kürzel, die Überschrift einer Zeitung oder ein Wahlplakat der radikalsten Infragestellung unterziehen zu können, die sonst den erlauchten Gegenständen der philosophischen oder religiösen Exegese vorbehalten bleiben" (Bourdieu 2010/1988, S. 8 f.).

Anders allerdings als im Verständnis Bourdieus geht es in meiner ‚Exegese' der trivialen Realität einer politischen Fotografie nicht um deren radikalste Infragestellung und Kritik, sondern im Sinne Max Webers um ein deutendes Verstehen und – soweit möglich – ursächliches Erklären des sich im Datum dokumentierenden sozialen Sinns eines visuellen Handelns (Weber 1985, S. 1). Entsprechend beginnt die Auslegung bei der für hermeneutische Einzelbildanalysen unabdingbaren, hier allerdings notgedrungen stark verkürzt dargestellten Rekonstruktion der konkreten Bauform der visuellen Konstruktion und wissensvermittelnden Bildkommunikation. Hierauf aufbauend geht es im nächsten Schritt um die Hinzuziehung der Bildinhalte, der historisch-politischen Situation sowie um die möglichen Rückschlüsse auf die Handlungsmotive derjenigen, welche die Fotografie als symbolische Gestalt in Akten visuellen Handelns konstruierten und sie in ritualisierten Handlungszusammenhängen und Kommunikationskontexten einsetzten. Im abschließenden Schritt steht der Versuch an, auf der Grundlage der bis dahin entwickelten Einsichten zu verallgemeinernden Aussagen über die Kulturbedeutung moderner politischer Ikonographie zu kommen – konkret, über die Bedeutungszusammenhänge zwischen dem fotografischen Einzelbild einerseits und der die unmittelbare Anschauung des gegebenen Bildes transzendierenden, daher nur appräsentativ erfahrbaren politischen Idee andererseits.

## Formale Rekonstruktion des visuellen Binnenereignisses

Fotografien zeichnet ein Leistungspotenzial aus, das sie von anderen technischen Kommunikationsmedien unterscheidet, und das in phänomenologischer Perspektive ihr *eidos* begründet: die hochgradige, ja technisch maximal mögliche, visuelle Verdichtung und Erstarrung von Raum und Zeit (Soeffner 2012). Wie jedes Einzelbild sind Fotografien daher epistemisch gesonderte Ausdruckgestalten und Symbolbereiche *sui generis*, weshalb auch häufig vom Eigenwert und Eigensinn der Bilder die Rede ist. Dieses phänomenologisch begründete Bildverständnis, wie es in Anschluss an Edmund Husserl etwa Jean-Paul Sartre, Maurice Merleau-Ponty oder Vilem Flusser vertreten, kleidet der Philosoph und Kunsthistoriker Gottfried Boehm in den Begriff der „ikonischen Differenz":

> „Was uns als Bild begegnet, beruht auf einem einzigen Grundkontrast, dem zwischen einer überschaubaren Gesamtfläche und allem, was sie an Binnenereignissen einschließt. Das Verhältnis zwischen dem anschaulichen Ganzen und dem, was es an Einzelbestimmungen (der Farbe, der Form, der Figur etc.) beinhaltet, wurde vom Künstler auf irgendeine Weise optimiert" (Boehm 1994, S. 29 f.).

Die von Boehm genannte ‚Überschaubarkeit' ist für die Bestimmung der Sinn und Bedeutung tragenden Fläche eines Bildträgers fundamental, generiert und markiert sie doch – in der Fotografie als technisch vorgegebene Rahmung – jenen rational bemessenen Ausschnitt, der Elemente und Details auswählt und sie so miteinander und aufeinander hin verklammert, dass sich Sinn und Bedeutung generierende Bezugsmöglichkeiten und Zusammenhänge zwischen ihnen eröffnen können. Nur durch die Aufbringung eines solchen, vermittels Rahmung gegebenen Grundkontrastes, der die „ikonische Differenz" setzt, kann sich innerhalb der Sinngrenzen ein „Binnenereignis" in seiner Bestimmtheit entwickeln, entfalten und erweisen. Denn erst die Rahmung macht es möglich, dass ein Sehereignis „auf irgendeine Weise optimiert" werden kann, Bildproduzenten also in die Lage kommen, die simultan in der Rahmenvorgabe zu versammelnden Elemente und sinntragenden Details gemäß ihrer Handlungsmotive und ihrer Seherwartungen zu spezifischen Sinn- und Bedeutungszusammenhängen bildenden Gliederungen, Formen und Gestalten, mithin zu kohärenten und prägnanten Konstellationen aus Einordnungen, Anordnungen, Über- und Unterordnungen, zu organisieren (Waldenfels 1992).

Abb. 2: Schrittweise Rekonstruktion des Feldliniensystems

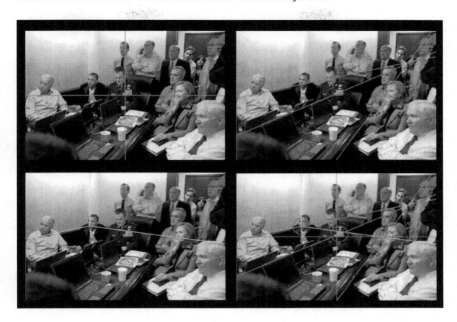

Das Entree der hermeneutisch-wissenssoziologischen Einzelbildanalyse ist daher der sinnlogisch einfachste, aufgrund der rein formalen Orientierung am Rahmen zunächst sicherlich mechanisch anmutende Einzug der Mittelachsen (Raab 2012; Müller/Raab 2014). Die simple mathematische Berechnung erlaubt es jedoch, den physikalischen Schwerpunkt und das geometrische Zentrums der Fotografie zu lokalisieren (Abb. 2, links oben).

Sollte dieses Zentrum auch inhaltlich irgendwie feststellbar sein, so könnte dies ein erster Hinweis darauf sein, dass das visuelle Handeln in sehr grundlegender Hinsicht regelgeleitet ist. Ziehen wir für den vorliegenden Fall zur Form sogleich den Inhalt hinzu, so zeigt sich, dass das Bildzentrum punktgenau an jener Grenzstelle liegt, an der sich die Auszeichnungen für militärische Kompetenz und Leistung mit dem Sitz des Herzens der hier befindlichen Person berühren bzw. voneinander scheiden. Für Rudolf Arnheim (1996) kann ein Bild, das eine solche noch rudimentäre „Zentrizität" aufweist, immer schon bereits auf „Exzentrizität" hin angelegt sein, d.h. auf dynamische Wechselwirkungen zwischen Zentren, sogenannten „Massen" oder „Knoten", innerhalb eines durch „Vektoren" aufeinander bezogenen, komplexen Kompositionssystems. Für die Erschließung dieser vektoriellen Beziehungen, welche die Blickführungen einer Bildanschauung anleiten und mögliche Bedeutungszuschreibungen generieren können, und die daher zunächst als hypothetische Lesarten gelten, gilt es die perspektivischen (Abb. 2, rechts oben) und planimetrischen Elemente (Abb. 2, links unten) der Bildordnung und mithin jene kompositorischen Hauptlinien des Bildaufbaus zu rekonstruieren, die Max Imdahl in ihrem Gesamt als „Feldliniensystem" bezeichnet (1996, S. 447f.).

Werden alle für die Fotografie aus dem ‚Situation Room' konstruierten Liniensysteme aufeinander projiziert (Abb. 2, rechts unten), so lassen sich aus ihren Überkreuzungen rein formal vier Aufmerksamkeits- und Bedeutungskerne erkennen. Diese nun wiederum können – das inhaltliche Kontextwissens über den Fall miteinbeziehend – auf ihre Entsprechungen und Gegensätze mit deren jeweiligen Wechselwirkungen und Spannungsverhältnissen hin interpretativ befragt werden. Beispielsweise, was hier allein aus Platzgründen nur andeutungsweise geleistet werden kann, hinsichtlich der zwischen den vier dominanten Zentren und aus ihren vielfältig denkbaren Kombinationen ableitbaren Analogien und Kontrasten in Kleidung, Ethnie und Geschlecht, zentraler oder randständiger Positionierung im Bild, oder bezüglich der hierarchischen Stellung der Personen im Nationalen Sicherheitsrat der USA und ihrer öffentlichen Bekanntheit, sowie außerdem in Bezug auf den über Gestik, Mimik und Körperhaltung vorgeführten Grad an geteilter Anteilnahme und emotionaler Ergriffenheit. Grundsätzlich aber ist festzuhalten, dass den über die rein formale Analyse des Bildraumes und seiner Komposition als herausgehoben identifizierten Personen – Barack Obama, Hillary Clinton, Brigadegeneral Marshall Bradley Webb und im Hintergrund die trotz ihrer Funktion als ‚Director for Counterterrorism' bis dato weitgehend unbekannte Audrey Tomason – eine sehr viel größere Aufmerksamkeit in der öffentlichen Wahrnehmung und Diskussion der Fotografie aus dem ‚Situation Room' zuteil wurde, als allen anderen im Bild dargestellten Gruppenmitgliedern, nicht zuletzt auch hinsichtlich möglicher Deutungen ihrer jeweiligen Entsprechungen und Ergänzungen, Spannungen und Gegensätze.

## Symbol und Symbolfigur im Symbolbild

In Anschauung der Fotografie sind Bildbetrachter in die eingefangene Szenerie und soziale Situation paradoxerweise zugleich ein- und ausgeschlossen. Eingeschlossen wirken sie, weil sie ihren Platz im zahlenmäßig größten Teil der Gruppe, der um den Tisch stehenden Personen einnehmen. Dabei fällt die Enge des geschauten Raumes ins Auge: ein Eindruck, der durch die vielen, dicht gedrängten Anwesenden noch unterstützt wird, und den die Fotografie durch den gewählten Bildausschnitt, der mehrere Personen nur in Teilansichten erfasst und andeutet, noch forciert. Zudem sind mehr Personen zugegen, als der Raum für seinen konventionellen und routinierten

Gebrauch vorsieht, denn nicht für alle sind Sitzplätze vorhanden. Und schließlich wirkt die Gruppe durch die im Hintergrund des Raumes als geschlossen erkennbare Türe exklusiv und zumindest für den Moment als vollständiges Kollektiv. All diese Umstände legen den Schluss nahe, dass die Zusammenkunft zu einem besonderen Anlass stattfindet, der aufgrund der unvorteilhaften und unangemessenen Umstände zudem nur kurze Zeit in Anspruch nehmen wird. Ein augenscheinlicher Hinweis darauf, dass die Bildbetrachter einem besonderen Anlass oder zumindest im Moment der fotografischen Aufnahme einem bedeutsamen Augenblick beiwohnen, offenbart sich schließlich darin, dass mit Ausnahme einer Person alle Anwesenden dasselbe sehen wollen, ihr reines Dabeisein oder bloßes Zuhören offenkundig nicht hinreicht. Ja, man könnte sogar annehmen, das Sehen sei geradezu das Hauptthema der Fotografie, verdichtet und überhöht in Hillary Clintons weit geöffneten Augen.

Gleichzeitig scheinen die Bildbetrachter von der sozialen Situation ausgeschlossen, stehen sie der Gruppe doch wie neutrale Betrachter gegenüber und werfen einen distanzierten und dabei zugleich exklusiven Blick auf die soziale Situation. Denn als einzige teilen nur sie ganz offensichtlich nicht den der Gruppe gemeinsamen Aufmerksamkeitsfokus. Was Bildbetrachter demgegenüber aber als einzige sehen, ist, was alle anderen Gruppenmitglieder nicht sehen können: die in Gestik, Mimik und Körperhaltung sich ausdrückende Reaktion auf das Geschaute. Die Fotografie- und Filmsprache nennt die Einstellung auf ein Gesicht, auf eine Mimik, Gestik und Körperhaltung, in der ein Widerschein davon liegt, was eine Person wahrnimmt und erfährt, ‚Reaction Shot'. Ihn zeichnet aus, dass er eine Leerstelle produziert, die außerhalb des Bildes, in der Regel dem Bild gegenüber und oftmals sogar hinter dem Rücken der Betrachter liegt, und die an sie appelliert, jene Aussparung und Erfahrungslücke mit Projektionen und Interpretationen appräsentativ zu füllen, und mithin sinnlich Gegebenes mit sinnlich aktuell nicht und gegebenenfalls niemals oder niemals wieder sinnlich Gegebenem zu einer Sinnfigur zu synthetisieren. Doch während sich im konventionellen ‚Reaction Shot' – für den die Aufnahme eines zum Zeitpunkt der Terroranschläge am 11. September 2001 für die ‚New York Times' tätigen Fotografen ein anschauliches Beispiel abgibt (Abb. 3) – das körpergebundene Ausdrucksverhalten der Abgebildeten wechselseitig bestätigt und zu einer symphonischen, kollektiven Form ergänzt, die den Bildbetrachtern eine stimmige Auffüllung der Leerstelle und die Entwicklung einer eindeutigen Lesart erlaubt oder zumindest nahelegt, vermittelt die Fotografie aus dem ‚Situation Room' ein breites Spektrum keineswegs einheitlicher und zudem auch nicht eindeutiger Haltungen und Reaktionen.

Abb. 3: Woman react as they witness the collapse of Two World Trade Center building, or South Tower, from about a half-mile away on Canal Street in New York (Angel Franco/The New York Times, www.smh.com.au/world/witness-to-the-desperate-20110910-1k32e.html, Abruf 3.3.2014).

Zusammengenommen präsentiert die Fotografie die Gruppe somit als widersprüchliche Einheit. Der durch die vorherrschende Konvergenz der Blicke, durch die Isoliertheit und Enge des Raumes sowie durch die körperliche Nähe der Personen angezeigten Homogenität und Geschlossenheit der Gruppe – ein Eindruck, den die Bildkomposition mittels Perspektive und Planimetrie rein formal noch unterstützt – steht eine offensichtliche Differenz und Kontingenz in den Haltungen und Reaktionen ihrer Mitglieder gegenüber. Die damit angezeigte Spannung – der Gegensatz von Einheit und Geschlossenheit einerseits und von Differenz und Kontingenz andererseits – wiederholt und verdichtet sich nochmals in der Bildfigur Hillary Clinton, wirkt sie doch, obschon sie eine einheitliche und geschlossene Gestalt repräsentiert, in der vom Bild eingefangenen Form zugleich widerspruchsvoll in sich gebrochen – etwa wenn die Bildkonstruktion mit Audrey Tomason jenes Gruppenmitglied, das planimetrisch, größen- und flächenmäßig die unbedeutendste Rolle spielt, durch die Positionierung im Fluchtpunkt (Abb. 3) perspektivisch zur wichtigsten Person erhebt und in die Gruppenkonstellation einbindet. Oder, wenn die beiden altersmäßig und äußerlich auch sonst sehr ähnlichen Personen auf der linken und rechten Bildseite die Szenerie planimetrisch wie zwei nahezu identische Randfiguren in Horizontalspannung einfassen, rahmen und zusammenschließen.

Abb. 4: Ausschnittvergrößerungen: Hillary Clinton

Für die Differenzbildung in der Einheit ist von entscheidender Bedeutung, dass die Fotografie – und dies trifft ausschließlich für Clinton zu – beide Hände in Ganzansicht präsentiert, und die Bildfigur in einer für sich geschlossenen Grundgestalt zwei völlig gegensätzliche, sich im wahrsten Sinne einander entgegen setzende Gebärden vorführt. Dergestalt avanciert Clinton zur Symbolfigur im Symbolbild, wiederholt, verdoppelt und verdichtet sich in der Figur doch die mit der Gruppendarstellung bereits angezeigte widersprüchliche Einheit.

In der griechischen Antike meinte ‚symbolon' das ursprünglich eine Einheit Bildende, das als Muschel, Tonscheibe, Ring oder Geldstück zerbrochen und dann als soziales Erkennungszeichen und als Beweis der sozialen Zusammengehörigkeit wieder zusammengefügt werden kann. Weil das Symbol ein Problem und seine Lösung in einer einzigen ästhetischen Ausdrucksgestalt aufeinander bezieht und miteinander verbindet, also die Gegensätzlichkeiten vorführt, zusammenzieht und ausgleicht, versinnbildlicht es die grundlegende Form des menschlichen Umgangs mit Widersprüchlichkeiten (Soeffner 2010).

Die punktuelle Hervorhebung bei gleichzeitiger Harmonisierung der Widersprüche und Gegensätze ist für die von Clinton vorgeführte Bildfigur konstitutiv und offenbart sich in den mittels formaler Analyse der Bildordnung identifizierten Bedeutungskernen. Markant sticht die Vorführung von Gemeinsamkeiten und gleichzeitigen Gegensätze bei Brigadegeneral Webb und Hillary Clinton hervor; und es ist diese besondere, Aufmerksamkeit erweckende und letztlich unaufhebbare Spannung, die diese Personen zu den eigentlichen Hauptakteuren der Inszenierung erhebt. Denn beide sitzen am Tisch und befinden sich nahe des Bildzentrums, beide sind im Unterschied zu allen anderen Abgebildeten mit einer ihrer Hände aktiv, und beiden ist mit Obama einerseits und Tomason andererseits planimetrisch und perspektivisch je eine geschlechtsgleiche Person zugeordnet – allesamt Gemeinsamkeiten, die den Unterschied der Geschlechter, die Differenz zwischen militärisch und zivil sowie zwischen Anteilhabe und Nichtteilhabe am Aufmerksamkeitsfokus der Gruppe, und nicht zuletzt den Gegensatz von Selbstberührung und Arbeitstätigkeit in den jeweiligen Handaktivitäten, nur umso deutlicher hervortreten lassen.

Die Fotografie aus dem ‚Situation Room' setzt mit dieser Arbeitsweise der traditionellen symbolischen Repräsentation des Politischen die widersprüchliche Einheit an verschiedenen Stellen und auf unterschiedlichen Ebenen immer wieder aufs Neue und damit sich selbst steigernd und sich selbst bestätigend ins Bild und generiert im medialen Bildraum eine gemäß den politischen Handlungszielen der Akteure sich autopoietisch selbst schließende Sinngestalt. Dabei reicht die Praxis visuellen Handelns so weit, dass auch Bildinhalte, die, wie die beiden Coffee-to-go-Becher, zunächst als Marginalien erscheinen oder die nur unvollständig zu sehen sind, diesem Strukturprinzip folgen.

Anhand eines, weil nur in Teilansicht gezeigten, vermeintlich randständigen Bildelementes soll die entwickelte Strukturhypothese daher überprüft werden. Bei diesem Bildelement handelt es sich nun tatsächlich im allerengsten Verständnis um ein Symbol, das sich trotz oder vielleicht sogar wegen des Umstandes, dass es die Fotografie nur in Abschattung und Andeutung präsentiert, für mit dem Kulturraum und seiner Geschichte, seinen Kollektivsymbolen und rituellen Handlungsformen vertrauten Betrachter sofort appräsentativ vervollständigt:

Abb. 5: Ausschnittvergrößerung: Präsidentensigel in der Fotografie aus dem ‚Situation Room', und: ‚The Seal of the President of the United States'

In dem für das Selbstverständnis der Nation zentralen Symbol des US-amerikanischen Präsidenten hält der Weißkopfadler in seiner linken Kralle ein Pfeilbündel und in seiner rechten einen Olivenzweig. Die dreizehn Pfeile repräsentieren die dreizehn Gründungsstaaten der USA, ebenso wie die dreizehn Blätter und die dreizehn Früchte des Olivenzweiges. Zusammen symbolisieren das Pfeilbündel und der Olivenzweig – so eine in den Vereinigten Staaten populäre, an die ‚Olive Branch Petition' von 1775 angelehnte Interpretation – „that the United States of America has a strong desire für peace, but will always be ready for war."[2] Darüber hinaus hält die offizielle Beschreibung des dem Präsidentensigel als Vorbild dienenden ‚Great Seal of the United States' fest, dass die Aureole über dem Adlerkopf dreizehn Sterne enthalten, so wie sich auch das Schild aus insgesamt dreizehn weißen und roten Streifen zusammensetzen soll. Nicht zuletzt besteht auch das vom Adler im Schnabel getragene Motto aus dreizehn Buchstaben. In der Fotografie aus dem ‚Situation Room' ist die Anzahl der abgebildeten Personen zwar nicht abschließend zu bestimmen. Wohl aber lassen sich genau dreizehn Personen eindeutig identifizieren und sind vom offiziellen Begleittext zum Bild auch namentlich und mit ihrer Funktion genannt (www.flickr.com/photos/whitehouse/5680724572/, Abruf 3.3.2014).

---

2 1945, unter den Eindrücken des Zweiten Weltkrieges lässt Präsident Truman den Adlerkopf aus seiner Blickrichtung zum Pfeilbündel in Richtung des Olivenzweigs wenden, um mittels der Drehung auf die in der Heraldik positiv besetze rechte Seite die primäre Friedenorientierung der Vereinigten Staaten im Präsidentensymbol zu versinnbildlichen.

In Absehung von den mit der Zahl Dreizehn und deren mannigfacher Wiederholung vielfach vorgebrachten kabbalistischen und esoterischen Deutungen des Sigels, bearbeitet die Fotografie jedoch ein Grundproblem moderner Gesellschaften, auf das Georg Simmel in seiner Interpretation eines (zufälligerweise gleichfalls dreizehn Personen darbietenden) Gemäldes von Leonardo da Vinci aufmerksam macht: Dessen ‚Abendmahl' zeige erstmals in der Kunstgeschichte „wie ein äußeres Ereignis über eine Anzahl völlig verschiedener Menschen kommt und jeden einzelnen von ihnen zur vollsten Entwicklung und Offenbarung seiner individuellen Eigenart veranlasst". Dergestalt, so schließt Simmel, bringe Leonardos Gemälde „das Lebensproblem der modernen Gesellschaft" zum Ausdruck, zeige, was die Gemeinschaft in ihrer Existenz gefährdet, gebe aber zugleich auch eine mögliche Antwort auf das selbstaufgeworfene Problem und führe vor, was die Gemeinschaft existentiell zusammenhält. Denn „wie aus individuell absolut verschiedenen und dabei doch gleichberechtigten Persönlichkeiten eine organische Geschlossenheit und Einheit werden könnte, ist hier, in der Vorwegnahme durch die Kunst ‚im Bilde' gelöst" (Simmel 1995/1905, S. 306 f.).

Entscheidend für die politische Bedeutung der Fotografie aus dem ‚Situation Room' ist mithin weniger, worauf sich die Blicke der auf ihr Abgebildeten mehrheitlich richten und was sie nicht zeigt, als vielmehr, was sie ihren Betrachtern konkret vor Augen führt: Das in der Fotografie präsentierte und durch sie repräsentierte, im Siegel zudem an zentraler Stelle dem Weißkopfadler als Motto *expressis verbis* in den Schnabel gelegte Paradox der widersprüchlichen Einheit einer aus vielen unterschiedlichen Haltungen sich fügenden politischen Haltung – „E pluribus unum", in der offiziellen Übersetzung: „out of many one".

Im wahrsten Sinne, angesichts der selbst hervorgerufenen Krise, ist die Variationsbreite der in der Fotografie wiedergegebenen Reaktionen und Haltungen unter den politischen Repräsentanten zwar hoch, denn in der zivilisierten Welt gilt Gewalt, sofern sie nicht durch eine rationale Vertragsbasis legitimiert ist, als schändlich und unrecht. In diesem Sinne steht das Bild im Dienste der Legitimation eines irrationalen Gewalthandelns: des aktuellen ebenso wie – für ein Land im Dauerkriegszustand wohl strukturell notwendig – von zukünftigen, gleichfalls nicht legitimierten Gewalthandlungen, auf die das Bildsymbol bereits vorbereiten mag. Doch so breit sich eingedenk dieses Umstandes das Spektrum der Reaktionen und Haltungen bei den vorgeführten Personen auch darbietet, es lässt, dies versinnbildlicht die Fotografie, den Bund nicht zerbrechen und auseinanderfallen. Vielmehr erneuert sich die Gruppe und zusammen mit ihr der durch die Gemeinschaft, über die Vorführung von Geschlossenheit und Einheit *in* Heterogenität und Differenz, im Bildraum symbolisierte und repräsentierte Kulturraum, versichert sich so der Grundfesten ihres und seines Soseins, bearbeitet die Krise und stellt sich dadurch auf Dauer.

## Kulturalisierung und De-Kulturalisierung im Krieg der Bilder

Die Legitimation von politischer Ordnung und politischem Handeln verlangt nach symbolischer Repräsentation; im weitesten Sinne nach einer Semantik des Poltischen in Gestalt von Ritualen und Symbolen, Narrativen, Mythen und Selbstbilddarstellungen, die den Bezug zu einer alltagstranszendenten Sinnebene herstellen und absichern, aus der heraus die politische Ordnung und das politische Handeln ihre letztbegründende Geltung und Legitimation erhalten, und über die sich eine soziale und kulturelle Ordnung als Einheit und Ganzheit imaginiert. Zur visuellen Darstellung und Vermittlung dieser Sinnebene, und damit zur Versinnbildlichung des politisch Imaginären, setzt die US-Regierung mit dem Einsatz des fotografischen Einzelbildes als dem ältesten technisch-visuellen Medium auf traditionelle Symbolpolitik. In ihr verhilft das Bildsymbol, wie die Analyse zeigt, der alltagstranszendenten Wirklichkeit der Nation als dem sinnlich nicht unmittelbar Erfahrbaren – im Sinne Émile Durkheims (1994/1912): der gemeinverbindlichen Idee – im Symbol des Siegels, in der Symbolfigur Clinton und im Symbolbild der Fotografie als Ganzes zu konkreter Sichtbarkeit. Stellt ein Betrachter die derart im Bildraum an verschiedenen Stellen und auf unterschiedlichen Ebenen wiederholt angezeigte Repräsentationsbeziehung her, so offenbart sich ihm eine höhere, ihn übersteigende und ihn doch zugleich einbeziehende Wahrheit: ‚E pluribus unum' – die Vorstellung, Teil einer obschon disparaten, so doch in ihrem Kern auf Identität sich gründenden Gemeinschaft zu sein. In dieser Repräsentationsbeziehung erreicht die Fotografie ihr politisches Ziel: Sie reproduziert und aktualisiert den politischen Urgedanken und die politische Urszene der Gemeinschaft anlässlich eines aktuellen Ereignisses in höchst aktuellem Gewandt, wird so zum Medium und technischen Mittler im fortwährenden Prozess ritueller Vergemeinschaftung und offenbart, wie visuelle Repräsentationen in Gestalt von Abzeichen, Embleme, Wappen, Fahnen oder eben Fotografien die ganze Realität von Gruppen, Gemeinschaften und Gesellschaften sein oder erschaffen können, deren wirksame soziale Existenz allein in und durch die symbolische Repräsentation besteht.

Für diese kommunikative Leistung setzt die US-Regierung mit Pete Souza als ihrem empirisch-praktischen Experten für fotografische Repräsentationen des Politischen auf ein Höchstmaß an Professionalität. Der Erfolg des kommunikativen politischen Handelns gründet sich aber vollends darauf, dass die Verantwortlichen die in der Fotografie aktualisierte, traditionelle Arbeitsweise visueller Symbolpolitik für die spezifischen Erfordernisse der

Web 2.0-Kommunikation anreichern und ‚updaten', indem sie das Internet nicht nur als Verbreitungsmedium einsetzen, sondern auch gezielt in seinen Potenzialen als Resonanzmedium nutzen. Denn der offizielle Begleittext zur Fotografie aus dem ‚Situation Room' weist explizit auf einen technischen Eingriff hin, mit dem diese selbst sich in unmittelbarer Nähe ihres Zentrums bereits als digital nachbearbeitet zu erkennen gibt, während er derartige Manipulationen – womit zum Publikationszeitpunkt offenbar schon gerechnet wurde – den Internetnutzern für deren mögliche Aneignungsweisen sogleich untersagt (www.flickr.com/photos/whitehouse/5680724572/, Abruf 3.3.2014). Trotz oder möglicherweise gerade wegen der Verbotsklausel animiert die Fotografie seit ihrer Veröffentlichung ein von den Verantwortlichen stillschweigend und sicherlich wohlwollend geduldetes, reges visuelles Antwortverhalten mit vielfältigen Neuaneignungen; im Verständnis von Erving Goffman (1977): Modulationen in Gestalt von Variierungen, Verfremdungen und Ironisierungen. Dabei fungieren die zentral ins Bild gesetzte Verpixelung, die nicht minder prominent platzierten schwarzen Computermonitore und die leeren Flächen im Hintergrund wie so viele andere Details und Elemente des visuellen Handelns als Projektionsflächen, Anschlussstellen und Aktionsrahmen für die interaktiv-visuelle Resonanzkommunikation (aus der Fülle von auffindbaren Beispielen exemplarisch):

Abb. 6: Modulationen der interaktiv-visuellen Resonanzkommunikation

Was an diesen Anschlussstellen und innerhalb der Aktionsrahmen als Antwortverhalten interaktiv angestoßen und generiert wird, steht allerdings, anders als im Falle der oben beschriebenen traditionellen Symbolpolitik, in keinem Bezug mehr zu einer alltagstranszendenten Sinnebene. Vielmehr konstituiert und stabilisiert die Einbringung popkultureller und damit für sich bereits gesellschaftlich stark verankerter, durch das Internet noch potenziert verbreiteter, wiederholt abrufbarer und umfassend bearbeitbarer Symbol- und Wissensbestände einen alltagsimmanenten Transzendenzbezug. Für die Herstellung der alltagsimmanenten Transzendenz werden diese popkulturellen Wissensbestände, gerade auch in ihrer sich ausprägenden Vielzahl und Vielfalt, zu willkommenen Bausteinen einer nun wie von selbst sich ausmalenden, anreichernden und vervollständigenden Konstruktion jener gemeinverbindlichen Idee, über die sich die zu repräsentierende soziale, politische und kulturelle Ordnung bestätigt, legitimiert und absichert (Srubar 2007). Wenn daher Clément Chéroux in seiner Analyse der ‚Bildpolitik des 11. September' über die kommunikative Strategie der Terroristen vermutet, dass sie, um „einen maximalen Medieneffekt zu erzielen, [...] *für* eine Medialisierung *durch* Wiederholung konzipiert wurde" (Chéroux 2011, S. 15f., Hervorhebungen im Original), dann scheint dieses Kalkül auch der Präsentationsweise und Verbreitungslogik der Fotografie vom Gegenschlag am 1. Mai 2011 zugrunde zu liegen. Denn im Krieg der Bilder befeuert das visuelle Symbol mittels der von ihm selbst angeregten Wiederholung nicht nur die mediale Kommunikation und stellt Öffentlichkeit für ihre Botschaft her. Es ist darüber hinaus ein schlagender Beleg für die kommunikative Überlegenheit, dies über nur eine einzige Fotografie und ihrer Freisetzung im Internet, dem gemeinhin demokratischen und deliberativen Medium schlechthin, leisten zu können (Habermas 2008, S. 160f.).

Zum einen impliziert dieser Kulturalisierungsprozess mit der radikalen Exklusion eines gegengelagerten Kulturverständnisses aus der Kultur der ‚Weltgesellschaft' einen Prozess der De-Kulturalisierung: den Ausschluss jener Idee und Praxis von Kultur, gegen die sich das militärische Handeln der in der Fotografie aus dem ‚Situation Room' abgebildeten politischen Repräsentanten richtet. Dieser Kulturraum liegt mitsamt den symbolischen Repräsentationen und Repräsentanten seines Weltbildes bereits jenseits der Grenzen des konkreten Bildraumes und des sinnlich Wahrnehmbaren. Nur noch die zwischen den Polen von Gleichgültigkeit und Entsetzen changierenden, das Spektrum möglicher gesellschaftlicher Haltungen und Reaktionen auf die Tötung Bin Ladens wie ein breitgefächertes Identifikationsangebot repräsentierenden Blicke seiner Kontrahenten weisen auf ihn hin, während wiederum deren im Bildraum manifestierter Gegenentwurf mit seiner Kulturbotschaft des ‚American Way of Life' über die interaktiv-visuelle Resonanzkommunikation, gerade auch mit ihren spielerisch-kreativen Auffüllungen und Abwandlungen und ihren ironisch-karikierenden Adaptionen und Zitationen, eine fortgesetzte kommunikative Bestätigung und plebiszitäre Bestärkung erfährt.

Zum anderen stellt dieser Kulturalisierungsprozess an die digitale und interaktive Kommunikation im Web 2.0 offenbar die besondere Anforderung, den Konstruktionscharakter der eigenen Kommunikation im kommunikativen Handeln sogleich mit vorzuführen, so wie im vorliegenden Fall die Fotografie aus dem ‚Situation Room' als im Bruchteil einer Sekunde entstandene und Menschen abbildende Momentaufnahme zweifelsohne authentisch und echt ist, während sie unmissverständlich ausweist, wie gemacht und moduliert sie tatsächlich zugleich ist. In sich modernisierenden und medialisierenden Gesellschaften gibt die kommunikative Konstruktion kultureller Wirklichkeit zunehmend zu erkennen, dass ihre Handelnden mit dem Paradox eines von ihnen selbst beständig hergestellten und nur schwerlich zu differenzierenden Zugleich an Natürlichkeit und Künstlichkeit konfrontiert sind. Im Unterschied zu ihren Vorläufern und ihren Gegnern machen sich solche Gesellschaften verstärkt auf die Vorläufigkeit und die Veränderbarkeit der eigenen Kultur aufmerksam, und führen sich mit und in ihren medialen Kulturobjektivationen – deren Inszenierungslogik sich zwischen Dokumentation und Modulation, Sensation und Skandal bewegt (Hitzler 1989) – selbst vor Augen, nicht nur dass, sondern auch wie Kultur in verschiedenen Versionen durchspielbar ist. Forciert wird diese reflexive und performative Haltung zur Kultur durch die digitalen und interaktiven Kommunikationsmedien. Die empirische Erforschung der in ihnen ablaufenden, gesellschaftliche Wirklichkeiten und Kulturen mitkonstituierenden oder mitdestruierenden, kommunikativen Prozesse verlangt nach hinreichend komplexen Untersuchungsdesigns und Beschreibungsmodellen. Sie mit zu entwickeln gehört zu den Aufgaben der visuellen Wissenssoziologie.

## Literatur

Arnheim, R. (1996): Die Macht der Mitte. Eine Kompositionslehre für die bildenden Künste. Köln: Dumont.
Boehm, G. (1994): Die Wiederkehr der Bilder. In: Boehm, G. (Hrsg.): Was ist ein Bild? München: Fink, S. 11–38.
Bourdieu, P. (2010 [1988]): Politik denken. In: Bourdieu, P.: Politik. Schriften zur politischen Ökonomie 2. Konstanz: UVK, S. 7–9.
Chéroux C. (2011): Diplopie. Bildpolitik des 11. September. Konstanz: Konstanz University Press.
Diers, M. (2011): ‚Public Viewing' oder das elliptische Bild aus dem ‚Situation Room' in Washington. Eine Annäherung. In: Hoffmann, F. (Hrsg.): Unheimlich vertraut. Bilder vom Terror. Köln: Verlag der Buchhandlung König, S. 308–331.

Durkheim, É. (1994/1912): Die elementaren Formen des religiösen Lebens. Frankfurt am Main: Suhrkamp.
Goffman, E. (1977): Rahmen-Analyse. Ein Versuch über die Organisation von Alltagserfahrung. Frankfurt am Main: Suhrkamp.
Habermas, J. (2008): Hat die Demokratie noch eine epistemische Funktion? In ders.: Ach Europa. Kleine politische Schriften XI. Frankfurt am Main: Suhrkamp, S. 138–191.
Hitzler R. (1989): Skandal ist Ansichtssache. Zur Inszenierungslogik ritueller Spektakel in der Politik. In: Ebbighausen, R./Neckel, S. (Hrsg.): Anatomie des politischen Skandals. Frankfurt am Main: Suhrkamp, S. 334–354.
Imdahl, M. (1996): Giotto. Zur Frage der ikonischen Sinnstruktur. In ders.: Gesammelte Schriften Band 3: Reflexion – Theorie – Methode. Frankfurt am Main: Suhrkamp, S. 424–463.
Janser, D./Seelig, T. (Hrsg.) (2011): Status – 24 Dokumente von heute. Winterthur: Fotomuseum Winterthur.
Müller, M.R./Raab, J. (2014): Die Produktivität der Grenze. Das Einzelbild zwischen Rahmung und Kontext, in: Müller, M.R./Raab, J./Soeffner, H.-G. (Hrsg.): Grenzen der Bildinterpretation. Wiesbaden: VS, S. 196–221.
Raab, J. (2012): Visuelle Wissenssoziologie der Fotografie. Sozialwissenschaftliche Analysearbeit zwischen Einzelbild, Bildsequenz und Bildkontext. In: Österreichische Zeitschrift für Soziologie 37, S. 121–142.
Raab J. (2014): E pluribus unum. Eine wissenssoziologische Konstellationsanalyse visuellen Handelns. In: Kauppert, M./Leser, I. (Hrsg.): Hillarys Hand. Zur politischen Ikonographie der Gegenwart. Bielefeld: transcript, S. 105-130.
Simmel, G. (1995/1905): Das Abendmahl Leonardo da Vincis. In: Simmel, G.: Aufsätze und Abhandlungen 1901–1908. Bd. I. Frankfurt am Main: Suhrkamp, S. 304–309.
Soeffner, H.-G. (2009): Weder Habitus noch Frames – Symbole und Rituale. In: Hill, P./Kalter, F./Kopp, J./Kroneberg, C./Schnell, R. (Hrsg.): Hartmut Essers Erklärende Soziologie. Kontroversen und Perspektiven. Frankfurt am Main/New York: Campus, S. 80–106.
Soeffner, H.-G. (2010): Symbolische Formung. Eine Soziologie des Symbols und des Rituals. Weilerswist: Velbrück.
Soeffner, H.-G. (2012): Visual Sociology on the Basis of ‚Visual Concentration'. In: Knoblauch, H./Schnettler, B./Raab, J./Soeffner, H.-G. (Hrsg.): Video-Analysis. Methodology and Methods. Frankfurt am Main: Lang, S. 209–217.
Srubar, I. (2007): Das Politische und das Populäre. Die Herstellung der alltagsimmanenten Transzendenz durch die Massenkultur. In: Srubar, I.: Phänomenologie und soziologische Theorie. Aufsätze zur pragmatischen Lebenswelttheorie. Wiesbaden: VS, S. 491–509.
United States Department of State (2002, May): Patterns of Global Terrorism 2001. www.state.gov/documents/organization/10319.pdf (Abruf 3.3.2014).
Waldenfels, B. (1999): Ordnungen des Sichtbaren. In: Waldenfels, B.: Sinnesschwellen. Studien zur Phänomenologie des Fremden, Bd. 3. Frankfurt am Main: Suhrkamp, S. 102–123.
Weber, M. (1985/1921): Wirtschaft und Gesellschaft. Grundriss der verstehenden Soziologie, Tübingen: Mohr.

Ute Ritz-Müller
# Gesellschaft *mit* Baldachin
Sinnzementierung in Oéguédo (Burkina Faso)

## Einführung

Abb. 1: Ouégué'd-naaba Yemde (Foto Hans Zimmermann)

Die Ortschaft Ouéguédo, in der 1998 in etwa 200 Gehöften rund 1 000 Personen lebten, befindet sich ca. 185 Kilometer von der Landeshauptstadt Ouagadougou entfernt. Nächstgrößere Stadt ist das 8 Kilometer nordwestlich von Ouéguédo liegende Tenkodogo, der Verwaltungssitz der Provinz Boulgou. Ouéguédo ist Zentrum eines gleichnamigen Bezirks *(canton)* sowie Sitz eines „traditionellen Chefs" *(naaba)*. Ouégué'd-naaba Yemde (1963– 2002)[1] (Abb. 1), in dessen Amtszeit der größte Teil meiner Feldforschungen fiel, gehörte als „größte Frau"[2] zu den ersten Gefolgsmännern des ihm in der traditionellen Hierarchie übergeordneten Tenkodogo-naaba. Verglichen mit

---

1 Der aktuelle Chef, Naaba Gunganeba, ein Sohn von Nasaba Yemde, wurde am 29. Mai 2004 eingesetzt.
2 Bezeichnung für untergeordnete enge Verbündete. Im Raum Tenkodogo werden soziale Abhängigkeits- auf Verwandtschaftsbeziehungen übertragen.

„Seiner Majestät", die im angeblich ältesten der 19 „Mosi-Reiche" Burkinas rund 180 000 „Untertanen" befehligt, besitzt der Chef von Ouégédo eine eher nachrangige Bedeutung. Er steht lediglich 17 Ortschaften vor, von denen jede nur einige hundert Einwohner zählt. 1998 waren das etwa 9 000 Personen.

Ouégédo liegt nicht nur geographisch nahe beim – schenkt man den Mythen Glauben – *älteren* Machtzentrum, beide „Dynastien" pflegen – trotz abweichender Herkunftsgeschichte – ein ähnliches Brauchtum. Mehr noch: Bei vielen Ritualen am Hof von Tenkodogo legt man auf die Partizipation von Vertretern aus Ouégédo größten Wert. Es heißt sogar, das Erscheinen des Ouégued-naaba sei Voraussetzung für die Durchführung bestimmter Zeremonien am Hof. Außerdem errichten die Bewohner Ouégédos aus Hirsestrohmatten das Ritualhaus der „ersten", d.h. mit den Ritualhandlungen betrauten Frau des Tenkodogo-naaba, das Ähnlichkeiten mit einer Fulbe-Hütte aufweist.[3] Um den Tod des Ouégued-naaba anzuzeigen, eilt ein Bote mit Stroh und „Heugabel" nach Tenkodogo. Andererseits wird der – bei erinnerungsträchtigen Ritualen getragene und an einen Fez *(checchia)* bzw. an die Kopfbedeckung afrikanischer Hilfssoldaten zu Kolonialzeiten erinnernde – rote Hut nach dem Tod eines Tenkodogo-naaba in Ouégédo verwahrt. Besonders deutlich wird die enge Verflechtung an Festtagen, vor allem zum Tabaski, dem islamischen Opferfest, das in der Region Züge eines nationalen Versöhnungsfestes trägt. Dann muss zur Durchführung bestimmter Riten ein Vertreter von Ouégédo die Nacht im Pferdehof des Tenkodogo-naaba verbringen. Am nächsten Tag, bei der „Prozession" des Hofstaates vom „Palast" zum *zaande,* der öffentlichen Versammlungshalle, ziehen Repräsentanten des Bisa-Kantons Loanga und Männer aus Ouégédo dem Tenkodogo-naaba voraus.

Der ethnographische Befund erweckt den Verdacht, dass Ouégédo vor 1921, dem Jahr, in dem Tenkodogo in die „Erstliga" der Mosi-Reiche aufstieg, für die Geschichte der Region eine Tenkodogo vergleichbare, wenn nicht ebenbürtige Bedeutung zukam. Tatsächlich gibt es Stimmen, die behaupten, dass Ouégédo vor und zu Beginn der Kolonialzeit ein eigenständiges „Reich" war. Das jedoch widerspricht eklatant dem mit viel Erfindungsreichtum „offiziell" vermittelten Bild – und scheinbar auch der von den höfischen Barden zu rituellen Anlässen öffentlich vorgetragenen „Herrschergenealogie". Der Eindruck drängt sich auf, dass die „höfischen" Würdenträger auf beiden Seiten ein großes Interesse daran haben, die Vergangenheit „Vergangenheit sein zu lassen." Jede Kollaboration der Vorfahren mit der französischen Kolonialmacht wird verschwiegen, ebenso wie Revol-

---

3  Die Fulbe (Sgl. Pullo), eine der großen Gruppen Westafrikas, leben überall im Sahel.

ten und Niederlagen. Das alles wird zugedeckt, „behütet" vom *zaande,* unter dem sich die Inhaber traditioneller Ämter regelmäßig zusammenfinden und den ich in Anlehnung an Soeffner (2000) mit einem „Baldachin" vergleichen möchte.

Sowohl in Tenkodogo als auch in Ouéguédo werden aufwendige Rituale inszeniert, die – den Jahresverlauf begleitend – Neid und Groll beschwichtigen und Ordnung und Harmonie aufs Neue verbürgen sollen. Das setzt jedoch voraus, dass Repräsentanten aller Gruppierungen, aus denen sich die Gesellschaft im Raum Tenkodogo konstituiert, in die komplexen Ritualhandlungen mit eingebunden sind. Nur dann erfüllen die Rituale ihre intendierten, den Jetzt-Zustand stabilisierenden Funktionen. Die Zusammenkunft von Vertretern verschiedener Bevölkerungs- und Interessensgruppen, Opfer, Gabenaustausch und gemeinsames Mahl stärken Ehr- und Selbstwertgefühl, schweißen die Beteiligten als verschworene Gemeinschaft zusammen. In einer Welt ständiger Veränderungen, in der „traditionelle" Hierarchien an Bedeutung verlieren, schafft das Ritual „festen Boden unter den Füßen".

Durch die Negierung historischer Widersprüchlichkeiten werden traumatische Erfahrungen scheinbar bewältigt, durch Umdeutung der Geschichte wird neuer Sinn gestiftet. Dazu wurden, wie ich am Hof von Tenkodogo mehrfach beobachten konnte, teils neue Rituale kreiert, teils „alte", den veränderten Gegebenheiten entsprechend, abgewandelt. Vor allem letzteres wurde aufgrund der gesellschaftlichen Fluktuation immer häufiger notwendig. Bei wichtigen Riten fehlten die „rechtmäßigen" Repräsentanten. Einige hatten Tenkodogo verlassen, anderen untersagte ihr muslimischer bzw. protestantischer Glaube eine Partizipation an „heidnischen" Riten. Eine dritte Gruppe verlieh durch Nichtteilnahme ihrem Protest Ausdruck, demonstrierte, dass sie Politik oder Verhalten des Naaba missbilligte. Durch die fortschreitende Auflösung der „traditionellen" Gemeinschaft lösen sich die höfischen Fundamente mehr und mehr auf. Die gesellschaftlichen Machtverhältnisse und überkommenen Hierarchien wurden durch andere ersetzt oder zerstört, alte Ordnungen von neuen abgelöst (Soeffner 1992, S. 8). Mit welchen Problemen traditionelle Chefs auf ritueller Ebene zunehmend zu kämpfen hatten, will ich am Beispiel Ouéguédos zeigen.

## „Le hangar est le naam"[4]

Abb. 2: Zaande des Ouéguéd-naaba

Die meisten öffentlichen Riten finden unter dem bereits erwähnten Schutzdach statt, das im afrikanischen Französisch „Hangar" genannt wird. In Ouéguédo gehört der „Hangar" zum festen Bestand des Ortsbildes; kaum einer hinterfragt seine tiefere Bedeutung. Im Moré, der Sprache der Mosi, der im Raum Tenkodogo *politisch* dominanten Bevölkerungsgruppe, heißt dieser wichtige öffentliche Raum *zaande* („Unterstand"), gelegentlich wird er auch *singreziga* (*singre* = „Anfang", *ziga* = „Ort") genannt (Abb. 2). Letztgenannte Bezeichnung unterstreicht die historische Relevanz des *zaande*, belegt, dass er wesentliches Element zur Memorierung einer längst ins Mythische erhobenen „Ursprungsgeschichte" ist. Sobald sich der Ouéguéd-naaba mit seinem „Hofstaat", d.h. seinen „Ministern" *(nayirdamba)* sowie den Repräsentanten der Dörfer und Dorfviertel seines Kantons *(kombemba)*, in der dem Eingang zu seinem Gehöft (seiner „Residenz") diametral gegenüberliegenden Rundhalle im Innern oder im Schatten des *zaande* versammelten, wurde die gemeinsame Vergangenheit mit ihren Schrecken, aber auch mit ihrer Komik wieder lebendig. Wenn der Naaba im *zaande* offizielle Amtshandlungen dirigierte, Untergebene und Gäste empfing, Gericht hielt oder Streitfälle schlichtete, Klagen und Bitten anhörte, schien die Zeit stillzustehen. Beim fremden Beobachter erweckt dieses „Machttheater" den Eindruck, „als geschehe nichts wirklich" (Soeffner 1992, S. 12), wiewohl der *zaande* für viele im Dorf noch immer Erinnerung und Sinnbild von Macht

---

4  *Naam* = „politische Macht", Macht, über andere zu herrschen.

war, einer Macht, zu der die Franzosen, die weißen „Buschgötter", einst den Chefs verholfen, die diese aber längst verloren haben.

Symbolik, Funktion und Konstruktion unterschieden den „herrschaftlichen" *zaande* von allen anderen, üblicherweise vor den Gehöften errichteten Schattendächern. So war seine Bauweise genau festgelegt, und *alle* waren auf die eine oder andere Weise an seiner Konstruktion beteiligt.

Im Raum Tenkodogo richten sich Größe und Umfang eines *nabzaande* (*zaande* eines *naaba*) nach der Zahl der ihm unterstellten Ortschaften, man sagt: *„Il represente le valeur d'un roi."* Die Zahl der Pfosten, zu deren Füßen sich – beidseitig im Innenkreis – Hofleute und Repräsentanten der Dörfer gruppierten, unterstrich die Bedeutsamkeit des Chefs, der – auch für fremde Augen offensichtlich – den Knotenpunkt vielseitiger und -schichtiger Vernetzungen bildete. Hierarchische, soziale und genealogische Kriterien bestimmten die Sitzordnung und legten unumstößlich fest, wem welcher Platz zustand. Die Anwesenden bildeten sozusagen die „personifizierten Säulen", auf die sich die Macht des Naaba stützte. Gedeutet als architektonisch umgesetztes Beziehungsgeflecht sowohl politischer Bindungen als auch der Komplexität eines hierarchisch aufgebauten und auf den Naaba hin zugespitzten Sozialgefüges, galt der *zaande* als *„das große Symbol der Chefferie"* und damit als ideale Bühne für Repräsentation und Machttheater. Unter dem „Baldachin" konnten Allianzen restituiert, Konflikte ins rechte Licht gerückt, Rolle und Vorrangstellung des Naaba feierlich und zeremoniös immer wieder aufs Neue demonstriert werden.

Bis 2001 bestand der *zaande* des Ouéguéd-naba aus ungefähr 100, in zwei konzentrischen Kreisen angeordneten Gabelhölzern (*danini, daro* = „Holz", *nini* = „Augen"). Idealerweise stammten sie vom besonders widerstandsfähigen, termitenresistenten Baum *siiga* (*Anogeissus leiocarpus*). Auf die Pfeiler legte man Holzbalken (*dasase*) und zur Abdeckung aus Hirsestroh geflochtene Matten. Der Innenkreis war mit Hölzern (*rabi*) eingefasst und der Boden mit weißem Sand bedeckt.

Als wichtigster Akteur besetzte der Naaba den Platz im Zentrum. Die Mitte des *zaande* markierte ein Stein, über dem Naaba Yemde auf einem Plastikstuhl „thronte". Anlässlich bestimmter Riten tauschte er den Stuhl gegen ein Lederkissen aus, dann wurde er von seinen „Pagen" malerisch umrahmt. Um ihn herum gruppierten sich Hofstaat und Dorfchefs. Im hinteren Teil des *zaande* hatte sich seine direkte Verwandtschaft (Brüder, am Tabaski auch Tanten) aufgebaut, um ihm sozusagen „den Rücken zu stärken". Die eigenen Gefolgsleute hatten ihre Plätze im Innenkreis vor dem Naaba, im Außenkreis saßen die Dorfchefs.

### „Le hangar est comme la mort."

Anders als heute, wurden vordem unter dem *zaande* weitreichende Beschlüsse, Urteile über Leben und Tod gefällt. Am *zaande* ließ sich das Wohlergehen des Naaba ablesen, denn im Todesfall wurde er zerstört. Seine Destruktion war das Zeichen dafür, dass *„der große Baum gefallen ist"* – wie man das Ableben eines Naaba immer noch metaphorisch umschreibt. Bei den Bestattungsfeierlichkeiten dienten seine Pfosten angeblich als Feuerholz, über dem Neffen und Großneffen, also Söhne von Schwestern und Tanten, die getöteten Hunde des Verstorbenen grillten. Männer und Knaben verzehrten das Hundefleisch, obwohl Mosi „normalerweise" keine Hunde essen. Das sagt man eher den Bisa, der zahlenmäßig stärksten Bevölkerungsgruppe in der Region, nach. Diese konstituieren einen Großteil der dem Ouégué-naaba untergeordneten Bevölkerung, sie gelten als präferierte Heiratspartner der Mosi. Das schließt jedoch nicht aus, dass zwischen beiden Gruppen unterschwellige Rivalitäten, bisweilen auch offen ausgetragene Konflikte bestehen.

Nicht nur beim Ableben des Naaba, „rechtmäßig" sollte der *zaande* nach jedem dritten Jahr an einem „großen", d. h. einem auf einen Markttag fallenden Freitag drei Wochen vor dem „großen Basga" *(basgahanga)*, zerstört und kurz darauf wieder neu erbaut werden, eine Anforderung, die einem armen Dorfchef, der aus eigener Tasche alle Kosten tragen und niemanden mehr kommandieren darf, schlaflose Nächte bereiten konnte. Naaba Yemde fand schließlich eine elegante Lösung: Er hieß seine „Kinder" *(nabisi* = Familienangehörige, die kein Amt innehaben) aus minderwertigem Holz hinter dem großen einen *zaande en miniature* errichten und alsbald wieder zerstören. Damit hatte er seine rituelle Verpflichtung erfüllt, ohne sich finanziell zu belasten.

### „Le zaande est le renouvellement de la chefferie."

In vergangenen Zeiten, als die Machtstrukturen noch nicht festgeschrieben waren, wechselten sowohl Chefs als auch Cheforte in dreijährigem Rhythmus. Damals wurde der *zaande* nicht nur in jedem dritten Jahr abgerissen, sondern anschließend anderswo neu errichtet. *„La chefferie tournait"*, die Chefferie wechselte, ein neu „inthronisierter" Naaba gehörte einer anderen Familie an: *„Früher war man nur drei Jahre Chef, danach wurde die Chefferie zurückgenommen und einer anderen Linie übertragen. Bisa- und Mosi-Chefs wechselten sich ab."* Damit wird, meiner Auslegung nach, auch Bezug auf die frühe Kolonialpraxis genommen, auf die Zeit, in der jedes dritte Jahr ein neuer Kommandant seinen Dienst antrat. Die Standorte der ersten militärischen Posten wechselten nach strategischen Erwägungen. Jeder Kommandant hatte seinen eigenen *zaande,* unter dem er Verhandlungen führte, Befehle erteilte und – nicht zu vergessen – Steuern eintrieb. Unter dem *zaande* empfing er die Dorfchefs, die zur Ablieferung von Getreide, Geflügel und Vieh verpflichtet waren.

Der erste „*agent pour prendre les impôts*" soll in Tudumzugu *(„il faut donner la tête"),* heute ein dem Ouéguéd-naaba unterstelltes Dorf, gesessen haben. Tudumzugu war der erste „Chefsitz" und gilt deshalb als „*Ursprungsort der Chefferie".* Anlässlich der großen Feste lässt der Ouéguéd-naaba in Richtung Tudumzugu opfern, und angeblich schlachteten Vertreter dieser Ortschaft anlässlich der Inthronisation des amtierenden Tenkodogo-naaba ein weißes Rind. Ein weiterer „früher Chef" saß in Baskouré, von wo aus die Chefferie nach Ouéguédo-Centre wechselte, woran bis zu seinem Einsturz im Jahr 2000 ein „bösartiger" Baobab *(Adansonia digitata)* in Marktnähe erinnerte. Auch in Richtung dieses *Nasar-Toega* („Baobab des bzw. der Weißen") wurde zu bestimmten Anlässen geopfert, vor allem am *basgahanga,* das an einem Samstag im Mai oder April das neue landwirtschaftliche Jahr einleitete. Vor dem Fest, bei dem die Bevölkerung Ahnen und Geistmächte um reiche, aber nicht überreiche Niederschläge und gute Ernteerträge bat, musste der *zaande* ausgebessert werden. Bereits am Donnerstagabend schaufelten „Kinder" des Naaba den Sand im Innern an die Seite, entfernten die alten Matten, reparierten das Dach und ersetzten beschädigte Hölzer durch neue. In Anwesenheit von Naaba, Hofleuten und Dorfchefs wurden in der Mitte zwischen Chefgehöft und *zaande* Wasser vergossen und drei Hähne geopfert. Dann trank man gemeinsam Hirsebier, das der Chef spendierte.

Der Freitag, der heilige Wochentag des Islam, begann mit einem Opfer im Gehöftinnern. Während man draußen am *zaande* die neuen Matten befestigte und die Hofleute neuen über den alten Sand schaufelten, wurde drinnen der *naam-tibo,* das Symbol der Chefferie, mit einem Stück Stoff umwickelt und beopfert. Nach Abschluss der Arbeiten am *zaande* erhielt der Stein in seinem Zentrum einen schwarzen Hahn, ein eher ungewöhnliches Opfer, das in der Regel „Medizinen", die Regen herbeirufen sollen, vorbehalten bleibt. Nun weckt der Begriff „Regen" im Raum Tenkodogo nicht nur positive Assoziationen, man verbindet ihn auch mit unangenehmen Ereignissen, mit allem, was auf einen „herabfallen" kann. Damit sind nicht nur Blitz und Hagel, sondern auch „der Regen" von Pfeilen und Gewehrkugeln gemeint, eine Erinnerung also an kriegerische Auseinandersetzungen. Ganz anders die Bedeutung der beiden weißen Hähne, die anschließend auf dem Weg zwischen Chefgehöft und *zaande* getötet wurden und für Frieden stehen. Einmütigkeit wurde durch gemeinsames Hirsebiertrinken ausgedrückt.

Abb. 3: Grundriss des zaande von Ouéguédo (Foto Hans Zimmermann)

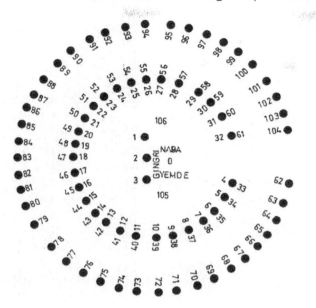

Gegen 11 Uhr allerdings spalteten sich die Hofleute in zwei „Lager". Eine Gruppe umfasste *wedang-, wetkim-, deed-, daa-* und *yelemfei-naaba* (Plätze 28, 31 und 32 im inneren Innenkreis, Plätze 104 und 63 im Außenkreis) (Abb. 3). Sie hatten (in Reihenfolge der Auflistung) sich um das Pferd des Chefs zu kümmern, Waren für ihn auf dem Markt einzutreiben, darauf zu achten, dass er bei Festen korrekt gekleidet war, dafür zu sorgen, dass bei seinem Ausritt der Weg frei war, und ihn zu unterhalten.

Die zweite Gruppe setzte sich zusammen aus *widi-naaba*, dem „Pferdechef", *koos-naaba*, dem Chef der Metzger, einem weiteren Metzger, dem *kulsing-naaba*, einem Ortschef, zuständig für den Bau des Chefgehöfts, sowie einer Frau, die die Opferkalebasse trug (Plätze 61, 62 im Außen- und 34 im äußeren Innenkreis). Beide „Abteilungen" durchkämmten auf unterschiedlichen Wegen den Busch in Richtung Garango, dem ehemaligen Tangey und heutigen Zentrum der Bisa. Während die erste „Truppe" versuchte, einen Ziegenbock einzufangen, begab sich die zweite auf „Jagd" nach einem Widder. Die „Requirierung" der Tiere hatte wiederholt zu heftigen Disputen zwischen den Geschädigten und den Männern des Chefs geführt. Die Besitzer führten Klage beim Ouégued-naaba, der sie für ihren Verlust zu entschädigen suchte. Doch kaum einer war damit zufrieden, sodass schließlich alle gefährdeten Tiere in den Gehöften angebunden blieben. An diesem Tag waren außerhalb des Ortes weder Ziege noch Schaf zu finden, sodass Naaba

Yemde nichts anderes übrig blieb, als die Tiere auf dem Viehmarkt erstehen und im Busch aussetzen zu lassen. Die Zeiten, in denen sich ein Chef zügellos am Eigentum anderer, an Frauen, Vieh oder Marktwaren, vergreifen konnte, sind längst und endgültig vorbei.

Sobald die ausgesetzten Tiere ergriffen waren, trafen die Hofleute am Fuß eines Wollsacks zusammen. Hier verläuft die Grenze zum Ort Wedputo (*wed* = „Pferd", *puto* = „Felder"), der aber nicht zu Ouéguédo gehört, sondern dem Tenkodogo-naaba untersteht. Als Grund dafür, dass Wedputo nicht in den Machtbereich des Chefs von Ouéguédo fällt, wird angegeben, dass der dortige Dorfchef zur Familie des Tenkodogo-naaba gehöre und ein Mitglied der „Herrscherfamilie" nicht von einem Subalternen kommandiert werden könne. In Wedputo leben neben der Familie Yirga (*yiri* = „Haus", *ga* = „zusammenpressen") auch Nachkommen der ältesten Yarse-Familie der Region, deren Chef, der *Yar-naaba*, seinen Sitz unter dem Ouéguéd-*zaande* und dem Chef gegenüber rituelle Verpflichtungen hat. Die Yarse sind von Mande-Ursprung, haben sich jedoch mit den Mosi vermischt. Die meisten sind Muslime, viele lebten früher vom Handel mit Salz, Kolanüssen und Stoffen. Einst waren sie im Besitz des *naam-tibo*, worauf dessen Umwicklung mit Stoff an diesem Tag hinweist. Doch mit Ankunft der Franzosen waren sie großen Repressalien ausgesetzt, in der Stadt Koupéla (ca. 43 Kilometer von Tenkodogo entfernt) wurden im Jahr 1897 ihre Marktstände niedergebrannt und viele von ihnen getötet. In dieser Zeit sollen auch die Vorfahren der Cheffamilie, „Abenteurer" auf der Suche nach neuem Terrain, in Wedputo Halt eingelegt haben. Aus Manga (ca. 50 Kilometer von Ouéguédo) waren sie über Niagho und Garango in „das Land der rassigen Pferde und schönen Frauen" eingedrungen, *„so dass die Pferde elendig verendeten"*. Interessanterweise deckt sich die von den Ahnen eingeschlagene Route mit der eines französischen Leutnants auf der Suche nach Naaba Wobogo, dem Herrscher, der aus der von den Weißen eingenommen Stadt Ouagadougou ins heutige Bisa-Gebiet geflohen war. Leutnant Abbat führte zahlreiche Razzien durch und terrorisierte die Bevölkerung derart, dass er viele Dörfer verlassen vorfand. Ihre Bewohner hatten die Flucht ergriffen und sich in alle Winde zerstreut. Tatsächlich nennen manche den Ort auch Welputo (*wele* = „sich in mehrere Richtungen zerstreuen, zum Skelett reduziert werden").

Das erste Opfer richtete sich an einen kleinen Steinhaufen unter einem *kânkalga* (*Afzelia africana*), der angeblich das „Grab" von Kumseka markiert. Kumseka gilt als ein nicht rechtmäßig eingesetzter Chef, sondern als „Wächter" (*tenguda*), der nur mit der Verwaltung des Landes betraut war. Der ungewöhnliche Name Kumseka (*kum* = „Tod", *seka* = „Einbestellung", „Zusammentreffen") lässt erahnen, dass hier eine „Begegnung mit dem Tod" stattfand. In Erinnerung an das „Gemetzel" erhielt Kumseka den eingefangenen Widder, als das in Afrika „jüngere" Opfertier.

Mit den Soldaten kamen nicht nur die „Ahnen" des Ouéguéd-naaba, sondern auch die des Chefs von Wedputo, was ihn dazu verpflichtete, ebenfalls zum Opfer beizutragen. Einen Hinweis auf eine gewaltsame Auseinandersetzung zeigt sich auch durch die Partizipation der Trommler, die nach dem Opfer laut dröhnend „die Macht glorifizierten". Auch ihre Vorfahren gehörten zu den Fremden. Ihr „Amt" bestand darin, mit Getrommel die Moral der Truppen zu heben und den Kampfgeist anzustacheln.

Nach diesem „Vorspann" konnte das Ziegenopfer für Naampiisi stattfinden. Bekannt ist, dass sich die Bevölkerung beim Nahen der Fremden auf Hügel, in Höhlen und Waldstücke zurückzog. Auf dem Naampiisi befindet sich ein Stein *(néré)*, auf dem „die Frauen ihr Getreide mahlten", wobei „Frauen" wiederum als Bild für „ältere", heute in der Hierarchie untergeordnete Gruppen zu verstehen ist. Das erklärt auch die unterschiedlichen Opfergaben: Das Schaf ist das „klassische" Tier der Nomaden, der „Leute aus dem Busch", während die Ziege das in Schwarzafrika „ältere" Opfertier ist. Außerdem hält sie sich meist außerhalb des Dorfes auf, was sie als Opfertier für „Zaubermittel", Geister und vielleicht auch für die ruhelosen Seelen derer, die am Naampiisi durch Gewalt ihr Leben verloren, prädestiniert.

Anknüpfend an die Vergangenheit, wird jeder neu eingesetzte Ouéguéd-naaba auf dem Naampiisi von seinen Tanten „wie ein neugeborenes Kind" mit dem „Wasser der Macht" gewaschen, es heißt, hier fände sein erster Kontakt mit der Macht statt *(naam* = „Macht", *piisi* = „Felsen"). Aber auch die frühe Bevölkerung begegnete hier „der Macht". *„Piisi"* ließe sich nämlich auch als „Schafe" übersetzen, zusammen mit *mane* = „für etwas halten", kann man schließen, dass Soldaten *(tabbisi)* Menschen „wie Schafe abgeschlachtet haben". Eine negative Assoziation mit dem Naampiisi würde zudem erklären, warum ein Chef nach seiner Amtseinführung diese Stätte meidet.

Wie bereits beim Opfer für Kumseka sind auch am Naampiisi zwei „Gruppen" beteiligt. Neben dem Ouéguéd-naaba handelt es sich um Repräsentanten aus Labrétenga, „Verwandte" des Chefs über die mütterliche Seite und ursprünglich Maranse (Songhai aus dem heutigen Niger). Sie sollen aus Ouagadougou gekommen sein und „alle Krokodile getötet haben". Als die Vorfahren des Ouéguéd-naaba am Naampiisi eingetroffen waren, erging es ihnen schlecht: Die Pferde verendeten, und der Durst war groß. In dieser Not führte sie ein Krokodil zum Regenzeitfluss Siugho, weshalb sie seitdem Fleisch von Krokodilen nicht verzehren.

Es gibt jedoch noch eine zweite Version der Geschichte, die erzählt, warum die Vorfahren vom Naampiisi zum Siugho weiterwanderten. Nach dieser sahen sie im Traum einen Baobab *(Adansonia digitata),* umhüllt von einem feurigen Strahlenkranz, wahrscheinlich eine Umschreibung für Gewehrfeuer und in Brand gesetzte Hütten. Als sie an den Ort kamen, fanden sie dort – neben Krokodil und Python – einen Bienenschwarm, wobei die

Bienen ein gängiges Symbol für fremde Völker sind. Sowohl Kumseka als auch Naampiisi konnten nach den „offiziellen" Opfern von jedem Gaben erhalten, doch musste das Fleisch aller Tiere an Ort und Stelle gegrillt und verzehrt werden. Nach Hause durfte nichts mitgenommen werden: Die Vergangenheit durfte zwar memoriert, aber nicht in die Gegenwart „transportiert" werden.

Abb. 4: Chefgehöft Ouéguédo

Gegen 16 oder 17 Uhr kehrten die Hofleute nach Ouéguédo zurück, wo Chef und Gefolge, darunter viele Yarse, sie bereits unter dem *zaande* sitzend erwarteten. Auf dem Kopf trug der Naaba den roten Fez, der ihn als „Mann des Blutes" *(ziimneda)* auswies. Naaba Yemde ließ Hirsewasser und ein schwarzes Huhn bringen, das mit ersterem „gewaschen" wurde. Daraufhin kniete der Yar-naaba vor dem Chef. Mit einem *doagha* (Gabe an einen Muslim) bat er Allah um ein langes Leben für den Naaba, um dann das Wasser, mit dem das Huhn „gewaschen" worden war, etwa einen Meter entfernt vom Eingang des *zaande* zu vergießen, so dass Naaba Yemde darüber in sein Gehöft schreiten konnte (Abb. 4). Nachdem er zurückgekehrt war, erhielt der Yar-naaba Geld, Kolanüsse und das Huhn, dem er mit einem schnellen Schnitt an der Seite des *zaande* in Richtung Markt die Kehle durchtrennte.

Auch der Yar-naaba gehörte zu den „Männern des Blutes", weshalb auch er an Festtagen den roten Fez trug. Zum Abschluss des Tages spendierte Naaba Yemde Hirsebier. Bei Einbruch der Dunkelheit opferte man über dem *naam-tibo*, der aus seiner Hütte in den Pferdehof gebracht worden war. Danach speiste und trank der Naaba im Kreis seiner engsten Vertrauten im Hof der „ersten Frau". Gegen 23 Uhr, vor der Tageswende, trommelte der Chef der Trommler einen *singre* („Anfang"), dem dann im Morgengrauen ein zweiter folgte – Zeichen dafür, dass ein Zeitabschnitt zu Ende gegangen war und ein neuer einsetzte. Nach diesem zweiten „Anfang" vergoss er vor dem *zaande* Wasser und Hirsebier, womit er dem Naaba den Weg für den nächsten Tag ebnete.

Der Samstag, der den Fulbe als günstigster Wochentag gilt, ist der bedeutsamere Festtag. Nach den ersten Opfern an zahlreichen Stellen im Gehöftinnern, darunter auch in der Mitte des Hofes der „ersten Frau", wurden Hühner auf dem Weg nach Tenkodogo und anschließend in alle Himmelsrichtungen geopfert. Danach schritt Naaba Yemde aus seinem Gehöft zu den Gräbern von Vater und Großvater, um den nun folgenden großen Rinderopfern beizuwohnen. Anschließend holte man den *naam-tibo* aus dem Pferdehof. Der Naaba berührte ihn vor seinem Aufbruch, was zeigt, dass er nun „der Macht" näher rückte. Bis zu seiner Rückkehr am Abend wurde der *naam-tibo* streng bewacht. Sein „Wächter" gehörte zur Familie Yugbaré, ursprünglich Zaose (eine kleine Bevölkerungsgruppe im Südosten von Koupéla), aus Bissiga. In seinem Gehöft stieg Naaba Yemde später auf seinem Rundritt ab, bevor er von dort zu Fuß den Weg zum „Grab seines größten Ahnen" einschlug. Doch bevor er mit rotem Fez auf dem Kopf sein Pferd bestieg, erhielt der „Weg der Pferde" einen roten Hahn, zum Zeichen dafür, dass der Chef „in blutiger Mission" aufbrach.

Wieder bildeten sich zwei Gruppen, die eine zu Fuß (Infanterie), die andere zu Pferd (Kavallerie). Da Pferde jedoch teuer im Unterhalt sind (ein weiteres Problem der Chefs), war Naaba Yemde der einzige Reiter. Beide Abteilungen suchten verschiedene (Opfer-)Stätten in Richtung Garango auf (Abb. 5). Darunter befanden sich angeblich mehrere „Residenzen" früherer Machthaber. Schließlich trafen die „Flügel" in Zanghin, das zu Sigiriyaoghin (= „Grab von Sigiri") gehört, zusammen, um nach weiteren Opfern gemeinsam die großen Rinderopfer in Nabudin (na = „Wurzel" von *naaba*, „Chef", *budu* = „Rasse", „Familie") an den Gräbern der Chefs Abga („Panther") und Borfo („europäisches Messer") durchzuführen. Abga steht im Ruf besonderer Grausamkeit, was sich dadurch erklärt, dass er die „Regenmedizin" *(saa-tiim)* besaß, von der er nach seiner Ankunft aus Yanga (südliches Gurma) übermäßig Gebrauch machte. Abga war angeblich ein Zeitgenosse von Naaba Sigiri („Beginn der Regenzeit"), dem Gründer des „Marktes" von Tenkodogo. Das erweckt den Verdacht, dass es sich bei letzterem um einen französischen Kommandanten mit Namen Sigonney handeln könnte. Er kam in die Region, als der Grenzposten zur Goldküste von Bittou nach Tenkodogo verlegt wurden und gründete den „Markt" mit Hilfe eines Pullo. Im Vergleich zum kriegerischen Abga wird Borfo als armer Naaba geschildert, der seinen Steuerverpflichtungen nicht nachkommen konnte (oder wollte) und deshalb öffentlich vom Kommandanten gerügt wurde. Diese Scham ertrug er nicht, weshalb er selbst seinem Leben ein Ende setzte, während Abga angeblich im Kampf gegen die Bewohner von Garango starb. Beide Geschichten sind wenig plausibel, es drängt sich vielmehr der Verdacht auf, dass beide sterben mussten, weil sie in einer Zeit allgemeiner Hungersnot (zu Beginn des 20. Jahrhunderts) gegen die „Buschgötter" revoltiert hatten und die weißen „Heuschrecken" verjagen wollten.

Abb. 5: Naaba Yemde an einer Opferstätte beim Rundritt am basgahanga

Nach dem Besuch weiterer Opferplätze und einem gemeinsamen Mahl an den Gräbern trat Naaba Yemde seinen Rückritt an. Das letzte aus der Residenz mitgeführte Opferwasser wurde vor dem Überschreiten des Regenzeitflusses Zaobulga an der Grenze zu Labrétenga vergossen und war bestimmt

für „die alte Frau". Am Zaobulga stieg er kurz vom Pferd und setzte sich auf den Boden, bevor er hoch zu Ross in Labrétenga einritt, wo Frauen und Trommler ihn „umjubelten". „Als Sieger" kehrte er nach Ouéguédo zurück und ließ dem *naam-tibo* opfern.

Ouéguéd-naaba Yemde besuchte ausgewählte Dörfer in der Regel anlässlich von Festen. Früher kamen die Chefs in die Ortschaften, um Steuern, meist in Form von Vieh und Geflügel, einzutreiben. Daran erinnert das immer noch fortbestehende System, dass ein Naaba anlässlich der Jahresfeste meist Hühner, aber auch andere Gaben erhält. Daneben mussten die Dorfbewohner Materialien für den Bau des *zaande* entrichten. Das betraf vor allem Matten: Es bestand die rituelle Verpflichtung, dass Dörfer des Chefs Matten für den *zaande* beizusteuern hatten. Zuletzt jedoch kamen die Matten nur noch aus Ouéguédo und Labrétenga, was sich durch die engen „Verwandtschaftsbande über die weibliche Linie" erklären lässt. Tanten und Schwestern brachten auch den Stein in die Mitte des *zaande*. Einst trugen sie ihn auf ihren Köpfen vom Naampiisi herbei, was an zu Beginn der Kolonialzeit geforderte „Dienstleistungen" erinnert, denn anstatt auf den Feldern anzubauen und Korn zu mahlen, hatte die Bevölkerung Zwangsarbeiten zu leisten.

Der Stein war – wie erwähnt – eingebettet in weichen Sand. Dieser war leicht zu beschaffen, da Ouéguédo von einem Regenzeitfluss umgeben ist. Der Sand musste jedoch vom Zaobulga (Brunnen der Zaose?) stammen, der – ebenso wie der Naampiisi – als „Seelenort" gilt. Der Zaobulga, der die Grenze zwischen Ouéguédo-Centre und Labrétenga bildet, soll vordem von Krokodilen bevölkert gewesen sein. Der Sand indes verweist auf die Fulbe, die sich zwar heute im Hintergrund halten, aber eine maßgebliche Rolle für die Geschichte der Region spielten.

Die große Attraktivität, welche die Fulbe auf die Weißen ausüben, wird mit ihrer helleren Hautfarbe erklärt; man sagt, sie seien nicht schwarz, sondern rot. Fulbe findet man bevorzugt in Flussniederungen, weil ihr Vieh dort ausreichend Wasser findet, was sie zu Konkurrenten der Bisa macht, die hier ihren Reis anbauen. Beide Gruppen haben zahlreiche Konflikte ausgefochten. Auch die Mosi verhalten sich den Fulbe gegenüber eher reserviert; Naaba Koom, der erste von den Weißen 1908 eingesetzte Tenkodogonaaba, soll in andauerndem Streit mit dem Fulbe-Chef gelegen haben.

Auch wenn die früh islamisierten Fulbe unter dem Ouéguéd-*zaande* nicht präsent sind, drückt sich die Verbindung zu ihnen in der Bezeichnung für den Innenkreis aus, den man – genau wie den vor muslimischen Gehöften mit einem Steinkreis eingezirkelten Gebetsplatz – *gingri* nennt. Den Sand für den Innenkreis brachten früher die Leute von Samnabin (*sam* = „Gastfreundschaft bieten") in der Nähe von Siugho. Siugho lautete der frühere Name von Ouéguédo. Er bezeichnet sowohl einen Regenzeitfluss als auch den Baobab, der zugleich „Erdheiligtum" *(tengande)* ist, weshalb um den Baum nichts angebaut und ihm eine schwarz-weiße Ziege geopfert wird. Auch der Baobab lässt sich mit den Fulbe assoziieren, denn sie halten sich bevorzugt in seinem Schatten auf. Verweilen sie länger an einem Ort, wird der Boden vom Mist der Tiere gedüngt. Das jährliche rituelle Erstmahl sowohl des Ouéguéd- als auch des Tenkodogo-naaba besteht aus jungen Baobabblättern.

Abb. 6: Zaande des Tenkodogo-naaba, im Vordergrund Sand für Tabaski

Früher sollen die Hofleute den Sand auf ihren Rücken herbeigeschleppt haben. Naaba Yemde konnte das kaum verlangen, er schickte seine „Kinder", um den Sand mit einem Eselskarren herbeizuschaffen. Doch nach wie vor blieb es Aufgabe der Hofleute, den Sand in das Innere des *zaande* zu schaufeln. Meist handelte es sich um geringe Mengen; nur vor dem Tabaski war ein kompletter Sandaustausch Pflicht. Dann „verschwand" der Stein unter einer kleinen Erhebung. Der Naaba saß am Tabaski auf einem Lederkissen, das *„jedes Jahr Anrecht auf neuen Sand hat"* und ebenfalls an die nomadischen Fulbe erinnert (Abb. 6). Unter dem Kissen lag das Fell des am Grab seines Vaters geopferten Widders.

Die Beschaffung der kleinen, mit Pflöcken fest in den Boden geschlagenen Hölzer, die den Innenkreis einfassten, oblag dem Chef der Familie Nokboango, deren Ältester im Namen des Chefs für den Baobab am Regenzeitfluss sowie verschiedene Heiligtümer im Chefgehöft Opfer brachte. Seine Familie gilt als die erste, die an den damals noch wald- und wildreichen Ort kam. Ihr Ahnherr Malleba (*malle* = „schwarz/weiße Kuh", *ba* = „Väter") führte sie im Verlauf einer Jagd aus Bulgundé (bei Koupéla) zum Siugho, wo sein Pferd mit dem Huf am Boden scharrte und ein Wasserloch grub, aus dem Mensch und Tier gemeinsam tranken. Deshalb verzehrt die Familie Nokboango kein Pferdefleisch. Die schwarzweiße Kuh lässt sich verstehen als Metapher für eine aus Weißen und Schwarzen zusammengesetzte Truppe.

Doch auch hier existiert eine Variante der „Geschichte". Anderen Aussagen zufolge hat sich ein Krokodil mit Strohkette und Kauris um den Hals vor den Vorfahren aufgerichtet und ihnen den Weg zum Wasser gezeigt. Wie schon in den Erzählungen der Cheffamilie, spielen Krokodil und Pferd entscheidende Rollen, sie stehen für die Eroberung des Landes und kennzeichnen die Beziehungen zwischen den verschiedenen Gruppen. Dass das Krokodil in der Erzählung eine Strohkette mit Kaurischnecken trug, steht als Bild dafür, dass Bisa, Fulbe und Yarse vor dem Eindringen der Weißen mehr oder weniger harmonisch zusammenlebten.

Die Beschaffung der Pfosten, die in Gemeinschaftsarbeit aufgestellt wurden, war Sache des Chefs und wurde zunehmend schwieriger. Naaba Yemde ließ die Stämme von seinen „Kindern" im Busch in Richtung Ouargaye (ca. 35 Kilometer entfernt) schlagen, also in der Gegend, aus der Naaba Abga gekommen war. Für den Transport musste er eigens einen Lastwagen mieten. Neben den ihm dadurch entstehenden hohen Kosten machten dem Naaba zunehmend Diskussionen mit der Umweltbehörde *(Office des Eaux et Fôrets)* zu schaffen. Holz ist in der Savanne längst ein knappes und deshalb umso wertvolleres Gut, große Flächen im Umkreis der Dörfer bestehen aus baumlosen Buschfeldern und jungen Brachen. Um dem Raubbau entgegen zu wirken, hat das *Office des Eaux et Fôrets* Abholzungen unter Strafe gestellt. Die Chefs müssen Sondergenehmigungen einholen oder nach Ausweichlösungen suchen. So scheint es nur konsequent, dass nach dem Tod von Tenkodogo-naba Tigre (1957–2001) nicht der erst im Vorjahr komplett erneuerte *zaande,* sondern stellvertretend einige Hölzer zerstört und ersetzt wurden.

Im ärmeren Ouéguédo packte man das Problem an den Wurzeln: 2001, ein Jahr vor Naaba Yemdes Tod, war an die Stelle des hölzernen *zaande* ein mit Wellblech bedeckter Stahl-Zement-Bau getreten, ein *Monstrum,* das zwar dem Schutz der natürlichen Ressourcen, den veränderten Sozialstrukturen und eingeschränkten finanziellen Mitteln des Chefs Rechnung trägt, doch gleichzeitig historisch gewachsene und auf Reziprozität basierende Sozialbeziehungen zubetonierte (Abb. 7). Da Einfluss und Stellung des Chefs immer schwächer werden, wurden die ehemals etwa 100 Pfosten auf 30 reduziert. Den Bau verdankt Ouéguédo einem „Selfmademan", der sich zwischen Tenkodogo und Ouéguédo einen „Palast" errichten ließ, der alle anderen Bauten in den Schatten stellt. Ohne dass ihm offiziell ein Titel verliehen wurde, ernannte er sich selbst zum *gumis-naaba.* Er übt in der Region großen Einfluss aus, und Naaba Yemde konsultierte ihn in allen wichtigen

Angelegenheiten. Er hatte bereits zuvor den Bau eines „modernen" *zaande* angeregt, war jedoch lange bei den Alten auf taube Ohren gestoßen. Am Ende „siegte" seine Finanzkraft.

Abb. 7: Moderner Ouéguéd-zaande

Gesellschaftliche Machtverhältnisse und überkommene Hierarchien werden zunehmend unterhöhlt und durch neue ersetzt. Der *zaande* von Ouéguédo, bislang Sinnbild historischer und sozialer Beziehungen, mit dem jeder eigene Vorstellungen von Herrschaft, Unterdrückung und Tod assoziieren konnte, wird sich künftig nicht mehr im Jahreszyklus erneuern. Stattdessen ist er zu einem zwar auf Dauer angelegten, dafür aber toten Denkmal erstarrt. War der höfische *zaande* auch ein Relikt aus der Kolonialzeit, repräsentierte er doch symbolisch eine gemeinsame Weltsicht und Ordnung, bildete den Baldachin, unter dem sich alle Gesellschaftsgruppen (wiewohl keine von ihnen ursprünglich in der Region heimisch war) zusammenfinden und darstellen konnten. Aber vielleicht hat der Neubau auch eine positive Seite, befreit er doch den Chef von vielen Sorgen und einem Übermaß an ritueller Memoration, welche die Beziehungen immer wieder belastete.

## Literatur

Soeffner, H.-G. (1992): Die Ordnung der Rituale. Frankfurt am Main: Suhrkamp.
Soeffner, H.-G. (2000): Gesellschaft ohne Baldachin. Über die Labilität von Ordnungsstrukturen. Weilerswist: Velbrück Wissenschaft.

Dirk Tänzler

# Politisches Charisma in der entzauberten Welt

## Das modernisierungstheoretische Verdikt über eine numinose Kategorie

In den modernen Demokratien vollzieht sich eine Umbildung des Charisma und die Ablösung des damit verknüpften Mythos von den ‚Männern, die Geschichte machen' durch die Wunschvorstellung vom ‚Mann des Volkes'. Bereits Max Weber konzedierte eine Abschwächung des Charisma als Folge der gesellschaftlichen Rationalisierung und Säkularisierung. Unter dem Einfluss modernisierungstheoretischer Ideen verschob sich allerdings der von Weber gemeinte Sinn seiner Feststellung. Weber sah im Charisma *die* Gegenmacht zur Bürokratisierung. Heute scheint, nicht zuletzt unter dem Eindruck des Hitlerismus, jede Form charismatischer Führerschaft diskreditiert; Wolfgang Mommsen (1974) erklärte Weber auf Grund seines Votums für eine charismatisch legitimierte, plebiszitäre Demokratie gar ex post zum unfreiwilligen Wegbereiter des Naziregimes. Die Unterscheidung zwischen einer charismatischen Herrschaft, die allein auf gegenmoderne Phänomene wie Hitler und den Nationalsozialismus (Lepsius 1981) oder Diktaturen in der Dritten Welt (S. Turner 2003; Whitehouse 2012) zu passen scheinen, und einer plebiszitären Präsidentschaft im Rahmen einer modernen politischen Ordnung war damit eingeebnet und scheint für die Gegenwartsanalyse ohnehin obsolet geworden zu sein. In einem pluralistischen und dezentralen System stehe der Politiker unter dem Einfluss unterschiedlichster Mächte (Partei, Verwaltung, Verbänden, Lobbyisten, Medien, Öffentlichkeit, Vertretern etc.), die verhindern, dass eine Person sich autokratische Machtfülle aneignen könne. Wenn, dann erscheint Charisma heute nur noch als inszenatorische Allerweltskompetenz eines dominanten Politikertypus (Hitzler 1996), der, um in diesem Dschungel überleben zu können, versuchen muss, es allen recht zu machen, und so – mehr Getriebener als treibende Kraft – zum nach Beifall gierenden Populisten wird (Soeffner 1994).

## Apokryphes in Webers Herrschaftssoziologie

Seit dem 19. Jahrhundert ging ein Gespenst um in Europa: Das Streben der Massen nach politischer Macht. Der erste Weltkrieg und die Erosion der deutschen Monarchie veranlassten Weber schließlich, über die Demokratie nachzudenken. Die Erschütterung der Grundfeste der traditionellen Honoratiorengesellschaft und des mit ihr liierten Ständestaates zwang den Soziologen zur nüchternen Feststellung, dass die Massen fortan nicht mehr „rein als passive Verwaltungsobjekte behandelt werden können, sondern in ihrer Stellungnahme aktiv irgendwie ins Gewicht fallen" (Weber 1918/1958, S. 393), genauer: infolge des allgemeinen Wahlrechts den politischen Prozess – qua Führerauslese durch eben diese Massen – mitbestimmen (Breuer 1994, S. 161).

Das Thema erfuhr aber keine systematische Behandlung, sodass die im Werk verstreuten Hinweise widersprüchlich und auch der Inhalt des Ausdrucks Masse unscharf blieben. Möglicherweise schwebten Weber unterschiedliche Trägergruppen für die Demokratie vor; zum einen die unterm Banner der Gleichheit vereinten proletarischen Massen, zum anderen das Bürgertum, gegebenenfalls der Adel, so weit von ihm Herrenrecht – Souveränität und Freiheit – vertreten wird, also ein Klassenstandpunkt, mit dem sich Weber identifizierte. Folgt man dieser Unterscheidung, dann scheint Weber zunächst eine Erweiterung der Typen legitimer Herrschaft um einen vierten Typus, nämlich die Demokratie, erwogen zu haben. Später, in „Wirtschaft und Gesellschaft", wird die Demokratie nur noch im Rahmen der „herrschaftsfremden Umdeutung des Charisma" thematisiert. Daraus könnte man den Schluss ziehen, Weber habe das Demokratieproblem als ein rein normatives aus der Soziologie als Wirklichkeitswissenschaft ausgespart. Im Laufe der Zeit hätte er also zwischen zwei Konzepten – Demokratie als eigenständiger Typus legitimer Herrschaft versus Derivat der charismatischen Herrschaft – geschwankt. Diese zweite Lesart favorisierte Dolf Sternberger, verbunden mit der Kritik, dass sich darin Webers antidemokratisches Denken offenbare (Sternberger 1980, S. 63). Weber plagte aber weniger die Angst vor revolutionärem Chaos, sondern er hegte eine Abneigung gegenüber rätedemokratischen Staatsideen. In den Arbeiterparteien sah Weber einen wichtigen Agenten der Demokratie, aber auch einen Funktionär der Bürokratisierung und damit der Versteinerung der Verhältnisse.

Mit Verweis auf „apokryphe Stellen" versuchte Wolfgang Schluchter die These von dem „vierten Legitimationstyp" der Demokratie zu erhärten (Schluchter 1988, S. 242); man darf annehmen, um Sternbergers Verdacht zu entkräften und zumindest den ‚reiferen' Weber zum lupenreinen Demokraten zu stempeln. Plausibler und fruchtbarer scheint eine andere Erklärung: Stefan Breuer behauptet, der Einfall vom vierten Legitimationstypus sei mit der Logik der Weberschen Idealtypenkonstruktion unvereinbar. Die Demokratie passe nicht in die Herrschaftssoziologie, weil sie historisch als Folge der „Durchbrechung des Herrenrechts", als revolutionäre Auflehnung der Bürgerlichen gegen die feudale Ordnung, hervorgetreten sei. Für die bäuerlichen und proletarischen Massen unterstelle Weber weiterhin „im Alltagsfall eine Prädominanz äußerlicher Anpassung [...], die durch Gewohnheit und materielle Lage bedingt" sei. Die Beherrschten treten hier allein als herrschaftsunterworfene Objekte auf; ein Legitimitätsverhältnis sehe Weber einzig „zwischen Herren und Verwaltungsstab" (Breuer 1991, S. 24).

Webers Herrschaftssoziologie geht vom faktischen Legitimationsanspruchs der Herrschenden aus: sie üben Zwang aus und lassen sich durch die Beherrschten huldigen – selbst in der Parteiendemokratie. Der Repräsentant folgt nicht dem Willen des Volkes, sondern seinen eigenen oder den Interessen der Partei und ersucht nachträglich um die Legitimation seines Handelns. Repräsentation ist Zurechnung der Folgen eines Handelns an Dritte, welche die Rechnung zu zahlen haben. Diese Kalkulation operiert ohne Bezug auf einen Legitimationsglauben, also irgendein Konstrukt vom Allgemeinwillen. Diese instrumentelle Auffassung von Repräsentation bestimmt auch das Ethos des Politikers: nicht als Repräsentant eines fiktiven Volkswillens – eine Identitätsrepräsentation nach Art Rousseaus hält Weber für Fiktion und Ideologie – handelt der Politiker verantwortlich, sondern in Anbetracht der Folgen seines Handelns für die Vertretenen. Dabei nimmt der Politiker Werte in Anspruch, die jenseits der Sphäre des Politischen liegen, sich aber nicht in der Unergründlichkeit des individuellen Gewissens verlieren, sondern zu dem Teil des gesellschaftlichen Wissensvorrats zählen, den wir Alltagsmoral nennen und an der das Handeln vom Politiker und von den Bürgern beurteilt werden kann.

Diese, von Hobbes begründete, instrumentelle Auffassung von Politik behandelt Demokratie im Sinne der Volkssouveränität als rein normatives Ideal und herrschaftssichernde Ideologie. Als Utopie hätte sie keinen Ort in einer Wirklichkeitswissenschaft. Eine empirische Theorie der Demokratie wäre dann ein Unding. Die These von der demokratischen Legitimation intendiert genau diese und greift ein in der modernen politischen Theorie durchgängig behandeltes, aber logisch scheinbar unlösbares Problem auf: Wie können die Bürger politischer Souverän sein und zugleich vom Arkanum der Macht ausgeschlossen werden? Für Stefan Breuer scheint dieser Widerspruch nur im Ausnahmezustand der Revolution aufhebbar, wenn das Volk tatsächlich Herr der Situation sei (Breuer 1994, S. 179). Danach wirke der Ausnahmezustand nur noch als Gründungsmythos einer verwalteten Welt (Breuer 1994, S. 195). Breuers Weber-Deutung scheint sich hier in Carl Schmitts autoritärer Doktrin zu verfangen, womit Dolf Sternberger recht gegeben werden müsste, dem Breuer aber aus guten Gründen nicht folgen will.

Die Aporie des Bürgers als Souverän und Untertan vermag er aber auch nicht aufzulösen. Hier ist aber sein Hinweis auf die Ritualtheorie hilfreich.

In den Mittelpunkt der Ritualanalyse stellt Victor Turner (2000) den Schwellenzustand der *communitas,* in dem die Unterschiede zwischen den Individuen ausgelöscht sind und eine auf Gleichheit gegründete Vergemeinschaftung vollzogen wird. Diesem Modell folgend, deutet Breuer (1994, S. 176–187) die Demokratie als revolutionären Akt und Ausnahmezustand. Sein Argument beruht allerdings auf einem doppelten Missverständnis. Zum einen unterläuft ihm eine realistische Fehldeutung des Turnerschen Begriffs der *communitas.* Zum anderen verleitet ihn Turners Begriff des Schwellen*zustandes* und Schmitts Rede vom Ausnahme*zustand* (Schmitt 1922/2009) dazu, Demokratie als Zustand aufzufassen.

Der Witz seiner Ritualtheorie besteht nämlich darin, dass sich Turner vom Fetischismus seiner Vorgänger Durkheim und van Gennep freimacht und – wie Freud in seiner Wunschtheorie – den *imaginären* statt realen Charakter der im Ritual evozierten Urszene hervorhebt. Die für die parlamentarische Demokratie fundamentale Identitätsrepräsentation, d.h. die Gleichheit von Herrscher und Beherrschten, von der Carl Schmitt als einem höheren Sein orakelte und die Weber als illusionäre Fiktion abtat, ohne die aber seine These vom „vierten Legitimationstyp" sinnlos wäre, lässt sich mit Turner erfahrungswissenschaftlich erklären.

Im Ritual hebt sich der Widerspruch zwischen Souverän und Untertan auf: in der imaginären Wirklichkeit der liminalen Phase des Rituals der Wahl stellt sich zeitlich befristet und rituell aus dem Alltag herausgehoben die *communitas* der freien und gleichen Bürger regelmäßig als souveräne Gewalt (wieder) her. Als Mitglieder der *communitas* geben die Bürger ihren Willen kund und üben zeitlich begrenzt Macht aus. Ihre Macht besteht in der Nomination eines Repräsentanten, an den die Macht in einem zweiten Ritual, der Inauguration, übergeben wird. Vor dem Hintergrund einer ritualtheoretisch gedeuteten Unterscheidung zwischen ‚imaginärem' Gesellschaftsvertrag (Souveränitätsfiktion) und ‚realem' Herrschaftsvertrag (Verfassung) erhält auch Webers Unterscheidung zwischen Legitimationsglauben und bloß faktischen Motiven des Gehorsams klare Konturen: Im Ritual der Wahl werden die Bürger zum Citoyen, machen sich in der Identitätsrepräsentation zum souveränen Träger der höheren Wirklichkeit des Politischen und stiften die demokratische Legitimitätsfiktion. Im Ritual der Inauguration vollzieht sich die Stellvertretungsrepräsentation, die Delegation der Macht und die Unterwerfung unter den Willen des Repräsentanten.

Historisch verschwimmt der Legitimitätsglauben mit den Motiven der Fügsamkeit in die ‚natürliche' Herrschaftsordnung einer kosmologisch gedeuteten Welt. Erst mit dem Bürgertum formen sich Lebensführungsstile und Interessen, welche die Legitimität des Herrschaftsanspruchs von der

Zustimmung der Beherrschten abhängig macht. Webers Definition demokratischer Legitimation lautet: „dass diese Anerkennung, statt als Folge der Legitimität, als Legitimitäts*grund* angesehen wird" (Weber 1921/1976, S. 156). Zwar ist das Legitimationsproblem universell und wird daher auch in Webers Herrschaftssoziologie als Maßstab der Idealtypenkonstruktion herangezogen, *als* Problem realer Politik aber tritt es erst mit der Idee der Demokratie in der Moderne auf. Die Herrschafts*begründung* wird zum zentralen politischen Gegenstand. Mehr noch: die Idee der Volkssouveränität widerspricht jedem Herrschaftsanspruch. Eine auf Volkssouveränität gegründete Ordnung beruht auf der Fiktion, dass die Beherrschten nur einem Gesetz gehorchen, das sie sich selbst gegeben haben. Folglich läge die Behandlung der Demokratie als herrschaftsfreier Zustand außerhalb der Problemstellung der Herrschaftssoziologie, die nur das Verhältnis zwischen Herrscher und Beherrschten thematisiert, den Bürger als Untertan, nicht den Bürger als Souverän.

Breuer folgt Webers These über die Demokratie als herrschaftsfreiem Zustand, den er mit Schmitt konsequent als revolutionären Ausnahmezustand deutet. Damit verlagert er die Konsensfiktion der Volkssouveränität in die Vorgeschichte der Demokratie, was zur Folge hat, dass die Gegenwart gelebter Demokratie zur Illusion oder zum Geheimnis, die Wirkungsweise demokratischer Legitimation letztlich unverständlich wird. Die Demokratie realisiert sich weder nur im Kairos der Revolution, wie Breuer annimmt, noch allein in den kurzen Phasen der Wahl und der Einsetzung. Sie ist vielmehr die Auf-Dauer-Stellung des Ausnahmezustands oder vielmehr: Demokratie ist gar kein Zustand, sondern ein Prozess, der nie endende Kampf um Demokratie.

## Plebiszitäre Demokratie: Hybrid aus Demokratie und autoritärem Charisma?

Webers Frage nach der Möglichkeit eines nicht-normativen Demokratiebegriffs kann nicht aus „apokryphen Stellen" herausgelesen (Schluchter) oder in revolutionäre Ausnahmezustände verbannt werden (Breuer). Überhaupt muss die demokratische Legitimität – im Geiste Webers – nicht als reiner, sondern als Mischtypus auf der Basis der bekannten Dreierliste konstruiert werden. Demokratie wäre dann ein empirisches Problem, ein jeweils mit Hilfe der Idealtypen rekonstruierter Realtypus auf der Grundlage historischer Demokratievorstellungen.

Als herrschaftsfreier Zustand scheint Demokratie wie charismatische Herrschaft nur im Ausnahmezustand zu existieren. Als verfasstes System ist die Demokratie dagegen eine institutionell gegen Autokratie und Machtmonopolisierung gesicherte Herrschaft auf Zeit und steht damit in schroffem Gegensatz zur unbedingten Gefolgschaftspflicht charismatischer Herrschaft gleich welcher Façon. Demokratische Herrschaft ist per definitionem bedingte Herrschaft. In diesem Sinne betrachtet Weber die plebiszitäre Präsidentschaft in den USA als eine Synthese von Demokratie und Charisma; und in diesem Zusammenhang fällt die These von der herrschaftsfremden Umdeutung des Charisma als Ursprung demokratischer Legitimation.

In der plebiszitären Präsidialdemokratie sieht Weber ein Gegengift wider die Gefahren der Bürokratisierung der Sozialdemokratischen Partei und der Oligopolisierung ihrer zunehmend basisfernen Führungselite, wie sie Robert Michels beschrieben hatte, als auch der charismatischen Gewaltherrschaft leninistischen Typs. Das amerikanische Modell des Parteimaschine und Wählermassen beherrschenden politischen Unternehmers erschien ihm dagegen als modernste und rationalste, aber keineswegs ideale Variante demokratisch legitimierte Herrschaft, die auch nicht einfach auf Kontinentaleuropa übertragen werden kann (Eliaeson 1998).

## Professionalisierung und Charismatisierung

Die Analyse charismatischer Herrschaft wirft ein für die Webersche sinnverstehende Soziologie typisches, aber paradoxes Problem auf. Bestimmt werden soll das spezifisch politische Charisma, obwohl Charisma kein genuin politisches Phänomen ist. Das Charisma einer Person oder Sache repräsentiert zunächst eine transzendente Macht, die dann für die Legitimierung einer politischen Repräsentations- oder Machtbeziehung eingesetzt wird.

An *was* auch immer geglaubt werden mag, über den Inhalt und Wahrheitsgehalt des subjektiv gemeinten Sinns hat der Wirklichkeitswissenschaftler nicht wertend zu befinden, vielmehr hat er ihn als Faktum hinzunehmen. Er fragt nach der Art, *wie* der Geltungsanspruch für eine solche transzendente Macht kommunikativ erzeugt und *wie* in Bezug auf diesen ‚subjektiv gemeinten Sinn' soziale Beziehungen strukturiert werden. Relevanz besitzt für den Soziologen allein die Tatsache, dass der Glaube an einen mit außergewöhnlichen Fähigkeiten ausgestatteten Menschen existiert und dass von dieser Tatsache sozial relevante Wirkungen ausgehen. Dieser sich im Handeln manifestierende Wirkungszusammenhang stellt ein objektives Beobachtungsdatum dar und kann Gegenstand einer wissenschaftlichen Analyse werden. Darüber hinaus habe Weber, so Rainer Lepsius (1981, S. 53), in seiner Herrschaftssoziologie die religiösen Wurzeln des Charisma gekappt. Nicht die Gnadengabe als religiös verbrämtes individualpsychologisches Merkmal einer Person sei hier das Wesentliche, sondern die entsprechende Auszeichnung eines Typus sozialer Beziehungen. Die Übertragung des theologischen Begriffs Charisma auf Politik und andere Handlungssphären führt automatisch zur Säkularisierung seines Begriffsinhalts. Dieser wird schon durch die profane Bedeutung von der ‚Vorbildlichkeit einer Person' erfüllt (Brunner 1968, S. 73). In der Kontrastierung mit der traditionalen und legalen Herrschaft erweisen sich die mit der charismatischen Herrschaft verknüpften Merkmale ‚Persönlichkeit' und ‚Unsachlichkeit' als Sekundäreigenschaften eines in seiner Struktur durch das Fehlen jeglicher „Regelhaftigkeit" (Seyfart 1979) gekennzeichneten Phänomens, zeigt sich die Fundierung einer sozialen Beziehung nicht auf *berechenbare* Gewohnheit (Sittengesetz) oder Verpflichtung (Vertragsnorm), sondern *unberechenbare* Neigung, Hingabe, Liebe. Dieses Argument birgt nun die Gefahr, dass Lepsius' Rekonstruktion der Grundzüge charismatischer Herrschaft am Fall Hitler zumindest den Anschein erzeugt, als ob Charisma immer Phänomen eines sozialen Grenzfalls und einer historischen Katastrophe sei.

## Zwei Quellen des Charisma: Stigmatisierung und Stellvertretung

Im Modell der Politik als gesteigerter Lebenspraxis und charismatisierter Problemlösung (Oevermann 1996) wird dem Charisma nicht notwendigerweise eine devianzsoziologische Quelle in der (Selbst-)Stigmatisierung des Führers zugeschrieben, wie es in Webers Studie über den altisraelitischen Propheten (Weber 1971) angedeutet und von Wolfgang Lipp (1985, S. 83) systematisch ausgearbeitet wurde. Die Außeralltäglichkeit der zum Charisma prädestinierenden Eigenschaft kann seine Quelle nicht nur in einem sozial als Stigma etikettierten Merkmal seines Trägers haben (körperliches Gebrechen, geistige Schwäche, seelische Übersensibilität, die immer schon als Zeichen von Schuld und Strafe gedeutet werden), sondern auch in einer positiven Auszeichnung als Verkörperung eines zum diesseitsreligiösen Ideal gesteigerten Normalitätsstandards.

Die Identifikation mit dem Charismatiker zielt heute nicht unbedingt auf eine von ihm verkörperte überpersönliche Sache oder Idee, sondern direkt auf dessen Person. Das Charisma eines modernen Politikers beruht in aller Regel nicht auf Stigmatisierungen und darauf antwortenden Techniken der Bewältigung beschädigter Identität (Goffman 1972), wie bei dem Chiliasten Hitler (Tänzler 2000), sondern auf Achtung vor der Heiligkeit einer Person im öffentlichen Austausch (Goffman 1982), hinter dessen fassadenhafter Maske (Goffmans ‚Image') ein Gesicht verborgen ist, das Antlitz der authentischen Person und des wahren Menschen.

Hier offenbart sich der Kern der Umgestaltung des Charisma in der Moderne von der Verkörperung einer transzendenten Kraft *in* der Person zur

Charismatisierung *der* Person selbst als der letzten, innerweltlichen Quelle des Heiligen – ein Prozess, der im Charme Gestalt gewinnt. Charisma und Charme sind soziologisch betrachtet Formen affektiver Bindung an eine Person, also Beziehungsmuster. Ursprünglich eine Einheit bildend – der Charme oder die Verzauberung der Person erscheint zunächst als Moment des Charisma – wird Charme im Zuge der Individualisierung zu einem eigenständigen Ausdruck des Formwandels von Charisma. Phänomenologisch zeigt sich der Unterschied zwischen dem diabolischen Charisma eines Adolf Hitler und dem diskreten Charme eines Franklin D. Roosevelt in der Dialektik von ‚Gesicht' und ‚Maske'. Hitler erhält ein Gesicht durch die Maske als Ausdruck der Untrennbarkeit von Funktion und Person. Wo aber Image und Selbst verwischen, weil die Imagekonstruktion dem Selbst nicht nur Schutz gewährt, sondern sich als identitätssichernder Panzer an seine Stelle setzt und auf diese Weise ein wesenloses Selbst konstituiert, strahlt die Person soziale Kälte und Distanz aus. Rooseveltts Maske dagegen lässt ein Gesicht, hinter der funktionalen „Charaktermaske", eine davon unterscheidbare Person durchscheinen. Dabei geht es nicht um die ontologische Frage, worin der personale Kern substantiell bestehe, sondern um das historische Modell einer sozialen Identitätskonstruktion. Die sich im Charme manifestierende Rollendistanz als Habitualisierung einer geradezu perfekten Regelbeherrschung der Interaktionsordnung erscheint dann als Ort der Menschlichkeit innerhalb einer anonymen Marktgesellschaft.

Typisch für Charisma ist Dringlichkeit, typisch für Charme Zurückhaltung. Charisma bannt bedingungslos und zwingt zur Grenzüberschreitung: Fraternisierung. Charme ist demgegenüber nicht verzehrender, zur nackten Tatsache der Verschmelzung treibender Liebeszauber, sondern – um im Bild zu bleiben – eher Triebkraft des Vorspiels, dem finalen Akt in all seiner Ernsthaftigkeit vorgeschaltete und vorbereitende Präliminarie, die in ihrem ‚Vormachen' sowohl aufschiebende wie aufreizend-steigernde, also der Chance nach kultivierende Wirkung hat. Beziehungsmodell ist hier die Bekanntschaft. Der Bekannte ist aus der Anonymität der identitätslosen Masse herausgetreten und hat die Aufmerksamkeit eines anderen geweckt. Aber:

> „Der Grad des Kennens, den das ‚gut miteinander bekannt sein' einschließt, bezieht sich nicht auf das, was ein jeder an und in sich, sondern nur, was er in der dem anderen und der Welt zugewandten Schicht ist. Deshalb ist die Bekanntschaft in diesem gesellschaftlichen Sinne der eigentliche Sitz der ‚Diskretion'" (Simmel 1906/1993, S. 108).

Der Bekannte ist ‚Mensch', als öffentliche Person anerkanntes Mitglied der Gemeinschaft oder, in George Herbert Meads Terminologie, ‚soziales Selbst' (‚Me'), ein Typ, noch kein ‚Ich' (‚I'), *ein* Mensch. Der Bekannte ist mir nicht gleichgültig, mein Verhältnis zu ihm ist nicht ‚indifferent', aber distanziert, noch nicht so, dass sich sein Ich öffnen und entbergen könnte. Der Bekannte ist nach Simmel die oberflächlichste Beziehung, aber doch von einem Geheimnis umgeben, das in der Achtung vor der Heiligkeit der Person und ihrer Privatheit im öffentlichen Austausch wurzelt. Im Charme steigert sich diese Beziehungskompetenz zum herausgehobenen und heraushebenden Habitus. Charisma setzt sich als Kraft und Ausfluss des Allerheiligsten über diese Diskretion und Reserviertheit hinweg, ebnet in seiner Unbedingtheit den Unterschied zwischen Öffentlichkeit und Privatheit ein.

## Dämonisches Charisma chiliastischer Weltverbesserer und diskreter Charme der Bourgeoisie

Hitler mag Charisma besessen aber sicherlich keinen Charme ausgestrahlt haben. Dazu mangelte es ihm an Charakter. Persönlichkeit gewann er erst im öffentlichen Auftritt; sein Gesicht, seine Identität ging ganz in der Maske auf, die er vor anderen aufsetzte. Louis Dumont (1991, S. 169) nennt ihn, da sich Funktion und Person nicht unterscheiden lassen, eine „Rollenperson". Im Personenkult um Hitler beruht die Stärke des Führers auf Projektion und die Stärke der Volksgemeinschaft auf Fixierung. Die Bindung kann nur eine zwanghaft-symbiotische Nähe zwischen sich fremd bleibenden Einzelnen sein, sodass der Führer auch nicht aus der Vereinzelung und Anonymität, denen der moderne Mensch ausgesetzt ist, erlösen kann. Selbst der Akt der immer wieder auch sexuell gedeuteten Vereinigung zwischen Führer und Masse bleibt geprägt vom Kampf ums Überleben und der Angst vor der Ohnmacht auf beiden Seiten und verweist auf eine Gesellschaft, in der die Menschen nicht einmal im alltäglichen Leben Solidarität empfinden (Dumont 1991, S. 187).

Hitlers dämonische Anziehungskraft war Ausdruck von Besessenheit und projektiver Spiegelung, nicht von ‚Natürlichkeit', Anmut, Liebreiz, Kraft oder Charakterstärke. Die Abgründigkeit seiner Person war reine Inszenierung: Maskierung von Schwäche – und genau das war der Mechanismus der Identifikation mit ihm, die nämlich, wie es Thomas Mann (1973) hellsichtig erfasste, über das Opfersein hergestellt wurde. In ihm spiegelt sich die Omnipotenzphantasie der Ewig-zu-kurz-Gekommenen, der ewig verkannten, aber zur Erlösung der Welt auserwählten und berufenen ‚Herrenrasse'. Im Glauben an Hitler bewahrheitet sich Nietzsches Wort, wonach der Wunsch nach Gleichheit eigentlich Ausdruck einer Sklavenmoral sei. Zwar wird in ihm nicht „die höchste politische Autorität ... ‚als Sklave' dargestellt" (V. Turner 2000, S. 101), aber als Gefreiter und Gemeiner. Die ursprünglich zur Papstinauguration gehörende rituelle Statusumkehr – Ausdruck der Selbstauf*opfer*ung an der Schwelle zur Transgression zum Stellvertreter Gottes auf Erden *(servus servorum Dei)* – wird von Hitlers Imitation – seine Rede im Sportpalast ist wie eine Predigt gestaltet und endet in leicht abgewandelter Form wie das „Vater unser" mit der Gebetsformel „Amen" (Tänzler 2000) – pervertiert: der Führer macht sich gemein, um grenzenlose Macht und Willkür zu usurpieren und die eigene Selbstvergötterung zu zelebrieren. Die Volksgemeinschaft ist weder durch Blut natürlich, noch durch die Nation politisch geeint, sondern allein ästhetisch im Nimbus des Führers, damit aber über dessen Tod hinaus.

Es stellt sich die Frage, ob Hitlers Regime als modern zu gelten hat, da es demokratisch legitimiert war, ob also ein spezifischer Typus charismatischer Herrschaft vorliegt, bei dem Legitimationspflicht nicht nur dem Stab, sondern auch der Masse, gegenüber besteht. Tatsächlich verschaffte sich Hitler demokratische Legitimation durch Wahlen, die er in seiner Rede im Berliner Sportpalast durch außerlegale charismatische Legitimation ablöste. Äußerlich betrachtet verfuhr er dabei nicht anders als Roosevelt zur gleichen Zeit (Tänzler 2000). Beide vollziehen dabei eine strukturelle Notwendigkeit moderner demokratischer Systeme: Auf die Wahl als ritueller Wiederholung und Bestätigung der demokratischen Urszene folgt die rituelle Einsetzung der Regierung, d.h. die Unterordnung des Souveräns unter die Herrschaft. In dem Einsetzungsritual nun tritt der Unterschied zwischen Hitler und Roosevelt deutlich zu Tage: Hitlers Rede im Sportpalast evoziert die Selbstaufgabe der Gefolgschaft – Roosevelts Inaugurationsrede die Resurrektion des Souveräns und des Präsidenten als dessen Sprachrohr.

Hitlers Charisma beruht auf dem Glauben der Gefolgschaft an dessen übermenschliche Kraft und ihre Gefolgschaft auf einer Opferbeziehung. Charisma ist „eine Projektion, von der sich die Projizierenden hinreißen lassen", die ihren „Eigenwillen durch den im faszinierenden Objekt gespiegelten Eigenwillen" lähmt und so zu ihrer „Entindividualisierung" und „Uniformierung" zu „Gesichtslosen" führt (Stölting 2000, S. 122ff.). Davon unterscheidet sich Charme, wie ihn Roosevelt ausstrahlt, als angstfreie und gewaltlose Projektion grundsätzlich. Dem Charme erliegen, heißt nicht, allen Widerstand und Eigenwillen, sondern allen allzu alltäglichen Ernst fahren zu lassen und sich auf das doppelte Spiel zwischen zwei Kontrahenten einzulassen, den Kampf um die Eroberung ironisch zu brechen. Anders als das in seinem Wesen tragische und ernste Charisma, das die sprichwörtlich heiligen Mächte der Dunkelheit evoziert, bleibt Charme einem von Leichtigkeit geprägten, ganz ‚oberflächlichen' Formenspiel verpflichtet, das eine im hellen Lichte der Öffentlichkeit erzeugte Fiktion ‚echter', d.h. symmetrischer, auf formaler Gleichheit gegründeter, menschlicher Begegnung stiftet. Charme ist Ausdruck einer perfekten Beherrschung der Regeln der Interaktionsordnung, die durch und durch menschliche Kraft des Taktes und der

Diskretion, die vor allem darauf abzielt, des anderen Gesicht zu wahren. Konstitutiv für diesen Zauber von Menschlichkeit ist die Distanz zur ‚heiligen Person'. Diese Wirkung beruht letztlich auf der wechselseitigen Erhöhung an sich schon begehrenswerter und geachteter Menschen und selbstbewusster Subjekte. Der Charmeur ist menschenähnlich: begehrtes Ideal-Ich, auf jeden Fall ein netter Bursche, ein guter Bekannter. Charme als Ausdruck der Charismatisierung der (eigenen) Person wird gerade nicht als Etikettierung von Abweichung und Ausschluss aus der Gemeinschaft, als in die Macht der Schwachen und deren Heiligkeit umgedeutete Erniedrigung (V. Turner 2000, S. 96 ff.) wahrgenommen, sondern als Ausdruck gelungener Individuierung.

So gesehen wandelt sich nicht nur die Quelle, sondern auch das Wesen von Charisma als „Schnittpunktwirklichkeit" (Lipp 1985, S. VIII) zu einer Pluralität von „Sondercharismata", die „mit der Gewalt des ursprünglichen, magischen oder religiösen Charisma nicht zu vergleichen [sind]. Sie existieren gleichsam als Symbiosen mit den Alltagsordnungen, ohne die Individuen aus ihnen herauszureißen und von innen her zu revolutionieren" (Breuer 1994, S. 160). Erotische, künstlerische, religiöse Grenzüberschreitungen, die heute vielfach in einer medialen Öffentlichkeit inszeniert werden, führen zu einer gesteigerten Individualisierung, ohne Anomie zu produzieren, weil dieser Individualismus selbst der Mechanismus moderner Vergesellschaftung ist. Allerdings wäre das Charisma nicht innerhalb der ausdifferenzierten Funktionsbereiche zu verorten, sondern an deren Grenze und als Brücke zwischen den unterschiedlichen symbolischen Wirklichkeiten. Hier an der Grenze zwischen den Funktionsbereichen taucht die Figur des Charismatikers unter dem Pseudonym „Differenzierungsparasit" (Nassehi 2004) wieder auf. Diese Figur übernimmt zentrale gesellschaftliche Funktionen wie Integration und Innovation, die innerhalb der Teilsysteme nicht ausgeführt werden können. Sie manifestiert darüber hinaus den von Stefan Breuer als Veralltäglichung des Charisma bezeichneten, allerdings noch in die Funktionssysteme verlagerten Prozess.

## Schluss: Ästhetik und Pragmatik des Charisma

Am Fall Roosevelts zeigte sich der Unterschied zwischen der Institutionalisierung und der Medialisierung von Charisma. Letzteres, die Differenz von ‚natürlichem' Charisma und ‚künstlicher' Celebrity, haben Jörg Bergmann, Hans-Georg Soeffner und Thomas Luckmann (1993) am Beispiel medialer Aufzeichnungen öffentlicher Auftritte zweier Päpste analysiert. Johannes XXIII. erscheint beim Einzugsritual zu dem von ihm einberufenen Konzil als Verbindung von Priester und Mensch, von Amts- und persönlichem

Charisma sowie als *primus inter pares* und als Mittler zwischen diesseitiger Erfahrung und transzendenter Wirklichkeit. Der Papst ist ganz Diener des Rituals und darauf bedacht, das Heilige in Erscheinung treten und die Gläubigen von diesem sich affizieren zu lassen. Der Film präsentiert das Ritual als eine geschlossene zeremonielle Veranstaltung, die von den Kameras nur dokumentiert wird. Ganz anders im Falle Johannes Paul II., der in seinem Handeln dem folgt, was die Kamera strukturell im Arrangement vorgibt. Indem sich Johannes Paul II. der Dramaturgie der Kamera unterwirft, trägt er dazu bei, dass die Grenze zwischen religiösem Ritual und medialem Spektakel eingerissen wird. Die Hybridbildung aus Heiligkeit des Papstes und Celebrity des Medienstars wird in der Gestik des Papstes deutlich. Ob die Handbewegungen Johannes Paul II. ein Segnen oder ein bloßes Grüßen anzeigen sollen, ob er sich im Rahmen eines religiösen Rituals oder einer profanen Kommunikation bewegt, ist nicht mehr eindeutig entscheidbar. Die Diffusität der Gestik dieses Papstes, so die Autoren, ist ein Tribut an die unterschiedlichen Erwartungen des gespaltenen Publikums. Anders als Johannes XXIII., der als Person hinter seinem Amt *zurück*tritt, tritt Johannes Paul II. aus der Rolle des Amtes *heraus* und nutzt dessen Amtscharisma zum *impression management*, zur Selbstcharismatisierung als Medienstar: er versetzt nicht nur dank seines Amtscharisma die Gläubigen in religiöse Verzückung, sondern wird selbst entzückt vom Bad in der Menge, die ihn nicht mehr wie noch bei Johannes XXIII. wie eine Aura umschließt, sondern aus der er sich durch persönliches Charisma heraushebt. Die soziologische Analyse von Bergmann et al. führt die Unterscheidung zwischen ‚realem', rein persönlichem Charisma und medial ‚inszenierter' Celebrity zurück auf die Wirkung unterschiedlicher Kommunikationsstrukturen: *face to face* unter Anwesenden einerseits, in An- und Abwesende *gesplittetes Auditorium* andererseits. Die päpstlichen Auftritte repräsentieren zwei Ästhetiken des religiösen Charisma.

Zum Schluss wollen wir eine weitere Unterscheidung einführen und nach den Pragmatiken fragen, unter denen Charisma in unterschiedlichen Handlungsfeldern oder handlungsleitenden symbolischen Wirklichkeiten wie Religion, Politik oder Unterhaltung Wirkungen zeitigt. Das Charisma eines Medienstars wie Madonna und eines Politikers wie Mandela bestehe, so Stephan Turner (2003), darin, dass beide Neues oder bislang Unmögliches gesellschaftlich durchsetzen, der Politiker dies aber anders als der Medienstar mit einer Gehorsamspflicht verknüpfe. Turner leitet die unterschiedliche Wirkung von Charisma also aus verschiedenen sozialen Rahmen ab. Diese Wirkung ist aber nicht von der ontologischen Qualität dieser Rahmen, z.B. Politik und (Unterhaltungs-)Medien, abhängig, sondern im Sinne Goffmans von den Gesellschafts- und Arbeitsverträgen, welche die Beteiligten damit jeweils verbinden und auf deren Grundlage sie die gesellschaftliche Konstruktionen von Wirklichkeit(en) vollziehen.

Was Madonna und Mandela trennt, ist nicht die Ästhetik, sondern die Pragmatik. Madonna geht es um die Darstellung des von ihr gelebten Lebensstils, und ihre Macht bemisst sich an der Nachahmung dieses Lebensstils durch ihre Fans. Welche, z.B. auch politischen, Ziele diese Nachahmer mit diesem Lebensstil verbinden, ist von diesem Lebensstil zunächst unabhängig. Madonna als Pop-Ikone verbleibt in der medialen Wirklichkeit des Als-ob und ihre potentielle Wirkung auf den Alltag ihrer Anhänger ist daher die einer Politik des Unpolitischen (Soeffner 2005, S. 17–48). Mandela geht es dagegen in der Darstellung um Politik, um Intervention in die Handlungswirklichkeit der alltäglichen Lebenswelt. Dank seines Amtscharisma und der darin repräsentierten demokratischen Herrschaftsordnung kann er Gefolgschaft erwarten, ja erzwingen.

Die Analyse der Rooseveltschen Inauguration zeigt, wie dieser dank seines an sich apolitischen *und* ‚natürlichen‘, d.h. nicht medial-konstruierten Charmes Amtscharisma für die Etablierung außerlegaler, aber legitimer Ordnung nutzt. Wesentlich ist aber, dass sein Charme nicht das in der Verfassung begründete Amtscharisma ersetzt; dieses bleibt Grundlage politischen Handelns demokratisch gewählter Repräsentanten. Charme stellt eine zusätzliche Machtquelle dar. Es ist eine Antwort auf das strukturelle Problem der Personalisierung von Politik in einem System, das auf der Legitimität von Verfahren beruht, aber von Menschen repräsentiert werden muss, um als legitim erfahren und auf Dauer gestellt werden zu können. Charisma ist unbedingter Herrschaftsanspruch; aus ihm resultiert eine totale Gehorsamspflicht. Charme dagegen ist Ausdrucksgestalt der herrschaftsfreien Bindung und damit Einlösung des urdemokratischen Versprechens.

Das Charisma ereilt also das typisch moderne Schicksal, pluralisiert und ausdifferenzierten Handlungskontexten zugewiesen zu werden. Auch das stählerne Gehäuse der rationalisierten Welt kommt ohne Charisma nicht aus; allenfalls kann es dessen revolutionäre Kraft durch Differenzierung und Aufspaltung in bereichsspezifische, quasi funktionale Charismata (Erotik, Kunst, Religion, Politik) bändigen, die sich – ohne an Irrationalität einzubüßen – damit mittelbar zu Bindungskräften wandeln. Im Zuge der Rationalisierung verliert das Charisma seine Unbedingtheit und seinen totalitären Herrschaftsanspruch, aber nicht seine Irrationalität. Diese steigert sich sogar.

Wenn die Rationalisierung der Magie das Numinose aus seiner lebenspraktisch-technischen Verwendung zur Beeinflussung von Natur befreit und ins rein Religiöse überführt, dann tritt in der rationalen Religion das schlechterdings Irrationale des Numinosen überhaupt erst hervor (Otto 1917/1958). Analoges gilt für das Charisma. Welche Form es immer annehmen mag, im Kern bleibt es unaufhebbar irrational. Die Rationalisierung des Charisma, ob Veralltäglichung, Institutionalisierung oder autoritäre Umdeutung, ist immer eine Rationalisierung der Form, nicht notwendigerweise, wie Brunner (1968) annahm, des Inhalts. Das zeigt sich am Charme. Der Rationalisierungsprozess führt zur Ausdifferenzierung eines versachlichten und institutionalisierten Amtscharisma einerseits und einer spezifischen Form von persönlichem Charisma: Charme. Im Charme gewinnt das irrational-magische Moment des Charisma, die Verzauberung, eigene Gestalt.

## Literatur

Bergmann, J.R./Soeffner, H.-G./Luckmann, T. (1993): Erscheinungsformen von Charisma – Zwei Päpste. In: Gebhardt, W./Zingerle, A./Ebertz, M.N. (Hrsg.): Charisma: Theorie. Religion. Politik. Berlin/New York: de Gruyter, S. 121–155.
Breuer, S. (1991): Max Webers Herrschaftssoziologie. Frankfurt am Main: Campus.
Breuer, S. (1993): Das Charisma der Vernunft. In: Gebhardt, W./Zingerle, A./Ebertz, M.N. (Hrsg.): Charisma: Theorie. Religion. Politik. Berlin/New York: de Gruyter, S. 159–184.
Breuer, S. (1994): Bürokratie und Charisma. Zur politischen Soziologie Max Webers. Darmstadt: Wissenschaftliche Buchgesellschaft.
Brunner, O. (1968): Neue Wege der Verfassungs- und Sozialgeschichte. Göttingen: Vandenhoeck & Ruprecht, S. 64–79.
Dumont, L. (1991): Individualismus. Zur Ideologie der Moderne. Frankfurt am Main: Campus
Eliaeson, S. (1998): Max Weber and Plebiscitary Democracy. In: Schneider, R. (Hrsg.): Max Weber, Democracy and Modernization. Houndsmill/London: Macmillan Press, S. 47–60.
Goffman, I. (1972): Stigma. Über Techniken der Bewältigung beschädigter Identität. Frankfurt am Main: Suhrkamp.
Goffman, I. (1982): Das Individuum im öffentlichen Austausch. Frankfurt am Main: Suhrkamp.
Hitzler, R. (1996): Die Produktion von Charisma. Zur Inszenierung von Politikern im Medienzeitalter. In: Imhof, K./Schulz, P. (Hrsg.): Politisches Raisonnement in der Informationsgesellschaft. Zürich: Seismo, S. 265–288.
Lepsius, R.M. (1981): Charismatic Leadership: Max Weber's Model and Its Applicability to the Rule of Hitler. In: Graumann, C.F./Moscovici, S. (Hrsg.): Changing Conceptions of Leadership. New York/Berlin/Heidelberg/Tokyo: Springer, S. 53–66.
Lipp, W. (1985): Stigma und Charisma. Über soziales Grenzverhalten. Berlin: Reimer.
Mead, G.H. (1938/1972): The Philosophy of the Act. Chicago/London: The University of Chicago Press.
Mommsen, W.J. (1974): Max Weber und die Politik 1890–1920. Tübingen: Mohr Siebeck.
Nassehi, A. (2004) Eliten als Differenzierungsparasiten. In: Hitzler, R./Hornbostel, S./Mohr, C. (Hrsg.): Elitenmacht. Wiesbaden: VS.
Oevermann, U. (1996): Theoretische Skizze einer revidierten Theorie professionalisierten Handelns. In: Combe, A./Helsper, W. (Hrsg.): Pädagogische Professionalität. Untersu-

chungen zum Typus pädagogischen Handelns. Frankfurt am Main: Suhrkamp, S. 70–182.
Otto, R. (1917/1958): Das Heilige. Über das Irrationale in der Idee des Göttlichen und sein Verhältnis zum Rationalen. München: Beck.
Schluchter, W. (1988): Religion und Lebensführung. Bd. 2. Frankfurt am Main: Suhrkamp.
Schmitt, C. (1922/2009): Politische Theologie. Vier Kapitel zur Lehre von der Souveränität. Berlin: Duncker & Humblot.
Seyfart, C. (1979): Alltag und Charisma bei Max Weber. Eine Studie zur Grundlegung der ‚verstehenden' Soziologie. In: Sprondel, W. M./Grathoff, R. (Hrsg.): Alfred Schütz und die Idee des Alltags in den Sozialwissenschaften. Stuttgart: Fink, S. 155–177.
Simmel, G. (1906/1993): Psychologie der Diskretion. In: Ders.: Gesamtausgabe Bd. 8, Aufsätze und Abhandlungen 1901–1908. Frankfurt am Main: Suhrkamp, S. 108–115.
Soeffner, H.-G. (1994): Populisten: Profiteure, Handelsagenten und Schausteller ihrer Gesellschaften. In: Berking, H./Hitzler, R./Neckel, S. (Hrsg.): Politikertypen in Europa. Frankfurt am Main: Fischer, S. 259–279.
Soeffner, H.-G. (2005): Zeitbilder. Versuche über Glück, Lebensstil, Gewalt und Schuld. Frankfurt am Main: Campus.
Sternberger, D. (1980): Herrschaft und Vereinbarung. Frankfurt am Main: Insel.
Stölting, E. (2000): Projektive Faszination und die soziale Konstruktion von Individualität. In: Sozialer Sinn. Zeitschrift für hermeneutische Sozialforschung 1, S. 121–133.
Tänzler, D. (2000): Das unbekannte Medium. Hitler und Roosevelt im Film. In: Sozialer Sinn. Zeitschrift für hermeneutische Sozialforschung 1, S. 93–120.
Turner, S. (2003): Charisma Reconsidered. In: Journal of Classical Sociology 3, Nr. 1, S. 5–26.
Turner, V. (2000): Das Ritual. Struktur und Anti-Struktur. Frankfurt am Main: Campus.
Weber, M. (1918/1958): Gesammelte politische Schriften. Tübingen: Mohr (Siebeck).
Weber, M. (1921/1983): Gesammelte Aufsätze zur Religionssoziologie. Bd. I. Tübingen: Mohr (Siebeck).
Weber, M. (1921/1976): Wirtschaft und Gesellschaft. Grundriss der verstehenden Soziologie. Tübingen: Mohr (Siebeck).
Whitehouse, B. (2012): The Force of Action. Legitimizing the Coup in Bamako (Mali). In: Africa Spectrum 47, Nr. 2-3, S. 93–110.

Yfaat Weiss

# Ende einer Nachbarschaft[1]

Für Hans-Georg Soeffner, in Erinnerung an unsere erste Begegnung
2006 in Haifa

1948 wurde Haifa, von den Briten eine „Mixed City" genannt, eine hebräische Stadt. Dies mag weitgehend bekannt sein. Weniger bekannt ist das Nachleben ihres Vorlebens nach 1948 und somit auch jene Zeit, in der Haifa durch Internationalität und kosmopolitisches Flair geprägt war. Diesen Verlust möchte ich am Beispiel von Wadi Salib, einem ehemaligen muslimischen Stadtteil, veranschaulichen. Die augenscheinliche Mikroebene verweist im gleichen Zuge auf die Makroebene: auf das Land beziehungsweise auf den Staat Israel. Dabei geht es mir vor allem um die Gegenüberstellung der Geschichte wie sie war und wie sie hätte sein können. Die bewusst ausgewählte Kontrafaktualität beabsichtigt nicht, das Gewordene, nämlich die historische Kontingenz zu ignorieren, die Narratorin erlaubt sich aber die Freiheit, die Vergangenheit gegen die zur Gegenwart gewordenen Zukunft auszuspielen.

Zwei Markierungen kennzeichnen die Geschichte Haifas, im Speziellen die Geschichte des Stadtviertels Wadi Salib: 1959 der Aufstand der vorwiegend marokkanischen jüdischen Bevölkerung, der in der israelischen Geschichtsschreibung einen geradezu ikonografischen Charakter angenommen hat. Zwei gewalttätige Wellen im Sommer 1959, die von der Polizei entschieden unterdrückt wurden und deren direkte Folge die Einberufung einer staatlichen Untersuchungskommission war, die das öffentliche Bewusstsein für den Graben zwischen europäischen und orientalischen Juden weckte. Dass Wadi Salib jedoch bis 1948 ein relativ intaktes arabisches Viertel war, scheint eher in Vergessenheit geraten zu sein. Das arabische Haifa verblich binnen kürzester Zeit, innerhalb weniger Tage im April 1948. Der rapide, überstürzte Ablauf der Ereignisse zu jener Zeit führte wahrscheinlich zu der verstörenden Kluft, die einerseits zwischen Haifa als einem palästinensischen Symbol der Nakba (Katastrophe, Unglück) und andererseits dem

---

[1] Dieser Text basiert auf dem Buch von Yfaat Weiss (2012): Verdrängte Nachbarn. Wadi Salib – Haifas enteignete Erinnerung. Hamburg: Hamburger Edition.

selbstproklamierten und etablierten Image der Stadt als Musterbeispiel jüdisch-arabischer Koexistenz bestand und weiterhin besteht. Für eine historische Aufarbeitung empfiehlt es sich, den Ablauf der Ereignisse auszusetzen und ihn langsam zurückzuspulen. Dies ermöglicht eine Momentaufnahme der früheren Bewohnerinnen und Bewohner, die mit einem Schlag verschwanden, deren Spuren jedoch noch immer in dieser Stadt sichtbar sind.

Doch zunächst ist für das Verständnis der besonderen Geschichte Haifas wichtig zu wissen, dass Haifa „aus einer Reihe topographischer Schichten" besteht, „von denen sich jede exakt mit einem bestimmten Sozialcharakter deckt". „Jede Schicht am Hang des Hügels", so wurde 1959 vor der Untersuchungskommission, von der noch die Rede sein wird, ausgesagt, „ist höher als die darunterliegende, in topographischer wie auch sozialer Hinsicht". Von oben und unten, in topographischer und sozialer Hinsicht, wird die Stadt hier erzählt werden, die Erzählung folgt einer Pendelbewegung anhand einiger ausgewählter Stationen Haifas, entlang der Naht- und Trennlinien, die immer noch bestehen – also lange nach dem Verschwinden ihrer Entstehungszusammenhänge.

Als Ausgangspunkt für dieses Pendel eignet sich der Stadtteil Hadar HaKarmel, mitten am Hang des Hügels gelegen, der Ort, an dem „der Morgen von Gestern" sich befand. Seine Entstehung stand im Zeichen der Modernisierung und bewirkte eine Beschleunigung der Urbanisierungsprozesse. Zwar lebten in Haifa bereits um die Jahrhundertwende in den kleinen Enklaven „Harat al-Jahud" und „Ard al-Jahud" vor allem orientalische Juden, doch erst die Gründung des Viertels Hadar HaKarmel läutete die Ankunft des Zionismus in der kleinen mediterranen Stadt Haifa ein. Inspiriert vom Modell der englischen Gartenstadt und zur Zeit seiner Erbauung als ein Musterbeispiel urbaner Planung geltend, unterschied sich das auf Grundstücken des Jüdischen Nationalfonds Anfang der 1920er Jahre erbaute und von einer Kooperative verwaltete Hadar HaKarmel von Anfang an von den geographisch unter ihm liegenden arabischen Stadtteilen. Expliziter Ausdruck dieses Unterschiedes war die ausgedehnte Nutzung öffentlicher Flächen zum Wohle der Allgemeinheit. Ein Klubhaus, eine Bücherei und ein Komiteehaus des Stadtviertelausschusses fanden sich unter den öffentlichen Gebäuden, deren Errichtung bald nach der Gründung des Viertels beschlossen wurde. Wie sehr hier von Anfang an im Sinne des Gemeinwohls geplant wurde, zeigte sich sowohl in der Gründung des Technions, einer nationalen Lehrinstitution, als auch in dem Ausbau von Infrastrukturen der Wohlfahrt, Gesundheit, Kultur und Religion. In den ersten Jahren Hadar HaKarmels war die Entwicklung des Viertels an die Richtlinien der allgemeinen städtischen Planung gebunden, die ihm den Charakter eines Wohnviertels zugewiesen hatten und darauf bestanden, dass die ältere Unterstadt, und nur sie allein, die kommerzielle und industrielle Infrastruktur der gesamten Stadt stellen sollte. Der Ausbruch der Gewalt im Jahre 1929, der in Haifa zwar weniger verheerend war als in den anderen „Mixed Cities" Palästinas, aber doch das Konfliktpotenzial unmissverständlich zum Vorschein brachte, hatte zur Folge, dass das Betreten der überwiegend arabischen Unterstadt eine Zeitlang für Juden als gefährlich galt. Die Umsetzung der ursprünglichen Planung einer jüdischen Gartenstadt, deren Versorgung von den kommerziellen und industriellen Strukturen des Gebietes in der arabischen Unterstadt abhängig wäre, fand ein Ende. Es stellte sich nämlich heraus, dass es unter den Gegebenheiten des sich vertiefenden nationalen Konflikts unmöglich war, eine regelmäßige Versorgung der jüdischen Einwohner mit Nahrungsmitteln und Wasser zu gewährleisten.

Bald darauf, ab Mitte der 1930er Jahre, funktionierten die beiden Teile der Stadt bereits voneinander getrennt, als separate Systeme. Die Eskalation des nationalen Konflikts verstärkte die ohnehin bestehende Tendenz zur Segregation der Wohnbereiche auf der Basis von Religion und Herkunft. Die nationalen Spannungen fanden ihren Ausdruck in einer betonten Absteckung der Demarkationslinien zwischen Juden und Arabern – sowohl unter den Alteingesessenen, die noch um die Jahrhundertwende in gemischten Vierteln gewohnt hatten, als auch im Kreis der Neueinwanderer und Hinzugezogenen. Diese beiden Tendenzen – die wachsende Segregation und die sich verstärkende Inkongruenz in der urbanen Planung – waren eng miteinander verflochten: Die nationalen Spannungen führten zur Aufhebung gemischter Strukturen und zu einer steigenden segregativen Neigung in den neuen jüdischen Vierteln. Die Entscheidung, sich aus der wirtschaftlichen und finanziellen Abhängigkeit von den arabischen Stadtvierteln zu befreien, vergrößerte die Not der arabischen Viertel und führte zur Vertiefung der Feindseligkeiten.

Eine Unterscheidung zwischen den „Habenden" und den „Nicht-Habenden" beobachtetete die Historikerin May Seikaly, deren Studie den Prozess der Verarmung der palästinensischen Gesellschaft Haifas rekonstruiert. Ihren Worten zufolge empfanden „die Nicht-Habenden die politische und soziale Diskriminierung in schärfster Form und revanchierten sich dafür in den Dreißigerjahren mit militanten Aktionen". Ein Teil von ihnen fand Halt in der muslimischen Identität, die sich mit der Migration vom Land in die Stadt verstärkt hatte und religiösen Trost im Hinblick auf die materielle Not zu spenden versprach, wie zum Beispiel in den Predigten von Scheich Iz ed-Din al-Qassam in der al-Istiklal-Moschee am Rande des Stadtviertels Wadi Salibs.

Das hier entworfene Bild zeigt eine Dichotomie zwischen der vernachlässigten arabischen Stadt einerseits und der entwickelten jüdischen andererseits. Diese Dichotomie manifestierte sich im Städtebau in der Kluft zwischen dem Technion und dem in Hadar HaKarmel eingerichteten „Gan

Benjamin" (Benjaminpark), der in den 1920er und 1930er Jahren als der schönste öffentliche Platz im Land galt, einerseits, und dazu symmetrisch in den arabischen Wellblechvierteln ohne Kanalisation und ohne Wasser andererseits. Dies formulierte Josef Vaschitz pointiert in seinem nicht vollendeten Manuskript, in dem es heißt: „Obwohl sie unter der gleichen Herrschaft lebten, unterstanden die Juden dem britischen Mandat, während für die Araber ein ‚quasi-koloniales' Regime galt."

Genauer betrachtet erscheint das von Vaschitz nachgezeichnete Bild indes weniger dichotomisch zu sein als das von Seikaly. Vaschitz zufolge gab es in Haifa unter dem britischen Mandat eine „duale Gesellschaft". Einziger Berührungspunkt war die Wirtschaft. Die politische Ordnung war durch das britische Empire diktiert, die politischen Institutionen standen in andauerndem Konflikt miteinander, und auf dem Gebiet der Erziehung und Gesellschaft herrschte strikte Trennung. Vaschitz analysiert die Kluft zwischen den verschiedenen Ebenen mittels einer begrifflichen Trennung zwischen dem Staatsapparat, dem politischen System und der Zivilgesellschaft. Allerdings besitzen diese Kategorien aufgrund des Nicht-Vorhandenseins eines souveränen Staates nur teilweise Gültigkeit. Die Stärke der jüdischen Bürgergesellschaft und ihre engen und effektiven Verbindungen mit der jüdischen politischen Führung betonen hierbei sogar noch die relative Schwäche der arabischen Zivilgesellschaft, die im Schatten der arabischen politischen Führung stand. Der stockende Modernisierungsprozess in der lokalen arabischen Gesellschaft ermutigte kaum dazu, Institutionen zu schaffen, was beim Aufbau der Nation innerhalb der jüdischen Gesellschaft eine zentrale Funktion hatte. Auch interne Integrationsprozesse fanden so gut wie nicht statt. Politisch, konstatiert Vaschitz, war die arabische Gesellschaft stärker konsolidiert als sie es auf ziviler Grundlage war. Der kosmopolitische Charakter der Stadt setzte die arabischen Bewohner Haifas anderen Bewohnern, Arabern und Nicht-Arabern aus verschiedenen Gegenden und unterschiedlicher Religionszugehörigkeit, aus und schärfte dadurch paradoxerweise das arabische Nationalbewusstsein. Die politische arabische Elite jedoch zeigte nur geringes Interesse an den laufenden wirtschaftlichen und sozialen Problemen und ignorierte bis in die 1940er Jahre sowohl die wachsende Armut und die Probleme der Arbeiter als auch die dualistische Realität der jüdisch-arabischen Kooperation.

Es mag die von Vaschitz beschriebene Dualität – ausgedrückt in den vielen widersprüchlichen Querverbindungen zwischen Juden und Arabern – sein, die den Untergang des arabischen Haifa am 22. April 1948 schwer vermittelbar macht. Durch die Diskrepanz zwischen Klarheit und Ambivalenz entgleitet das Ereignis herkömmlichen Erzählmustern. Schwer erklärbar bleibt dabei nicht die militärische Niederlage, die sich am 21. April binnen eines Tages ereignete, nachdem vor dem Hintergrund der andauernden

Kampfhandlungen seit dem 29. November 1947 nur noch die Hälfte der arabischen Bevölkerung in der Stadt verblieben war. Eine schwere Herausforderung für die Empathie des Historikers bzw. der Historikerin ist die Entscheidung der arabischen Stadtverwaltung, verkörpert durch das selbsternannte „Notstandskomitee der Araber Haifas", die von jüdischer Seite, vertreten durch die Hagana, diktierten Kapitulationsbedingungen abzulehnen und sich stattdessen für die Evakuierung der arabischen Bevölkerung – Männer, Frauen und Kinder – einzusetzen. Die jüdischen und britischen Offiziere, die der Verkündung im Rathaus beiwohnten, waren nach gängigen Versionen von der arabischen Entscheidung erschüttert. Ein Teil von ihnen versuchte, jüdischen und britischen Quellen zufolge, die arabische Delegation zu überzeugen, einen solch schrecklichen Fehler nicht zu begehen. Doch die Entscheidung war gefallen. Bereits im Rathaus, wie es heißt noch während der Kapitulationsverhandlungen, wandte sich Schabtai Levy, Haifas Bürgermeister seit 1940, in einer emotionalen Ansprache an das arabische Notstandskomitee mit der Bitte, zu bleiben. Die Mitglieder der jüdischen Delegation schlossen sich dieser Bitte umgehend an. Die Erschütterung der jüdischen Führung verflüchtigte sich allerdings recht schnell. Im Laufe der folgenden Wochen und noch bevor die Briten das Land verlassen hatten, zog die jüdische Führung ihren Appell an die Araber zurück. „Es ist gut ohne Araber, es ist leichter. Alles änderte sich im Laufe einer guten Woche", wird ein jüdischer Beobachter einen Monat nach dem Ereignis zitiert.

Das Rathaus von Haifa, angesiedelt an der Nahtstelle zwischen Hadar HaKarmel und Wadi Salib markiert den Übergang der Epochen, vom imperialen zum nationalen Zeitalter. Allein die Kontinuität in der Person Schabtai Levys mag zur Entstehung des vorgetäuschten Bildes der Kontinuität beigetragen haben. Levy, der aus Istanbul stammte und Absolvent der dortigen juristischen Fakultät war, sprach fließend Arabisch und war seit 1940 Nachfolger des verstorbenen Bürgermeisters Hassans Shukri, der ebenfalls ein Absolvent der Istanbuler Universität war. Irritierend ist die bis 1951 fortgeführte Zweisprachigkeit – Hebräisch-Arabisch – in den Sitzungsprotokollen der Stadtverwaltung, die in Anbetracht der numerischen Verhältnisse – es waren letztlich von den ca. 70 000 Arabern in Haifa nur etwa 3 000 geblieben – eigentlich jeder praktischen Basis entbehrt. Das Leben in der Stadt hatte sich von Grund auf verändert. Anhand des Viertels Wadi Nisnas lassen sich diese existenziellen Veränderungen rekonstruieren.

Wadi Nisnas, an Haifas westlicher Zufahrt gelegen, wurde 1948 mit den über die ganze Stadt verstreuten Resten der arabischen Bevölkerung Haifas dicht besiedelt. Es war die militärische Führungsebene, die ohne Absprache mit der Zivilverwaltung die Entscheidung traf, die arabischen Einwohner Haifas in dem um die Jahrhundertwende von reichen Christen erbauten Wadi Nisnas zu konzentrieren. Diese Entscheidung rief Kritik und Erbitterung hervor. Die Durchführung begann mit dem Abzug der britischen Truppen aus der Stadt am 30. Juni 1948. Die zuständigen zivilen Stellen warnten, dass dies eine Entscheidung sei, die die „zivilen Konsequenzen" ignoriere, doch ihre Kritik vermochte die bereits begonnene Maßnahme, die vor dem Hintergrund eines internen Machtkampfes zwischen Zivilverwaltung und militärischer Führung durchgeführt wurde, nicht mehr aufzuhalten.

Die scheinbare Kontinuität eines arabischen Viertels kann nicht darüber hinwegtäuschen, dass die erzwungene Umsiedlung die religiösen und gemeinschaftlichen Merkmale der arabischen Bevölkerung Haifas im Großen und Ganzen zerstörte. Sie schnitt die muslimische Bevölkerung von ihren religiösen und kulturellen Infrastrukturen, wie etwa Moscheen und Friedhöfen, ab. Die Ende Juli 1948 ausgeführten Maßnahmen wurden von der arabischen Bevölkerung als willkürlich und unberechtigt wahrgenommen. Manche bezeichneten diese sogar als „Ghettoisierung". Wie so häufig gab es aber auch unintendierte Folgen. Das ursprünglich aus militärischen Erwägungen resultierende Vorgehen bewirkte, dass längerfristig ein vitales arabisches Milieu entstand. Über die Jahre hinweg wuchs Wadi Nisnas und entwickelte sich jenseits der Unterteilung zwischen Muslimen und Christen zum bevorzugten, mittelständischen arabischen Wohnviertel Haifas. Diese Entwicklung wird von Juden und Arabern jeweils anders verstanden. Vom arabischen Standpunkt aus und im krassen Kontrast zu seinen Entstehungsbedingungen schuf das gemeinsame Leben im Wadi Nisnas eine auf historischem Bewusstsein beruhende palästinensische nationale Identität. In den Augen der jüdischen Einwohner Haifas symbolisiert das vibrierende städtische Leben und seine Geschäftigkeit die oft beschworene jüdisch-arabische Koexistenz. Es liegt wahrscheinlich in der Natur der von Will Kymlicka mit „differentialer Staatsbürgerschaft" bezeichneten Diskrepanz, dass diese arabisch-folkloristische Patina, städtisch subventioniert und angepriesen, die Augen der jüdischen Mehrheitsgesellschaft vor der Tragödie der palästinensischen Minderheit 1948 und deren andauernder bürgerlicher Benachteiligung verschließt.

Steht Wadi Nisnas, das heutige arabische Viertel Haifas, für die Ausnahme, für die im jüdischen Staat und in der hebräischen Stadt verbliebenen Araber, so steht das 1948 entleerte Wadi Salib für die Regel. Seine arabischen Bewohner von einst sind geflohen und leben heute mit ihren Nachfahren wahrscheinlich im Libanon oder in Syrien. Einem israelischen Gesetz von März 1950 gemäß sind sie so genannte „Absentees" („Abwesende"). Diese Definition trifft auf all diejenigen zu, die nach dem 29. November 1947, dem Tag der UN-Resolution zur Teilung Palästinas, Bürger eines der sieben arabischen Staaten, die gegen Israel kämpften, wurden, sich in einem dieser Länder aufhielten oder ihren regulären Wohnort in Israel verließen und sich außerhalb der Staatsgrenzen oder an einen Ort innerhalb derselben begaben, der zu dieser Zeit von feindlichen Kräften besetzt war. Ihr Eigentum, „„Absentees' Property", wurde infolge des eben genannten Gesetzes sowie dessen Novellierung von 1953, konfisziert und fiel dem israelischen Staat zu.

Für eine kurze Zeit, in den Frühlingsmonaten von 1948, sah es danach aus, als sei Wadi Salib ein anderes Schicksal beschert. Es war als das muslimische Viertel in der hebräischen Stadt vorgesehen. Doch seine strategische Lage, am östlichen Eingang der Stadt, sprach dagegen. So lange der Krieg nicht entschieden war, schien eine arabische Konzentration in Wadi Salib bedrohlich zu sein. Kurz darauf war es die kleine Zahl der zurückgebliebenen Muslime – nur ungefähr 500 waren in Haifa geblieben – die gegen den Bedarf eines eigenen Viertels sprach. Das Viertel indes blieb nicht lange leer. Sogleich nach der Flucht seiner arabischen Bewohner zogen, mal verordnet, mal spontan, mal gemäß und mal gegen die Verordnungen der Behörden, jüdische Einwanderer und Flüchtlinge in die Wohnungen der ehemaligen arabischen Bewohner Wadi Salibs ein.

Erst im Jahre 1959 ging Wadi Salib beziehungsweise gingen seine Bewohner in die Annalen der israelischen Geschichte ein. Vor allem Neuankömmlinge, jüdische Immigranten aus arabischen Ländern – überwiegend aus Marokko –, die im Zuge der sich langsam ankündigenden Unabhängigkeit Marokkos ins Land kamen, wagten einen Aufstand gegen die im Land herrschende soziale Ungerechtigkeit und Diskriminierung. Durch ihre Entscheidung, sich in den ehemaligen arabischen Wohnungen in der Unterstadt von Haifa, die nun zu „Absentees' Property" geworden waren, einzuquartieren, widersetzten sie sich den für sie aufgestellten staatlichen Ansiedlungsplänen. Denn der israelische Staat beabsichtigte ab 1951, die ins Land strömenden Zerstreuten der Diaspora an der Peripherie anzusiedeln, genauer gesagt entlang der Staatsgrenzen, was ihm jedoch nur zum Teil gelang. Die initiativreichsten unter den Immigranten verließen ab Mitte der 1950er Jahre die Grenzgebiete und drangen in die Städte ein. Der Staat musste mit Schrecken ansehen, wie, ganz gegen seine Intentionen, die von ihm verabscheuten jüdischen Armutsviertel Marokkos – Mellahs genannt – in den verlassenen arabischen Wohngegenden der ehemaligen „Mixed Cities" (wieder) entstanden.

Wadi Salib wurde zu einer Art Ikone, als im Sommer 1959 der soziale Protest dieser Immigranten eskalierte und in eine Welle von Unruhen umschlug, die sich gegen die Behörden und das städtische, aschkenasische, sozialdemokratische Establishment vor Ort richtete. Die infolge dieser Unruhen entstehenden gewalttätigen Konfrontationen zwischen der Polizei und den Einwohnern Wadi Salibs brachten die Existenz von innerjüdischen Spannungen zwischen Immigranten und Alteingesessenen, zwischen Juden aus islamischen und europäischen Ländern in Israel in das Bewusstsein der

Öffentlichkeit. Später sollten diese Spannungen als „das ethnische Problem" bezeichnet werden.

Trotz seines arabischen Namens und obwohl der Protest sich vor allem im ehemaligen arabischen Stadtteil Haifas konzentrierte, war im Jahr 1959 die Tatsache scheinbar vergessen, dass Wadi Salib nur elf Jahre zuvor ein arabisches Viertel gewesen war. Übersehen wurde diese Tatsache auch von verschiedenen Disziplinen der Forschung, wie etwa der Soziologie, der Anthropologie sowie der Geschichtswissenschaft. In all diesen Disziplinen herrschte die Tendenz, den jüdisch-arabischen Konflikt nach außen zu verlegen und ihn, so wie die Palästinenser selbst, als separaten Bereich abzustecken und nicht als Bestandteil der israelischen Gesellschaft zu betrachten, die sich als ausschließlich jüdisch begreift. Betrachtet man jedoch die Ereignisse von 1959 aufmerksam, lassen sich Residuen der Vergangenheit durchaus ausmachen – so zum Beispiel in der Entscheidung der Demonstranten von 1959 von Wadi Salib hinauf zum Hadar HaKarmel zu marschieren, um dort ihre Wut an Schaufenstern und Geschäften auszulassen, die nichts mit den Ereignissen in Wadi Salib zu tun hatten. Hadar, das typisch aschkenasische Viertel, symbolisierte in ihren Augen den Mittelstand und gab aufgrund seiner direkten Nachbarschaft zu Wadi Salib eine bequeme und unmittelbar erreichbare Zielscheibe ab. Es scheint, als habe die gesellschaftliche Entfremdung und die wirtschaftliche Kluft zwischen den beiden benachbarten Stadtteilen die städtische Topographie bereits in den 1920er Jahren imprägniert, als Hadar HaKarmel neben, vor und gegenüber den armen arabischen Vierteln in der Unterstadt hochgezogen wurde. Während die sozialen Spannungen in den Tagen des britischen Mandats zwischen dem jüdischen Mittelstand und armen Arabern bestanden, sollten sie in den 1950er Jahren aufsteigende Aschkenasim von völlig mittellosen orientalischen Juden scheiden.

Der heruntergekommene Zustand von Wadi Salib, der auch ein Grund für die Demonstrationen 1959 war, hing eng zusammen mit seinem Status als „Absentees Property". Das herrenlos gewordene Eigentum wurde vernachlässigt und die veraltete und zerstörte Infrastruktur aus der Mandatszeit weder repariert noch saniert. Somit resultierte auch die Kluft zwischen den „Habenden" und den „Nicht-Habenden", zwischen Aschkenasim und Misrachim zum Teil aus den Ereignissen von 1948 und war eine Folge der Verteilung der verlassenen arabischen Wohnungen. Wer zu spät kam, kam zu kurz. David Ben-Harusch, der charismatische Anführer der Unruhen von Wadi Salib, fasste diese Zusammenhänge in seiner Aussage vor der staatlichen Untersuchungskommission 1959 in folgende Worte: „Als die Einwanderer 48 gekommen sind und die Massenalija war, da waren die schönsten Häuser von der Hagana besetzt, und als diese von ihr geräumt worden waren, wurden sie den Leuten aus Europa übergeben, von denen sie jetzt besetzt sind oder die sie an andere weitergegeben haben." Seine Aussage entlarvte die verdrängte Tatsache, dass die Verteilung des ursprünglichen Eigentums der palästinensischen Flüchtlinge weiterhin dunkle Schatten über diejenigen warf, die von der Beute profitierten. Es wurde deutlich, wie sehr sich das Element der Willkür während der Formierung des souveränen Israels in der Entweihung des Prinzips der Unantastbarkeit privaten Besitzes ausdrückte und wie weit dieses Unrecht den innerjüdischen Beziehungen seinen Stempel aufdrückte.

Abschließend weise ich exemplarisch auf die Zwangswiederholung der Geschichte hin, wie sie sich mit dem Ende Wadi Salibs herauskristallisierte: Das Ende Wadi Salibs war eine direkte Folge der Unruhen von 1959. Es war die staatliche Untersuchungskommission, von der bereits die Rede war, die nach 1959 die Räumung des Armutsviertels empfahl. Durch Überzeugungsarbeit, aber ebenso durch List und Tücke, wurden die Bewohner dazu gebracht, ihre Wohnungen in Wadi Salib zu räumen und in Neubausiedlungen zu ziehen. (Zwar scheint dieses Vorgehen einer allgemeinen Tendenz in den 1960er Jahren für die Vorliebe von Vororten zu entsprechen – besonders in Israel, aber auch im Westen –, doch der Räumung Wadi Salibs sind zweifellos tiefere Wurzeln zu unterstellen.) Diese tieferen Wurzeln für das Räumungsanliegen gehen auf das Jahr 1937 zurück, mitten in die Mandatszeit, zu den Plänen des sogenannten Haifa-Komitees, das von der Jewish Agency mit dem Ziel eingesetzt worden war, die Briten von den Empfehlungen der Peel-Kommission abzubringen, laut derer Haifa der Status einer internationalen Stadt verliehen werden sollte. Sie sollte also nicht Teil des zukünftigen jüdischen Staates werden. Auf Wadi Salib und die arabische Unterstadt ging der Bericht des Haifa-Komitees explizit ein. Er empfahl, das östliche Viertel den Arabern abzukaufen, um damit seiner zentralen Lage in einer zukünftigen modernen City genügend Rechnung tragen zu können. Die ursprünglichen arabischen Bewohner, so ging die Empfehlung weiter, sollten in eine gesündere Umgebung nahe Haifa umgesiedelt werden. Gegen mögliche Kritik an den harschen Konsequenzen ihrer Empfehlung für die arabische Bevölkerung verteidigte sich die Kommission 1937, indem sie sagte, dass diese Areale angesichts ihrer Lage für eine rasche urbane Entwicklung bestimmt seien, der die finanziell schwache arabische Bevölkerung nicht gewachsen sei. Im Interesse der Stadt Haifa und des allgemeinen Fortschritts sollten diese zentralen Viertel denjenigen überlassen werden, die an einer rasanten urbanen Entwicklung interessiert seien und auch finanziell in der Lage seien, diese auf bestmögliche Art und Weise zu verwirklichen. Dieser ambitionierte, 1937 entworfene Plan wurde natürlich während der Mandatszeit nicht realisiert. Durch die Folgen des Krieges 1948 erübrigte er sich schließlich mit der Flucht der arabischen Bevölkerung. Doch dann kam es zu der weder geplanten noch beabsichtigten Neubesiedlung durch neue Einwanderer, die ironischerweise fast ausschließlich aus den arabischen Ländern stammten. Die sozialen Unruhen von 1959 waren ein willkommener Anlass, Wadi Salibs orientalischen Charakter auszulöschen und es endlich zu einem Teil der schon lange angestrebten modernen City werden zu lassen.

Und doch: eine moderne City am Hafen von Haifa ist bis heute immer noch nicht entstanden. Das ehemalige arabische Wohnareal scheint sich den israelischen Modernisierungsplänen immer noch zu entziehen. Noch liegt das in den 1960er geräumte Wadi Salib brach, als Ruinenareal neben den kargen Trümmern der im Laufe des Krieges 1948 zerstörten arabischen Altstadt bis hin zu den verbliebenen Überresten der Hedschasbahn, deren Bau um die Jahrhundertwende den ersten Schub für die Modernisierung Haifas gab.

Das heutige Stadtbild spricht eher von der Unzulänglichkeit einer Amnesie. Vernarbt ist die Stadt nicht, die Wunde ist sichtbar.

**Interkulturelles**

Tamotsu Aoki
# The New Dimension in International Cultural Exchange in East Asia

One of the great achievements of Hans-Georg Soeffner is his contribution to international cultural exchange and mutual understanding. His knowledge and intellect with his warm and friendly personality have benefitted us enormously in helping reconciliation among the people who belong to different cultures and religions. For the celebration of his 75th birthday I would like to contribute an article on what is happening in East Asia in some cultural issues from my direct observation and commitment.

## The Area: East Asia

Rather than delving into the complexities of this issue now, I will limit my discussion to East Asia as it has been understood at the level of international politics since the 1980s. In this context, at present "East Asia" can be said to denote the ten countries of ASEAN plus China, Japan and South Korea. There has been fierce debate about this region since the beginning of the twenty-first century. The concept of an "East Asian Community" has been discussed, and the leaders of these countries have held summit meetings as the international political framework of the region has expanded. In these meetings, the respective agendas of the participating countries are displayed, clearly demonstrating the increasing complexity of international relations in the region.

The eyes of the world have never before been so focused on East Asia. However, while the region may be growing in strength economically, it also suffers from severe problems politically. So far there has been little movement toward political union in the region. Although ASEAN has achieved a degree of international solidarity, there is still no sign of any such development among the three countries of Northeast Asia: China, Japan and Korea. What can we do to build stable international relations allowing the people of our region to develop greater understanding of each other? I will argue that the key to our future lies precisely in cultural exchange. The now emerging trend toward cultural exchange provides new hope for a brighter future in East Asia.

## The Historical Cultural Zone

Two recurring themes in recent discussions of the East Asian cultural area are Confucianism and the Chinese writing system (*Hanzi* in Mandarin, *Kanji* in Japanese, *Hanja* in Korean). Both of these originated in ancient China and have been used in attempts to define the East Asian region culturally. Although I do recognize the continued influence of Confucianism and the Chinese writing system, I do *not* think that either of them can provide an adequate basis for defining the whole region culturally. The extent of Confucianism's real influence in the region today is unclear. Confucianism is said to have influenced the management style and organizational structure of Japanese companies, but this is hard to confirm. If anything, the major cultural tradition in Japan is a hybrid of Shinto and Buddhism. Even in contemporary Vietnam, the influence of Confucianism is not easily detected.

When considering writing systems in the region, we find many influences besides classical Chinese characters: Vietnamese uses the Roman alphabet, Korean uses *Hangul,* and Japanese uses *Hiragana* and *Katakana* in addition to Chinese characters. Although the civilization emanating from ancient China has left traces throughout East Asia, it would be hard to see it is a defining feature of the culture of the whole region. The simplified characters used in contemporary China are significantly different from the characters used in classical Chinese texts. Even the characters used in Japan and Korea have been altered greatly and differ from each other. The idea of a cultural area defined in terms of the Chinese writing system is of no more than historical significance.

When viewing East Asia more broadly, embracing not only China, Japan and Korea, but also the ten ASEAN nations, it is even less convincing to focus on Confucianism and Chinese characters as cultural traditions common to the whole region. One would have to give at least equal importance to other major cultural influences, including Buddhism, Islam, Christianity and Hinduism. One would also have to recognize the great diversity of writing systems in the region.

Even from this very brief discussion, it should be obvious that contemporary East Asia is too diverse to be understood simply in terms of the influence of the region's major historical civilizations. Even recognizing the important influence of both India and China in Southeast Asia, the contemporary region has developed in a way that requires a far broader framework of understanding.

## Diversity in Culture

Indeed, diversity is the most defining cultural characteristic of East Asia. All of the five major world religions are present in the region and can claim significant numbers of fervent adherents: Confucianism-Daoism, Buddhism, Islam, Hinduism, and Christianity. In addition to these world religions, there are native belief systems distinctive to each country: Shinto, shamanism, and spirit worship. The linguistic diversity of the region is also very great. Besides the official national languages in each country, there are a surprising number of local and ethnic tongues. Indigenous peoples and ethnic minorities are found throughout East Asia, and there is a wealth of diversity in lifestyles, customs, social organization and cultural expression. It would be no exaggeration to say that East Asia is the most diverse region on the planet. In contrast to the EU, where the idea of a Christian continent remains strong, East Asia would do better to adopt cultural diversity enthusiastically as its central value. A further regional characteristic deserving attention is the fact that culture has rarely been a source of conflict among the nations of East Asia, even despite the high level of diversity.

## Dynamics of Cultural Change

Since ancient times, East Asia has been influenced by successive waves of cultural change. These waves have often overlapped and interacted with each other, producing a complex pattern of cultures incorporating elements from China, India, the Islamic world, Western Europe, and contemporary America in addition to the forces of modernization and globalization. The culture of almost every country and region can be described as "hybrid".

Three main types of cultural influence are found in varied degrees among the countries of East Asia: (1) native and local cultures, (2) influences from the major continental civilizations of Asia (especially India and China), and (3) Western and modern influences. All three of these influences are present in East Asia. All regions of the world are faced with the challenge of how to deal with both internal and external change. East Asia is a region affected by external change perhaps more than any other. The issue is one of how the great waves of change flooding in from the outside have been managed. Rather than building barricades against these external influences, East Asian countries have created cultures that cleverly incorporate external influences into their own existing cultures. This is not to say that there is absolutely no tension between tradition and change. Some aspects of existing culture may be lost in the process of change. Nevertheless, East Asian societies have been remarkably successful at retaining their own distinctive identities despite their intense exposure to external forces. They have even sought to use this experience of external influence as an opportunity for the creation of new culture.

## The Hybrid Cultures

"Hybrid culture" is an expression that comes to my mind whenever considering culture in contemporary East Asia. I have previously used the term "hybrid culture" to describe the culture of contemporary Japan. The notion of "hybridity" suggests the creation of some kind of order through the interaction of heterogeneous elements. I believe that culture throughout East Asia is undergoing a process of "hybridization". As a particularly striking example of such hybridization, I would like now to consider the culture of contemporary Japan as an example.

Japanese culture is a prime example of a culture that has developed through the process of absorbing external influences. Before the arrival of influences from the major civilizations of continental East Asia, distinctive lifestyles, customs, eating habits and artistic practices were developed in the Japanese archipelago following the establishment of agriculture. A distinctive form of nature worship also was developed, forming the basis for the Shinto religion. On top of this indigenous culture, the influences of the ancient Asian civilizations were overlaid: Chinese literary culture, Confucianism, Daoism, and Buddhism. Then, in the modern period, Japan was greatly under the influence of Western European culture. After World War II, American cultural influence became strong. Despite many difficulties, Japan has generally succeeded at the creation of a distinctive hybrid culture by cleverly combining the three types of cultural influence mentioned previously.

Each type of cultural influence is distinctive and quite different from the others. Japan was the first country in East Asia to form a stable hybrid culture incorporating elements from all three influences while avoiding the potential for major contradictions or conflict. As already mentioned, the written form of the Japanese language was developed under the influence of the Chinese writing system. Japanese texts are a prime example of hybrid culture. They combine Chinese characters with the indigenous *hiragana* and *katakana* systems. In recent years, the Roman alphabet has been added to the mix, creating an even more complex and hybrid writing system. What is more, Japanese people feel no sense of incongruity when reading or writing such hybrid texts.

The situation is similar for religion in Japan. Despite the influence of the major religions of Asia and Europe, the indigenous religious tradition lives on in the form of Shinto. A distinctive syncretism combining Buddhist and Shinto elements has grown up. The respective role of each religion is clearly defined: Shinto is the religion of life, while Buddhism is the religion of death and mourning. Both religions are equally important in the religious practices of most Japanese people. No sense of inconsistency is felt in the simultaneous practice of both religions, despite their entirely different character. In lifestyle too, one finds a hybrid of Western European, Japanese and American influences. Despite the existence of a distinctive Japanese cuisine, Japanese people are accustomed to eating Korean, Chinese, Thai, Turkish, French and Italian cuisine as well, not to mention American-style fast food. There are probably few cities in the world where one can enjoy eating so many different types of food as you can in Tokyo. Despite their ravenous appetite for foreign cuisines, Japanese people have certainly not forgotten their own native cuisine, whether it be sushi, tempura, *unagi* eels or *soba* noodles. Contemporary Japanese culture is thus a prime example of hybrid culture.

## The Japan's Contemporary Hybrid Culture

The term "cool Japan" was first coined by an American journalist to describe contemporary Japanese culture. It has since become a very widely and frequently used expression. Various words have been used to describe Japanese culture in the past. However, it has never before been described as "cool". There has never before been a time when Japanese culture was viewed so favorably throughout the world as it is now. The most well known expressions of "cool Japan" are Japanese comics *(manga)* and animated cartoons *(anime)*. However, these are not the only forms of Japanese culture to gain an international following, as demonstrated by the 5-day long "Japan Expo" held in France in June. This exposition drew as many as 200 000 visitors and featured numerous aspects of Japanese culture, including literature, music, art, architecture, design, fashion, cuisine, toys, crafts, and all facets of Akihabara culture. The first such exposition was held 10 years ago and was organized by just three people. Over the years, it has become more and more popular, to the extent that it is now a major event in the French cultural calendar. I have also been able to observe the "cool Japan" phenomenon at first hand in various parts of the world, including Russia, China, Europe and South America. However, my purpose here is not to boast about the international success of "cool Japan". Rather, I want to use it as an example illustrating the cultural potential of contemporary East Asia. We can already see the emergence of "cool Korea" and "cool China", "cool Singapore" and "cool Thailand" etc.

# Towards a Contemporary East Asian Cultural Community

Since the dawn of the twenty-first century, the international cultural environment of East Asia has transformed dramatically. Cultural creativity in the region has increased to a level unthinkable in the twentieth century. It is my belief that a "Contemporary East Asian Cultural Community" is now in the process of creation. What does this mean? Especially notable is the expanding wave of contemporary culture in the region, as instanced in such things as films, television dramas, music, cuisine and lifestyles. Much of this development can be attributed to the rise of a "middle class". As people become more prosperous, their demand for such contemporary culture increases. Similar trends in people's lifestyles and tastes can be observed all over East Asia, as can be seen in the changing face of the region's cities, and in the growth of shopping malls and consumer culture. This provides a means for sharing the technology with which contemporary culture is created and is demonstrated as each country creates new culture while making use of its distinctive local cultural and social resources. The countries of East Asia assert their "difference" from each other while also showing their cultural "similarity" in the process of cultural creation, thus reconfirming the dynamic linkages that bind them together as a region.

There have also been remarkable developments in the area of intra-regional "cultural exchange". There is a growing region-wide interest in cultural exchange, notwithstanding the thorny issues that often divide the countries of the region politically and economically. In September 2007, a Forum was held in China with the Ministers of Culture of Japan, China and South Korea. At this forum, the ministers made a declaration pledging the three countries to respect "cultural diversity" and undertake lively cultural exchanges. Subsequent forums were then held in South Korea and Japan, with the importance of cultural exchange being reemphasized on every occasion.

Joint film and television productions involving more than one country are now very popular. This would have been entirely unimaginable in the twentieth century. I am particularly struck by the case of the film "Red Cliff" which was screened at the Tokyo film festival in 2007. This is an epic film based on the historical records of the Battle of Red Cliffs in ancient China. It is especially notable for its imposing action scenes involving large numbers of people and horses, which were shot almost entirely in live action rather than simulated by computer graphics. The battle scenes were filmed in China with the full cooperation of the Chinese People's Army. On the occasion of its first screening, the film's director, Hong Kong-born John Woo, proudly stated that such a film could never have been made in Hollywood, only in East Asia. It was indeed a very Asian production, financed jointly by funds from China, Hong Kong, Taiwan, Japan and South Korea, featuring actors from China, Hong Kong, Taiwan and Japan, with a musical score by a Japanese composer. Such collaborative projects, involving many forms of cultural creation, are indicative of the formation of a "Contemporary East Asian Cultural Community."

Of course, much cultural information is now being diffused via the Internet. In my own experience, I recently witnessed how students in Yangon (Myanmar) know far more about Japanese and South Korean music and television dramas than I do myself. Furthermore, publicly funded projects for the construction of cultural facilities are underway in a number of East Asian countries, and much attention is being given to cultural policy. Among many examples are the largest opera house in Asia located in Beijing, the National Museum of South Korea, and the theatre and concert hall complex known as the Esplanade in Singapore. In Japan, there is the National Art Center and the New National Theatre, both of which were constructed in the twenty-first century. There is also a lively art market in East Asia and many new artists have come onto the scene recently. Furthermore, it has become increasingly common for literature to be translated from one Asian language into another.

Considering all this recent cultural activity, I am all the more convinced of the existence of a "Contemporary East Asian Cultural Community." It is high time that the people and governments of East Asia took note of this fact and enacted positive measures to nurture the further development of this regional cultural community. In addition, we need to recognize the magnificently hybrid nature of contemporary culture in East Asia, even as each country continues to maintain its own national characteristics.

## The Construction of "Cultural Creative Cities"

A number of actions are required in order to secure the further development of the "Contemporary East Asian Cultural Community". Cultural policy will no doubt play an important part in this. Cultural development should no longer be bound by the division between domestic and international concerns. Cultural creativity and cultural exchange should be based on the recognition that culture that appeals to people in any one country also has the potential to appeal to people throughout the region and beyond. It is also important to pursue the development of East Asian cities of culture and to promote the cultural industries in each country. Such cities of culture will become places for the free development of East Asian creativity and imagination, where governments and citizens cooperate to foster the growth of an East Asian culture in which they can take pride. "Cultural Creative Cities" are important because they provide space and time for the pursuit of creative activities and cultural exchange.

In 2007, the Japanese Agency for Cultural Affairs established a commendation system for the promotion of local cultural centers by designating them as "Cultural Creative Cities." Every year, such commendations are awarded to cities that have distinguished themselves culturally – for example, by preserving their traditional architecture, by creating innovative art facilities while preserving their traditional architecture, or by hosting highly acclaimed cultural events. Cities chosen so far include Kanazawa – which succeeded in the creation of a twenty-first century art museum in harmony with its traditional townscape – and Yokohama – where a new cultural zone was created and a Triennale held. There are plans to expand this idea of designating "Cultural Creative Cities" to the rest of Asia. Indeed, such a proposal was incorporated into the declaration of the Forum of Culture Ministers of Japan, China and South Korea in Nara in Japan in 2010.

For example, the Designation of the city of Gwangju South Korea where I was invited to deliver a public lecture in last summer as a "Hub City of Asian Culture" is especially significant. I look forward very much to seeing this kind of cities in other East Asian countries will appear and develop into major centers of the "Contemporary East Asian Cultural Community". I hope very much that East Asian cities will succeed in becoming a center for the training of internationally capable creative professionals and cultural personnel, including artists, art managers, international producers, and managers of museums, art galleries and concert halls.

Hybrid Culture is very international and universal. At the same time they represent each national as local cultures as well. So the cultural competition of the Hybrid Cultures in East Asian Countries has just begun. East Asia has entered the new cultural era which has a big potential to promote people's mutual understanding and enjoying their everyday life. I wish it could contribute to establishing a truly peaceful world of East Asia in 21$^{st}$ Century.

Hartmut Esser

# Ethnische Ressourcen und vorschulische Kompetenzentwicklung

Der PISA-Schock des Jahres 2000 saß tief. Als alarmierend erschienen unter anderem auch die besonders niedrigen Leistungen der Migrantenkinder und die großen Abstände dabei zwischen ihnen und den Einheimischen. Die Lage hat sich inzwischen zwar deutlich verbessert, aber die Nachteile der Migrantenkinder sind immer noch beträchtlich (siehe insgesamt und zum Vergleich der Ergebnisse von PISA 2000 mit PISA 2012: OECD 2014, Annex B, Tabellen 1.2.3a und I.4.3). Das widerspricht einem der grundlegenden Postulate der westlichen Industriegesellschaften, den Zielgebieten der internationalen Migration: Sie sind zwar mehr und mehr durch weltanschaulichen, religiösen und kulturellen Pluralismus gekennzeichnet, verbieten aber normativ jede nicht gerechtfertigte Ungleichheit in der vertikalen Dimension der ökonomischen Ungleichheit (Soeffner 2014). Insofern ist die offensichtlich stabile Ungleichheit der Migranten(-kinder) in Bildungsabschlüssen, Leistungen und Arbeitsmarkterfolg schon mehr als nur ein Ärgernis und womöglich sogar rechtlich nicht tragbar (Wrase 2013).

Viele Hypothesen über die Ursachen für diesen Umstand sind im Umlauf. Noch immer aber wird darüber gestritten, woran die Nachteile der Migrantenkinder im Bildungserfolg denn nun wirklich liegen. Insoweit sich die Analysen auf die PISA-Daten beziehen, gab es von Beginn an einen zentralen Einwand, der bis heute so gut wie nicht ausgeräumt werden konnte: PISA erfasst die Leistungen von 15-Jährigen in der neunten Klasse und beschreibt daher das Ergebnis erst am Ende eines schon längeren Bildungsweges. Um aber verstehen und empirisch bestimmen zu können, wie es dahin gekommen ist, müsste man wissen, was *vorher* geschehen ist und welche Bedingungen und Vorgänge dabei wichtig gewesen sind. Über die PISA-Studien ist eine solche Rekonstruktion nicht möglich, sodass bis heute nicht schlüssig geklärt ist, an welcher Stelle der Bildungsbiografie und über welche genaueren Bedingungen eigentlich die Unterschiede in den schulischen Kompetenzen entstehen, womöglich sogar bereits (weit) *vor* jedem institutionellen Kontakt mit dem Bildungssystem in der Grundschule. Hinzu kommt, dass eine Reihe von als wichtig anzunehmenden Bedingungen und

Vorgängen nicht oder nicht hinreichend differenziert erfasst waren, wie beispielsweise die kognitiven Kompetenzen der Kinder, die Aktivitäten der Eltern, der Vorschulbesuch und insbesondere die frühe sprachliche Entwicklung der Kinder sowie die sprachliche und sonstige Akkulturation der Eltern.

Das ist der Ausgangspunkt des folgenden Beitrages. Es geht um die Erklärung der frühen, bereits *schulbezogenen Kompetenzen* von Kindern im *Vor*schulalter. Es ist anzunehmen, dass davon schon früh gewisse Scherenentwicklungen für den späteren Bildungsverlauf ausgehen, die dann später durch die schulischen Bedingungen im Wesentlichen noch verstärkt oder nur schwer wieder abgeschwächt oder gar „kompensiert" werden (können). Für die Erklärung der frühen schulbezogenen Kompetenzen wird ferner angenommen, dass sie ihrerseits zu einem erheblichen Teil von den frühen sprachlichen Kompetenzen der Kinder in der Zweitsprache (L2)[1] abhängen, dass diese wiederum die Folge der sprachlichen Kommunikation in der Familie sind, welche ihrerseits eng mit den jeweiligen sprachlichen Kompetenzen der Eltern zusammenhängt und mit dem jeweiligen sozialen, migrationsbezogenen und ethnischen Hintergrund (SHG, MHG, EHG) der Familien zu tun hat. Die angenommenen Zusammenhänge sind in Abbildung 1 skizziert und bilden das grobe Raster dieses Beitrages.

Abb. 1: Modell der vorschulischen Kompetenzenentwicklung von Migrantenkindern

| SHG MHG EHG | → | sprachliche Kompetenzen Eltern | → | sprachliche Kommuni-kation mit Kind | → | sprachliche Kompetenzen Kind | → | Frühe schul-bezogene Leistungen |
|---|---|---|---|---|---|---|---|---|

Dabei wird einem speziellen und in der Debatte um die ethnischen Bildungsungleichheiten ebenfalls nach wie vor heftig umstrittenen Aspekt nachgegangen: Sind die jeweils aus den Herkunftsländern mitgebrachten ethnischen Ressourcen, wie beispielsweise kulturelle Fertigkeiten und Prak-

---

[1] Die Bezeichnungen Zweit- und Erstsprache (bzw. L2 und L1) können irreführend sein, speziell wenn Migrantenkinder die Sprache des Herkunftslandes ihrer Eltern schon nicht mehr als „Erst"-Sprache lernen, sondern die des Aufnahmelandes, welche dann nicht ihre „Zweit"-Sprache wäre, sondern ihre „Erst"-Sprache. Die (geläufige) Terminologie wird gleichwohl aus Gründen der Vereinfachung beibehalten, wobei dann die „Erstsprache" die Sprache des jeweiligen ethnischen Hintergrundes der Eltern oder auch der Großeltern bezeichnet und die „Zweitsprache" die Sprache der Mehrheit des jeweiligen Aufnahmelandes.

tiken, ethnische Beziehungen und Orientierungen, nicht nur eine nicht weiter zu spezifizierende Bereicherung und ein Wert an sich für alle, sondern auch nachweislich förderlich für die Integration der Migranten(-kinder) speziell in das Bildungssystem und für ihren Bildungserfolg? Dies sollte sich speziell auf jene Konstellation der (Sozial-)Integration beziehen, die als *multiple Inklusion* bezeichnet wird. Multiple Inklusion bedeutet dabei den *simultanen* Bezug zu einer ethnischen Gruppe *und* zur Aufnahmegesellschaft – im Unterschied zur Marginalität als Zugehörigkeit zu keiner Gruppierung, zur ethnischen Segmentation als Zugehörigkeit nur zur ethnischen Gruppe und zur Assimilation als Zugehörigkeit nur zur Aufnahmegesellschaft.[2] Insbesondere geht es dabei um die Effekte der Bilingualität (der Kinder und der Eltern) auf die Entwicklung der frühen schulbezogenen Kompetenzen der Kinder, des Zweitspracherwerbs der Kinder und der Kommunikation der Eltern mit ihren Kindern, aber auch, so weit das möglich ist, um die Wirkungen anderer Formen der multiplen Inklusion, wie insbesondere diejenigen bei der Nutzung von Medien, bei den sozialen Beziehungen und Netzwerken und bei den Identitäten.

Zu den Effekten der ethnischen Ressourcen bzw. einer multiplen Inklusion auf die (Sozial-)Integration von Migranten gibt es zwei grundlegende Perspektiven, die hier als (neo-)assimilationistische und als pluralistische Hypothese bezeichnet seien. Die (neo-)assimilationistische Hypothese besagt, dass über die bloße „Assimilation" hinaus, wie etwa in der Sprache, *keinerlei* zusätzliche Effekte einer ethnischen Ressource zu erwarten seien, etwa die zur Sprache des Aufnahmelandes *zusätzliche* Beherrschung der Sprache des Herkunftslandes. Die pluralistische Hypothese betont dagegen deutliche zusätzliche Effekte, wobei die theoretischen Begründungen sehr unterschiedlich sein können (Esser 2006, S. 372 ff.; Esser 2009a, S. 362 ff.; Dollmann 2010, S. 57 ff.).

Die Grundlage der folgenden Analysen sind die Daten der ersten Welle des Projektes „Erwerb von sprachlichen und kulturellen Kompetenzen von Migrantenkindern in der Vorschulzeit und beim Übergang in die Grundschule" (ESKOM) am Mannheimer Zentrum für Europäische Sozialforschung.[3] Die Analysen folgen der in Abbildung 1 skizzierten Sequenz von rechts nach links, das heißt rückwärts in der angenommenen Kausalanord-

---

[2] Diese Unterscheidungen gehen auf Berry (1990, S. 245 f.) für den Bezug der Zugehörigkeitsorientierungen bei Migranten zurück und werden hier verallgemeinernd auf alle Aspekte der (Sozial-)Integration angewandt, darunter insbesondere auch auf die Sprache, die Netzwerke und die Identitäten (Esser 2006, S. 24 ff.).

[3] Zu einer Beschreibung des Projektes und der wichtigsten benutzten Variablen siehe etwa Becker 2011. Im ESKOM-Projekt wurden einheimische und insbesondere türkische Kinder im Vorschulalter (3–4 Jahre) verglichen.

nung. Kontrolliert werden jeweils die von Fall zu Fall der jeweiligen Frage wichtigen und auch regelmäßig gefundenen Bedingungen und Hintergründe, speziell die aus dem allgemeinen sozialen Hintergrund und der jeweiligen Migrations- und Integrationsbiografie.

## Frühe schulbezogene Fertigkeiten

Für die Startchancen der (Migranten-)Kinder gleich zu Beginn in der Grundschule sind die bis dahin erworbenen allgemeinen kognitiven Fähigkeiten, aber auch eventuell bereits entwickelte schulbezogene Fertigkeiten, von großer Bedeutung (Peter-Koop et al. 2008). Tabelle 1 enthält die Ergebnisse zu den ethnischen Ungleichheiten in frühen Formen des Rechnens nach den Daten des ESKOM-Projektes für die einheimischen Kinder und die türkischen Migrantenkinder.[4] Die Spalten 1 bis 4 der Tabelle beschreiben die Ergebnisse für die einheimischen und die Kinder mit Migrationshintergrund gemeinsam, die Spalte 5 die Befunde nur für die Migrantenkinder mit Bezug auch auf mögliche Effekte von ethnischen Ressourcen, hier also: der Erstsprache.

Zunächst erkennt man schon sehr deutliche Nachteile in den frühen schulbezogenen Fertigkeiten der Kinder aus den türkischen Familien im Vergleich zu den Einheimischen, aber auch im Vergleich zu Kindern mit interethnischen Elternpaaren, die sich in den schulbezogenen Fertigkeiten nicht von den deutschen Kindern unterscheiden, wenn nur das Lebensalter und die kognitiven Fähigkeiten beziehungsweise die Intelligenz der Kinder berücksichtigt werden (Spalte 1). Die Nachteile verschwinden jedoch *komplett* allein schon mit dem Einbezug des sozialen Hintergrundes (Bildung und Status der Eltern) und einiger Bedingungen und Vorgänge der intellektuellen und kulturellen Anregung in und außerhalb der Familie (Spalte 2). Davon haben indessen nur die familiären Aktivitäten einen, dann aber besonders starken Einfluss. Das heißt, dass für die Erklärung der ethnischen Unterschiede in den frühen schulbezogenen Fertigkeiten *allein* schon die *allgemeinen* Bedingungen und Vorgänge der Kompetenzentwicklung ausrei-

---

4   Der Test für die frühen schulbezogenen Fertigkeiten wurde, um sprachbedingte Schwierigkeiten so weit wie möglich auszuschalten, in verschiedenen sprachlichen Varianten (deutsch, türkisch, ggf. gemischt) und ohne Zeitbegrenzung angewandt. Auswertungen unter Einbezug der Testsprache ergaben keine Veränderungen in den Effekten. Allerdings gab es zusätzliche Effekte der jeweiligen Testsprache: negativ für die türkischsprachige Version, positiv für die deutschsprachige. Man kann damit die Testversionen als zusätzliche Messungen der Sprachfertigkeiten der Kinder verstehen, ohne dass sich dadurch die substanziellen Ergebnisse verändern würden.

chen. Berücksichtigt man nun auch noch die Zweitsprachkenntnisse der Kinder (Spalte 3), ändert sich das Bild noch einmal drastisch: Nun gibt es nicht nur keine ethnischen Nachteile mehr, sondern es zeigen sich jetzt sogar deutliche *Vorteile* bei den Migrantenkindern aus den rein türkischen Familien gegenüber den *Einheimischen* (und auch gegenüber den Kindern aus den interethnischen Familien). In Spalte 4 wird schließlich nach diesem durchaus überraschenden Resultat geprüft, ob sich der Umkehreffekt auch schon allein mit der Kontrolle der sprachlichen Kompetenzen zeigt. Das ist tatsächlich der Fall. Das aber bedeutet: Die Nachteile der Migrantenkinder beim Erwerb von frühen schulbezogenen Fertigkeiten liegen so gut wie *allein* an den Kompetenzen in der *Zweit*sprache der Migrantenkinder.

Tab. 1: Bedingungen der Entwicklung von frühen schulbezogenen Fertigkeiten

|  | alle | | | | nur Migranten |
| --- | --- | --- | --- | --- | --- |
|  | 1 | 2 | 3 | 4 | 5 |
| einheimische Familie | – | – | – | – |  |
| interethnische Familie | 0.14 | –0.05 | 0.08 | –0.01 | – |
| türkische Familie | **–1.12\*\*\*** | –0.43 | **1.06\*\*** | **0.82\*\*\*** | 0.14 |
| Lebensalter | **0.15\*\*\*** | **0.14\*\*\*** | **0.17\*\*\*** | **0.17\*\*\*** | **0.08\*\*\*** |
| kognitive Fähigkeiten | **12.45\*\*\*** | **11.57\*\*\*** | **9.56\*\*\*** | **9.88\*\*\*** | **10.58\*\*\*** |
| Bildung Mutter |  | 0.07 | 0.05 |  |  |
| Bildung Vater |  | 0.01 | 0.01 |  |  |
| Status Eltern |  | 0.30 | 0.21 |  |  |
| kulturelles Kapital |  | –0.16 | –0.14 |  |  |
| Kinderbücher |  | 0.00 | 0.00 |  |  |
| familiäre Aktivitäten |  | **0.36\*\*\*** | **0.28\*\*\*** |  | **0.23\*\*\*** |
| Vorschulbesuch früh |  | 0.02 | 0.01 |  |  |
| L2 Kind |  |  | **0.05\*\*\*** | **0.05\*\*\*** |  |
| Sprachtypen Kind |  |  |  |  |  |
| weder L1 noch L2 |  |  |  |  | –0.90 |
| nur L1 |  |  |  |  | **–0.81\*** |
| nur L2 |  |  |  |  | – |
| L1 und L2 |  |  |  |  | 0.01 |
| N | 1 124 | 1 093 | 1 056 | 1 084 | 491 |
| $R^2$ | 0.37 | 0.41 | 0.44 | 0.43 | 0.36 |

OLS-Regression; fett: signifikant; $p < 0.001$, $p < 0.001$: \*\*\*, $p < 0.01$: \*\*, $p < 0.05$: \*

Wie aber sieht es mit den *ethnischen* Ressourcen aus, in diesem Falle also mit einer zur Zweitsprache *zusätzlichen* Wirkung der *Erst*sprachkompetenzen der Kinder auf ihre frühen schulbezogenen Fertigkeiten? Mit den ober skizzierten vier Typen der (Sozial-)Integration nach Berry – Marginalisierung, Segmentation, Assimilation und multiplen Inklusion – gibt es eine anschauliche Möglichkeit, dies zu modellieren: Gibt es einen eigenen Effekt der ethnischen Ressource „Sprache", dann wird für die Modellierung nach den vier „Berry"-Typen erwartet, dass der Effekt der multiplen Inklusion in der Sprache, der Bilingualität also, signifikant *stärker* ist als jener bei der sprachlichen Assimilation alleine, die man entsprechend als Referenzkategorie nehmen und mit dem Effekt der Bilingualität vergleichen müsste. Dem entspräche ein signifikanter *positiver* Interaktionseffekt von Erst- und Zweitsprache: Der Erwerb der frühen schulbezogenen Fertigkeiten vollzieht sich *stärker,* wenn es *zusätzlich* zu den (guten) Zweitsprachkenntnissen auch (gute) Erstsprachkenntnisse gibt (Dollmann 2010, S. 58 f. und S. 107 ff.). Die Spalte 5 in Tabelle 1 beschreibt die Ergebnisse für die vier Typen der Modellierung nach Berry für die Migrantenkinder.[5] Der Befund ist eindeutig: Es gibt bei einer Bilingualität der Migrantenkinder (L2 und L1) *keine* zusätzlichen Effekte der Erstsprachkompetenz im Vergleich zu den Wirkungen der Assimilation in der Zweitsprache (nur L2) alleine auf den Erwerb der frühen schulbezogenen Fertigkeiten. Man sieht auch, dass es sowohl bei der sprachlichen Segmentation (nur L1) als auch bei der Marginalität (weder L1 noch L2) im Vergleich zur Assimilation sowie zur Bilingualität deutliche Nachteile gibt, also stets im Vergleich zu guten L2-Kenntnissen (bei sprachlicher Marginalität nicht signifikant). Das Ergebnis bestätigt eine ganze Serie ähnlicher Befunde zu den Effekten der Bilingualität auf den Erwerb von Kompetenzen (aller Art) ein weiteres Mal: Man findet sie nicht.[6]

---

5  Diese Analyse beschränkt sich auf die Migrantenfamilien, weil die Unterscheidung von Erst- und Zweitsprache nur für sie Sinn macht.

6  Die meisten der vorgeblichen Belege für Effekte der multiplen Inklusion bzw. der Bilingualität beruhen auf Analysen, die nicht beachten, dass es nicht auf Effekte der „Zweisprachigkeit" an sich ankommt, sondern auf *zusätzliche* Effekte der jeweiligen *ethnischen* Ressourcen bzw. der *Erst*sprache *über* den Effekt der jeweiligen „Assimilation" *hinaus.* In ähnlicher Weise müsste beachtet werden, dass eine bestimmte Wirkung der Bilingualität, wie z. B. das raschere Erlernen einer Drittsprache, keineswegs ein Effekt der jeweiligen Erstsprache sein muss, sondern die Folge der Auseinandersetzung und des Erlernens der jeweiligen *Zweit*sprache. Bei Längsschnittstudien zur wechselseitigen Beeinflussung von Erst- und Zweitsprache müssten schließlich die bei der Messung von Erst- und Zweitsprache und der jeweiligen Kompetenz zu erwartenden Fehlerkorrelationen kontrolliert werden, etwa über Strukturgleichungsmodelle. Wird das beachtet, gibt es praktisch keinen Beleg für eine gesonderte Wir-

Kurz: So gut wie alles hängt bei den frühen schulbezogenen Fertigkeiten offenbar an den Kompetenzen in der *Zweit*sprache, gleich ob mit oder ohne weitere Kompetenzen in der Erstsprache. Und mit der Kontrolle der Sprache(n) gibt es auch keine Unterschiede mehr zwischen den rein türkischen Familien und den interethnischen Familien, die in den Zweitsprachkompetenzen den Einheimischen noch am nächsten kommen.

### Zweitspracherwerb

Nicht erst seit den PISA-Studien weiß man, dass die Sprache des Aufnahmelandes eine der zentralen Bedingungen für den Bildungserfolg von Migrantenkindern ist. Regelmäßig werden zum Teil sehr deutliche Unterschiede bei Kindern zu Beginn der Grundschulzeit in den (Zweit-)Sprachkenntnissen beobachtet (Becker/Biedinger 2006; Dubowy et al. 2008). Tabelle 2 beschreibt die Unterschiede zwischen Migrantenkindern und Einheimischen im Erwerb von Sprachfertigkeiten in Deutsch (gemessen über einen Wortschatztest) nach den Daten des ESKOM-Projektes.

Es gibt zunächst ausgesprochen starke Unterschiede zwischen den Kindern aus einheimischen Familien und aus türkischen Familien, und auch die Kinder mit interethnischen Elternpaaren haben noch signifikante Nachteile (Spalte 1). Die Unterschiede ändern sich geringfügig mit der Kontrolle des sozialen Hintergrundes (Spalte 2) und der Bedingungen und Vorgänge sprachlicher Anregungen in der Familie und in der Vorschule (Spalte 3). Diese Bedingungen und Vorgänge, darunter die Bildung der Mutter, der Familienstatus, die familiären Aktivitäten und besonders die Kinderbücher, haben überwiegend einen starken eigenen Effekt. Erwähnenswert ist noch der eigene deutliche Beitrag eines frühen Kindergartenbesuches für den Zweitspracherwerb – nicht nur der Migrantenkinder. Die ethnischen Ungleichheiten im (Zweit-)Spracherwerb sind mit diesen allgemeinen Bedingungen und Vorgängen aber keineswegs erklärt.

---

kung (sprachlicher und anderer) ethnischer Ressourcen (dazu näher Esser 2009b, S. 78 ff.; Esser 2011, S. 47 ff.; als Beispiele für derartige Fehlschlüsse etwa Hesse/Göbel/Hartig 2008, S. 215 ff. im Zusammenhang der sogenannten DESI-Studie oder neuerdings Kristen et al. 2011, S. 126 f.).

Tab. 2: Bedingungen des Zweitspracherwerbs von Migrantenkindern im Vorschulalter (bei Migranten zusätzlich Kontrolle von Mediennutzung, Netzwerken und Identität der Eltern)

|  | alle | | | nur Migranten | | |
|---|---|---|---|---|---|---|
|  | 1 | 2 | 3 | 4 | 5 | 6 |
| einheimische Familie | – | – | – |  |  |  |
| interethnische Familie | –4.45*** | –4.25*** | –4.84*** | – | – | – |
| türkische Familie | –37.12*** | –33.18*** | –31.27*** | –16.9*** | –11.2*** | –10.6*** |
| Lebensalter | –0.43*** | –0.35*** | –0.50*** | –0.13 | –0.15 | –0.12 |
| kognitive Fähigkeiten | 44.04*** | 39.78*** | 39.78*** | 29.69 | 25.81 | 25.49 |
| Bildung Mutter |  | 0.52** | 0.45** | 0.20 | 0.05 | 0.02 |
| Bildung Vater |  | 0.33 | 0.23 | 0.00 | –0.03 | 0.08 |
| Status Eltern |  | 2.63*** | 2.33** | 2.60* | 2.17* | 2.02* |
| kulturelles Kapital |  |  | –0.05 | 0.40 | –0.93 | 0.98 |
| Kinderbücher |  |  | 0.04*** | 0.16*** | 0.21*** | 0.20*** |
| familiäre Aktivitäten |  |  | 0.95** | 0.53 | 0.13 | 0.17 |
| Vorschulbesuch früh |  |  | 0.19** | 0.35*** | 0.23** | 0.23** |
| L2 Mutter mit Kind |  |  |  |  | 2.62*** | 2.24*** |
| L2 Vater mit Kind |  |  |  |  | 1.79*** | 1.90*** |
| Sprachtypen Mutter |  |  |  |  |  |  |
| weder L1 noch L2 |  |  |  |  |  | –1.89 |
| nur L1 |  |  |  |  |  | –3.21* |
| nur L2 |  |  |  |  |  | – |
| L1 und L2 |  |  |  |  |  | –1.34 |
| Sprachtypen Vater |  |  |  |  |  |  |
| weder L1 noch L2 |  |  |  |  |  | 0.15 |
| nur L1 |  |  |  |  |  | 0.80 |
| nur L2 |  |  |  |  |  | – |
| L1 und L2 |  |  |  |  |  | 1.40 |
| $R^2$ | 0.74 | 0.75 | 0.76 | 0.47 | 0.48 | 0.49 |
| N | 1 129 | 1 110 | 1 110 | 549 | 523 | 523 |

OLS-Regression; fett: signifikant; $p < 0.001$, $p < 0.001$: ***, $p < 0.01$: **, $p < 0.05$: *

Daher werden nun auch bestimmte Umstände aus dem Migrationshintergrund in Betracht gezogen, insbesondere die sprachliche Umgebung in der Familie. Die Spalten 4 bis 6 in Tabelle 2 beschreiben entsprechend die verschiedenen Bedingungen des Spracherwerbs nur für die Migrantenkinder. Spalte 4 wiederholt zunächst die multivariate Analyse bis dahin für die Migrantenfamilien. Es zeigen sich im Grunde die gleichen Zusammenhänge. Besonders die Verfügung über Kinderbücher und ein früher Vorschulbesuch fördern den Zweitspracherwerb der Kinder aus Migrantenfamilien. Dagegen bewirken die familiären Aktivitäten hier weiter nichts, wohl weil es bei dem jeweiligen Spracherwerb nicht nur auf die Menge der Anregungen, sondern immer auch auf die jeweils verwendete Sprache ankommt, und weil es bei dem Indikator offen ist, in welcher Sprache die familiären Aktivitäten stattgefunden haben. Einen besonders starken Einfluss hat danach jedoch, wie Spalte 5 zeigt, die *Sprache der Kommunikation* der Eltern mit den Kindern: Je höher der Anteil der familiären Kommunikation in der Zweitsprache im Vergleich zur Erstsprache ist, umso besser sind die Zweitsprachkompetenzen der Kinder.[7] Der Effekt ist für die Mütter besonders groß. Nun reduzieren sich die Differenzen bei den Kindern aus rein türkischen Familien im Vergleich zu Familien mit interethnischen Paaren erneut.

Von den ethnischen Ressourcen, die einen eigenen und direkten Einfluss auf den familiären Spracherwerb haben könnten (sprachliche Kompetenzen, Mediengebrauch, Netzwerke, Identitäten der Eltern), haben dann allenfalls noch die Erstsprachfertigkeiten der Mütter einen (unmittelbaren) Einfluss auf die Zweitsprachkompetenzen der Kinder (Spalte 6):[8] Sie *verringern* die Zweitsprachkenntnisse der Kinder beträchtlich, besonders stark sogar bei der sprachlichen Segmentation (nur L1). Was die Väter sprachlich können oder nicht, ist dagegen für den Spracherwerb der Kinder offenbar so gut wie belanglos. Positive Effekte der Bilingualität der Migranteneltern auf den Zweitspracherwerb ihrer Kinder gibt es erneut und entgegen den pluralisierungstheoretischen Hypothesen nicht.

---

7 Es ist zu beachten, dass ein Effekt für die Kommunikation in der Zweitsprache gleichzeitig einen entsprechenden gegenläufigen Effekt einer Kommunikation in der Erstsprache bedeutet: Der Indikator für die Sprache der familiären Kommunikation bezieht sich auf die jeweiligen Anteile der Kommunikation in der einen und der anderen Sprache: nur, meist, jeweils die Hälfte, selten, nie. Der Indikator bildet damit die („time-on-task"-)Anteile des jeweiligen Exposure als konstante (Null-)Summe ab: Wenn der Anteil für die Kommunikation in der einen Sprache steigt, sinkt er für die andere Sprache.

8 Die nicht-signifikanten Effekte des Mediengebrauchs, der Netzwerke und der Identitäten sind in der Tabelle nicht weiter aufgeführt.

## Familienkommunikation

Die deutlichste Verbindung zwischen den Bedingungen und Vorgängen in den Migrantenfamilien und der Entwicklung der frühen schulbezogenen Fertigkeiten sind damit die frühen Kompetenzen der Kinder in der Zweitsprache, und diese wiederum sind ganz besonders durch diejenige Sprache bestimmt, mit der die Eltern, speziell die Mütter, mit ihren Kindern in der Familie kommunizieren. Für die Erklärung der unterschiedlichen Muster der Familienkommunikation bietet sich als die am nächsten liegende Bedingung die Beherrschung der jeweiligen Sprache durch die Eltern an: Wer die Sprache des Aufnahmelandes nicht spricht, wird darin kaum mit den Kindern kommunizieren. Tabelle 3 beschreibt, welche Bedingungen und Vorgänge die offenbar so wichtige sprachliche Kommunikation der Mütter und der Väter in den Migrantenfamilien bestimmen und inwieweit die sprachlichen Kompetenzen der Eltern dabei maßgeblich sind.

Es zeigt sich zunächst, dass die familiäre Kommunikation mit den Kindern in der Sprache des Aufnahmelandes bei den rein türkischen Familien deutlich weniger erfolgt als bei den interethnischen Elternpaaren (jeweils Spalte 1). Dies gilt insbesondere für die Mütter. Die Bedingungen des allgemeinen sozialen Hintergrundes und die verschiedenen Vorgänge von Anregungen reduzieren diesen Abstand zu den interethnischen Paaren deutlich, aber er bleibt immer noch beträchtlich (jeweils Spalte 2). Die Einflüsse daraus sind insgesamt recht unregelmäßig und in manchen Details kaum konsistent zu interpretieren. Für die Väter sind aber eher die strukturellen Bedingungen (Bildung, Status) bedeutsam, für die Mütter dagegen eher die konkreten Vorgänge und Aktivitäten (kulturelles Kapital, familiäre Aktivitäten und früher Vorschulbesuch).

Vor diesem Hintergrund bestätigt sich dann jedoch deutlich die auch naheliegende Hypothese, dass die familiäre Kommunikation mit den Kindern insbesondere den sprachlichen Kompetenzen der Eltern folgt (Spalte 3): Wird die Sprache des Aufnahmelandes nicht beherrscht, geschieht die Kommunikation mit den Kindern in der Sprache der ethnischen Herkunft. Dabei sind jeweils nur die eigenen Kompetenzen bedeutsam, nicht aber auch die des jeweiligen Partners. Eine Bilingualität der Eltern hat darüber hinaus keinerlei weiteren Einfluss auf die Sprache der Familienkommunikation. Man kann es auch so sagen: In denjenigen Familien, in denen die Zweitsprache beherrscht wird, wird auch darin kommuniziert, auch wenn darüber hinaus die Erstsprache präsent ist. Wird die Zweitsprache nicht beherrscht, bleibt es in jedem Fall bei der Kommunikation in der Erstsprache. Wieder ist allein die Zweitsprache der Filter für eine Familienkommunikation in der Sprache des Aufnahmelandes.

Tab. 3: Bedingungen der sprachlichen Kommunikation der Eltern mit ihren Kindern in der Zweitsprache bei türkischen Migrantenfamilien

|  | Mütter | | | Väter | | |
|---|---|---|---|---|---|---|
|  | 1 | 2 | | 1 | 2 | |
| interethnische Familie | – | – | – | – | – | – |
| türkische Familie | −1.70*** | −1.22*** | −0.64* | 1.76*** | 1.17*** | 0.50* |
| Bildung Mutter |  | −0.04 | −0.02 |  | 0.07* | 0.04 |
| Bildung Vater |  | 0.03 | 0.00 |  | −0.05* | −0.02 |
| Status |  | −0.02 | −0.02 |  | 0.27* | 0.09 |
| kulturelles Kapital |  | 0.30*** | 0.10 |  | 0.11 | −0.05 |
| Kinderbücher |  | 0.01 | 0.00 |  | 0.10** | 0.01 |
| familiäre Aktivitäten |  | 0.12** | 0.12** |  | 0.03 | 0.04 |
| Vorschulbesuch |  | 0.03** | 0.02** |  | 0.01 | 0.01 |
| Sprachtypen Mutter |  |  |  |  |  |  |
| weder L1 noch L2 |  |  | −0.75*** |  |  | −0.12 |
| nur L1 |  |  | −0.82*** |  |  | −0.04 |
| nur L2 |  |  | – |  |  | – |
| L1 und L2 |  |  | −0.21 |  |  | −0.21 |
| Sprachtypen Vater |  |  |  |  |  |  |
| weder L1 noch L2 |  |  | 0.07 |  |  | −0.65*** |
| nur L1 |  |  | 0.21 |  |  | −0.91*** |
| nur L2 |  |  | – |  |  | – |
| L1 und L2 |  |  | 0.06 |  |  | −0.11 |
| Typen Mediennutzung |  |  |  |  |  |  |
| keine Nutzung |  |  | −0.55*** |  |  | −0.53*** |
| nur türkisch |  |  | −0.75*** |  |  | −0.46** |
| nur deutsch |  |  | – |  |  | – |
| beide |  |  | −0.36** |  |  | −0.29* |
| $R^2$ | 0.07 | 0.19 | 0.38 | 0.10 | 0.19 | 0.34 |
| N | 583 | 567 | 557 | 594 | 577 | 565 |

OLS-Regression; zusätzlich Kontrolle von Netzwerken und Identität der Eltern; fett: signifikant; p < 0.001, p < 0.001: ***, p < 0.01: **, p < 0.05: *

Die Kommunikation in der Sprache des Aufnahmelandes ist den Ergebnissen zufolge darüber hinaus vor allem von der Mediennutzung abhängig: Sobald es keinen Zugang zur Sprache des Aufnahmelandes über eine Mediennutzung gibt, verringert sich das Ausmaß der familiären Kommunikation in der Zweitsprache deutlich. Das gilt auch für den Fall, dass es eine Mediennutzung insgesamt nicht gibt, weder in der Erst- noch in der Zweitsprache. Aufschlussreich für die Frage nach den Effekten der ethnischen Ressourcen ist auch, dass eine sprachlich gemischte Mediennutzung deutlich davon *abhält*, in der Zweitsprache zu kommunizieren. Die Mediennutzung und die familiäre Kommunikation bilden somit offenkundig ein – mehr oder weniger offenes – Syndrom der Bifurkation in die sprachliche Segmentation oder Akkulturation der Migrantenfamilien. Die anderen Aspekte der Migrations- und Integrationsbiografie (Netzwerke, Identitäten) scheinen dagegen dafür keinerlei weitere Bedeutung zu haben, auch nicht in der Konstellation der multiplen Inklusion von gemischten Netzwerken und hybriden Identitäten.[9]

Damit wird erneut erkennbar, wie zentral wichtig für den Zweitspracherwerb der Migrantenkinder im Vorschulalter die familiäre Situation ist: Ohne die Kommunikation besonders der Mütter in der Zweitsprache bleibt der Zweitspracherwerb der Kinder deutlich zurück. Und das hängt wiederum davon ab, ob die Eltern ihrerseits die Zweitsprache gut beherrschen und sich auch in der Mediennutzung und der Präsenz der Sprache des Aufnahmelandes akkulturiert haben.

## Sprachliche Kompetenzen der Eltern und die Effekte der Familienkommunikation auf den Zweitspracherwerb der Migrantenkinder

Ohne Zweifel spielen demnach die Eltern, besonders die Mütter, über die Sprache, in der sie mit ihren Kindern kommunizieren, und über ihre eigenen sprachlichen Kompetenzen eine entscheidende Rolle beim für die vorschulische Kompetenzentwicklung so wichtigen Zweitspracherwerb der Migrantenkinder. Naheliegend wäre nun die Hypothese, dass es diese Effekte der Familienkommunikation auf den Zweitspracherwerb der Kinder *nicht* gibt, wenn die Eltern die Zweitsprache nicht wenigstens in einem Mindestmaß beherrschen und damit ihren Kindern sozusagen „falsches" Deutsch beibringen, wenn sie es dennoch versuchen. Gelegentlich wird auch vermutet, dass es in diesem Fall besser für den Zweitspracherwerb der Kinder wäre,

---

9 Die allesamt nicht-signifikanten Koeffizienten dafür sind in der Tabelle 3 nicht weiter aufgeführt.

nur in der Muttersprache mit den Kindern zu kommunizieren. Tabelle 4 beschreibt entsprechend die Effekte der Kommunikation der Eltern mit ihren Kindern in der Zweitsprache auf den Zweitspracherwerb der Migrantenkinder für unterschiedliche Grade an Kompetenzen der Eltern in der Zweitsprache, jeweils getrennt für die Mütter und die Väter.

Für die *Mütter* ist das Ergebnis eindeutig: Es gibt bei ihnen auf allen Kompetenzstufen der Zweitsprache positive Effekte der Kommunikation mit den Kindern in der Zweitsprache, auch schon, wenngleich statistisch nicht signifikant, auf der untersten Kompetenzstufe. Offensichtlich schadet es also wenigstens nicht, wenn Mütter mit geringen Zweitsprachkenntnissen es dennoch mit der Kommunikation darin versuchen. Zwei Schwellen fallen auf: Der positive Effekt wird erst merklich, wenn die Zweitsprachkenntnisse ein gewisses Mindestniveau (Wert 2 in der Skalierung) erreicht haben, aber der Zuwachs ist zunächst nicht sonderlich stark. Die zweite Schwelle ist dagegen deutlicher. Sie zeigt sich ab einem mittleren Niveau (Wert 4 in der Skalierung). Dann steigen die Effekte enorm und verdreifachen sich in der bivariaten Betrachtung sogar gut im Vergleich zu den Effekten bis zu dieser Schwelle der mittleren Kompetenzen. Das Ergebnis bleibt im Prinzip auch mit der Kontrolle der relevanten Hintergrundbedingungen erhalten. Auffällig ist auch die deutliche Steigerung der über die Kommunikation erklärten Varianzen beim Zweitspracherwerb, wenn die Kompetenzen zunehmen: je höher die Kompetenz, desto effektiver die Kommunikation. Die Ergebnisse bestätigen somit einerseits die Vermutung, dass die positiven Effekte der Kommunikation ohne besondere Kompetenzen nur begrenzt sind. Andererseits ist es aber durchaus bemerkenswert, dass es auch schon bei vergleichsweise geringen Kompetenzen merkliche Effekte auf den Zweitspracherwerb der Kinder gibt. Man kann es auch so sagen: Für den Zweitspracherwerb der Kinder ist eine Zweitsprachkommunikation (der *Mütter*) mit den Kindern auch bei weniger perfekten Zweitsprachkenntnissen immer noch besser als eine (noch so perfekte) Kommunikation in der Erstsprache.

Bei den *Vätern* ist das Muster sehr viel undeutlicher. Zwar steigen in der Tendenz auch hier die Effekte der Kommunikation mit den Kompetenzen in der Zweitsprache. Aber es gibt auf allen Kompetenzstufen bereits beträchtliche Effekte, selbst auf der niedrigsten. Bemerkenswert ist der deutliche Rückgang des Effektes auf der höchsten Kompetenzstufe nach Kontrolle der Hintergrundvariablen. Eine naheliegende inhaltliche Erklärung für diese Unterschiede im Muster der Effekte bietet sich nicht an. Die Unterschiede könnten aber daher rühren, dass die Informationen über die Sprachkompetenzen der Väter in fast allen Fällen über Angaben der Mütter gewonnen wurden und daher womöglich nicht die beste Validität aufweisen mögen.

Tab. 4: Effekte der L2-Familienkommunikation von Müttern und Vätern nur in der Zweitsprache auf den Zweitspracherwerb der Migrantenkinder in Abhängigkeit von ihrer Zweitsprachkompetenz

|  | bivariat | +IQ, Alter | + SHG, Rest | N | $R^2$ |
|---|---|---|---|---|---|
| **L2-Kompetenz Mutter** | | | | | |
| 1 schlecht | 1.24 | 1.18 | 1.17 | 94 | 0.23 |
| 2 | **2.34**** | 2.26 | **2.40**** | 123 | 0.29 |
| 3 | **2.62***** | 1.76 | **2.03**** | 130 | 0.34 |
| 4 | **7.37***** | **5.01***** | **5.17***** | 42 | 0.61 |
| 5 gut | **8.31***** | **5.96***** | **5.24***** | 143 | 0.57 |
| **L2-Kompetenz Vater** | | | | | |
| 1 schlecht | **4.41***** | **4.37***** | **4.30**** | 37 | 0.52 |
| 2 | **4.77**** | **2.21*** | 2.09 | 118 | 0.32 |
| 3 | **4.89***** | **3.15***** | **3.08***** | 179 | 0.50 |
| 4 | **4.77***** | **4.60**** | 3.50 | 34 | 0.62 |
| 5 gut | **6.29***** | **4.17***** | **2.59*** | 171 | 0.55 |

OLS-Regression; Variablen aus Tabelle 2 kontrolliert; Fallzahlen und $R^2$ bezogen auf das volle Modell; fett: signifikant; p < 0.001, p < 0.001: ***, p < 0.01: **, p < 0.05: *

## Bilingualität in der Familie und der Zweitspracherwerb von Migrantenkindern im Vorschulalter

Die positiven Effekte der Familienkommunikation in der Zweitsprache auf den Zweitspracherwerb der Kinder sind demnach zwar schon ganz erheblich an die Beherrschung der Zweitsprache durch die Eltern gebunden. Die Effekte könnten sich aber nach den pluralisierungstheoretischen Hypothesen noch verstärken, wenn jeweils zusätzlich auch noch die Erstsprache gut beherrscht wird, also bei einer *Bilingualität* in den sprachlichen *Kompetenzen* der Eltern. Darüber hinaus könnte man fragen, ob die Effekte der Familienkommunikation auf den Zweitspracherwerb der Kinder stärker sind, wenn auch die *Kommunikation* mit den Kindern von den Eltern *bilingual* geführt wird. Tabelle 5 gibt die Ergebnisse für die Effekte der Familienkommunikation bei mono- und bilingualen *sprachlichen Kompetenzen* nach den jeweiligen Sprachtypen wieder, erneut getrennt für Mütter und Väter.

Tab. 5: Effekte der L2-Familienkommunikation (Mütter und Väter) auf den Zweitspracherwerb der Migrantenkinder nach Sprachtypen der Kompetenzen der Eltern

|  | bivariat | +IQ, Alter | + SHG, Rest | N | $R^2$ |
|---|---|---|---|---|---|
| **Sprachtypen Mutter** | | | | | |
| weder L1 noch L2 | 2.57*** | 2.15*** | 2.37*** | 147 | 0.32 |
| nur L1 | 2.44*** | 1.78** | 1.56*** | 200 | 0.30 |
| nur L2 | 9.53*** | 6.36*** | 5.29*** | 76 | 0.68 |
| L1 und L2 | 6.14*** | 4.89** | 5.22*** | 109 | 0.47 |
| **Sprachtypen Vater** | | | | | |
| weder L1 noch L2 | 4.65*** | 3.65*** | 3.74*** | 132 | 0.40 |
| nur L1 | 4.88*** | 2.95*** | 2.76*** | 202 | 0.43 |
| nur L2 | 8.33*** | 4.82*** | 3.62** | 92 | 0.68 |
| L1 und L2 | 4.35*** | 3.84*** | 2.03 | 113 | 0.43 |

OLS-Regression; Variablen aus Tabelle 2 kontrolliert; Fallzahlen und $R^2$ bezogen auf das volle Modell; fett: signifikant; p < 0.001, p < 0.001: ***, p < 0.01: **, p < 0.05: *

Wieder ist für die *Mütter* das Ergebnis eindeutig: Wird mit den Kindern in der Zweitsprache kommuniziert, diese dabei aber nicht (gut) beherrscht („weder L1 noch L2" und „nur L1"), gibt es zwar durchaus schon positive Effekte auf den Zweitspracherwerb der Kinder (siehe die Ergebnisse gerade oben in Tab. 4). Es gibt aber einen sprunghaften Anstieg, wenn die Zweitsprache bei der Familienkommunikation in Deutsch beherrscht wird, egal ob mono- oder bilingual („nur L2" und „L1 und L2"). Die Effekte der Kommunikation in der Zweitsprache sind zudem bei einer Bilingualität im Vergleich zur sprachlichen Assimilation deutlich geringer und auch nach Kontrolle aller Hintergrundbedingungen in keinem Fall höher. Ob die Mütter, die die Zweitsprache gut beherrschen und darin mit ihren Kindern kommunizieren, auch noch die Erstsprache gut beherrschen oder nicht, ist also belanglos. Bei den *Vätern* ist das Muster ähnlich, aber auch wieder, wie oben schon, undeutlicher als bei den Müttern. Alles bedeutet eine weitere Bestätigung der (neo-)assimilationistischen Hypothese, und es ist wieder kein Beleg für die pluralisierungstheoretischen Annahmen zu finden, dass die Bilingualität der sprachlichen Umgebung im Elternhaus gegenüber der monolingualen Assimilation einen Vorteil im Spracherwerb der Kinder bringe.

Für die Frage nach den zusätzlichen Effekten der Bilingualität bei der familiären *Kommunikation* ist die besondere Art des Indikators zu beachten, bei dem die jeweiligen Anteile an Zeit („time-on-task") für die Kommunikation in der einen oder anderen Sprache abgefragt worden waren. In den beiden Extremfällen einer Kommunikation „nur" oder „nie" in der Erst- oder der Zweitsprache läge demnach eine *mono*linguale Struktur vor: Kommunikation nur in der Erstsprache und damit nie in der Zweitsprache oder nie in der Erstsprache und damit immer in der Zweitsprache. Die mittlere Kategorie der Verteilung bildet damit die *bi*linguale Familienkommunikation: jeweils „zur Hälfte" in der Erst- und in der Zweitsprache.

In Tabelle 6 sind diese Konstellationen der Familienkommunikation für die Mütter und Väter auch mit den Zwischenkategorien („meist L1", „meist L2") aufgeführt, also Mischungen aus Mono- und Bilingualität in der Kommunikation mit den Kindern. Die Effekte der jeweiligen Konstellationen der Familienkommunikation auf den Zweitspracherwerb der Kinder sind jeweils in zwei Varianten dargestellt: einmal mit der ausschließlich monolingualen Kommunikation in der Erstsprache und einmal mit der gleichgewichtig bilingualen Konstellation als Referenzpunkt. Damit sollen einerseits die Unterschiede der Konstellationen zum Extremfall einer monolingualen Segmentation aufgezeigt werden, andererseits aber auch die Unterschiede zur Bilingualität als dem Referenzpunkt für die pluralisierungstheoretischen Hypothesen.

Tab. 6: Effekte einer mono- oder bilingualen Kommunikation der Mütter und Väter mit ihren Kindern auf deren Zweitspracherwerb

|  | Mutter | | Vater | |
|---|---|---|---|---|
| immer L1 (L1 monolingual) | – | –3.16** | – | –2.43* |
| meist L1 | 1.28 | –2.07 | –0.87 | –2.11 |
| L1 und L2 gleich (bilingual) | 3.62** | – | –3.80 | – |
| meist L2 | 11.86*** | 5.60*** | 0.08 | 0.62 |
| immer L2 (L2 monolingual) | 11.93*** | 5.95** | 6.59** | 6.23** |

OLS-Regression; Variablen aus Tabelle 2 kontrolliert; fett: signifikant; $p < 0.001$,
$p < 0.001$: ***, $p < 0.01$: **, $p < 0.05$: *

Erneut sind die Ergebnisse für die *Mütter* eindeutig: Mit geringer werdendem Anteil der Kommunikation in der Erstsprache steigen die Effekte der Kommunikation auf den Zweitspracherwerb der Kinder. Und wieder ist eine deutliche Schwelle erkennbar, wenn der Anteil der Zweitsprache den der Erstsprache in der Kommunikation übersteigt. Entsprechend sieht man auch, dass die Bilingualität in der Kommunikation Vorteile gegenüber höheren Anteilen in der Erstsprache mit sich bringt. Es gibt aber auch, wie ebenfalls stets zuvor, schon ganz erhebliche Nachteile gegenüber der überwiegend oder ganz monolingualen Kommunikation in der Zweitsprache, also der sprachlichen Assimilation. Dies ist erneut keine Bestätigung der pluralistischen Hypothesen. Ganz im Gegenteil: In allen Fällen wirkt die Familienkommunikation *alleine* in der Zweitsprache, also bei kommunikativer Assimilation, am stärksten auf den Zweitspracherwerb der Kinder. Bei den *Vätern* sind diese Strukturen zwar auch erkennbar, jedoch etwas undeutlicher.

Die Frage nach den Effekten verschiedener Konstellationen der Familienkommunikation lässt sich schließlich auf die Erst- und Zweitsprachenanteile der Kommunikation von Müttern und Vätern mit ihren Kindern als *Paar* erweitern. Tabelle 7 gibt die entsprechenden Ergebnisse wieder. Die beiden oberen und unteren Blöcke bezeichnen dabei Strukturen der Monolingualität und der mittlere Block enthält mindestens einmal eine bilinguale Konstellation. Es gibt drei Extremfälle: die *beiderseitig* monolinguale Kommunikation in der Erstsprache, die *beiderseitig* monolinguale Kommunikation in der Zweitsprache und die *beiderseitige* Bilingualität. Als Referenzpunkte sind (wieder und analog zu oben) die beiderseitige Monolingualität und die beiderseitige Bilingualität vorgesehen.

Tab. 7: Effekte einer mono- oder bilingualen Kommunikation der Eltern als Paar mit ihren Kindern auf deren Zweitspracherwerb

| | | | |
|---|---|---|---|
| beide monolingual L1 | Mutter nur L1, Vater nur L1 | – | **−5.25\*\*\*** |
| | Mutter nur L1, Vater nur L2 | 1.86 | −3.38 |
| | Mutter nur L1, Vater bilingual | 0.63 | **−4.61\*** |
| | Mutter bilingual, Vater nur L1 | 1.18 | **−4.08\*** |
| beide bilingual | Mutter bilingual, Vater bilingual | **5.22\*\*\*** | – |
| | Mutter bilingual, Vater nur L2 | **5.91\*** | 0.66 |
| | Mutter nur L2, Vater bilingual | **6.02\*\*\*** | **4.45\*** |
| | Mutter nur L2, Vater nur L1 | **9.70\*\*\*** | 0.77 |
| beide monolingual L2 | Mutter nur L2, Vater nur L2 | **13.65\*\*\*** | **8.40\*\*\*** |

OLS-Regression; Variablen aus Tabelle 2 kontrolliert; fett: signifikant; $p < 0.001$, $p < 0.001$: \*\*\*, $p < 0.01$: \*\*, $p < 0.05$: \*

Das Ergebnis bestätigt alles, was bisher dazu gefunden wurde, und lässt sich daher kurz zusammenfassen: Mit jeder Erhöhung des Anteils der Zweitsprache in der Familienkommunikation werden die Effekte auf den Zweitspracherwerb der Kinder stärker, speziell dann, wenn die Mütter mit der

Zweitsprache beteiligt sind. Gegenüber der sprachlichen Assimilation beider Eltern in der Kommunikation mit ihren Kindern gibt es wieder massive Nachteile, wenn beide Elternteile mit ihren Kindern gleichgewichtig in beiden Sprachen kommunizieren. Auch das kann wieder kaum als Beleg für die pluralisierungstheoretische Hypothese verstanden werden.

## Zusammenfassung

Die empirische Analyse der *frühen* Bedingungen für die Entwicklung von wichtigen schulbezogenen Kompetenzen von Migrantenkindern im Vorschulalter hat ergeben, dass gerade dafür die sprachliche *Akkulturation* von ausschlaggebender Bedeutung ist. Das gilt insbesondere für die Sprache der Kinder, die, wenn sie die Zweitsprache beherrschen, in den frühen Kompetenzen (hier: in Vorformen des Rechnens) sogar deutlich *besser* sind als die einheimischen Kinder. Ähnliches gilt für die hinter dem Spracherwerb der Kinder stehenden Bedingungen: Die Sprache der Eltern mit den Kindern hat nur dann ihre deutlich positiven Effekte auf den Spracherwerb der Kinder, wenn die familiäre Kommunikation in der Sprache des *Aufnahmelandes* erfolgt. Und das geschieht, verständlicherweise, häufiger dann, wenn die Eltern selbst auch schon sprachlich *akkulturiert* sind. Interessanterweise gibt es diesen positiven Effekt der akkulturativen Familienkommunikation auch bereits dann, wenn die Eltern die Sprache des Aufnahmelandes kaum selbst beherrschen, wenngleich der Effekt natürlich am größten ist, wenn die Eltern selbst die Sprache auch gut beherrschen. Darüber hinaus hat sich schließlich auch eindeutig gezeigt, dass die *zusätzliche* Beherrschung oder Ausübung der Sprache des *Herkunftslandes,* die Zweisprachigkeit der Kinder, der Eltern und der Familienkommunikation also, *keinen* weiteren Effekt auf die frühe Kompetenzentwicklung hat.[10]

Es gibt also auch schon für die *frühe* vorschulische Kompetenzentwicklung und die *frühen* familiären Kommunikationen *keine* Hinweise auf eine Triftigkeit der gängig gewordenen pluralisierungstheoretischen Hypothesen, wonach die ethnischen Ressourcen gerade auch für die strukturelle Integration in Bildung und Arbeitsmarkt eine hohe Bedeutung hätten. Anders gesagt: Die Verfügung über ethnische Ressourcen hat keine sonderlichen und wenn, dann eher negative Effekte auf die frühe sprachliche Akkulturation

---

10 Das gilt, so sei hinzugefügt, auch für die anderen Dimensionen von ethnischen Ressourcen, wie beispielsweise die Mediennutzung, die Netzwerke und die emotionalen Bindungen und Identitäten; die entsprechenden Ergebnisse wurden in den Tabellen nicht weiter berücksichtigt, weil sich ebenfalls keine oder allenfalls sogar wieder negative Effekte gezeigt haben.

der Migrantenkinder im Vorschulalter, von der so vieles für den späteren Bildungsverlauf und die Verteilung der Lebenschancen in den kulturell pluralisierten Aufnahmegesellschaften abhängt. Für andere Bereiche und Phasen der kulturellen und strukturellen Integration von Migranten in kulturell, ethnisch und religiös pluralisierten Aufnahmegesellschaften war das schon länger bekannt, insbesondere auch für den Arbeitsmarkt, wo sich letztlich alles entscheidet (Esser 2009b, S. 78 ff. und S. 373 ff.).

## Literatur

Becker, B. (2011): Cognitive and Language Skills of Turkish Children in Germany: A Comparison of the Second and Third Generation and Mixed Generational Groups. In: International Migration Review 45, S. 426–459.

Becker, B./Biedinger, N. (2006): Ethnische Bildungsungleichheit zu Schulbeginn. In: Kölner Zeitschrift für Soziologie und Sozialpsychologie 58, S. 660–684.

Berry, J. W. (1990): Psychology of Acculturation: Understanding Individuals Moving between Cultures. In: Brislin, R. W. (Hrsg.) (1990): Applied Cross-Cultural Psychology. Newbury Park/London/New Delhi: Sage, S. 232–253.

Dollmann, J. (2010): Türkischstämmige Kinder am ersten Bildungsübergang. Primäre und sekundäre Herkunftseffekte. Wiesbaden: VS.

Dubowy, M./Ebert, S./Maurice, J. v./Weinert, S. (2008): Sprachlich-kognitive Kompetenzen beim Eintritt in den Kindergarten. Ein Vergleich von Kindern mit und ohne Migrationshintergrund. In: Zeitschrift für Entwicklungspsychologie und Pädagogische Psychologie 40, S. 124–134.

Esser, H. (2006): Sprache und Integration. Die sozialen Bedingungen und Folgen des Spracherwerbs von Migranten. Frankfurt am Main/New York: Campus.

Esser, H. (2009a): Pluralisierung oder Assimilation? Effekte der multiplen Inklusion auf die Integration von Migranten. In: Zeitschrift für Soziologie 38, S. 358–378.

Esser, H. (2009b): Der Streit um die Zweisprachigkeit: Was bringt die Bilingualität? In: Gogolin, I./Neumann, U. (Hrsg.): Streitfall Zweisprachigkeit. Wiesbaden: VS, S. 69–88.

Esser, H. (2011): Migranten als Minderheiten? Eine Reaktion auf den Beitrag „Sprachenrechte und Sprachminderheiten. Übertragbarkeit des internationalen Sprachenregimes auf Migrant(inn)en" von Ingrid Gogolin und Stefan Oeter. In: Recht der Jugend und des Bildungswesens 59, S. 45–54.

Hesse, H.-G./Göbel, K./Hartig, J. (2008): Sprachliche Kompetenzen von mehrsprachigen Jugendlichen und Jugendlichen nicht-deutscher Erstsprache. In: DESI-Konsortium (Hrsg.): Unterricht und Kompetenzerwerb in Deutsch und Englisch. Ergebnisse der DESI-Studie. Weinheim/Basel: Beltz, S. 208–230.

Kristen, C./Edele, A./Kalter, F./Kogan, I./Schulz, B./Stanat, P./Will, G. (2011): Die Bildung von Migranten und deren Nachkommen im Lebensverlauf. In: Zeitschrift für Erziehungswissenschaft, Sonderheft 14, S. 121–137.

OECD (2014): PISA 2012 Results: What Students Know and Can Do – Student Performance in Mathematics, Reading and Science, Volume I, 2014 (PISA, OECD Publishing).

Peter-Koop, A./Grüßing, M./Schmitman gen. Pothmann, A. (2008): Förderung mathematischer Vorläuferfähigkeiten: Befunde zur vorschulischen Identifizierung und Förderung von potenziellen Risikokindern in Bezug auf das schulische Mathematiklernen. In: Empirische Pädagogik 22, S. 209–244.

Soeffner, H.-G. (2014): Fragiler Pluralismus. In: Soeffner, H.-G./Boldt, T. D. (Hrsg.): Fragiler Pluralismus. Wiesbaden: Springer VS, S. 207–224.

Wrase, M. (2013): Wenn der Staat in der Pflicht ist. Recht auf Bildung fordert das Sozial- und Bildungssystem heraus. In: WZB-Mitteilungen 140, S. 26–29.

Norbert Schröer

# „Ich bin nicht so. Aber will ich herausfinden, wie er ist, muss ich ihn erfinden."
Zur hermeneutischen Auslegung des Fremden

Der Puppenspieler Mick Sabbath, von Krankheit geplagt, ist am Ende. Er lässt sein Leben in einem grellen Bilderbogen noch einmal an sich vorbeiziehen. Für die Leser des Romans „Sabbaths Theater" wird Sabbath erfahrbar als ein Berserker im Umgang mit seinen Mitmenschen, v.a. im Umgang mit seinen Frauen. Mick Sabbath ist keine sympathische Erscheinung. Er gibt den „dirty old man", wie es in einer Besprechung des Romans von Philip Roth (1996) in der „ZEIT" heißt (Schmitter 1996).

In einem Interview wurde Philip Roth danach gefragt, wie es ihm möglich gewesen sei, diese Figur zu kreieren, sich so in sie hineinzuversetzen, dass es ihm möglich wurde, sie sensibel zu beschreiben. Der Interviewer verstieg sich dann und fragte, ob er, Roth, dem Sabbath denn ähnele. Roth entgegnete lakonisch: „Ich bin nicht so. Aber will ich herausfinden, wie er ist, muss ich ihn erfinden."

Die Antwort ist nicht nur verblüffend, sie ist auch erhellend, bringt Roth doch mit dieser Paradoxie in ein paar Worten die Möglichkeit auf den Punkt, das Problem des erforschenden Fremdverstehens zu bewältigen: Den anderen aus sich selbst heraus zu verstehen, ist letztlich nicht möglich. Die Lösung, die mir bleibt, ist, mir bei der Recherche ein Bild von ihm zu machen, ihn zu konstruieren, zu erfinden.

Diese erkenntnistheoretische Provokation möchte ich in meinem Beitrag aufgreifen, in den Bereich der Interkultur ziehen und in Bezug auf die Frage, über welche Kompetenzen ein Sozialforscher verfügen muss, wenn er empirisch interkulturelle Verständigungszusammenhänge (re)konstruieren möchte, ausdifferenzieren und vertiefen.

## Das Problem: die methodisch kontrollierte Rekonstruktion fremdkultureller Binnenperspektiven

Setzt man sich als qualitativer Sozialforscher mit der Konstruktion und Ausdeutung fremdkultureller Daten auseinander, dann hat man zunächst zu klären, wie man auf seinen Forschungsgegenstand zugeht und wie man ihn erfasst. Orientiert man sich an dem von Alfred Schütz so stark gemachten Postulat der Adäquanz (1971) und nimmt man dabei eine strikt subjektbezogen empirische Perspektive ein (Eberle 1999), so wird es darauf ankommen, fremde Kulturen und interkulturelle Verständigungszusammenhänge sozusagen durch die Rekonstruktion der subjektiven Binnenperspektiven hindurch aus deren jeweils aktuellem und historischem Eigensinn zu rekonstruieren (Kellner/Heuberger 1999). Es geht also zunächst um die Rekonstruktion der jeweiligen fremdkulturellen Binnenperspektiven der miteinander handelnden und kommunizierenden Subjekte. Dass das in den Kulturwissenschaften und in der Qualitativen Sozialforschung nicht unbedingt selbstverständlich ist, darauf verweisen unter anderem und anhaltend die Analysen, die als Postcolonial Studies zusammengefasst werden (Castro Varela/Dhawan 2005; Reuter/Villa 2009; Reuter/Karentzos 2011). 1978 wies Edward Said darauf hin, dass der Westen sich nach eigenen Vorstellungen und Konstruktionsplänen seinen Orient gebaut hat. „Orientalismus" hat er das implizite Konzept genannt, mit dem die eigensinnige Akteursperspektive der Bewohner des Orients außen vor gelassen und mit dem ihnen die westliche Perspektive übergestülpt wurde (Said 2010/1978). Die indischamerikanische Literaturwissenschaftlerin Gayatri Spivak etikettiert dieses Phänomen dann allgemeiner als „Othering" (1985). Aber auch Joachim Matthes, einer der Nestoren der Qualitativen (Inter-)Kulturwissenschaften, beklagte immer wieder die – so Matthes – „projizierende Verallgemeinerung eigenkultureller Konzepte" (2000, S. 24) durch die mitteleuropäische Wissenschaft, um dann vehement einen kulturüberschreitenden Perspektivwechsel für eine vergleichende Kultur- und Sozialwissenschaft einzufordern.

Unbefriedigend beantwortet bleibt allerdings bei all diesen Kritikern – bei aller Berechtigung ihrer Kritik – die Frage, an welche Bedingungen und Verfahren ein Gelingen solcher Kulturvergleiche und Perspektivwechsel geknüpft ist. Die zu klärende Frage lautet: Wie kann ein Sozialforscher überhaupt ein angemessenes Verständnis von einer ihm fremden Kultur erwerben, wenn er doch selbst über eine Sicht verfügt, die in seiner eigenen, differenten Kultur verankert ist? Joachim Matthes beantwortet diese Frage nicht angemessen (Schröer 2014), und in der von Julia Reuter und Paula-Irene Villa zuletzt angestrengten Programmatik für eine Postkoloniale Soziologie wird diese Frage zu meiner Überraschung erst gar nicht aufgeworfen (Reuter/Villa 2009a). In meinem Beitrag wird es deshalb auch darum gehen, zunächst sozialtheoretisch und kommunikationsanalytisch und dann methodologisch und methodisch die Bedingung eines entsprechenden Perspektivwechsels zu klären.

## Die Lösung: die Anverwandlung fremdkultureller Binnenperspektiven

Gegenstand sozialwissenschaftlicher Forschung ist in handlungstheoretischer Perspektive zuerst das wechselseitige Sich-Verstehen der miteinander Handelnden. Mit Bezug auf die lebensweltlich orientierten Konstitutionsanalysen von Alfred Schütz und Thomas Luckmann zu den Problemen des Fremdverstehens (Schütz 1971; Schütz/Luckmann 1979 und 1984) und den protosoziologischen und protohermeneutischen Konstitutionsanalysen von Hans-Georg Soeffner (1989) stellt sich zunächst die Frage, wie alltägliches wechselseitiges Verstehen in Anbetracht von zwangsläufig ungleichen Erfahrungshintergründen der Interaktanten überhaupt möglich ist und dann umgesetzt wird.

Schütz und Luckmann und später Soeffner kommen zu dem Ergebnis, dass es ein Verstehen im strengen Sinne gar nicht geben kann. Denn Menschen bauen für sie jeweils allein geltende Erfahrungswelten auf. Und den Menschen bleibt im Alltag in Anbetracht ihrer individuellen Welttheorien (Ungeheuer 1987; Juchem 1989; kommentierend Soeffner/Luckmann 1999) ‚lediglich' das wechselseitig hinreichende Verstehen, mit dem wir uns zwar nicht durch und durch, nicht in allen Nuancen verstehen, mit dem es uns aber möglich ist, unser Miteinanderumgehen abzustimmen. Und wenn, wie sich in der Beobachtung der intrakulturellen Kommunikation zeigt, die Möglichkeit zu einer ausbalancierenden Verständigung in Anbetracht von ungleicher Erfahrung besteht, dann besteht diese Möglichkeit im Grunde – wenn auch etwas mühseliger – auch für Verständigungen in interkultureller Kommunikation. Auch hier geht es um das kommunikative Ausbalancieren ungleicher Erfahrungsaufbauten. So scheint es dann ratsam, die beiden verwandten Kommunikationstypen als Pole eines gleitenden Spektrums aufzufassen (Schröer 2009, S. 74–82).

Mag für die Koordination des Miteinanderumgehens im Alltag ein hinreichendes Verstehen ausreichen: Das Wissen um die zwangsläufige Ungleichheit der Erfahrungsbildung ist in Bezug auf die Bestimmung des erkenntnistheoretischen Status von wissenschaftlichem Verstehen erst einmal ungemein problematisch. Gerade für ein auf intersubjektive Gültigkeit ausgerichtetes Unternehmen entpuppt sich „die strukturelle, unaufhebbare Differenz sowohl zwischen dem Einzelnen und der Gemeinschaft als auch zwischen den einzelnen Menschen" (Soeffner 2014) als äußerst unangenehm.

Und in Forschungskontexten, in denen die Perspektive des Sozialforschers – wie bei der Analyse interkultureller Kommunikation – zumindest an einen feldrelevanten kulturellen Orientierungsrahmen schon gar nicht ohne weiteres anschlussfähig ist, lässt sich dieses erkenntnistheoretische Problem dann auch nicht mehr kaschieren. In Frage steht, wie das Problem einer Übersetzung fremdkultureller Lebenszusammenhänge in der Wissenschaft dann gelöst werden kann.

Um etwas zu übersetzen zu haben, muss der Sozialforscher allerdings erst einmal über entsprechendes Erfahrungsmaterial verfügen. Er muss Feldforschung betreiben. So kann er das eigene Vorverständnis auf die Probe stellen und sich die Chance zu einer Ausdifferenzierung des mitgebrachten Vorverständnisses für die Akteursperspektiven einer ihm fremden Kultur eröffnen.

Dem Sozialforscher geht es aber nicht einfach darum, im Dialog sein Vorverständnis zu erweitern. Ihm liegt auch daran, sein Vorverständnis *methodisch kontrolliert* zu erweitern. D. h.: Er ist gehalten, seinen Dialog mit dem Feld ‚immer wieder' neu zu distanzieren, um sich Rechenschaft darüber abzulegen, in welcher Dialogsituation er sich befindet, ob die gewählten Datenerhebungsverfahren angemessen waren, welche Verfahren in der Folge zum Einsatz kommen sollten, usw. Der Versuch einer eins-zu-eins-Übersetzung ist allerdings von vornherein zum Scheitern verurteilt. Der Sozialforscher verfügt im Dialog stehend über keine Warte, von der aus ihm eine neutrale Inbezugsetzung der kulturfremden mit der eigenen Herkunftsperspektive möglich wäre.

Wenn der Forscher aber an einer ‚authentischen' Übersetzung des Fremden scheitern muss, dann stellt sich die Frage, nach welchen ‚Regeln' die Übersetzung der fremden Kultur überhaupt verläuft. Davon ausgehend, dass das ethnologische Verstehen lediglich einen Spezialfall des Fremdverstehens darstellt, beantwortet Rüdiger Bubner diese Frage mit den Argumenten der allgemeinen Hermeneutik:

„Die ethnologische Forschung wendet sich nach außen in eine unbekannte Welt, um sie in eine Beziehung nach innen zur vertrauten Welt zu versetzen. Anders kann das Fremde gar nicht zugänglich sein, als indem es [...] sich in Ähnlichkeiten auflöst, die ein Wiedererkennen erlauben. Der Forscher stellt Relationen her, die das ihm Begegnende weniger rätselhaft und unerklärlich erscheinen lassen. Er vergleicht eigentümliche Verhaltensweisen mit solchen, die er und alle Angehörigen seiner Kultur selber üben, er analogisiert normative Regelmäßigkeit mit bekannten Institutionen, er übersetzt eine Lebensform in eine andere" (Bubner 1980, S. 190).

Übersetzen heißt also anverwandeln! Und dem Sozialforscher fällt die Aufgabe zu, aus dem Dialog mit dem Fremden heraus und vor dem Hintergrund seines kulturspezifisch überformten Vorverständnisses – Dialog und Vorverständnis reflektierend – harmonisierende Hypothesen über den Relevanz- und Deutungsrahmen der fremden Kultur zu entwerfen und sie auf diese Weise bis auf weiteres zu verstehen.

Er bleibt so seinem Vorverständnis verhaftet und setzt es gleichzeitig begrenzt aufs Spiel: Er differenziert sein Vorverständnis in einer sich anpassenden Hinwendung aus und eignet sich das Fremde so an. Sein übersetzendes Anverwandeln ist ein „Vorstoß über die Grenzen des eigenen Sprachgebrauchs hinaus, [ein; N.S.] Einreißen und Neugestalten der eigenen Sprache" (Asad 1993, S. 323). Diese Ausdifferenzierungsbemühungen stellen den wissenschaftlich (re)konstruktiven Spezialfall interkultureller Verständigung dar. Die Auseinandersetzung mit dem Fremden führt zu einer Ausdifferenzierung der Forscherperspektive. Es entsteht reflektiert – so unterstellen wir – ein Ähnlichkeitsbereich. Das Fremde wird vertraut, ohne dass der Relevanz- und Deutungsrahmen der Herkunftsperspektive im Ganzen verändert worden wäre. Er, der Sozialforscher, erkennt die fremde Kultur in ihren Eigenarten zwar nicht an sich, aber für sich und macht (a) sich und die Rezipienten seines Forschungsberichts so mit ihr vertraut und ermöglicht (b) der scientific community eine Kritik seiner Aneignung – womit der intersubjektive Spiegelungsprozess und damit die „Verallgemeinerung des Verallgemeinerten" (Soeffner 1989) in Gang gehalten wird. Dabei ist

> „die Intersubjektivität des Diskurses [...] das eigentliche Ziel [...] und als Kontrollinstanz für und von Wissen allemal wichtiger als die vorübergehende Objektivität der Resultate, von denen nach eingehender Überprüfung zumeist das übrigbleibt, was sie als Texte sind: die Objekthaftigkeit statt der Objektivität" (Soeffner 1989, S. 95 f.).

Die Haltung, die dem um interkulturelle Anverwandlung bemühten Sozialforscher abverlangt wird, ist demnach in sich gebrochen. Der sich mit einer fremden Kultur auseinandersetzende Sozialforscher sollte darum bemüht sein, die ihm fremde Kultur aus deren Binnenperspektive heraus zu verstehen und die entsprechenden methodischen Vorkehrungen treffen. Bei alldem sollte er sich dann aber auch darüber im Klaren sein, dass als Folge (auch) seines „Solitärseins" (Soeffner 2014) solche Verstehensbemühungen nur als Ausdifferenzierungen der eigenen Perspektive möglich sind. Der Perspektivwechsel kann nur im Rahmen einer Perspektive als Umgestaltung dieser Perspektive vollzogen werden. Die so umgestaltete Perspektive wird aber „niemals [...] gänzlich und auf Dauer [in die der fremden Kultur; N.S.]

aufgehen" (Soeffner 2014, auch 1994). Sie lässt sich lediglich im intersubjektiven Diskurs immer wieder neu anpassen.

Die so gewonnene Akzeptanz der Uneinholbarkeit der fremden Kultur schafft für den Diskursraum ‚Wissenschaft' erst den Raum für einen Dialog, in dem auf beiden Seiten umsichtig im Bemühen umeinander perspektivgebundene Interkulturanschlüsse verstehend konstruiert werden können (auch Straub/Shimada 1999). Erst aus dem Bewusstsein einer letztlich nicht aufhebbaren kulturellen Differenz (Dreher/Stegmaier 2007) entsteht der Sinn dafür, interkulturell im Gespräch bleiben zu sollen, um sich immer wieder neu abstimmen zu können. Von daher postuliert dann auch Ram Adhar Mall für die interkulturelle Verständigung das „Primat der Kommunikation vor dem Konsens" (Mall 2000; Auernheimer 2006; vgl. auch das Konzept des ‚dritten Raums des Aussprechens' bei Bhaba 2000, S. 54 ff.).

Lässt man sich auf diese Dialogstruktur fremdkulturellen Verstehens ein, so wird auch die methodische Pragmatik dieses Prozesses transparenter: Es wird als erstes viel klarer, dass das Nadelöhr kulturellen Fremdverstehens stets die nachhaltige Irritation ist. Eine grundlegende Kompetenz des Sozialforschers besteht mithin auch darin, solche Irritationen zu suchen und sie zuzulassen. Der Sozialwissenschaftler muss wissen, dass die Generierung neuen Wissens über die ihm fremde Kultur und damit die Ausdifferenzierung ihrer Forscherperspektive von der Orientierungskrise ausgeht (Reichertz 2003; Schröer/Bidlo 2011). Ist der Prozess zur Rekonstruktion einer kulturellen Fremdperspektive als Bemühen um die Bewältigung einer Krise in Gang gekommen, wird die Konstruktion gegenstandssensibler Verfahren erforderlich.

## Die Umsetzung: die anschlusssichernde Ausdifferenzierung der Methoden

Die interkulturelle Kompetenz eines Sozialforschers zeigt sich forschungspraktisch vor allem in seiner Fähigkeit, sensibel ‚gegenstandsadäquate' (will besagen: interkulturelle Anverwandlung ermöglichende) Verfahren zur (Re-)konstruktion einer fremdkulturellen Binnenperspektive entwickeln zu können. Das bezieht sich sowohl auf die Verfahren zur Erhebung als auch auf die zur Auswertung von Daten. Wie solche Verfahren der Anverwandlung dann gestaltet und entwickelt werden, soll nun an einem aktuellen Beispiel aus meiner Forschungspraxis illustriert werden:

Mit einem unlängst abgeschlossenen Forschungsprojekt verfolgte ich mit meiner Arbeitsgruppe das Ziel, typische Aspekte transkultureller Kommunikations- und Identitätsarbeit in globalisierten Arbeitskontexten herauszuarbeiten. Analysiert wurde interviewbasiert die Interaktion von indischen und deutschen Flugbegleitern, die in Teams auf Flügen der German Air zusammenarbeiten (Bettmann/Schröer 2012; Bettmann/Schröer/Sharma 2014). Interessant ist es hier, zu zeigen, wie in Bezug auf die indischen Flugbegleiterinnen und Flugbegleiter zuerst die Methodik der Gesprächsführung und dann die Methodik zur Auswertung der geführten Gespräche der fremdkulturellen Perspektive angeglichen werden mussten. Beginnen wir mit der Gesprächsführung:

Im Mittelpunkt von narrativen Interviews stehen Stegreiferzählungen der Interviewees, in unserem Fall die der Flugbegleiterinnen und Flugbegleiter. Es geht um das Erzählen eigenerlebter Erfahrungen, die sich hier auf die Verständigungs- und Identitätsarbeit in den gemischtkulturellen Flugbegleitercrews beziehen. Im Anschluss an eine vertrauengenerierende Anwerbephase soll der Interviewee über eine orientierende und stimulierende Einstiegsfrage zum weitschweifigen, monologisierenden Erzählen angeregt werden (Schütze 1977; Froschauer/Lueger 2005).

Angeleitet von unserer indischen Kollegin Anandita Sharma haben wir diese ‚mitteleuropäische Variante' des narrativen Interviews modifiziert und angepasst: Demnach kommt es bei der Durchführung eines qualitativen Interviews mit einem indischen Interviewee noch sehr viel grundsätzlicher als bei einem mitteleuropäischen Interviewee darauf an, einen persönlich eingefärbten Beziehungsgrund zu legen. Ein Interviewer hat allein dann die Chance auf eine gewisse Offenheit beim Interviewee, wenn der ihn voll und ganz als Person akzeptiert. Verpflichtungen leiten sich allein aus einer solchen Akzeptanz ab. Die lässt sich erwirken, wenn eine atmosphärisch harmonische Einbettung des Interviewgesprächs gelingt. Es geht primär darum, eine Atmosphäre von Harmonie, Einklang und wechselseitigem Vertrauen zu etablieren. Dabei sollte der Interviewee auf keinen Fall den Eindruck gewinnen, als Informationsträger ausgebeutet zu werden. Kontraproduktiv ist es auch – selbst in der Nachfragephase –, Problematisches oder Kritisches direkt anzusprechen. Bei der Kontaktaufnahme sollten thematische Aspekte des geplanten Interviews noch außen vor bleiben. Ist die gewünschte Beziehung zustande gekommen, dann kann der Interviewer versuchen, das Gespräch allmählich thematisch stärker zu fokussieren. Dabei sind jedoch abrupte Übergänge zu vermeiden. Die Hinwendung zum Thema des Interviews muss sich eher aus dem laufenden Gespräch ergeben; das Lenken des Gesprächs ist als ein fließendes Lancieren zu gestalten. Das persönlich eingefärbte Miteinander muss erhalten bleiben. Der Einstieg in die Erörterung der untersuchungsrelevanten Themen gelingt am ehesten, wenn der Interviewer das Gespräch auf einen Aspekt lenkt, der für den Interviewee positiv konnotiert ist. Deutet der Interviewee in einer solchen Gesprächsphase von sich aus vielleicht Probleme in der Zusammenarbeit an, dann kann man davon ausgehen, sein Vertrauen gewonnen und seine Akzeptanz gefunden zu haben. Stegreiferzählungen sind – so lässt sich resümieren – von den indischen Interviewees nur dann zu erwarten, wenn der Interviewer diese kultur- und mentalitätsgebundenen Gesprächsprinzipien berücksichtigt und es ihm vor allem gelingt, das Interviewgespräch der Form nach als harmonisches (Nicht-Interview-)Gespräch zu führen.

Bei der Analyse des so gewonnenen Datenmaterials waren wir anschließend von vornherein darum bemüht, unsere Fälle fallanalytisch aus einer zunächst zu entfaltenden Lesartenfülle Schritt für Schritt zu verdichten (Schröer 1997). Die dem komplexen Gegenstand angemessene Lesartenvielfalt war durch ein multiperspektivisches Team, in dem die Perspektiven der indischen Flugbegleiter, die der deutschen Flugbegleiter und die der Organisation vertreten waren, gewährleistet. Für unsere multiperspektivische Interpretationsgruppe bestand allerdings die Schwierigkeit, dass der Versuch einer kleinschrittigen sukzessiven Interpretation immer wieder dazu führte, dass sich die einzelnen Interpreten zur Erläuterung ihrer jeweiligen Lesarten zu weitschweifigen Exkursen veranlasst sahen, um die eigene Lesartenbildung zu plausibilisieren. Eine Zusammenführung der Lesarten, eine Konsensfindung in der Lesartenbildung erwies sich immer wieder als schwierig. Die Orientierungen und Lebenswelten, auf die Bezug genommen wurde, waren im Team wechselseitig zu wenig vertraut und anschlussfähig. Der andere war in seiner Lesartenbildung oftmals schlichtweg nicht nachvollziehbar, er musste dann jeweils weitschweifig ausholen, um einen erhellenden Eindruck zu vermitteln, einen Eindruck davon, in welchem für uns relevanten Kontext seine Lesart einen Sinn ergibt. Im Gespräch ergaben sich nicht selten große Zweifel. Plausibilisierungen mussten dann nachgeschoben werden. Nicht selten kam auch der Lesartenbildner in Anbetracht von Entgegnungen ins Grübeln und überarbeitete seinen Exkurs. Dabei entfernte sich das Gespräch dann immer weiter von den entscheidenden Textsegmenten, auf welche sich die eigentliche feinanalytische Lesartenbildung beziehen sollte. Meist mündete das als Lesartenbildung angesetzte Gespräch in einen offenen Dialog, in welchem relativ datentextabgehoben kulturelle Orientierungen und die Pragmatik alltäglicher untersuchungsrelevanter Lebenswelten verhandelt wurden. In diesen Dialogen erschlossen sich wechselseitig Lebenswelten, und dementsprechend entstand in der Gruppe so etwas wie ein wechselseitig anschlussfähig geteiltes Wissen.

Angedeutet ist, dass sich eine solche Gruppeninterpretation ziemlich komplex und unübersichtlich gestaltet. Jedenfalls haben wir vor dem Hintergrund dieser methodischen Herausforderung in der Folge dann darauf verzichtet, sofort sukzessiv eine Sequenzanalyse durchzuführen. Angeregt durch die Passagen, die es zu interpretieren galt, haben wir uns – nicht selten kontrovers und im Streit – über diese Passagen unterhalten, uns dabei wechselseitig, aber nicht unter dem Zwang einer strengen Lesartenbildung stehend, unsere jeweiligen kulturorientierten oder organisationalen Perspektiven offengelegt und uns gegenseitig auf diese Weise die relevanten Welten eröffnet.

Was die Erklärungen und die abschweifenden Erzählungen dann liefern, ist ein lebendiges Gespür von der Arbeitsatmosphäre an Bord. Es werden relevante Gesichtspunkte auf der Ebene der Binnenperspektive der Beteiligten aufgeführt, durch die hindurch dann die Lesartenbildung hin zur Rekonstruktion strukturaler Motive vorangetrieben werden kann. Es wird der Boden dafür geschaffen, dass man bei der feinanalytischen Arbeit am Text aus einer ‚gemeinsamen‘, wechselseitig anschlussfähig gewordenen Mitspielkompetenz heraus kontrolliert miteinander weiter- und tiefergehende und vor allem strukturelle Lesarten bilden kann (Schröer/Bettmann/Leifeld/Sharma 2012).

Angedeutet ist so exemplarisch, dass und wie ‚intrakulturell etablierte Verfahren‘ der Datenerhebung und der Datenauswertung erhebliche Modifikationen erfahren müssen, um den fremdkulturellen Forschungsgegenstand quasi-adäquat erforschbar zu machen. Gleichzeitig ist darauf verwiesen, dass die ‚intrakulturellen‘ Ausgangsverfahren nicht einfach ersetzt werden. Die Modifikationen führen eben nicht zu einer völligen Abkehr. Im Gegenteil: Die Verfahrensprinzipien einer mitteleuropäisch etablierten Qualitativen Sozialforschung bleiben bei der Erhebung wie bei der Auswertung erhalten. Es kommt ‚lediglich‘ zu einer anschlusssichernden Ausdifferenzierung.

## Die erforderliche Kompetenz:
## Die strikte Einnahme einer dialogisch-reflexiven Haltung

Was heißt das nun für die interkulturelle Kompetenz des Sozialforschers?

Obwohl dem Sozialforscher ein Wechsel der kulturellen Perspektive nur perspektivgebunden möglich ist, kann ihm sensibel ein entsprechender Perspektivwechsel vor allem in interkulturellen Forschungskontexten nur über den Dialog mit den Protagonisten der fremden Kultur gelingen. Es ist ein „existenzielles Engagement" erforderlich, wie Anne Honer (z.B. 1993) es ausdrücken würde. D.h.: Der Sozialforscher muss sich, wie auch immer, personal auf die von ihm zu Beforschenden einlassen, mit ihnen ins Gespräch kommen und so sein thematisches und methodisches Vorwissen auf die Probe stellen. Zugleich ist er gehalten, sich von diesem Dialog reflektierend zu distanzieren (Dammann 1992). So ist es ihm möglich, in der Aufarbeitung der Irritationen gegenstandssensible Verfahren der Datenerhebung und der Datenauswertung zu entwickeln und eine quasi-adäquate interkulturelle Mitspielkompetenz zu erwerben.

Wie jedem qualitativ, so wird auch dem interkulturell arbeitenden Sozialforscher – ihm allerdings im besonderen Maße – die Einnahme einer *dialogisch-reflexiven Haltung* abverlangt: (a) Der Sozialforscher soll sich personal auf sein interkulturelles Feld einlassen, (b) er soll bereit sein, sein Vorwissen aus dem Dialog heraus irritieren zu lassen, (c) er soll in der Lage sein, sich den Irritationen zugleich reflexiv zu stellen und (d) er soll dabei offen sein für methodische und thematische Anverwandlungen.

Ganz im Sinne eines „kategorischen Konjunktivs" (Plessner 1976) kann der Qualitative Sozialforscher aus einer solchen Haltung heraus „Alternativen entdecken, die zu denken bisher nicht möglich oder sogar verboten" (Soeffner 2014) waren. Irritationen lassen sich über ‚entdeckende Erfindungen' methodischer und thematischer Art auflösen. Ein interkulturell belastbarer und Anschlussfähigkeit schaffender Perspektivwechsel ist so über die Umgestaltung der Herkunftsperspektive bis auf weiteres möglich.

## Literatur

Asad, T. (1993): Übersetzen zwischen Kulturen. Ein Konzept der britischen Sozialanthropologie. In: Berg, E./Fuchs, M. (Hrsg.): Kultur, soziale Praxis, Text. Die Krise der ethnographischen Repräsentation. Frankfurt am Main: Suhrkamp, S. 300–334.

Auernheimer, G. (2006): Kulturwissen ist zu wenig: Plädoyer für ein erweitertes Verständnis von interkultureller Kompetenz. In: Antor, H. (Hrsg.): Inter- und transkulturelle Studien. Theoretische Grundlagen und interdisziplinäre Praxis. Heidelberg: Universitätsverlag Winter, S. 145–160.

Bettmann, R./Schröer, N. (2012): Organisationale Kommunikationsmacht. Die Einbeziehung indischer Flugbegleiter in eine globalisierte Airline. In: Keller, R./Knoblauch, H./Reichertz, J. (Hrsg.): Kommunikativer Konstruktivismus. Wiesbaden: Springer VS, S. 275–294.

Bettmann, R./Schröer, N./Sharma, A. (2014): Organisational disziplinierte ‚Interkultur'. Zur interkulturellen Verständigung und transkultureller Identitätsarbeit am Beispiel eines indisch-deutschen Interaktionsfeldes – ein Zwischenbericht. In: Soeffner, H.-G./Boldt, T. (Hrsg.): Fragiler Pluralismus. Wiesbaden: Springer VS, S. 141–158.

Bhabha, H. K. (2000): Das theoretische Engagement. In: Bhaba, H. K. (Hrsg.): Die Verortung der Kultur. Tübingen: Stauffenburg, S. 29–58.

Bubner, R. (1980): Ethnologie und Hermeneutik. In: Baer; G./Centlivres, P. (Hrsg.): Ethnologie im Dialog. Fribourg: Editions Universitaires, S. 183–196.

Castro Varela, M./Dhawan, N. (2005): Postkoloniale Theorie. Eine kritische Einführung. Bielefeld: transcript.

Dammann, R. (1992): Die Entdeckung des inneren und des äußeren Auslands. In: kea. Zeitschrift für Kulturwissenschaften 4, S. 21–38.

Dreher, J./Stegmaier, P. (Hrsg.) (2007). Zur Unüberwindbarkeit kultureller Differenz. Grundlagentheoretische Reflexionen. Bielefeld: transcript.

Eberle, Th. (1999): Sinnadäquanz und Kausaladäquanz bei Max Weber und Alfred Schütz. In: Hitzler, R./Reichertz; J./Schröer, N. (Hrsg.): Hermeneutische Wissenssoziologie. Standpunkte zur Theorie der Interpretation.. Konstanz: UVK, S. 97–119.

Froschauer, U./Lueger, M. (2005): Das qualitative Interview. Wien: WUV.

Honer, A. (1993): Lebensweltliche Ethnographie. Ein explorativ-interpretativer Forschungsansatz am Beispiel von Heimwerker-Wissen. Wiesbaden: DUV.

Juchem, J. G. (1989): Konstruktion und Unterstellung. Ein kommunikationstheoretischer Versuch. Münster: Nodus.

Kellner, H./Heuberger, F. (1999): Die Einheit der Handlung als methodologisches Problem. Überlegungen zur Adäquanz wissenschaftlicher Modellbildung in der sinnverstehenden Soziologie. In: Hitzler, R./Reichertz; J./Schröer, N. (Hrsg.): Hermeneutische Wissenssoziologie. Standpunkte zur Theorie der Interpretation. Konstanz: UVK, S. 71–96.

Mall, R. A. (2000): Interkulturelle Verständigung – Primat der Kommunikation vor dem Konsens? In: Ethik und Sozialwissenschaften 11, S. 337–350.

Matthes, J. (2000): Wie steht es um die interkulturelle Kompetenz der Sozialwissenschaften? In: Bommes, M. (Hrsg.): Transnationalismus im Vergleich. IMIS-Beiträge Heft 15, S. 13–29.

Plessner, H. (1976): Der kategorische Konjunktiv. Ein Versuch über die Leidenschaft. In: Plessner, H. (Hrsg.): Die Frage nach der Conditio humana. Aufsätze zur philosophischen Anthropologie. Frankfurt am Main: Suhrkamp, S. 124–137.

Reichertz, J. (2003): Die Abduktion in der qualitativen Sozialforschung. Opladen: Leske und Budrich.

Reuter, J./Villa, P.-I. (Hrsg.) (2009): Postkoloniale Soziologie. Empirische Befunde, theoretische anschlüsse, politische Interventionen. Bielefeld: transcript.

Reuter, J./Villa, P.-I. (2009a): Provincializing Soziologie. Postkoloniale Theorie als Herausforderung. In: Reuter, J./Villa, P.-I. (Hrsg.): Postkoloniale Soziologie. Empirische Befunde, theoretische Anschlüsse, politische Interventionen. Bielefeld: transcript, S. 11–46.

Reuter, J./Karentzos, A. (Hrsg.) (2011): Schlüsselwerke der Postcolonial studies. Wiesbaden: Springer VS.

Roth, Ph. (1996): Sabbaths Theater. München: Hanser.

Said, E. W. (2010/1978): Orientalismus. Frankfurt am Main: Fischer.

Schmitter, E. (1996): Hätte. Wäre. Könnte. In: DIE ZEIT Nr. 32, S. 44.

Schröer, N. (1997): Wissenssoziologische Hermeneutik. In: Hitzler, R./Honer, A. (Hrsg.): Sozialwissenschaftliche Hermeneutik. Opladen: Leske und Budrich, S. 109–129.

Schröer, N. (2009): Interkulturelle Kommunikation. Essen: Oldib-Verlag.

Schröer, N. (2014): Zur interkulturellen Kompetenz der Sozialwissenschaften. Überlegungen im Anschluss an Joachim Matthes. In: Wassilios, B./Kempf, W. (Hrsg.): Erkenntnisinteressen, Methodologien und Methoden interkultureller Bildungsforschung. Berlin: regener, im Erscheinen.

Schröer, N./Bettmann, R./Leifeld, U./Sharma, A. (2012): Protohermeneutische Horizontverschmelzung. Zur Bildung einer ‚gemeinsamen Mitspielkompetenz' in einer multiperspektivischen Interpretengruppe. In: Schröer, N./Hinnenkamp, V./Kreher, S./Poferl, A. (Hrsg.): Lebenswelt und Ethnographie. Essen: Oldib, S. 231–242.

Schröer, N./Bidlo, O. (Hrsg.) (2011): Die Entdeckung des Neuen. Qualitative Sozialforschung als Hermeneutische Wissenssoziologie. Wiesbaden: VS.

Schütz, A. (1971). Wissenschaftliche Interpretation und Alltagsverständnis menschlichen Handelns. In: Schütz, A. (Hrsg.): Gesammelte Aufsätze I: Das Problem der sozialen Wirklichkeit. Den Haag: Martinus Nijhoff, S. 3–54.

Schütz, A./Luckmann, Th. (1979 und 1984): Strukturen der Lebenwelt 1+2. Frankfurt am Main: Suhrkamp.

Schütze, F. (1977): Die Technik des narrativen Interviews in Interaktionsfeldstudien. Bielefeld (MS).

Soeffner, H.-G. (1989): Prämissen der sozialwissenschaftlichen Hermeneutik. In: Soeffner, H.-G. (Hrsg.): Auslegung des Alltags – Der Alltag der Auslegung. Frankfurt am Main: Suhrkamp, S. 66–97.

Soeffner, H.-G. (1994): Das „Ebenbild" in der Bilderwelt – Religiösität und die Religionen. In: Sprondel, W.M. (Hrsg.): Die Objektivität der Ordnungen und ihre kommunikative Konstruktion. Frankfurt/Main: Suhrkamp, S. 291–317.

Soeffner, H.-G. (2014): Zwischen Selbstmythisierung und Entmythologisierung. Metamorphosen des abendländischen Ichs. In: Poferl, A./Schröer, N. (Hrsg.): Wer oder was handelt? Die Handlungsfähigkeit von Subjekten zwischen Strukturen und sozialer Praxis. Wiesbaden: Springer VS, im Erscheinen.

Soeffner, H.-G./Luckmann, Th. (1999): Die Objektivität des Subjektiven. G. Ungeheuers Entwurf einer Theorie kommunikativen Handelns. In: Hitzler, R./Reichertz, J./Schröer; N. (Hrsg.): Wissenssoziologische Hermeneutik. Standpunkte zu einer Theorie der Interpretation. Konstanz: UVK, S. 171–185.

Spivak, G. (1985): The Rani of Simur. An Essay in Reading the Archievs. In: Barker, F. et al. (Hrsg.): Europe and its Others. Colchester: University of Essex, S. 128–151.

Straub, J./Shimada, Sh. (1999): Relationale Hermeneutik im Kontext interkulturellen Verstehens. In: Deutsche Zeitschrift für Philosophie 47, S. 449–477.

Ungeheuer, G. (1987): Kommunikationstheoretische Schriften I: Sprechen, Mitteilen, Verstehen (hgg. von J. Juchem). Aachen: Rader.

Monika Wohlrab-Sahr

# Protestantische Ethik perdu?
Die Protestantismusthese zwischen historischer Kritik, Musealisierung und idealtypischem Vergleich – eine Skizze[1]

## Einleitung

Die folgenden Ausführungen sind nicht mehr als eine Gedankenskizze. Vieles davon wäre genauer zu entwickeln, sorgfältiger zu belegen und besser zu begründen, als ich es an dieser Stelle tun kann. Auch die Auswahl der Beispiele, mit denen ich mich auseinandersetze, wäre näher zu erläutern und müsste vielleicht an der einen oder anderen Stelle anderen Beispielen Platz machen.

Es geht mir hier in erster Linie darum, anhand der Rezeption von Webers Protestantismus-Schrift und in Auseinandersetzung mit anderen Autoren einige Gedanken zum soziologischen Umgang mit Max Weber in die Diskussion einzubringen. Damit verbindet sich gleichzeitig ein Plädoyer dafür, was Kultursoziologie heute sein kann und – meines Erachtens – auch sein sollte: *nicht* primär *Klassikerrezeption* und *nicht* primär die *Anwendung* bestimmter (je nach Wissenschaftsmilieu unterschiedlicher) „sakrosankter" Ansätze auf Phänomene der Gegenwart – ob diese Ansätze nun von Weber, Schütz, Durkheim, Foucault oder wem auch immer stammen. Von der Kritik an der Protestantismusthese und von den Schwierigkeiten bei der Anwendung dieser These – und damit gleichzeitig auch von Max Weber selbst – können wir meines Erachtens lernen, dass Kultursoziologie dort am fruchtbarsten ist, wo Theorien *nicht übernommen werden, sondern von Anfang an*

---

[1] Dieser Artikel verdankt Wesentliches den Kollegen, Doktoranden und Studierenden des Seminars „Religion und gesellschaftliche Entwicklung. Max Weber neu gelesen", das ich gemeinsam mit Christoph Kleine, Philip Clart und Wolfgang Hoepken im Sommersemester 2013 an der Universität Leipzig durchgeführt habe – welch ein seltener Luxus an der Universität! Thomas Schmidt-Lux danke ich für seine konstruktiv-kritischen Hinweise bei einer gemeinsamen Autofahrt. Anregungen zum Zusammenhang von religiöser Energetisierung und Lebensführung verdanke ich Kornelius Unckell.

*anregen, in den kritischen Vergleich einzusteigen:* in den Vergleich zwischen Theorie und Empirie, zwischen empirischen und/oder historischen Fällen, in den Vergleich unterschiedlicher Konstellationen und ihrer besonderen Voraussetzungen. Maßgeblich dafür ist die idealtypische Methode, die Max Weber in seinen methodologischen Schriften entwickelt hat (Weber 1988b/ 1904), und für die die Protestantismus-Schrift ein Beispiel ist. Eine Soziologie, die so verstanden wird, kann letztlich keine *Schule* begründen, in der es darum ginge, das anzuwenden, was die zahlreichen „großen Männer" der Soziologie und die noch immer wenigen Frauen sich vor hundert, fünfzig oder auch nur vor dreißig Jahren ausgedacht haben. Sie ist damit vom soziologischen Gurutum jeder Art weit entfernt. Wenn der Anschluss an Weber überhaupt „schulenbildend" sein kann, dann im Sinne einer *soziologischen Haltung,* die auf ein Gespür für Differenz und auf die Neugier setzt, deren Voraussetzungen zu erkunden, auf methodische Strenge und Kritik und auf die Sensibilität für den Vergleich. Einer Haltung, für die die Soziologie das Handwerkszeug und die Maßstäbe liefert, die sich aber gleichzeitig immer wieder irritieren lässt durch die Begegnung mit konkreten Phänomenen in Geschichte und Gegenwart. Das meint Erfahrungswissenschaft im besten Sinn des Wortes.

## Protestantische Ethik perdu?

Max Webers Schrift „Die protestantische Ethik und der Geist des Kapitalismus" (Weber 1988a/1920) hat ein eigenartiges Schicksal durchlaufen. Einerseits ist sie bis heute einer der weltweit unbestrittenen soziologischen Klassiker und erfreut sich entsprechender populärwissenschaftlicher Beliebtheit, wenn es um die Deutung des Zusammenhangs von Disziplin, Wirtschaftskraft oder Korruptionsresistenz einerseits und Konfession bzw. Religion andererseits geht. Andererseits ist sie als historische These in vieler Hinsicht relativiert und in Frage gestellt worden, sowohl was den kausalen (und singulären) Nexus von Calvinismus und Kapitalismus als auch was dessen Voraussetzung angeht: Nämlich die These von der Vereinsamung des – von der Angst vor dem Verlust des Seelenheils getriebenen, der magischen Tröstungen aber verlustig gegangenen – calvinistischen Individuums, das sich selbst beobachtet, diszipliniert und darüber eine methodische Lebensführung ausbildet, die den für den Kapitalismus notwendigen Habitus bereitstellt (Lehmann 1988 und 1996; van Dülmen 1988 u.a.m.).

Stark rezipiert wurde Webers These im Rahmen modernisierungstheoretischer Arbeiten in den 1940er, 1950er und 1960er Jahren. Aber gerade dies hat zu ihrer Anschlussfähigkeit in der Gegenwart eher nicht beigetragen. Die modernisierungstheoretische Rezeption hat Webers differenzierte Analyse zu der teleologischen Formel „Modernisierung = Rationalisierung = Säkularisierung" verkürzt. Nach anfänglichen Versuchen, funktionale Äquivalente zur protestantischen Ethik in den anderen Weltreligionen ausfindig zu machen, hat diese Gleichung vielerorts zur Abkehr von einer an Weber orientierten Perspektive geführt. In den sogenannten Area Studies oder in den postkolonialen Ansätzen ist heute oft selbstverständlich von einem „post-Weberian approach" die Rede, ohne dass dies offenbar weiterer Begründung bedarf. In der indischen Soziologie etwa, so hat Thomas Krutak (2013) herausgearbeitet, folgte in der Beschäftigung mit Weber auf eine erste Phase (1960er und 1970er Jahre) der Suche nach funktionalen Äquivalenten zur protestantischen Ethik, etwa im „Protestant Buddhism", die die fehlenden Anknüpfungspunkte im Hinduismus kompensieren sollten, in den 1980er und 1990er Jahren eine zweite Phase, in der einerseits deutschsprachige Weber-Rezipienten dessen modernisierungstheoretische Lesart und Anwendung auf Indien kritisch überprüften (Kantowsky 1984, Fuchs 1988), andererseits aber indische Soziologen eine vernichtende Orientalismuskritik übten, mit der Folge, dass es heute in der indischen Soziologie im Grunde keine Weber-Rezeption mehr gibt.[2] Diese Entwicklung der Auseinandersetzung mit Weber und der Rezeption von Webers Schriften hat viel mit Problemen der lange Zeit nur auszugsweisen Übersetzung ins Englische zu tun, wobei diese Auszüge zudem aus dem werkgeschichtlichen Kontext und dem gesamten Argumentationsgang herausgelöst waren (Kantowsky 1985). Es bleibt abzuwarten, ob die für Indien und auch für die arabische Welt geplanten Werkausgaben diese Rezeptionsbarrieren abzubauen helfen.[3]

Auch die deutsche Soziologie hat eher selten dazu beigetragen, das Erbe der protestantischen Ethik *empirisch* fruchtbar zu machen. Zweifellos gibt es wichtige und in der internationalen Diskussion führende Arbeiten innerhalb der Weber-Rezeption selbst (Schluchter 1998 und 2009; Tenbruck 1999 u. a. m.), etwa zur Stellung der protestantischen Ethik im Weber'schen Gesamtwerk, zur Frage der Teleologie des beschriebenen Rationalisierungsprozesses, zur Sonderstellung oder Vorreiterfunktion der okzidentalen Entwicklung usw. Aber diese Arbeiten bleiben oft – zweifellos verdienstvolle – Klassiker-Rezeption und -deutung und führen selten dazu, die Weber-These für die Deutung und Analyse zeitgenössischer Phänomene fruchtbar zu machen. Zwischen soziologischer Theorie und Empirie klafft hier ein tiefer

---

2 Ich stütze mich hier auf das Referat von Thomas Krutak zur Weber-Rezeption in Indien, das dieser am 28. 5. 2013 im Rahmen des Seminars „Religion und gesellschaftliche Entwicklung: Max Weber neu gelesen" gehalten hat (Krutak 2013).
3 Den Hinweis auf diese Vorhaben verdanke ich Friedrich Wilhelm Graf anlässlich des Symposiums „Protestantismus und politische Kultur" zum 60. Geburtstag von Klaus Tanner an der Universität Heidelberg am 17./18. Januar 2014.

Graben. Alois Hahns Aufsatz zur Soziologie der Beichte (Hahn 1982) ist eine der wenigen Ausnahmen, die eine kritische Theorierezeption mit einem neugierigen Blick nicht nur auf historische, sondern auch auf zeitgenössische Phänomene verbinden.

Auch die theoretische Wertschätzung der Schrift zur protestantischen Ethik im Rahmen der allgemeinen Soziologie – etwa als Beispiel für eine Brückenhypothese (der Calvinismus führt über den Umweg der methodischen Lebensführung zum Kapitalismus), für den „methodologischen Individualismus" oder anderes mehr – hat allenfalls den Modellcharakter der Weber'schen Analyse herausgestellt, aber selten dazu geführt, dass Webers Zugang empirisch fruchtbar gemacht worden wäre. Ganz anders als etwa das religionssoziologische Hauptwerk von Émile Durkheim (2007), mit dessen Figur des Totems als sakralem Kern der Gesellschaft sich der Watergate-Skandal (Alexander 1993) ebenso interpretieren lässt wie die Gedenkfeiern zum 11. September in New York oder diverse Antrittsreden von Präsidenten oder Kanzlerinnen.

Muss man daraus folgern: Max Weber – oder besser: Protestantische Ethik – perdu? Teilt die Protestantismusthese das Schicksal der Musealisierung, vielfach gefeiert und gleichzeitig für die soziologische Forschung neutralisiert? Oder gar schlimmer, wie Jack Barbalet es in seinem Buch „Weber, Passion and Profits" polemisch formuliert hat: „perhaps the most appropriate compliment that can be paid to this best known but least worthy of Weber's works is, ironically, to treat it with the most respectful disbelief" (Barbalet 2008, S. 225).

## Foucault statt Weber?

Dazu kommt eine Konjunktur von Arbeiten, die durchaus Verbindungen zur Phänomenologie der protestantischen Ethik aufweisen, aber letztlich doch mit einer nur oberflächlichen Referenz auf diese auskommen: Ich meine die Popularität von Analysen in der Tradition der Foucault'schen Gouvernementalitätsthese, ging in Ulrich Bröcklings Buch „Das unternehmerische Selbst" (Bröckling 2007), das ja dezidiert den „neuen Geist des Kapitalismus" aufruft. Wo es allerdings bei Weber um die Herausbildung eines produktiven Habitus geht, dessen Wirken tatsächlich Erklärungskraft für gesellschaftlichen Wandel zukommen sollte, findet sich bei Bröckling und anderen nur noch die Kritik eines „Programms", eines Anforderungsprofils, dessen Wirken, Aneignung oder Durchschlagskraft dann letztlich nicht mehr untersucht wird. Man könnte sagen, es geht um eine neoliberale Ideologie, die das Unternehmerische und Kreative immer nur aufruft, ohne ihm letztlich Chancen zur Realisierung zu geben. Das, was bei Weber die Rekonstruktion eines Habitus samt seiner Entstehungsbedingungen und seiner gesellschaftlichen Konsequenzen ist, reduziert sich bei den Autoren im Gefolge Foucaults auf Ideologiekritik. Auch die Religion spielt dabei verständlicherweise keine Rolle mehr: Es ist der säkulare „eiserne Käfig" der ständigen Ermahnung und Selbst-Ermahnung an das unternehmerisch zu seiende Selbst, das „Projekt Ich" (Bröckling 2007, S. 278), das hier in den Blick kommt. Allerdings bleibt dieser Blick, so sehr er nach dem „Wie" fragt, von der Praxis von Personen doch weit entfernt: Es geht um *Programme*, deren Macht über Personen zwar immer wieder eingeschränkt, letztlich aber doch vorausgesetzt wird. Eine Untersuchung des *Wie,* die sich tatsächlich soziologisch nennen könnte, müsste freilich auch in den Blick nehmen, *wie Personen mit Programmen tatsächlich umgehen.* Das geschieht bei diesem Zugang freilich nicht.

Aber vielleicht sind es ja doch Foucault und seine Gefolgschaft, die heute im neoliberalen neuen Kapitalismus das Weber'sche Erbe fortschreiben. Und vielleicht ist es sogar eine notwendige Konsequenz, dass im durchgesetzten Kapitalismus nur noch die *Ideologie* des Unternehmertums in den Blick kommen kann. Ist Webers Analyse – anders als diejenige Durkheims, die sich in ihrer auf sakrale Zentren abstellenden Integrationsperspektive gleichsam zeitlos darstellt – in westlichen „spätkapitalistischen" Gesellschaften überholt, weil es keine neuen produktiven Mechanismen mehr zu rekonstruieren gilt, schon gar nicht im Zusammenhang mit Religion? Und ist sie für außereuropäische Kontexte weitgehend blockiert, weil die enge modernisierungstheoretische Auslegung allzu schnell Orientalismus-Verdächtigungen und die Abwehr von Anpassungsleistungen an den Westen wachruft, sodass man sich dort heute ohne weiteren Begründungsaufwand post-Weberianisch verorten kann?

## Kreative Anschlüsse: Erfahrung und Ethos

Aber das ist nur die eine Hälfte der Geschichte. Denn natürlich gibt es Spuren davon, dass die Perspektiven der protestantischen Ethik in der gegenwärtigen Soziologie, insbesondere in der Religionssoziologie und der Kulturanthropologie fruchtbar gemacht werden. In aller Regel ist es die Beschäftigung mit nicht-europäischen Kulturen, in denen solche Anschlüsse vorgenommen werden. Und es ist die Irritation der klassischen modernisierungstheoretischen Ansätze durch die Entwicklungen in außereuropäischen Gesellschaften, die dazu beiträgt, die Weber'sche Analyse anders zu wenden, als dies noch in den 1950er und 1960er Jahren der Fall war (z. B. Eisenstadt 2000).

Letztlich zeichnet auch diese Arbeiten eine modernisierungstheoretische Perspektive aus, aber diese löst sich aus dem engen Theorierahmen der Suche nach funktionalen Äquivalenten und steigt ein in den kritischen und systematischen Vergleich. Meines Erachtens kann man gerade an diesen – sehr viel kritischeren, sehr viel vermittelteren – Anschlüssen an Weber die Produktivität von Webers Zugang zeigen. An ihnen wird deutlich, dass es bei der Rezeption Webers nicht um bloße „Anwendung" geht, nicht um die Übernahme eines Modells, sondern um den kritischen Vergleich mit einer als Idealtypus verstandenen Konstellation. Bei einer an Weber geschulten Analysehaltung geht es – so könnte man sagen – immer um eine Differenzmethode: Warum ist etwas hier anders als dort? Was sind die Voraussetzungen dafür, dass wir in einem Fall diese, im anderen eine andere Konstellation antreffen? Was müsste gegeben sein, dass sich der eine Fall in Richtung des anderen überhaupt entwickeln könnte, oder warum ist gerade dies unwahrscheinlich? Es geht also nicht darum, allgemeine Gesetze aufzudecken, sondern über den kontrastiven Vergleich das Zustandekommen des Unwahrscheinlichen, die Voraussetzungen für Parallelen oder eben auch Unterschiede auszuloten.

Meines Erachtens sind es im Wesentlichen drei thematische Komplexe, innerhalb derer Bezüge auf die Weberthese hergestellt werden und anhand derer die These kritisch diskutiert wird:

1. Das Verhältnis von modernen Institutionen und dem Ethos, der ihnen zugrunde liegt.
2. Der Charakter von Konversionsbewegungen in früher Moderne und Gegenwart.
3. Das Verhältnis von Moderne und „Entzauberung" und in diesem Zusammenhang vor allem die Rolle von ekstatisch-magischer Erfahrung.

## Moderne Institutionen und ihr Ethos

Eine besonders starke Rezeption der Weber-These – zum Teil unter dem Einfluss von Robert Bellahs Arbeit über die Tokugawa Religion (Bellah 1985 und 1991/1970) stehend – fand schon sehr früh in Japan statt. Ich beziehe mich hier auf einen Vortrag, den Christoph Kleine (2013) im Rahmen des Seminars „Religion und gesellschaftliche Entwicklung. Max Weber neu gelesen" gehalten hat. Danach dominierte in der japanischen Rezeption zunächst, wie auch anderswo, die Suche nach funktionalen Äquivalenten zur protestantischen Ethik (Nakumara 1987; Yamamoto 1987), für die etwa verschiedene buddhistische Schulen des „Reinen Landes" (Kanji 1941, zitiert nach Kleine 2013) in den Blick genommen wurden.

Andere Autoren (Aoyama 1950, 1951 und 1999, zitiert nach Kleine 2013) betonten die Entstehung eines *neuen Menschentypus* als notwendiger Voraussetzung für eine echte Modernisierung und kamen im Hinblick auf den japanischen Traditionalismus zu einem negativen Ergebnis.

Und schließlich kam über Tominaga Ken'ichi (1999; zitiert nach Kleine 2013) eine Perspektive ins Spiel, die den „Geist" des japanischen Kapitalismus deutlich vom okzidentalen abhebt. Für Japan sei ein Fortleben des *magischen Traditionalismus* mit einer Verlagerung vom Tenno auf die Firma charakteristisch. Auch andere Autoren betonen für Japan die Rolle konventioneller Moral – mit Werten wie Fleiß, Sparsamkeit, Bescheidenheit und Pietät – bei der *Übernahme, nicht der Hervorbringung* kapitalistischer Institutionen. Kapitalismus also *ohne den Geist,* den Weber beschrieben hat (Kleine 2013). Es ist – so die These – eine *traditionalistische* Moral, die letztlich zur Überwindung der Tradition beiträgt.

Insgesamt kann man sagen, dass sich in der japanischen Debatte eine fruchtbare Auseinandersetzung mit Weber entwickelt hat, die in vielem auf das hindeutet, was Shmuel Eisenstadt als „Multiple Modernities" charakterisiert hat: als Vielfalt der Pfade in die Moderne, vor jeweils anderem kulturellen Hintergrund, aber notwendig in Auseinandersetzung mit der westlichen Moderne als Vorläufer. Weber dient auch in der japanischen Diskussion als Ausgangspunkt für einen Vergleich unterschiedlicher Wege in die Moderne, als idealtypische Konstellation, an die andere Muster vergleichend angelegt werden. Der japanische Pfad wird als ein deutlich anderer beschrieben: die Übernahme des Kapitalismus durch die – in mentaler Hinsicht – traditionalistische Überwindung der traditionellen Institutionen. Man könnte in diesem Zusammenhang eine Reihe weiterer Studien zitieren, die etwa im Rahmen der Diskussion um Multiple Modernities angestoßen wurden. Für den Zweck, um den es hier geht, soll jedoch die exemplarische Behandlung der japanischen Diskussion ausreichen.

## Konversionsbewegungen

Ein weiteres, mit dem eben genannten Thema des Ethos eng verbundenes Thema ist das der Konversion. Auch die Schriften, die zu diesem Themenfeld erschienen sind und bei denen sich eine Verbindung zu Max Webers Studie herstellen lässt, sind letztlich Arbeiten zu Fragen der Modernisierung. In dem Band „Conversion to Modernities: The Globalization of Christianity" versammelt Peter van der Veer (1996a) eine Reihe von Arbeiten, die sich mit Konversionen zum Christentum seit der frühen Neuzeit bis ins frühe 20. Jahrhundert – und zwar im Zusammenspiel zwischen Europa und der kolonisierten Welt – beschäftigen. Der Typus der religiösen Konversion, der hier untersucht wird, lässt sich zugleich als „Conversion to Modernity" verstehen. Über die Konversion wird gleichzeitig ein modernes Individuum wie auch ein bestimmter, universell gedachter Typus von Religion hervorgebracht. Dabei kristallisiert sich in den untersuchten Konversionsfällen schon im 17. Jahrhundert das moderne Problem der Authentizität der Konversion und der „Ehrlichkeit" des Konvertiten heraus. In dem Maße, wie sich allmählich ein universalistisches Konzept von Religion entwickelt, zu der im Prinzip jeder Zugang hat, entsteht auch die Vorstellung, dass diese Religion höchst persönlich, nämlich Ausdruck der inneren Überzeugungen von Individuen zu sein habe, die wiederum sprachlich entsprechend glaubwürdig zum Ausdruck gebracht werden müssen.

Anhand von Havelaars Untersuchungen zu den holländischen Missionsbewegungen in Indonesien im 19. Jahrhundert argumentiert van der Veer (1996b) in direktem Bezug auf Max Weber, dass es dabei immer auch um die moderne Konzeption der individuellen Person, wie sie sowohl für den Kapitalismus als auch für den Protestantismus essentiell gewesen sei, gegangen sei: „it is under capitalism that the entrepreneurial bourgeois self with his urge for self-improvement becomes the bearer of modernity. It is to this new personhood that Europe's Others have to be converted" (van der Veer 1996, S. 9).

In seiner Interpretation führt der Herausgeber Max Webers Protestantismusthese und Michel Foucaults Gouvernementalitätsthese zusammen:

> „Not only does conversion to Modern Christianity [...] seek to transform the Self by changing its relation to Others, it enables a new organization of society. As Foucault (1982) argues, this process produces ‚two meanings of the word „subject": subject to someone else by control and dependence; and tied to his own identity by a conscience or self-knowledge'" (van der Veer 1996, S. 20).

Was hier in kritisch-theoretischer Manier herausgearbeitet wird, ist der „eiserne Käfig" der Subjektivität. Mission und Kapitalismus erzeugen die Subjekte, die die Moderne braucht, und die entsprechend Konvertierten stricken über Selbstbindung an dieser unausweichlichen Konstellation mit.

## Und die Entzauberung? Protestantische Ethik, Ekstase und Magie

In der neueren religionssoziologischen Literatur finden sich aber auch Arbeiten, die über diesen „Verhängniszusammenhang" der Subjektivität hinausgehen. Es war nicht zuletzt David Martin, der mit seinen Arbeiten zum pfingstlerischen Christentum – in „Tongues of Fire" (Martin 1990) und anderen Werken – Verbindungen zur Schrift Max Webers über die protestantische Ethik hergestellt hat. Anders als der frühe Protestantismus in Süd- und Zentralamerika, der sich nur für einige Sektoren der Mittelklasse als Vehikel für Autonomie, Verbesserung und soziale Mobilität erwiesen hat, aber nicht wirklich einheimisch geworden sei, habe der Pentecostalismus genau dies geschafft: „Being truly indigenous it was also more truly embedded in the local cultures and reflected them even if it altered them" (Martin 1990, S. 231).

Martins Studie ist Grundlage für eine ganze Reihe weiterer Arbeiten geworden, die die Wirkung des pfingstlerischen Christentums in verschiedenen Regionen der Welt untersucht haben. In dem verdienstvollen Buch „Religionen verstehen. Zur Aktualität von Max Webers Religionssoziologie", das Agathe Bienfait (Bienfait 2011) herausgegeben hat, entwickelt Franz Höllinger eine interessante These, mit der er sich dezidiert auf Webers Schrift zur protestantischen Ethik bezieht, sich aber auch in klaren Widerspruch dazu begibt. Der Widerspruch erfolgt dort, wo Weber die Herausbildung der protestantischen Ethik und einer auf ihr basierenden „methodischen Lebensführung" an die Vorbedingung der *Entzauberung* bindet:

> „Das charakteristische Kennzeichen des Pentecostalismus ist die Verbindung von ekstatischen und magischen Formen der Religiosität mit einer Ethik, die große Ähnlichkeiten mit dem klassischen Typus der asketischen protestantischen Gesinnungsethik aufweist. Diese Verbindung von magischer Religiosität und protestantischer Ethik […] steht im auffälligen Widerspruch zu Max Webers These, dass die konsequente Entzauberung des religiösen Weltbilds eine entscheidende Voraussetzung für die Entstehung der protestantischen Ethik und in weiterer Folge für die Entwicklung des kapitalistischen Geistes und anderer Formen der modernen Rationalität war" (Höllinger 2011, S. 219).[4]

Stellt damit also nicht, so Höllinger, der Pentecostalismus Webers Annahme einer Unvereinbarkeit von Magie und Modernität in Frage? Dabei vertritt er die These, dass die Willenskraft zur Selbstdisziplinierung im Sinne der protestantischen Ethik, die bei den pfingstlerischen Kirchen eine große Rolle spielt, in hohem Maße auf der psychischen Energie beruhe, die durch Trance-

---

4 Höllinger sieht Magie und Ekstase hier in engem Zusammenhang. Im Anschluss an eine frühe Arbeit Robert Marretts (1914) betont er, dass intellektualistische Theorien der Magie die Bedeutung der kognitiven Komponente überbewertet hätten. Das magische Ritual habe einen kathartischen Effekt, baue psychische Spannungen ab, gebe Hoffnung, Mut und Selbstvertrauen (Höllinger 2011, S. 238).

rituale freigesetzt werde. Es ist also – religiös formuliert – die „spirituelle Kraftübertragung", die wesentlich für die Motivation für eine neue Lebensführung wird, unterstützt dann allerdings durch den Konformitätsdruck in den Gruppen. Gerade die magisch-ekstatischen Komponenten hätten demnach – durch „Energetisierung" und Stärkung des Selbstwertgefühls – eine zentrale Funktion für die Bereitschaft zur Konversion und die daran anschließende Formung der Persönlichkeit im Sinne der protestantischen Ethik. Eine Umgestaltung des Lebens im Sinne der protestantischen Ethik sei aber nur dadurch möglich, dass die magischen Techniken und Symbole in ein religiöses Gesamtsystem eingebunden seien, das die Selbstbestimmung und Eigenverantwortung des Menschen für sein Schicksal betone.

Höllinger kommt hier also zu einer Deutung, die den Gegensatz von Magie/Ekstase einerseits und protestantischer Ethik andererseits aufhebt. Die ekstatische Erfahrung und die darauf bezogenen magischen Symbole werden – eingebunden in einen spezifischen Deutungshorizont – geradezu zum Vehikel der Neuausrichtung der Lebensführung. Sie werden also nicht überwunden, sondern vielmehr integriert und umgewertet. Das heißt aber auch: Ihre Erfahrungsqualität wird nicht durch „Entzauberung" vernichtet, wie es bei Weber vorausgesetzt wäre, sondern sie wird – ganz im Gegenteil – zur Grundlage des Neuen (dazu Joas 1997).

Man könnte in dieser Perspektive eine ganze Reihe weiterer Arbeiten behandeln, in denen die Verbindung von Modernisierung und dem Fortleben und Umdeuten magischer Elemente aufgezeigt wird. An dieser Stelle muss jedoch der Hinweis auf Martin und Höllinger genügen.

## Schluss

Ich habe mit der Beobachtung begonnen, dass Max Webers Schrift „Die protestantische Ethik und der Geist des Kapitalismus" in der Soziologie das Schicksal der Musealisierung erlitten hat und als Folie für die Interpretation zeitgenössischer Phänomene – jedenfalls seitdem die klassische Modernisierungstheorie ihren Zenit überschritten hat – kaum mehr fruchtbar gemacht wurde. Ich habe argumentiert, dass es heute eher Arbeiten im Gefolge Foucaults sind, die die Weber'sche Perspektive beerben, indem sie Programme der Subjektivierung und der Allgegenwärtigkeit des „unternehmerischen Selbst" im neuen Kapitalismus analysieren.

Ich habe mich dann aber – den Anfangspessimismus relativierend – in einem weiteren Schritt auf religionssoziologische und kulturanthropologische Arbeiten bezogen, in denen Anschlüsse an Max Webers These durchaus hergestellt wurden: (1) Arbeiten zum Zusammenhang von modernen Institutionen und des ihnen zugrunde liegenden Ethos; (2) Arbeiten zu

Konversionsbewegungen und (3) Arbeiten zum pfingstlerischen Christentum, in denen der Zusammenhang von Entzauberung und protestantischer Ethik infrage gestellt wird.

Diesen – zweifellos selektiven – Durchgang durch die Literatur möchte ich nun mit ein paar allgemeinen Aussagen darüber abschließen, wie man meines Erachtens heute an Max Weber anschließen kann:

(1) Die japanische Rezeption, auf die ich mich hier exemplarisch bezogen habe, zeigt meines Erachtens, dass ein sinnvoller Anschluss an Max Webers These nicht in der bloßen „Anwendung" von deren Theorierahmen bestehen kann. Die Suche nach „funktionalen Äquivalenten" zur protestantischen Ethik in anderen Kulturen und Religionen macht nur dann Sinn, wenn sie in einen kritischen Vergleich von Gemeinsamkeiten und Unterschieden mündet. Webers Studie hat ihren größten Wert in der Herausarbeitung einer idealtypischen Konstellation, die auf den Vergleich und auf das Herausarbeiten von Differenzen in den Voraussetzungen und Wirkungen abstellt. Gerade darin erweist sich Weber im Vergleich zu Durkheim meines Erachtens als der interessantere Soziologe. Durkheimianer „wenden an" und suchen die „elementaren Formen des religiösen Lebens" (wie das Totem) in der Gegenwart, so wie es schon ihr Vorbild getan hat. Weberianer kommen um den kritischen Vergleich und damit um das Feststellen von Unterschieden und die Suche nach deren Gründen nicht herum. Daraus lässt sich eine andere soziologische Haltung begründen, die von vornherein nicht auf die Anwendung von Theoriemodellen oder programmatischen Metaphern abstellt, sondern die sich aus einer methodischen Haltung des kritischen Vergleichens ergibt. Theorie ist dann immer nur Werkzeug der Erfahrungswissenschaft.

(2) Aus den Arbeiten zum Pentecostalismus kann man lernen, dass der Gedanke einer radikalen Entzauberung und die individualistische Vorstellung des einsamen puritanischen Individuums nicht nur historisch fragwürdig sind, sondern auch in systematischer Hinsicht einen blinden Fleck erzeugen: Sie klammern die Relevanz der mystisch-magischen Erfahrung aus. Wenn man Höllingers Interpretation folgt, besteht aber gerade darin die „Prämie", die bei den Pfingstlern die Grundlage für die „Reformierung" des eigenen Lebens bereitstellt. Diese Reformierung ist dann freilich wiederum gebunden an einen Gruppenkontext, der die Erfahrung in sehr spezifischer Weise deutet, lebensreformerisch interpretiert und die Veränderung des Lebenswandels kontrolliert. Gerade ein Zugang wie derjenige Webers, bei dem gesellschaftlicher Wandel immer an der einzelnen Person sinnhaft plausibilisiert werden muss, könnte durch den stärkeren Einbezug der Dimension der Erfahrung und ihrer Wirkungen gewinnen. Und an dieser Stelle käme – soziologisch – dann auch das Erbe Durkheims wieder ins Spiel. Vieles, was heute im großen und diffusen Bereich der sogenannten „Spiritualität" zu

finden ist, dürfte genau damit zu tun haben: mit einer Erfahrungsqualität, die im klassischen Protestantismus und auch in vielen anderen kirchlichen Kontexten wohl oft nicht mehr zu finden ist. Was auch immer man in der Sache davon halten mag.

## Literatur

Alexander, J. C. (1993): Kultur und politische Krise: Watergate und die Soziologie Durkheims. In: Alexander, J. C.: Soziale Differenzierung und kultureller Wandel. Frankfurt am Main/New York: Campus, S. 148–196.
Barbalet, J. (2008): Weber, Passion, and Profits. 'The Protestant Ethic and the Spirit of Capitalism' in Context. Cambridge: University Press.
Bellah, R. N. (1985): Tokugawa Religion. The Cultural Roots of Modern Japan. New York: The Free Press.
Bellah, R. N. (1991/1970): Reflections on the Protestant Ethic Analogy in Asia. In: Bellah, R. N.: Beyond belief. Essays on religion in a post-traditional world. Berkeley: University of California Press, S. 53–63.
Bienfait, A. (Hrsg.) (2011): Religionen verstehen. Zur Aktualität von Max Webers Religionssoziologie. Wiesbaden: VS.
Bröckling, U. (2007): Das unternehmerische Selbst. Soziologie einer Subjektivierungsform. Frankfurt am Main: Suhrkamp.
Dülmen, R. von (1988): Protestantismus und Kapitalismus. Max Webers These im Lichte der neueren Sozialgeschichte. In: Gneuss, Ch./Kocka, J. (Hrsg.): Max Weber Symposion. München: dtv, S. 88–101.
Durkheim, É. (2007): Die elementaren Formen des religiösen Lebens. Frankfurt am Main: Suhrkamp.
Fuchs, M. (1988): Theorie und Verfremdung. Max Weber, Louis Dumont und die Analyse der indischen Gesellschaft. Frankfurt am Main: Peter Lang.
Eisenstadt, S. N. (2000): Multiple Modernities. In: Daedalus 129, H. 1, S. 1–29.
Hahn, A. (1982): Zur Soziologie der Beichte. In: Kölner Zeitschrift für Soziologie und Sozialpsychologie 34, S. 407–434.
Höllinger, F. (2011): Der Pentecostalismus. Eine Verbindung von magischer Religiosität und protestantischer Gesinnungsethik. In: Bienfait, A.: S. 219–241.
Joas, H. (1997): Die Entstehung der Werte. Frankfurt am Main: Suhrkamp.
Kantowsky, D. (1984): Max Weber on India an Indian Interpretations of Weber. In: Ballhatchet, K./Taylor, D. (Hrsg.): Changing South Asia: Religion and Society. Hong Kong: Asian Research, S. 11-35
Kantowsky, D. (1985): Die Fehlrezeption von Max Webers Studie über „Hinduismus und Buddhismus" in Indien: Ursachen und Folgen. In: Zeitschrift für Soziologie 14, 6, S. 466-474.
Kleine, Ch. (2013): Die Weber-Rezeption in Japan und in der Japanologie. Powerpoint-Präsentation im Rahmen des Seminars „Religion und gesellschaftliche Entwicklung. Max Weber neu gelesen" an der Universität Leipzig am 18.06.2013, S. 1–53.

Krutak, Th. (2013): Die indische Weber-Rezeption. Referat im Rahmen des Seminars „Religion und gesellschaftliche Entwicklung. Max Weber neu gelesen" an der Universität Leipzig im SS 2013.

Lehmann, H. (1988): Asketischer Protestantismus und ökonomischer Rationalismus: Die Weber-These nach zwei Generationen. In: Schluchter, W. (Hrsg.): Max Webers Sicht des okzidentalen Christentums. Frankfurt am Main: Suhrkamp, S. 529–553.

Lehmann, Hartmut (1996): Max Webers „Protestantische Ethik". Beiträge aus der Sicht eines Historikers, Göttingen: Vandenhoeck & Ruprecht.

Martin, D. (1990): Tongues of Fire. The Explosion of Protestantism in Latin America. Oxford: Blackwell.

Nakamura, H. (1987): Der religionsgeschichtliche Hintergrund der Entwicklung Japans in der Neuzeit. In: Barloewen, C. von/Werhahn-Mees, K. (Hrsg.): Japan und der Westen. Bd. 1: Philosophie, Geistesgeschichte, Anthropologie. Frankfurt am Main: Fischer, S. 56–94.

Schluchter, W. (1998): Das historische Erklärungsproblem: Die Rolle der Reformation im Übergang zur okzidentalen Moderne. In: Schluchter, W.: Die Entstehung des modernen Rationalismus. Eine Analyse von Max Webers Entwicklungsgeschichte des Okzidents. Frankfurt am Main: Suhrkamp, S. 273–330.

Schluchter, W. (2009): Die Entzauberung der Welt. Sechs Studien zu Max Weber. Tübingen: Mohr Siebeck.

Tenbruck, F. (1999): Das Werk Max Webers. Gesammelte Aufsätze zu Max Weber (hgg. v. H. Homann). Tübingen: Mohr Siebeck.

Van der Veer, P. (Hrsg.) (1996a): Conversion to Modernities. The Globalization of Christianity. New York: Routledge.

Van der Veer, P. (1996b): Introduction. In: Van der Veer, P. (Hrsg.): Conversion to Modernities. The Globalization of Christianity. New York: Routledge, S. 1–21.

Weber, M. (1988a/1920): Die protestantische Ethik und der Geist des Kapitalismus. In: Weber, M.: Gesammelte Aufsätze zur Religionssoziologie I. 9. Auflage. Tübingen: Mohr Siebeck, S. 1–206.

Weber, M. (1988b/1904): Die „Objektivität" sozialwissenschaftlicher und sozialpolitischer Erkenntnis. In: Weber, M.: Gesammelte Aufsätze zur Wissenschaftslehre, Tübingen: UTB, S. 146–214.

Yamamoto, S. (1987): Ursprünge der japanischen Arbeitsethik. In: Barloewen, C. von/ Werhahn-Mees, K. (Hrsg.): Japan und der Westen. Bd. 1. Frankfurt am Main: Fischer, S. 95–129.

# Ästhetisches

Silvana K. Figueroa-Dreher, Jochen Dreher

# Gebrauchsanweisungen im kategorischen Konjunktiv
Julio Cortázars „Manual de instrucciones"

*Folgen Sie den Gebrauchsanweisungen.* Was diese gewöhnliche Äußerung, die uns im Alltag ständig begleitet, mit enthält, entzieht sich normalerweise unserer Aufmerksamkeit. Im Folgenden werden die tiefgründigen Annahmen und weitreichenden Auswirkungen von Gebrauchsanweisungen vergegenwärtigt, die wir naiven, Artefakte gebrauchenden Alltagsmenschen stillschweigend hinnehmen. Nachdem wir die Eigenschaften herkömmlicher Gebrauchsanweisungen erörtert haben, widmen wir uns der Interpretation des „Manual de instrucciones"[1] („Handbuch der Unterweisungen") aus den *Geschichten der Cronopien und Famen* (1962) von Julio Cortázar (1992/1962 und 2003/1962), der die indikativen und imperativen Modi der Gebrauchsanweisungen in das ästhetische Selbst- und Weltverhältnis, in den offenen Modus des kategorischen Konjunktivs, überführt. Speziell konzentrieren wir uns auf eine Deutung des darin enthaltenen Prologs (ohne Titel), der „Unterweisung im Weinen", der „Präambel zur Unterweisung im Uhraufziehen" und der „Unterweisung im Uhraufziehen".

## Gebrauchsanweisungen

Solche Anleitungen bestehen aus Gebrauchsprosa, die technische Information vermittelt. Nach Warnungen im Hinblick auf den sicheren Umgang mit dem Gerät werden dessen Eigenschaften und Funktionsfähigkeiten erklärt. Diese Texte sollen, um ihr Ziel zu erfüllen, so wenig offen wie möglich für Interpretation sein. Eine Gebrauchsanweisung setzt ein Objekt (materielles

---

1 „Instrucciones" kann sich im Deutschen auf Gebrauchsanweisungen, Unterweisungen und Bedienungsanleitungen beziehen.

Artefakt, Werkzeug, Produkt etc.) und eine Benutzerin[2] voraus. Der Benutzerin wird vermittelt, wie das Produkt sicher und bestimmungsgemäß zu verwenden ist. Das materielle Artefakt, für welches eine Gebrauchsanweisung verfasst wird, ist immer an bestimmte Handlungen gekoppelt; es steht in einem „Zeugzusammenhang" (Heidegger 1993/1926, § 15), der zum Objekt, das immer auf eine bestimmte Art und Weise verwendet wird, mit dazugehört. Gebrauchsanweisungen dienen dazu, Objekte von der bloßen „Vorhandenheit" in die „Zuhandenheit" zu überführen. Die Gegenstände, für die die Gebrauchsanweisung formuliert wird, sind, wenn sie in ihrem Zeugzusammenhang verwendet werden, nicht mehr nur vorhanden, sondern zuhanden. Die Gebrauchsanweisung gibt in diesem Sinne Aufschluss über den gebrauchend-hantierenden Umgang mit dem entsprechenden Objekt.

In diesem Sinne bestimmt das Produkt die Handlung bzw. den Umgang mit dem materiellen Objekt. Gebrauchsanweisungen vermitteln, wie man mit ihm umgeht. Sie vermitteln zwischen der Materialität der technologischen Artefakte und dem Alltagshandeln und bestimmen erst das Wissen, das das Handeln mit den Produkten möglich macht. Gleichzeitig wird, wie Cortázar uns zeigen wird, die Benutzerin zum Objekt des Produkts und durch dessen spezifischen Zeugzusammenhang mitbestimmt, wobei die Gebrauchsanweisung die Bestimmung der Benutzerin zementiert. Die Gebrauchsanweisung gewinnt unter dem Deckmantel des Schutzes der Benutzerin heimlich eine Position in ihrem Handeln und formatiert ihr Wissen neu. Die Benutzerin muss sich im Hinblick auf ihre Habitualitäten an das Produkt und dessen Funktionsweise anpassen. Die Sequenzialität des Handelns, die vorgegebene Abfolge der unterschiedlichen Handlungsschritte, wird vom Produkt bestimmt und durch die Gebrauchsanweisung in verschriftlichter Form vermittelt. Gebrauchsanweisungen gehören weder in ihrer Produktion noch in ihrer Rezeption zum literarischen Feld im engeren Sinne. Es ist das Objekt selbst, das Form und Inhalt der Gebrauchsprosa von Bedienungsanleitungen bestimmt, was in der literarischen Prosa seltener der Fall ist.

Sicherheitsinformation und Warnung weisen auf die Gefahren hin, die die Benutzung des Produktes für die Benutzerin und ihre Umwelt mit sich bringt. Eine typische Gebrauchsanweisung beinhaltet eine Benennung aller Teile, aus denen das Produkt besteht bzw. sich zusammensetzt. Tasten, Hebel, Drehknöpfe, Pedale, Lenkräder, Touchscreen, Computer-Maus etc. wer-

---

2   Für den folgenden Text wird die weibliche Form verwendet. Alle Funktions- und Personenbezeichnungen beziehen sich jedoch in gleicher Weise auf Frauen und auf Männer.

den spezifiziert und im Hinblick auf ihren Verwendungszusammenhang im Rahmen der Funktionsweise des Produkts erläutert. Die mit den Bedienungswerkzeugen verbundenen Handlungen werden in den Gebrauchsanweisungen erläutert. Technische Terminologie mit spezifischen Fachbegriffen wird für die präzise Bezeichnung von Eigenschaften und Funktionen verwendet. Gebrauchsanweisungen werden von technischen Redakteuren verfasst.

Damit der Produkthersteller nicht für der Benutzerin entstandene Schäden durch das Produkt haften muss, beinhalten Gebrauchsanweisungen auch eine rechtliche Absicherung. Juristisch betrachtet ist eine Bedienungsanleitung ein Bestandteil des Produkts; eine fehlerhafte oder unvollständige Gebrauchsanweisung wird als Sachmangel verstanden und kann insofern bei Sach- und Personenschäden zu einem erheblichen finanziellen Haftungsrisiko werden. Im juristischen Sinne handelt es sich bei Gebrauchsanweisungen nicht um Dokumentationen, sondern um *Instruktionen*. So bestimmen Normen, Rechte und Gesetze Form und Inhalt der Gebrauchsanweisung, genauso wie das Produkt selbst diese bestimmt.

Über das Handlungsfeld hinaus, das den „richtigen" Umgang mit dem Artefakt abdeckt, wird von Gebrauchsanweisungen ein spezifisches Kommunikationsfeld vermittelt: Die wahrnehmbaren Zeichen des Produkts – Blinken, Aufleuchten, Töne, Geräusche etc. – werden von der Gebrauchsanweisung mit einer eindeutigen Bedeutung versehen. Die exakte Interpretation der vom Produkt dargestellten Zeichen wird durch die Gebrauchsanweisung ermöglicht.

Ein weiterer Abschnitt von Gebrauchsanweisungen konzentriert sich auf die Fehlerbehebung, wobei grundsätzlich davon ausgegangen wird, dass Fehler auf die Benutzerin und ihre Handlungen zurückzuführen sind. Die Fehlerbehebung bezieht sich nicht auf potenzielle Fehler des Produkts, sondern auf die Verantwortung der Nutzerin, wodurch ein Glaube an eine perfekt funktionierende Technologie vermittelt wird.

Was im Hinblick auf das Produkt und dessen Funktionsweise selbstverständlich ist, wird trotzdem in Worte gefasst und/oder durch graphische Elemente unterstützt und thematisiert, um die Interpretation abzusichern. Mit der Präsenz und dem Gebrauch des Artefakts sind Ängste und Sorgen verbunden, die durch die Gebrauchsanweisung aufgefangen werden, indem Sicherheit gewährende Informationen vermittelt werden. Die Informationsvermittlung über das Gerät geschieht in indikativer Form, die das Handeln betreffenden Anweisungen bzw. Unterweisungen sind im Imperativ verfasst. Vergleichbare Formen von Gebrauchsprosa finden sich in Notfallanweisungen, Badeordnungen, Bastelanleitungen etc.

## Interpretation – ein ästhetisches und politisches Manifest; gegen die autonome Literatur

Wir konzentrieren uns auf die Interpretation des spanischen Originaltextes, wobei die deutsche Übersetzung teilweise mit Korrekturen von uns mit einbezogen wurde.[3] Cortázar spielt hier offensichtlich mit den Erwartungen der Leserin, da Gebrauchsanweisungen offensichtlich nicht in einem literarischen Werk vorkommen würden. Es wird deutlich, dass die „Gebrauchsanweisungen", die dargestellt werden, in einem neuen Rahmen präsentiert werden.

Es wird im Titel „Manual de instrucciones" („Handbuch der Unterweisungen") nicht präzisiert, um welche Bedienungsanleitungen für welche Geräte, Werkzeuge etc. es sich handelt; das Produkt, worauf sich die *instrucciones* beziehen, bleibt zuerst einmal offen. Weil normalerweise die Bedienungsanleitung oder die Gebrauchsanweisung an ein Objekt gekoppelt sind, bekommen die „Instrucciones" eine allgemeingültige Bedeutung bzw. werden mit einem offenen Bedeutungshorizont versehen. Man würde von Gebrauchsanweisungen erwarten, dass die Form und der Inhalt abhängig vom Produkt sind. Von der Gebrauchsanleitung wird erwartet, dass eine eindeutige, vereinfachte, konkrete Funktionsweise des Objekts dargestellt wird, die für die Benutzerin klar verständlich und nachvollziehbar ist. Cortázar bricht den impliziten Pakt mit der Leserin, da er immer wieder diese Erwartungen bricht, wie wir im Folgenden sehen werden.

Die Leserin sieht sich zunächst einmal mit einem Text ohne Titel, einer prologartigen Einleitung, konfrontiert, die für Desorientierung sorgt, da sie nicht weiß, womit sie rechnen soll. Der *Prolog ohne Titel* schenkt uns, was nach und nach deutlich wird, eine kritische Beschreibung des routinisierten Alltagslebens; die Routine des Alltags ist sinnlos, es ist anstrengend, sie zu bewältigen. „Tag für Tag ist uns von neuem aufgegeben, den Ziegelstein zu schmelzen ..." (9); „aber wie ein trauriger Stier muss man den Kopf ducken, muss vom Mittelpunkt des gläsernen Ziegels nach außen drängen" (10). Dem Alltag gegenüber haben wir gemischte Gefühle; wir erleben seine verschiedenartigen Facetten von traurig und anstrengend bis hin zu einer gewissen „hündischen" Behaglichkeit, in der man sich wohlfühlt und nicht nachdenken muss.

---

3  Zitate aus der deutschen Fassung „Handbuch der Unterweisungen" in *Geschichten der Cronopien und Famen* werden mit einer Seitenangabe in Klammern vermerkt (Cortázar 1992/1962).

Es schmerzt jedoch viel mehr, die Habitualitäten des Alltags zu negieren, als diese einfach mit Bezug auf ihre behagliche, angenehme Seite hinzunehmen.

„Ein Löffelchen zwischen den Fingern pressen und seinen metallenen Puls fühlen, seine argwöhnische Wachsamkeit. Wie schmerzt es einen kleinen Löffel zu verleugnen, eine Tür zu leugnen, alles zu leugnen, was die Gewohnheit leckt, bis sie ihm die erwünschte Glätte gibt. Wie einfach dagegen, zu des Löffels bescheidenem Anspruch Ja zu sagen, ihn zum Umrühren des Kaffees zu gebrauchen" (9).

Ein angenehmes Gewohntsein, jedoch kein Glücksempfinden, ist damit verbunden, wenn man behaglich auf den üblichen Gebrauchszweck des Löffels zurückgreift. Entgegen jeder Erwartung, die man an eine Gebrauchsanweisung richtet, entreißt Cortázar den Löffel seinem eigentlichen Zeugzusammenhang, indem er eine parallele Realität eröffnet, in der der zwischen die Finger gepresste Löffel einen eigenen metallenen Puls besitzt. Ein erstes Muster in Cortázars Denken wird erkennbar, der konsequent darauf bedacht ist, parallele phantastische Wirklichkeiten zur Alltagswelt zu eröffnen, die nicht auf etablierter Habitualität fußen.

Wenn ich aber den Schmerz ertragen und das starre Korsett des habituellen Ichs durchbrechen kann, so erreiche ich eine andere Wahrnehmung des Lebens, sodass sogar das Gewohnte als Abenteuer erfahren wird, in dem es auch um Leben und Tod gehen kann (11). Wenn man es also schafft, sich aus dem „gläsernen Ziegel" der Routine zu befreien und sich von der uns zu „Tieren" verwandelnden Habitualität loslöst, kann man erst die zufällige Schönheit des Augenblicks erleben und die anderen Menschen in ihrer Einzigartigkeit wahrnehmen. Für uns ist die Routine in dem Sinne belastend, dass sie uns daran hindert, das Magische, das Besondere, das Eigentliche des menschlichen Daseins zu entdecken. Die gezielte Distanzierung von der Routine, von der Durchschnittlichkeit des Man im Sinne von Heidegger, ermöglicht es uns, uns selbst zu entwerfen (Heidegger 1993/1926, § 27), weil das Dasein immer auch ein Möglichsein ist.

Cortázars Ausgangspunkt ist Claudia Gatzemeier zufolge philosophischer Natur: Er begibt sich auf eine ontologische Suche nach von der Ratio – auf der die Habitualität größtenteils fußt – nicht mehr erfassbaren Dimensionen der Realität, eine Suche nach dem Wesentlichen des Menschen, des menschlichen Lebens. Bei Cortázar erwächst dieses Andere „aus einer neuartigen Postulierung der Realität, einer Wahrnehmung der Welt, die die uneingeschränkte Herrschaft der Ratio in Frage stellt, Raum lässt für Vieldeutigkeit und Ambiguität" (Gatzemeier 1995, S. 2). Dementsprechend argumentiert Cortázar mit Bezug auf sein Buch *Lobpreis der Torheit,* dass die Torheit es verdiene,

> „gepriesen zu werden, wenn die Vernunft, die Vernunft, die das Abendland derartig mit Stolz erfüllt, sich die Zähne ausbeißt an einer Realität, die sich nicht fassen lässt und niemals fassen lassen wird mit den kalten Waffen der Logik, der reinen Wissenschaft und der Technologie" (Cortázar 1994).

Statt Gebrauchsanweisungen, die die logische Funktionalität von technischen Artefakten beschreiben, zeigt uns Cortázar solche, in denen es um Leben und Tod, Glück oder Unglück geht, wodurch gewöhnliche Gebrauchsanweisungen banalisiert werden. Es wird impliziert, dass etwas anders sein könnte, als es uns der Ratio zufolge erscheint, und dass man nur zu feige ist, etwas an unseren eingespielten Routinen zu ändern. In diesem Sinne erhält der „Prolog" des „Handbuchs der Unterweisungen" den Charakter eines ästhetisch-politischen Manifests.

### Unterweisung im Weinen/Instrucciones para llorar

Wer benötigt Unterweisungen im Weinen? Jemand, der dies verlernt hat, dies noch nie gekonnt hat, der das Weinen schauspielerisch inszenieren möchte. Es ist widersprüchlich, Unterweisungen zum Weinen zu geben; das Weinen in instrumentalisierter Form ist nicht mehr authentisch, sondern gespielt. Wenn Weinen nicht mehr spontan ist, wird es unecht. Cortázar schwebt zwischen dem Humoristischen und dem Ernsten, zwischen dem Absurden und dem Sinnvollen. Weinen befindet sich an der Schnittstelle von Körper und Geist, wobei der Auslöser des Weinens psychischer oder körperlicher Natur sein kann. Indem eine Gebrauchsanweisung bzw. Unterweisung für das Weinen formuliert wird, wird deren Anwenderin selbst zum Objekt, wie ein Gerät ohne (Gefühls-)Leben. Cortázar behandelt Menschen wie Maschinen, setzt einen hohen Grad der Beherrschung des Gefühls und des Körpers voraus und suggeriert eine Vorherrschaft des rationalen Handelns. Die von Cortázar ad absurdum geführte Rationalität macht uns auf die Entfremdung des Menschseins durch Routine aufmerksam.

Die Absurdität einer Anleitung zum Weinen zeigt sich insbesondere darin, dass man ins Weinen ausgehend von einem Kontrollverlust fällt. Im Hinblick auf die Ausdrucksformen des Weinens wie auch des Lachens geht – so Helmuth Plessner – das Gleichgewicht und die Distanz zum eigenen Körper verloren. Während Mimik und Gestik bzw. Darstellung und Rollenspiel Weisen der leiblichen Expressivität darstellen, in denen der Mensch ausgehend von seiner exzentrischen Positionalität und der vermittelt unmittelbaren Beziehung zu seinem Körper ein kontrolliertes Gleichgewicht zwischen Leib und Körper erreicht, kommt es beim Lachen und Weinen zum Kontrollverlust. Dieser geht einher mit einem Verlust der Beherrschung, wobei „ein Zerbrechen der Ausgewogenheit zwischen Mensch und physischer Existenz" stattfindet (Plessner 2003/1941, S. 273 ff.). Gerade das mit dem Kontrollverlust einhergehende ins Weinen Fallen kann schwerlich mit Hilfe einer Anleitung vermittelt werden.

Bemerkenswerterweise legt die Unterweisung besonderen Wert auf das *Ziel* des Weinens, wobei normalerweise Weinen mit Schmerz, Traurigkeit etc. als Auslösern in Verbindung gebracht wird. Somit wird ein absurdes Ziel angestrebt, wobei die natürliche Kausalität des Weinens aufgrund von oben genannten Anlässen gelöscht wird: „Wir wollen die Beweggründe beiseite lassen" (12). Stattdessen geht es um den „korrekten" Vorgang des Weinens selbst als Zielsetzung. Wir müssen bedenken, dass Weinen eigentlich nicht erlernbar ist, nur seine Steuerung ist teilweise beherrschbar, woraus sich die Absurdität des Textes ergibt.

Cortázar zufolge wollen wir „uns an die korrekte Art zu weinen halten" (12). „Korrekt" heißt hier körpertechnisch richtig und angemessen, womit eine idealtypische Vorstellung zum Phänomen des Weinens vermittelt wird. Das humoristisch Absurde der Anleitung zum Weinen wird dadurch zum Ausdruck gebracht, dass das Weinen mit einer bestimmten Technik in Verbindung gesetzt wird, einer Verbindung, die normalerweise nicht vorhanden ist, weil man sich ins Weinen nur fallen lassen kann, ohne sich zu beherrschen.

Eine Definition des Weinens wird entworfen („worunter wir ein Weinen *[llanto]* verstehen, das weder in ein Skandalieren ausartet, noch das Lächeln mit seiner Parallele und plumpen Ähnlichkeit beleidigen soll" – 12), wobei die Koordinaten, die die Grenzen des Weinens bestimmen, festgelegt werden. Außerhalb der Koordinaten, die die technisch korrekte Art des Weinens eingrenzen, verrät das Weinen seine Künstlichkeit und Inszeniertheit.

Das „durchschnittliche, das gewöhnliche Weinen besteht aus einer allgemeinen Kontraktion des Gesichts und einem krampfartigen Laut, begleitet von Tränen und Rotz, letzterem gegen Ende zu, da das Schluchzen in dem Augenblick aufhört, wo sich einer energisch schnäuzt" (12). Diese pseudowissenschaftliche Definition des Weinens erzeugt eine emotionale Distanz zum Vorgang des Schluchzens, das als körperlicher Vorgang in Komponenten – „Kontraktion des Gesichts", krampfartiger Laut, Tränen und Rotz – zerlegt wird, die insgesamt das Phänomen des Weinens ausmachen, das mit dem „energischen Schnäuzen" endet. Die pseudowissenschaftliche Prosa, die Elemente und Verlauf des Weinens definiert, führt zu einer ‚Veralberung' der Rationalität von wissenschaftlichen Definitionen. Vielfältige andere

Ebenen, die dieses Phänomen betreffen, klammert die pseudo-naturwissenschaftliche, biologische Perspektive aus, wobei das nicht Sichtbare – die Motive und Intentionen des Weinens, die weinende Person in ihrer einzigartigen Individualität, die Situation, in der das Weinen zustande kommt – unberücksichtigt bleibt. Dadurch formuliert Cortázar eine humoristische Kritik an der extremen Abstraktionsleistung (und damit verbunden an Anonymisierung, analytischer Zergliederung, Rationalisierung und Empirismus), die die naturwissenschaftliche Perspektive auf ihre Objekte richtet. Es wird deutlich, dass es sich um eine Definition des Weinens handelt, die sich in Anlehnung an den Stil der wissenschaftlich begründeten technischen Gebrauchsanweisungen lediglich auf die sichtbare Oberfläche des Körpers bezieht.

Eine Anweisung für das Weinen erweist sich als erst recht absurd, insofern das Weinen nicht nur nicht über explizites Wissen vermittelt werden muss, sondern weder implizites noch explizites Wissen voraussetzt: Beim Weinen handelt es sich um einen basalen physiologischen und kommunikativen Vorgang, mit dem der Mensch von Anfang an ausgestattet ist. Die Motive für das Weinen können für Cortázar ausgehend von der Vorstellungskraft des einzelnen völlig willkürlich gewählt sein, müssen nicht einmal traurig sein. Was das Weinen auslöst, hat immer mit der Einbildungs- und Vorstellungskraft zu tun und ist willkürlich, wobei die Kausalität nur eine geringe Rolle spielt:

> „Um zu weinen, müssen sie die Einbildungskraft auf sich selbst lenken, und wenn sich das für Sie als unmöglich herausstellt, da Sie an die Außenwelt zu glauben gewohnt sind, so denken sie an eine von Ameisen bedeckte Ente oder an die Meerbusen der Magalhaesstraße, *die niemand je betritt*" (12).

Hier verleitet uns Cortázar zu der These zweier Entfremdungsstufen. Auf einer ersten ist man fremdgesteuert von Routine und Habitualität, man kann dem jedoch entgegenwirken, indem man die Einbildungskraft auf sich selbst richtet und somit in Kontakt mit den eigenen Gefühlen kommt, die dann zum Weinen verleiten. Die zweite, extremere Entfremdungsstufe erlaubt nicht einmal mehr ein derartiges Sich-auf-sich-selbst-Richten und findet in sich selbst nicht mehr die Motivation zum Weinen, weswegen Cortázar zwei willkürliche bzw. absurde Motive vorschlägt, die zum Weinen führen können. Unterstellt er der Leserin, dass diese davon ausgeht, dass die innere Welt weniger erklärbar ist als die äußere?

Wenn das Ziel erreicht ist und man weint, kommen Anweisungen zum sittlichen Umgang mit dem Weinen hinzu und die Durchschnittsdauer des Vorgangs des Weinens wird spezifiziert. Eine Normierung wird erreicht, indem eingefordert wird, dass das Weinen nicht in der Öffentlichkeit zur Schau gestellt werden darf, und indem eine durchschnittliche Dauer postuliert wird; die Idee der Normierung wird als solche dadurch lächerlich gemacht, weil ein Gefühlsausdruck wie Weinen sich nicht normieren lassen kann:

> „Sobald Sie schluchzen, werden Sie das Gesicht geziemend verhüllen. Bedienen Sie sich dazu der Hände, die Handteller nach innen gekehrt. Kinder halten sich den Jackenärmel vors Gesicht und stellen sich vorzugsweise in den Winkel des Zimmers. Durchschnittliche Dauer des Schluchzens: drei Minuten" (12).

In dieser unmöglichen Verbindung von Normierung und Gefühlsausdruck wird unsere Annahme entlarvt, dass Gefühlsausdrücke etwas Spontanes und nicht Normierbares sind.

## Präambel zu der Unterweisung im Uhraufziehen/ Preámbulo a las instrucciones para dar cuerda al reloj

Eine Präambel, wie man sie häufig als Einleitung für einen Gesetzestext oder eine Urkunde findet, gehört eigentlich nicht zum Genre der Gebrauchsanweisungen, jedoch benutzt Cortázar von Anfang an die sprachlichen Modi der Gebrauchsanweisungen im Imperativ und Indikativ: „Denk daran: wenn man dir eine Uhr schenkt, schenkt man dir eine kleine blumige Hölle, eine Kette von Rosen, ein Verlies aus Luft" (25). Die Uhr ist in dieser Anleitung nicht, was sie zu sein scheint; sie ist nicht nur das Objekt, das wir in erster Linie wahrnehmen, sondern auch etwas anderes. Glaube nicht an das, was Du siehst – warnt uns Cortázar – und auch nicht an das, was das Wort Uhr bezeichnet: „Man gibt dir nicht bloß die ‚Uhr', alles Gute zum Geburtstag und hoffentlich hast Du viel von ihr, denn sie ist ein gutes Fabrikat, eine Schweizer Uhr mit Rubinanker" (25). Mit dem Akt des Uhrschenkens und Glückwünschens ist es nicht vorbei, da die Uhr mehr ist als nur eine Uhr für ihren pragmatischen Gebrauch:

> „man schenkt dir nicht nur jenen kleinen Steinmetz, den du dir ans Handgelenk binden und mit dir rumtragen wirst. Man schenkt dir – unwissentlich, das ist das Schreckliche, unwissentlich – schenkt man dir ein neues und prekäres Stück deiner selbst, etwas das dein, aber nicht dein Körper ist, das du mit Riemen an deinen Körper binden musst wie ein sich verzweifelt an dein Handgelenk hängendes Ärmchen" (25).

Im Sinne der Wissensasymmetrie der Gebrauchsanweisungen verfügt der Autor über ein Wissen, das die Schenkenden und Beschenkten nicht haben; er warnt die unwissende Leserin davor, dass die Uhr zum selbstverständlichen Bestandteil des Beschenkten und untrennlich zu ihm gehören wird. Die Uhr gehört zwar materiell nicht zum Körper, sie wird jedoch zum Teil des Selbst, der Seele des Beschenkten.

Mit der Uhr schenkt man „dir die Notwendigkeit sie alle Tage aufzuziehen, die Verpflichtung, sie alle Tage aufzuziehen, die Verpflichtung sie aufzuziehen, damit sie weiterhin Uhr ist" (25). Das Objekt Uhr wird allmählich zum Subjekt, indem sie auf den Beschenkten den Zwang ausübt, sie kontinuierlich aufzuziehen, damit sie überhaupt als Uhr in ihrem Zeugzusammenhang funktionieren kann: eine bemerkenswerte seelische Wirkung, die von einem materiellen Artefakt ausgelöst werden kann.

Man schenkt mit der Uhr aber auch „die Besessenheit, in den Auslagen der Juwelierläden, durch die Rundfunkzeitansage, beim Telefondienst die genaue Uhrzeit festzustellen". Die Obsession wird einem unbewusst auferlegt, sich ständig nach der objektiven intersubjektiven Zeit richten zu müssen, die sich dann wiederum auf die Strukturierung der eigenen inneren Zeit auswirkt. Die Freiheit der subjektiven Zeit, der inneren Dauer (Bergson 1993/1939, S. 147 ff.) wird verdrängt. Das eigene innere Zeitbewusstsein wird durch das funktionierende materielle Objekt beeinflusst und strukturiert. Auch Ängste werden im Empfänger der Uhr ausgelöst: „Man schenkt dir die Sorge, sie zu verlieren, die Furcht, dass sie dir gestohlen wird, zu Boden fällt und zerbricht." Untrennbar mit der Uhr verbunden sind somit Notwendigkeit, Verpflichtung, Besessenheit und Angst. Allmählich bemächtigt sich das eingangs harmlose kleine Artefakt unserer Existenz. Dazu gehört auch die soziale Verortung unserer Existenz: „Man schenkt dir ihre Marke und die Gewähr, dass sie eine bessere Marke ist als andere, man schenkt dir Neigung, deine Uhr mit allen übrigen Uhren zu vergleichen" (25).

Die Marke der Uhr macht sie zum Statussymbol und durch die Inbesitznahme dieser Marke erfolgt die Einordnung der Besitzerin in eine bestimmte Statusgruppe; sie wird dadurch einer etablierten sozialen Ordnung unterworfen. Durch die Uhr wird man darüber hinaus der mit dieser Ordnungsvorstellung einhergehenden Konkurrenz ausgesetzt. Ein sozialer Geltungsanspruch wird mit der Uhr mitgeschenkt. Fatalerweise muss die Leserin Cortázars Feststellung zustimmen: „Nicht dir schenkt man eine Uhr, du bist, was man schenkt, dich bringt man der Uhr zum Geburtstag dar."

Das Materielle, die Uhr, die die Besitzerin wechselt, erschöpft sich nicht in der materiellen Existenz, sondern bringt unvermeidbar eine weitreichende immaterielle Gefühls- und Vorstellungswelt mit sich. Mit Bezug auf die neue Besitzerin der Uhr erfahren die materielle und die immaterielle Welt eine Umkehrung der Subjekt-Objekt-Beziehung; die Besitzerin wird zum Besitz der Uhr, die Uhr wird zum Subjekt und das beschenkte Individuum zum Objekt.

## Unterweisung zum Uhraufziehen/ Instrucciones para dar cuerda al reloj

„Dort in der Tiefe haust der Tod, aber seien Sie ohne Furcht. Packen Sie die Uhr mit einer Hand, nehmen Sie mit zwei Fingern den Schlüssel der Feder, drehen Sie ihn behutsam." (26) Bereits der Titel dieser „Unterweisung" suggeriert, dass es sich um Gebrauchsprosa handelt. Die Leserin wird darauf eingestimmt, im technischen Sinne darin eingewiesen zu werden, eine Uhr aufzuziehen. Diese Erwartung wird aber unmittelbar enttäuscht, da gleich zu Beginn die Warnung ausgesprochen wird, dass das Ende aller Zeit durch den Tod bestimmt ist. Indem die Uhr die Zeit misst, macht sie uns dessen bewusst, dass wir uns dem Tod annähern. Der Imperativ, der dann darauf hinweist, dass man sich nicht zu fürchten braucht, banalisiert die Furcht vor dem Tode. Der exakte Vorgang des Uhraufziehens wird daraufhin präzise und technisch mit Hilfe der Gebrauchsanweisung beschrieben; alle genrespezifischen Voraussetzungen einer Gebrauchsanweisung werden an dieser Stelle erfüllt.

„Nun bricht ein anderer Zeitraum an, die Bäume entfalten ihre Blätter, die Boote laufen Regatten, wie ein Fächer füllt die Zeit sich mählich mit sich selbst, und es sprießen aus ihr die Luft, die Brisen der Erde, der Schatten einer Frau, der Duft des Brotes" (26): Der Zeitraum, der sich nun durch das Aufziehen der Uhr eröffnet, wird erst durch letztere konstituiert, die die fließende Zeit in Zeitabschnitte zergliedert. Die Uhr vermittelt eine objektive, intersubjektive und messbare Zeit an den Beschenkten, dessen Zeit vom Jetzt bis zum Tode strukturiert und gemessen wird. Die Uhr zählt unsere Zeit, interveniert in unsere Zeit und greift somit in etwas ein, was ansonsten völlig natürlich verlaufen würde. Wir erhalten glücklicherweise eine neue Frist, mit dem gleichzeitigen Nachteil, dass die Zeit nun befristet ist. Der strukturierte Zeitablauf ist nun in Sekunden, Minuten und Stunden aufgeteilte Zeitspannen zergliedert. Diese können sich mit Zeit füllen, da jetzt messbare Einheiten vorliegen. Bis zu dieser neuen Frist spielt sich das schöne Leben von Neuem ab: „Was wollen Sie mehr, was wollen Sie mehr? Binden Sie sie rasch ums Handgelenk, lassen Sie sie in Freiheit schlagen, ahmen Sie sie sehnsüchtig nach."

Wenn wir über Zeit verfügen, noch eine Frist haben, dann heißt das, dass wir leben. Im imperativen Modus fordert uns Cortázar auf, nun keine Zeit mehr zu verlieren und die Uhr schnell an das Handgelenk zu binden.

Die angedeutete Transformation der Uhr in etwas Lebendiges wird nun explizit vollzogen. Ihr freier Pulsschlag[4] soll nun sehnsüchtig nachgeahmt werden. Die Unterweisung verschiebt sich vom Technisch-Pragmatischen auf das Existenzielle: Spüren Sie sich selbst als lebendiger Organismus mit Sehnsüchten! Brechen Sie aus dem maschinellen, automatischen Ich Ihres habituellen Lebens aus! In diesem Rahmen erfolgt eine letzte existentielle Warnung, in der sich Uhr und Mensch vermischen: „Die Furcht macht die Anker rosten, alles, was man erreichen konnte und was man vergaß, zerfrisst nach und nach die Venen der Uhr, macht das kalte Blut ihrer Rubine brandig." In einer pseudo-technischen Sprache erklärt er uns, dass Furcht und Bereuen das Lebendige in uns töten. Keine Revision der Vergangenheit ist gefragt, kein Bereuen, denn das lässt unsere Venen brandig werden und führt erst recht zum Tod.

Wir können den Tod nur an der Nase herumführen, wenn wir uns beeilen und die objektive Zeiteinteilung bezwingen. Wir werden aufgefordert, die Frist zu vergessen und die Zeit so zu nutzen, dass diese keine Rolle mehr spielt, weil das, was wir erlebt haben, uns keine Frist mehr wegnehmen kann. Wenn wir eine sinnerfüllte Zeit hatten und das Leben genießen konnten, wird der Tod nichtig sein: „Und dort in der Tiefe ist der Tod, wenn wir nicht eilen und zuvorkommen und begreifen, dass es nicht mehr von Belang ist."

## Konklusionen

Wie auch im Hinblick auf die „Unterweisung zum Weinen" wird in den „Präambeln" und in der „Unterweisung zum Uhraufziehen" die habituelle, konventionelle Sicht auf die Dinge und Phänomene unterminiert. Ein gemeinsames Merkmal der hier untersuchten unterschiedlichen Gebrauchsanweisungen besteht darin, dass die eigentlichen etablierten Bedeutungen verschoben werden. Im Falle des Weinens vom Existentiellen ins Pragmatische, mit Bezug auf das „Geschenkt-bekommen-der-Uhr" vom Pragmatischen ins Existentielle. Die so präsentierten „Gebrauchsanweisungen" fungieren als Brücken zwischen dem pragmatischen Alltagsleben und den außeralltäglichen existentiellen Sinngebungen des Lebens. Der Sinn der Gebrauchsprosa wird durch diese Dekonstruktion ins Lächerliche gezogen und/oder ad absurdum geführt. Cortázar verwendet die Gebrauchsprosa in einer ‚parasitären' Form, indem er seine Gedanken und seine neue Sichtweise in sie ein-

---

4  Das Verb „latir" (schlagen) kann sich im Spanischen nur auf lebendige Organe, insbesondere das Herz beziehen.

pflanzt. Seine „Instrucciones" ernähren sich von der Gebrauchsprosa, die ihnen als ‚Wirt' dient, um spezifische existentielle Deutungen erzeugen zu können.

Der Kontrast zwischen Cortázars literarischen Gebrauchsanweisungen und gewöhnlichen fungiert im Sinne einer Entfremdung der Alltagsroutinen. Er bedient sich dieses Genres in parasitärer Form, um es zu durchbrechen, um Rationalitätsglauben, Glaube an Fortschritt und Technologie sowie Habitualität zu durchbrechen. Dies erreicht Cortázar, indem er „Gebrauchsanweisungen", die normalerweise einen imperativen Charakter aufweisen, in die literarische Form überführt und entfremdet und so einen „offenen Realitätsmodus" ausgehend vom „kategorischen Konjunktiv" erhält (Soeffner 2010, S. 221).[5] „Wie das weithin geschlossene Lernmodell der ‚zentrischen Positionalität' des Tieres [siehe dazu Cortázar, der den Alltagsmenschen als Stier, Affen und Hund kategorisiert] tendiert auch der Alltagsverstand dazu, erfolgreiche Problembewältigungsmuster beizubehalten und in Routinen umzuformen". Das „ästhetische Selbst- und Weltverhältnis" sei hingegen durch den „kategorischen Konjunktiv" gekennzeichnet, den Soeffner zum zentralen Begriff seiner Konzeption des Ästhetischen und der Ästhetisierung erklärt, weil sich an ihm der „offene Realitätsmodus", durch den sich das ästhetische Selbst- und Weltverhältnis auszeichnet, am besten zeigt (Soeffner 2010, S. 220 f.). Entscheidend ist diesbezüglich, dass der offene Realitätsmodus „auch dem Unwahrscheinlichen einen Realitätsakzent zuerkennt" (Soeffner 2010, S. 221). Dieser Realitätsmodus bestehe nicht nur im Imaginären des Unwahrscheinlichen, sondern auch in der Anerkennung der Realität als Imagination. Die Parallelen zu Cortázars Argumentation sind verblüffend, da dieser genau so operiert: Ausgehend von einer real existierenden Uhr führt er uns ins Imaginäre (die Uhr als lebendiges Wesen), um im nächsten Schritt das Imaginäre als das Reale zu postulieren.

## Instruktionen für die Lebenspraxis – ein ästhetisch-politisches Manifest

Die Spezifik von Cortázars Werk besteht darin, dass es in der alltäglichen Lebenspraxis verankert ist. Kunsterfahrung und politische Intervention gehören für ihn zusammen, was die Epoche der 1960er und 1970er Jahre widerspiegelt. In diesen Rahmen schreibt sich die Aufforderung der Ge-

---

5 Im Anschluss an Helmuth Plessner unterscheidet Soeffner zwischen „Indikativ" und „Konjunktiv". Der Indikativ dient der Feststellung des Wirklichen und des Möglichen, während der Konjunktiv einen Spielraum außerhalb des Möglichen erzeugt (Plessner 1983, S. 347).

brauchsanweisungen ein, mit den etablierten Routinen und Selbstverständlichkeiten zu brechen und Veränderungen aktiv herbeizuführen. So soll auch die traditionelle Rolle der Leserin als Rezipientin und damit ihr Bewusstsein verändert werden, woraus eine politische Veränderung entstehen soll. Die Leserin selbst wird aufgefordert, sich aus dem Korsett, dem Käfig ihrer Routinen zu befreien, und wird insofern in das Werk mit einbezogen. Bereits mit der Anordnung der unterschiedlichen Abschnitte des Buches „Historias de cronopios y famas" wird Cortázars literarisches Programm deutlich, das darauf abzielt, 1) mit den Erwartungen der Lesenden zu spielen, 2) ihre Lesegewohnheiten zu demontieren und 3) einen Pakt mit den Lesenden zu schließen, in dem Lesen und Deuten eine aktive Rolle im ästhetischen Spiel bedeutet. Es gilt stets wach zu sein, um die Fallen zu erkennen, die er Autor und Lesenden stellt (Quiroga Flores 2010). So erfolgt mit den Bezeichnungen „Cronopien und Famen" im Titel des Buches eine erste Desorientierung: Die Lesenden wissen nicht, ob es sich um Menschen oder Fabelwesen handelt; dieser Zweifel destabilisiert die Lesegewohnheiten und Literaturkonventionen des literarischen Realismus. Mit dem Begriff der „Cronopien" kann keine Verbindung zu einem bekannten realen oder irrealen Objekt hergestellt werden. Erst in der Erzählung verkörpern sich die Cronopien und die Famen, durch Skizzen und „Pinselstriche" werden die Figuren der Cronopien und Famen hervorgebracht.

Die *„Instrucciones"* sind Manifest ideologischer und ästhetischer Prinzipen, nach welchen Literatur zu verfassen bedeutet, sich in die Lebenspraxis einzumischen. Die Sichtweise, die Literatur als soziale Intervention versteht, sprengt die Idee einer Autonomie der Literatur von der Lebenspraxis. Parallel dazu wird der Leser herausgefordert, sich an der Transformation der etablierten Ordnung, der Ordnung der Dinge, zu beteiligen. Präetablierte Formen des Empfindungsvermögens sollen demontiert, Restriktionen, die das logisch-rationale Denken der Lebenserfahrung auferlegt, sollen aufgelockert werden. Wie findet diese Demontage statt?

Das diskursive Genre der Gebrauchsanweisungen schätzt die Fähigkeiten des Lesers gering, weil es uns auffordert, Anleitungen, Unterweisungen von Anderen zu folgen. Und insofern verlangt dieses Genre gemeinhin von uns, unsere eigene Kreativität außen vor zu lassen und unser eigenes Urteilsvermögen in Bezug darauf, wie man etwas macht, zu annullieren. Was das diskursive Genre der Gebrauchsanweisungen voraussetzt, wird aber von Cortázar dekonstruiert. Demontiert wird ein Diskurs, dessen Annahmen über die Lesenden eine autoritative Haltung zum Ausdruck bringen. Indem Cortázar den Stil der Gebrauchsanweisungen verwendet, demaskiert er ihre Grundannahmen, die den Autor als Wissenden und die Lesenden als Unwissende und Taugenichtse begreifen; er demaskiert weiterhin die Idee eines automatisierten Bewusstseins, das durch Routine und praktische Logik, die notwendigerweise dem vorschreibenden Diskurs angehören, diszipliniert wird.

In Cortázars ästhetischem und politischem Programm steht jedoch das Habituelle nicht dem Kreativen oder dem Phantastischen gegenüber, sondern beide Bereiche gehören für ihn zusammen. Das Immaterielle ist im Materiellen enthalten, das Phantastische ist angelegt im Habituellen, und das Kreative im Typisierten: „Ein Herr ist im Begriff, Zahnpasta auf die Zahnbürste zu drücken. Plötzlich sieht er das verkleinerte Bild einer auf dem Rücken liegenden Frau, aus Koralle oder vielleicht aus gemalten Brotkrumen" (in: „Anleitungsbeispiele über die Art und Weise, Angst zu haben").

## Literatur

Bergson, H. (1993/1939): Denken und schöpferisches Werden. Aufsätze und Vorträge. Hamburg: Europäische Verlagsanstalt.
Cortázar, J. (1992/1962): Geschichten der Cronopien und Famen. Frankfurt am Main: Suhrkamp.
Cortázar, J. (1994): Nuevo elogio de la locura. In: Cortázar, J.: Obras criticas. Bd. 3. Madrid: Ediciones Alfaguara, S. 429–436.
Cortázar, J. (2003/1962): Historias de cronopios y de famas. In: Cuentos completos 1 [1945–1966]. Buenos Aires: Aguilar, Altea, S. 403–501.
Gatzemeier, C. (1995): Phantastik im erzählerischen Schaffen von Julio Cortázar. In: Quetzal. Magazin für Politik und Kultur in Lateinamerika 12/13, S. 6–11.
Heidegger, M. (1993/1926): Sein und Zeit. Tübingen: Niemeyer.
Plessner, H. (1983): Der kategorische Konjunktiv. Ein Versuch über die Leidenschaft. In: Plessner, H.: Gesammelte Schriften VIII: Conditio humana. Frankfurt am Main: Suhrkamp, S. 338–352.
Plessner, H. (2003/1941): Lachen und Weinen. Eine Untersuchung der Grenzen menschlichen Verhaltens. In: Plessner, H., Gesammelte Schriften VII. Ausdruck und menschliche Natur. Frankfurt am Main: Suhrkamp, S. 201–387.
Quiroga Flores, S. (2010): Humor, literatura y vaguardia en Historias de cronopios y de famas. In: La Letra Inversa 2, November. www.letrainversa.com.ar (Abruf am 13.03.2014).
Soeffner, H.-G. (2010): Vom Sinn der Ästhetik – Funktionale Zweckfreiheit. In: Soeffner, H.-G.: Symbolische Formung. Eine Soziologie des Symbols und des Rituals. Göttingen: Velbrück, S. 209–234.

Angela Keppler
# Aspekte einer Hermeneutik des Nicht-Verstehens

In einer Studie unter dem auf Helmuth Plessner verweisenden Titel *Zen und der „kategorische Konjunktiv"* geht Hans-Georg Soeffner (2014) der besonderen – sprachlich uneinholbaren und also, in einer bestimmten Bedeutung, unverständlichen – Sinnlichkeit des Sinns ästhetischer Wahrnehmung nach. Seine Erkundung gilt der „mögliche[n] Freisetzung *aller* unterschiedlichen Sinne von praktischen und pragmatischen Zwängen" und zugleich den „Rahmungen", die zu Situationen und Vollzügen einer derartigen Aufmerksamkeit gehören (Soeffner 2014, S. 56). Er zeigt, wie „weitgehend sprachfreie, gezielt sprachentlastete" Wahrnehmungsvollzüge außerhalb wie innerhalb des Bezugs auf Objekte der Kunst kollektiv eingeübt und somit in eine mit anderen geteilte oder doch teilbare – häufig als meditativ oder kontemplativ aufgefasste – Praxis der Abstandnahme von zweckgerichteten Tätigkeiten aller Art überführt werden können. Es geht hier um Formen des Verweilens in einer ästhetischen Aufmerksamkeit, die nicht oder nur teilweise als ein Vorgang des Verstehens begriffen werden kann – oder aber, sofern es sich um Kunstwerke handelt, die sich nicht in einer verstehenden Sinnbildung oder Sinnaneignung erschöpft.

Damit ist bei Soeffner eine These über Grenzen des Verstehens verbunden. Sie besagt: Prozesse ästhetischer Aufmerksamkeit können nicht durchweg – und teilweise gar nicht – als Prozesse des Verstehens aufgefasst werden; es gibt vielmehr Formen ästhetischer Wahrnehmung, die ihren Sinn gerade in einem Verzicht auf eine deutende Aneignung ihrer Objekte haben. Für eine ästhetische und sozialwissenschaftliche Hermeneutik stellt sich hier gleichermaßen die Frage nach ihrem eigenen Status. Als eine philosophische oder soziologische Disziplin des Verstehens von (Sinn-)Verstehen scheint sie hier an eine Grenze zu gelangen. Soeffners Überlegungen aufnehmend möchte ich jedoch deutlich machen, dass eine adäquate Hermeneutik gerade den Sinn eines ästhetischen Nicht-Verstehens zugänglich machen kann.

## Gartenkunst und ästhetische Natur

Zentral für Soeffners Betrachtung sind Gestaltungsformen, die sich in der Ästhetik des Zen-Buddhismus entwickelt haben, um eine meditative Praxis der Abwendung vom Involviertsein in zweckorientierte Verrichtungen zu unterstützen. „Mit dem weltberühmten Steingarten des Ryôan-ji-Tempels", schreibt er,

> „schuf sich der Zen-Buddhismus bei Kyoto eine Ausdrucksgestalt, die in der Vereinigung von räumlicher Geschlossenheit und meditativer Offenheit das Paradox der innerweltlichen Gestaltung von Außeralltäglichem perfekt repräsentiert. Die symbolische Form des Gartens und der in ihr verwirklichte, strenge Symbolismus sind dabei ebenso unverkennbar wie die Unmöglichkeit, diese Symbolgestalt diskursiv zu erschließen" (Soeffner 2014, S. 64).

Genau besehen sind es freilich zwei auf den ersten Blick paradoxe Verhältnisse, die hier angesprochen werden. Denn es handelt sich hier nicht allein um ein „innerweltliches" Arrangement, das eine Transzendierung der Verhaftung in pragmatische Vollzüge (und des „Anhaftens" an sie) ermöglicht. Der japanische Garten schafft zugleich eine über die alltäglichen Sinnstrukturen der Lebenswelt hinausweisende „symbolische" Ordnung, auf die sich einzulassen die Besucher an seinem Ort aufgerufen sind. Diese Anordnung von Elementen verlangt eine primär spürende, gerade nicht auf ein deutendes Verstehen gerichtete Hinwendung. Jeder Versuch einer auslegenden Aneignung muss hier scheitern:

> „Der Sinn der Symbolgestalt des Ryôan-ji ist offenkundig so vorstrukturiert, dass er den Sinnen durch die Sparsamkeit der Gestaltungselemente und die Einbettung der Steingruppen in eine – wiederum – monochrome Umgebung so viele Appräsentationshorizonte öffnet, dass weder ein eingrenzbarer noch gar eindeutiger Sinn deutlich wird: Es gibt hier nichts, was alltagspraktisch, wissenschaftlich, zeichentheoretisch und diskursiv ‚verstanden' werden könnte. – Alle meine gelehrten japanischen Freunde – darunter ein ehemaliger Zen-Mönch – beteuern, dass sie den Garten nicht ‚verstünden', sich jedoch seiner Kosmologie (‚Welt') verpflichtet fühlten und sich in ihr wiederfinden könnten: Das diskursiv Unausdrückbare sucht sich hier nicht nur signifikante symbolische Ausdrucksgestalten, sondern vermittelt sich auch – subjektübergreifend – in kollektivierbaren Wahrnehmungsstilen und Haltungen gegenüber der Welt" (Soeffner 2014, S. 65).

Diese überzeugende Charakterisierung exponiert ein für eine hermeneutisch verfahrende Soziologie des Ästhetischen durchaus dramatisch erscheinendes Problem. Wie können ästhetische Praktiken und ihre Objekte verstanden werden – und können sie es überhaupt –, bei denen es nicht – oder nicht primär – um eine verstehende Hinwendung geht? Wie kann der durch ästhetische Einstellungen und Arrangements hervorgerufene Verzicht auf das Verstehenwollen seinerseits verstanden werden? Soeffners eigene Analyse macht freilich deutlich, dass ein hermeneutischer Zugang vor dem beschriebenen Phänomen seine Waffen weder strecken muss – noch strecken darf. Denn es ist ja ein sinnhaftes Phänomen, dem sich die Besucher in einer solchen Umgebung hingeben. Zugleich ist es eine – zudem in ausgezeichneter Weise – sinnvolle Tätigkeit, der sie sich an diesem Ort widmen.

Bevor ich auf Soeffners Beispiel zurückkomme, möchte ich einen anderen Fall einer nicht auf Vollzüge des Verstehens gerichteten Praxis in den Blick nehmen: die ästhetische Wahrnehmung der Natur. Hierbei kann es sich ebenfalls um außeralltägliche Praktiken des Verlassens einer in festen Bahnen gedeuteten Welt handeln, etwa bei einem Aufenthalt in den Wüsten dieser Welt oder bei der Erwanderung von Gebirgszonen jenseits des Event-Tourismus. Zugleich aber stellt der Sinn für das Naturschöne bei vielen Menschen eine durchaus alltägliche Einstellung dar, etwa wenn sie die Gewohnheit haben, sich regelmäßig nach „Draußen", in ein vergleichsweise natürliches Ambiente, zu begeben und dort für eine synästhetisch erfahrbare Vielfalt von Farben, Formen, Formationen sowie der Momentaneität und Varietät ihres Erscheinens in der jeweiligen Witterung, Jahres- und Tageszeit aufmerksam zu sein. Auch dies ist eine genuine ästhetische „Möglichkeit, bei der Wahrnehmung von ‚Gegenständen', die Wahrnehmung selbst [...] zu erleben" (Soeffner 2014, S. 58). Im Raum ästhetisch erfahrener Natur kann sie innerhalb der modernen westlichen Tradition zudem ohne metaphysische oder religiöse Konnotationen – ohne das Eingedenken an eine kosmologische Seinsordnung, einen Schöpfergott oder das „zweite Buch der Natur" – ergriffen werden (Seel 1991). Wo dies geschieht, gelangen Dinge und Szenerien der Natur als eine Gelegenheit zur temporären Befreiung von den Fixierungen auf ein erfolgsorientiertes Erkennen und Handeln zur Anschauung.

Eine Paradoxie einer „innerweltlichen *Gestaltung* von Außeralltäglichem" (Soeffner 2014, S. 64, Herv. d. Verf.) entsteht hier allein deshalb nicht, weil hier gar nichts gestaltet ist – oder genauer: weil es auf die gestalteten Elemente einer vorwiegend naturhaften Umgebung in entscheidender Hinsicht gerade nicht ankommt. So sehr Räume der äußeren Natur unter heutigen Bedingungen oftmals vielfache Elemente und Spuren menschlicher Eingriffe aufweisen und so sehr es an ihren Objekten und Landschaften unter historischer, geologischer oder biologischer Perspektive gewiss Vieles zu erkennen oder zu verstehen gibt, von diesen Perspektiven nimmt eine ästhetische Vergegenwärtigung Abstand. Denn, wie Martin Seel (2007, S. 30) schreibt,

> „sofern und soweit wir die *Natur* dieser Szenerien genießen, genießen wir gerade, dass die Natur die Reichweite unseres Verstehens immer auch transzendiert. Die Varietät und Fülle ihrer Erscheinungen verdankt sich keiner Absicht, keinem Stil und keiner Inszenierung; ihre Vergegenwärtigung trägt uns ein Stück weit aus der verwalteten und gedeuteten Welt heraus. [...] Das Verweilen bei naturschönen Gegenständen und Umgebungen [...] gibt uns [...] Freiheit von den Festlegungen unseres sonstigen Handelns. [...] [Dies] aber sind Aussagen über den *Sinn*, den das Verweilen bei und in der Natur für die Angehörigen moderner Gesellschaften hat. Dieser Sinn wird zugänglich in einer Reflexion darauf, worin das Interesse an sinn*freien* Zonen der lebensweltlichen Umgebung liegt. Indem eine hermeneutische Ästhetik diese Reflexion leistet, erweist sich das Naturschöne als ein genuines Feld ihrer Betrachtung, obwohl wir in ihm nicht in erster Linie und oft genug gar nicht auf ‚hermeneutische Objekte' in der üblichen Verwendung des Wortes stoßen."

Eine Hermeneutik des ästhetischen Verhaltens, so folgt daraus, kommt nicht an ein Ende, sondern sieht sich auf besondere Weise herausgefordert, wo ästhetische Wahrnehmung sich nicht im Modus des Verstehens ihrer Objekte vollzieht. Die hermeneutische Auslegung nämlich gilt dem Verständnis, das Personen in entsprechenden Praktiken gleichwohl leitet: dem also, *worauf* sich Menschen verstehen, wenn sie auf Prozesse der Wahrnehmung und Erfahrung aus sind, die nicht das Ziel einer Erweiterung ihres theoretischen Wissens und praktischen Könnens, sondern allein das einer um ihrer selbst willen zugelassenen Weitung ihres Bewusstseins haben.

Der Steingarten des Ryôan-ji-Tempels hingegen ist ein durchaus künstliches Arrangement. Die natürlichen Materialien, aus denen er hergestellt ist, sind in einer durchdachten Form komponiert, die eine diskursiv nicht bestimmbare Haltung weniger repräsentiert als evoziert. Dennoch ist es möglich, nach dem Kalkül dieser deutenden Auslegung gegenüber widerständigen Konfiguration zu fragen. Der Garten ist geschaffen als Ort eines meditativen Verweilens, das einen Abstand von jeder auf das eigene Wünschen und Wollen zentrierten Perspektive gewinnt. Dem Sinn dieser Übung verleiht der Garten Ausdruck, indem er dazu einlädt, *das* Erfassen – einschließlich *seines* Erfassens – sein zu lassen.

## Filme verstehen

Wie aber verhält es sich mit den Möglichkeiten und Grenzen des Verstehens in der Sphäre der Kunst, soweit diese nicht in meditative oder rituelle Praktiken eingebunden ist, bei deren Ausgestaltung sie eine tragende Rolle spielt? Wie verhält es sich insbesondere bei Künsten wie dem Spielfilm oder den derzeit gefeierten „Neuen Serien" des Fernsehens, die ihre Popularität dem Umstand zu verdanken scheinen, dass sie einem interkulturellen Publikum ohne Weiteres nachvollziehbar sind? Schließlich haben wir es hier – wie auch bei den meisten anderen Formen der Kunst – mit hermeneutischen Objekten zu tun, die nicht selten, wie Hegel (1970/1832–1845, S. 25) sagt, einer „denkenden Betrachtung" offen stehen oder sogar nach ihr verlangen. Mit ihnen überhaupt etwas anfangen zu können, erfordert – anders als im Raum ästhetisch wahrgenommener Natur oder bei der Kontemplation eines japanischen Gartens – einen verstehenden Mitvollzug ihres Verlaufs. Auch dieses Verstehen aber muss aus kunsttheoretischer wie soziologischer Warte richtig verstanden werden, nämlich wiederum aus den besonderen Spielarten des Umgangs, durch den Objekte der Kunst für ihr Publikum bedeutsam werden, ohne auf eine angebbare Bedeutung reduziert werden zu können.

In seinem Kommentar zu der „Playhouse"-Serie des japanischen Künstlers Hiroshi Sugimoto, die aus Fotografien besteht, mit denen der vollständige Verlauf von Spielfilmen in einer einzigen langen Einstellung einer Großbild-Kamera aufgenommen wurde, verweist Soeffner auf das irritierende Verhältnis von Sichtbarkeit und Unsichtbarkeit, das bei diesem Verfahren entsteht (Soeffner 2014, S. 67 ff.). Auf den Fotografien sieht man lediglich eine helle Leinwand, deren Licht in den vorderen Raum eines Kinosaals fällt – und damit eine extrem verfremdete Ansicht des jeweiligen Films, dessen Licht den Anblick einer von allen Vorkommnissen befreiten Leinwand verursacht hat. Die Präsenz der filmischen Bewegung erscheint in ihrem Verschwundensein. Auf diese Weise exponieren die Fotografien auf ihre Weise die Intimität von Sichtbarkeit und Unsichtbarkeit, Entstehen und Vergehen, die für das filmische Bild in mehrfacher Hinsicht charakteristisch ist (Keppler 2006, S. 59–73). Wie Soeffner andeutet, wird hier der pure Möglichkeitsraum von Kinofilmen vergegenwärtigt, unter striktem Verzicht darauf, das leere Zentrum dieser Aufnahmen mit bildlichen Elementen zu füllen.

Eine derartige Interpretation gibt Anregungen, diese Bildserie zu verstehen und also in der Betrachtung etwas mit ihr anfangen zu können. Dieses Verstehen aber hat eine besondere Form. Eine Explikation dieses Verstehens spricht nicht aus, was ein künstlerisches Objekt sagt oder sagen will, sie weist darauf hin, was an ihm erfahren werden kann. Sie versucht aufzuzeigen, was *es* bestimmt, ohne das *wir* es anders als durch den Hinweis bestimmen könnten. „Der Zweck des Kunstwerks ist die Bestimmtheit des Unbestimmten", könnte man an dieser Stelle mit Adorno (1973, S. 188) sagen. Damit ist eine innere Begrenztheit des Kunstverstehens markiert, die freilich ihrerseits richtig verstanden werden muss. Sie hat ihren Grund nicht allein in dem Umstand, dass Objekte der Kunst immer wieder anders und neu verstanden werden können, sondern vor allem darin, dass ihr Verstehen in keinem Verständnis aufgeht, das unabhängig von dem Bezug auf das Werk artikuliert und ohne Erinnerung an es erhalten werden könnte. Diese Art des Verstehens unterscheidet sich grundsätzlich von anderen Formen des Verstehens, bei denen das Verstandene in die eigenen Worte übersetzt werden kann.[1] Das kunstbezogene Verstehen zeichnet sich durch einen besonderen Zugang zu seinen Gegenständen aus – einen, in dem jeder direkte Zugriff auf sie verwehrt ist. Wir haben es hier mit einer Form des Verstehens zu tun, die ebenfalls, aber dieses Mal *als* eine genuine Form des Verstehens, auf das Erfassen verzichten muss, wenn sie mit dem prozessualen Sinngehalt ihrer Gegenstände in Kontakt kommen und seiner Dynamik teilhaftig werden will.

Hier wird eine grundlegende Bedingung des Verstehens künstlerischer Objekte sichtbar: Sich darauf einzulassen, was ein künstlerisches Objekt mit einem macht, ist eine unumgängliche Bedingung seiner produktiven Rezeption. Selbständige ästhetische Erfahrung und selbständiges ästhetisches Urteil, sagt Adorno einmal anlässlich einer Betrachtung über das Fernsehen, setzt Menschen voraus, die „der Gesetzmäßigkeit und Stimmigkeit der Gebilde ungeschmälert, ohne Vorurteil und Vorbehalt sich anvertrauen" (Adorno 1986, S. 345). Dem Publikum seiner Ästhetik-Vorlesung im Wintersemester 1958/59 erläutert er dies folgendermaßen: Es komme „weniger darauf an, was einem das Kunstwerk ‚gibt', als darauf, was man dem Kunstwerk gebe, das heißt: ob man in einer bestimmten Art von aktiver Passivität, oder von einem angestrengten Sich-Überlassen an die Sache, ihr das gibt, was sie von sich aus eigentlich erwartet" (Adorno 2009/1958–59, S. 190).[2] Zwar denkt Adorno an dieser Stelle an das Hören von Musik, der Sache nach lässt sich seine Beobachtung ohne Weiteres auf den Film übertragen, zumindest wenn man die auch im Fall der Musik irreführende Forderung eines „angestrengten" sich Einlassens streicht. Bei der Wahrnehmung auch und gerade von

---

1   „Wir reden vom Verstehen eines Satzes in dem Sinne, in welchem er durch einen anderen ersetzt werden kann, der das Gleiche sagt; aber auch in dem Sinne, in welchem er durch keinen anderen ersetzt werden kann. (So wenig, wie ein musikalisches Thema durch ein anderes.) Im einen Fall ist der Gedanke eines Satzes, was verschiedenen Sätzen gemeinsam ist; im andern etwas, was nur diese Worte, in diesen Stellungen, ausdrücken. (Verstehen eines Gedichts.)" (Wittgenstein 2003/1953, S. 233).
2   Der Ausdruck „aktive Passivität" findet sich auch bei Edgar Morin (1958, S. 118). – Zu Adorno siehe Seel (2013); zu Morin: Schroer (2012, S. 31 ff.).

Filmen sind vielmehr die unterschiedlichen Arten und Grade des Mitgehens mit ihrer klangbildlichen Bewegung und somit der aufnehmenden Hingabe an ihren Verlauf entscheidend (Keppler 2012). Das Publikum muss bereit sein, sich von der Machart des Produkts bestimmen zu lassen – eine Bereitschaft, die im günstigen Fall durch die betreffenden Werke selbst hervorgerufen wird. So will auch Adorno seine Formel einer „aktiven Passivität" aufgefasst wissen:

> „Nur indem Sie die verschiedenen Momente des Kunstwerks, dem sie sich überlassen, dessen Disziplin sie mitvollziehen, indem Sie, wenn ich das so sagen darf, mitschwimmen, indem Sie dessen Momente zugleich auch reflektieren, gegeneinandersetzen, an die vergangenen sich erinnern und die kommenden erwarten, nur insoweit kommen Sie zu einem wirklichen Verständnis des Gebildes, das Sie dabei vor Augen oder in den Ohren haben" (Adorno 2009/1958–59, S. 202).

Das „Verständnis", zu dem man auf diese Weise „kommt", ist eines, das der Bewegung, der Geste, dem Kalkül und damit der formalen Organisation der betreffenden Werke folgt. Diese Partizipation kann nur unter den Bedingungen einer in verschiedenen Spielarten aktiven Aufmerksamkeit gelingen, durch die die Rezipienten für das empfänglich bleiben, was ihnen mitsamt der zugehörigen akustischen Instrumentierung auf der Leinwand begegnet. Auch jede spezifische, in besonderen Kontexten stattfindende und auf besondere textuelle und intertextuelle Bezüge fokussierte Interpretation ist dabei von der ästhetischen Dramaturgie der jeweiligen Produkte abhängig. Gerade dann, wenn Teile des Publikums durchaus eigensinnige Lesarten eines Films oder einer Fernsehserie entwickeln, bleibt ihr Bezugspunkt das öffentliche, auch anderen Betrachtern und ihren Aneignungsweisen zugängliche Objekt, auf das ihre Deutungen bei aller Differenz verweisen. Wie sie es auch verstehen, ihr Verständnis zehrt davon, was dort, im jeweiligen Film, in seinen individuellen Konfigurationen, auf ansonsten unaussprechliche Weise geschieht und bei seiner Betrachtung mit ihnen geschehen ist.

## Varianten des (Nicht-)Verstehens

Dennoch aber geschieht bei der Rezeption von Kunstwerken zugleich etwas, das sich einer noch so liberal verstandenen hermeneutischen Explikation entzieht und damit eine Grenze ihrer Bemühung um eine Erhellung der Horizonte des menschlichen Verstehens bezeichnet. Denn zum Sinn ästhetischer Praktiken gehört es auch, sich in ihrem Vollzug idiosynkratischen Reaktionen, Assoziationen und Imaginationen überlassen zu können, die nicht auf intersubjektive Nachvollziehbarkeit angelegt und ausgerichtet sind. Das besagt Soeffners weitere These, die auf eine interpretatorisch uneinholbare Dimension der Individualität der Rezeption ästhetischer Gegenstände gleich welcher Art verweist:

> „Das im Individuum Appräsentierte dagegen, die in uns allen beheimatete, synästhetisch materialisierte und für jeden einzelnen von uns *als Einzelnen* erfahrbare, innere Appräsentationswelt bleibt – nicht nur den Soziologen – unzugänglich. Sie ist ein kostbares Element unserer Autonomie: Es steht uns aber frei, Fragmenten dieser inneren Welt – für andere – eine äußere Ausdrucksgestalt zu geben" (Soeffner 2014, S. 70).

Es gehört, so könnte man sagen, zum Sinn ästhetischer Empfänglichkeit und Empfindlichkeit, dass sie von der Gestalt und Gestaltung der Objekte ihres Vernehmens – und nicht selten zugleich mit der Konzentration auf sie – auch wegführen kann: in Bahnen einer subjektiven Affinität und Affiziertheit, auf denen ihr ein intersubjektiver und erst recht objektivierender Nachvollzug nicht annähernd zu folgen vermag.

Wie sich die ausgehend von Hans-Georg Soeffners Abhandlung besichtigten Dimensionen, Reichweiten und Grenzen ästhetischen Verstehens und ihrer hermeneutischen Aufklärung gleichwohl berühren, möchte ich anhand einer Passage bei Hegel resümieren. Nach einer komplexen Überlegung, wie sich der Umgang mit Kunstwerken zur theoretischen und praktischen Einstellung gegenüber der Welt verhält, sagt Hegel in seinen *Vorlesungen über die Ästhetik*:

> „Deshalb ist die Betrachtung des Schönen liberaler Art, ein Gewährenlassen der Gegenstände als in sich freier und unendlicher, kein Besitzenwollen und Benutzen derselben als nützlich zu endlichen Bedürfnissen und Absichten, so daß auch das Objekt als Schönes weder von uns gedrängt und gezwungen erscheint, noch von den übrigen Außendingen bekämpft und überwunden" (Hegel 1970/1832–1845, S. 155).

Dies ist eine überaus prägnante Reformulierung des Theorems der „Interesselosigkeit" in Kants *Kritik der Urteilskraft*. In der ästhetischen Anschauung lassen wir die Objekte unserer Aufmerksamkeit „gewähren". *Das* ist hier das leitende – und manchmal das alleinige – Interesse unserer Wahrnehmung. Es ist zugleich ein Interesse, das ihre verschiedenen, durchaus heterogenen Dimensionen verbindet. In ästhetischer Einstellung wollen wir die Objekte unserer Hinwendung weder für einen externen praktischen Zweck verwenden noch ihnen in theoretischer Absicht eine bestimmte Einsicht abgewinnen. Fähig zur theoretischen und praktischen Bestimmung, suspendiert das Subjekt der ästhetischen Anschauung das verfügende Bestimmen. Es legt den Gegenstand seiner Wahrnehmung nicht auf einzelne seiner Merkmale und auch nicht auf Qualitäten eines möglichen Nutzens fest. Stattdessen nimmt es ihn in der undarstellbaren Fülle seiner Merkmale, Gestalten und Gestaltungsweisen wahr.

Dieser minimale Begriff der ästhetische Einstellung macht einen grundlegenden Sinn der ästhetischen Aufnahmefähigkeit für Objekte und Situationen – und auch ihre basale lebenspraktische wie soziale Funktion – verständlich. Innerhalb ästhetischer Einstellungen dieser Art jedoch tun sich unter dem Gesichtspunkt des Verstehens erhebliche Alternativen auf. Einige davon sind in diesem Beitrag zur Sprache gekommen: die Möglichkeit einer nicht-verstehenden Hinwendung zu Dingen und Umgebungen der Natur; die Möglichkeit einer nicht primär verstehenden meditativen Vergegenwärtigung beispielsweise der Anordnung eines japanischen Gartens; die Möglichkeit eines durchaus, wenn auch eine auf besondere Weise, verstehenden Verfolgens der Prozessualität künstlerischer Objekte, zum Beispiel von Filmen. Schließlich habe ich mit Soeffner auch eine subjektive Dimension jeder Art ästhetischer Aufmerksamkeit benannt, die sich dem intersubjektiven Verstehen wie einer hermeneutischen Auslegung weitgehend entzieht. Dass diese Dimensionen sich analytisch trennen lassen, bedeutet freilich nicht, dass sie sich in Prozessen ästhetischer Wahrnehmung nicht vielfach überlagern könnten. Zwischen einer (eher) verstehenden und einer nicht-verstehenden Ausrichtung auf ästhetische Gegenstände und somit ihres Verstehens oder Nicht-Verstehens, liegt in vielen ästhetischen Praktiken keine klare Demarkationslinie. Warum das so ist und wohl gar nicht anders sein kann, wird deutlich, wenn man nochmals – gut hermeneutisch – nach dem Sinn eines ästhetischen Weltverhältnisses fragt. Die Antwort, die ich geben möchte, findet sich zwar buchstäblich weder bei Hegel noch bei Kant, liegt aber der Sache nach gerade bei diesen Denkern außerordentlich nahe. Das „Gewährenlassen" nämlich, das nach Hegels und Kants Verständnis die Grundeinstellung der ästhetischen Wahrnehmung gegenüber ihren Objekten ausmacht, lässt sich auch in umgekehrter Richtung verstehen. Denn nicht allein lassen *wir* die Objekte des Schönen auf eine ausgezeichnete Weise gewähren, es verhält sich in einer ästhetischen Einstellung zugleich so, dass die *Objekte* unserer Aufmerksamkeit *uns* auf eine ausgezeichnete Weise gewähren lassen. Sie ermöglichen uns eine einmalige Gelegenheit der Belebung unseres Fühlens, Denkens und Imaginierens – und damit eine um ihrer selbst willen vollzogene Betätigung der Kräfte unseres Verspürens und Verstehens, die hier auf keinen bestimmten und bestimmenden theoretischen oder praktischen Vollzug festgelegt sind.

# Literatur

Adorno, Th. W. (1973): Ästhetische Theorie. Frankfurt am Main: Suhrkamp.
Adorno, Th. W. (1986): Kann das Publikum wollen? In: Tiedemann, R. (Hrsg.): Gesammelte Schriften. Frankfurt am Main: Suhrkamp, S. 342–347.
Adorno, Th. W. (2009/1958–1959): Ästhetik. Nachgelassene Schriften, Abt. IV.3. Frankfurt am Main: Suhrkamp.
Hegel, G. W. F. (1970/1832–1845): Vorlesungen über die Ästhetik I. Werke in zwanzig Bänden, Bd. 13. Frankfurt am Main: Suhrkamp.
Keppler, A. (2006): Mediale Gegenwart. Eine Theorie des Fernsehens am Beispiel der Darstellung von Gewalt. Frankfurt am Main: Suhrkamp.
Keppler, A. (2012): Bildlichkeit und Televisualität. In: Freyermuth, G. S./Gotto, L. (Hrsg.): Bildwerte. Visualität in der digitalen Medienkultur. Bielefeld: transcript, S. 161–171.
Morin, E. (1958): Der Mensch und das Kino. Eine anthropologische Untersuchung. Stuttgart: Klett.
Seel, M. (1991): Eine Ästhetik der Natur. Frankfurt am Main: Suhrkamp.
Seel, M. (2007): Ästhetik und Hermeneutik. Gegen eine voreilige Verabschiedung. In: Seel, M. (Hrsg.): Die Macht des Erscheinens. Frankfurt am Main: Suhrkamp, S. 27–38.
Seel, M. (2013): Aktive Passivität. Über die ästhetische Variante der Freiheit. In: Hindrichs, G./Honneth, A. (Hrsg.): Freiheit. Stuttgarter Hegel-Kongress 2011. Frankfurt am Main: Klostermann, S. 195–214.
Schroer, M. (2012): Gefilmte Gesellschaft. Beitrag zu einer Soziologie des Visuellen. In: Heinze, C./Moebius S./Richter, D. (Hrsg.): Perspektiven der Filmsoziologie. Konstanz: UVK, S. 15–40.
Soeffner, H.-G. (2014): Zen und der „kategorische Konjunktiv". In: Müller, M. R./Raab, J./Soeffner, H.-G. (Hrsg.): Grenzen der Bildinterpretation. Wiesbaden: Springer VS, S. 55–75.
Wittgenstein, L. (2003): Philosophische Untersuchungen. Frankfurt am Main: Suhrkamp

Michael R. Müller

# Gesellschaft im Konjunktiv
Über ästhetisches Handeln

Dass ästhetisches Handeln von mehr als nur oberflächlicher Bedeutung für das gesellschaftliche Leben ist, hatte Georg Simmel zur programmatischen Formulierung einer explizit „Soziologischen Ästhetik" (Simmel 2009/1896) veranlasst. Ästhetisches Handeln galt ihm als eine grundlegende Vollzugsform gesellschaftlichen Lebens, d.h. nicht nur als abbildhafter Widerschein habitualisierter sozialer Strukturen, sondern als genuine soziale Formgebung. Sei es die religiöse Kunst, die Repräsentation von Herrschaft oder die Vielfalt moderner Lebensstile: Die materiale Ausgestaltung und Umgestaltung von Dingen, Situationen und Verhältnissen und die letztlich symbolische „Verfeinerung und Vertiefung" (Simmel 2009/1896, S. 70) der so gewonnenen Ausdrucksfiguren stellen sich aus der Sicht einer tatsächlich *soziologisch* verstandenen Ästhetik als gesellschaftlich elementare Ordnungs- und Orientierungsleistungen dar. Stile, Rituale, soziale Choreografien, bildhafte Darstellungen oder rhetorische Wendungen, sie alle bringen spezifische Weltauffassungen, Lebenshaltungen und Wertideen gesellschaftlich objektiv zum Ausdruck und strukturieren soziale Austauschbeziehungen überaus effektiv. Der alltägliche Selbstdarsteller weiß dies ebenso zu nutzen wie die Politik, die Ökonomie oder die Religion.

Simmels soziologische Perspektive auf das Ästhetische als „formgebende Macht des Menschen" (2009/1896, S. 70) war und ist vor allem auch deshalb bemerkenswert, weil entsprechende Gestaltungshandlungen immer auch als mögliche Reaktionen auf historisch variierende Probleme der Lebensführung und der gesellschaftlichen Ordnungspolitik verständlich und analysierbar werden. In der Suche seiner Zeitgenossen nach immer „neuen Stilen, nach Stil überhaupt" (1996/1900, S. 555), erkannte Simmel wohl zu Recht eine Reaktion auf eine sich schnell verändernde, moderne Lebenswelt. Gleichwohl, so instruktiv Simmels Programm zweifellos ist, das Moment der ästhetischen Formgebung selbst bleibt in seinen Ausführungen weitgehend ausgespart oder hinter idealistischen Grundannahmen und Persönlichkeitspostulaten verborgen. Was ist dies für eine Macht, der es gelingt, aller „Zufälligkeit und Wirrnis" (Simmel 1996/1900, S. 681) feste Formen entgegenzustellen, und wo ist diese Macht beheimatet? Unter welchen anthropologischen Voraussetzungen und gesellschaftlichen Bedingungen ist oder wird solcherlei „poietisches Können" (Mittelstraß 1970, S. 349) möglich? Das Problem, das sich einer soziologischen Ästhetik hier stellt, ist es, die Emergenz und die schiere weltanschauliche Kreativität solch eines ästhetischen Modus des Sprechens, Handelns und Gestaltens – wie und wo auch immer er im Einzelfall zum Tragen kommen mag – einem soziologischen Erklärungsversuch zu unterziehen.

Und wie so oft, so macht auch hier der empirische Einzelfall das theoretische Unterfangen keineswegs leichter. Während Simmel das Ästhetische mit guten Gründen als „formgebende Macht des Menschen" beobachtet und versteht, stellt ein anderer Klassiker, Max Weber, dieser geradezu apollinischen Lesart immer wieder, und mit nicht minder guten Gründen, die dionysischen Züge des Ästhetischen gegenüber. Zwar kann auch Weber, methodologisch gesehen, nicht anders, als letztlich doch nur die Rationalisierung des Ästhetischen in zahlreichen kulturvergleichenden Ausführungen zu erkunden (Gephart 1993; Staubmann 2008). Aber eben hierin umschreibt er das Ästhetische strukturell prägnant als eine Macht zutiefst „arationalen oder antirationalen Charakters" (Weber 1988/1920, S. 554). In den Stilbildungen der repräsentativen Baukunst und Malerei sieht Weber diese arationale Macht schon weitgehend domestiziert, in Musik und Tanz indes wird sie regelmäßig, wie er schreibt, als „Mittel der Ekstase" instrumentalisiert; und wo der neuzeitliche „Intellektualismus" diese Macht als Möglichkeit einer innerweltlichen Erlösung vom Alltag und vom Druck des Rationalismus diskutiert, dort soll sie in der religiösen Mystik längst schon als das erlebt werden, was das Ästhetische potentiell immer auch ist: als „Sprengung aller Formen" (Weber 1988/1920, S. 555f.).

„Formgebende Macht" also? Oder „Sprengung aller Formen"? Ich werde im Folgenden *erstens* zwei begriffliche Fundierungsversuche aufgreifen, die strukturell *vor* der Formulierung solch eines Entweder-Oder ansetzen und bereits auf protosoziologischer Ebene die Besonderheiten eines dezidiert ästhetischen Modus des Sprechens, Handelns und Gestaltens kenntlich werden lassen. Aus den begrifflichen (geistesgeschichtlich auf Søren Kierkegaard zurückgehenden) Fundierungsversuchen Wolfgang Isers und Hans-Georg Soeffners ergibt sich sodann nämlich *zweitens* die Möglichkeit, die spezifischen Kulturtechniken zu rekonstruieren, mit deren Hilfe unterschiedliche ästhetische Wahrnehmungs- und Handlungsstile möglich und zugleich auch gesellschaftlich regulierbar werden. Meine These ist, dass eine soziologische Ästhetik zu kurz greifen würde, die bei der postmodernen Frage verharrte, ob das Ästhetische nun eine „formgebende Macht" oder die „Sprengung aller Formen" ist (dies hängt im Zweifelsfall nicht zuletzt von der theoretisch motivierten Fallauswahl ab). Ertragreicher scheint mir der Versuch zu sein, im Anschluss an die protosoziologische Perspektive Isers und Soeffners das

Ästhetische als relativ eigenständigen, gleichwohl gesellschaftlich formbaren und regulierbaren Modus des menschlichen Weltzugangs zu konzipieren und sodann nach den Möglichkeiten, Bedingungen und Ausprägungen unterschiedlicher Formen ästhetischen Sprechens, Handelns und Gestaltens zu fragen.

Vom Standpunkt theoretisch denkbarer Ästhetik-Begriffe aus gesehen, wird es im Folgenden also weder um einen formalistischen (z.B. stilgeschichtlichen) Begriff des Ästhetischen gehen, der – unter Auslassung des Moments der *aisthesis* – allein die formale Gestalt von Dingen und Verhältnissen sowie deren zeichenhaften Gebrauchswert in den Blick nimmt. Noch wird es um einen empathischen Begriff des Ästhetischen gehen, der auf die Erregung von inneren Zuständen und Gefühlslagen abhebt. Zur Debatte steht vielmehr eine Begriffsbildung, die das Ästhetische sowohl mit den (anthropologisch oder phänomenologisch beschreibbaren) Strukturen der menschlichen *Wahrnehmungstätigkeit* in Zusammenhang bringt als auch mit der (soziologisch rekonstruierbaren) *Strukturierung* dieser Wahrnehmungstätigkeit durch geeignete Kulturtechniken. Eine dieser Kulturtechniken, das wird zu zeigen sein, ist die Hermeneutik.

## Ästhetische Einstellung

„Wie immer die Definitionen auch ausfallen mögen, das Ästhetische bringt etwas hervor" (Iser 2003, S. 178). Diese Einsicht Isers – er gewinnt sie in einer Art diskurs- und theoriegeschichtlichem Extraktionsverfahren – bezieht sich auf solche Wahrnehmungs- und Gestaltungstätigkeiten, denen es gelingt, ‚Möglichkeiten zu generieren'. Solche Möglichkeiten, und mehr noch: solche Spielräume „innerhalb des Möglichen" (Plessner 2003b/1968, S. 347), eröffnen sich der Wahrnehmung, wenn in einer jeweiligen Wahrnehmungssituation infolge geeigneter Gestaltungen, Inszenierungen oder Körpertechniken etwas anderes als das Gewohnte und von vornherein Erwartbare zu erfahren ist: etwas Seltenes, Neues oder bis dahin Unvorstellbares. Ob es also etwa Lucio Fontanas aufgeschlitzte Leinwände sind oder Barnett Newmans übergroße, sich vom überschaubaren Bildfeld ablösende monochrome Farbflächen, beide Male wird die Chance, diese Werke (wie beim Gang ins Museum vielleicht erwartet) als reguläre Tafelbilder betrachten und (in gut ikonografischer Manier) deuten zu können, zugunsten unbestimmt vieler Wahrnehmungsqualitäten und sich verzweigender Deutungsmöglichkeiten negiert (Gehlen 1960, S. 211f.; Imdahl 1996, S. 256ff.). Das Verfremden von Objekten, die Irritation von Deutungsroutinen, der Bruch mit Normalitätserwartungen, all dies sind „basale Operationen des Ästhetischen" (Iser 2003, S. 191) – Operationen, die nicht nur die bildende Kunst kennt, sondern auch die Musik, die Literatur, die Werbung, die Mode, die Fastnacht, die Selbststilisierung, der politische Protest, der Humor etc.

Jenes „etwas", das das Ästhetische „hervorbringt", ist die Möglichkeit neuer, bislang undenkbarer oder unvorstellbarer Wahrnehmungen und eines veränderten Verständnisses eines bestimmten Wirklichkeitsausschnittes. So gesehen ist das Ästhetische weder eine *objektive Dingeigenschaft* noch ein rein *subjektives Datum*. „Ästhetisch" sind aus phänomenologischer Perspektive vielmehr solche „Operationen" (d. h. Gestaltungen, Inszenierungen, Körpertechniken), die ein verändertes Zusammenspiel der Sinne einerseits und der Objektwelt andererseits „organisieren" und die so zu „einem Anreiz für eine Aktivierung der Sinne werden" (Iser 2003, S. 188). In Hinblick auf solch noetische Relationen und Wechselwirkungen zwischen Sinnestätigkeit und objektiver Umweltgestaltung spricht denn auch Soeffner (2010, S. 223) vom Ästhetischen als einem *Modus:* als dem offenen, d. h. auf veränderte oder neuartige Wahrnehmungsmöglichkeiten hin ausgerichteten Modus des menschlichen Selbst- und Weltverhältnisses.

Verknüpft man die Ansätze Isers und Soeffners, so werden die komplexen Voraussetzungen des „offenen Realitätsmodus" (Soeffner 2010, S. 223) eines ästhetischen Selbst- und Weltverhältnisses deutlich. Denn dass künstlerische Objektverfremdungen, erzählerische Leerstellen, stilistische Unbotmäßigkeiten und andere Routineirritationen den wahrnehmenden Organismus nicht nur (im Sinne eines einfachen Reiz-Reaktions-Schemas) physiologisch stimulieren, sondern dessen Wahrnehmungstätigkeit umorganisieren und dessen Einbildungskraft aktivieren, hängt wesentlich damit zusammen, dass die sinnliche Wahrnehmung nicht nur rezeptiv, sondern „in mindestens gleichem Maße [...] produktiv tätig ist" (Soeffner 2014, S. 55). Eben weil die sinnliche Wahrnehmung nicht nur ein äußere Reize aufnehmender „Kübel" (Popper 1972, S. 74) ist, sondern gegenwärtige mit vergangenen Erfahrungen und erwarteten Folgen verknüpft, spricht sie auf entsprechende Verfremdungen, Irritationen und Leerstellen assoziativ-produktiv an: Sie ergänzt, verwirft, variiert, imaginiert. „Die Einbildungskraft [...] ist nämlich sehr mächtig in Schaffung gleichsam einer anderen Natur, aus dem Stoffe, den ihr die wirkliche gibt. Wir [fühlen, M. R. M] unsere Freiheit vom Gesetze der Assoziation [...], nach welchem uns von der Natur zwar Stoff geliehen, dieser aber von uns zu etwas ganz anderem, nämlich dem, was die Natur übertrifft, verarbeitet werden kann" (Kant 2006/1877, S. 246). Voraussetzung dafür, dass wir dies können, und mithin die Möglichkeitsbedingung eines ästhetischen Selbst- und Weltverhältnisses, sind also (a) die anthropologisch gegebene „Produktivität der Sinne" (Soeffner 2014, S. 56) sowie (b) geeignete äußere Anlässe einer Aktivierung der Sinne und der sie verarbeitenden Einbildungskraft.

Wenig Anlass indes, ein ausgeprägt ästhetisches Selbst- und Weltverhältnis zu entwickeln, geben in aller Regel unvorhergesehene Ereignisse (Schicksalsschläge) oder sich situativ aufdrängende Entscheidungszwänge. Zwar ist gerade auch in solch akuten Krisen die Einbildungskraft gefragt, denn um diesseits vorgefertigter Routineabläufe handlungsfähig zu bleiben (bzw. um Handlungsfähigkeit wieder zu erlangen), bedarf es der Imagination sowohl möglicher als auch unwahrscheinlicher Handlungsalternativen und Handlungsfolgen („ich könnte dies', ‚wir könnten jenes', ‚vielleicht könnte man sogar'). Allerdings trifft die Einbildungskraft – die „Macht des Könnens", wie Plessner (2003a/1948, S. 417) sie in strukturell anthropologischer Perspektive nennt – alsbald auf den „Zwang zur Wahl" (Plessner 2003a/1948, S. 417), d.h. zur Beendigung eines jedweden konjunktivischen Selbst- und Weltverhältnisses und zur Rückkehr ins Hier und Jetzt, in die Welt des Wirkens und des körperlichen Daseins. Der offene Realitätsmodus des ästhetischen Selbst- und Weltverhältnisses hingegen bedarf – als dritter Möglichkeitsbedingung (c) – der Muße, d.h. eines gegebenenfalls gezielt herbeizuführenden Abstandes vom Hier und Jetzt der Alltagspragmatik (Oevermann 1996). Bedenkt man, dass sich solcherlei Abstand sowohl räumlich-situativ als auch institutionell oder symbolisch-medial realisieren lässt, so wird deutlich, dass analytisch nicht nur nach den anthropologisch-allgemeinen Strukturen der ästhetischen Wahrnehmungstätigkeit zu fragen ist, sondern auch (wie oben angekündigt) nach der Strukturierung dieser Wahrnehmungstätigkeit durch historisch und gesellschaftlich gewachsene Kulturtechniken.

## Kulturtechniken

Die gesellschaftlichen Aktivitäten, Rollen, Institutionen und Traditionen, die einen Wechsel in ein ästhetisches Selbst- und Weltverhältnis einfordern und einen solchen Wechsel in aller Regel auch durch geeignete Vorkehrungen provozieren und regulieren, sind überaus vielfältig. Entsprechende Körpertechniken, Objektgestaltungen, Rahmenmodulationen, aber auch normative Vorgaben und theoretische Wissensbestände finden sich nicht nur in der Kunst und in der Literatur, sondern beispielsweise auch in Zusammenhängen rituellen Handelns, in Praktiken personaler Selbstthematisierung (Beichte, Tagebuch, Weblog) oder in bestimmten (abduktiven) Phasen der wissenschaftlichen Theoriegenerierung. Unterzieht man solche, im Einzelnen höchst unterschiedliche Handlungsbereiche und Sinnzusammenhänge einem Vergleich hinsichtlich der (als *tertium comparationis* fungierenden) Frage, wie der Wechsel in den offenen Realitätsmodus eines ästhetischen Selbst- und Weltverhältnisses ermöglicht und reguliert wird – wie also die Einbildungskraft aktiviert und das Verhältnis von relativ natürlicher, alltagspragmatischer Einstellung und ästhetischer Einstellung reguliert werden – so lassen sich grundlegende modulative Formen und Techniken identifizieren, die je nach Situation und Lebenszusammenhang in unterschiedlicher Weise aufgegriffen, kombiniert und variiert werden. Zumindest einige dieser Formen und Techniken seien im Folgenden skizziert.

(a) *Dissimulation*: Diese körpergebundene Selbstdarstellungstechnik ist sowohl im Rahmen klassischer *rites de passage* anzutreffen, als auch in vielen Bereichen des politischen und religiösen Virtuosentums. Verwendung findet sie in karnevalesken Volks- und Gegenkulturen, bei Straßenparaden, Festivals, Medienevents, in der Mode und nicht zuletzt im Zusammenhang spätmoderner Lebensstilbildungen. ‚Dissimulation' meint die gezielte darstellerische Nichtdarstellung etwa von gesellschaftlichem Status, von Herkunft, Alter, Amt, Funktion, Geschlecht und anderen alltagsrelevanten Kategorie- oder Typuszugehörigkeiten. Gezielt ausblenden lassen sich solche Kategorisierungen und Typisierungen – je nach Situationszusammenhang – durch Uniformität oder Nacktheit (beide bieten der sozialen Wahrnehmung vergleichsweise wenig Differenzierungsmöglichkeiten), durch paradox anmutende oder phantastische Kleidungszusammenstellungen, durch unbotmäßiges Verhalten, durch ausgesuchte Ästhetiken der ‚Hässlichkeit' und ähnliche, den Alltagsverstand irritierende Ausdrucksformen. Kommunikationstheoretisch gesehen geht es bei derartigen Gestaltungs- und Inszenierungspraktiken darum, dasjenige gesellschaftliche Dasein, das jenseits jeweiliger Ritual-, Bewegungs- oder Milieugrenzen liegt, selbstdarstellerisch unkenntlich werden zu lassen (zu dissimulieren) und die wechselseitige soziale Wahrnehmung aus den geordneten Bahnen alltäglicher Deutungs- und Handlungsroutinen zu werfen (Turner 2000/1969). Die ästhetische Bedeutung solcher Darbietungen liegt dementsprechend nicht in irgendeinem besonderen formalen oder stilistischen Schönheits- oder „Ausstellungswert" (Benjamin 1977/1936, S. 18) begründet, sondern in ihrem „Kultwert" (Benjamin 1977/1936, S. 18), darin also, dass sie den performativen Stoff sozialer Beobachtungs- und Austauschprozesse geflissentlich umgestalten: An die Stelle der Gewissheit, dass die Dinge, Ereignisse und Personen sind, was sie sind, d.h. dass sie klar bestimmbare Eigenschaften und Identitäten haben (Berger/Luckmann 1996/1966, S. 1), tritt nunmehr die Realität darstellerischer Mehrdeutigkeit, Uneindeutigkeit oder Deutungsoffenheit und mit ihr die *Möglichkeit*, neue oder bis dahin (in moralischer, sozialer oder politischer Hinsicht) undenkbare Verhaltensweisen oder Beziehungsformen zu imaginieren (und gegebenenfalls auch zu realisieren). Nicht von ungefähr vollzieht sich die Genese neuer Lebensstile oder politischer Bewegungen immer auch im offenen Realitätsmodus demonstrativer ästhetischer Bezugnahmen, Verweigerungen und Umformungen, und nicht von ungefähr korrespondieren solche Darbietungen regelmäßig mit außerordentlichen sozialen Figurationen, wie sie etwa Émile Durkheim *(kollektive Efferveszenz)*, Victor Turner *(communitas)* oder Michel Foucault *(Heterotopie)* beschrieben haben.

Abb. 1: Brassaï, Rolled-up Bus Ticket, 1932 (aus Stiegler 2009, S. 64)

(b) *Leerstellen:* Eine medial elaborierte Steigerungsform solch dissimulativer Darstellungstechniken, ist die literarische oder bildnerische Produktion von „Leerstellen" (Iser 1984/1976, passim). Das kommunikative *Wozu* bleibt strukturell dasselbe: Auch im Fall von Literatur, Werbekommunikation, Portraitfotografie etc. geht es regelmäßig darum, die Wahrnehmung zu „entautomatisieren" (Iser 2003, S. 191) und die Einbildungskraft zu aktivieren. Das ästhetische *Wie* indes stellt sich schon deshalb anders dar, weil die jeweiligen Gestaltungen und Inszenierungen nicht mehr an einen Selbstdarstellerkörper gebunden sind, sondern durch andere symbolische Formen und Medien wie Texte, Bilder, Filme oder digitale Displays realisiert werden. Während sich das Verständnis der Rede und des ganzen körperlichen Gebarens eines leibhaftig anwesenden Gegenübers „aus den Situationsumständen vermittelt" (Bühler 1965/1934, S. 84), während sich die Wahrnehmung hier also im Zusammenspiel von Situation und Gegenüber pragmatisch kalibriert, prädizieren Text- und Bildmedien von vornherein eine Diakrise, d.h. eine erschwerte Wahrnehmungs- und Deutungssituation. Eine Fotografie wie Abb. 1 beispielsweise ist – im oben ausgeführten Sinne – schon deshalb strukturell ästhetisch, weil sie eine Seherfahrung aus dem „sympraktischen Umfeld" (Bühler 1965/1934, S. 154) der synästhetischen Alltagswahrnehmung herauslöst, in ein zweidimensionales optisches Medium überführt und somit um jene situativen Bezüge beschneidet, deren Fehlen dem Bildverstehen dann zur Herausforderung wird (zu einem *punctum*). Der ursprüngliche Situations- und Bedeutungszusammenhang sowohl der abfotografierten Gegebenheiten als auch des Aufnahmeaktes selbst entzieht sich der Bildwahrnehmung und macht sich ihr sogleich als imaginativ wie auch immer aufzufüllende Leerstelle bemerkbar. Das ist aber nur der Anfang. Denn auf die Einbildungskraft nicht minder herausfordernd müssen solche Bild- oder Textoperationen wirken, die die relativ natürliche, pragmatische Anschauung mit Verve ins Leere laufen lassen: erzählerische oder bildliche Verfremdungen von Figuren und Motiven, simultane Darbietungen von Ungleichzeitigem (etwa in der Malerei oder der postfotografischen App-Fotografie) oder konfligierende bzw. unvermittelt nebeneinander herlaufende Erzählperspektiven. Die ästhetische Relevanz der sich auftuenden Leerstellen besteht dann darin, dass sie nach Auffüllungen verlangen, nach Erklärungen, nach Deutungen, nach Syntheseleistungen, die durch das jeweilige Wahrnehmungsdatum selbst nicht mehr oder nur bedingt vorgegeben sind. Letztlich „läuft es darauf hinaus", den Rezipienten „von habituellen [Wahrnehmungs-]Dispositionen abzulösen, damit er sich das vorzustellen vermag, was durch die Entschiedenheit seiner habituellen Orientierungen [bis dahin] vielleicht unvorstellbar schien" (Iser 1984/1976, S. 293).

(c) *Symbolik*: Mit solch einer Herausforderung der produktiven Einbildungskraft ist nun aber ein für jedwede soziologische Ästhetik neuralgischer Punkt erlangt. Denn wohin die Einbildungskraft führt und ob sie überhaupt irgendwohin führt, kann durch die *offene* Struktur des sinnlichen Datums selbst nicht vorgegeben sein. Nicht nur, dass ästhetische Darbietungen der Wahrnehmung lediglich einen *Möglichkeits*raum des Seltenen, Neuen, Unvorhersehbaren eröffnen: Die möglichen Assoziationsleistungen und Vorstellungsprodukte der Wahrnehmung sind phänomenologisch gesehen (Husserl 2006/1905, S. 84–94) mehr und anderes, als bloße Vergegenwärtigungen dessen, was in der Wahrnehmung selbst gegeben ist. „Je eigentümlicher, je abstrakter könnte man sagen, die Vorstellung" ist, die aus der Erfahrung einer Leerstelle hervorgeht, „je unähnlicher [sie, die Vorstellung,] dem Gegenstande, dem Reize [ist], desto unabhängiger, selbstständiger ist der Sinn [der Vorstellung, M.R.M.] – bedürfte er nicht einmal einer äußeren Veranlassung, so hörte er auf Sinn zu sein, und wäre ein korrespondierendes Wesen".[1] Diese Dialektik gesellschaftlich-kommunikativ nutzend, werden ästhe-

---

1 Novalis (2001/1798, S. 386). Für den (ursprünglich in einem anderen Zusammenhang stehenden) Hinweis auf Novalis' Fragment „Von der sinnlichen, oder unmittelbaren Erkenntnis" habe ich Hans-Georg Soeffner zu danken.

tische Darbietungen regelmäßig – aber keineswegs notwendig – mit zusätzlichen emblematischen oder narrativen Markierungen versehen und so einer umfassenden symbolischen Formung unterzogen (Hahn 1999, S. 172f.). Wenn etwa die Architekturen der *Chapelle Notre-Dame-du-Haut de Ronchamp* (Le Corbusier), der *Caplutta Sogn Benedetg* (Peter Zumthor) oder der *Ibaraki Kasugaoka Kyōkai* (Tadao Andō) durch Namensgebungen, religiöse Emblematiken und rituelle Gegenstände als christliche Sakralbauten markiert werden, so geht es hier (wie in anderen religiösen oder in strukturell vergleichbaren politischen Fällen) darum, die enervierenden Erlebnisse einer sich dem Unwahrscheinlichen öffnenden, ästhetischen Wahrnehmung gesellschaftlich in Dienst zu nehmen und als Erfahrungen (bzw. Epiphanien) numinoser Kräfte, übergeordneter Geschehens- oder Ordnungszusammenhänge oder sonstiger transzendenter Größen verständlich, mitteilbar und kontrollierbar werden zu lassen (Luckmann 1996/1967, S. 171f.).

(d) *Rituale und Medien*: Während im Fall solch symbolisch überformter Ästhetiken divergierende Sinneswahrnehmungen und Imaginationen gleichsam wieder eingefangen, gebündelt und hinsichtlich ihrer Bedeutung zu einer geschlossenen symbolischen Gestalt verarbeitet werden, zielen *hyperbolische Ästhetiken* umgekehrt darauf, die Realität darstellerischer Mehrdeutigkeit und den sich so eröffnenden Möglichkeitsraum unwahrscheinlicher Wahrnehmungen längerfristig aufrecht zu erhalten oder gar auszuweiten. Beispiele hierfür finden sich unter anderem in Teilen der zeitgenössischen Modefotografie (exemplarisch Corinne Day), in Zusammenhängen posttraditionaler Vergemeinschaftungs- und Ritualformen (exemplarisch die frühe Disco- und CSD-Bewegung) oder in geradezu prototypischer Ausprägung in der Kunst des Dadaismus, einer Kunst, die „von keinerlei konventionellem Sinn bedingt und gebunden" sein will (Ball 1992/1927, S. 102). Doch selbst eine solch konsequente Freisetzung der Wahrnehmung aus konventionellen Sinnerwartungen und Rezeptionsgewohnheiten entbehrt nicht der gesellschaftlichen Formgebung. Ob rituelle Handlungs- und Inszenierungsformen (Ausstellungen, Feste, Events) oder mediale Darstellungstechniken (Texte, Bilder, Videos, Websites): Es sind soziokulturelle Formgebungen wie diese, die der ästhetischen Einstellung einen je erlernbaren und wirksamen modus operandi zur Verfügung stellen und die ihr zugleich die nötige Muße, d.h. die nötige Distanz zu alltagspragmatischen Entscheidungs- und Handlungszwängen sichern. Einerseits hegen Rituale und Medien die ästhetische Einstellung ein, räumlich, zeitlich und habituell, und domestizieren sie. Darin aber sind sie zugleich auch Garantinnen einer nicht nur zufälligen, sondern gezielt realisierbaren Offenheit der Wahrnehmung.

Damit wären nun zumindest einige grundlegende Aspekte des Wechsels in den offenen Realitätsmodus des Ästhetischen sowie des Verhältnisses von relativ natürlicher und ästhetischer Einstellung benannt. Deutlich wird, dass ästhetisches Handeln, Gestalten und Sprechen weder eine „formgebende Macht" eo ipso ist, noch auf eine „Sprengung aller Formen" hinausläuft, sondern dass der „praktische Sinn der Ästhetik" (Soeffner 2010, S. 223), d. h. ihre Eigenart, Unwahrscheinliches erfahrbar werden zu lassen, in ganz unterschiedlichen Sinnzusammenhängen und mit ganz unterschiedlichen Folgen genutzt werden kann und wird. Um *eine* dieser je spezifischen Ausprägungen ästhetischen Handelns – um eine gezielt wissenschaftliche Nutzung des praktischen Sinns der Ästhetik – soll es abschließend gehen.

## Hermeneutik

Wenn im Folgenden von Hermeneutik die Rede ist, so ist damit zuallererst eine von Forschern gelebte, erlebte und durch deren Lehrtexte immer wieder reformulierte wissenschaftliche Interpretationspraxis gemeint. Es ist, genauer noch, von Hermeneutik als derjenigen sozialwissenschaftlichen Interpretationspraxis die Rede, die *erstens* durch eine prinzipielle Skepsis gegenüber jedwedem Vorwissen gekennzeichnet ist, sowie *zweitens* durch die systematische Suche nach unvorhergesehenen Lesarten und Deutungsalternativen. Betrachtet und interpretiert man die Hermeneutik dergestalt selbst als Lebenspraxis, so wird im Zusammenspiel ihrer Prinzipien und Verfahrensweisen eine Kulturtechnik sichtbar, die strukturell auf die Realisierung eines temporär ästhetischen Selbst- und Weltverhältnisses abzielt.

Wegweisend für ein solches Selbst- und Weltverhältnis ist bereits das Prinzip der hermeneutischen Skepsis, denn es postuliert nicht weniger als eine *Entautomatisierung der Wahrnehmung*: Die Auslegung von Texten oder Bildern soll eben „nicht unter Rückgriff auf den Alltagsverstand" (Soeffner/ Hitzler 1994, S. 34) erfolgen, sondern unter konsequenter Aussparung alltäglicher Deutungsroutinen und Plausibilisierungsstrategien. Dies versucht die Hermeneutik – als Lebenspraxis – schon dadurch zu gewährleisten, dass sie die je zu interpretierenden Lebensäußerungen datenförmig fixiert, d. h. aus deren originären Situationszusammenhängen herauslöst, in isolierbare Text- und Bilddaten umformt und somit um all jene Bezüge beschneidet, deren Fehlen (auch) dem wissenschaftlichen Text- und Bildverstehen zu einer interpretativen Herausforderung wird. Aber auch hier gilt: Das ist erst der Anfang. Denn verlangt bereits die Datenförmigkeit sozialwissenschaftlicher Untersuchungsgegenstände deren Interpreten einiges an Vorstellungsvermögen ab, so zielen die hermeneutischen Prinzipien und Verfahrensweisen des ‚sequentiellen Interpretierens', der ‚Ausblendung von Kontextwissen' und der Konstruktion selbst ‚unwahrscheinlicher Lesarten' auf eine zusätzliche, methodisch bewusst forcierte *Aktivierung der Einbildungskraft*. Spätestens mit der feinanalytischen Zergliederung von Texten in kleinste Sinneinheiten (Wörter, Interpunktionen, Satzteile), mit der Umformung von Filmen oder Videoaufzeichnungen in Standbilder und Partituren oder mit der ikonischen Aufbereitung von Bildern (Feldlinien, Segmentbildungen, Figurationen) ist jedwede Deutungsroutine beendet. Stattdessen tun sich der interpretativen Wahrnehmung systematisch erzeugte Leerstellen auf, die das Imaginieren von Deutungsmöglichkeiten, d.h. von möglichen Motiven, Kontexten und Sinnzusammenhängen, nicht nur unumgänglich werden lassen, sondern auch methodisch gezielt einfordern.

Dergestalt die wissenschaftliche Umweltwahrnehmung aus den geordneten Bahnen alltäglicher Deutungs- und Handlungsroutinen hebend, operiert die Hermeneutik strukturell ästhetisch und generiert jene Offenheit der Wahrnehmung, aus der sich ihre methodische Rationalität speist. Denn erst aus dieser Offenheit heraus – erst vor dem extensiv ausgearbeiteten Hintergrund objektiv möglicher Motivlagen, Handlungskontexte, Sinnzusammenhänge – vermag sie es, konkrete Lesarten und Deutungen eines Dokuments zu überprüfen, und erst aus dieser Offenheit heraus kommt sie in die Lage, jene „objektiven Möglichkeiten und Handlungsalternativen der menschlichen Gemeinschaft" (Soeffner 2004/1989, S. 56) zu explizieren, die der Alltagspragmatik notwendig verborgen bleiben. ‚Ästhetisch' und ‚rational' sind also keine einander widersprechenden Attribute, wenn einerseits der offene Realitätsmodus des ästhetischen Selbst- und Weltverhältnisses interpretative Perspektivenneutralität und Multiperspektivität ermöglicht und wenn andererseits methodische Prinzipien und Verfahren wie die genannten als Garantinnen einer nicht nur zufälligen, sondern vorsätzlichen und bewussten Offenheit der Wahrnehmung fungieren.

Im Hinblick auf ihre methodischen Prinzipien und Verfahrensweisen ist die Hermeneutik also auch, so zumindest meine These, eine Ästhetik im wörtlichen Sinne: eine *aisthetische Technik,* eine praktische Wahrnehmungslehre. Allerdings ist die hermeneutische Ästhetik kein meditativer Selbstzweck. Vielmehr wird der offene Realitätsmodus des ästhetischen Selbst- und Weltverhältnisses methodisch gezielt und kontrolliert genutzt, um Wahrnehmungs- und Deutungsmöglichkeiten zu generieren. Neben der symbolischen und hyperbolischen Ästhetik ist also auch eine rationale Ästhetik möglich. Eine solche Ästhetik geht weder in der emotionalen Architektur (im Pathos) symbolischer Sinnwelten auf, noch in bloßer Dekonstruktion. Ihr Sinn ist – ganz im Sinne dessen, was Popper (1972, S. 167) „Rationalität" nennt – die Praxis eines kritischen, d.h. Möglichkeiten ermittelnden und vergleichenden Denkens.

# Literatur

Ball, H. (1992/1927): Die Flucht aus der Zeit. Zürich: Limmat.
Benjamin, W. (1977/1936): Das Kunstwerk im Zeitalter seiner technischen Reproduzierbarkeit. Frankfurt am Main: Suhrkamp.
Berger, P.L./Luckmann, Th. (1996/1966): Die gesellschaftliche Konstruktion der Wirklichkeit. Eine Theorie der Wissenssoziologie. Frankfurt am Main: Fischer.
Bühler, K. (1965/1934): Sprachtheorie. Die Darstellungsfunktion der Sprache. Stuttgart: Gustav Fischer.
Gehlen, A. (1960): Zeit-Bilder. Zur Soziologie und Ästhetik der modernen Malerei. Frankfurt am Main/Bonn: Athenäum.
Gephart, W. (1993): Religiöse Ethik und ästhetischer Rationalismus. Zur Soziologie der Kunst im Werk Max Webers. In: Sociologia Internationalis 31, S. 101–121.
Hahn, A. (1999): Kunst, Wahrnehmung und Sinndeutung. In: Honer, A./Kurt, R./Reichertz, J. (Hrsg.): Diesseitsreligion. Zur Deutung der Bedeutung moderner Kultur. Konstanz: UVK, S. 153–182.
Husserl, E. (2006): Phantasie und Bildbewusstsein (hgg. von E. Mahrbach). Hamburg: Meiner.
Imdahl, M. (1996): Zur Kunst der Moderne (hgg. von A. Janhsen-Vukicevic). Frankfurt a.M.: Suhrkamp.
Iser, W. (1984/1976): Der Akt des Lesens. Paderborn: Wilhelm Fink.
Iser, W. (2003): Von der Gegenwärtigkeit des Ästhetischen. In: Küpper, J./Menke, C. (Hrsg.): Dimensionen ästhetischer Erfahrung. Frankfurt am Main: Suhrkamp, S. 176–202.
Kant, I. (2003/1877): Kritik der Urteilskraft. Stuttgart: Reclam.
Luckmann, Th. (1996/1967): Die unsichtbare Religion. Frankfurt am Main: Suhrkamp.
Mittelstraß, J. (1970): Neuzeit und Aufklärung – Studien zur Entstehung der neuzeitlichen Wissenschaft und Philosophie. Berlin/New York: de Gruyter.
Novalis (2001): Werke (hgg. Von Gerhard Schulz). München C.H.Beck.
Oevermann, U. (1996): Krise und Muße. Struktureigenschaften ästhetischer Erfahrung aus soziologischer Sicht. de.scribd.com (Abruf 27.02.2014).
Plessner, H. (2003a): Ausdruck und menschliche Natur. Gesammelte Schriften VII. Frankfurt am Main: Suhrkamp.
Plessner, H. (2003b): Conditio humana. Gesammelte Schriften VIII. Frankfurt am Main: Suhrkamp.
Popper, K.R. (1972): Objektive Erkenntnis. Ein evolutionärer Entwurf. Hamburg: Hoffmann und Campe.
Simmel, G. (1996/1900): Philosophie des Geldes. Frankfurt am Main: Suhrkamp.
Simmel, G. (2009/1896): Soziologische Ästhetik (hgg. von K. Lichtblau). Wiesbaden: VS.
Soeffner, H.-G. (2004/1989): Auslegung des Alltags – Alltag der Auslegung. Zur wissenssoziologischen Konzeption einer sozialwissenschaftlichen Hermeneutik. 2. erweiterte Auflage. Konstanz: UVK.
Soeffner, H.-G. (2010): Symbolische Formung. Eine Soziologie des Symbols und des Rituals. Weilerswist: Velbrück Wissenschaft.
Soeffner, H.-G. (2014): Zen und der „kategorische Konjunktiv". In: Müller, M.R./Raab, J./Soeffner H.-G. (Hrsg.): Grenzen der Bildinterpretation. Wiesbaden: Springer VS, S. 55–75.

Soeffner H.-G./Hitzler, R. (1994): Hermeneutik als Haltung und Handlung. Über methodisch kontrolliertes Verstehen. In: Schröer, N. (Hrsg.): Interpretative Sozialforschung. Opladen: Westdeutscher Verlag, S. 28–54.

Staubmann, H. (2008): Ästhetik – Aisthetik – Emotionen. Soziologische Essay. Konstanz: UVK.

Stiegler, B. (2009): Montagen des Realen. Photographie als Reflexionsmedium und Kulturtechnik. München: Wilhelm Fink.

Turner, V. (2000/1969): Das Ritual. Struktur und Anti-Struktur. Frankfurt am Main/New York: Campus.

Weber, M. (1988/1920): Gesammelte Aufsätze zur Religionssoziologie. Bd. 1. Tübingen: J. C. B. Mohr.

Jan Philipp Reemtsma
# tà toiaŷta

Sally: *Lukas Wer?* – Linus: *„Es begab sich aber zu der Zeit, dass ein Gebot von dem Kaiser Augustus ausging…" – Es heißt, die Zählung solle „alle Welt" umfassen… Damit war vermutlich lediglich das römische Reich gemeint. – Wenn die Rede davon ist, dass es keinen Platz in der Herberge gab, so steht die „Herberge" wohl allgemein für ein „Fremdenzimmer". – Die Absicht dahinter ist natürlich, einer Unterkunft für Menschen einen Ort zur Fütterung von Tieren gegenüberzustellen. – „Friede auf Erden bei den Menschen seines Wohlgefallens" ist eine interessante Übersetzung… Sie deutet an, dass göttlicher Friede nicht von menschlichem Verhalten abhängt. – Der Name „Bethlehem" ist auch bemerkenswert… Das bedeutet „Haus des Brotes". All das ist wirklich faszinierend, denkst du nicht auch?* Sally: *Ich denke, wenn ich nicht alles kriege, was auf meinem Zettel steht, flippe ich aus.*
Charles M. Schulz, Peanuts

Ein Kindergarten. Ein kleiner Junge rüpelt herum und sein Verhalten wird von den teils mit versteckter Bewunderung, teils etwas weniger versteckter Missbilligung beobachtenden Erwachsenen mit demselben Ausdruck kommentiert: „Na, so ein kleiner Rambo!" Was sagen sie damit? Irgendetwas Breitschultrig-Rücksichtsloses ist damit jedenfalls gemeint. Keinesfalls ein wirklicher Vergleich mit der Hauptfigur des namensgebenden Films „Rambo", in dem eine Geschichte erzählt wird, die im Grundmuster dem Erfolgsstück Wolfgang Borcherts „Draußen vor der Tür" gleicht: ein Kriegsheimkehrer findet sich in der zivilen Welt, die mit ihm und seinem Blick auf die Welt nichts zu tun haben will, nicht mehr zurecht, und es kommt zu allerlei explosivem Benehmen. Allenfalls erinnert man sich an die Statur des Rambo-Darstellers Sylvester Stallone.

Aber das macht nichts. Man hat einander verstanden, wenn man „Na, so ein kleiner Rambo!" sagt, und muss vor allem erstmal den Bewertungskonflikt nicht austragen. Er ist an die diffuse Erinnerung an die Ambivalenz der filmischen Vorlage delegiert. Vor allem aber hat sich der Name in einen Begriff verwandelt wie das auch Metaphern geht, wenn sie altern. Dass es ursprünglich um ein Wortspiel ging – „rambler" = Streuner; „rambow" =

Rammbug – weiß nur der, der es nachschlägt. Und doch können wir mit dem Namen nicht machen, was wir wollen. Man kann vernünftigerweise über Sprache nur unter nominalistischen Voraussetzungen nachdenken. Aber Kommunikation kann man nur verstehen, wenn man weiß, dass sie kein Selbstverständnis à la Nominalismus hat. Darum ist ja zum Beispiel Karl Valentin witzig: „Da schau her, Kunigunde, der wunderbare Tintenfisch da oben! – Wo oben? – Da oben. – Des is doch kein Tintenfisch, des is ja a Steinadler. – Jaja, Steinadler wollt ich sagen, ich hab mich auch nur versprochen".[1] Der Witz besteht darin, dass die Wörter keine phonetische Ähnlichkeit haben, man sich also bei ihnen nicht verspricht, vor allem aber darin, dass so ein Versprecher auf Grund der Verbindung von Lautgestalt und Signifikat nicht vorkommen *kann*.

„Leben meine Werke noch im Volke?" fragt der Goethe-Revenant seinen Guide durch das Darmstadt der 50er Jahre, und die Antwort: „Aber certainnement! in gebildeten Kreisen hört man durchaus noch manchmal ein ‚Das passt wie Faust auf's Gretchen'; und im Volke hat sich das ‚Leckt mich' herrlich eingebürgert!"[2] Schon, aber was wäre der rüde Bescheid im außerliterarischen Alltag ohne die zwanghafte Hinzufügung „Götz-Zitat"? Nun, zugegeben, man hört ihn zuweilen ohne, aber das tut nichts zur Sache. Die Sache mag so sonderbar daherkommen, wie sie will, Literatur (oder Film) dienen zur Interpretation von Wirklichkeit, zur kommunikativen Zurüstung ihrer wesentlichen Aspekte. Die amerikanischen Südstaaten dichteten sich ihre Niederlage à la Walter Scott, die Deutschen ihre von 1918 nach dem Bild des hinterrücks ermordeten Siegfried. Und Hermann Göring fielen bei seiner Stalingrad-Rede natürlich Hagen und die Burgunden-Könige ein.

Hier findet ein Akt der Wirklichkeitsinterpretation statt – aber wodurch? Und es findet eine Art Interpretation von Literatur statt. Wozu? Der älteste uns bekannte (abendländische) Text, der versucht – vergeblich versucht, wäre gleich vorweg zu sagen – mit diesen beiden Fragen zurechtzukommen ist Platons „Ion".

Goethe meinte, Sokrates habe uns in seinem „Ion" eine Art Possenspiel à la Aristophanes gegeben:

„(Sokrates) begegnet einem Rhapsoden, einem Vorleser, einem Declamator, der berühmt war wegen seines Vortrags der homerischen Gedichte und der so eben den Preis davon getragen hat und bald einen andern davon zu tragen gedenkt. Diesen Ion giebt uns Plato als einen äußerst

---

1 Karl Valentin, Im Zoologischen Garten
2 Arno Schmidt, Goethe und einer seiner Bewunderer, in: Ders. Bargfelder Ausgabe I, 2, Bargfeld 1986, S. 205.

beschränkten Menschen, als einen, der zwar die homerischen Gedichte mit Emphase vorzutragen und seine Zuhörer zu rühren versteht, der es auch wagt über Homer zu reden, aber wahrscheinlich mehr um die darin vorkommenden Stellen zu erläutern als zu erklären, mehr bey dieser Gelegenheit etwas zu sagen als durch seine Auslegung die Zuhörer dem Geist des Dichters näher zu bringen."

Und solche Erläuterung möchte Goethe auch gerne für den Platon des „Ion": „Wer uns auseinandersetzte, was Männer wie Plato im Ernst, Scherz und Halbscherz, was sie aus Überzeugung, oder nur discursive gesagt haben, würde uns einen außerordentlichen Dienst erzeigen und zu unserer Bildung unendlich viel beytragen."[3]

Man muss sich in den Zeitkontext hineindenken, dann wird es komisch und der Dialog dürfte seine Wirkung auf sein Publikum, das man sich allerdings als ein für solche Scherze mit solcher Zielrichtung geeignetes vorzustellen hat, nicht verfehlt haben. Aber davon ganz abgesehen ist er das früheste Dokument eines Versuchs, über das Verhältnis von literarischer und Alltagsrede nachzudenken.

> „Sokrates: Dem Ion ein Willkommen! Woher kommst du denn jetzt hierhergereist? Von Hause aus Ephesos?
> Ion: Keineswegs, Sokrates, sondern aus Epidauros vom Asklepiosfest.
> Sokrates: Wie? Stellen die Epidaurier auch einen Rhapsodenwettkampf dem Gotte zu Ehren an?
> Ion: Allerdings, und dazu auch in den übrigen musischen Künsten.
> Sokrates: Was denn, hast du uns etwa mitgekämpft? Und wie hast du gekämpft?
> Ion: Den ersten Preis trugen wir davon, Sokrates.
> Sokrates: Gut sprichst du. Nun, sieh zu, daß wir auch auf dem Panathenaeenfest siegen!
> Ion: Nun denn! Das wird geschehen, so Gott will."[4]

Ion ist ein Star. Ein Rezitator. Er gewinnt Preise um Preise. Sokrates geht ihm um den Bart: er habe oft die Rhapsoden beneidet, sie seien immer so

---

[3] Johann Wolfgang von Goethe, Plato als Mitgenosse einer christlichen Offenbarung (Im Jahre 1796 durch eine Uebersetzung veranlasst), in: Ders. Werke I, 22 (Ästhetische Schriften 1824–1832, herausgegeben von Anne Bohnenamp), Frankfurt am Main 1999, S. 236/9.

[4] Platon, Ion, I a, b – griechisch-deutsch herausgegeben von Hellmut Flashar, München 1963, S. 7.

gut gekleidet und frisiert, und außerdem könnten sie sich mit den besten Dichtern beschäftigen, Homer vor allem,

> „dem trefflichsten und göttlichsten Dichter, und seine Gedenken durch und durch kennenzulernen, nicht bloß den Wortlaut"

und dann kommt es zur Vorbereitung der Frage, was es denn nun mit der Kompetenz eines Rhapsoden auf sich habe:

> „Denn es kann doch wohl keiner als tüchtiger Rhapsode gelten, der nicht versteht, was der Dichter meint. Der Rhapsode muß ja zum Vermittler für des Dichters Gedanken den Zuhörern werden. Das aber gehörig zu tun, ohne zu erkennen, was der Dichter meint, ist unmöglich."[5]

„Was der Dichter meint" (für hóti légei) ist vor dem Hintergrund unserer hermeneutischen Traditionen etwas heikel. Hóti légei: was er sagt. Die Unterscheidung sagen/meinen ist das nicht. Das Gesagte kann durchaus zureichend simpel so verstanden werden, dass ein Rezitator seinen Dichter eben verstehen muss, sonst betont er falsch (zum Beispiel). – Aber aus Ions Antwort lernen wir, dass der Rhapsode nicht nur rezitiert, sondern auch „über Homer reden" (wieder légein) ist sein Beruf. Und Ion versäumt nicht, zu betonen, auch darin sei er der Beste, besser sogar als... – und es folgen die Namen seiner Konkurrenten Metrodoros von Lampsakos, Stesimbrotos von Thasos und ein Glaukon. Um alle drei wissen wir aus anderen Schriften. In seinem „Symposion" lässt Xenophon sagen, niemand sei dümmer (éthnos elthióteron – soviel wie „blödes Volk") als die Rhapsoden, und sein Sokrates pflichtet bei und begründet: sie verstünden die Bedeutung der Dichtungen nicht – hypnoía, so viel wie „Hintersinn". Da ist also die für die Theorie der poetischen Sprache (angefangen bei der Metapher) so wichtige (und oft so irreführende) Unterscheidung Wortlaut/eigentliche Bedeutung getroffen. Und Sokrates fügt hinzu: dafür habe er, sein Gesprächsgegenüber, nun so viel Geld bezahlt![6] Die Rhapsoden gaben also bezahlten Unterricht in Textauslegung. Glaukon ist vielleicht der in Aristoteles' „Poetik" Erwähnte, der Textausleger tadelte, die dem Dichter Unsinniges zu sagen unterstellten, anstatt nach möglichen anderen sinnvollen Interpretationen zu suchen.[7]

---

5   Ebda (c)
6   Xenophon, Symposion, III, 6,7, in: Xenophon in Seven Volumes, IV, Übersetzung O. J. Todd, Harvard University Press, 1979, S. 558 ff.
7   Aristoteles, Poetik 1461 b, übersetzt und herausgegeben von Manfred Fuhrmann, Stuttgart 1994, S. 90 ff.

Zurück zu Platons Sokrates. Er fragt Ion etwas auf den ersten Blick Merkwürdiges, das aber auf den zweiten – den des Platon-Lesers – in die Richtung deutet, in der dann die Platonische Kunsttheorie liegen wird: ob Ion nur ein Homer-Experte sei oder kompetent, was Dichtung schlechthin betreffe. Antwort: nur Homer. Aber warum? Rede denn Homer über etwas Anderes als andere Dichter? Von Krieg und von Göttern sprächen sie doch alle. Ja, gewiss, doch Homer dichte besser (ámeinon). Dieses ámeinon legt Platons Sokrates nun aus, und zwar identifiziert er die Qualität dichterischen Sprechens mit der Richtigkeit der getroffenen Aussagen. Man sieht, dass es tatsächlich darum geht, was der Dichter „sagt" (légein) in einem Sinne, die kein Interpretieren ist im Sinne des Redens über eine etwaige hypnoía.

Was über irgendetwas „gut geredet" (ey légein) sei, erkenne doch wohl am besten der Fachmann? Hier kommt das wohl originale sokratische Programm zum Tragen, die Kritik der Vorstellung, dass Können potentiell universalisierbar sei und praktisch demokratisiert werden könne. Sokrates lässt Ion zugeben, dass über „die Inhalte", wie wir sagen würden, der Dichtungen die Fachleute am besten urteilen könnten, über Medizin der Arzt, über Zahl und Maß der Mathematiker – und fragt dann, was es also heißen solle, Ion, der Rhapsode, urteile kompetent über die Qualität einer Dichtung? Dann die Stelle, die Goethe so geärgert hat: wie komme es denn, dass er bei der Rezitation und der Erläuterung anderer Dichter geradezu einschlafe? „Zum Sterben langweilig" würden wir heute sagen.

Nun lässt Platon seinen Sokrates eine Dichtungstheorie extemporieren, die wegen des suggestiven Gleichnisses, das er ihn verwenden lässt, berühmt geworden ist. Ions Verhältnis zur Dichtung – und dass es nicht ein Verhältnis zu Dichtung schlechthin, sondern nur zu dem Einen, zu Homer sei – gründe auf eine Art Sukzession der Ergriffenheit. Der Gott ergreife den Dichter, der den Rhapsoden, der sein Publikum – so, wie ein Magnet ursprünglich nicht magnetische Eisenstücke magnetisch mache und auch diese andere auf diese Weise magnetisierten. Der Vorgang ist evident, aber nicht weiter analysierbar.

„Es steht dir dies nämlich nicht als Fachwissen zu Gebote, über Homer gut zu reden, sondern es ist eine göttliche Kraft, die dich bewegt, so wie sie in dem Stein liegt, den Euripides den Magneten genannt hat."[8]

Sokrates versucht nun, Ion, nachdem der dies zugegeben hat, nach einer Innensicht dieses Vorgangs zu fragen:

---

8   Platon, Ion, 533 d, S. 16 f.

„Wenn du die epische Dichtung gut vorträgst und die Zuhörer am stärksten erschütterst [...] bist du da bei Sinnen oder gerätst du außer dir und vermeint deine Seele bei den Ereignissen zu sein, von denen du sprichst, in göttlicher Begeisterung, auf Ithaka oder in Troja oder wie jeweils die Lage im Gedicht ist?"[9]

Ion bestätigt das und liefert ein interessantes Stück Schauspielpsychologie. Er brauche die Resonanz vom Publikum, um emotional ganz bei der Sache zu sein, denn sonst (der nächste Scherz), müsste er ja lachen, wenn er das Publikum zum Weinen bringe, wenn er an seine Gage denke. Aber ganz lässt er sich auf dieses Terrain nicht locken. Wenn er *über* Homer rede, dann sei er alles andere als ergriffen oder außer sich (katechómenos kai mainómenos). – Ion möchte das gerne vorführen, aber Platons Sokrates will ihn, möchte man sagen, nicht zeigen lassen, was er kann, sondern zieht es vor, selbst etwas zu zeigen: dass es ganz unmöglich sei, dass Ion in dieser Angelegenheit – dem Reden über Dichtung – überhaupt etwas können könne. Und wieder geht es über die in den Dichtungen zu findenden Sachaussagen.

Sokrates lässt Ion aus der „Ilias" eine Stelle rezitieren, in der ein Wagenrennen geschildert wird.[10] Sokrates: Wer könne die Qualität der Schilderung besser beurteilen? Jemand, der etwas von Wagenrennen verstehe oder einer, der das nicht tue? Du, der Rhapsode, oder ein Wagenlenker? Ein Wagenlenker. Dieses Argument wird nun, wie es die Art des Platonischen Sokrates nicht nur im „Ion" ist, aufs Ermüdendste an anderen Berufsbeispielen exerziert. Ion wehrt sich ein bisschen – irgendwie verstehe er doch den Homer besser als andere – Sokrates wird unwirsch: dass das nicht der Fall sein *könne*, haben wir doch nun des längeren... – und Ion findet einen Ausweg:

„Ausgenommen vielleicht..."[11] –

und nun geraten wir an ein Übersetzungsproblem. Im griechischen Text steht tà toiaŷta, was Flashar mit „solcherlei Gegenstände" übersetzt, Schleiermacher mit „dergleichen", Bernhard Forssman mit „Dinge dieser Art"[12]. All dies sind Übersetzungen, die zwar das toiaŷta, ein verstärktes „diese da", übertragen, aber wie soll man es – um es zu verstehen – außerhalb der Kunstsprachen der Platon-Übersetzer wiedergeben? „Dergleichen" und dergleichen ist übersetzt, sagt aber nichts. Was also würde einer wie Ion einem wie Sokrates antworten, gefragt, worüber er denn etwas Besonderes zu sa-

---

9   533, b,c, S. 20 ff.
10  Ilias, 23, 312 ff.
11  Platon, Ion, 540 a, S. 34 f.
12  Brief an Jan Philipp Reemtsma vom 20.9.2013.

gen habe – wenn alles, worüber sinnvoll zu sprechen, ausgeschlossen sei, wie dieser, aber nicht jener, meint? Einen Begriff dafür hat Ion nicht. Doch scheint es ihm kein Arkanum zu sein. Er redet herum, er appelliert an die Gutwilligkeit seines Zuhörers: „na, diese Sachen eben, du weißt schon" – so etwa. Aber Sokrates insistiert: also etwas, wozu es keine Fachkenntnisse zur Beurteilung brauche? Ion bestätigt, er nennt nicht mehr irgendwelche Schilderungen menschlicher Handlungsweisen, sondern Modi menschlicher Haltungen. Der Dichter zeige uns – prépei – „was sich ziemt", wie man übersetzt, gemeint ist richtiges, angemessenes, gehöriges Verhalten, je nachdem.

> „Was einem Manne geziemt [...] und was einer Frau und was einem Sklaven und was einem Freien und was einem Gehorchenden und was einem Gebietenden."[13]

Und Sokrates verwickelt Ion wieder in Beispiele – „inhaltlicher Art". Für eine Frau gehöre sich das Spinnen, zum Beispiel, und darüber wisse sie doch am besten Bescheid, und ein Hirte verstehe mehr von Rindern als ein Rhapsode und ein Steuermann mehr von dem, was im Falle eines Sturmes an Deck am Platze – prépei – sei. Ion sucht einen Ausweg, der im Grunde nur in einer semantischen Analyse von prépei liegen könnte, indem er zeigt, dass hiermit zwar auch das gemeint sei, was Sokrates anführt, aber eben auch mehr und Anderes, vielleicht etwas wie menschliche Qualitäten jenseits der Standesgrenzen. Griechisch und antik allerdings kaum zu formulieren.

Ion versucht ein Beispiel zu finden, das irgendwie für etwas stehen könnte, was alle Qualitäten bündele, die einen Menschen ausmachen (sollten), und wovon die Rede in den Dichtungen sei. Und Sokrates gibt eine Vorlage:

> „Aber was einem Manne geziemt, der Feldherr ist und seine Soldaten anfeuert, wird er das denn erkennen können?"

Ion stimmt zu, und nun wird der Dialog wirklich zur Komödie. Ion klebt am Sachlichen wie etwa dem „Anfeuern", spricht nicht von dem, was nicht Handwerk (techné) ist, sondern Charisma, oder vielleicht jene menschlichen Qualitäten, deren Fehlen uns Homer mit seinem Agamemnon – die Beschlagnahme der geraubten Briseis und die Beleidigung Achills, die beinahe zum Scheitern des gesamten Feldzuges geführt hätte – vorführt. Aber auch das ist vielleicht zu modern räsoniert. Auf die Bühne hätte so etwas al-

---

13  Platon, Ion, 540 b, S. 34 f.

lerdings – siehe den Streit zwischen Kreon und Haimon in der „Antigone"[14] – gebracht werden können. Aber wie auch immer. Ion jedenfalls macht sich lächerlich, steht da als der geschniegelte und herausgeputzte Publikumsliebling, der meint, sein sonorer Vortrag sei die ganze Welt.

> „Ion: Ja, solche Dinge wird der Rhapsode erkennen können.
> Sokrates: Wie? Ist die Rhapsodenkunst Feldherrnkunst?
> Ion: Jedenfalls kann ich schon erkennen, was einem Feldherrn zu sagen geziemt.
> Sokrates: So bist du vielleicht gar eine Feldherrnnatur, Ion."[15]

Und er fragt Ion, kaum durch die Blume, ob der sich nicht für das Amt des Strategen bei den Athenern bewerben wolle. Aber er sei doch aus Ephesos. Ach, die Athener seien in solchen Fragen nicht so genau.

Ja, sie waren vor allem im Peloponnesischen Krieg nicht so genau in ihren Auswahlverfahren für das Amt des Strategen. Das ist es, was Platon seinen Lesern sagt: So, wie ihr, Athener, in der Vergangenheit eure Ämter bestellt habt – demokratisch, nach Beliebtheit, nicht nach Kompetenz – hättet ihr ebenso gut einen Laffen wie Ion mit einem militärischen Unternehmen betrauen können.

Am Ende fasst Sokrates zusammen: was einer wie Ion eigentlich könne, wisse man nicht. Ion weigere sich, eine Probe seines Könnens – gemeint ist seine Auslegungskunst – zu geben. Das ist nicht wahr, oder sagen wir: es ist wahr unter der Voraussetzung, die Platons Sokrates macht: dass Ion zunächst Auskunft darüber zu geben habe, worin diese spezielle Kunst denn bestehe. Da er das nicht könne, sei man doch wohl besser beraten, anzunehmen, hier sei etwas im Spiele, das sich der Erörterung entziehe, etwas Göttliches, siehe oben, und darüber sei dann eben auch nichts weiter zu sagen. Nun habe Ion die Wahl: ein Hochstapler zu sein oder ein Inspirierter.

> „Sokrates: Wähle also, ob du bei uns gelten willst als ein ungerechter Mann oder als ein göttlicher.
> Ion: Das ist ein großer Unterschied, Sokrates. Denn es ist viel schöner, als göttlicher zu gelten.
> Sokrates: Das Schönere also wird dir zuteil bei uns, Ion, zu sein ein göttlicher und nicht ein fachkundiger Homerverherrlicher."[16]

---

14 Vgl. Jan Philipp Reemtsma. Vertrauen und Gewalt. Versuch über eine besondere Konstellation der Moderne, Hamburg 2013, S. 56 ff.
15 540 d, e, S. 36 f.
16 542, S. 40 f.

Es ist nicht ganz leicht, etwas Verbindliches daraus zu machen. Schon die wenigstens halbwegs komödiantische Form warnt uns. Gewiss wird später bei Platon ganz Ähnliches ganz anderen Auftritt erhalten. Die „göttliche Raserei" wird als Erkenntniserotik im „Phaidros" und anderswo wiederkehren. Das Magneten-Gleichnis nimmt die erkenntnistheoretische Abwertung der Kunst als Gebild aus metaphysisch zweiter Hand vorweg. Die Frage, was man denn eigentlich tue, wenn man über Literatur, sei es auslegend, sei es im Alltag erläuternd anwendend, rede, wird anderswo nicht erörtert wie hier.

Eines scheint klar: wer das tut, soll für sich kein Fachwissen beanspruchen. Das gibt es nicht in Sachen Literatur. Da gibt es nur Begabungen. Der Dichter dichtet, was und wie er dichtet. Wir können es mögen, wir können es verehren (oder auch nicht), aber das tun wir nicht aus Gründen, sondern weil wir ergriffen werden. Der Rezitator macht seine Sache gut, wenn er uns ergreift. Wenn er über die Dichtung redet, so – ja, man hat den Eindruck, Platons Sokrates wolle sagen, dass er das lieber lassen solle. Allenfalls – im besten Falle – ergreife uns solche Rede wie uns Dichtung ergreife. Aber die Grenze zwischen poetischer und alltagsbezogener (sachbezogener) Rede müsse unbedingt gewahrt bleiben.

Platon denkt, wie es scheint, ähnlich wie Carnap. Dichtung habe ihr Recht, wenn man sie nicht verwechsle. Wer über das reden wolle, was ein Werk der Dichtung sei, wirke, was auch immer, der liefere seinerseits, „Musikbeispiele", denn so wird man das verstehen müssen, die Wörter der Werke der Dichtung seien nicht vom Schlage debattierbarer Semantiken, sondern Auslöser von Lebensgefühlen, wie eben Musik dies auch sei. Wer an dies Geschäft wolle, solle komponieren, oder, wenn er zu Worten greifen wolle, dichten wie Nietzsche, der im „Zarathustra" weise darauf verzichtet habe, anderes sein zu wollen als Dichter.

Nun ja, auch das sind so Denkmoden (die zyklisch wiederkehren, steht zu vermuten). Aber für unseren Zweck ist festzuhalten, dass so ein Transfer eines auf ein literarisches Werk gemünzten Ausdrucks in die Alltagskommunikation zweierlei ist: eine Aussage-im-Alltag über ein so oder so beschaffenes Alltagsproblem und eine interpretierende Aussage über einen literarischen Text, sie mag noch so konventionell und abgeschabt-gealtert sein. Eine einfache Analyse des Kommunikationsvorgangs reicht da nicht, denn „was gemeint ist", ist meist nicht rätselhaft. Will man solche kommunikativen Akte ernstnehmen, muss man sie eben auch als indirekte Teilnahme an der Kommunikation über Literatur verstehen, von der Platon seinen Sokrates in der „Apologie" sprechen lässt (wieder garniert mit dem Platon leider eben so nahe liegenden Spießer-Ressentiment gegen den Dichter-

Spinner[17]). Wenn man das bedenkt, wird man es bei den auf der Hand liegenden Charakterisierungen (die so falsch nicht sind) nicht bewenden lassen. Wer sich auf literarische Texte bezieht, nimmt einerseits Allbekanntes in Anspruch (und man nickt rundum) – wie man eben einen Vortrag mit einem Goethe- oder Améry-Zitat beendet. Auch verbreitet man manchmal damit die Aura des Gebildet-Auskennerischen: zur Besonderheit des Falles fügt man das Bedeutend-Allgemeine hinzu (nebst dem Hinweis, dass man über Urteilskraft verfüge: man weiß, was passt). Andererseits stellt man seine kommunikative Intervention (unnötigerweise?) auf zwei im Zweifelsfall doch wacklige Beine: Passt das Zitierte denn wirklich und ist das Zitierte richtig verstanden?

Solche kommunikativen Akte existieren eben in zwei diskursiven Kontexten, dem der situationsbezogenen Rede und dem des allgemeinen Redens über Literatur. Hierüber nachzudenken könnte darum zusätzlich reizvoll sein, weil es zu dem möglichen Versuch ermuntert, die soziologische Frage nach der kommunikativen Funktion des Literaturbezugs in der Situationshermeneutik, in die Philologie hinüberzuspielen. Wie weit ist die Frage, was Literatur „sei", aus der Analyse des Redens über Literatur (seiner Notwendigkeiten, Grenzen, Nöte und Ängste) zu gewinnen? Also etwa dort weiterzumachen, wo Platon so krachend gescheitert ist: beim „toiaŷta".

---

17 In der Fußnote sei es einmal gesagt: Platon war zuweilen ein außerordentlich vulgärer Denker.

Harald Welzer

# Moderne, simuliert
Eine Hermeneutik des Automobils

## Nachkriegsmoderne

1955 wurde sie vorgestellt, die DS von Citroen, ein Auto, das die Technik der automobilen Raumüberwindung so revolutionierte wie keine Neuentwicklung zuvor und – vielleicht mit Ausnahme des Austin Mini von Alec Issigonis – auch keine seither. Die DS definierte von der hydropneumatischen Federung über das Einspeichenlenkrad, den Bremsknopf und das Kunststoffdach die Technik neu; ihr Design bedeutete gegenüber dem Rest des automobilen Angebots in etwa das, was Otto Wagners Wiener Postsparkasse für die Architektur der Moderne war: vorbildlos, nie wieder erreicht.

Mit der DS war etwas entworfen und Gestalt geworden, was mit seinen fließenden und dynamischen Formen als ästhetische Formulierung der westeuropäischen Nachkriegsmoderne verstanden werden konnte: das Erreichen einer nicht erwartbaren Komfortzone, das Realisieren technischer Utopien, Leistung nicht nur durch Motorkraft, sondern durch überlegten Mitteleinsatz und Intelligenz. Ein Auto des demokratischen Kapitalismus, nachbürgerlich, klassenlos. Roland Barthes bezeichnete die DS im wohl berühmtesten Abschnitt seiner „Mythen des Alltags" als „eine humanisierte Kunst" und hielt es für möglich, „dass die ‚Deesse' einen Wendepunkt in der Mythologie des Automobils bezeichnet." Denn: „Bisher erinnerte das superlativische Auto eher an das Bestiarium der Kraft."

Barthes konnte nicht wissen, welchen Weg das Automobil als technisches Artefakt sechs Jahrzehnte später genommen haben würde: zu einer vergleichbaren Neudefinition des Autos kam es nie wieder, stattdessen wurde aller Aufwand, alle Energie in das glatte Gegenteil investiert. Technisch phantasiefrei, ästhetisch grausig wurden die Autos immer nur größer und angeberischer. Eine DS wog mit rund 1 200 Kilogramm kaum die Hälfte eines heutigen Porsche Cayenne, hatte nie mehr als vier Zylinder, erreichte bis zu 185 Stundenkilometer Höchstgeschwindigkeit und wurde zwanzig Jahre lang produziert. Einen ökonomischeren Mitteleinsatz kennt die Geschichte des Automobils, wieder mit Ausnahme des vier Jahre später vorgestellten „Mini", nicht.

DS und Mini sind geprägt von einer Epoche der Gesellschaftsgeschichte, in der die Zukunft ein beständig sich einlösendes Versprechen war. Das Zeitalter barbarischer Kriege sollte ein für alle Mal beendet sein, die Moderne sollte als ein sich perfektionierendes Gesamtprojekt aus Demokratie, sozial eingehegtem Kapitalismus, technischem Fortschritt und allgemeinem Wohlstand die Systemkonkurrenz souverän für sich entscheiden. Über die zwei Jahrzehnte Bauzeit der DS hinweg erlebte der demokratische Kapitalismus in Westeuropa seine Blüte; in den 1970er Jahren begann der Übergang in die Schuldenfinanzierung und in den 1980ern die feindliche Übernahme durch neoliberale Kräfte. Während man sich zu Zeiten der DS um ein relativ mildes Maß an sozialer Ungleichheit bemühte und die „feinen Unterschiede" vor allem durch kulturelle Codierungen markierte, kehrte die kapitalistische Kultur danach zur erheblich weniger subtilen Darstellung von Unterschieden durch schieres Wuchern mit Material und Masse zurück. Mithin war die DS kein Wendepunkt in der Mythologie des Autos, sondern nur ein Zwischenspiel. Man wird sagen können, dass es dem Westen besser bekommen wäre, wenn er sich auf dem Niveau der DS hätte halten können – und wollen.

## Postdemokratischer Kapitalismus

Die Frontpartie der DS, also das, was einem entgegenkommt oder was vorausfahrende Menschen im Rückspiegel sehen, ist frei von Aggressivität. drängeln und Bahn freimachen gehört nicht zu ihrem Ausdruckscharakter.

Ganz anders die weit überwiegende Zahl heutiger Frontpartien von Autos: Audis wie Citroens wie BMWs kommen mit technisch völlig überflüssig riesigen Kühlergrills und wie Kirmesbuden funkelnden Leuchteinheiten daher und signalisieren exakt jenes „Bestiarium der Kraft", das Barthes schon vor einem halben Jahrhundert überwunden geglaubt hatte. Alles, so artikuliert dieses uniforme Design, was sich in den Weg stellt, wird umstandslos weggedrängt oder niedergewalzt. In den kampfpanzerartigen Karossen mit unproportional kleinen Fensteröffnungen sitzen winzig wirkende Menschen, von der reziprok feindseligen Mitwelt abgeschottet durch Höhe, Masse und abgedunkelte Scheiben und in Sicherheit gewogen durch eine unüberschaubare Zahl von Airbags. Für den Ernstfall.

Für den Fall nämlich, dass doch mal was passiert. Menschen, die sich derart panzern müssen, wenn sie sich fortbewegen, verfügen offensichtlich nicht über die Gewissheit, Souverän ihres eigenen Lebens zu sein: Zwar können sie sich unwahrscheinlich viel leisten – wofür allerdings auch das beständige Liefern von eigener Leistungsfähigkeit die Bedingung ist –, aber sie ahnen, dass das Aufenthaltsrecht in der Komfortzone jederzeit gekündigt werden kann. Daher das, gemessen an den realen Gefährdungen, so grotesk übersteigerte Sicherheitsbedürfnis, daher das Selbst, das unter dem Aufwand der Panzerungen immer winziger wird.

Tatsächlich ist das Leben ja auch weniger entspannt geworden. Waren in den ersten Jahrzehnten nach dem Krieg die sagenhaften Wachstumsraten der Wiederaufbaujahre und die so ermöglichten Verteilungsspielräume das erfolgreiche Rezept sozialer Befriedung und des Traums immerwährender Prosperität und stetigen Fortschritts, erforderten die Wirtschaftskrisen der siebziger Jahre andere Wege, um die Akzeptanz des Kapitalismus einigermaßen zu erhalten: erst durch inflationäre Geldpolitik, dann durch extrem steigende Schulden der öffentlichen Hände, später durch Deregulierung der Finanzmärkte sowie durch Stimulierung privater Verschuldung. So hat es Wolfgang Streeck unlängst rekonstruiert. In diesem Prozess ist nicht nur die Generationenungerechtigkeit gewachsen, weil monetäre und ökologische Kredite an die Generation der heutigen Jugendlichen und jungen Erwachsenen weitergereicht werden. Auch die soziale Fallhöhe ist durch erhöhten Leistungsdruck, Einschränkungen des Arbeitnehmerschutzes, vertiefte soziale Ungleichheit sowie internationale Konkurrenzen größer geworden. Das führt nicht nur zu einem härteren Sozialklima, wie es sich so signifikant im Autodesign manifestiert, sondern auch zu einer erstaunlichen Vereinheitlichung des Aussehens der Autos.

Hier genauso wie etwa bei den inzwischen weltweit gleich aussehenden Innenstädten oder Oberbekleidungen führt die Globalisierung des Kapitalismus zu einer Entdifferenzierung, die gerade in der vergleichenden Rückschau frappierend ist. Bis in die 1970er Jahre hinein war es auch ohne Markenkenntnis völlig eindeutig zu sehen, ob ein Auto aus Deutschland, Frankreich, Italien oder England kam. Nicht nur die Technik und das Design, auch die „Charaktere" der Autos repräsentierten national unterschiedliche kulturelle Präferenzen: Ein Opel, Mercedes oder Porsche repräsentierten ein solides Ingenieursethos; Renault, Peugeot und eben Citroen Technik als Ausweitung der Komfortzone; Jaguar, Rover und MG Exzentrik und Stilbewusstsein; Fiat, Alfa Romeo und Lancia Sportlichkeit und sorglose Qualitätsansprüche.

Entsprechend war die Wahl nicht erst eines bestimmten Modells, sondern schon der Marke eine höchst expressive Entscheidung, brachte man doch mit dem Kauf eines Saab oder eines Volvos einen technoid-elitären Selbstanspruch zum Ausdruck, im Unterschied zum Dynamikanspruch des Alfisti oder zum Biedersinn dessen, der sich einen Opel Rekord zulegte. Konsum, zumal eines stets sichtbaren Gutes, war immer auch Distinktion und – mit Goffman – impression management, basierte mithin auf qualitativen Entscheidungen, während in der uniformen Flut heutiger Fahrzeuge, vorwiegend in schwarz oder silbergrau gehalten (wegen des Wiederverkaufswerts, wie Helge Schneider richtig bemerkt hat), Unterschiede vor allem in Größe und Masse, also rein quantitativ gemacht werden.

Da diese Uniformität natürlich den Selbstbildern der Konsumenten ebenso widerspricht wie den Absatzbedürfnissen der Hersteller, wird sie durch exzessive „Individualisierung" der einzelnen Fahrzeuge kompensiert: der Käufer darf aus einer Fülle unendlicher Kombinationen von Ausstattungen wählen und sich demgemäß sicher fühlen, dass ihm kein mit seinem identisches Fahrzeug begegnet, auch wenn sie alle gleich aussehen. Individualität wird auf diese Weise simuliert, übrigens genauso wie das, was einmal der spezifische „Charakter" eines jeweiligen Fahrzeugs war. Bei BMW etwa gibt es einen „Fahrerlebnisschalter", mit dem man sein Auto in einen gefühlten Sportwagen verwandeln kann. Elektronisch geregelt wird die Federung bretthart, der Innenraum erfüllt von Motorenlärm, den Sounddesigner komponiert haben, und die Automatik schaltet erst bei Höchstdrehzahl. Auch bei Audi, wo man früher Hosenträger bei der Bestellung dazu bekam, kann man es innen extra laut haben, und genauso wird bei Porsche und Mercedes Geräusch künstlich erzeugt, das Motor und Straßenverkehrsordnung nicht hergeben. Heute bieten Familienkombis und sogenannte Stadtgeländewagen bis zu 600 PS, obwohl die Durchschnittsgeschwindigkeit kontinuierlich sinkt, weil die Verkehrsdichte beständig wächst. Daher haben die Ingenieure Fahrprogramme entwickelt, die im Stau und bei Stop-and-go das Auto selbstständig Fahrt aufnehmen und abbremsen lassen, sodass der Fahrer auch im Auto arbeiten kann und keine Zeit verschwenden muss. Selbstverständlich hindern derart ingeniöse Fahrzeuge ihre Piloten an unbeabsichtigten Spurwechseln, parken selbständig ein, entscheiden, wann es regnet und dunkel wird, massieren den Rücken der Fahrgäste oder blasen ihnen heiße Winde in den Nacken, damit sie sich beim Offenfahren nicht verkühlen. Das ist der Fortschritt des 21. Jahrhunderts: High-Tech-Stillstand. Eine Modellrennbahnwelt, in der man selbst mitspielen darf.

Als ich Kind war und gelegentlich meinen Vater von der Arbeit abholte, gab der mir den Autoschlüssel, wenn er noch zu tun hatte. Ich setzte mich dann hinters Steuer und tat so, als ob ich fahren würde. Ich drehte imaginär am Lenkrad, rührte wie wild mit dem Schaltknüppel und machte „brumm brumm", ganz wie die BMW- und Audi-Fahrer heute. Die sind zwar juristisch erwachsen, haben aber nicht mitgekriegt, dass die Automobilindustrie sie längst in infantile „Brumm-brumm-Macher" verwandelt hat, die sich auf groteske Weise von ihren Fahrzeugen entmündigen lassen und dafür sehr viel Geld bezahlen.

Die Verwandlung eines Fortbewegungsmittels in einen Fahrsimulator ist Ausdruck dessen, dass den Autoherstellern völlig abhanden gekommen ist, was sie eigentlich produzieren. Denn eigentlich ist ein Auto ja zunächst einmal nichts anderes als ein Mittel zur Überwindung räumlicher Distanzen, ein Autohersteller somit ein Dienstleister, der ein Instrument zur Raumüberwindung bereitstellt. Der unglaubliche Erfolg des Autos, zunächst in Amerika und Europa, inzwischen weltweit, ist darauf zurückzuführen, dass dieses Produkt vielleicht in der reinsten Form eine oft übersehene Qualität kapitalistischer Warenproduktion verkörpert: dass die Produkte nicht einfach nur eine Funktion – wie eben Raumüberwindung – erfüllen, sondern sich emotional so an die physische und psychische Grundausstattung der Menschen anschmiegen, dass sie fast zum integralen Teil von Körper und Psyche werden und damit eine Art ontischer Qualität gewinnen. Deshalb gibt es, wie Wolfgang Sachs in einem wichtigen Buch dargelegt hat, eine buchstäbliche „Liebe zum Automobil", die zwar geschlechtsspezifisch ausfällt, aber unsere Lebenswelt so durchwirkt hat, dass das Auto heute kaum mehr wegzudenken ist, aus der Welt ebenso wie aus den Köpfen.

## Autowelt

Ebenso wie andere Bereiche des Universums der Konsumgüter hat es sich inzwischen aber auch noch der Prätention entledigt, primär eine Funktion für den Käufer und Besitzer zu erfüllen. Ganz im Gegenteil ist es ja der Käufer, der dem Produkt dient und nicht umgekehrt. Und im Fall des Autos eben nicht nur der Käufer: Für eine moderne Stadt ist der automobile Verkehr die zentrale Variable, nach der alle Infrastrukturen gestaltet sind. Die Fußgängerzone ist ja nur das Negativ der Autostraße; sie muss eigens ausgewiesen sein als ein Ort, wo das Auto allenfalls als Sonderfahrzeug oder zum Beliefern der Geschäfte vorkommen darf. Der Normalfall hingegen ist die Straße, auf der Fußgänger, Radfahrer, kinderwagenschiebende Menschen oder die Kinder selbst der Sonderfall sind. Entweder haben sie sich dem Autoverkehr hierarchisch unterzuordnen oder sie sind infrastrukturell von vornherein untergeordnet und bekommen eigene Spuren und Überwege zugewiesen. Der Überweg aber quert immer die Straße, nie umgekehrt. Städtischer Raum ist nicht nur durch Autos in Bewegung strukturiert, sondern mehr noch durch solche, die stehen. Sie stehen nämlich überall, weil zu jeder Einkaufsstraße, zu jeder Wohnstraße, jeder Shoppingmall, jedem Sportplatz eine hinreichende und gesetzlich genau geregelte Zahl von Stellflächen gehört. Dazu kommen Parkhäuser, Parkplätze, Verkehrsübungsplätze, Waschstraßen, Tankstellen, Autohäuser, Raststätten, Prüfstationen, Ampelanlagen, Überwachungskameras, Radaranlagen, Drive-ins – kurz: eine komplette Technologie des öffentlichen Raums, in dem andere Wesen als Autos nur nachgeordnetes Beanspruchungsrecht haben.

Wie absurd es ist, dass der gesamte Raum, der einer Gesellschaft verfügbar ist, von Bahnen, Flächen und Regulierungen durchzogen ist, die nur der

Sicherstellung individuellen Autoverkehrs dienen, erschließt sich erst, wenn man sich den Blick auf das Dorf oder die Stadt verfremdet – indem man probehalber einmal explizit darauf achtet, wo überall Autos sind. Dann sieht man: kein Blick aus einem Restaurant, der nicht von Autos verstellt ist, keine Stadtansicht ohne Autos, kein Erreichen des gegenüberliegenden Straßenufers, ohne Autos passieren zu lassen. Man sieht: Schilder, Lichtzeichenanlagen, Einfahrten, Ausfahrten, Lärmschutzwände, Leitplanken, Begrenzungen, Markierungen, Richtungspfeile, Schranken, die es alle nur gibt, weil das Auto den öffentlichen Raum total und totalitär erobert hat.

## Generationen

Aber das fällt ohne eine solche angestrengte Verfremdungsübung gar nicht weiter auf: Weil all das ja zur ganz fraglosen und selbstverständlichen Ausstattung unserer Lebenswelt zählt, ja, immer gezählt hat, falls man nicht gerade über 60 Jahre alt ist. Denn die Massenautomobilisierung hat ja besonders seit der Nachkriegszeit unmerklich und beharrlich begonnen, den öffentlichen Raum zu okkupieren. Dass das nicht weiter auffällt, schon gar nicht negativ, hat mehrere Gründe: Erstens ist das Auto das Faszinations- und Sehnsuchtsobjekt für Männer schlechthin. Dafür haben Rennfahrer wie Bernd Rosemeyer und Rudolf Carraciola, Hollywood- und UFA-Filme wie „Die Drei von der Tankstelle" und nicht zuletzt die Abkunft des erschwinglichen Autos aus den für Normalverdiener unerreichbaren Preisen der Vorkriegswagen gesorgt. In der nivellierten Mittelstandsgesellschaft des Nachkriegs hingegen blieb das Auto – wie im Amerika der 1920er Jahre – nicht mehr allein dem Herrenfahrer und dem Filmstar vorbehalten. Es demokratisierte sich.

Zweitens dokumentiert sein Besitz, dass sein Eigner es „zu etwas gebracht hat", also sozialen Erfolg, was übrigens in der Ära des demokratischen Kapitalismus der Nachkriegszeit zum selbstverständlichen Anspruch führte, dass auch der deutsche Arbeiter das Recht auf sein Auto habe. Drittens ist, nach den jäh abgebrochenen Fernerfahrungen der Kriegsreisen, das Auto nun gewissermaßen das pazifizierte Mittel der Raumüberwindung. Statt mit dem Kübelwagen fährt man jetzt mit dem Käfer nach Italien. Viertens ist das Auto zentrales Symbol der Amerikanisierung und der Ankunft im Westen; nicht zufällig spielen Opel Rekord und Ford Taunus amerikanische Straßenkreuzer in maßstabsgerechter Verkleinerung nach, mit Panoramascheiben, Weißwandreifen, Zweifarbenlackierung und verchromten Kühlergrills. Selbst Mercedes kommt nicht umhin, seinem Modell für den sehr gehobenen Mittelstand zaghaft Heckflossen wachsen zu lassen – als handele es sich um einen auf Bonner Maß verkleinerten Cadillac Eldorado. Fünftens ist gerade das deutsche Auto Ausweis deutscher Ingenieurkunst und bald wie selbstverständlich „das beste der Welt". Damit fungiert es als Identitätsträger par excellence – technische Überlegenheit made in Germany fühlt sich gerade nach der tiefen Kränkung der Niederlage sehr gut an. Für die Jugend stellt es, sechstens, in jeder Hinsicht einen mobilen Freiheitsraum dar, mit dem ganz unterschiedliche Welten, räumliche wie sexuelle, zu erschließen sind (die in einer so folgerichtigen Erfindung wie dem Autokino glücklich zusammenkommen). Schließlich wird das Auto, siebtens, aus all diesen Gründen schnell ein zentraler Wirtschaftsfaktor und bleibt es bis heute, scheinbar unverzichtbar für den „Wirtschaftsstandort".

Diese in vielerlei Hinsicht identitären Aspekte prägen die Durchsetzungskraft des Autos und zugleich auch die Imprägnierung von Habitus und Bewusstsein derjenigen, die in der Nachkriegszeit, also in der Ära der beschleunigten Automobilisierung, aufgewachsen sind. In ihnen selbst hat sich als mentale Infrastruktur niedergeschlagen, was ihre Außenwelt durchwirkt – das Auto existiert nicht nur außen, sondern auch in der Innenwelt der Menschen. Generationell geschieht allerdings gerade etwas Interessantes: Umfragen ebenso wie die Zulassungsstatistiken zeigen, dass das Auto in den westlichen Gesellschaften bei der jungen Generation ziemlich schnell aus der Mode kommt. Für sie sind Kommunikation und Mobilität weit interessanter, und es ist ihnen egal, ob sie ihre Distanzen mit dem Flugzeug, der Bahn, dem Bus, einem Carsharing-Auto oder dem eigenen Auto zurücklegen – wichtig bleibt die Mobilität, aber das Auto als Identitätsgenerator hat für sie ausgedient. Es entbehrt daher nicht der Ironie, dass die gegenwärtigen Funktionseliten aus der Baby-Boomer-Generation, die sich ja selbst vorwiegend als „Entscheider" und „Macher" (natürlich auch in der weiblichen Form) verstehen, sich in regressive Insassen von Fahrzeugen verwandelt haben, die sie desto mehr zu lieben scheinen, je weniger Autonomie sie ihnen noch gestatten.

## Globalisierte Moderne

Dieses regressive Prinzip lässt sich auf die ganze Autoindustrie hochskalieren, die ihre Gewinne ja nur noch dadurch realisiert, dass sich in den Schwellenländern eine nachholende Automobilisierung vollzieht, die ihnen Ersatz-Absatzmärkte offeriert, die die Umsatzverluste in den westlichen Gesellschaften einstweilen noch kompensieren. Aber selbst darin kommt zum Ausdruck, dass das Auto als Fetisch dem westlichen Automenschen sukzessive enteignet wird, denn die Märkte in den Schwellenländern fordern designerische Girlanden, die das Produkt in westlichen Augen zunehmend hässlich machen. So beklagte das Fachorgan „ADAC Motorwelt" beim Test der neuen S-Klasse von Mercedes unlängst, dass „das beste Auto der Welt" natürlich nach wie vor aus Deutschland komme, aber ansonsten leider multikulti sei: „die breite Chromleiste im etwas schwurbeligen Heck für die Chinesen, der Lenkrad-Schriftzug in Schönschreibschrift für die Japaner oder die nostalgische Analoguhr für die Amerikaner". Und hellsichtig schreibt der Autor: „Auch bei den Digitalinstrumenten hat Mercedes der Mut verlassen: Ihre Neuerung besteht vor allem darin, die analoge Welt eben 1:1 digital nachzubilden."

Da ist er beim Punkt: Je mehr sich das Auto angesichts zunehmender Verkehrsinfarkte, Ressourcenknappheiten, Klimawandel und modernerer Mobilitätsformen überlebt, desto mehr kippt es in die Simulation: Es tut nur noch als ob. Da das Auto wie nichts anderes als Symbol für die westliche Nachkriegsmoderne steht, könnte es auch dafür stehen, dass das ganze westliche Gesellschaftsmodell in seinem simulativen Stadium angekommen ist. Denn mit den Mitteln ökonomischer und ökologischer Kreditaufnahmen spielt es sich ja nur noch ein Funktionieren vor, dem längst die materiellen Grundlagen abhanden gekommen sind. Ausdruck davon sind Verschuldung, Demokratieverluste, Entmächtigungen, planetary boundaries, gefühlte Zukunftslosigkeit. Die physischen und mentalen Infrastrukturen produzieren eine Trägheit, die suggeriert, es bewege sich noch etwas, während man in Wahrheit nur kollektiv Fahrgeräusche macht.

Es wäre lohnend, analoge Symbole für den Übergang in einen Gesellschaftszustand der Simulation zu suchen, in der schierer Materialeinsatz an die Stelle von Zukunftsgestaltung tritt. Wenn eine Gesellschaft etwa unablässig von Innovation redet, ihr Selbstbild aber im Neubau von Stadtschlössern findet – ideenlosen Funktionsbauten, denen barocke Fassaden vorgeblendet werden. Liefert ein simulierter Absolutismus den Selbstausdruck einer modernen Gesellschaft im 21. Jahrhundert? Oder wenn in einem Koalitionsvertrag mit dem Titel „Deutschlands Zukunft gestalten" das Ziel ausgegeben wird, „dass alle Menschen in Deutschland – Kinder, Frauen und Männer, Junge und Alte, in Ost und West – ein gutes Leben führen können". Kann man darin eine Art kontraphobischen Reflex auf die Entmächtigungen eines Gesellschaftsmodells sehen, das sich in einer gegenüber der Nachkriegszeit vollständig anderen geopolitischen Figuration befindet und sich lieber vorstellt, dass immer noch „Ferien auf Immenhof" sind?

## Nachbemerkung

Zugegebenermaßen fällt dieser Anwendungsfall einer hermeneutisch-kultursoziologischen Phänomenologie des Autos im Wandel der westeuropäischen Nachkriegsgesellschaft nach Hans-Georg Soeffners Maßstäben fahrlässig spekulativ aus. Ich kann mir diese Fahrlässigkeit allerdings deswegen erlauben, weil ich mich erstens als Außenseiter der Disziplin ihren methodischen Standards nur dann verpflichtet fühle, wenn ich Drittmittelprojekte durchführe, und zweitens Soeffner selbst eine solche Phänomenologie niemals vorlegen könnte, wirft er sich doch mit seinem silbergrauen Audi Q5 wie Sisyphos immer wieder und wieder auf den Kölner Ring, in der irren Hoffnung, dass irgendwann der Tag käme, da dort kein Stau sei. Den Wahn erkennt natürlich der nicht, der ihn teilt, heißt es bei Sigmund Freud, was zugleich die epistemologische Grenze jeder Hermeneutik markiert. Aber Spaß macht sie ja doch.

# Religiöses

Ulrich Berges

# JHWH – Gottesname, Symbol und Hermeneutik

Diese kleine Freundesgabe geht auf einen Vortrag im Rahmen eines DAAD-Fortbildungsseminars am 16. Juli 2013 in Bonn zum Thema „Monotheismus und Gewalt" zurück, an dem neben Dieter Gutzen auch der Jubilar maßgeblich beteiligt war. Bei der nicht neuen, aber bleibend aktuellen Thematik wird meist eine grundlegende Frage nicht gestellt: Woher kommt eigentlich das jüdisch-christliche Gottesbild? Welche prägenden Einflüsse hat JHWH als historische Ausformung einer der zahlreichen westsemitischen Gottheiten des 2. und 1. Jahrtausends v. Chr. erfahren (Bonnet/Niehr 2010)? Ohne eine Klärung der Herkunft kann eine theologische Hermeneutik des Gottesnamens nicht gelingen. Zwar legitimiert sich eine Geltung nicht allein durch Genese, dennoch ist das Wissen um die Herkunft die notwendige Voraussetzung für eine wissenschaftlich verantwortete Rede über das jüdisch-christliche Gottesbild.[1] Der eigene religiöse Standpunkt ist dabei aufs Erste weder Hilfe, noch Hindernis. Der These von Thomas Luckmann ist unabhängig von und jenseits aller Glaubensbekenntnisse zuzustimmen: „Der Heilige Kosmos ist ein Teil der Weltansicht. Er ist gesellschaftlich auf die gleiche Weise objektiviert wie die Weltansicht insgesamt, unbeschadet der besonderen symbolischen Eigenschaft religiöser Repräsentationen" (Luckmann 2000, S. 99).

Zu einer solchen Objektivierung des jüdisch-christlichen Gottesbildes wollen die folgenden Ausführungen beitragen, und zwar auf der Spur symbolischer Hermeneutik, die der Jubilar entscheidend vorangetrieben hat (Soeffner 2010). Dabei hat er als Soziologe auch das sakrale Symbol mit in seine Überlegungen einbezogen:

„Die Betonung des Symbols, der symbolischen Handlungen und des symbolischen Ausdrucks im Bereich des Sakralen zeigt eben jenes Leben in Symbolen und durch Symbole: Sie sind hier – gestern wie heute – kein Abbild des Transzendenten, sondern dessen Gegenwart. Das Transzen-

---

1   Eine ausführlichere Darstellung ist kürzlich erschienen in Berges 2013a.

dente lebt in den Symbolen und erhält durch sie sein Leben: Es ist in den Symbolen. [...] Wo das Symbol seine Wirklichkeit postuliert, zielt es darauf ab, dem Argument das Recht zu entziehen. Es muss und kann – dem Anspruch nach – nicht mehr erklärt oder begründet werden. Es ist, was es ist" (Soeffner 2010, S. 17).

Als Exeget, näherhin als Alttestamentler, führt mich diese Charakterisierung sakraler Symbolik wie von selbst zum Gott Israels, dessen Selbstoffenbarung an den Religionsgründer Mose in Ex 3,14 f. so lautet:

„Ich bin, der ich bin. [...] So sollst du zu den Söhnen Israel sagen: [Der] ‚Ich bin' hat mich zu euch gesandt. Und Gott sprach weiter zu Mose: So sollst du zu den Söhnen Israel sagen: ‚JHWH, der Gott eurer Väter, der Gott Abrahams, der Gott Isaaks und der Gott Jakobs, hat mich zu euch gesandt. Das ist mein Name in Ewigkeit, und das ist meine Benennung von Generation zu Generation."

Das Tetragramm, der vierbuchstabige Gottesname JHWH, ist gleichsam das Symbol, das die Anwesenheit des Unsichtbaren präsent setzt. Der jüdische Exeget Benno Jacob führt dazu in seinem Exodus-Kommentar aus:

„[D]as Wort היה soll nicht Sein im Sinne von Existieren, Realität haben bedeuten, auch nicht: sich in einem gleichbleibenden Zustand befinden, sondern: *da sein* (nicht: dasein), Erscheinen, Auftreten, Aufkommen, sich Manifestieren und Erweisen, oder *Werden,* nur nicht als Fortschreiten zum Sein, sondern als das unvermittelte Eintreten in die Welt der Erscheinungen" (Jacob 1997, S. 66).

Hier ergibt sich eine erstaunliche Nähe zu dem, was Hans-Georg Soeffner zuvor über das Symbol im sakralen Bereich aussagte, dass es eben kein Abbild des Transzendenten sei, sondern dessen Gegenwart selbst! Wenn der Jubilar des Weiteren zur „Welt des symbolisch ausgeformten Wissens, der Weltbilder und der Kosmien" ausführt:

„Das Erscheinende ist nichts ohne seinen transzendenten Hintergrund. Die Erscheinung steht im Dienst einer Epiphanie. Das im Symbol Erscheinende – für die Nichtwissenden ‚hinter' der Erscheinung Verborgene – ist die eigentliche Wirklichkeit: Das nicht Präsente verdrängt das ‚wirklich' Präsente" (Soeffner 2010, S. 31),

so stimmt die Theologie des Gottesnamens damit bestens überein.

Dass JHWH weit mehr ist als der Eigenname einer altorientalischen Gottheit – wie z. B. Assur, Marduk, Kemosch – zeigt sich schon daran, dass in der Tradition Israels dieser Name nur einmal im Jahr vom Hohepriester am Großen Versöhnungstag im Debir, dem Allerheiligsten des Jerusalemer Tempels, unter Musik und Posaunenklang ausgesprochen wurde. Somit war dieser Name vor jeglichem Missbrauch und Zauber geschützt. In der jüdischen Tradition werden die vier Buchstaben später mit den Vokalen für das Wort „Adonai" („Herr") vokalisiert, um die Aussprache des Namens weiterhin zu vermeiden. Die Aussprache des Gottesnamens als „Jehova" in einigen christlichen Kreisen resultiert aus der irrigen Kombination der vier hebräischen Buchstaben mit den Vokalen für das Wort „Adonai". Die gängige jüdische Sprechweise beim Tetragramm ist heute „ha'schem", d. h. „der Name", und in vielen englischsprachigen Publikationen jüdischer Exegeten wird selbst das Wort „God" nicht voll ausgeschrieben, sondern als „G'd" abgekürzt. Die Vermeidung der Aussprache des Gottesnamens, die Ersatzvokalisation, die bis in die modernen Sprachen reichende Substitution zeigen nicht nur die hohe Ehrfurcht vor dem Tetragramm an, sondern machen die vier Buchstaben geradezu zum sakralen Symbol für die Nähe und die Ferne, für die aufscheinende und sich verbergende Präsenz dieses Gottes. Besonders in der christlichen Kunst ist das Tetragramm inmitten eines Strahlenkranzes – meist hoch über dem Altarbild oder dem Tabernakel – zum Symbol für die Gottheit geworden.

Ein Letztes sei aus den Überlegungen zu „Symbol und Ritual" angeführt, was in der exegetischen Beschäftigung mit JHWH als dem Symbolnamen für den „Ich bin da" viel zu wenig Beachtung gefunden hat: die Widersprüchlichkeit der Welterfahrung, die im Symbol bis zur Paradoxie verdichtet wird. In diesem Zusammenhang verweist der Jubilar explizit auf das Symbol des Kreuzes:

> „Das Kreuz als Symbol sowohl des Todes als auch der Auferstehung, der Erniedrigung und der höchsten Verehrung, des Galgens und des heiligen Zeichens ist ein gutes Beispiel für die unmittelbare, präargumentative Vereinigung und zugleich Artikulation von Widersprüchen" (Soeffner 2010, S. 35).

Dass dem Kreuz als Symbol eine enorme Paradoxie innewohnt, muss mit Nachdruck unterstrichen werden. Dass es Resultat einer „präargumentativen Vereinigung" von Gegensätzen sei, kann dagegen bezweifelt werden. Dafür sind die kenotischen Aspekte der leidenden Propheten oder des Gottesknechts schon in der Hebräischen Bibel zu stark (Berges 2013b). Doch muss der biblische Theologe aufhorchen, wenn Hans-Georg Soeffner den Symbolen die Eigenschaft beimisst, „Paradox und Ambivalenz zu betonen, aber zugleich auch auszuhalten und die Dissonanzen des Gegensätzlichen in ästhetische Konsonanzen umzuformen" (Soeffner 2010, S. 36). Was der Jubilar für das Symbol allgemein postuliert, gilt auf eindrückliche Weise auch für das Tetragramm:

> „Wo das Symbol seine eigene Wirklichkeit postuliert, zielt es darauf ab, Begriff, Argument und Reflexion das Recht zu entziehen. Überdeterminiert und ambivalent, wie es ist, repräsentiert es eine spezifische Form menschlicher Wirklichkeitskonstruktion, die an ihrer Widersprüchlichkeit nicht zerbricht, sondern von ihr lebt, sie nicht nur ausdrückt, sondern sogar die Einheit der Widersprüche suggeriert" (Soeffner 2010, S. 37).

Aus der Stärke und Gefahr der Symbole, die „imstande [sind], ohne Begleitung der Vernunft eigene Welten zu konstituieren, die sich der Kontrolle und Überprüfung reflektierender Vernunft entziehen", leitet Hans-Georg Soeffner (2010, S. 39) schließlich die Forderung einer notwendigen Hermeneutik der Symbole ab. In einer Zeit kritischer Nachfrage nach den negativen Folgen des jüdisch-christlichen Gottesbildes ist eine Hermeneutik des Gottesnamens geradezu geboten.

Eine solche Hermeneutik kann aber ohne eine Aufarbeitung der geschichtlichen Wurzeln der Gottheit JHWH nicht gelingen. Generell wird in der alttestamentlichen Wissenschaft immer stärker davon ausgegangen, dass JHWH auf dreierlei Weise mit Eigenschaften und Kompetenzen aufgeladen wurde. Der Ursprung dieser altorientalischen Gottheit liegt am Ende der Spätbronzezeit (1550–1200 v. Chr.) wohl in der Araba, d.h. im Südosten des Grabenbruchs zwischen Totem Meer und dem Golf von Akaba.[2] Die ältesten Belege seines Namens in Fremdnamenlisten aus ägyptischen Tempeln des 14. und 13. Jahrhunderts v. Chr. in Soleb und Amara-West weisen in diese Richtung. Darin wird von „JHW(H) im Land der Schasu" gesprochen, wobei JHW(H) wohl zuerst das von den Schasu-Nomaden bewohnte Gebiet meint. Dass ein Landschaftsname auch auf eine Gruppe von Menschen bezogen wird und zudem offen ist für eine Verwendung als Gottesname, zeigen weitere ägyptische Belege asiatischer Namen.[3] Wenn die ägyptischen Quellen von den Schasu-Nomaden sprechen, kann das zwar ein Gebiet von der Negev-Wüste bis nach Nordsyrien umfassen, doch spricht vieles für die Eingrenzung auf das Territorium Seirs, des späteren Edoms, östlich des Gra-

---

2 So unter anderem Leuenberger (2011, S. 8); anders Köckert (2005 und 2010) und Pfeiffer (2005), die für eine nordisraelitische Heimat plädieren.
3 Leuenberger (2011, S. 16), unter Hinweis auf Görg (1993, S. 65).

benbruchs zwischen Totem Meer und dem Golf von Akaba (Leuenberger 2011, S. 16). Es waren wohl diese Schasu-Nomaden, die am Übergang von der Spätbronze- zur Eisenzeit (um 1200 v. Chr.) als erste eine Gottheit mit dem Namen JHW(H) verehrten, und zwar als Sturm- und Wettergott.[4] Damit stimmen traditionsgeschichtlich sehr alte Belege aus dem AT überein, die JHWHs Herkunft aus dem Süden zum Ausdruck bringen (Dtn 33,2; Ri 5,4f.; Hab 3,3; Ps 68,9). Zum Charakteristikum dieses Gottes gehört, dass er sich die Wolken zum Gefährt nimmt und im Wolkendunkel wohnt. Die Etymologie seines Namens bleibt umstritten, doch hat die Ableitung von „JHWH" aus dem Südarabischen als derjenige, „der weht, durch die Lüfte fährt", viel für sich.[5] Die biblische Erklärung als der „Ich bin, der ich bin" (Ex 3,14) ist dagegen das Produkt späterer theologischer Reflexion und liest die erfahrene und erhoffte Präsenz dieses Gottes in seinen Namen hinein. Als Wettergottheit war JHWH in seinem Handeln ambigue und für die menschliche Erfahrungswelt ambivalent, denn neben dem fruchtbaren Regen konnte er auch Blitze, Stürme und zerstörerische Wassermassen bringen: „Als Gewittergott war YHWH von Anfang an ein recht komplexer Gott, der sowohl gewalttätig-zerstörerische Aspekte umfasste als auch gnädig-lebensspendende. Diese Komplexität teilt er freilich mit anderen syrisch-arabischen Göttern" (Knauf 1984a, S. 28).

Eine zweite wichtige Beeinflussung stellt die Solarisierung JHWHs im Zuge der Jerusalemer Tempeltheologie dar, und zwar nach dem Tempelbau durch Salomo in der Mitte des 10. Jahrhunderts v. Chr.[6] Damit übernimmt JHWH Eigenarten, Kompetenzen und Funktionen des Sonnengottes. Das hat nicht zufällig mit Jerusalem zu tun, denn „Jeruschalayim" meint ursprünglich nicht – wie es biblisch gedeutet wird – „Stadt des Friedens" (Jer 4,10; Ez 13,16), sondern „Gründung des Schalem". Schalem ist in der Levante als Sonnengottheit bekannt und bildet mit Schachar, dem Morgenstern, ein Götterpaar, das den täglichen, kosmischen Rhythmus von Abend und Morgen garantiert. Zudem ist der Sonnengott für die Wahrung der Ordnung und des Rechts zuständig, der diese Aufgabe dem König als Hüter von „Recht und Gerechtigkeit" überträgt (Ps 101,8; 110,3; 139,11f.; Zef 3,5). To-

---

4  Görg (1995, S. 265): „J. wäre demnach urspr. eine Gottheit nach dem Typus der ‚Wettergötter', um in gebirgiger Gegend eine von oben kommende Garantie zur Abwehr von Gefahren, zur Rettung und zur Ermöglichung der Weiterexistenz seiner Anhänger zu gewähren."

5  So bereits Wellhausen (1958, S. 23, Anm. 1): „Der Name Jahve scheint zu bedeuten: er fährt durch die Lüfte, er weht"; siehe Knauf (1984b) und den sehr informativen Überblick von Van der Toorn (1995, bes. S. 1721–1723); siehe auch Görg (1995, S. 261).

6  Dazu auch Smith (2002, S. 148–159) (Chap. 4: „Yahweh and the Sun").

pographisch und bautechnisch weist die Ost-West-Ausrichtung des Jerusalemer Tempels ebenfalls darauf hin, dass hier ursprünglich eine Sonnengottheit verehrt wurde, denn die Orientierung des Gebäudekomplexes widerspricht der natürlichen Nord-Süd-Ausrichtung der alten Jebusiterstadt und des Tempelareals (Keel 2007, S. 277).

Eine dritte Profilerweiterung geschah durch Übernahmen von Eigenschaften Els, des kanaanäisch-ugaritischen Hauptgottes. Schon das theophore Element El in „Isra-el" auf der Merenptah-Stele (1208 v. Chr.) weist auf diese Gottheit hin.[7] In Gen 33,20 errichtet Jakob in Sichem einen Altar und nennt ihn: „*El*, der Gott Israels" (Gen 46,3). In Namen wie Rafael [El heilt], Michael [wer ist wie El]; Gabriel [El ist ein Held] setzt sich dieses Erbe Els über JHWH, das AT und NT bis in die Gegenwart fort. Unbestreitbar hat JHWH im Laufe der Zeit in vielerlei Hinsicht den alten kanaanäisch-ugaritischen Hauptgott El entthront und beerbt: „In Israel El's characteristics and epithets became part of the repertoire of Yahweh" (Smith 2001, S. 14; auch Keel 2007, S. 273). Wie El thront JHWH in der himmlischen Versammlung, inmitten der Göttersöhne (Ps 29,1–2; 82,1; Ijob 1–2). Dieses himmlische Thronen bedeutet nicht Unzugänglichkeit, sondern im Gegenteil segnende Zugewandtheit (Jes 57,15). Der Vater-Titel für JHWH (u. a. Dtn 32,6; Jes 63,16; 64,7; Jer 3,4.19; Mal 1,6; 2,10) verdankt sich ebenfalls der Übernahme von El-Aspekten. So wird JHWH zum „el rachum weʰchannun", zum barmherzigen und gnädigen Gott (Ex 34,6; Jon 4,2; Joel 2,13; Ps 86,15; 103,8; 145,8; Neh 9,17). Der Koran hat diese Tradition – über JHWH im AT vermittelt – zu einem religions- und kulturgeschichtlichen Welterfolg gemacht. So beginnt nicht nur der Koran als ganzer, sondern bis auf Sure 9 alle übrigen 113 Suren mit der sogenannten *basmala*: „Im Namen Gottes, des Erbarmers, des Barmherzigen."

JHWH beerbte aber nicht nur El, sondern auch Baal, der im AT ab dem 9. Jahrhundert v. Chr. zur feindlichen Gottheit par excellence stilisiert wird (siehe dazu etwa den Götterstreit auf dem Karmel in 1 Kön 18).[8] JHWH, und nicht Baal, sorgt für Regen und Fruchtbarkeit. Dem saisonalen Tod des phönizisch-kanaanäischen Wettergottes, der in den regenlosen Sommermonaten dem Unterweltsgott Mot [Tod] unterlegen ist, steht JHWH gegenüber, der allzeit eingreifen kann, wenn er nur eingreifen will. Wie nahe sich ursprünglich JHWH und Baal standen, zeigt das alttestamentliche Onomastikon, in dem „Baal"-haltige Namen häufig begegnen (Ri 6,32; 2 Sam 11,21;

---

7   Die Etymologie von „Israel" ist zwar weiterhin umstritten, doch bleibt „El streitet/herrscht" (Gen 32,29; Hos 12,5) die wahrscheinlichste Erklärung (Davies 1995, S. 245).

8   In seinem Oratorium „Elias" hat Mendelssohn Bartholdy dieser Polemik ein Denkmal gesetzt.

Jer 3,24). Die Stadtgottheit des philistäischen Ekron, „Baal-Zebul" („erhabener Herr") wurde zu „Baal-Zebub" („Herr der Fliegen") verballhornt (2 Kön 1,2f.6.16). Ein Nachspiel findet sich im Namen „Beelzebul", dem Herrn der Dämonen im NT (Mk 3,22; Mt 9,34; 12,24.27; Lk 11,15.18f.).

Die religionsgeschichtliche Spurensuche kann hier abgebrochen werden, denn es sollte klar geworden sein, wie JHWH durch die vielzähligen Anleihen und Übernahmen zu einer hoch komplexen Gottheit geworden ist.[9] Durch die zuerst monolatrische, dann monotheistische Zuspitzung mussten alle Eigenschaften dem einen Gott JHWH zugesprochen werden. Dagegen konnten in den altorientalischen Panthea unterschiedliche Charakteristika auf unterschiedliche Götter verteilt werden. Eine solche Ausdifferenzierung kam beim solitären JHWH nicht in Frage.

## Die theologische Komplexität JHWHs

Dass die Komplexität JHWHs bereits den Verfassern der Hebräischen Bibel bekannt war, zeigt die sogenannte Gnaden- und Zornesformel in Ex 34,6–7, die ein spätes Produkt der alttestamentlichen Literaturwerdung darstellt (um 500 v. Chr.). Dort heißt es in einem Gotteswort an Mose:

„Und JHWH ging vor seinem Angesicht vorüber und rief: JHWH, JHWH, ein barmherziger und gnädiger Gott, langsam zum Zorn und reich an Gnade und Treue. Der Gnade bewahrt an Tausenden [von Generationen], der Schuld, Vergehen und Sünde vergibt, aber keineswegs ungestraft lässt, [sondern] die Schuld der Väter heimsucht an den Kindern und Kindeskindern, an der dritten und vierten [Generation]."

Diese Formel ist von Ex 34 aus in alle anderen Teile des Kanons gewandert und findet sich so bzw. abgewandelt in den Psalmen (Ps 86,15; 103,8; 111,4; 145,8; auch Ps 78,38; Ps 99,8), den Propheten (Jer 32,18; Mi 7,18–20; Nah 1,2f.; Joel 2,13; Jona 4,2) und den übrigen Schriften (Neh 9,17.31; dazu Sir 5,4f.; Weish 15,1f.) (Scoralick 2002). Die Gnaden- und Zornesformel deckt ein weites Spektrum ab: Sowohl Lebensförderung (Segen) als auch Lebensminderung (Zorn) werden an JHWH festgemacht. Symboltheoretisch wird die Widersprüchlichkeit der Welterfahrung in JHWH verankert. Er ist der einzige Grund von Leben und Tod, von Krankheit und Heilung, von Sieg

---

9 Zur Möglichkeit, das letztlich Genuine an JHWH freizulegen, siehe Smith (2001, S. 146): „In fact, part of the original profile of Yahweh may be permanently lost, especially if the earliest biblical sources reflect secondary developments in the history of this deity's profile."

und Niederlage. Auch dazu findet sich bei Hans-Georg Soeffner eine erstaunliche Parallele, wenn er für das Symbol die Arbeit am Widerspruch ins Spiel bringt, die bis zur Herausbildung von Paradoxen führen kann: „Sie resultieren aus der Notwendigkeit, mit und in Widersprüchen leben zu müssen – und verweisen zugleich auf eines der Hilfsmittel, mit diesen Widersprüchen umzugehen" (Soeffner 2010, S. 35). In der christlichen Theologie hat dies für den Gottesbegriff niemand deutlicher erkannt als Nikolaus von Kues, der von Gott als dem Ort der „coincidentia oppositorum" sprach.

Die monotheistische Radikalität etablierte sich im biblischen Israel erst ab der Mitte des 6. Jahrhunderts und kulminierte im Gotteswort von Jes 45,7: „Ich bin JHWH, und sonst niemand. Ich erschaffe das Licht und mache das Dunkel, ich bewirke das Heil und erschaffe das Unheil. Ich bin JHWH, der das alles vollbringt" (dazu Berges 2008, S. 403–406). Diese Spannung ist jedoch bald aufgeweicht worden. So tritt schon in der Ijob-Dichtung um 400 v. Chr. der Satan als einer der Gottessöhne in der himmlischen Versammlung auf, in der jetzt JHWH – wie zuvor der oberste Gott El – den Vorsitz führt. Nicht JHWH prüft Ijob, sondern Satan, der das „schmutzige" Geschäft der Versuchung des unschuldigen Gerechten übernimmt (Ijob 1,6.12). Die Ambiguität der Welterfahrung, die sich in JHWH bis zum Paradox verdichtet, wird durch die Einführung Satans als einem der Gottessöhne, der später als Luzifer dämonisiert wird, disambiguiert! JHWH ist für Segen und Leben zuständig, der Satan mit den bösen Mächten dagegen für Tod und Verderben (Lange 2003). Die Kernbereiche des Alten und des Neuen Testaments kennen dagegen keine Disambiguierung des Gottesbildes; vielmehr haben Zorn und Gnade, Leben und Tod, Heil und Unheil – zwar nicht gleichgewichtig, wohl aber untrennbar – mit JHWH zu tun.[10] Alle Welterfahrungen werden mit dem Gott Israels als der einzig wahren Gottheit in Verbindung gebracht und im Tetragramm als sakralem Symbol verdichtet!

Gerade in der Moderne und Postmoderne wird der Gedanke immer attraktiver, dass Mehrdeutigkeit kein zu behebender Mangel ist, sondern als Stimulus für Kreativität und Lebendigkeit dient. Der nordamerikanische Theologe und Religionsphilosoph John D. Caputo (2005) meint dazu in seinem Lob auf die Ambiguität:

„Alles, was wichtig, wertvoll und bedeutsam ist, ist voller Ambiguität: Liebe und Tod, Gott und Leiden, richtig und falsch, Vergangenheit und Zu-

---

10 Es ist kein Zufall, dass der erste Häretiker der Kirche, Markion, in der Mitte des 2. Jahrhunderts n. Chr. das AT komplett entsorgte und das NT „reinigte", um jede Ambiguität aus dem Gottesbild zu verbannen (dazu auch Menke 2011).

kunft. Und umgekehrt: Wenn etwas ambiguitätsfrei eindeutig und in seiner Einfachheit durchschaubar ist, liegt es nicht daran, dass seine Substanz verbraucht und seine Zukunft vorbei ist?" (zitiert nach Bauer 2011, S. 34)

Begriffe wie Ambiguität, Ambivalenz, Polyvalenz spielen in den jüngsten Veröffentlichungen aus den Bereichen der Literaturwissenschaften, Philosophie und Kunstgeschichte eine zunehmend wichtige Rolle (Krieger/Mader 2010; De Paulo/Messina/Stier 2005; Koslowski/Schenk 2004; Berndt/Kammer 2009). Der Beitrag des Islamwissenschaftlers Thomas Bauer zur „kulturellen Ambiguität" sei hier eigens hervorgehoben, weil er meines Erachtens auch auf die ambigue Gottesvorstellung von JHWH anwendbar ist:

„Ein Phänomen kultureller Ambiguität liegt vor, wenn über einen längeren Zeitraum hinweg einem Begriff, einer Handlungsweise oder einem Objekt gleichzeitig zwei gegensätzliche oder mindestens zwei konkurrierende, deutlich voneinander abweichende Bedeutungen zugeordnet sind, wenn eine soziale Gruppe Normen und Sinnzuweisungen für einzelne Lebensbereiche gleichzeitig aus gegensätzlichen oder stark voneinander abweichenden Diskursen bezieht oder wenn gleichzeitig innerhalb einer Gruppe unterschiedliche Deutungen eines Phänomens akzeptiert werden, wobei keine dieser Deutungen ausschließliche Geltung beanspruchen kann" (Bauer 2011, S. 27).

Die Theologie sollte sich diesen Diskussionen zu Ambiguität und Disambiguierung nicht verschließen, sondern sich im Gegenteil angestoßen fühlen, die Geschichte und Wirkungsgeschichte des alt- und neutestamentlichen Gottesbildes auf das Paradox seiner symbolischen Verdichtung hin zu untersuchen.[11] Dabei werden die Arbeiten des Jubilars zur Symbolforschung auf sehr fruchtbaren Boden fallen!

## Literatur

Bauer, Th. (2011): Die Kultur der Ambiguität. Eine andere Geschichte des Islam. Berlin: Verlag der Weltreligionen.
Berges, U. (2008): Jesaja 40–48 (Herders Theologischer Kommentar zum Alten Testament). Freiburg im Breisgau: Herder.
Berges, U. (2013a): Die dunklen Seiten des guten Gottes. Zu Ambiguitäten im Gottesbild JHWHs aus religions- und theologiegeschichtlicher Perspektive (Nordrhein-West-

---

11 Als Anstoß und Beispiel kann die Aufarbeitung des islamischen Gottesbildes von Kermani (2005) gelten.

fälische Akademie der Wissenschaften und der Künste. Geisteswissenschaften. Vorträge G 443). Paderborn: Schöningh.

Berges, U. (2013b): Das Kreuz aus alttestamentlicher Perspektive. Neue Impulse aus Jes 53. In: Nothelle-Wildfeuer, U./Knop, J. (Hrsg.): Kreuz-Zeichen. Zwischen Hoffnung, Unverständnis und Empörung. Mainz: Grünewald, S. 123–137.

Berndt, F./Kammer, S. (Hrsg.) (2009): Amphibolie – Ambiguität – Ambivalenz. Modelle und Erscheinungsformen von Zweiwertigkeit. Würzburg: Königshausen & Neumann.

Bonnet, C./Niehr, H. (2010): Religionen in der Umwelt des Alten Testaments II. Phönizier, Punier, Aramäer (Kohlhammer Studienbücher Theologie 4,2). Stuttgart: Kohlhammer.

Caputo, J. D. (2005): In Praise of Ambiguity. In: De Paulo, C. J. N. (Hrsg.): Ambiguity in the Western Mind. New York: Peter Lang, S. 15–34.

Davies, P. R. (1995): Art. Israel. In: Neues Bibel-Lexikon. Bd. II. Zürich: Benziger, S. 246–247.

De Paulo, C. J. N./Messina, P./Stier, M. (Hrsg.) (2005): Ambiguity in the Western Mind. New York: Peter Lang.

Görg, M. (1993): Monotheismus in Israel. Rückschau zur Genese. In: Hilpert, K. (Hrsg.): Der eine Gott in vielen Kulturen. Inkulturation und christliche Gottesvorstellung. Zürich: Benziger, S. 59–70.

Görg, M. (1995): Art. Jahwe. In: Neues Bibel-Lexikon. Bd. II. S. 260–266.

Jacob, B. (1997): Das Buch Exodus. Stuttgart: Calwer.

Keel, O. (2007): Die Geschichte Jerusalems und die Entstehung des Monotheismus. Bd. 1 (Orte und Landschaften der Bibel 4,1). Göttingen: Vandenhoeck & Ruprecht.

Kermani, N. (2005): Der Schrecken Gottes. Attar, Hiob und die metaphysische Revolte. München: C. H. Beck.

Knauf, E.-A. (1984a): Eine nabatäische Parallele zum hebräischen Gottesnamen. In: Biblische Notizen 23, S. 21–28.

Knauf, E.-A. (1984b): Yahwe. In: Vetus Testamentum 34, S. 467–472.

Köckert, M. (2005): Wandlungen Gottes im antiken Israel. In: Berliner Theologische Zeitschrift 22, S. 3–36.

Köckert, M. (2010): YHWH in the Northern and Southern Kingdom. In: Kratz, R. G./Spieckermann, H. (Hrsg.): One God – One Cult – One Nation. Archaeological and Biblical Perspectives (Beihefte zur Zeitschrift für Alttestamentliche Wissenschaft 405). Berlin: De Gruyter, S. 357–394.

Koslowski, P./Schenk, R. (Hrsg.) (2004): Ambivalenz – Ambiguität – Postmodernität. Begrenzt Eindeutiges Denken (Collegium Philosophicum 5). Stuttgart-Bad Cannstatt: frommann-holzboog.

Krieger, V./Mader, R. (Hrsg.) (2010): Ambiguität in der Kunst. Typen und Funktionen eines ästhetischen Paradigmas (Kunst, Geschichte, Gegenwart 1). Köln: Böhlau.

Lange, A. (Hrsg.) (2003): Die Dämonen. Die Dämonologie der israelitisch-jüdischen und frühchristlichen Literatur im Kontext ihrer Umwelt. Tübingen: Mohr Siebeck.

Leuenberger, M. (2011): Gott in Bewegung. Religions- und theologiegeschichtliche Beiträge zu Gottesvorstellungen im alten Israel (Forschungen zum Alten Testament 76). Tübingen: Mohr Siebeck.

Luckmann, Th. (2000): Die unsichtbare Religion. Frankfurt am Main: Suhrkamp.

Menke, K. H. (2011): Spielarten des Marcionismus in der Geistesgeschichte des 20. Jahrhunderts (Nordrhein-Westfälische Akademie der Wissenschaften und der Künste. Geisteswissenschaft. Vorträge G 429). Paderborn: Schöningh.

Pfeiffer, H. (2005): Jahwes Kommen von Süden. Jdc 5, Hab 3, Dtn 33 und Ps 68 in ihrem literatur- und theologiegeschichtlichem Umfeld (Forschungen zur Literatur des Alten und Neuen Testamentes 211). Göttingen: Vandenhoeck & Ruprecht.

Scoralick, R. (2002): Gottes Güte und Gottes Zorn. Die Gottesprädikationen in Exodus 34,6 f. und ihre intertextuellen Beziehungen zum Zwölfprophetenbuch (Herders Biblische Studien 33). Freiburg im Breisgau: Herder.

Smith, M. S. (2001): The Origins of Biblical Monotheism. Israel's Polytheistic Background and the Ugaritic Texts. Oxford: Oxford University Press.

Smith, M. S. (2002): The Early History of God. Yahweh and the Other Deities in Ancient Israel. 2. Auflage. Grand Rapids: Eerdmans.

Soeffner, H.-G. (2010): Symbolische Formung. Eine Soziologie des Symbols und des Rituals. Weilerswist: Velbrück.

Van der Toorn, K. (1995): Art. Yahweh. In: Dictionary of Deities and Demons in the Bible. Leiden: Brill, S. 1711–1730.

Wellhausen, J. (1958): Israelitische und jüdische Geschichte. 9. Auflage (Erstauflage 1894). Berlin: De Gruyter.

Dirk Kaesler

# Max Weber: Der „religiös unmusikalische Stier"
Kann man den Begründer der Verstehenden Soziologie auch astrologisch verstehen?

*Am 28. August 1749, mittags mit dem Glockenschlage zwölf, kam ich in Frankfurt am Main auf die Welt. Die Konstellation war glücklich; die Sonne stand im Zeichen der Jungfrau, und kulminierte für den Tag; Jupiter und Venus blickten sie freundlich an, Merkur nicht widerwärtig; Saturn und Mars verhielten sich gleichgültig: nur der Mond, der soeben voll ward, übte die Kraft seines Gegenscheins um so mehr, als zugleich seine Planetenstunde eingetreten war. Er widersetzte sich daher meiner Geburt, die nicht eher erfolgen konnte, als bis diese Stunde vorübergegangen. – Diese guten Aspekte, welche mir die Astrologen in der Folgezeit sehr hoch anzurechnen wussten, mögen wohl Ursache an meiner Erhaltung gewesen sein: denn durch Ungeschicklichkeit der Hebamme kam ich für tot auf die Welt, und nur durch vielfache Bemühungen brachte man es dahin, daß ich das Licht erblickte.* So beginnt Johann Wolfgang von Goethes *Aus meinem Leben. Dichtung und Wahrheit* der Jahre 1811 bis 1814.

Wie wir aus den Berichten über sein Lektürepensum als Gymnasiast wissen, war es gerade Goethe, für den sich Max Weber als seinen lebenslangen literarischen Begleiter entschied. Wenn es wirklich so war, dürfte schon der Schüler Max Weber nicht an Goethes astrologischer Selbstverortung vorbeigekommen sein. Wie mag wohl der Beginn dieser großen autobiographischen Erzählung auf den jungen Max Weber gewirkt haben? Hat er frühreif und altklug den Kopf geschüttelt? Oder wurde er vielleicht doch ein wenig neugierig auf das eigene Horoskop?

Die Astrologie war dem Wissenschaftler Max Weber keine besondere Beachtung wert. An nur neun Stellen des Gesamtwerks wird Astrologie erwähnt und immer in ähnlicher Weise: pure Magie, reiner Aberglaube, nichts als Superstition. In seinen Arbeiten über China, Indien und das Antike Judentum musste sich Max Weber zwangsläufig mit den diversen Erscheinungsformen und der früheren Bedeutung der Astrologie in diesen Kulturbereichen auseinandersetzen. Sein leiser Triumph ist nicht zu überhören, wenn er davon berichtet, dass die von den Hofastrologen des chinesischen Kaisers vorausgesagte Sonnenfinsternis des Jahres 1441 nicht stattfand und wie gerade in China mit der Einführung der Messinstrumente durch die Jesuiten aus der magischen Astrologie allmählich die wissenschaftlichen Disziplinen der Astronomie und Meteorologie entstanden. Zu Max Webers Annahme einer allmählichen und unaufhaltsamen Rationalisierung der magischen Weltbilder gehörte wie selbstverständlich auch jene des nachexilischen und rabbinischen Judentums, die der Erkenntnis folgte: *In Israel gelten keine Planeten.*

Bemerkenswert ist, dass Max Weber, der sich so eingehend mit den Gedankenwelten der europäischen Renaissance befasste, nicht wahrnehmen wollte, dass auch dort der Astrologie viel Aufmerksamkeit geschenkt wurde. Die Wiederentdeckung der Antike hatte auch die Götter wieder ins Spiel gebracht, nun eben als Planetenherrscher. Musste sich nicht selbst der Vatikan mit den sieben Wochentagen abfinden, die in den romanischen Sprachen nach Planetengöttern benannt waren, für die in Nordeuropa die germanischen Götter eintraten? Die Astrologie war – auch und gerade in der Renaissance – der kleine Rest der sehr viel älteren Anschauung, nach der alles, was auf Erden geschieht, sich nach dem Himmel zu richten hat – nun auf das Individuum umcodiert. Auch für die Person des Herrschers bedeutete diese Anschauung in vielen Weltgegenden, dass man dessen Herkunft auf die Sonne zurückführte. So hielt es selbst noch so mancher Herrscher deutscher Lande, in die Max Weber zu seiner Zeit hineingeboren worden war. Und als Max Weber sich als Erwachsener so intensiv mit Luthers Denken auseinandersetzte, fiel ihm bemerkenswerterweise nicht einmal auf, dass dessen Freund Melanchthon große Stücke auf die Horoskopdeutung hielt, so dass sich dies bis in seine Beratung der Fürsten jener Zeit auswirkte.

Für Max Weber jedenfalls stand fest, dass nicht die „Sternengeister" es sind, die die Herrschaft über die Schicksale der Menschen ausüben, sondern Gott, der jüdisch-christliche Gott. Und selbst diesem sollte Max Weber – zumindest gegen Ende seines Lebens – nicht mehr so recht die Macht über das Schicksal der Menschen zutrauen. Nachdem wir für unsere Biographie (Kaesler 2014) dieses Menschen seinen ganzen Lebenslauf durchschritten haben, wollen wir rückblickend nochmals die Frage stellen: Was machte, was bestimmte Max Weber dazu, dass er so wurde, wie er wurde? Und dabei wollen wir – mit einem ironischen Augenzwinkern – die Astrologie zu Worte kommen lassen, an der sich gewiss nicht wenige Personen in Max Webers Umfeld orientiert haben. Kann man also, so die Frage, Max Weber – diesen Begründer der Verstehenden Soziologie – auch astrologisch verstehen?

Abb. 1: Horoskop von Max Weber

MAX WEBER
21.4.1864   22.0000   ERFURT (D)
AD-KOCH

Hätte es also für Max Weber beim Verfassen seiner Lebensgeschichte, hätte er je eine verfasst, heißen können: „Am 21. April 1864, des Nachts mit dem Glockenschlage zehn, kam ich in Erfurt, auf die Welt. Die Konstellation war nicht unglücklich, die Sonne stand im astrologischen Tierkreiszeichen des Stieres. Meine Mutter, die sechs Tage zuvor ihren 20. Geburtstag gefeiert hatte, durchlitt ihre erste Geburt als schweren Kampf: Der Kopf des Kindes war übergroß, die Wöchnerin fieberte und konnte den Erstgeborenen nicht, wie alle nachfolgenden Geschwister stillen?" Dieser Vernunft-Gläubige – für die längste Zeit seines Lebens jedenfalls – hätte sich vermutlich geschüttelt beim Gedanken an eine astrologische Vorbestimmtheit seines Lebens. Heute – in einer Zeit, in der die Esoterik mit ihren Horoskopen und Tarotkarten, Kristallreisen, Drogenmystik, Kommunikation mit Krafttieren im Neo-Schamanismus, naturreligiösen Anschauungen der Hexenbewegung und anderen Erscheinungsformen eines angeblich und vermeintlich „geheimen

Wissens" aus den spiritistischen Hinterzimmern wieder in das Licht der nicht nur medialen Öffentlichkeit getreten ist – würden selbst Max Weber möglicherweise leise Bedenken kommen, ob seine Vision einer zunehmenden Rationalisierung aller Lebensbereiche nicht vielleicht doch ein wenig an der gesellschaftlichen Wirklichkeit vorbeigegangen ist, einschließlich der Gesellschaften des Okzidents. Hätte er es sich also gestattet, einen Blick auf sein eigenes Horoskop zu werfen? Und was wäre geschehen, wenn er bei der einen oder anderen Deutung eben dieses Horoskops das Gefühl bekommen hätte, in einen Spiegel zu schauen?

Auch wenn Max Weber es gewiss nicht geduldet hätte, dass auf solche Weise über die Vorzeichen seines Lebens gesprochen wird, erlauben wir es uns dennoch, ein wenig mit der Sprache der Astrologie zu spielen, als einen weiteren Versuch, uns ein Bild von der Hauptfigur des von uns erzählten Bühnenspiels zu machen. Wer also war der Mensch Max Weber, wenn man ihn astrologisch betrachtet als ein im Zeichen des Stiers Geborener mit Aszendent Schütze und Uranus als Schattenplanet sowie Pluto am Mondknoten?

## Sonne im Stier

Nach aktueller und seriöser Astrologie soll es dem Denken von Stier-Geborenen an innerer Beweglichkeit und Lebendigkeit mangeln. Umso mehr jedoch zeigen sie unbeirrbare Beharrlichkeit beim Verfolgen ihrer Ziele. Selbst wenn solche Menschen zeitweise von ihrem Ziel abgelenkt würden, kehrten sie immer wieder zu ihren Vorhaben zurück, sodass sie ihre Anliegen langfristig fast immer durchsetzen könnten. Sie nähmen vor allem ihren Beruf und alle ihre sonstigen Aufgaben sehr ernst und setzten sich mit viel Ausdauer für ihre anspruchsvollen und oft zeitaufwendigen Ziele ein. Sie hätten eine Abneigung gegen ständige Wechsel und unnötige Aufregungen und zeigten wenig Sinn für Improvisationen. Daher hielten sie sich im Denken und Organisieren an einfache aber sichere Prinzipien, auf die sie ihr Lebenswerk aufbauten. Im Zeichen des Stiers geborene Menschen fassen neue Sachverhalte eher langsam auf, da sie diese erst innerlich nachvollziehen müssen, bevor sie sich diese zu eigen machen. Ist der Stoff jedoch erst einmal erfasst, kann ihr Gedächtnis alles länger behalten als es sonst zu erwarten wäre. Menschen, deren dominantes Tierkreiszeichen der Stier ist, besitzen eine gute Auffassungsgabe und eine gesunde Urteilsfähigkeit. Sie verstehen es, abstrakte Begriffe zu veranschaulichen und lebensnah darzustellen, so dass sie sich nie in allzu theoretischen Ausführungen verlieren. Eigentlich wollen sie das Leben genießen und sich weitgehend von ihren Instinkten leiten lassen. Sie halten wenig von abstrakten Prinzipien und fühlen sich eher vom Konkreten angezogen. Daher würden sie gern als Ästhet in den sinnlichen Freuden dieser Welt schwelgen, was ihrer Gesundheit schaden könnte. Das Bedürfnis nach Komfort und Wohlstand begleitet diese Menschen ihr Leben lang.

Sie sollen beherrscht sein von einem starken Bedürfnis nach Kontakt, der auf gegenseitigem Verständnis, Zuneigung und Harmonie aufgebaut ist. So wirken sie auf andere bezaubernd und verführerisch und zeigen in einem Kreis von Menschen, bei denen sie sich gefühlsmäßig geborgen fühlen, viel Sympathie und Zärtlichkeit. Die Gefühlswelt von Menschen, deren Sonne bei Geburt im Sternbild des Stier steht, ist bestimmt von großer Sensibilität, Anhänglichkeit und Beständigkeit, doch haben sie große Mühe, ihre Gefühle zu zeigen. Da sie die Menschen, die ihnen lieb sind, um keinen Preis enttäuschen wollen, versuchen sie, deren Erwartungen möglichst zu entsprechen, was ihr Leistungsstreben stark beeinflusst. Solche Menschen sind zwar großzügig, doch würden sie ihre eigenen Interessen deswegen kaum vernachlässigen.

Besäßen sie nicht auch eine kühle und distanzierte Seite, die ausgleichend auf ihre Leidenschaftlichkeit wirkt, so bestünde die Gefahr einer übermäßigen Identifizierung mit geliebten Personen. Durch das große Maß an Wirklichkeitssinn und Ordnungsbewusstsein Stier-Geborener findet diese große Gefühlsbetontheit und die intensiven inneren Träume ihr Gegengewicht. Mit dieser astrologischen Ausgangskonstellation passe man sich der Realität weitgehend an und suche persönliche Sicherheit eher in geistigen Gesetzmäßigkeiten, im Gefühl des Eingebettetseins ins große Ganze. Der Sinn für das Wesentliche lasse sie die Details manchmal zu wenig ernst nehmen. Die universellen Wahrheiten ordneten sich ihnen leicht zu großen Zusammenhängen, die gerade durch die leidigen Kleinigkeiten der alltäglichen Wirklichkeit ins Stolpern geraten können. Alle Menschen, die in Max Webers unmittelbaren Bann gerieten, berichten, dass ihn die Details der Dinge oft schnell zu langweilen begannen, sobald er die vermeintlich ganz großen Zusammenhänge zu verstehen glaubte. Bei Max Weber führten seine vorsichtigen, rationalen und ordnenden Kräfte dazu, sich stark für die Gesetze, Vorschriften, Prinzipien und Normen sowohl der eigenen sozialen Gruppe als auch der sonstigen Ausprägungen von „Vergesellschaftung" und „Vergemeinschaftung" zu interessieren. Selbst als Jurist – durch Prägung und Neigung zugleich – fiel es ihm zeit seines Lebens unendlich schwer, sich Institutionen oder Traditionen unterzuordnen.

## Aszendent Schütze

Verstärkt wird diese Eigenschaft durch seinen Aszendent im Zeichen des Schützen in jener Nacht des 21. April 1864, der darauf hinweist, dass dieser Mensch sein Streben doch weniger auf die sinnlichen Freuden des Lebens lenken wird, sondern ganz ausgeprägt auf geistige Ziele und universelle Ideen. Lernen und Wissen spielen in diesem Leben eine große Rolle, Philosophien und Religionen üben eine erhebliche Faszination aus. Immer wird es ihm ein großes Bedürfnis sein, sein Sachwissen mit persönlichen Stellungnahmen zu verbinden und seine Standpunkte sachlich und faktisch (logisch) abzustützen, um sich aus der Fülle von Informationen – jedoch auf der Grundlage seiner persönlichen Glaubensgrundsätze – eine sehr eigene Meinung zu bilden und diese ganz persönlichen Überzeugungen mit Mut und Risikobereitschaft zu vertreten. Mit seinem feurigen und großzügigen Auftreten vermag er es, auch andere für seine Ideen zu begeistern. Leicht kann ihm dabei entgehen, dass der Zweck nicht jedes Mittel heiligt, dass in den luftigen Höhen der Ideen und Visionen die Gefahr wächst, sich von konkreten Alltagsanforderungen oder bindenden Gefühlen zu entfernen. Manche Visionen werden erst dann menschlich, wenn man sich im Verfolgen ihrer Ziele auch vom Einzelschicksal berühren lässt: Sein Schütze-Aszendent konnte Max Weber diese Einsicht leicht verschleiern. Diese bei ihm so kompromisslos angelegte Rücksichtslosigkeit gegenüber seinen Mitmenschen war uns bei der Erzählung seines Lebens zum ständigen Begleiter geworden. Dass er das selbst sehr klarsichtig erkannte, wird aus einem Brief an seine geliebte Schwester Lili Schäfer vom 27. September 1915 deutlich: *Es wird ja – um das einmal zu sagen – wohl so bleiben, daß ich ein verschlossener und vielleicht einsamerer Mensch bin, als es so aussieht und nicht leicht zugänglich, das hat mir die Natur nicht gegeben und darunter haben Manche, deren Liebe ich gehabt habe und habe, oft zu leiden gehabt und leiden vielleicht noch. – Und weil ich andrerseits über sachliche Dinge – denn von persönlichen kann ich nur in seltenen guten Stunden zu reden mich entschließen – sehr nachdrücklich meine Ansicht sage, so fühlen sich Leute, die das nicht richtig sehen, leicht „vergewaltigt".*

## Die Schattenseiten

Gerade aus den Schattenbereichen seines Ausgangshoroskops lässt sich manche Mühsal des Lebens von Max Weber ableiten. Die Verteilung der Planeten in jener Nacht über Erfurt schafft Ungleichgewichte, die markante Themen dieses Lebens und Werks bestimmt haben. Das Defizit im Bereich der Feuerelemente macht plausibel, dass Max Weber zwar in Überfülle mit praktischen und logisch-denkerischen Fähigkeiten begabt wurde und diese Kombination von Abstraktionsvermögen und realistischer Detailbezogenheit ihn zur erfolgreichen Bewältigung des praktischen Lebens befähigte, er aber seinen kreativen Fähigkeiten nur schwer trauen wollte. Scharfsichtige Beobachter, wie beispielsweise Eberhard Gothein oder Edgar Salin, nahmen dies intuitiv wahr: *Im Gegensatz zu seinem Bruder [war] Max Weber ein tief a-musischer Mensch [...]. Wohl war sein Geist wach genug, um die Größe der Musik, der Architektur und der Dichtung zu spüren; aber er besaß keinen unmittelbaren Zugang zur Kunst, sondern schuf sich und benutzte seine „Soziologie", um mittelbar durch begriffliche Erkenntnis die Gebilde zu fassen, zu denen ihm der Erlebnis-Weg versagt war.* Vor lauter Nüchternheit, Sachlichkeit und Objektivität kam ihm die längste Zeit seines Lebens die spontane Lebensfreude abhanden. Es war ihm nicht vergönnt, zu seinen früh verschütteten spielerischen, impulsiven Seiten (zurück-)zu finden, die er schon als Kind zu unterdrücken gelernt hatte, die seinem Leben jedoch als einzige mit ihrer ureigenen Lebensmotivation Sinn und Bedeutung geben kann. Die Trennung von diesen Wurzeln seiner Existenz war es dann wohl auch, die ihn bei der Frage nach dem Sinn des Ganzen eher in Verzweiflung und Resignation stürzten, ihn in innere Düsternis verbannten, anstatt lebensfroh sein Leben zu leben.

Als zentrale Herausforderung dieses Lebens erscheint es gerade in Anbetracht der ungleichgewichtigen Verteilung der Elemente sowie der Mondknotenachse, den eigenen Blick auf sich selbst zu richten, die Aufmerksamkeit stärker auf die ganz persönlichen Ziele und Anliegen zu verlagern und diese mit Mut und Engagement zu verfolgen – anstatt auf die Außenwelt Anderer zu starren und von deren Lob und Bestätigung abzuhängen. Solange die Angst jedoch so übermächtig ist, Lob und Bestätigung und den anerkennenden Segen vor allem der unmittelbar umgrenzenden Gemeinschaft zu erlangen, gerät die Notwendigkeit, sich mutig für das einzusetzen, was man selbst als richtig erkannt hat, leicht aus dem Blick.

Uranus als Schattenplanet verwehrt es schon dem jungen Max Weber, sich seinem ihn umgebenden Kreis zweifelsfrei zugehörig zu fühlen. Er stellt ihm die Aufgabe, ein ewiger Außenstehender zu sein, der einen besonderen Auftrag hat und den vieles von anderen unterscheidet. Das war die große biographische Aufgabe, die diesem Neugeborenen in jener Nacht gestellt worden war. Würde es ihm gelingen, aus dem gewohnten Familienkreis zu treten, Vorbilder zu finden, die eher am Rande der etablierten Gesellschaft stehen und ihm darum auch helfen könnten, seine eigenen Wege zu gehen? Schafft er es, aus der angestammten Umgebung auszubrechen, um sich von Menschen inspirieren zu lassen, die ihm neue, andersartige Ideen verkörpern? Würde es ihm gelingen, eine Partnerin oder einen Partner zu finden, der im Gegensatz zu den Erwartungen der Familie stehen würde und ihm so dabei zu helfen, mutig seinen eigenen Weg zu seinen eigenen Zielen zu finden? An der dazu nötigen Disziplin und der Bereitschaft, von anderen zu lernen, fehlte es ihm sicherlich nicht. Aber würde er den Mut aufbringen, konsequent seinen eigenen Weg zu gehen, sodass seine Besonderheit in einem eigenen erfolgreich abgeschlossenen Lebenswerk zum Ausdruck kommen würde? Wagt er es, sich Denk- und Verhaltensweisen auszusetzen, die ihm noch nicht bekannt waren, die ihm Angst machen? Können ihm Reisen, innere wie äußere, dabei helfen, sich fremden Mentalitäten ernsthaft auszuliefern, oder halten ihm die vertrauten Fäden selbst in der Fremde diese Bedrohung der alten Lebensentwürfe fern? Andernfalls würde er seine ganzen Energien allein dafür verschwenden, gegen Vorschriften und Zwänge Sturm zu laufen, um sich aus angeblichen Notwendigkeiten dann doch mindestens vordergründig anzupassen. Oder einfach aufzugeben.

Pluto, der am absteigenden Mondknoten Wacht über dieses noch zu lebende Leben hielt, bringt Machtfragen im Leben des Max Weber so zum Tragen, dass er immer wieder mit vermeintlich oder tatsächlich übermächtigen Autoritätspersonen konfrontiert war. Durch die frühen Erfahrungen von Situationen, in denen andere die Kontrolle über ihn oder ihm liebe Menschen hatten, dabei ihre Macht missbrauchten, empfand er andere schnell als Peiniger und sich selbst als Opfer. Das verwickelte ihn immer wieder in Situationen, bei denen es um die Frage ging, wer jetzt „Schuld" daran war, dass es anderen oder auch ihm selbst schlecht ging. Das Bedürfnis wuchs, die Situation umzudrehen und selbst die Oberhand zu bekommen oder zu behalten. Im Handumdrehen wuchs so der Verdacht, jemand wolle Einfluss über ihn erlangen und ihn in frühere Situationen der Hilflosigkeit zwingen. Aus dieser Konstellation ergibt sich schnell eine Wahrnehmung, die zum Wahn werden kann, das Leben sei ein einziger und ewiger Kampf, in dem es allein Sieger und Besiegte geben könne. Ein Einzelner kann dann nur entweder Oben oder Unten sein.

## Hat Max Weber sein Horoskop konstruktiv nutzen können?

Unser hier erprobter astrologischer Zugang zur Frage, ob wir Max Weber verstehen können, führt zurück zur Frage, was er eigentlich für ein Mensch gewesen war. Diese alte Bildersprache mag vielleicht auch dabei helfen, der so starren Auffassung von Max Weber als einer quasi lupenreinen Personifikation von Vernünftigkeit, Vernunft, Rationalität und objektiver Wissenschaftlichkeit eine abschließende ironische Wende zu geben. Es mag sein, dass jedes scharf gezeichnete Bild von Max Weber immer nur eine von mehreren Möglichkeiten ist. Wir verabschieden uns insgesamt von der Vorstellung, es gebe eine sichere Wahrheit über ihn und sein Leben, es gebe nur eine Sichtweise.

Wodurch auch immer man einen Menschen „geprägt" sehen möchte, ob durch die Geburt im Zeichen des Stiers oder durch seinen Hormonhaushalt, ob nun beeinflusst durch genetische Prädispositionen seiner Herkunftsfamilien oder durch frühe Prägungen durch bestimmte Erlebnisse, ob durch die Erziehungstraditionen im Elternhaus oder durch die Spielregeln der akademischen und politischen Welten, in denen er sich bewegte, oder durch jeweils ganz zufällige aktuelle Auslöser: All dies zusammen und untrennbar miteinander verbunden, führte bei Max Weber zu einem ausgeprägten Realismus und Ordnungsbewusstsein, gegen die seine große und intensive Gefühlsbetontheit und die inneren Träume ein Gegengewicht zu finden suchten. Indem er sich der ihn umgebenden sozialen Realität weitgehend anpasste, strebte er doch Zeit seines Lebens danach, seine gefühlsmäßige Sicherheit eher in geistigen Gesetzmäßigkeiten, im Gefühl des Eingebettetseins ins große Ganze, zu begründen.

Wenn man die genannten Konstellationen aus Sonne, Mond und Planeten auch nur einen Moment ernst nehmen wollte, würde man wohl sagen müssen, dass es dem Menschen Max Weber aufs Ganze gesehen, also von außen und von rückwärts betrachtet, während der weniger als 60 Jahre seines Lebens nicht gelungen ist, die Möglichkeiten seiner astrologischen Grundkonstellation zu einem durchschlagend positiven Erfolg zu nutzen. Es gelang ihm nicht, die ihm auferlegte Blockade seiner Talente infolge mangelnder innerer Beweglichkeit und Lebendigkeit zu überwinden. Sein so tief liegendes Bedürfnis nach einer Beziehung zu seinen Mitmenschen, die auf gegenseitigem Verständnis, Zuneigung und Harmonie hätte aufgebaut werden müssen, wurde ihm durch sich selbst, seine ständige Ängstlichkeit, seinen ewig wachen Jähzorn und die Wucht seiner Wirkung auf andere immer wieder auf Neue vereitelt.

## Literatur

Kaesler, D. (2014): Max Weber. Preuße, Denker, Muttersohn. Eine Biographie. München: C. H. Beck.

Volkhard Krech

# „Hinter'm Horizont geht's weiter"
Perspektive und Horizont der Religion
in differenzierungstheoretischer Perspektive

## Vorbemerkungen[1]

Der folgende, eher essayistisch gehaltene Text zum Thema „Perspektive und Horizont der Religion" geht von Argumenten gesellschaftlicher Differenzierung aus, die sich aus religionsgeschichtlichen Beobachtungen ableiten. Gesellschaftliche Differenzierung besagt zunächst, dass die nicht-religiös geleitete Beobachtung von Religion nicht dasselbe ist wie ihre Selbstbeschreibung. Indem Religion beispielsweise zu einem wissenschaftlichen Gegenstand gemacht wird, wird eine Außenperspektive eingenommen, die sich von einer religiösen Binnenperspektive unterscheidet. Die wissenschaftliche Perspektive ist wiederum binnendifferenziert (etwa in Soziologie, Ethnologie, Psychologie usw.) und nur eine Perspektive auf Religion unter anderen. Obwohl die Soziologie wissenschaftsgeschichtlich nicht selten als Universalwissenschaft aufgetreten ist, kann es keinen soziologisch-zentralperspektivischen Alleinerklärungsanspruch geben. Und mehr noch kann die Religionssoziologie Religion nicht besser verstehen als sie sich selbst, aber anders. Die Relativität der Perspektive gilt für jede wissenschaftliche Disziplin und somit auch für die Soziologie.

Religion in ihrer Phänomenalität geht in wissenschaftlicher Erklärung nicht auf. Das anzunehmen, käme szientistischer Hybris gleich. Das Verhältnis von Religion und Wissenschaft ist durch eine wechselseitig inkommensurable Perspektive gekennzeichnet. In welcher konkreten Relation die wissenschaftliche Außenperspektive zur religiösen Selbstbeschreibung steht, hängt von axiomatischen wissenschafts- und erkenntnistheoretischen und möglicherweise sogar von anthropologischen Prämissen und Einsichten ab – etwa von der Frage, wie das Verhältnis von religiöser Objekt- und wissenschaftlicher Metasprache bestimmt wird. In jedem Fall aber besteht, jeden-

---

1 Aufgrund seines essayistischen Charakters verzichtet der Beitrag auf einen Fußnotenapparat und die Angabe von Literaturhinweisen.

falls in der modernen Gesellschaft, kein Verhältnis der konkurrierenden Alternative oder der hierarchischen Ordnung zwischen Religion und Wissenschaft, wie es bestimmte wissenschaftsemphatische Strömungen im 19. Jahrhundert suggerierten. „Perspektive" besagt ja bereits, dass ein „Gegenstand" unter einem bestimmten Aspekt betrachtet wird, der aber stets nur einer von vielen möglichen ist. Religion kann ebenso zu einem wirtschaftlichen, politischen, rechtlichen oder künstlerischen Gegenstand gemacht werden. Beispielsweise kann die Wirtschaft entdecken, dass mit Religion auch Geld zu machen ist (etwa durch den Verkauf von Devotionalien), und das Recht hat sich immer wieder mit der Frage zu beschäftigen, welche religiöse Praxis unter welchen Umständen legal oder illegal ist.

Religion ist jedoch nicht nur „Gegenstand" anderer Perspektiven. Sie „spricht selbst" und reflektiert über sich. Überdies stellt sie eine eigenständige Perspektive dar, in der etwa Politik, Wissenschaft, Wirtschaft, Recht und Kunst zu einem religiösen Gegenstand gemacht werden. Beispielsweise erscheint dann Kapitalismus als Sünde oder der Klimawandel als apokalyptisches Vorzeichen. Wie im Falle der Relation von Religion und Wissenschaft gibt es auch in Bezug auf die anderen gesellschaftlichen Bereiche kein hierarchisches Verhältnis. Außerdem lässt sich kein mengenmäßiger oder qualitativer Gradmesser zur Unterscheidung der Perspektiven der verschiedenen Bereiche angeben. Selbstverständlich sieht man in der einen Perspektive anderes als in einer anderen; man sieht mehr und weniger zugleich. Ebenso selbstverständlich aber dürfte sein, dass es sich um unterschiedliche Perspektiven und Horizonte handelt, wenn Religion von anderen gesellschaftlichen Bereichen aus beobachtet wird oder sie sich selbst thematisiert und sich zu nicht-religiösen Bereichen ins Verhältnis setzt. Kongruenz ist kaum zu erwarten und im Übrigen auch nicht wünschenswert.

Die moderne Gesellschaft ist also multiperspektivisch und zugleich nicht-hierarchisch strukturiert. Perspektivität gilt sowohl für Religion als auch gleichermaßen für alle anderen gesellschaftlichen Teilbereiche. Allerdings steht zu vermuten, dass Religion in bestimmten Ausprägungen eine Spezialistin für Perspektivität sein und zugleich spezifische Probleme mit der damit verbundenen relativen Geltung der eingenommenen Sichtweise haben kann. Diese Vermutungen werden im Folgenden mit religionsgeschichtlichen Beobachtungen sowie mit Überlegungen zur soziologischen Differenzierungstheorie gestützt.

## Einige religionsgeschichtliche Beobachtungen

Religion gilt in mancherlei Hinsicht als „evolutionärer Frühstarter". Damit ist nicht unbedingt gesagt, dass am Anfang aller kulturellen und gesellschaftlichen Entwicklung Religion gestanden hat (das behauptet die sogenannte Pansakralitätsthese, wie sie zum Beispiel in prominenter Weise Émile Durkheim vertrat). Einen gesellschaftlichen Zustand, in dem jede Kommunikation religiös gewesen ist, kann es nicht gegeben haben. In diesem Fall wäre Religion nicht zu unterscheiden und zu identifizieren gewesen, sodass es sie folglich auch nicht gegeben hätte. Mit der Auffassung von Religion als „evolutionärem Frühstarter" ist zunächst nur gemeint, dass Religion im Unterschied zu anderen Bereichen sehr früh Differenzierungen einführt, zum Beispiel:

- Themendifferenzierungen, indem etwas als ein religiöses Thema identifiziert wird (Tod, Fremdheit, etc.),
- sodann Situationsdifferenzierungen, indem etwa Rituale ausgebildet werden,
- und schließlich institutionelle Differenzierungen, indem zum Beispiel Rollenhandeln geformt wird (etwa das Spezialistentum der Priesterschaft und Propheten).

Des Weiteren gehen so gut wie alle religionsgeschichtlichen Entwürfe des 19. Jahrhunderts, von deren Wirkungen noch die neuesten Versuche beeinflusst sind, von einem Differenzierungsparadigma aus, das durch die Abfolge von magischem Weltbild, Präanimismus, Animismus, Totemismus, Polytheismus, Henotheismus und Monotheismus gekennzeichnet ist. Darin muss nicht unbedingt eine geschichtsphilosophische Teleologie und ein bewertender Fortschrittsoptimismus liegen (ich erinnere nur an Edward Tylors Konzept der „survivals"). Entscheidend ist vielmehr, dass man einen anfänglichen erkenntnis- und handlungsförmigen Holismus unterstellt, zu dessen Überwindung es allmählich über Beseelungs- und Personalitätskonzepte gekommen sei. Divinationspraktiken, die bestimmte Dinge, Zeiten und Orte als heilig qualifizieren, brachten dann Themen- und Situationsdifferenzierungen hervor. Die nächsten Schritte waren die Unterscheidung von Bezeichnendem und Bezeichnetem und die Differenz von Subjekt und Objekt, die schließlich zum selbstbezüglichen Symbol und zum abstrakten Begriff führten. Ernst Cassirers Rekonstruktion der geistesgeschichtlichen Entwicklung vom Mythos über Religion und Kunst zur Wissenschaft ist eine der profiliertesten theoretischen Fassungen dieses religionsgeschichtlichen Paradigmas. Aber auch bereits Herbert Spencer stellte die von der Darwinschen Evolutionstheorie inspirierte differenzierungstheoretische Formel auf: „Von der undifferenzierten Einheit über die differenzierte Vielheit zur differenzierten Einheit." Eine Formel, die im Bereich der Kultur, Gesellschafts- und Zivilisationsgeschichte überaus wirksam werden sollte.

„Ursprünglich" hängt – so die Vorstellung vom archaischen Weltbild – alles mit allem zusammen, und zwar über das Konzept der Magie und der Verwandtschaft: natürliche Vorgänge, Dinge, Ereignisse, menschliche Tätigkeiten, Bezeichnendes und Bezeichnetes sind auf magische Weise miteinander verbunden. Die frühe Unterscheidung von vertraut/unvertraut bringt noch nicht eine Perspektive im uns bekannten Sinne hervor. Sie besagt lediglich, dass die Menschen die Zusammenhänge, die zwischen allem bestehen, nicht richtig oder nicht vollständig erkennen und deshalb auf sie nicht angemessen reagieren können. Erst mit dem Übergang von der archaischen Magie zur Religion – also mit der zunehmenden Entkoppelung von sinnlichem Eindruck und Sinn – beginnt sich das einzustellen, was wir Perspektive nennen. Die ausgebildete Perspektive der Religion unterscheidet sich von anderen Zugangsweisen zur und Deutung von Welt auf der Basis der Unterscheidung von Transzendenz und Immanenz. Dabei ist es nicht relevant, ob Transzendenz als „das Übersinnliche", als räumliches oder zeitliches Konzept (Himmel und Hölle, Anfang, Übergang und Ende der Welt), als „das Unverfügbare" oder als eine abstrakte Verweisungsstruktur (etwa als „das ganz Andere") gefasst wird. Entscheidend ist vielmehr, dass Religion mit der Unterscheidung von Transzendenz und Immanenz eine besondere Expertise für Perspektivität entwickelt: Sie nimmt eine Perspektive ein, die sie selbst für die zentrale hält, weiß aber nicht zuletzt durch den Kontakt unter einzelnen religiösen Traditionen zugleich darum, dass die eingenommene Perspektive stets nur eine unter anderen ist. Die Zuschreibung der religiösen Warte als einer Zentralperspektive erfolgt evolutionär auch von anderen gesellschaftlichen Bereichen aus. Nur so ist die Dominanz von Religion im Sinne etwa des „sakralen Königtums" und der „Tempelwirtschaft" in frühen Hochkulturen verständlich. Zugleich aber weiß Religion darum, dass die Transzendenz zwar mit immanenten Mitteln bezeichnet werden muss – andernfalls hätte sie nicht einmal eine Ahnung von Transzendenz –, aber auf diese Weise immer nur unvollständig und möglicherweise sogar auf unangemessene Weise symbolisiert wird. Daher ist der Religion die Perspektivität im Sinne der Partikularität und Relativität der Deutung sowie der damit verbundenen Probleme von Anfang an und – darauf kommt es mir systematisch an – *aus ihrem eigenen Symbolisierungsmodus* heraus bewusst.[2]

---

2 An dieser Stelle sei nur angedeutet, dass das geschilderte kulturgeschichtliche Entwicklungsschema zumeist auf der Analogie von ethnologischem Material und archaischen Gesellschaften sowie von Onto- und Phylogenese beruht. Das birgt freilich

Die Vorreiterrolle der Religion als „evolutionärer Frühstarter" im gesellschaftlichen Differenzierungsprozess hat also nicht zuletzt Folgen für das Thema von „Perspektive und Horizont". Im Unterschied zu anderen gesellschaftlichen Teilbereichen verdoppelt Religion die Welt, indem sie sie in der Perspektive der Transzendenz beschreibt. Sie ist daher, so die aus den religionsgeschichtlichen Beobachtungen abgeleitete These, die früheste Spezialistin für Perspektivität und Horizonthaftigkeit. Selbstverständlich bilden im Laufe der gesellschaftlichen Evolution auch die anderen gesellschaftlichen Teilbereiche eine je eigene Perspektive und einen je eigenen Horizont aus. Politik sieht alles auf der Basis der Unterscheidung von Macht und Ohnmacht, Wirtschaft formt die Welt vor dem Hintergrund der Unterscheidung von Haben und Nicht-Haben, Recht unterscheidet zwischen Recht und Unrecht usw. Innerhalb dieser Unterscheidungen wird die eine Seite als der positive Wert präferiert; auf diese Weise wird die Einheit der Differenz hergestellt, die wiederum die Grundlage für die jeweilige Kommunikation ist.

Jeder gesellschaftliche Bereich hat einen universalen Geltungsanspruch – das ist der Parsons'sche Systemuniversalismus – und weiß doch zugleich um seine begrenzte Reichweite. Dies wissen die anderen gesellschaftlichen Bereiche allerdings nur reaktiv, nämlich weil sie sehen, dass ihre Umwelt nach anderen Rationalitätsvorgaben prozediert. Der Religion ist jedoch innerhalb der gesellschaftlichen Entwicklung bereits sehr früh dieses Wissen *inhärent* präsent. Sie rückt die gesamte Welt in ein transzendentes Licht. Das tut Religion freilich unter immanenten Bedingungen; andernfalls wäre keine religiöse Kommunikation möglich. Zugleich weiß sie aber, wie bereits notiert, dass es ihr immer nur unzureichend gelingt, die Transzendenz im Immanenten sichtbar zu machen. Die Adäquanzprobleme von *signum* und *res* sind ein Dauerthema jeder Religion, und zwar nicht nur im Vergleich mit anderen Religionen, also unter pluralen Bedingungen, und nicht nur in Relation zu anderen Weltformungen, sondern aufgrund ihrer Leitunterscheidung von Transzendenz und Immanenz, auf deren Basis sie prozediert. Die Einsicht in die Inadäquanz von Bezeichnendem und Bezeichnetem ist der Motor religiöser Symbolisierungsdynamik und führt zum stetigen Wechselspiel von Erweiterung und Einschränkung des semantischen Bestandes und der institutionellen Formung. Das, was üblicherweise als Mystik in allen Hochreligionen bezeichnet wird, ist die wohl profilierteste binnenreligiöse Reflexion dieser Problematik. Darauf ist zurückzukommen.

---

methodische Probleme, die im hier verhandelten Zusammenhang jedoch nicht thematisiert werden können.

# Religion in der Perspektive soziologischer Differenzierungstheorien

Zu den wenigen Gemeinsamkeiten dessen, was unter „Soziologie" seit ihren akademischen Anfängen verstanden wird, gehört die Annahme sozialer und gesellschaftlicher Differenzierung. Ich führe nur summarisch und stichwortartig an: Émile Durkheims Arbeitsteilung, Georg Simmels Formkonzept, aber auch Max Webers von Heinrich Rickert übernommene Differenz der Wertsphären; sodann Alfred Schützens Unterscheidung von Sinnprovinzen, und schließlich von Talcott Parsons zu Niklas Luhmanns Theorie funktionaler Differenzierung.

Ich möchte das heuristische Potential soziologischer Differenzierungstheorie im Folgenden nicht auf die religionsgeschichtliche Entwicklung anwenden, sondern mich auf die Frage der Perspektivität von Religion in der modernen Gesellschaft beschränken. Als Ausgangspunkt wähle ich Max Webers Entzauberungskonzept, weil es die Situation von Religion in der zweiten Phase der Reflexion von Moderne (die erste war die Zeit der Romantik) sehr gut beschreibt und zugleich nah am religionsgeschichtlichen Material bleibt.

## Am Ende des Entzauberungsprozesses: Religion in der Moderne

Max Webers Entzauberungskonzept ist nicht nur eines universaler Rationalisierung, sondern basiert ebenso auf einer Differenzierungstheorie, was vor allem in der „Zwischenbetrachtung" zur „Wirtschaftsethik der Weltreligionen" zum Ausdruck kommt. Mit dem Stichwort „Entzauberung" ist ein zunächst *binnenreligiöser* Vorgang gemeint, innerhalb dessen es bei der Heilssuche zum Abbau der Magie gekommen und eine umfassende Rationalisierung freigesetzt worden ist: „Je mehr der Intellektualismus den Glauben an die Magie zurückdrängt, und so die Vorgänge der Welt ‚entzaubert' werden, ihren magischen Sinngehalt verlieren, nur noch ‚sind' und ‚geschehen', aber nichts mehr ‚bedeuten', desto dringlicher erwächst die Forderung an die Welt und ‚Lebensführung' je als Ganzes, daß sie bedeutungshaft und ‚sinnvoll' geordnet seien." Weber hat in diesem Prozess eine Tragik gesehen: Religion habe eine Entwicklung in Gang gesetzt, an deren Ende ihr eigenes Verschwinden steht. Infolge der zunächst binnenreligiösen Intellektualisierung und Rationalisierung haben sich Weber zufolge autonome Wertsphären ausgebildet, die der Religion im polytheistischen Kampf der Werte entgegenstehen. Worauf es mir ankommt, ist das Auseinandergehen von Welt und Lebensführung, die am Ende des Entzauberungsprozesses *je für sich* sinnvoll geordnet sein müssen.

Innerhalb der modernen Gesellschaft droht Religion aus der Binnensicht ins Abseits zu geraten; das wird seit 1900 und bis heute hinein ausführlich unter dem Stichwort „Säkularisierung" diskutiert. Tatsächlich aber handelt es sich zumindest auch um eine Funktionsspezifikation, die der Religion durch die funktionale Differenzierung der modernen Gesellschaft abverlangt wird. In der Binnensicht handelt es sich bei der Durchsetzung des Prinzips der funktionalen Differenzierung um Beschränkung, ja sogar um Beschneidung, in der soziologischen Außenperspektive um die Funktionsspezifikation und die Ausbildung einer funktionalen Kompetenz. Religion reagiert darauf in zweifacher Weise.

## Reaktionsweisen der Religion I: Individuum oder Welt als Perspektive

### Individuum als Perspektive

In der einen Variante setzt Religion in der Moderne auf das Individuum. Aufgrund der Tatsache, dass das Individuum in der modernen Gesellschaft zu einer wichtigen Entscheidungsinstanz geworden ist, wird in religiösen Angelegenheiten nicht mehr nur der bloße Vollzug von religiösen Handlungen, sondern eine besondere Überzeugtheit erwartet, zugleich aber die Zustimmung zu Glaubensinhalten freigestellt. Eine Folge davon ist, dass Religion die Einheit des Individuums nicht mehr in einer selbstverständlichen Weise sicherstellt; oder vielmehr: das Individuum wird erst in dem Moment, da es Individuum ist, identitätsbedürftig, also erst dann, wenn es keine selbstverständliche Bindung mehr gibt, keine Verankerung in festen Milieus und unhinterfragter Tradition. Was die und den Einzelnen ausmacht, ist sozial intransparent geworden. Um sich seiner Identität zu vergewissern, kann das Individuum zum Beispiel auf soziale Anerkennung, Liebe oder Karriere setzen. Allerdings sind dies unsichere und instabile, weil nicht vom Individuum kontrollierbare Mittel der Vergewisserung. Die soziale Anerkennung kann entzogen oder überhaupt verweigert werden, die Liebe kann in die Brüche gehen, und die Karriere kann scheitern.

Die für die klassische Moderne charakteristische religiöse Reaktion ist der Versuch, die religiöse Identität des Individuums mit Blick auf Transzendenz zu reflektieren. Typische Repräsentanten dieser Möglichkeit sind etwa Friedrich Schleiermachers „Gefühl der Abhängigkeit" und Paul Tillichs „doppelter Mut zum Sein". Die hier angedeutete Reaktionsweise auf die soziale Unsicherheit der Identität der und des Einzelnen besteht darin, dass sich das Individuum als für sich selbst transzendent erfährt. Georg Simmel kleidete diese Erfahrung in den Satz: „Wir alle sind Fragmente, nicht nur des allgemeinen Menschen, sondern auch unser selbst." Wer man ist, kann man dann durch ein Gegenüber einer selbstvollkommenen Transzendenz erfahren: beispielsweise durch einen personalen Gott, der das Individuum, weil es defizitär ist, als Sünder und erlösungsbedürftig qualifiziert, ihm aber auch Gnade und Erlösung zuteil werden lässt. Die theistische Möglichkeit der Identifikation des Individuums durch Gott ist eine für die monotheistischen Religionen naheliegende und klassische. Diese Möglichkeit hat etwa bereits die Hebräische Bibel klar gesehen: „Wo bist Du, Adam", sprach Gott, nachdem Adam vom Baum der Erkenntnis gekostet hatte. Indem Gott Adam ansprach, wurde sich Adam seiner selbst bewusst. Und die Psalmen geben in einer poetischen Sprache ein beredtes Zeugnis von der Erfahrung, dass der Mensch, wenn er sich statt auf Gott auf sich selbst und die äußeren Umstände verlässt, verloren ist. Ein frommer Mensch ist sich sicher, dass nur Gott wirklich weiß, wer er ist und wie es um ihn bestellt ist. Das ist der Ansatzpunkt für den Zusammenhang von Monotheismus und Individuation, der mindestens in der westlichen kultur- und gesellschaftlichen Entwicklung angelegt und spätestens seit der frühen Neuzeit bis in die Moderne hinein zur vollen Ausprägung gekommen ist. Monotheismus scheint eine für Individuationsprozesse besonders geeignete religiöse Figur zu sein, ist aber nicht die dafür einzig mögliche. Andere religiöse Konzepte können ebenso Individuation hervorbringen.

## Welt als Perspektive

Die zweite Variante, in der Religion auf die Anforderungen der Moderne reagiert, besteht darin, auf gesellschaftliche Kommunikation zu setzen. In der Kommunikationstheorie von Luhmann hat Religion – wie jede Form gesellschaftlicher Kommunikation – keinen außer ihr existierenden Realitätsgehalt. Beim frühen Luhmann heißt das Selbstreferenz, beim späten Autopoiesis. Gesellschaftstheoretisch und in anthropologischer Konsequenz bedeutet diese Auffassung, dass es auch kein Individuum etwa im Sinne eines „methodischen Individualismus" gibt, der von der psycho-physischen Einheit einer Akteurin oder eines Akteurs ausgeht, und erst Recht kein autonomes Subjekt, wie es die Bewusstseinsphilosophie unterstellt. In systemtheoretischer Perspektive wie auch bereits vorher bei Georg Simmel ist Individualität das Ergebnis einer kommunikativen Zurechnung und somit eine Möglichkeit unter anderen. Auf der Basis der Unterscheidung von Bewusstsein und Kommunikation ist wahrnehmende Individualität eine kategoriale Differenz zur gesellschaftlichen Kommunikation. Über das persönliche Befinden kann man sprechen. Allerdings ist das oft genug prekär und erzeugt Missverständnisse, denn Wahrnehmung und Kommunikation sind nicht, jedenfalls nicht vollständig, miteinander in Einklang zu bringen. Die systemtheoretische Exklusionsindividualität weiß noch um das romantische *individuum ineffabile* – im Unterschied zu den derzeit zu registrierenden angestrengten Versuchen, Individualität zu „inszenieren".

Der kommunikative Versuch von Religion, auf die Anforderungen der Moderne zu reagieren, sieht vom Individuum ab oder löst es sogar in eine Instanz eines umfassenden Zeichenprozesses oder in Fragmente auf (wie es etwa bei Musils „Mann ohne Eigenschaften" der Fall ist). Stattdessen fokussiert Religion die Welt als Ganze. In dieser Variante kommuniziert Religion nicht „individuelle Befindlichkeiten", sondern ist für die Kontingenzbearbeitung der Gesellschaft, also der gesamten Kommunikation zuständig. Die perspektivische Leitunterscheidung von Transzendenz und Immanenz wird auf sämtliche kommunikativen Sachverhalte angewandt. Religiöse Kommunikation dient dann nicht nur oder vielleicht überhaupt nicht der Kontingenz*bewältigung* (wie es Niklas Luhmann und Hermann Lübbe unterstellen), sondern bringt dadurch, dass sie die Welt verdoppelt und in ein anderes, nämlich transzendentes Licht rückt, mindestens auch Kontingenz *hervor*. In diesem Falle geht es nicht um die individuelle Lebensführung oder um das, was heute an ihre Stelle getreten ist, sondern um die Bearbeitung von Kontingenzproblemen auf gesellschaftlicher Ebene.

## Reaktionsweisen der Religion II: Auflösungsbestrebungen von Perspektive und Horizont

Religion nimmt also *tendenziell* (und von mir idealtypisch gesondert) entweder die Perspektive des Individuums oder die der Welt als ganzer im Horizont der Transzendenz ein. Ihr spezifisches Thema, nämlich das der Korrelation von Selbst- und Weltverhältnis, scheint unter modernen Bedingungen nur schwer durchzuhalten zu sein. Diese Beobachtung sei nun in die Frage überführt, wie sich Religion zur Perspektivität *als solcher* verhält.

Wie oben angedeutet, ist Religion nicht nur eine Perspektive unter anderen, sondern hat, wie jeglicher gesellschaftliche Teilbereich, eine universalisierende Tendenz. Die Politik erachtet alle sozialen Beziehungen als eine Frage der Macht; das Recht betrachtet alles nach den Kriterien von recht und unrecht; die Medizin rechnet alles auf die Zustände von krank und gesund; die Erziehung kennt nur die Unterscheidung von gebildet und ungebildet; und die Kunst sieht alles unter den Kriterien aufmerksam und unaufmerksam oder klar und undeutlich. Dieser Universalismus gilt jedoch immer nur für die jeweilige Perspektive. Deshalb kann alles unter einem religiösen Blickwinkel betrachtet werden, ohne darin aufzugehen und damit vollständig beschrieben zu sein. Auch Religion hat eine Umwelt, die spätestens seit der frühen Moderne als säkular beschrieben wird.

Aus den religionsgeschichtlichen Beobachtungen war die These abgeleitet worden, dass Religion eine besondere, weil früh und systematisch ausgebildete Expertise für Perspektivität hat. Zusammen mit dem „Systemuniversalismus" resultiert daraus jedoch das Problem, dass sie sich *aus internen Gründen* nicht damit zufrieden geben kann, eine Perspektive unter anderen und überhaupt eine Perspektive einzunehmen. Das würde religiöse Figuren wie etwa die christliche des allwissenden Gottes, die konfuzianische des universalen Tien, die daoistische des allumfassenden Dao oder die buddhistische des sich allem entziehenden Nirvana in religiöser Hinsicht unzulänglich einschränken. In beiden gerade beschriebenen Varianten, in der Perspektive des Individuums und derjenigen der Welt als Ganzer, bleiben religiöse Figuren wie die gerade aufgeführten hinter dem Horizont, den Religion deshalb zu überschreiten versucht. Perspektiven erzeugen Horizonte, Horizonte aber sind hartnäckig. Überwindet man den einen, erscheint sofort ein neuer. Horizonthaftigkeit bleibt unüberwindbar. Obwohl das eine universelle Erfahrung ist, gibt sich Religion damit nicht zufrieden. Auf diese Unzufriedenheit reagiert Religion – entsprechend der im vorangegangenen Abschnitt getroffenen Unterscheidung der Perspektive auf das Individuum und der Perspektive auf die Welt als Ganzer – wiederum in zweifacher Weise.

### Individualistischer oder erlebnisförmiger Pantheismus

Die eine Möglichkeit setzt von der Perspektive auf das Individuum her an. Eine von der theistischen Variante verschiedene Reaktion auf die Ungewissheit des Individuums darüber, worin seine Identität besteht, liegt in der Möglichkeit, die man „individualistischen oder erlebnisförmigen Pantheismus" nennen kann. Innerhalb dieser Reaktionsweise auf die soziale Unsicherheit der Identität der und des Einzelnen wird das Individuum selbst zur transzendenten Instanz und findet das Jenseits in sich selbst. Diese Reaktionsweise scheint empirisch gesehen derzeit die zur in vielen Teilen der Welt dominanten zu werden. Jedenfalls erfährt sie eine Konjunktur in Form der Erlebnis- oder Glücksreligion. In diesem Fall ist das Individuum darauf angewiesen, sich auf eine stets unsichere Selbstbestimmung festzulegen. Damit geht aber zugleich die Möglichkeit verloren, Glauben aufgrund von Autorität anzunehmen, etwa in seiner amtsförmigen und dogmatischen Form. Religion bietet in diesem Fall die Möglichkeit, dass das Individuum in allem, was es als Geschehnisse erlebt, sich selbst wiederfinden kann. Mit anderen Worten: In diesem Fall glaubt das Individuum tendenziell an sich selbst (im Falle eines weiterhin mitlaufenden Gottesglaubens in Form des „göttlichen Fünkleins" in sich selbst). Dann vergewissert es sich der Richtigkeit des religiösen Erlebens durch unmittelbare Selbstevidenz. Diese Entwicklung führt zur Ausbildung einer modernen Individuen-Religion. In ihrem Falle liegt das Jenseits nicht mehr in der Ferne, nicht mehr im „Himmel droben". Es findet sich jetzt in der Unergründlichkeit des jeweils eigenen Selbst, des Ich. Möglicherweise ist der Versuch, die Transzendenz im Innern des eigenen Erlebens zu suchen, vor dem Hintergrund zu verstehen, dass das Universum mehr und mehr erforscht und naturwissenschaftlich erklärt wird. Jedenfalls stellt die Entwicklung einer Individuen-Religion nicht nur den Versuch dar, Welt und individuiertes Leben wieder in eine Beziehung zueinander zu bringen, sondern sie versucht auch noch, Perspektive und Horizont aufzugeben. Innerhalb der Individuen-Religion ist es nicht nur nicht mehr möglich, „Gott" in einem personalen Sinne zu attribuieren, sondern letzten Endes auch nicht mehr, „ich" zu sagen – jedenfalls nicht mehr in einem integralen Sinne, wie es etwa die Persönlichkeitskonzepte der klassischen Moderne vorsehen. Im Modus der Individuen-Religion ist man das, was man erlebt. Allerdings tendiert auch die Individuen-Religion immer wieder dazu, zu kommunizieren, nämlich die individuellen Befindlichkeiten mitzuteilen. Das im religiösen Erleben „verklärte" solipsistische Ich ist eben immer wieder mit der Tatsache konfrontiert, dass es nicht allein auf der Welt ist. Dadurch wird die Individuen-Religion zu einem sozialen Sachverhalt; ebenso, wie sie in sozialen Kommunikationsmustern eine Disposition dazu hat, sich zu formieren. Auf diese Weise wird Erleben mit religiösen Deutungen ausgestattet und in religiöse Erfahrung überführt. Damit fällt auch die Individuen-Religion – so sie auf Mitteilung aus ist – immer wieder in die Perspektive der Unterscheidung von Transzendenz und Immanenz zurück.

### Die mystische Weltüberwindung

Die Antwort der Religion in der Weltperspektive auf das Problem der Perspektivität von Religion ist das, was üblicherweise als Mystik bezeichnet wird (und in der Bezeichnung, vermutlich nicht aber der Sache nach, komparatistisch umstritten ist). Die Mystik arbeitet nicht nur auf der Basis der Unterscheidung von Transzendenz und Immanenz, sondern problematisiert diese Unterscheidung als solche. Sie weiß, dass das, was sie sagen will, unsagbar ist. Dennoch „ist das Herz voll, und der Mund fließt über". Mystik weiß also in besonders eindringlicher Weise darum, dass Transzendenz unter immanenten Bedingungen kommuniziert werden muss, dies aber immer nur inadäquat geschehen kann, denn Transzendenz ist prinzipiell unverfügbar und kann daher nicht im Immanenten aufgehen.

Das Ziel der Mystik ist daher die Differenzlosigkeit (so im Falle von Meister Eckhart als *coincidentia oppositorum*), also auch die Überwindung der Unterscheidung von Transzendenz und Immanenz. Indem Religion in ihrer mystischen Variante alles ununterscheidbar machen will, droht sie sich selbst aufzulösen: im Schweigen und letzten Endes im Versuch, nicht mehr zu denken, nicht mehr zu handeln und nicht mehr wahrzunehmen. Da diese Absicht jedoch immer wieder kommuniziert wird, fällt auch die Mystik stets in die Unterscheidung von Transzendenz und Immanenz und also in eine bestimmte Perspektive auf die Welt zurück.

## Resümee

Religion ist eine Spezialistin für Perspektivität, nicht nur weil sie eine Perspektive einnimmt – das tut jede Symbolisierung von Welt –, sondern gerade deshalb, weil sie die Probleme von Perspektivität *selbstinduziert* reflektiert. In systemtheoretischer Diktion gesprochen, wird das Wissen um die Perspektivität nicht fremdreferentiell aufgenötigt, sondern ist Teil der autopoietischen Reflexion.

Am Ende des Entzauberungsprozesses, den Religion selbst eingeleitet hat, nimmt Religion tendenziell entweder die Perspektive des Individuums oder der Welt als Ganzer ein. Die Einheit von Welt und Lebensführung, das klassische Thema aller Erlösungsreligionen, scheint unter modernen Bedingungen nicht mehr oder nur noch auf exotische Weise möglich zu sein.

Gerade weil Religion auf Transzendenz setzt, hat sie eine Tendenz dazu, sich aufzulösen. Wenn das Individuum der religiöse Bezugspunkt ist, neigt Religion dazu, sich im Erleben aufzulösen. Diese Form der Individuen-Religion scheint heute an die Stelle der asketischen Lebensführung getreten zu sein, wie sie Max Weber analysiert hat. Wenn die Welt als Ganze der religiöse Bezugspunkt ist, tendiert Religion zur Auflösung im Akosmismus, in der mystischen Weltverneinung, in der Entropie des All-Einen. Aus kommunikativer Sicht bewegt sich die mystische Form der Auflösungsbestrebung in die Richtung des Schweigens oder gar in die Richtung des Versuchs, Wahrnehmung aufzugeben.

Da jedoch sowohl das Erleben als auch die mystische Absicht, die Differenzlosigkeit anzustreben, kommuniziert werden – andernfalls wüssten wir von beidem nichts und dieser Essay könnte nicht geschrieben worden sein –, kehrt Religion über kurz oder lang wieder zu ihrer Leitunterscheidung von Transzendenz und Immanenz zurück. Auf diese Weise macht Religion einen

Unterschied zu anderen Formen der Kommunikation und bleibt dadurch unterscheidbar – aber eben auch perspektivisch gebunden.

## Ausblick

Es gibt Anhaltspunkte dafür, dass Religion in der modernen Gesellschaft jenseits der Alternative von Individuen-Religion oder Schweigen ihre Kompetenz für Perspektivität nutzt, indem sie sich zu einer Expertin für Ambivalenz entwickelt. Religion weiß um die Perspektivität allen Wissens gerade aufgrund ihres eigenen Symbolisierungsmodus. Indem sie die Welt mit Blick auf Transzendenz verdoppelt, ist sie sich zugleich über die Ambiguität jeder Identifikation von etwas als etwas im Klaren. Für die Expertise in Sachen Ambivalenz kann sie möglicherweise sogar den Anspruch auf den Letzthorizont jenseits existentieller Festlegung beanspruchen. Die Konzentration auf die Funktion der Kontingenz*bewältigung*, wie es implizit in einigen Ansätzen der Philosophischen Anthropologie und explizit in der Religionstheorie von Hermann Lübbe und Niklas Luhmann der Fall ist, verstellt tendenziell den analytischen Blick auf dieses Potenzial. In (christlich) theologischer Sprache birgt den „symbolischen Mehrwert" der Kompetenz für Ambivalenz das messianische und eschatologische Potenzial der Religion. Sie behandelt die vorletzten Dinge in der Perspektive der letzten Dinge. Darin wurde bislang zumeist die besondere Verantwortung von Religion gesehen, wie sie sich etwa in den ethischen Entwürfen der Theologien niederschlägt. Die Perspektive der Vorläufigkeit stattet sie jedoch ebenso mit der Zuversicht aus, die vorletzten Dinge in der Schwebe halten zu können. Religiöse Kommunikation birgt das Potenzial, von der Gewissheit „der HERR wird's schon richten" umzustellen auf eine in der Schwebe gehaltene *amor fati*-Figur: „Wer weiß, vielleicht wird es Gott oder wer oder was auch immer, schon richten." Das ist nicht zwangsläufig religiöse Indifferenz, aber selbstverständlich auch nicht Ausdruck emphatischen Glaubens. Möglicherweise entwickeln sich hier neue Formen religiöser Kommunikation in Richtung eines Offenhaltens für den religiösen Letzthorizontes jenseits der Alternative von expliziter Religion oder Agnostizismus. Auch wenn die Religion hinnehmen muss, dass sie ihren und gegebenenfalls den Letzthorizont niemals wird überschreiten können, kann sie doch gemeinsam mit Udo Lindenberg singen: „Hinter'm Horizont geht's weiter".

Tong Chee Kiong
# New Religions in Singapore

## The problem of modernity, progress and a vision for religion[1]

Modernity has often been constructed as the rise of individualism and the idea that rational scientific thought will supplant, or at least, reduce the influence of religion, superstitions, and traditional belief systems. In this sense, modernity is often viewed as a form of human emancipation. Critics of modernity and modernism, particularly the post-modern scholars, have pointed to wars, acts of violence, identity politics, religious conflicts and wars, ethno-nationalism, and environmental issues, as the failure of the promise of progress in modernity. Kaldor (1999) describes how the 1980s and 1990s can be viewed as a period when a new type of organized violence has developed, especially in Africa and Eastern Europe, which is one aspect of the current globalized era. Religious wars like the 1998 U.S Embassy bombings where hundreds of people were killed in simultaneous car bomb explosions in United States embassies in the East African capital cities of Dar es Salaam, Tanzania and Nairobi, Kenya, or the 9/11 series of coordinated suicide attacks by the al-Qaeda terrorist network are gross violations of human rights; a consequence of these identity politics, and have become a major feature of new wars.

Globalization or 'the global' refers to post-capitalist society in which the everyday lives of people are dominated by consumption and the economy, and the culture in such a society may be described as consumer-utilitarian. Such an economy has more than just utilitarian significance. As Schudson (1994, p. 32) describes:

---

1  I would like to thank and acknowledge Cheryl Tan for her assistance in the preparation of this paper. The fieldwork for this paper was carried out in Singapore between 2003 and 2010. Other than my own primary data collection with the three new religions, I also draw extensively on the fieldwork and insights of my three Masters of Social Science students in the Department of Sociology at the National University of Singapore; Aaron Neo, Shane Pereira and Cheryl Tan.

> "In modern society, many goods are mass produced and widely distributed, and these goods may become not only devices of practical import but symbolic structures that command attention and evoke devotion or allegiance for their own sake and from the fact that they have been shared."

Common consumption patterns and lifestyles, and their dissemination through a widespread communicative network have been primarily responsible for creating a new consciousness in which the world is regarded as a single place or locale. Often regarded as a consequence of modernity, Globalization, some have argued, has caused the transformation of the role of the state, and erosion in its legitimacy. Critics of this approach points to the limits of globalization. For example, Smith (1990, p. 177 et seq.) argues that a global culture is essentially calculated, artificial, and technically oriented. It is a mélange of disparate influences drawn from everywhere and nowhere. For this reason it is timeless, ahumanistic, and decontextualized. Of course, the nation-state is itself a product of modernity. Giddens, for example, noted that 'the emergence of the nation-state was integrally bound up with the expansion of capitalism' (cited in Schlesinger 1991, p. 166).

The promise of modernity and globalization, many thought, would be achieved through the harnessing of rationality and scientific technology. More recently, evident by the phenomenon of religious revivalism in many parts of the world, but especially in the US, Africa and Asia, we have become more sanguine about the role of modernity and science. Within such a social and political climate, what is the role of religion in modern society? Has modernity eroded the meaning, function, and value of religion? I suggest a re-thinking of the forms of humanism to reconcile the disjuncture between modernity and religious revivalism. With the rise of "Engaged" religions, it can be argued that religious humanism provides an important answer for a new universalism in contemporary societies. How do we understand religious humanism to make sense of religion in contemporary times? It is suggested that *spiritual humanism* would offer a refreshing insight in understanding religion and religious revivalism and how such new religious groups have sporadically developed in recent decades.

## On Humanism

Humanism can be understood as a broad category of philosophies about ethics and human values and seeks to support human interests and search for truth and morality. In doing so, it rejects explanations based on supernatural, irrational beliefs, or texts of allegedly divine origin. Humanists suggest that human social and cultural problems are multi-faceted and endorse a form of universal morality, a universal system of ethics which applies to humanity.

Humanism, as a general category, has been commonly understood as Philosophical humanism, an outlook which is centered on human needs and interests. Different types of humanism and meanings have been attached to the term. Cultural humanism is the rational tradition originated from ancient Greece and Rome and has evolved to become a basic aspect of the Western approach to science, political theory, ethics and law (Edwords 1989). Renaissance humanism is the renewed spirit of learning, started in Italy during the fourteenth century, a revolt against medieval Christianity and its preoccupation on the transcendental rather than the desire to make the best of life in this world. The Renaissance also constituted a revolt against the religious limitations on knowledge. The features of the Renaissance Humanism which have filtered to the present-day humanism are its insistence on rejecting religious control of knowledge; its ideal of the well rounded personality; and above all, its stress on enjoying our life in this world to the full (Lamont 1997, p. 22–23).

Presently, the term humanism refers to modern humanism, sometimes called naturalistic humanism, scientific humanism and ethical humanism, dependent on the emphasis on certain qualities (Smith 1994, p. 32). Modern humanism believes in the naturalistic attitude towards the universe and considers all supernatural forms a myth. Gogenini describes humanism as a modern life stance rooted in rational thinking and provides a way of understanding our universe and our place in it in naturalistic rather than supernatural or theistic terms. It is a philosophy of life that offers a secular ethic grounded in human values (Gogineni 2000, p. 28).

Modern humanism has secular and religious origins. Secular and religious branches of humanism share the same philosophical viewpoint; however, they differ in the definition of religion and in the practice of the philosophy (Edwords 1989). Secular humanists maintain that humanism should not be tainted by its connection with religion because there are numerous flaws in religion. There is a strong rejection of traditional religion and a constant questioning of what constitutes the truth (Edwords 1989).

Kurtz (1969, p. 2) similarly noted that this branch of humanism rejects theistic religious belief and adherence to belief in the existence of a supernatural world. The faith of the humanist is based upon reason and the reliability of tested evidence (Blackham 1968, p. 28). Even for a humanist with religious faith, religion is understood in rational terms and the primary faith in reason is maintained. Since humanists believe in a person's capacity for intelligent inquiry, they should have the ability to discover sources of a good life and ensure that all moral values are self-created.

Kurtz (1994) was careful to highlight, however, that individual liberty does not mean a total lack of restraint or relativism but one which required moral maturity. He coined the term eupraxsophy (originally *eupraxophy*) to refer to philosophies or life stances such as secular humanism and Confucianism that do not rely on belief in the transcendent or supernatural. A *eupraxsophy* is a non-religious life stance or worldview emphasizing the importance of living an ethical and exuberant life, and relying on rational methods such as logic, observation and science, as opposed to faith, mysticism or revelation.

## Religious humanism

Religious humanism can be considered as religious, or to embrace some form of theism, deism, or supernaturalism, without necessarily being allied with organized religion, frequently associated with artists, liberal Christians, and scholars in the liberal arts. Religious humanism, in contrast to secular humanism, perceives religion as functional. Religion serves the personal and social needs of a group of people sharing the same philosophical world view. Religious humanism should not be seen as an alternative faith but rather as an alternative way of being religious (Edwords 1989).

At a personal level, religious humanism offers a basis for moral values, a set of ideals and methods for dealing with the realities in life, a rationale for living life joyously and with an overall sense of purpose. To serve the social needs of its congregation, religious humanist communities like Unitarian-Universalist churches have sprung up and offer an institutional setting for moral education of children and ceremonies such as weddings, coming of age celebrations, child-welcomings and funerals. Unlike traditional orthodox religions, these institutionalized events are carried out with the main purpose of meeting social needs (Edwords 1989).

The humanists who first wrote the Humanist Manifesto of 1933 envisioned religion as a system of beliefs, attitudes, and practices that assist us in our attempt to become our best selves. Spirituality was seen as the personal quality of being aware, connected and committed to a life of well-being for others and for oneself (Sechrest 2003, p. 39). According to the humanist, the meaning of 'spiritual' has become more 'naturalized'. Indeed, religious humanism has become closely intertwined with spirituality. In other words, the spirituality has come to mean a realization of genuine human values on this earth (ten Hoor 1954). Increasingly, there is a connection between religious humanism and spirituality to understand the meanings attached to the human condition, religious and social life, morality and philosophical worldview of people.

It can be argued that the persistence of religion and religious humanism is evident in religious organizations and the way individuals manage their religiosity. It provides a relevant and useful lens in examining the nature of involvement and participation in religious organizations. However, religious humanism has evolved to a new form which places significant emphasis on spirituality and sociality. This can be termed *spiritual humanism,* which is associated with the phenomenon of new religious groups that sprung up in recent decades. "The option for spirituality over religion and the stress on the need for a spirituality that pulls together, as it were, the world of the human and the divine, and that is relevant and self-empowering" (Clarke 2006, p. 7) is indicative of the growing demand for spirituality.

It is a movement towards a humanistic system which depends on spirituality. "The direct nature of the religious experience that this new spirituality offers appears to be one of its more attractive features. It creates a new understanding of the historical space between the actual and potential state of an individual in that, in contrast with most long established religions, it makes it constantly available, the only hurdle to overcome being that of ignorance about the nature of one's True Self. The distinction between earth and heaven is in this sense annulled. The former is no longer seen as a place of limitations and the latter one of unlimited potential" (Clarke 2006, p. 8). In the promotion of Engaged religion, new religious groups align religious goals towards humanitarian concerns and adopt a this-worldly orientation. In this move away from traditional religion to Engaged religion, there is a focus on self-fulfillment and search for spirituality. Through the process of transforming the social world and alleviating the suffering and problems of human condition, a new religious orientation and form of interpretation is created.

In the study of religious conversion in Singapore, an important facet has been the emergence and growing popularity of new religious movements. Groups such as the Soka Gakkai, Surkyo Mahikari, Satya Sai Baba, and the Bahai's have seen their numbers increase dramatically. For example, Soka Gakkai, which started in the 1970s with about 5 to 7 members, has expanded to over 40 thousand households. How do we account for the growing popularity of these new religions? I suggest that the Sathya Sai Baba Movement, the Soka Gakkai and the Tzu Chi Buddhist Foundation are representations of spiritual humanism. This paper shall explore the nature of spiritual humanism and introduce the three case studies on Engaged religions in Singapore which are pertinent to understanding spiritual humanism and explaining the popularity of these religious groups.

# New Religions in Singapore

## The Sathya Sai Baba movement

The Sathya Sai Baba movement was founded in the early 1940s. Beginning as a relatively small congregation in the Indian hamlet of Puttaparthi, the movement operated both as a religious or spiritual group as well as a welfare organization and was especially popular with the poor and lower class masses, which were periodically given food and healthcare services. The group grew astronomically from the mid 1930s, developing from a localized social movement to a transnational movement with over 1 200 centres in 137 countries. In Singapore, the movement has shown phenomenal growth from its first centre in 1975 to the establishment of 14 centres by 2006, and faces no significant anti-cult opposition as compared to the United States. More impressively, the movement has attracted a multi-ethnic, -religious, and -national membership, in spite of the use of Sanskrit as the main language medium for spiritual devotions and the predominantly Hindu rituals and symbols used in their spiritual ceremonies and philosophy.

Most of the teachings and beliefs observed by the movement were recorded and extracted directly from the speeches, discourses and spiritual messages that Sri Sathya Sai Baba delivered to devotees who visited his ashram between the years 1953–1997[2]. The movement's efficient structural networking and the acquisition of modern systems of communication allowed Sathya's daily messages on various themes to be transcribed at the headquarters in Puttaparthi and to be sent to Sai Centres worldwide. The intended effect was to orientate the actions of its followers by way of these messages and from the observation of certain key principles, no matter where they resided. In looking at the general significant trends, "Love All, Serve All. Help Ever, Hurt Never" can be observed in key teachings of the movement with regard to spirituality and religion, service, and moral education.

The Permanent Charter officially released to the international community on 14th January 1981 saw the concretization of the movement's four guiding principles; (1) There is only one religion; *the religion of Love,* (2) There is only one language; *the language of the Heart,* (3) There is only one caste; *the caste of Humanity and* (4) There is only one God, *He is Omnipresent.*[3] These

---

2   These discourses were eventually compiled into a 30-volume collection known as *Sathya Sai Speaks,* and are used extensively in spiritual study circles, discussions, and devotional sessions.
3   Charter of The Sathya Sai Organization and Rules and Regulations (For International Countries), p. 9.

principles encapsulate the symbolic meaning of the collective, the motivation behind the movement's desire to reach out beyond religious, ethnolinguistic and socio-political boundaries with the motivation of pleasing an omniscient, universal god. One of its main objectives is the improvement of individual spirituality and moral behaviour; the rules and guidelines set by the guru for his devotees, known as 'Sai Paths' (Santhosh 1997, p. 11) are based on the central principles through the notions of Prema (Love), Dharma (Right Conduct), Sathya (Truth), Shanti (Peace) and Ahimsa (non-violence)[4], which in turn provide the motivation and sense of purpose for the movement's involvement in social work and action.

These spiritual ideas and teachings may be categorized into two dominant strains of logic: religious and practical. By religious logic, I mean the ideas and principles oriented to the explanation of what is sacred and what is profane, to the purpose of increasing the adherents' understanding and belief in 'universal monotheism', one that embraces all other religions and religious ideas as having come from the same basic divine source. This religious logic in turn drives the practical logic, or 'practical spirituality', where the adherent engages in meaningful social action, that is the orientation of his or her personal and communal life according to certain shared values of common humanity. This effectively drives adherents to serve communities in need and actively take part in social welfare projects as seen by the movement's humanitarian efforts all over the world. The adherents engage in social action to justify the meaning of that religious logic which further fuels and reifies the symbolic meaning of those religious rituals and ideas. In this sense, devotees may draw from the teachings of their own traditional religious beliefs, and in most cases revitalize them, but concurrently maintain a link to a community made up of members of other religions.

The Sathya Sai Baba movement attempts to galvanize its universal appeal by removing the additional obstacle faced by its current and potential adherents: the necessity of conversion. Sathya Sai proclaimed that

> All religions are mine. There is no need for you to change from one religion to another. You carry on in your own established modes and practices of worship, and when you do so, you will come nearer and nearer to Me (cited in Singh 1991, p. 53).

Elsewhere he declares that God "can be addressed by any name [...] that appeals to your sense of wonder and awe [...] It makes no difference at all"

---

4  Charter of The Sathya Sai Organization and Rules and Regulations (For International Countries), p. 8.

(Sandweiss 1975, p. 219). Indeed this approach has been extremely successful as the movement draws a diverse crowd of adherents in terms of occupation, religion, and ethnicity, including Buddhist monks, Christian students, Nepalese, Sikhs, Japanese and Africans (Singh 1991, p. 55).

The symbol of Sathya Sai Baba is the Sarva Dharma Stupa or lotus flower design. The symbols of 5 world religions were included on the lotus flower petals, namely Hinduism, Christianity, Buddhism, Islam, and Zoroastrianism. Each symbol has a dual function: firstly, it carries the meanings and teachings of its source, and secondly, it provides the opportunity for the guru to persuade potential adherents as to the relevance and plausibility of a universal spirituality by way of uncomplicated anecdotes.

The design of the lotus flower, a prominent symbol in Jainism, Buddhism and Hinduism, illustrates the movement's strong affiliation with the spiritual ideas of those religions. This identification can be seen as an indication of the influence of those religious ideas on the movement's historical development over time. Furthermore, in identifying with these religious traditions, the movement is able to incorporate those ideas into its own spiritual mantra with some level of credibility which would prove important as the driving force of the movement's practical logic. This practical logic is guided by moral and spiritual education, as well as social service.

The Sathya Sai Baba movement has in place primarily two types of education programmes. The first, the Sathya Sai Spiritual Education of Human Values (EHV) or *Bal Vikas* was conceived and implemented as a way to teach the children in the movement with Sai spiritual philosophy and beliefs. The aims of the EHV are threefold: to create an awareness of human values and their importance, to teach students the benefits and process of moral reasoning, and more importantly; the actual social practice of these two.

Apart from the EHV lessons, adults and young adults are encouraged to participate in study circles, where philosophical and spiritual dialogue are encouraged based on Sai discourses, religious texts, or ethical and moral issues that one encounters in daily life. These study circles are ideally meant to translate into actual social action, that is, every member is expected to act upon a wrong or injustice or to engage the problem or issue which has been brought up for discussion, rather than simply indulging in philosophical and psychological self-satisfaction.

A key tenet of Sathya Sai's teachings is focused on the existential discovery of the Self. He insists that Man is God (Murphet 1982, p. 100 et seq.); based on the assumption that Man's "atma" or soul that resides in the physical body is inherently divine and therefore good. Although mankind has the capacity to self-realization in this sense, it is said that personal desires and egoism have made it less apparent. The concept of an Avatar in fact implies the culmination of that human-divine merger. An avatar is a man who has realized that his inherent divinity. Sathya Sai's self-presentation as an avatar then provides an avenue of possibilities for adherents and potential adherents to attain such a divinity that is attainable by believers of all faiths. Indeed, such ideas on the inner divinity of man have some resonance in similar teachings in Buddhism and Christianity, although to varying degrees and conceptualization (Boyce 1979).

Adherents believe that this divinity is attainable through acts of service to mankind; it is also the reason for such acts to be carried out, since according to the Sai spiritual logic, to serve another person is equivalent to serving God himself. Indeed, Sathya Sai insists that "[the] best way to serve God is to love all and serve all [as] your entire life will be sanctified thereby."[5] In other words, the philosophical understanding of one's divinity is not enough; the adherent is required to accept it wholeheartedly as truth and coordinate his or her actions accordingly. The Movement has various initiatives in place for the dispensation of seva, ranging from sending volunteers to welfare homes and shelters for the aged, mentally and physically disabled, and destitute, to temple cleaning and collection of old clothes for the needy.

The movement's emphasis on service has been described as the result of a recognition of man's social nature, and is therefore oriented more in the secular than spiritual realm (Santhosh 1997, p. 13); other authors described the nature of service in developing Asian nations like India, Singapore and Malaysia as a way of reconciling spirituality with modernity (Kent 2004, p. 43). In both instances, the emphasis is on practicality and action, rather than a preoccupation with doctrinal and dogmatic notions of god, good, and evil. In fact, many respondents interviewed affirmed the belief that service to the nation was an important part of their Sai responsibility and an extension of that spirituality. One respondent equated his volunteer teaching of computer skills at one of the Sai centres in Singapore to "equipping these workers who cannot afford to upgrade [their skills] with skills that will make them good model and vital citizens of Singapore". His logic and that of other respondents echo that of Sathya Sai, who declared in one of his discourses that devotees should have every available possibility to serve society in any way they can.

The Sai philosophy of service seems most compatible with social work and nation-building and this may partly explain the general level of support given to the movement by the Indian government, particularly the local government in Puttaparthi. The government's position in Singapore and Malaysia appears to be characterized by benign neglect rather than outright

---

5   Sathya Sai Speaks, (XXII), p. 23.

support for the movement, possibly as a result of the perception that the movement's activities would actually aid the nation-building effort rather than hinder it. Either way, the lack of opposition allows the movement space to grow and members to engage in meaningful social action.

The attainment of this ideal level of 'limitless' service required stringent structural mechanisms that both govern and influence the conduct of the adherent. The movement's Codes of Conduct, also known as the '9 point spirituality', is fundamentally a list of detailed rules to be followed by an adherent pertaining to his or her spiritual and religious life. It is widely believed by the movement's leaders and followers that adherence to these rules will contribute positively to the devotee's desire and motivation for social service. Associated with these spiritual guidelines are the 10 Principles laid out which relate to the proper conduct of the adherent as a social being living in pluralistic 'secular' society. These sets of principles govern issues like national pride, social, ethnic and religious tolerance, obedience to the law, charity, as well as general health and social conduct. These two sets guiding religious and social conduct maintain the balance between individual religiosity and the more pragmatic issues of community service and social practice.

The popularity of the Sathya Sai Baba movement can be understood in how many members have experienced miracles or had encounters with the sacred at the point of their conversion. It was apparent from the interviews with informants that these subjective experiences of the sacred were of key importance and a vital component of the Sai spirituality. Many informants insist that the Sathya Sai Baba Movement offers teachings of spirituality and not religion.

## The Soka Gakkai

Soka Gakkai was introduced to Singapore in the mid 1960s by Ushiro, a Japanese expatriate working in Singapore. Initially, it had a membership of only ten to twenty people, mainly Japanese expatriates meeting in the home of members for discussion and prayer. It grew gradually in membership, and by 1972, had a membership of about 100 members. In 1972, the group officially registered with the Registrar of Societies in Singapore and became formally known as the Singapore Nichiren Shoshu Association (NSA), an association of lay-believers of Nichiren Daihonsin Buddhism.

After its registration, NSA began a concerted effort at proselytization, to propagate *kosen-rufu* in Singapore. It met with some success and by 1980; the association was estimated to be over 12 000 members. It is difficult to know precisely how many members they presently have as they are a tightly knit group and wary of outsiders. Rough estimates range from a low of 40 000 members to a high of 150 000 members. Officially, the SSA listed 25 000 believers participating in SSA activities.[6]

Whatever the true figure may be, given the small population size of Singapore of only 5 million people, and among all the new religions in Singapore, Soka Gakkai has been extremely successful in recruiting new members. The ascension of a Singapore leadership in the association coincided with the period of rapid growth, with a large number of Singaporeans joining the association. At present, to cater to the large membership, Singapore Soka Gakkai has six centers located in various parts of the island[7].

Soka Gakkai Buddhism is promoted in Singapore as very much a 'this-world' religion, as opposed to 'the other-world' religions such as Christianity and Islam. In the sociological literature on religion, there is a conception of this-world versus other-world religions. Benjamin (1987), for example, makes a distinction between transcendental (other-world), including Christianity, Judaism, and Islam, and immanent (this-world) religions, such as Taoism and Chinese religions. Transcendental religions portray a dualistic universe, emphasizing the contrast between life in this world and life in the supernatural realm. This supernatural realm is viewed as the only true dwelling and the goal of salvation is to enter this realm, which becomes the central religious quest. They have also been called "world-rejecting" religions. This-worldly religions, however, while still portraying a dualistic universe, emphasize the importance of life in this world. As in Chinese religions, the deities are accorded ordinary knowable characteristics, and are, in many ways, like human beings (Benjamin 1987, p. 21–22). Thus, for Chinese religions, the goal is to accumulate resources, whether wealth, health, or prosperity. Ritual performance is anthropocentric and ego-centric, and religious behavior is human centered rather than spirit-centered, and it is

---

6   It is however, not clear whether these are 25 000 households, which will make it about 100 000 members are individual believers. In addition, there is a category of believers, who follow Soka Gakkai, but who have yet to receive the *gohonzon*, as opposed to being members.

7   The first SSA centre was opened in Geylang, Lorong 18 in the early 1970s, with the help of some personal donations from SGI president Ikeda. The Telok Blangah Soka Centre was opened in 1984. This centre hosted the visit of Daisaku Ikeda's visit to Singapore in 1988. The Pasir Panjang Center was started in 1987. It was later converted to the Soka Youth Center in 2001. The SSA HQ Building in the eastern part of the island was opened in 1993. In addition, the Tampines Soka Center in the East and Soka Culture Center in the West were opened in 1998, and the Senja Soka Center in 2002. In addition, the SSA Anle temple opened in 1997 included the provision of a prayer hall with a capacity of 700 people, as well as a columbarium to house the remains of members.

from the human point of view that the entire cosmos is viewed. Religion is primarily concerned with solving the problems of human existence (Wee 1977). The relationship between a human being and his or her gods is an instrumental one.

Many are attracted to the fact that Soka Gakkai is a textual based religion, and point to the deep philosophical underpinnings of the Lotus Sutra. This is often compared to what they see as the "superstitious" and "irrational" nature of their previous religion, Taoism. An informant said, "Soka Gakkai is based on the Lotus Sutra, the greatest of all the Buddhist sutras, and the final and most important set of scripture. The Lotus Sutra is the true teaching of Buddhism. I often ask myself, What is the meaning of life? How can I ensure my well-being? I find the answers in the Lotus Sutra. Soka Gakkai is the highest form of Buddhism. It is very practical and helps me live my daily life."

The multiple ties and high degree of participation, across age and gender lines, create a strong loyalty to the organization. In addition, this reticulate hierarchical structure is maintained by a well-defined leadership structure. At every level, a member is assigned to a group leader, who acts as a conduit to the central leadership. Leaders hold regular meetings to discuss strategies for proselytization and keep the headquarters informed about the various groups, thus ensuring a high degree of social control within the organization. Moreover, the organization caters not only to the religious needs of the members, but has social and recreational functions as well. There is a constant stream of programs linking the individual to the group, which helps build group identity.

Soka Gakkai is very successful in terms of outreach and establishing various affiliates. In Singapore, it takes part in the National Day Parade practically every year and it is associated with Soka Kindergarten and the Buddhist Philosophy Research Centre. It also runs the Day Education and Activity (DEA) Program for senior citizens with the purpose of empowering the elderly with skills and knowledge to sustain their emotional and social independence. It has also been active in raising funds for the Society for the Physically Disabled, for the Kidney Dialysis Foundation and the Community Chest. Overseas trips to provide international relief for flood victims in China, earthquake victims in Turkey are supported.

The concept of Buddhism in Nichiren Buddhism in Soka Gakkai is a highly collectivist one, allowing for a very social religion. As a lay Buddhist movement it is constantly involved in many activities and communal work. Thus, social meaningfulness is an important part of members' participation. Many individuals volunteer themselves and contribute significantly to the social activities and community programs which creates meaningful web of social relationships.

One of the important reasons to account for the popularity is the benefits which members gain from faithful chanting. The daily rituals such as chanting the phrase, *nam-myo-renge-kyo*, together with the reading of the *gongyo* every morning and evening in front of the *gohonzon*, will bring immediate benefits to the practitioners. For example, one informant said, "After my wife gave birth, she suddenly became mentally unstable. We just could not explain it. It was so bad that I had to admit her to the hospital. I was desperate so I chanted for her recovery. I asked my wife to chant along with me. Initially, she was afraid. However, at the altar, I asked her to follow my example and chant with me. As we chanted, the *Gohonzon* helped us. Everyday I would face east and chant in front of the altar. The power of the *Gohonzon* is very, very strong. My wife did not have to take much medication, but she was cured after the chanting." When asked how often a person is supposed to chant, he replied, "The more you chant, the better it is for you. It is like a bank. You can chant a lot and save it. Therefore, the more you chant, the better it is." It is clear that for many of the informants, the reason given for conversion relates to "miracles" that they have experienced because of the religion or chanting. Most of these relate particularly to health or personal problems.

## The Tzu Chi Buddhist Foundation

The popularity of Buddhism in Singapore and Tzu Chi's this-worldly orientation are attracting religious seekers. The Buddhist Compassion Relief Tzu Chi Foundation was founded by Dharma Master Cheng Yen in Hualien, the east coast of Taiwan. Primarily a lay Buddhist movement, Tzu Chi focuses on improving the living conditions and alleviating human suffering through secular activities and programmes. Its humble beginnings started from 1966 when Venerable Master Cheng Yen founded the Tzu Chi Merits Society in Hualien with thirty lay devotees, mostly housewives. These women pledged a daily contribution of fifty cents from their daily grocery money in the hope of establishing a charity fund. The objective was to provide relief and assistance to the poor and the movement has successfully established itself as a religious organization with secular institutions (Tzu Chi University, Tzu Chi Hospital). It has become an international organization with Tzu Chi branches and associations worldwide.

One of Tzu Chi's aims would be to provide material aid and inspire love and humanity. Through humanitarian work, the needy will be able to receive relief aid and welfare services from Tzu Chi. Tzu Chi started to spread its mission in Singapore when Sister Liu Jing Lian, a Taiwanese, visited the poor and needy within the community. Since its inception of the local Singapore branch in 1987, it attracted both the Taiwanese migrant community and Singaporeans. Tzu Chi's four missions of culture, medicine, education and charity create avenues for members to participate in events to effect change and improvement in the society.

Members strive to spread the "Great Love" (大爱), promote humanistic values and community volunteerism. In line with the belief that suffering in this world is caused by material deprivation and spiritual poverty, Tzu Chi advocates the belief that worldly salvation is obtainable through altruistic acts as volunteers seek spiritual happiness and life's true meaning in their acts of giving. These values from an established and organized religious group are applicable and important to a modern religious practitioner, who at the same time is impressed by the systematic and efficient structure of Tzu Chi.

For intellectualized individuals who are seeking learning opportunities to understand the Buddhist doctrines, the religious marketplace offers various opportunities for one to explore Buddhism. Members belong to different cell groups which could be based on the interest groups, residential areas or age groups. The zoning and allocation of cell groups is similar to how several other religious groups; Parish, Charismatic Church or Soka Gakkai organizes their members. Similarly, Tzu Chi's cell groups model after these religious institutions in the structuring of fellowship groups, sharing and learning of religious texts and prayer sessions. Local Tzu Chi groups organize religious meetings where members chant a sutra together or gather in study groups to discuss how Master Cheng Yen's writings (especially Still Thoughts) relate to the problems of daily life. The Still Thoughts is an important publication that teaches Buddhist teachings by relating them to one's daily actions. A popular teaching from the Still Thoughts Teachings, "Love is all-powerful; it can soothe and calm a fretful and disquieted heart, as well as heal the wounds inflicted by calamities". The hope of humanity lies in mutual help during crisis and uncertainty and this supports the missions and charitable efforts undertaken by Tzu Chi.

A fundamental basis in Tzu Chi would be teaching members to cultivate good morals and excellent conduct through their practical actions instead of chanting or doing meditation in any Buddhist classes. Tzu Chi differentiates itself from the traditional Buddhist temples and the various examples of associational Buddhism which all have in common a recognizable, continuing bodies of members, and that their concern is with a type of Buddhism other than that of the occasional practice by individuals of temple rituals, which is the main feature of traditional "Chinese-temple Buddhism"[8]. Tzu Chi's en-

---

8   Ling (1979) suggests that the Dharmma which Buddhists acquired was characterized by occasional temple visits and worship of different deities from Chinese religions

gagement with the community allows them to constantly shape and seek meaning in their own lives as they seek to reach out to other people. Members are drawn to the practicality of Engaged Buddhism (人间佛教). As one member noted, "Tzu Chi ren (慈济人) do not just get together, worship and pray for our own selfish needs. We know that there is a lot of suffering and hardship in this world we live in. When we come together and share what we are able to give. This is the real gift of life, you learn as you live (做中学, 学中慧)". Another made this comment, "When I do recycling, I really can understand how it feels to be a rag-and-bone man or those elderly who collect tin cans at hawker centers. I appreciate the life I have and feel grateful that I am a lot luckier than many people who have to struggle and make a living. At the same time, I also learn that we must treasure resources and not be wasteful." Another informant mentioned that

> "Tzu Chi does not just teach us about what Buddha says. Our Master stresses the contemporary issues and teaches us how to follow Buddha teachings and apply it to our lives. Issues like global warming and environmental protection, I learnt it when I go for our gatherings and talks and how to be a better person and citizen. I am glad that I can contribute and try to make a difference."

Clad in blue and white uniforms, the Tzu Chi volunteers reach out to the community with the goal of bringing love and hope for worldly salvation. With a vision of "purifying minds, harmonious society and a world free of disaster and suffering", these volunteers' engagement with charitable work seeks to alleviate social problems.

Tzu Chi's has a highly structured and bureaucratic organizational structure. The modern and practical management style and structure distinguishes Tzu Chi from other religious institutions which focus on religious activities, practices, operated by religious leaders, receive advice or direct involvement from ordained monks, nuns, priests or religious specialists. The organization is run by lay members and employees with a Chief Executive Officer heading a region. Its administrative body has features of a modern corporation; a management committee, hierarchical positions and sub-committees to oversee the different arms in Tzu Chi. Lay people make up the employees or volunteers in the organization who plan and propose activities of the organization and form the administrative structure and advising committee.

---

before associational Buddhism was developed. This is similar to how Wee (1975) described the syncretism in Buddhism.

Like a charitable or philanthropic organization, Tzu Chi social events have no reference to religious doctrines or activities. The established medical and charity missions of Tzu Chi is likened to any charitable, medical or social organization which aims to provide relief aid, medical assistance or financial assistance to medical care. Under the Medical Mission in Singapore, Tzu Chi provides financial assistance and emotional support to the needy and HIV patients. The Tzu Chi Free Clinic provides basic medical checks for the senior citizens and aid recipients in Singapore. Members are also strongly encouraged to participate in a range of medical volunteer programs and home visits. One of the most notable efforts of Tzu Chi would be its international rescue missions and disaster relief mobilization. In doing so, members feel that these are ways for them to translate their good intentions to achieve meaningful life.

To cater educational and cater self-development programs for the population, Tzu Chi Education Mission in Singapore has a Continuing Education Centre. The Humanitarian Mission conducts activities such as inspirational talks, beach cleaning exercises. Various recycling points are also set up in different parts of Singapore and these efforts encourage community participation, enhance social cohesiveness. Tzu Chi functions like a social club which organizes community events and interest groups in contrast to most religious organizations which organize their activities around religious teachings and have the intrinsic aim to proselytize and spread religious faith to potential converts. Tzu Chi activities are strictly planned without a religious agenda so it attracts non-Buddhists into a Buddhist organization. People can participate freely in the events and need not fear the religious proselytisation or cope with the pressure to convert into a particular religion.

Apart from the social domain, Tzu Chi is able to incorporate traditional religious teachings, considered as obsolete and unappealing to the rational modern believer, into the organization. The popularity of Tzu Chi in contemporary societies can be understood in how an educated population is increasingly seeking a different religious experience. Within such a religious landscape, Tzu Chi is able to thrive and promote Buddhist ideas of world transformation, in line to the concept of Engaged Buddhism. While individuals are learning religious teachings, they also engage in secular activities in Tzu Chi's dual-sphere framework. The social activities provide avenues for religious seekers to practice religious values.

Tzu Chi members expressed that the social practices and events in Tzu Chi are practical and realistic. While most religious organizations propagate the learning of religious texts and cultivation of values and morals, the action-oriented approach in Tzu Chi embarks on different projects to directly impact the society. Apart from attending religious classes learning to interpret Buddhist texts and scriptures, Tzu Chi teachings imply a this-worldly orientation which is secular. Members speak of how "Master does not encourage us to escape living problems and study sutras in mountains. In contrast, she wants use to experience hardship in life and care for others with love, only then can we appreciate our own life". As members witness the human suffering and problems in society, it is hoped that they are able to achieve religious cultivation and knowledge. In understanding and practicing Engaged Buddhism, the modern believer can learn about Buddhism, understand the tenets in the religious teachings and make sense of one's religious behavior and identity.

## Accounting for popularity of New Religions, Re-thinking conversion

In understanding the popularity of new religious movements, it must be seen in the context of general revivalism of religion in Singapore. In particular, Buddhism has the largest group of believers and it is the fastest growing religion in the country. From the Singapore Census of Population of 2000, the number of Singaporeans, who identified Buddhism as their religious affiliation, has significantly increased from 27% in 1980, 31.2% in 1980, to 42.5 percent in 2000 (Singapore, Department of Statistics, 2000). In a multicultural society where a variety of religions are available, Buddhism is an attractive option for Singaporeans and this attests to the persistence of religion in a modern state. Why is there a persistence of religion and how do we account for new religions increasingly gaining a foothold in the Singaporean population? Why are new religions popular? While I have discussed how spiritual humanism, propagated in Engaged religions is widely accepted and well-received, a more important and specific question would be why particular new religions are able to attract more converts.

A wide variety of new religions are available but Soka Gakkai, Tzu Chi and Sai Baba are able to successfully adapt themselves to the local religious economy. Religious practices, the decision to select Singaporean religious leaders, as well as activities have gone through a process of localization and indigenization. Most studies on the success of new religions have focused on their universalistic appeal. For example, Metraux, trying to explain for the success of Soka Gakkai International, argues that, "Soka Gakkai has a message that appears universally relevant in many countries on a foundation of Buddhist ideals" (Metraux 1986, p. 365). Others also look into its theology, particularly its claim to be a religion of self-empowerment (Teng 1997; Wilson and Machacek 2000).

While there may be truths to these claims, it cannot really explain why groups in various countries see the religion in the same way. Those who turn to Soka Gakkai in the United States of America and in Great Britain, are very different, both in background, socio-cultural values, and previous religious orientations compared to those in Singapore or Malaysia. Thus, I suggest that the understanding of religious change must take the institutional and environment into account that the converts are embedded in. For example, one of the popular theses for accounting Americans turning to a new religion is the "integrative thesis". However, many Asian youths do not experience the same angst felt by American youths. Yet, they are also turning to new religions. Moreover, I would further argue that even within the same institutional environment, different groups of people who convert to the same religion may not be doing it for exactly the same reason. After all, one of the features of a successful religion is precisely the fact that its theology is flexible; adapting to the different conditions and interpretations of its theology by the new converts. One of the problems in understanding conversion is that most studies are concerned with Christianity, that is, in the Western context. Thus, religious conversion has often been seen not as a change in beliefs, but also a change in personal identity.

Indeed, the popularity of new religions cannot be simply explained by a single and dominant reason. This is clearly exemplified when we look at the informants who switch to Soka Gakkai. As noted earlier, Soka Gakkai has been most successful in attracting middle-aged Chinese housewives. While there is a significant number of younger Chinese, this group forms the largest single constituency of Soka Gakkai in Singapore. The majority of these were formerly adherents to traditional Chinese religion such as Taoism, and ancestor worship. When asked why they switched to Soka Gakkai, one is immediately struck by the fact that the informants interviewed were not so concerned about the history of Nichiren, or Soka Gakkai, but rather the benefits that they would gain from faithful chanting. Members of the other two groups also highlight favorable outcomes as a result of their participation; achieving a sense of self-fulfillment and search for spirituality as reasons for their "religious switching".

The other large group of Singaporeans attracted to Soka Gakkai is the young Chinese-educated Chinese. I suggest that the motifs for conversion to Soka Gakkai for this group of people are different from those of the older Chinese housewives. In the interviews with them, the common reasons given for turning to Soka Gakkai is not the religion of miracles and instant benefits, but rather that it is a rational, systematic theology. For example, one informant noted, "I find Soka Gakkai to be very systematic. In Soka Gakkai, I am especially drawn to the idea that all people bear the potential for Buddha-hood. Nichiren has diagnosed the cause of man's afflictions; a world of hatred, greed and warfare. Through believing in the Lotus Sutra, and chanting, it provides a vehicle to bring peace and salvation to mankind."

In studying religious change in Asian religions, such a model of conversion, in which conversion requires a transformation of identity, reorientation in behavioural and cognitive referents, and a displacement of the universe of discourse, may not be very useful. In the interviews with the informants, it was clear that the conversion to a new religion did not mean for them a change of identity. Rather, they retained many elements of their previous religion, melded and amalgamated with the new religious system. In a sense, the term religious conversion may not be the most appropriate term. Rather, it is a process of "religious alternation".

An interesting phenomenon observed is the ability of converts to take on various religious ideas that may contradict each other. For instance, Soka Gakkai, Sai Baba or Tzu Chi members, while taking on the organization's identity, might continue to practice ancestral worship. The notion of religious alternation can be used to examine a particularly interesting form of religiosity displayed by Christians who attend Tzu Chi and Sai Baba activities. Certainly, this runs against the classical literature on conversion which explains it as an identity switching process. There are Tzu Chi and Sai Baba members who profess themselves as Christians. Clearly, the religious worldview, practices, teachings and practices of Christianity are distinctly different from the new religions discussed in this paper. However, these non-Buddhists and non-Hindus are able to accept the ideology of a different religion and participate in the activities without any cognitive dissonance. As Berger (1967) mentioned, rationality and personal comprehension are not major barriers to a religion. The notion of religious alternation would be of great value to understand how individuals "alternate" their religious identity and are able to juggle the demands of participation and subscribe to two religious systems of diverse characteristics.

In a multi-ethnic society, an interesting feature about religion in Singapore is the relevance of ethnicity. Membership in religious organizations and adherence to particular religious faith are often structured along ethnic lines. Islam can be considered as a religion for the Malays, Hinduism for the Indians while the Chinese believe in Christianity, Taoism or Buddhism. Yet, new religions are able to attract people of various ethnic groups. Sai Baba, Soka Gakkai and Tzu Chi transcend the boundaries of ethnicity and challenge seemingly rigid religious-ethnic classification. In these new religions, its universal appeal is cross-cutting and its membership consists of people from all ethnic groups. Furthermore, members with prior religious affiliation are able to alternate and combine different practices from various religious groups. What is the significance of such forms of cross-ethnic membership and religious alternation?

One can argue that religiosity, religious participation and membership become a fluid category within a particular organization. Conversion, in the strict sense of identity switching and a complete change from one religion to the other becomes obsolete in understanding membership in these new religious movements. New ideas of joining religion have developed alongside with the growth of new religions. While some individuals continue to perceive new religion as traditional religion, others interpret it as a form of engaged religion or spiritual humanism. I suggest 3 levels of understanding religious affiliation – The first would be Religion, where these adherents strictly abide to the religious ideology, teachings, practices, and rituals of the particular group. Next would be Social/Religious which allows individuals to selectively participate in the religious or social activities so long as their needs are fulfilled. Finally, the Social would mean that members are only participating in events that are non-religious, without any religious connotation or religious proselytisation. In these three forms of affiliation, members are given the freedom to alternate between different religious groups and ethnicity no longer becomes representative of any particular membership. In this sense, Christians and Catholics can attend their Church and go to Tzu Chi Free Clinics, Buddhists can attend Sai Baba prayer sessions and Taoists can practice ancestral worship and combine chant Soka Gakkai religious prayers. Members of any religious group are free to convert into these new religions and manage their affiliation. They are able to retain, abandon their previous religious practices or even combine it with these new forms.

Moving away from understanding religion as purely a form of religious dogma, authority and canonical religious teachings, this model allows us to make sense of the social dimension of religion where spiritual humanism in new religions promotes a this-worldly orientation and an engagement with the social world. Through active involvement in the community and a focus on issues revolving round the human condition, engaged religions respond to the problem of modernity and what modern religious seekers are looking for in a religion – spiritual humanism.

## Bibliography

Benjamin, G. (1987): "Notes on the Deep Sociology of Religion". Sociology Working Paper No. 85, National University of Singapore.
Boyce, M. (1979): Zoroastrians: Their Beliefs and Practices. London/Boston: Routledge and Kegan Paul.
Blackham, H. J. (1968): Humanism. United Kingdom: Penguin Books.
Chan, S. Y. (1988): "A Study of Nichiren Shoshu in Singapore". B. Soc. Sci. Honors Academic Exercise, Department of Sociology of Sociology, National University of Singapore.
Clarke, P. (2006): New Religion in Global Perspective. Great Britain: Routledge.

Edwords, F. (1989): 'What is Humanism?' (Text of a speech by Executive Director of the American Humanist Association, Washington).

Gogineni, B. (2000): Humanism in the Twenty-first Century. Humanist-Buffalo, 60(6), p. 28–31.

ten Hoor, M. (1954): "Humanism as a Religion" in Philosophy and Phenomenological Research 15, No. 1, Sept., pp. 82–97.

Kaldor, M (1999): New wars and Old Wars: Organized Violence in a Global Era. Stanford, California: Stanford University Press.

Kent, A. (2004): Divinity, Miracles and Charity in the Sathya Sai Baba Movement of Malaysia. Journal of Anthropology 69(1), pp. 43–62.

Kurtz, P. (1969): Moral Problems in Contemporary Society: Essays in Humanistic Ethics. Englewood Cliffs, N. J.: Prentice-Hall, pp. 1–14.

Kurtz, P. (1994): Living without Religion: Eupraxophy. Amherst, N. Y.: Prometheus Books.

Lamont, C. (1997): The Philosophy of Humanism. 8th ed. Amherst, N. Y.: Humanist Press.

Ling, T. (1979): "Buddhism, Confucianism and the Secular State in Singapore". Sociology Working Paper, Department of Sociology, National University of Singapore.

Metraux, D. A. (1986): The Soka Gakkai's Search for the Realization of the World of Rissho Ankokuron. Japanese Journal of Religious Studies 13, pp. 31–61.

Murphet, H (1971): Sai Saba, Man of Miracles, London: Weiser Books.

Sandweiss, S. H. (1975): Sai Baba, the Holy Man and the Psychiatrist. San Diego, Calif.: Birth Day Publishing Company.

Santhosh, S (1997): "The Sai Baba Movement in Singapore: A Micro-macro Perspective" Academic Exercise, Department of Sociology, National University of Singapore.

Sathya Sai (1989): Sathya Sai Speaks (XXII). www.sathyasai.org/discour/sathyasaispeaks/volume22/sss22.pdf (2014-04-17).

Sathya Sai (2012): Charter of the Sathya Sai Organization and Rules and Regulations (For Oversees Countries) www.sathyasai.org/files2012/1981charter.pdf (2014-04-17).

Schlesinger, P. (1991): Media, State and Nation. London: Sage.

Schudson, M (1994): 'Culture and the Integration of National Societies'. In Crane, D. (ed.): The Sociology of Culture: Emerging Theoretical Perspective. Oxford: Blackwell, pp. 21–43.

Sechrest, J. (2003): Religion, Spirituality, and Humanism. Humanist, 63(2).

Singapore Department of Statistic (2000): Census Release.

Singh, S. (1991): The Philosophy of Shri Satya Sai Baba of Puttaparti. Allahabad: Kitab Mahal.

Smith A. (1990): Towards a Global Culture? Theory, Culture and Society 7(2-3), pp. 171–191.

Smith, J. E. (1994): Quasi-religions: Humanism, Marxism and Nationalism. Basingstoke: Macmillan.

Teng, Y. L. (1997): "'Buddhism is Daily Life': Soka Gakkai's Beliefs and its Impact on the Lives of Individuals". B. Soc. Sci. Hons. Academic Exercise, Department of Sociology, National University of Singapore.

Wee, V. (1977): "Religion and Ritual among the Chinese of Singapore: an Ethnographic Study" (M. A. dissertation, University of Singapore).

Wilson, B. R., & Machacek, D. W. (Eds.). (2000): Global Citizens: The Soka Gakkai Buddhist Movement in the World. Oxford: Oxford University Press.

# Der Adressat

**Hans-Georg Soeffner,** Dr. phil., Prof. em. für Soziologie (Universität Konstanz); Mitglied des Vorstands und Fellow im KWI Essen. Weitere Informationen unter
http://www.kwi-nrw.de/home/profil-hsoeffner.html
http://de.wikipedia.org/wiki/Hans-Georg_Soeffner

# Die Autorinnen und Autoren

**Tamotsu Aoki,** PhD, Director general of The National Art Center, Tokyo, Professor of Anthropology at Osaka University and University of Tokyo. 1994-1996 President of Japanese Society of Ethnology (now, cultural anthropology), 2007-2009 Commissioner for Cutural Affairs of Japanese Government. Further informations on
www.nact.jp

**Ulrich Beck,** Dr. phil., Prof. für Soziologie an der Ludwig Maximilians-Universität München; British Journal of Sociology Visiting Centennial Professor an der London School of Economics and Political Science; Professor an der Fondation Maison des Sciences de l'Homme, Paris. Weitere Informationen unter
www.ls2.soziologie.uni-muenchen.de/personen/professoren/beck_ulrich/index.html

**Peter A. Berger,** Dr. rer. pol., Professor für Allgemeine Soziologie – Makrosoziologie am Institut für Soziologie und Demographie der Wirtschafts- und Sozialwissenschaftlichen Fakultät der Universität Rostock. Weitere Informationen unter
www.wiwi.uni-rostock.de/soziologie/makrosoziologie/berger/

**Ulrich Berges,** Dr. theol., Professor für die Exegese des Alten Testaments an der Katholisch-Theologischen Fakultät der Rheinischen Friedrich-Wilhelms-Universität Bonn. Weitere Informationen unter
www.ktf.uni-bonn.de

**Helmuth Berking,** Dr. phil., Professor für Allgemeine Soziologie am Institut für Soziologie der Technischen Universität Darmstadt. Weitere Informationen unter
http://www.ifs.tu-darmstadt.de/index.php?id=berking_00

**Ehrhardt Cremers,** Dr. phil., Wissenschaftlicher Mitarbeiter am Institut für Soziologie der Technischen Universität Dresden. Kontakt über
https://tu-dresden.de/die_tu_dresden/fakultaeten/philosophische_fakultaet/is/theorie/mitarbeiterinnen/cremers

**Jochen Dreher,** Dr. rer. soc., leitender Geschäftsführer des Sozialwissenschaftlichen Archivs Konstanz an der Universität Konstanz. Weitere Informationen unter
http://cms.uni-konstanz.de/soz-archiv/aktuelles/

**Thomas S. Eberle,** Dr. rer. pol., Professor und Ko-Leiter des Seminars für Soziologie an der Universität St. Gallen. Weitere Informationen unter:
https://www.alexandria.unisg.ch/Personen/Person/E/Thomas_Eberle

**Hartmut Esser,** Dr. rer. pol., Prof. em. für Soziologie (Universität Mannheim). Weitere Informationen unter
www.mzes.uni-mannheim.de/d7/de/profiles/hartmut-esser

**Silvana K. Figueroa-Dreher,** Dr. rer. soc., Vertretungsprofessorin im Fachbereich Geschichte und Soziologie der Universität Konstanz. Weitere Informationen unter
www.soziologie.uni-konstanz.de/professuren/professur-fuer-allgemeine-soziologie-und-kultursoziologie/dr-silvana-k-figueroa-dreher/

**Jürgen Fohrmann,** Dr. phil., Professor für Neuere Deutsche Literatur und Allgemeine Literaturwissenschaft und Rektor der Rheinischen Friedrich-Wilhelms-Universität Bonn. Weitere Informationen unter
www.fohrmann.uni-bonn.de

**Ulrike Froschauer,** Mag. Dr. phil., ist ao. Universitätsprofessorin am Institut für Soziologie an der Fakultät für Sozialwissenschaften der Universität Wien. Weitere Informationen unter
www.soz.univie.ac.at/ulrike-froschauer/

**Alois Hahn,** Dr. phil., Prof. em. für Soziologie (Universität Trier). Weitere Informationen unter
http://de.wikipedia.org/wiki/Alois Hahn

**Regine Herbrik,** Dr. phil., Juniorprofessorin für qualitative und kulturwissenschaftliche Methoden am Methodenzentrum und Institut für Soziologie und Kulturorganisation der Leuphana Universität Lüneburg. Weitere Informationen unter
www.leuphana.de/regine-herbrik.html

**Ronald Hitzler,** Dr. rer. pol., Professor für Allgemeine Soziologie an der Fakultät Erziehungswissenschaft und Soziologie sowie an der Fakultät Wirtschafts- und Sozialwissenschaften der Technischen Universität Dortmund. Weitere Informationen unter
www.hitzler-soziologie.de.

**Dirk Kaesler,** Dr. rer. pol., Prof. em. für Allgemeine Soziologie (Philipps-Universität Marburg). Weitere Informationen unter
www.kaesler-soziologie.de

**Reiner Keller,** Dr. phil., Professor für Soziologie an der Philosophisch-Sozialwissenschaftlichen Fakultät der Universität Augsburg. Weitere Informationen unter
www.philso.uni-augsburg.de/lehrstuehle/soziologie/sozio6/

**Angela Keppler,** Dr. rer. soc., Professorin für Medien- und Kommunikationswissenschaft an der Universität Mannheim. Weitere Informationen unter
http://mkw.uni-mannheim.de/keppler

**Joachim Kersten,** Dr. soz., Forschungsprofessor an der Deutschen Hochschule der Polizei in Münster. Weitere Informationen unter
www.dhpol.de/de/hochschule/Fachgebiete/kersten.php

**Hubert Knoblauch,** Dr. rer. soc., Professor für Allgemeine Soziologie/ Theorie moderner Gesellschaften am Institut für Soziologie der Technischen Universität Berlin. Weitere Informationen unter
www.soz.tu-berlin.de/Crew/knoblauch/

**Volkhard Krech,** Dr. phil., Professor für Religionswissenschaft am Centrum für Religionswissenschaftliche Studien der Ruhr-Universität Bochum. Weitere Informationen unter
www.ceres.rub.de/de/people/details/volkhard-krech/

**Ronald Kurt,** Dr. rer. soc., Professor für Soziologie an der Evangelischen Fachhochschule Rheinland-Westfalen-Lippe in Bochum und Senior Fellow am Kulturwissenschaftlichen Institut Essen. Weitere Informationen unter
www.kwi-nrw.de/home/profil-rkurt.html

**Claus Leggewie,** Dr. disc. pol., Professor für Politikwissenschaft an der Justus Liebig-Universität Gießen und Direktor des Kulturwissenschaftlichen Instituts in Essen. Weitere Informationen unter
www.kulturwissenschaften.de/home/profil-cleggewie.html

**Martina Löw**, Dr. phil., Professorin für Planungs- und Architektursoziologie an der Technischen Universität Berlin. Weitere Informationen unter www.soz.tu-berlin.de/loew

**Thomas Luckmann**, PhD, Prof. em. für Soziologie (Universität Konstanz). Weitere Informationen unter http://de.wikipedia.org/wiki/Thomas_Luckmann

**Manfred Lueger**, Mag. Dr. phil., ist ao. Universitätsprofessor am Institut für Soziologie und Empirische Sozialforschung des Departments Sozioökonomie an der Wirtschaftsuniversität Wien. Weitere Informationen unter www.wu.ac.at/sozio/institut/personal

**Klaus E. Müller**, Dr. phil. Professor em. für Ethnologie Goethe-Universität Frankfurt am Main. Weitere Informationen unter http://de.wikipedia.org/wiki/Klaus_E._Müller

**Michael R. Müller**, Dr. rer. soc., Professor für Kultursoziologie. Weitere Informationen unter www.kwi-nrw.de/home/profil-mmueller.html

**Sighard Neckel**, Dr. rer. phil., Professor für Soziologie und Soziale Ungleichheit an der Goethe-Universität Frankfurt a. M. und Mitglied des Kollegiums des Instituts für Sozialforschung. Weitere Informationen unter www.fb03.uni-frankfurt.de/soziologie/sneckel

**Angelika Poferl**, Dr. phil. Professorin für Soziologie mit Schwerpunkt Globalisierung am Fachbereich Sozial- und Kulturwissenschaften der Hochschule Fulda. Weitere Informationen unter www.hs-fulda.de/poferl

**Manfred Prisching**, Mag. rer. soc. oec., Dr. jur., Professor für Soziologie an der Sozial- und Wirtschaftswissenschaftlichen Fakultät der Universität Graz. Weitere Informationen unter www.manfred-prisching.com

**Jürgen Raab**, Dr. rer. soc., Professor für Allgemeine Soziologie am Institut für Sozialwissenschaften des Fachbereich 6: Kultur- und Sozialwissenschaften der Universität Koblenz-Landau, Campus Landau. Weitere Informationen unter www.uni-koblenz-landau.de/landau/fb6/sowi/soziologie/mitarbeiter

Jan Philipp Reemtsma, Dr. phil., ist Geschäftsführender Vorstand des Hamburger Instituts für Sozialforschung und Professor für Neuere Deutsche Literatur an der Universität Hamburg. Weitere Informationen unter www.his-online.de/ueber-uns/mitarbeiter/aktuell/person/reemtsma-jan-philipp/details/

Karl-Siegbert Rehberg, Dr. phil., Gründungsprofessor und Inhaber des Lehrstuhles für Soziologische Theorie, Theoriegeschichte und Kultursoziologie an der Technischen Universität Dresden, 2009 als Seniorprofessor. Weitere Informationen unter http://tu-dresden.de/die_tu_dresden/fakultaeten/philosophische_fakultaet/is/theorie/rehberg/index_html.

Jo Reichertz, Dr. phil., Professor für Kommunikationswissenschaft an der Universität Duisburg-Essen. Weitere Informationen unter www.uni-due.de/kowi/JReichertz.shtml

Ute Ritz-Müller, Dr. phil., Ethnologie (Westafrika)

Norbert Schröer, Dr. rer. soc., Professor für die ‚Qualitativen Methoden der empirischen Sozialforschung mit dem Schwerpunkt interkulturelle Kommunikationsforschung' am Fachbereich Sozial- und Kulturwissenschaften der Hochschule Fulda. Weitere Informationen unter www.hs-fulda.de/index.php?id=9383

Ilja Srubar, Dr. phil., Prof. em. für Soziologie (Universität Erlangen-Nürnberg)

Peter Strohschneider, Dr. phil., Professor für Germanistische Mediävistik an der Ludwig-Maximilians-Universität München und Präsident der Deutschen Forschungsgemeinschaft. Weitere Informationen unter www.germanistik.uni-muenchen.de/personal/mediaevistik/professoren/strohschneider/index.html

Dirk Tänzler, Dr. phil. habil., Professor für Soziologie am Institut für Politische Wissenschaft und Soziologie der Rheinischen Friedrich-Wilhelms-Universität Bonn. Weitere Informationen unter www.politik-soziologie.uni-bonn.de/institut/lehrkoerper/prof.-dr.-dirk-taenzler

**Tong Chee-Kiong**, PhD, Director of the Institute of Asian Studies, Special Academic Advisor and Chair Professor, Universiti Brunei Darussalam. Further informations by email to ias.ubd@ubd.edu.bn

**Georg Vobruba**, Dr. jur., Professor em. für Soziologie (Universität Leipzig). Weitere Informationen unter
www.uni-leipzig.de/~sozio/content/site/detail_m26_pers.php

**Yfaat Weiss**, Dr. Professorin an der Hebräische Universität Jerusalem. Dort lehrt sie im Fachbereich für jüdische Geschichte und leitet das Franz Rosenzweig Minerva Zentrum für deutsch-jüdische Literatur und Kulturgeschichte. Weitere Informationen unter
www.daat-hamakom.com/#!prof-yfaat-weiss/c17cq

**Harald Welzer**, Dr. phil., Direkter der Stiftung FUTUR ZWEI, Professor Transformationsdesign an der Universität Flensburg und für Sozialpsychologie an der Universität Sankt Gallen. Weitere Informationen unter www.futurzwei.org

**Sylvia Marlene Wilz**, Dr. rer. soz., Professorin für Organisationssoziologie und qualitative Methoden am Institut für Soziologie der FernUniversität in Hagen. Weitere Informationen unter
www.fernuni-hagen.de/soziologie/team/lg3/sylvia.wilz.shtml

**Monika Wohlrab-Sahr**, Dr. phil., Professorin und geschäftsführende Direktorin am Institut für Kulturwissenschaften der Universität Leipzig. Weitere Informationen unter
www.sozphil.uni-leipzig.de/cm/kuwi/mitarbeiter/monika-wohlrab-sahr/

**Dariuš Zifonun**, Dr. rer. soc., ist Professor für Soziologie an der Alice Salomon Hochschule Berlin und Fellow am Kulturwissenschaftlichen Institut Essen (KWI). Weitere Informationen unter
www.ash-berlin.eu/hsl/zifonun